북한의 교육과 과학기술

북한학총서
북한의 새인식 7

북한의 교육과 과학기술

북한연구학회 편

景仁文化社

■ 발간사

통일연구원 선임연구위원

북한연구학회가 출범한 지도 벌써 10년이 지났다. 세월은 유수같이 빠르고, 10년이면 강산도 변한다는 데, 10여 년 전에는 40대 초반의 중년의 나이로 학계를 누볐던 학자들이 이제는 머리가 희끗희끗하고 중후한 50대 초반의 학자들로 변모하였다. 그래도 연구활동을 묵묵하게 하고 있는 모습을 보면, 여전한 연구열에 감탄하곤 한다.

10여 년의 세월이 흐르면서 북한학계는 눈부시게 발전하였다. 남북관계의 변화만큼 북한학계 또한 변화했고, 양적인 면이나 질적인 면에서 비교할 수 없을 만큼 장족의 발전을 이룩하였다. 우선 북한연구학회 회원만 해도 400여 명 가까이 증대하였고, 새로운 시각으로 쓰여진 학위논문과 학술논문, 단행본 등이 수백 편에 이르고 있다. 특히 사회문화, 여성, 무용, 가족, 과학, 체육 분야 등에서도 연구성과물이 나오면서 북한학 연구의 다양성이 확보되었다. 북한을 정치군사, 경제적 측면에서만 주로 분석·전망하는 한계를 벗어나 다양한 관점에서 분석·전망할 수 있는 터전이 마련된 셈이다. 앞으로도 더욱 다양한 분야에서 연구 성과물들이 쏟아져 나올 것으로 기대된다. 아울러 우수한 신진학자들이 많이 배출되어 북한학 연구의 저변이 확보됨으로써 북한학의 명맥을 유지할 수 있게 되었고, 통일에 대비한 인적 집단이 충분히 확보됨으로써 통일 이전이나 이후의 문제점, 특히 통일후유증을 최소화할 수 있게 되었다.

사실 1989년 을유문화사가 12권의 북한학 총서를 간행한 이후 이렇다할 북한연구 총서가 나오지 않아 일반인이나 전문가들의 아쉬움이 컸었다. 이러한 기대가 오늘날 『북한의 새인식』(전 10권)이라는 총서가 나오게 된 배경이 되었다. 솔직히 처음 시작할 때는 제대로 책이 나올까 하는 두려움도 없지 않았지만 훌륭한 동료, 후배들의 격려에 힘입어 끝까지 출판을 마무리할 수 있었다. 책이 나오게 된 지금에 와서 돌아보니, 『북한의 새인식』 총서 10권의 출판이 북한학의 역사에도 크게 기여하게 되리라는 자부심이 일을 끝까지 마무리할 수 있었던 큰 힘이 아니었나 생각된다.

이 자리를 빌어 모든 난관을 참고 견뎌준 편집책임자 정영철 박사를 비롯해 전영선·이무철·신효숙·고재홍 박사님들께 감사를 드린다. 그리고 출판계의 어려움에도 불구하고 별 이익도 없는 사업에 흔쾌히 출판을 맡아준 경인문화사 한정희 사장님께 감사드린다. 특히 출판의 타당성을 놓고 망설이고 있을 때 자신감을 불어 넣어준 유영구·정창현 선생에게 무한한 감사를 드린다. 아울러 많은 실무자들이 일을 할 수 있도록 물심양면으로 도와준 최준택 차장님, 정세현·박영규·라종억 박사님들께도 사의를 표한다. 아울러 총서 출간을 위해 지원을 마다하지 않은 미래에셋 최현만 사장님께도 감사드린다. 마지막으로 집필자 선정을 위해 시간을 아끼지 않으신 북한연구학회의 정규섭·고유환·김근식·이기동 박사님들께 감사드린다.

아쉬운 것은 수 천편의 책과 글 중에서 110여 편의 글과 110여 명의 필자들만이 선정되어 좋은 글과 필자들이 많이 빠졌다는 점이다. 여러 가지 이유로 여기에 실리지 못한 연구자들에 대해서는 죄송한 마음을 금할 길이 없다. 지면관계상 또는 필자별·분야별로 안배를 하다보니 많은 우수한 논문들과 필자들이 빠지게 되었다. 다음에 이러한 기회가 있을 때는 보다 정교한 선정작업이 이루어져 모든 글들이 실리기를 바란다. 다시 한번 총서가 나오기까지 물심양면으로 도와주신 수많은 선배·동료·후배님들에게 감사의 마음을 전하고, 이 총서가 수많은 초학자는 물론 기존 연구자들에게도 북한 연구의 좋은 길잡이가 되기를 바라면서 발간사를 가름한다.

2006년 11월
북한연구학회장 **전 현 준**

■ 추천사

동국대학교 교수

북한연구학회가 창립 10주년을 맞아 북한학 총서 『북한의 새인식』(전 10권)을 출간하는 것은 대단히 뜻 깊은 일이다. 학회 창립의 산파역을 맡아 동분서주하던 일이 엊그제 같은 데, 벌써 10년의 세월이 흘렀다. 그 동안 학회는 장족의 발전 속에 북한, 남북관계 등의 영역에서 많은 연구 성과를 거뒀다. 총서 10권을 출간함으로써 이제 학회는 단단한 반석 위에 섰다 하겠다.

사실 북한학 총서는 지난 1989년 을유문화사에서 『북한의 인식』(전 12권)으로 출간된 적이 있었다. 당시의 북한학 총서는 북한 연구의 척박한 현실을 반영하듯, 북한에 대한 각 분야의 소개에 그친 점이 없지 않다. 그럼에도 당시의 『북한의 인식』은 연구자들에게 많은 영향을 미쳤고, 상당한 성과를 거두었다. 그로부터 약 17년의 시간이 흐른 뒤, 남북한은 물론 남북관계에도 많은 변화가 있었다. 가장 큰 변화는 2000년 정상회담과 '6·15 공동선언'의 발표라고 할 수 있다. 이로부터 약 6년의 시간동안 남북한은 과거의 대립과 갈등을 지양하고, 평화와 공존, 번영을 위한 여러 분야에서의 협력을 진척시켜왔다. 그 결과 이제 남북한간에는 무역액 10억 달러 이상, 연간 교류 인원 10만 명을 웃도는 관계 진전을 이루었다. 북한 연구도 이러한 시대적 조류에 맞게 많은 발전을 이룩하였다. 과거 정치와 경제, 군사부문에 한정되던 연구 주제들이 사회, 여성, 가족, 교육, 문화, 과학기술, 외교 등으로 확장되었고, 연구의 질도 심화되었다. 이러한 조건에서 북한학 총서의 발간은 북한학의 새로운 단계로의 발전을 위한 시의 적절한 기획이고, 앞으로의 발전을 위한 단단한 초석이라고 할 수 있겠다.

총 114편의 논문으로 구성된 이번의 총서는 북한의 정치·경제·사회·문화 등 모든 영역을 망라한 국내외 최초의 대규모 기획이다.

1권 '북한의 정치 1'에서 10권 '북한의 통일외교'에 이르기까지 북한 연구의 중요한 주제들을 모두 포괄하고 있다. 필진 역시 원로 학자에서부터 소장 학자에 이르기까지 국내 북한학 연구 인재들을 총망라하였다. 각각의 논문을 그 분야 전문 연구자가 집필함으로써 총서의 무게감을 더한 것도 큰 성과라 할 수 있다. 이러한 성과는 그동안 북한학 연구자들의 저변이 확대된 현실과 그 연구의 질적 심화의 과정을 그대로 보여주고 있는 고무적인 현상이다.

연구사적 차원에서도 총서 발간으로 이제 국내 북한 연구는 한 획을 그었다고 할 수 있다. 탈냉전 이후 북한 연구를 집대성한 최초이자 최대의 성과이기 때문이다. 이 성과를 바탕으로 학회 창립 20주년이 되는 2016년에는 북한학과 통일학을 망라한 총서 20권의 출간을 기대한다. 북한 연구의 지평을 넓힌 북한학 총서는 북한학 연구에 관심 있는 모든 연구자와 학생들에게 길잡이로서 손색이 없다. 관심 있는 모든 이들에게 일독을 권하는 바이다.

끝으로 총서 발간을 기획하고 출간을 가능케 한 전현준 회장과 출판을 위해 수고한 연구자들에게 감사를 표하는 바이다.

2006년 11월
북한연구학회 고문을 대표하여
강 성 윤

■ 추천사

통일부 장관

북한연구는 우리 사회의 북한에 대한 인식의 거울이라고 할 수 있습니다. 남북관계의 변화만큼이나 우리의 북한에 대한 이해의 방향과 깊이도 많이 변화되어 왔기 때문입니다.

냉전시기 북한에 대한 연구는 이데올로기적 가치판단에 따라 실증적·과학적 연구가 크게 제약되었고, 그 결과 학문성 자체까지도 의심을 받아온 것이 사실입니다.

그러나 이제 그 시대는 지나갔습니다. 1980년대 후반 한국 사회의 민주화와 세계냉전의 붕괴는 북한 연구에 있어서도 큰 영향을 미쳤습니다. 이데올로기적 편견의 탈피, 실사구시의 강조, 객관적 비교연구, 이런 것들이 북한 연구에서도 본격적으로 나타나기 시작했습니다.

북한연구학회의 창립도 이러한 시대적 흐름과 궤를 같이 하고 있다고 봅니다.

북한연구학회는 지난 1996년 출범한 이래 객관적·실증적이고 학제적인 북한 연구를 통해 북한에 대한 새로운 시각을 제시하는데 앞장서 왔습니다.

이러한 노력의 연장선상에서 북한연구학회 창립 10주년을 맞아 발간한 『북한의 새인식』(전 10권)은 그간의 북한 연구의 결정체이자 국내 북한 연구자들의 땀과 노력이 빚어낸 값진 쾌거입니다.

북한 연구는 다른 연구와 달리 3중고에 시달리고 있습니다. 이분법적 이념의 편견이 여전히 남아 있고, 공신력있는 1차 자료를 획득하는 것이 불가능한 경우가 많고, 경험적이고 실증적인 현장연구가 상당히 제약되어 있다는 것입니다.

『북한의 새인식』은 이러한 3중고 속에서도 북한의 실체에 최대한 가까이 접근하고자 한 학자적 소신과 열정이 녹아 있습니다.

이 10권의 총서는 이러한 어려움 속에서도 북한의 정치·경제·사회 문화 등 제반 분야의 과거와 현재, 나아가 미래까지를 아우르고 있다는 점에서 북한 연구에 있어 매우 귀중한 자산이 될 것으로 평가합니다.

북한을 이해한다는 것은 우리 자신을 보다 잘 이해하는 것입니다. 60년간 잊고 있었던 우리의 반쪽을 알아가는 과정입니다.

북한을 정확히 아는 것은 진정한 통일을 위한 첫걸음이기도 합니다. 남북이 하나의 공동체로 나아가기 위해서는 서로에 대해 있는 그대로 인식하는 것이 무엇보다 중요하며, 그러한 바탕 위에서 남북간에 차이를 좁히고 동질감을 확산시키는 부단한 노력이 이루어져야 할 것입니다.

그동안 이 총서가 발간되기까지 많은 수고를 아끼지 않으신 전현준 북한연구학회장을 비롯한 출판 관계자 여러분의 열정과 노고를 높이 평가하며 경의를 표합니다.

이 총서가 북한과 통일에 대해 연구하는 내외의 학자들에게는 소중한 나침반이 되고, 대북정책을 추진하고 있는 정부의 실무자에게는 정책을 수립하고 집행하는 데 있어 유용한 참고서가 될 것입니다.

그리고 일반인에게는 편견없이 북한을 바라볼 수 있는 진솔한 설명서가 될 것으로 기대합니다.

2006년 11월
통일부 장관
이 종 석

■ 추천사

전 통일부 장관

1989년에 국내 한 출판사가 『북한의 인식』(을유문화사)이라는 북한학 총서 12권을 출간한 이후, 17년 만에 북한연구학회가 『북한의 새인식』 총서 10권을 출간하게 되었다. 북한연구학회 회원인 114명의 학자들이 집필한 대작大作이다. 북한에 관한 한 다루지 않은 문제가 거의 없는 것 같다. 먼저 이러한 방대한 연구사업을 기획하고 추진해 온 전현준全賢俊 회장을 비롯한 북한연구학회 임원진의 추진력과 노고에 대해 경의를 표한다.

1989년을 전후해서 북한은 매우 어려운 상황에 처해 있었다. 남북간 체제경쟁은 사실상 오래전에 결판이 났고, 중국의 개혁·개방과 소련의 페레스트로이카·글라스노스트가 속도를 내면서 국제정세가 탈냉전 방향으로 발전하는 동시에 사회주의권은 붕괴되는 상황이었다. 체제생존이 위협받는 상황에서 북한 나름의 자구自救를 위한 노력이 시작되었다. 북한의 모습과 실체가 작은 변화나마 시작했었다는 점에서 1989년에 국내 출판사가 출간한 『북한의 인식』이라는 총서는 북한에 대한 지식과 정보의 갈증을 느끼던 사람들에게 매우 유익한 길잡이 역할을 했다고 본다.

그로부터 17년이라는 시간이 흐르는 동안 국제정세도 변했지만, 남북관계는 가히 '극적인 변화'라고 할 수 있을 정도로 변했다. 남북 정상회담 이후 남북관계가 빠른 속도로 개선되면서 북한도 다른 사회주의국가들처럼 개방·개혁을 시작했고, 북한주민들의 대남인식과 북한사회의 변화도 감지되고 있다. 북한을 제대로 알아야 한반도 평화와 남북관계 개선을 위한 올바른 인식과 정책대안이 나올 수 있다는 점에서 17년 전의 북한학 총서를 수정·보완할 필요는 충분히 있다. 그때의 총서가 당시로서는 훌륭한 역할을 했지만, 최근의 변화 상황까지 설명할 수는 없기 때문이다.

21세기를 맞이하여 북한도 새로운 시각과 관점에서 살 길을 찾고 있다. 변하고 있는 북한을 분석하고 평가하는 데도 새로운 시각과 관점이 필요하게 되었다. 그런데 매사에 지속(continuity)과 변화(change)가 공존하기 때문에 변화의 요소를 보면서도 지속의 요소를 놓쳐서는 안 된다.

이번에 북한연구학회의 북한학총서를 집필한 학자들 중 상당수는 1990년대에 박사학위를 받고 대학과 연구기관에서 가르치고 연구해온 신진학자들이다. 그러나 집필진에는 원로학자도 있고 중진학자도 적지 않다. 신진학자들과 원로·중진이 함께 토의하고 분야를 나누어 집필하여 하나의 총서로 꾸몄으니, 집필진 구성면에서 노老·장壯·청靑 3결합이 조화롭게 이루어진 셈이다. 북한연구학회가 출간하는 총서『북한의 새인식』은 변화된 상황에 맞게 적시에 출간되기 때문에 의미가 크지만, 북한에 대해서 가질 수 있는 편견을 극복하고 북한 실체에 더 가까이 다가갈 수 있도록 집필진이 구성되었다는 점에서도 주목을 받을만하다고 본다.

다시 한 번 북한연구학회의『북한의 새인식』총서 출간을 축하하면서, 북한문제에 관심 있는 분들, 특히 통일 후계세대들에게 이 책을 추천하고자 한다.

2006년 11월
북한연구학회 명예고문을 대표하여
丁 世 鉉

< 차 례 >

- 발간사
- 추천사

서 문
- 북한의 교육과 과학기술 연구의 발전을 위한 과제 〈김동규〉 ▮ 1

제1부 북한교육의 형성과 발전
- 북한 사회주의 교육의 형성: 교육기회 확대를 중심으로 〈이향규〉 ▮ 7
  1. 교육개혁의 방향 ··· 7
  2. 문해운동 ··· 9
  3. 학교건설과 초등의무교육제 ··· 22
  4. 개혁의 결과: 사회주의 주체 형성 ·· 35

- 김일성종합대학의 창설에 관한 연구 〈김기석〉 ▮ 45
  1. 서 언 ··· 45
  2. 교육개혁세력의 조직화: 당과 교육국 ··· 49
  3. 종합대학교안의 실행 ·· 56
  4. 교수 충원 ··· 62
  5. 결 어 ··· 75

- 북한 고등인력의 양성과 발전(1945~1960) 〈신효숙〉 ▮ 89
  1. 들어가는 말 ··· 89
  2. 국가 건설과 사회주의적 민족간부 ·· 91
  3. 고등인력 양성의 특징 ·· 99
  4. 8월 종파사건 이후 교육계·학계의 사상검열운동 ············· 113
  5. 전후 북한사회의 재편과 고등인력정책에 대한 평가 ········ 123

▫ 종합기술교육의 도입과 현 실태:
'전면적으로 발달된 인간의 형성' 〈조정아〉 ┃ 135
  1. 서 론 ··· 135
  2. 종합기술교육 이론과 소련에서의 적용 ······················ 138
  3. 북한의 산업화와 종합기술교육의 전개 과정 ·············· 143
  4. 교육과정의 특성 ·· 146
  5. 종합기술교육의 성격 ·· 151
  6. 종합기술교육의 변형과 현 실태 ································ 158
  7. 결 론 ··· 162

▫ 북한의 학문분류체계: 인문사회과학 분야를 중심으로 〈강성윤〉 ┃ 173
  1. 서 언 ··· 173
  2. 교육과 연구의 제 영역에서 분류 ······························ 174
  3. 학문분류체계의 종합화와 시안 ································· 188
  4. 결어—학문분류체계의 특징 ······································ 194

제2부 북한교육의 현재와 전망

▫ 북한교육의 이념과 목적 〈한만길〉 ┃ 203
  1. 북한교육의 이념적 배경 ··· 203
  2. 북한헌법을 통해 본 교육 목적 ································· 204
  3. 교육관련 법령을 통해 본 교육목적 ·························· 207
  4. 1990년대 통치 이데올로기와 교육 목적 ··················· 212
  5. 북한 교육 목적의 특징 ·· 215
  6. 북한 교육 목적의 변화 전망 ···································· 217

▫ 북한의 학교교육제도의 변천과 구조 〈최영표〉 ┃ 223
  1. 서: 문제의 제기 ··· 223
  2. 북한 학제의 변천 ·· 225
  3. 북한 학제의 구조 ·· 228
  4. 북한 학제의 논의 ·· 247

▫ 북한의 교육과정 정책 〈권성아〉 ▮ 253
  1. 교육과정에 대한 북한의 인식 ·· 253
  2. 북한 교육과정 정책의 변화 ·· 258
  3. 북한 교육과정의 변화 방향 ·· 286

▫ 북한 중등학교 규율과 학생문화 〈조정아〉 ▮ 297
  1. 서 론 ··· 297
  2. 북한 중등학교 규율 ·· 300
  3. 규율 통제 방식 ··· 307
  4. 학생 문화와 규율에 대한 저항 ··· 313
  5. 결론: 북한 중등학교 규율과 '반학교문화'의 특성 ············· 330

▫ 북한 교육의 변화 동향과 발전 과제 〈한만길〉 ▮ 345
  1. 북한 교육에 대한 관점 ··· 345
  2. 북한 교육의 발전 과정 ··· 346
  3. 북한 교육의 실용주의적 개선 시도 ······································ 350
  4. 북한 교육의 발전을 위한 과제 ··· 356
  5. 북한 교육 지원을 위한 제언 ··· 366

제3부 북한의 과학기술

▫ 북한 과학기술의 역사적 전개 〈김근배〉 ▮ 375
  1. 과학기술로의 매진 ·· 376
  2. 소련 과학기술의 모방 ·· 379
  3. 과학의 주체, 사상의 주체 ··· 383
  4. 주체사상과 주체과학 ·· 387
  5. 주체과학 대 선진과학 ·· 391
  6. 북한 과학기술의 향방 ·· 393

□ 과학교육계획 〈이춘근〉 ❘ 401
  1. 서 론 ·· 401
  2. 경제계획과 과학기술계획의 연계 ······································ 402
  3. 주력 연구과제의 변화 ·· 410
  4. 북한 과학기술계획의 특성과 최근의 변화 ······················· 420

□ 과학기술체제 개혁 〈이춘근〉 ❘ 431
  1. 서 론 ·· 431
  2. 북한의 경제개혁과 과학기술에 대한 수요 변화 ············· 432
  3. 북한의 과학기술체제 개혁 ·· 438
  4. 결론 및 전망 ··· 455

□ 학술 활동 및 기술 확산:
  학술지, 특허 및 정보 네트웍 〈최현규〉 ❘ 461
  1. 머리말 ··· 461
  2. 북한 과학기술정보 유통 구조와 체계 ······························ 462
  3. 북한의 발명특허 제도 및 산업 표준 제도 ······················· 481
  4. 맺는말 ··· 491

□ 북한의 정보화 교육 〈김유향〉 ❘ 497
  1. 개 요 ·· 497
  2. 북한의 정보산업 발전전략과 정보기술인력 양성 ············ 499
  3. 북한의 정보화 교육 ··· 501
  4. 교육부문의 정보통신 기반시설 현황 ································ 512
  5. 맺음말 ··· 514

□ **찾아보기** ❘ 521
□ **필자약력** ❘ 531

서문:
북한의 교육과 과학기술 연구의 발전을 위한 과제

김 동 규

    1990년대 중반부터 북한에 대한 학문적 연구가 본격화된 이래 10년의 시간이 지났으나 그동안은 주로 정치학 분야의 연구가 주류를 이루워 왔을 뿐, 사회·문화·예술·교육과 같은 영역의 연구는 근년에 들어서 연구자와 연구물이 상당수 나타나고 있다. 그러나 북한의 교육이나 과학기술 분야는 전문가층이 두텁지 않으며 다른 분야에 비하여 연구 실적이 많지 않은 편이다.
    사실, 북한은 1960년대 사상·기술·문화라는 이른바 '3대혁명'을 국정운영의 지표로 내 세우면서 온 나라의 이론과 실천을 여기에 근거하였다. 사상에서는 김일성의 주체사상과 당의 유일사상체계, 기술에서는 과학기술이라는 명목 하에 군사무기의 연구와 개발, 문화에서는 공산주의적 도덕관 즉, 집단주의 정신의 함양과 함께 계급혁명적 교양을 모티브로 하는 문학예술의 구현을 목표로 삼아 왔다.
    여기서 오늘날 북한에서 이루어지고 있는 학교교육의 모습과 과학기술 교육의 동향을 개략하고, 이 분야에 관한 남한의 북한연구는 어떠하며 앞으로의 연구과제와 방법에는 어떤 것들이 있을지에 대하여 몇 가지 살펴보고자 한다.

그동안 북한이 당중앙 차원에서 가장 중요시한 것은 군사정책이었고, 다음으로는 학교교육 정책이었다. 3대혁명에서 순서를 사상·기술·문화라고 기술하고 있는 것도 바로 이러한 까닭이다. 김일성은 인민들로 하여금 머리는 투철한 혁명정신으로 무장시키고 손에는 최신무기를 쥐어주면 세계에서 가장 강력한 국가로 만들 수 있다고 판단하였던 것이다.

따라서 북한은 탁아소부터 대학에 이르기까지 오로지 사상교육에 집중하고 있음은 교과목명과 교과내용에서 잘 나타나고 있다. 사상교육에 대한 강조는, 각급학교에서 필수 교과목으로 설정되고 있을 뿐만 아니라 심지어 외국어, 역사, 지리, 수학과 같은 비정치적 교과목은 물론 음악, 체육, 미술과 같은 예체능 분야의 교과목에까지 연결시키고 있어 세계적으로 특이한 교육방법을 실시하고 있음을 보게 된다.

과학기술 분야의 교육에서는 그동안은 주로 이론중심의 재래식 학습법에 치중해 왔으나 1990년대 들어 서방세계의 최첨단 군사무기 개발에 자극받아 강성대국론 건설을 목표로 IT산업에 박차를 가하고 있고, 학교 현장에서는 과학기술 학습을 위한 프로그램이 도입되고 있다. 한편 북한은 남한보다 10년이나 앞서 1960년대부터 컴퓨터 개발 연구를 시작하여 1979년 김일성종합대학에서 '룡남산 1호'를 제작하였고 현재는 평양 컴퓨터 조립공장에서 연간 3만대의 생산을 하고 있지만 대부분 386급 수준이다. 반도체 기술 수준에 있어서도 세계적 선두주자인 남한에 많이 뒤떨어져 있다. 이러한 배경에는 특히 1990년대 이후 북한의 장기적 경제침체 및 미국의 경제봉쇄가 과학기술 발전에 심각한 제동으로 작용하고 있기 때문이기도 하다.

그리하여 북한은 IT산업에서 하드웨어 보다는 소프트웨어 쪽으로 방향을 바꾸어 '조선과학원'을 중심으로 '평양정보센터', '조선컴퓨터센터', '은별컴퓨터기술연구소', '김일성종합대학', '김책공업종합대학' 등에서 각종 교육용 소프트웨어를 개발하고 있다. 이러한 정보산업은 그 본래의 취지와 목표가 앞으로의 전자전電子戰에 대비한 군사용에 보다 중점을 두고 있기 때문에 주민들의 일상생활이나 국가 행정관리의 효율성을 꾀하는 것과는 거리가 멀다고 할 수 있다.

한편 금년 들어서는, 미국의 MS 윈도로는 국내의 각종 정보가 해외로 유출될 보안상 위험이 있다고 하면서 우리는 '우리식 운영체계(OS)'를 개발하여 사용할 것이라 했다. 그 대표적인 연구기관이 '오산덕정보센터'이다.

또한 IT교육에 있어서도 각급학교에서 선발된 수재들을 중심으로 제한된 전문가를 양성하는 '수재교육' 방식을 취하고 있으며, 일반 주민들은 인터넷이 아닌 인트라넷으로만 접속되는 제한성을 취하고 있다.

그러면 이와 같은 북한의 학교교육과 과학기술교육 정책에 대하여 통일을 앞두고 남한의 북한교육 연구자들이 수행해야 할 연구과제와 방향은 어떠해야 하겠는가?

첫째로 머리부터 발끝까지 체질화(coding)되어 있는 사회주의 계급혁명 정신과 주체사상과 같은 특수가치관을 보편가치관으로 바꾸는데 (decoding) 필요한 이론개발과 실천방안 연구가 있어야 한다. 즉, 의식화의 재의식화 작업에 관한 것이다. 이것은 김정일식의 주장처럼 '인간개조이론'인 것이다. 분단국가의 재통일 이후 통합과정에서 가장 어렵고 중요한 것이 이질화된 가치관의 동질화로서, 현재 동서독의 사례에서도 쉽게 알 수 있다.

둘째로 통일 이후의 '학교교육 표준 모델'을 구상하는 것이다. 현재 남북한의 학교교육 이념과 체제를 융합한 과도기적 모델 연구와 함께 그 이후의 통합 모델까지 수립해야만 한다. 새로운 통일국가의 학교교육 이념과 목표, 제도, 행정체계, 교과목 편수, 교과내용, 교육방법, 교사교육에 이르기까지 완전한 표준모델을 연구하는 것은 통일교육 연구자에게 국가적 차원의 지원사업의 하나로 이루어져야 한다.

이것은 이미 1996년에 발족한 <통일교육학회>나 2002년에 결성된 한국교육학회 내의 <통일교육연구분과>의 조직을 중심으로 수행할 수도 있다고 본다.

끝으로 앞으로는 통일을 위한 남북한간의 문제를 모두 정치경제적인 코드로만 접근하지 말고 사회, 문화, 교육과 같은 비정치적인 관점에서도 접근하는 대북정책이 있어야 할 시점에 이르고 있다.

1990년대 소련의 공산주의체제 붕괴와 함께 동구 공산권 국가들의 소멸이 도미노 현상을 초래했음에도 불구하고 유독 북한정권만이 그 권력을 유지하고 있는 가장 큰 이유는 바로 북한의 특유한 학교교육의 결과라고 볼 때, 북한교육에 대한 연구는 북한체제의 본질과 특징을 파악하는 매우 중요한 과제인 것이다. 그러나 이러한 학교교육도 1995년 이후 본격화된 식량난으로 평양과 일부 중심도시를 제외한 농어촌의 대부분 학교에서는 사실상 교육 불능 상태에 처하고 있어 통일 후의 학교교육에서 남북한간 학력 격차 문제가 하나의 심각한 변수로 대두될 것이다.

이상과 같은 과제와 전망에서도 통일의 형태가 모델 설정에 결정적인 변인으로 작용할 것이기 때문에 통일 시나리오별 학교교육 표준모델의 연구도 함께 수행해야 하는 매우 복잡하고 어려운 과제가 북한 교육 연구자들에게 주어져 있다.

이번에 북한연구학회의 발족 10주년 기념 기획 연구 가운데 북한의 교육 및 과학기술분야에 관한 여러 전문학자들의 논문은 북한의 특성 및 객관적 이해에 많은 도움이 될 것이며 앞으로 통일국가 교육모델 연구에도 좋은 자료가 될 것이라 생각한다.

제1부
북한교육의 형성과 발전

이향규 북한 사회주의 교육의 형성
김기석 김일성종합대학의 창설에 관한 연구
신효숙 북한 고등인력의 양성과 발전
조정아 종합기술교육의 도입과 현 실태
강성윤 북한의 학문분류체계

북한 사회주의 교육의 형성:
교육기회 확대를 중심으로

이 향 규

1. 교육개혁의 방향

　35년간 식민지 지배가 끝났을 때, 조선의 교육 문화수준은 매우 낙후되어 있었다. 1944년 5월 조선총독부 총인구조사 자료에 의하면, 조선인 전체인구의 86%가 어떤 정규교육도 받지 못하였다. 취학자의 경우에는 그 대부분이 초등학교 졸업 수준이며, 2년제 간이학교만 마친 이도 많았다. 중등학교 교육 이상을 받은 조선인은 전인구의 1% 미만으로 극히 적었다. 여성교육의 경우 그 정도가 더 심각하여, 전체 여성인구의 95%가 전혀 학교교육의 경험이 없었다. 식민지배 말기 이루어진 학력별 인구조사 자료는 식민지배 결과 남겨진 일반 민중의 교육 상황을 분명하게 보여준다.

<표 1> 조선의 학력별 인구구성(1944년 5월 현재)   (단위: 명)

학교별	남	녀	계 (%)
대학졸	7,272	102	7,374(0.03)
전문졸	18,555	3,509	22,064 (0.1)
중등졸	162,111	37,531	199,642 (0.8)
초등졸*	40,702	9,240	49,942 (0.2)
초등졸**	1,281,490	355,552	1,637,043 (7.2)
초등중퇴	190,250	64,555	254,805 (1.1)
간이학교	864,308	115,814	980,122 (4.3)
불취학자	8,430,940	11,211,835	19,642,755(86.2)
계	10,995,628	11,798,138	22,793,766(99.9)

자료: 朝鮮總督府, 朝鮮人口調査報告 其二, 1944년.
 (표주) * 국민학교 고등과 졸업
    ** 국민학교 심상과(尋常科) 졸업

전 인민의 교육수준이 극히 낮은 상황에서, 해방 직후 북한교육개혁의 가장 중요한 목표는 교육기회를 확대하여 무지한 이들을 교육하는 것이었다. 이는 식민지 시기 일본제국주의의 교육정책이 조선인에 대한 '교육기회의 제한'으로 일관되어왔던 점에 비추어보면, 자주적 독립국가가 수행해야 할 당연한 조치로, 남한에서도 동일하게 강조되었던 일이다.

당시 북한의 당과 정권은 교육기회의 확대 방침을 강령과 법령 등을 통해 일관되게 강조하였다. 1946년 3월 북조선임시인민위원회가 발표한 「20개조 정강」에는 "전반적 의무교육제를 실시하며 국가경영인 소, 중, 전문, 대학교들을 광범히 확장할 것(제16조)"이라고 명시되어 있다. 1946년 9월에 발표된 북조선로동당 강령에도 "인민교육의 개혁을 실시하며 각종 학교 내에서의 교육과 교양사업에서 일본 교육제도의 잔재를 숙청하며 재산 형편과 신앙 및 성별을 불문하고 전 조선인민에게 공부할 권리를 보장하는 동시에 조선 민족 문화 예술 및 과학의 정상적 발전을 도모할 것(제10조)"을 과업으로 밝히고 있다. 1948년 9월 9일 수립된 '조선민주주의인민공화국' 정부강령에도 "1950년도에는 초등의무교육제를 실시할 것이며 미취학아동들을 학교에 최대한도로 수용하고 초급중학교와 고급중학교의 진학률을 향상시키기 위하여 학교망을 대대적으로 확충"하고, "성인교육을 장려하여 인민들의 문맹퇴치는 물론 그들의 문화수준을 더욱 향상시키기 위하여 성인학교, 성인중학교를 확장"한다고 밝히고 있다. 요컨대 해방직후 북한 초기 개혁에서 가장 중요한 과제는 학교망을 대대적으로 확충하여 그동안 교육기회를 갖지 못했던 인민이 적절한 교육을 받을 수 있도록 하는 것이었다.

대중 교육기회의 확대는 크게 두 가지 영역에서 이루어졌다. 하나는 식민지 하에서 교육받을 기회를 갖지 못하고 학령기를 넘긴 성인들에게 교육기회를 제공하는 것이고, 다른 하나는 해방된 조국에서 새롭게 교육받는 어린이, 청소년들에게 적절한 학교교육기회를 제공하는 것이었다. 이 글에서는 이 시기 가장 성공적으로 전개되었던 두 가지 교육운동, 즉 '문맹퇴치운동'과 '학교건설사업'을 중심으로, 해방 후 북한지역에서 교육기회가 어떻게 확대되었는지를 다룬다. 교육기회 확대사업은 어떤 방식으로 전개되었는지, 그 결과 북한교육은 어떤 특징을 획득해갔는지, 나아가 북한사회는 어떤 방식으로 재편되었는지를 다룬다.

2. 문해운동[1]

어느 사회에나 마찬가지 이지만, 사회주의국가에서 문해교육은 특히 중요하다. 문자 생활을 할 줄 아는 것은 사회주의 교육이 이상으로 삼는 '전면적으로 발달된 사회주의적 인간' 형성의 출발점이다. 한편 이는 사회주의의 현실적 생존을 위해서도 필요한 일이다. 맑스가 예견한 바와는 달리, 현실에서 사회주의 혁명이 성공한 국가는 생산력이 낙후되어 있는 농업국가나 식민지에서 갓 해방된 신생독립국인 경우가 많다. 생산력이 충분히 발달하지 않은 사회에서 사회주의체제를 구축하고자 할 때 이에 동원되는 인민들의 이념적 동조가 특히 필요하였다. 소련, 중국 등 사회주의 제국가의 국가건설 초기단계에서 사회주의적 사상 무장이 강조되고, 일상적인 선전 및 의식화작업이 이루어지는 것은 사회주의적 의식을 발달시켜 낙후된 생산력 및 불안정한 생산관계를 선도해 나가야 하기 때문이다.

북한도 이 점에서 마찬가지였다. 당과 정부가 추진하는 토지개혁, 노동법령실시, 각종 선거 등 각종 사회개혁이 성공하기 위해서는 대중들의 참여가 절대적으로 필요하였다. '근로인민 대중'의 참여를 이끌어내기 위한 각종 선전사업을 연일 진행되었다. 그런데 "인민들 가운데 문맹"이 많음으로 인해 "무수히 출판되는 선전문건들은 그들에게 영향을 주지 못하며 절박한 필요가 있어도 자기의 성명을 기록하지 못하여, 자유권리에 관계되는 문서를 열독하지 못"하였다. 결국 "문맹된 개인들의 불편과 고통은 말할 것도 없는 것이며, 사회적 손실이 또한 막대"하였다. "인민들 가운데 문맹이 많은 사실은 민주조선건설에 일대장애"가 되므로, 당과 정부는 "문맹퇴치운동"에 총력을 기울였다.

북한에서 문해운동은 해방직후부터 전개되어 1949년 3월 일단락된다. 공식적인 발표에 따르면 문해운동의 대상이었던 230만 명의 비문해자는 이 기간동안 모두 글을 깨치게 된다. 해방 후 3년 반 만에 문맹을 일소했다는 것은 매우 단기간에 이루어진 성공이라고 할 수 있다. 그러면 이 운동은 어떻게 진행되었는가?

1) 비문해 상황

비문해자의 파악은 문해의 기준을 어떻게 설정하느냐에 따라서 달라진다.2) 북한의 모든 공식문서는 "해방 후 북한에 230만 명의 문맹자가 있었다"고 보고하고 있다. 문해운동의 대상이 되었던 230만 명의 비문해자는 12세 이상 50세 미만 사람들로, 초등학교의 입학연령을 넘긴 청소년부터 아직 충분히 경제활동을 할 수 있는 성인까지를 기준으로 삼은 것이다. 그러므로 이는 북한 내의 비문해자 총수라기보다는, 문해운동의 직접적 대상이 된 경제활동인구라고 보는 편이 정확하다. 비문해자는 해당연령자 중 한글을 읽고 쓸 줄 모르고 간단한 계산을 할 수 없는 자로 규정되었다.

1945년 말 각 지역마다 문해조사가 있었다. 문해자 파악은 행정구역의 최소단위인 리(동)를 단위로 하여 각 정당과 사회단체 책임자, 학교장, 직장책임자들이 일정한 지역을 분담하여 조사하였다. 조사방법은 우선 조사원이 각 가정을 방문하여 간단한 질문과 시험을 거쳐 문해여부를 확인하여 명부를 작성하였다. 그 후 비문해자로 지목된 사람들을 리인민위원회에 모아 놓고 간단한 한글 읽기와 받아쓰기 및 산수시험을 본 후 그 결과에 따라 문해여부를 판정하였다. 각 지방인민위원회는 이렇게 파악된 사람들로 문맹자명부를 작성하고, 그 사람들을 대상으로 문해운동을 계획하고 실행하였다. 이렇게 파악된 비문해자 총수가 230만 명이었다.3)

이 230만 명이라는 실수實數를 통해 당시 북한의 문해율을 짐작하기는 어렵다. 1946년 인구자료에 의하면, 12세 이상 50세 미만 북한인구는 약 540만 명이다.4) 540만 명 가운데 230명이 비문해자라면 비문해자 비율은 약 42%가량이다. 이 비율은 다음과 같은 점에서 비문해율로 신뢰하기 어렵다. 남한과 비교하여 그 차이가 너무 크다. 이 시기 남한의 비문해자는 약 798만 명으로 알려졌다.5) 남한의 비문해율은 약 77% 정도였다. 동일한 역사적 경험을 한 남북한이 이처럼 다른 비문해율을 보이는 것은 문해기준이 상이하거나 조사방법에 차이가 있음을 나타낸다. 남한과 비교해 볼 때 북한의 비문해자 수가 과소 추정되었을 가능성이 크다. 더욱이 앞의 <표 1>에서 보이는 바와 같이 일제시대 불취학자수가 86%라면, 비문해자수는 그에 상응하는 비율일 가능성이 높다. 한편 북한의 출판물들도 해방직후 공화국 북반부 전체 성인 인구의 대다수가 문맹자였다고 밝히고 있다. 이에 잠정적으로 내릴 수 있는 결론은 문해조사가 해당연령 인구 전체를 모두 포괄하지 못했다는 것이다. 그러므로 당시 12세 이상 50세 미만의 총인구에 비교하여 '비문해율'을 계산하는 것은 큰 의미가 없다. 단지 두 가지 진실을 알 수 있을 뿐이다. 하나는 "성인인구의 절대다수가 문맹자"6)였다는 것과, 다른 하나는 목하 퇴치대상이 된 비문해자 총수는 230만 명이었다는 것이다.

2) 문해운동 조직

국가적 사업으로 전국적 운동이 벌어지기 이전에 이미 민간부문의 자발적인 문해운동이 전개되고 있었다. 해방이 되자마자 이미 각 지방에는 농촌학교, 야간학교, 야학회, 성인학교, 한글강습소, 어머니학교 등의 이름으로 한글을 가르치는 자발적 민간 강습소 들이 우후죽순처럼 생겨났다. 이는 교육기회가 심하게 제한되었던 식민지 지배에서 해방된 조선인들에게는 당연한 행위였다. 민간의 자발적인 학습이 계속되는 동안, 한편에서는 이를 전국적으로 조직하는 국가기구가 정비되어갔다. 문해운동을 총괄했던 대표적인 국가기구는 교육국 산하의 성인교육부, 문맹퇴치지도위원회, 문맹퇴치검열위원회이다.

성인교육부는 1945년 10월, 교육국이 설립되면서 그 하부기관으로 만들어졌다.7) 성인교육부에서는 문해조사와 그 결과 파악된 비문해자 통계에 의거하여 전국적인 문해운동 계획을 세웠다. 전국적으로 설립되어야 할 학교 수와 취학 학생 규모를 정하고 연차적 계획을 마련하였다. 예컨대 성인교육부는 1946년 2월, 당해 1년간 도별문맹퇴치계획지표를 발표하여 1년간 성인학교 1만 6천개, 취학인원수 47만 4천명을 달성할 목표를 세웠다.8)

문맹퇴치지도위원회(이하 지도위원회)는 중앙정부에서부터 도, 시, 군, 면, 리까지 조직된 문해운동 집행 특별기구로 1946년 12월에 설립되었다. 여기에는 각 정당과 사회단체 및 보도기관이 총망라되어 있었다. 중앙위원회의 위원장은 교육국장이 맡았다. 중앙지도위원회에서는 교과서와 교수안을 작성하고, 졸업시험을 관할하였다. 도지도위원회는 총무부, 조직부, 선전부, 출판부 등의 전문부서를 두어 도 단위 사업을 감독하였다. 시, 군지도위원회에는 동원선전부, 강사부, 학용품 및 필수품 공급계, 연료대책계, 교사설치계를 두어 연료와 교구비품 등 성인학교의 교육환경을 마련하는 일을 담당하게 하였다. 그 하위조직은 면지도위원회로 총무, 선전반, 지도반, 동원반으로 구성되었다. 문맹퇴치지도위원의 최하위조직으로 문맹퇴치지도반을 두었다.9)

문맹퇴치검열위원회는 1946년 12월 설립되었다. 각급 인민위원회 교육부 시학을 책임자로 하여 중앙정부단위에서부터 최소행정단위까지 포괄하며, 이름 그대로, 문해운동이 당과 정부의 지시대로 집행되는가를 검열하였다. 검열위원회의 임무는 또한 졸업시험을 검열하고 그것을 평가하여 중앙교육행정기관에 보고하는 것이었다.

운동을 주도하는 공적 집행기구가 구성되면서, 각계에서 비조직적으로 이루어졌던 문해운동은 더욱 활발히 조직적으로 이루어졌다. 1946년 12월부터 국가적 차원의 전국적 문해운동이 본격화되었다. 농한기 겨울을 중심으로 세 차례의 집중적인 문해운동이 전개되었다.

3) 문해운동의 전개

(1) 1946년 12월~1947년 11월

임시인민위원회는 1946년 11월 법령 <동기농촌문맹퇴치운동에 관한 건>을 발표하여 동년 12월부터 1947년 3월 말까지 "강력한 동기농촌문맹퇴치운동을 전개"할 것을 밝힌다. 리인민위원회의 문맹자명부에 등재되어 있는 성인 남녀들은 매일 2시간씩 성인학교에서 수업을 받아야했다. 성인학교운영에 필요한 소요경비는 인민위원회가 부담하고, 부족한 시설은 각급학교, 공회당, 구락부, 도서실, 가옥 등 다수가 모일 수 있는 장소를 모두 활용하도록 하였다. 특히 학교의 위치가 중시되었다. 성인남녀들이 현실적으로 취학할 수 있도록 통학거리를 조절하여야 했다. "학교가 멀면 의식수준이 낮은 사람들과 곤란한 사정이 제기되는 사람들, 특히 애기 어머니들과 나이 많은 늙은이들은 학교에 제대로 출석하지 않을 수 있기 때문"이었다.10) 교사는 각급 학교교원, 정당, 사회단체나 문화단체원 중 적임자를 시, 면 위원장이 임명하여 충원하였다. 교과서는 교육국에서 제작된 것이 보급되었다. 그러나 당시 물자의 부족으로 충분한 교재가 공급되지 못하자 신문에 지상교재紙上敎材를 연재하는 등 다양한 방식으로 그 문제를 해결하고자 하였다.11) 3개월간의 교육이 끝날 무렵 문맹퇴치검열위원회를 파견하여 수강생에게 소정의 국가시험을 거친 후에 문해자에게 수료증을 주었다.

이 시기의 문해운동은 이후 전개되는 문해운동의 전형을 보여준다. 지방 인민위원회 조직을 통한 비문해자의 파악 및 강제취학, 농한기 매일 2시간의 의무교육, 가용한 제반시설과 교사의 활용, 국가가 제작한 표준화된 교과서의 사용, 검열위원회의 검열 후 수료 등은 북한의 국가주도적 문해운동의 일반적인 과정이다.

1947년 문해운동으로 성인학교 2,780개교가 신설되고 4만여 교원이

동원되어 49만 2천 명이 글을 알게되었다. 이 해 운동은 농번기에도 계속되어 동년 11월까지 약 9만 3천 명이 글을 읽게 되었다. 해방 후 2년간의 운동으로 문해자는 110만 명이 넘었으며 이는 전체 비문해교육대상자의 약 50%에 해당하는 수이다.

1947년 4월 성인학교체계가 발표되었다. 이것은 문해성인의 계속교육을 위한 교육체제를 확립하는 것이었다. 우선 문해학교의 이름이 성인학교에서 한글학교로 바뀌었다. 대신 성인학교는 문해성인을 위해 초등학교 수준의 교육을 실시하는 2년제 신설학교를 지칭하게 되었다. 성인학교를 졸업하면 성인중학교에 진학하게 되었다. 성인중학교는 3년제 학교로 중학교 교육과정을 가르쳤다. 1947년 1,156개의 성인학교에서 5만 4천 5백여 명의 성인이 수학하였다. 성인중학교는 1947년에 계획된 54교보다 40개 이상 초과 건설되어 95개교가 신설되었다.[12] 이 성인교육체계는 문해운동에 후속한 성인계속교육 시스템으로, 북한의 초기 사회교육체제가 갖추어지는 것을 의미하였다.

(2) 1947년 12월~1948년 3월

1947년 말 48년 초의 농한기는 문해운동이 가장 강력하게 수행된 시기이다. 1947년 11월 인민위원회는 다시 <문맹퇴치운동에 관한 결정>을 발표하여 "1949년 3월 전에 북조선 내에 문맹을 일소하기 위하여" 다음과 같은 사항들을 결정하였다. 1947년 12월부터 1948년 3월까지를 '북조선문맹퇴치돌격운동기간'으로 결정하고 전 인민이 이를 위해 힘쓰도록 하였다.

중앙과 지방의 문맹퇴치지도위원회를 중심으로 문해운동의 선전 및 대중동원 사업이 광범하게 전개되었다. 선전 및 대중동원은 크게 세 차원으로 나누어 볼 수 있다. 첫째 문맹자를 한글학교에 나오도록 선전하는 것이다. 둘째, 부족한 한글학교 교사충원을 위한 선전 및 대중동원이다. 셋째, 학교사업에 필요한 물적자원을 후원받기 위한 대중선전이다.

<출석독려>
　비문해자의 전원 취학을 위한 선전은 '애국주의'와 결합되어 전개되었다. '문맹'은 개인적인 일이 아니고, '일제의 악독한 35년간의 통치의 유산'[13]이라는 점이 강조되었다. 책임은 개인에 있는 것이 아니라 일본 제국주의에 있는 것이다. 그러므로 '문맹퇴치'는 개인의 문제가 아니라 일제 식민지 잔재를 청산하고 사회주의사회를 건설하기 위한 전사회적 과제이자 애국의 길이다. 당시 농촌과 공장, 거리에 붙여진 표어들은 다음과 같은 것들이었다.

　"일제가 만들어놓은 문맹을 속히 없애자!"
　"농민들이여! 농촌에서 문맹을 없앰으로써 농촌문화를 발전시키자!"
　"로동자들이여! 직장에서 문맹을 완전히 퇴치함으로써 기술과 생산력을 더욱 높이자!"[14]

　이 표어들은 비문해가 사회적으로 만들어진 것과 마찬가지로, 전성원의 문해 또한 사회적으로 필수적인 문제라는 점을 분명히 하고 있다. 그들은 한글을 배워야 한다. 왜냐하면 그것이 그 시대의 가장 중요한 과업이며, 조국 건설에 필요한 일이기 때문이다. 글을 알아야만 새로운 사회건설의 주체로서 자격을 부여받을 수 있었다.
　비문해자의 출석독려 사업에는 각급학교 학생들이 동원되었다. 초급중학교, 고급중학교, 전문학교, 대학생들은 방학 중이나 방과 후에 조별로 '문맹퇴치해설대', '가창대', '기동선전연예대'를 구성하여 정치선전 사업을 진행하였다. 인민학교와 초급중학교의 소년단원들은 '문맹퇴치'라고 쓰인 완장을 두르고, 마을 사람들을 보면서 "문맹퇴치합시다"라고 외치며 경례를 하였으며 매일 방과 후 북과 징을 울리며 집집마다 방문하고 마을을 행진하였다.[15]
　한편 육아나 집안일을 해야 하는 사정에 의해 출석하지 못하는 비문해자의 교육을 위해서 선전부원들이 직접 비문해자의 집에 가서, 집안 일을 대신하거나 수업시간동안 어린 아이들 돌보아주는 일을 하였다. 이러한 도움은 문해운동이 실질적으로 전개될 수 있도록 하는 저변의 힘이 되었다.

<교사충원>

교사가 부족한 상태에서, 글을 가르칠 수 있는 사람이면 누구나 교사가 될 수 있었다. 많은 학생들이 조직적으로 동원되었다. 문해운동에 지식인, 학생의 참여가 요구되는 가운데, 1947년 12월, 김일성종합대학 학생들은 방학기간 중에 각 학생이 적어도 30명의 비문해자를 퇴치하고 5명의 한글학교 및 성인학교 교사를 길러내기로 결의하고, 이것을 전국의 대학에 호소한다. 이에 평양교원대학, 청진교원대학, 청진의과대학 대학생을 비롯하여 각급 초등, 중등학교 학생들까지 이 운동에 동참하게 된다.16) 이들 학생들로 문맹퇴치학생대가 조직되어 문맹퇴치돌격기간 중에 교사로 파견된다. 문해운동에 학생들이 참여한 것은, "학생들 자체를 정치사상적으로 단련시키는데서도 좋은 계기"가 되었다. 왜냐하면 이를 통해 "학생들은 더 많이 배우고 자신을 단련할 수 있었으며 배운 지식을 실천에서 보람 있게 써먹을 수 있었고 그것을 더욱 공고히 다져 나갈 수"17) 있었기 때문이다.

<물자지원>

부족한 물자를 공급하기 위해 각 지역마다 문맹퇴치후원회가 조직되었다. 후원회는 겨울철 난방연료 및 학용품, 교구용품 등을 마련하여 한글학교의 수업을 후원하였다. 교육사업후원은 후원회조직을 통해 이루어진 것만은 아니었다. 농민동맹, 여성동맹 등 사회단체들이 교사수리, 학용품제공 등을 맡기도 하고, 지역의 공장 기업소의 노동자들은 개별 담당 학교를 정해서 필요한 물품과 인력을 제공하기도 하는 등 기존의 사회조직 등을 최대한 활용하였다. 학교의 교육사업에 전 인민이 물적 인적으로 후원하는 것은 비록 문해과정에서 보이는 것만은 아니다. 북한의 학교교육은 해방 후 급속히 팽창하여 1950년 초등학교 의무교육제를 실시할 정도로 발전하였으며 그 동인은 인민들의 지원 및 동원이었다. 문맹퇴치운동과정에 나타난 인민들의 성원은

교육에 대한 북한주민의 지원의 한 형태였다.

이 문해운동에는 가용한 모든 조직이 총동원되어 책임을 분담하였다. 지역 및 기관 내 문해운동의 책임이 각 단체장 및 기관장에게 부과되었다. 각 기업소 및 공장의 책임자는 그 기관 내에 한사람의 비문해자도 남아 있지 않도록 하는 책임을 맡았다. 각급 인민위 위원장은 관할 구역 내의 비문해자를 모두 조사하여 비문해자 총수의 80% 이상을 한글학교에 취학시킬 의무를 지며 또한 관할 내 모든 지식인을 동원 조직하여 한글학교 교원으로 충원토록 하였다. 문맹퇴치돌격운동기간의 최종적인 성과는 교육국장이 1948년 초까지 북조선인민위원회에 보고하도록 되었다.18) 교육국장의 보고에 따르면 1947년 12월부터 다음해 3월까지 95만 1천 6백 명의 비문해자가 이 운동에 참여하여 글을 배웠다. 이로써 '230여만 명의 문맹자' 가운데 90%가 글을 알게 된 것이다.

(3) 1948년 4월~1949년 3월

1948년에는 문해운동이 거의 완료되었다고 평가하여 한글학교가 폐지되었다. 대신 문해교육과 더불어 초보적인 초등교육을 실시하는 1년 기간의 속성성인학교가 설립되었다. 이것은 한글학교와 그 계속교육기관인 성인학교, 성인중학교의 중간단계에 위치한 학교였다. 집중적인 문해운동이 일단락되었으므로, 잔존문맹자를 위해 문해교육을 함과 동시에 그들이 성인학교 정도의 지식을 빠른 시간 안에 습득할 수 있도록 하는 목적에서 만들어진 것이었다. 속성성인학교의 교육기간은 1년이었지만, 농사의 일정에 따라 그 교육강도를 조절하였다. 농한기인 12월에서 3월까지는 일주일에 10시간씩, 농번기인 4월부터 11월까지는 일주일에 2시간씩 수업하였다. 교과목은 국어와 산수 외에 자연, 역사 등도 가르쳤다. 이 해 50여만의 수강생이 수료하였고 이듬해에는 143만여 명이 수료하였다.19)

한편 문해자가 증가함에 따라 그 계속교육기관인 성인학교와 성인중학교의 수도 증가하였다. 1948년 성인학교는 1,491교에 99,800여 명의 학생이 취학하였고 이듬해에 학교는 2,103교, 학생 수는 133,100여 명으로 늘어난다. 성인중학교의 경우 1948년에 161개교, 학생 14,500여 명이 1949년에는 학교 219교, 학생수 25,400여 명으로 증가되었다.[20] 성인학교 실적을 통해 문해운동의 성공과 동시에 성인의 계속교육체제가 확립되어가고 있었음을 알 수 있다.

1948년 12월에서 1949년 3월까지의 '겨울철 문맹퇴치 및 성인재교육 돌격운동 기간' 동안 잔여 비문해자를 대상으로 한 운동이 진행되었다. 이 기간 말에 해방직후 문해조사와 같은 형식의 재조사가 있었다. 그 결과 북한 내에 비문해자가 없음을 확인하고[21] 49년 3월 북한지역 내의 '문맹퇴치의 완결'을 선포한다. 해방 후 3년 반의 짧은 기간에 사회주의 교육개혁의 첫 사업이 완료되었다.

문해운동의 종결에 맞추어 49년 3월, 한글전용표기가 법률화되었다. 이는 문해운동의 성과를 극대화하는 조치였다. 한글 문해가 이루어졌어도 한자가 혼재된 각종 서적 및 신문을 읽는 것은 어려운 경우가 많으나, 한글전용화에 의해 이런 문제가 해소되었다. 한글전용화 방침에 따라 공식문서는 물론 모든 출판물이 한글로 쓰여졌다.

4) 교육과정

문해교육의 목표는 읽고, 쓰기, 셈하기(3R) 기초능력을 갖추는 것이다. 그러나 글은 내용을 담고 있고, 글을 배우는 것은 그 내용을 배우는 것을 함의하기 때문에, 문해는 정치적 '의식화意識化'와 결합되는 것이 일반적이다.[22] 특히 사회주의 국가에서 문해운동은 사회주의 사상교육을 포함한다. 중국의 경우에도 농민이 글자를 읽을 수 있게 될 때쯤이면 중국공산당의 기본 원리를 알 수 있었다.[23] 북한의 경우에도 "한글학교가 그대로 화려한 민주선전실"이었으며 "학생들은 학과 학습뿐만 아니

라 정치시사문제, 증산문제 등을 습득"하였다.[24]

문해가 곧 정치 의식화 과정이라는 점은 교육과정을 통해 확인할 수 있다. 우선 한글학교의 교육목표를 "우리글을 읽고 쓰는 지식을 배워 신문과 같은 대중출판물을 볼 줄 알고, 간단한 가감승제의 계산을 하며, 일반적인 사회정치지식을 소유"하는[25] 것에 두었다. 주요교과인 국어와 산수는 당시 당과 정권이 진행하고 있는 사회개혁내용을 전달하는 선전작업과 결합하여 다루어졌다. 국어시간에 간단한 정세자료나 중요한 시사자료를 독본으로 삼았고, 산수는 당정책자료 및 계획경제 수치 및 현물세現物稅[26] 계산 등을 예로써 가감승제를 가르쳤다.

흥미로운 일은 이 시기에 전개된 '감사편지 보내기 운동'이다. 감사편지 보내기 운동은 이른바 '리계산운동'으로 시작되었다. 리계산은 비문해 여성이었으나, 김일성 인민위원회 위원장과 만나 문해의 필요성에 대해 듣고 감동하여, 한글을 익힌 후 3개월 후 김위원장에게 편지를 보내기를 약속하였고, 결국 그 약속을 지킨 인물로 전해진다. 리계산의 사례는 47년 겨울 신문에 대대적으로 보도되고, '문맹퇴치운동돌격기간' 중에 리계산의 모범을 따라 배우는 '리계산운동'이 광범히 진행된다. 전국의 한글학교 성인학생들은 갓 배운 한글로 김일성 국가원수에 감사의 편지를 보냈다. 1948년 5월 평양에서는 이 편지들을 중심으로 문맹퇴치 전람관이 열렸다. 한글학교 학생들의 작문과 시험답안지 4만여 통이 전시되었다. 전시된 작문 가운데 하나는 문맹에서 벗어난 기쁨을 다음과 같이 표현하였다.

　　우리들이 캄캄한 문맹의 구렁에서 벗어난 기쁨은 이루 다 말할 수 없습니다. 이 기쁨을 우리들은 일생을 두고 결코 잊지 못할 것입니다. 우리들은 오늘 누가 우리 조국과 인민의 진정한 벗이며 누가 우리 민족의 원수인가를 분별하게 되었으며, 우리가 무엇을 위해 싸워야 할 것인가를 알았습니다. 우리들은 환히 뜬 눈으로 조국의 빛나는 앞날을 내다보고 종래보다 몇 배의 열성을 가지고 농사를 짓고 베를 짜겠습니다. 당신이 지도하시는 대로 배우며 일하며 또 싸우겠습니다.27)

전람회에 전시된 편지들은 위의 예와 그 내용이 비슷하다. 일제에 대한 분노와 새조국에서 글을 배우는 기쁨 그리고 그것을 가능하게 해준 지도자에 대한 충성이다. 이 '감사편지 보내기 운동'은 북한사회의 독특한 특징이 만들어지는 과정을 이해하는 데 중요한 시사점을 준다. 문해운동은 전 국가적으로 벌인 사업이고, 실지로 그 성과는 이 일에 동참한 전 인민의 힘에 의한 것이었다. 그러나 문해자는 지도자에게 '감사의 편지'를 보냈다. 이로써 문해운동의 공적은 명시적으로 한 지도자에게 집중되고, 그는 이 모든 혜택을 가능하게 해준 '육화된' 국가의 이미지를 갖게 된다. 이는 북한의 독특한 가부장적 온정주의의 형성이 시작되고 있음을 보여준다. 전통사회에서 교육은 가문의 의무였고, 특히 아버지의 역할이었다. 그 아버지의 역할을 새로운 사회건설의 지도자인 김일성위원장이 맡고 있는 것이다. 감사는 그에게 돌려졌다.

5) 문해운동과 사회형성

북한의 문해운동은, 이와 같이 신속히 정비되어 간 국가기구의 통일적인 지도와 확고한 집행력으로 전국적으로 일사불란하게 진행되었기 때문에 성공할 수 있었다. 또한 주민 개개인이 각종 조직망을 통해 의무적으로 운동에 참여하였기 때문에 가능하였다. 국가의 조직력과 대중의 참여가 문해운동을 이끈 큰 두 축이었다.

한편 문해운동 과정 자체가 국가기구의 조직 및 대중의 사회참여를 확고히 하는 과정이기도 했다. 문해운동이라는 전사회적 과제를 매개로 하여, 중앙정부에서 지방 최소행정단위의 집행기구까지 단일한 명령체제의 국가기구가 등장하여 그 역할을 수행하였다. 또한 사회운동에 인민학교학생부터 대학생 지식인 농민 노동자까지 광범하게 참여함으로써 인민 스스로가 자주적 독립국가를 건설해 나가고 있다는 의식을 확산시키게 되었다. 소년단과 여맹, 농맹 등은 구체적인 과업을 통해 조직을 강화시켜나갈 수 있었다. 그들이 문해운동을 도운 것뿐만 아니라, 문해운동이라는 사안이 이들 조직을 강화시키는 데 기여하기도 한 것이다. 또한 목표의 달성을 위해 전인민이 합심하여 그것을 성취해 나간다는 것은 이후 북한 사회주의 건설과정의 거의 전 부분에서 볼 수 있는 바이다. 이점 역시 해방직후 문해운동 과정에 의해 강화되었다.

문해운동은 그 자체가 식민지에서 해방된 자주적 국가건설 경험이 없었던 인민을 사회주의 국가건설의 주체로 호명하는 역할을 담당하였다. 비문해자이든, 비문해자를 가르치는 사람이든, 문해운동 과정을 통해 자신의 역할이 사회주의 사회건설을 위해 헌신하고, 주어진 직분을 다하는 것이라는 점을 인식하게 되었다. 더욱이 문해운동을 주도했던 국가는 적절한 시점에서 '감사편지 보내기 운동'같은 행사를 조직함으로써, 새로 옹립된 국가지도자에 대한 충성운동으로 문해운동을 결합하였다. 이는 이후 북한의 독특한 가부장적 온정주의가 마련되는 기틀이 되었다.

3. 학교건설과 초등의무교육제

일제의 보통학교 교육체제를 사회주의 교육체제로 재편하는 것은 모든 영역에서 진행되었다. 해방직후부터 부족한 학교를 건설하고, 식민지시대 교사를 재교육하고 새로운 교사를 양성하고, 교과서를 만들고, 시험제도를 재편하는 등 한 국가교육시스템을 구비하는 데 요구되는 모든 종류의 일들이 한꺼번에 시도되었다. 이 장에서는 그중에서 부족한 학교를 짓고 학생들을 입학시키는 기본적인 일들이 어떻게 진행되었는지에 한정하여 이 시기 초기개혁을 고찰한다.

1) 애국미헌납운동

해방 후 불과 1년 만에 인민학교는 1,000개 이상 증가한다. 해방직전인 1944년, 북한지역의 국민학교수는 1,372교이고, 학생수는 약 87만 8천 명이었다. 1946년, 인민학교수는 2,482교, 학생수는 약 118만여 명이 이르게 된다. 제국주의 지배자가 물러난 후 불과 1년 만에, 식민지 35년간 지난한 투쟁을 통해 확보한 학교수와 거의 비슷한 수의 학교가 설립된 것을 알 수 있다. 중학교의 경우, 1944년에 50개교 1만7천여 명에 불과하였으나, 1946년에는 217개교에 7만여 명이 수학하고 있었다. 이것은 유래 없는 팽창이었다.

어떻게 이러한 현상이 가능하였는가? 학교 신축 및 보수, 유지를 위해서는 막대한 재원이 필요하다. 소련으로부터의 대규모 경제원조가 있었던 것도 아니고, 단기간에 북한경제의 급속한 발전이 있었던 것이 아니었다. 그렇다면 학교팽창의 재원은 어떻게 마련되었는가?

우선 생각할 수 있는 것은 세금이다. 1946년 9월부터 '인민교육세'가 징수되었다. 인민교육세는 인민학교의 유지비를 안정적으로 확보하기 위한 특별세이다. 임시인위 결정 <시, 면 및 인민학교 유지비 임시부담금 징수에 관한 건>에 의하면, 각급 인민학교를 정상적으로 운영하는 것은 "민주교육을 재건함에 있어서 가장 기초적인 문제임에도 불구하고 … 학교재정이 미약하여 교육행정에 허다한 지장"[28]을 주고 있으므로, 특별세를 징수할 것을 밝히고 있다. 가구당 소득수준에 따라 매월 최고 45원에서 최저 15원이 징수되었다. 47년 2월, 인민위 법령으로 <인민

학교세법>이 다시 공표되어, 1가구당 매월 최고 40원, 최저 15원의 세금을 부과하도록 하였다. 인민학교세는 각 인민학교의 경상유지비로 사용되었다. 인민학교세의 관리는 지방인민위원회에서 관할하였다.

학교의 팽창은 실지로 주민들의 기부 및 노력동원에 의해 가능하였다. 해방직후 분출된 교육열은 대단하였다. 앞 절에서 고찰한 바와 같이 국가수준에서 통일된 문해운동을 전개하기도 전에, 각 지방마다 가용한 자원을 총동원하여 문해운동이 시작된 것과 마찬가지로 해방되자마자 식민지 시기의 학교를 사용함은 물론이고, 학교로 대용할 수 있는 건물을 학교로 수리하거나, 가교사를 세움으로써 학령아동을 입학시켰다. 아직 중앙정부가 설립되지 못하였으나, 각 지방은 지방인민위원회를 중심으로 행정적 통제를 할 수 있는 상황이었다. 해방 후 1년간 각급학교의 증가는 각 지방에서 자발적으로 이루어진 학교신증축 및 개축에 의한 것이었다.

학교설립을 위한 주민 참여 및 동원은 1946년 가을부터 '애국미헌납운동'과 관련을 맺게 된다. 애국미헌납운동은 토지개혁 후의 첫 수확 가운데 일부를 사회주의 국가건설을 위해 국가에 기증하는 농민운동이다. 1946년 봄 단행된 토지개혁으로 인해 소작인은 자신의 땅을 분여받았다. 첫 수확의 해는 풍년이었다. 1944년의 정보당 수확량 2500kg이었으나, 46년은 2,700kg으로 증가하였다.29) 한편 봉건소작제 관계에서 수확량의 50%를 소작료로 내야 했으나, 이해에는 '농업현물세' 징수로 수확량의 25%를 세금으로 내고 나머지는 경작자가 갖게 되었다. 수확량의 절대적 증가와 세금의 감면으로 농민들의 수중에는 종전에 비해 얼마간의 쌀이 남게 되었다. '애국미헌납운동'의 시조로 불리는 김재원농민은 수확된 쌀의 일부를 국가에 헌납하였다. 농민에게 토지를 준 국가에 대한 고마움의 표시였다. 당은 이 사례를 널리 홍보하여, 김재원농민을 따라 배우는 '애국미헌납운동'을 광범하게 전개하기 시작하였다. 당원들은 추수가 끝난 농촌에서 농민들에게 수확의 일부를 재정이 어려운 국가건설에 헌납할 것을 설득하였고, 농민들은 이에 호응하였다. 헌납운동은 이듬해에도 계속되었고, 쌀 뿐만 아니라, 현금 및 자재의 기증, 노력동원에 이르기까지 다양한 방식으로 이루어졌다. 애국미는 주로 학교 건설사업에 쓰여졌다.

2) 학제개혁

학교수는 계속 증가하였다. 이 학교들을 적절한 체제 속에서 위치 짓는 학제개혁이 동시에 진행되었다. 식민지 시대의 학제는 몇 가지 점에서 문제가 있었다. 우선 구학제는 국민학교 졸업 후 중학교와 실업학교 진학으로 분리되는 복선형학제였다. 복선형학제는 중등학교 단계에서 인문교육과 직업교육을 엄격히 분리하는 것으로, 고등교육을 받을 수 있는 기회가 계급에 따라 차등적으로 배분된다는 의미에서 '계급차별적' 학제로 비판받았다. 둘째, 간이학교와 같이 저급한 기술교육기관들을 정리해야 했다. 즉 직업교육기관의 난립과 초등학교단계에까지 강한 영향을 미쳤던 저질의 실업교육문제를 해결해야 했다. 셋째, 학교간에 교육연한이 통일되어 있지 않아서 계통적인 진학에 어려움이 있었다. 낡은 제도를 개혁하고 새로운 진학체계를 확립할 필요가 있었다.

1946년 말에 새로운 학제가 공표되었다. 12월 18일, 임시인위는 <북조선학교교육체계에 관한 규정>(임시인민위원회 결정 제133호)을 발표하였다. 전 3장 9조로 되어있는 이 규정은 학교교육체계를 '보통교육체계', '기술교육체계', '고등교육체계'로 나누었다. '보통교육체계'로는 인민학교(5년제), 초급중학교(3년제), 고급중학교(3년제)가 있었고, 중학교에는 야간학교를 두었다. '기술교육체계'로는 초급기술학교(3년제)와 전문학교(3년제)[30]가 있었고, 각각 야간학교를 병설하였다. '고등교육체계'로는, 교원대학(2년제)과, 대학(4~5년), 그리고 대학원과정인 연구원(3년)이 포함되었다.31) 해당년도부터 실시되었다. 학제를 그림으로 나타내면 다음과 같다.

<그림 1> 북한의 학제(1947.9)

연구원 (3년)	
대학 (2~4년)	
고급중학교 (3년)	전문학교 (3~4년)
초급중학교 (3년)	초급기술학교 (3년)
인민학교 (5년)	
유치원 (3년)	
보통교육체계	기술교육체계

보통교육체계의 중요한 변화는 인민학교 교육연한의 단축이다. 일제의 국민학교는 6년제 학교였으나, 인민학교는 5년제가 되었다.32) 초등학교 교육기간이 단축된 것은, 초등의무교육제 실시와 관련하여 이해할 수 있다. 1950년부터 초등교육에 대한 완전무상의무교육제를 준비하고 있었고, 당시의 사회경제적 여건상 국가가 6년간의 교육비를 부담하는 것이 어려웠기에, 기간을 5년으로 단축한 것으로 해석할 수 있다. 중등교육의 경우, 식민지 시기의 4년제 중학교는 각각 3년제인 초급중학교와 고급중학교로 나뉘어졌다. 실지로 중등학교 교육기간은 4년에서 6년으로 늘어났지만, 중학교가 초급과 고급으로 양분됨에 따라, 먼저 초급중학교를 확대시키고 점진적으로 고급중학교까지 늘리는 여유가 가능해졌다. 당시 소련의 경우도 3년제 초급중학교와 3년제 고급중학교로

나누어져있었다. 소련은 초등교육 4년과, 초급중등교육 3년을 포함하여 7년제 의무교육제를 실시하고 있었다. 북한의 경우, 중등학교의 분리는 소련의 영향에 의한 것이라고 생각된다.

인민학교 6학년이 없어짐에 따라서, 1947년 9월 시작하는 학년의 졸업 및 진학 진급의 조정이 불가피해졌다. 우선 인민학교 1, 2, 3, 4학년의 경우 변동 없이 2, 3, 4, 5학년으로 진급하였다. 문제는 5학년과 6학년이었다. 5학년생은 초급중학교 1학년으로 진급하고, 6학년은 초급중학교 2학년으로 올라갔다. 5학년 가운데 졸업시험을 통과하지 못한 경우, 인민학교 5학년에 유급하였다. 중학교의 경우 구학제의 중학교 1학년생은 초급중학교 3학년으로 진급하였다. 구학제의 중학교 2, 3, 4학년생은 각각 고급중학교 1, 2, 3학년생으로 진급하였다. 다만 구제 중학교 4학년의 경우, 중등학교 졸업이 인정되어 실력에 따라 대학에 진학하는 것이 가능하였다. 1947년 9월 신학기가 시작되자, 개정된 학제에 따라, 변동된 진급 및 진학규칙에 의해 학교교육이 재개되었다.

복선형학제의 개혁, 저급의 직업교육기관 정리, 교육연한의 통일 및 진학체제의 정비 등, 식민지 학제문제를 청산하고자 하는 노력은 어느 정도 성과를 거두었다. 신학제는 보통교육체제와 기술교육체제가 분리된 복선형 학제의 요소를 가지고 있지만, 보통학교체제를 주류로 하고 기술교육체제는 부차적인 것이었다. 실례로 초급기술학교는 1946년에 68교, 학생수 약 2만 명으로, 같은 해 초급중학교 학교수 217교 학생수 7만여 명에 비하면, 그 규모가 1/3에도 미치지 못하였다. 더욱이 초급기술학교는 급격히 축소되어 1949년에는 전국에 17교, 학생 약 4천명이 공부하고 있을 뿐이었다. 반면 같은 해 초급중학교는 학교수 922교, 학생수는 32만 4천명으로 증가하였다. 보통교육과 기술교육은 고급중학교와 전문학교 수준에서 분화되었다. 후술하겠지만, 학교팽창을 실질적으로 가능하게 한 주민들의 교육열은 고급중학교를 지원하는 형태로 발현되었다. 그러므로 괄목할 만한 학교팽창은 보통교육부분에서 이루어졌다.

3) 신학년도 준비사업

1947년 9월, 신학제에 의해 학교교육이 재개되자, '애국미 헌납운동'에 의해 이루어졌던 교육에 대한 물적 지원 사업은 '신학년도 준비사업'의 이름으로 보다 조직적으로 이루어졌다. '신학년도 준비사업' 계획은 매년 교육국에서 작성하여, 신학년이 시작하는 매년 9월까지 완료되도록 하였다. 계획안은 학교신증축을 포함하여 교과서 제작, 학용품 공급, 월동용 난로와 석탄의 확보 계획까지 매우 구체적으로 작성되었다. 계획상 가장 중심되는 사업은 학교건설이었다.

'1948년 신학년도 준비사업'에 의하면 1개년 간 인민학교 228교, 초급중학교 92교, 고급중학교 54교, 기술전문학교 6교, 대학 2개교가 신축될 예정이었다.[33] 신축계획을 달성하기 위해, 당과 인민위는 인민들에게 학교건설에 적극적으로 나설 것을 호소하였다. 당시 로동신문은 "방대한 학교교육망의 장성에 따르는 신학년도의 거액의 재정과 물자는 일정한 국가예산 만으로는 감당할 수 없는 것이며 교육기관 내 일꾼들의 창발적 활동과 함께 전체 인민들의 광범한 사회적 협조 운동이 요구"[34]된다고 선전하였다. 인민들의 협조를 구하는 선전사업에서는, 학교제도가 과거 '계급사회'의 학교와는 달리, 인민 자신을 위한 제도라는 점이 강조되었다. 즉 학교건설을 통해 자신의 자녀를 교육시킬 수 있다는 것이다. 다음은 이 시기 로동신문에 실린 기사이다.

> 북조선에 있어서 전체인민교육기관들은 일제시대와 같이 친일분자나 지주자본가 등 일부 특수계급의 자식들만이 공부할 수 있는 교육기

관이 아니다. 오늘 북조선에 있어서 교육기관은 토지나 중요산업과 같이 인민의 수중에 있으며 절대다수의 인민들이 누구나 자유롭고 평등하게 교육받을 수 있게 되었다. 그렇기 때문에 전체인민들이 자기들의 자녀들을 교육하는 학교들을 위하여 자발적으로 각종의 후원을 아끼지 아니하는 것은 우연한 사실이 아니다.35)

모든 학교가 인민의 재산이며, 누구나 평등하게 교육받을 수 있으므로, 주민들은 이에 자발적으로 헌신하고 있다는 점을 밝히고 있다.
인민의 참여는 당시 체계적으로 조직되어 있던 국가기구와 사회단체를 통해 이루어졌다. 당, 인민위원회, 사회단체, 기업소, 학부모회 등을 통해 지역민들이 거주지역 학교를 세우는 일에 참가하도록 적극 권장하였다. 인민위는 1948년 6월, 신학년도 준비사업을 위해 각급 교육행정기관과 학교에 다음과 같이 지시하였다. 첫째, 각 학교의 학부형회와 각급 인민위원회, 정당, 사회단체, 각 기관, 공장, 광산, 기업소(국영, 민영 전부 포함) 등이 협력하여 학교의 신증축 수리 비품 확보와 동기冬期준비를 책임지고 실시할 것. 둘째, 공사는 책임을 맡은 기관의 직영으로 하여 학부형 기타 인민들을 동원할 것. 셋째, 경비는 학부형들의 부담금, 각 기관의 금년도 예산 한도 내에서 경비를 절약하여 남은 금액, 유휴자재의 활용, 종업원들의 휴일 또는 시간외 자진노동에 의한 소득 기타 등으로 보충당할 것 등이다.36) 이 지시는 학교신축사업의 참여자들과 참여방식에 대해 명시하고 있다. 지역적으로 관련 있는 조직들이 중심이 되어 인민을 동원할 것이며, 인민들은 노동력을 제공하거나 경비를 부담하는 방식으로 이 일에 참가하도록 하였다.
학교 신축 및 보수 등을 위한 성금과 성미 총액은 1948년에 9억 5천만 원, 1949년에는 10억 3천만 원에 달하였다.37) 북한의 정부예산은 1948년에 160억 3천여만 원, 49년에는 197억 6천여만 원이었다. 1949년 교육예산은 20억 8천여만 원이었다. 따라서 학교 신증축을 위한 성금 총액은 정부 예산총액의 5%가 넘고 교육예산의 절반과 맞먹는 막대한 금액이었다.

급속한 학교팽창을 가능하게 한 힘은 인민들의 참여와 동원이었다. 인민의 노력동원 및 자금모금은 당과 인민위에 의해 이루어졌지만, 그것은 강제에 의한 것이 아니었다. 학교건설에 참여한 인민들은 어떤 생각을 가지고 있었을까? 인민위가 인민을 학교건설 사업에 동원한 것은 인민들 스스로 인정하는 권위에 의존하여 이루어졌다고 볼 수 있다. 경제개혁으로 농민과 노동자는 일제시대에 비하여 기본적 민권을 보장받았고 당과 국가는 상당 정도 인민의 신뢰를 얻었다. 학교건설은 당과 국가의 과업이자 교육기회 확대를 열망한 인민의 요구이기도 하였다. 학교건설은 학부모들의 직접적인 이해와 일치하였다. 지방에 학교를 세우고 자녀가 입학할 수 있게 되자, 학부모들은 신속하게 건설사업에 참여하였고 심지어 할당된 노동량보다 더 많이 일하였다. 학교건설을 경험한 사람들의 증언에 따르면, 일주일에 2일 건설장에 나와 노력봉사 하기로 한 학부모들 가운데 많은 수가 비번인 날에도 나와 일을 거들었다고 한다. 흥미로운 사실은 애초에 계획보다 학교가 더 많이 증가한 점이다.

전술한 바와 같이, 1948년 신학년도 준비사업에 의해 신축 계획된 학교수는 인민학교 228교, 초급중학교 92교, 고급중학교 54교였다. 실제로 48년에 증가한 학교수는 인민학교 237교, 초급중학교 178교, 고급중학교 60교이다. 계획량에 비추어보면, 인민학교는 9개교, 고급중학교는 6개교가 더 건설되었고, 초급중학교는 무려 86개가 더 증가하여, 계획량의 약 2배가 되는 성과를 보였다. 초과달성은 학교신축에서만 나타난 현상이 아니었다. 교실, 교구, 비품생산에 이르는 거의 모든 분야에서 계획을 초과한 성과를 보인다. '1948년 새학년도 준비사업'의 결과로 계획 대비 실적을 보면, 신증축된 교실은 계획량의 3.5배인 3,700개에 달하고, 수리가 끝난 교실은 계획된 것의 7배가 넘는 2만5천여 개에 달하였다. 책상과 걸상 제작은 4배, 칠판 제작은 6배 초과 달성되었고, 월동장비도 장작, 연통, 난로 등이 모두 계획량을 초과하여 구비되었다.[38] 계획량 초과 달성은 인민의 자발적인 참여 없이 불가능하다. 특히, 학교, 교실, 학교비품 등의 확보는 교육사업에 대한 인민들의 열성적 참여 결과로 볼 수 있다.

학교는 이와같이 인민의 자금과 노동력을 당과 인민위원회, 각종 사회단체가 효과적으로 동원함으로써 건설되었다. 해방 후 5년간의 학교팽창의 정도를 나타내면 다음 <표 2>와 같다.

<표 2> 보통교육기회의 확대추이: 1946~1949

년도	인민학교			초급중학교		고급중학교	
	학교수	학생수	취학률 %	학교수	학생수	학교수	학생수
1944*	1,372	877,894	58.0	50	17,030		
1946	2,482	1,182,707	77.0	217	70,311		
1947	3,008	1,341,018	89.0	594	125,914	80*	26,808
1948	3,245	1,378,536	94.3	772	275,627	140	41,323
1949*	3,882	1,473,976	95.0	922	324,000	175	64,887

자료:「조선중앙년감」1949~1960.
표주: 1) 1944년 통계는 북한지역에 있었던 국민학교 및 중학교 통계 이다.
2) 고급중학교 통계가 47년부터 있는 것은 47년 발표된 신학제에 의해 중학교가 초급과 고급으로 나누어졌기 때문이다. 44년과 46년 통계는 중학교 통계이다.
3) 49년 통계의 경우, 50~51년 연감통계와 그 후 통계가 상이하므로, 관례상 이후 통계치를 선택하였다. 취학률도 연구자가 다시 계산하였다.

인민학교의 경우 해방 후 꾸준히 증가하여 1949년 3,882개교에 이른다. 1944년에 비해 2,500여개교가 증가하였다. 35년간의 식민지 통치

결과 북한 지역에 설립된 1,372개 학교의 약 2배에 해당하는 학교가 불과 4년 사이에 신설된 것이다. 주목할 것은 학령아동의 95%가 취학함으로써 거의 완전취학을 이루게 되었다는 점이다. 중등학교의 팽창율은 더 급격하다. 1944년에 50개교였던 중학교는 1년간 4배가 증가하고, 신학제에 의해 초급중학교와 고급중학교가 나누어진 후에는 더욱 급속하게 팽창하였다. 1949년에는 초급중학교가 922개교, 고급중학교가 175개교로 늘었다. 북한지역에 있는 거의 모든 초급, 고급중학교가 해방 후에 설립되었다고 해도 과언이 아니다.

한편, 초급중학교와 고급중학교와 동급의 기술교육 학교인 초급기술학교와 전문학교 학교수 및 학생수의 팽창정도는 완만한 편이다. 초급기술학교는 급격히 소멸하고 있었고, 전문학교의 팽창은 1947년 이후 다소 정체되었다. 해방직후부터 기술, 전문인력 양성의 절박한 필요에 의해 전문학교 교육이 강조되었지만, 전문학교는 크게 증가하지 않았다.[39] 전문학교 학생은 50%가 전액장학금을 받는 특전이 있었음에도 불구하고[40] 고급중학교 학생수는 전문학교 학생수를 2배 이상 상회하였으며 시간이 지남에 따라 그 격차가 커졌다. 전문학교 입학생 선발의 경우, "몇몇 학교들은 수차 재모집 사업을 전개하면서도 정원을 확보하기 곤란"할 정도였다.[41] 1949년 1월에는 이 문제를 해결하고자 평양에서 '제1차 기술교육관계자회의대회'가 열리기도 하였다. 북한의 학생과 학부모는 전문학교보다는 고급중학교 졸업 후 대학진학을 선호하였다. 그리고 고급중학교 진학의 선호는 고급중학교의 증가를 가져왔다.

4) 초등학교 의무교육제

해방 직후부터 초등교육의 무상의무교육제를 빠른 시일 안에 추진하려는 계획이 진행되었다. 1946년 1월, 교육국은 <전반적 초등의무교육

제 실시 계획안 작성에 관하여>라는 제하에 법령을 발표하였다. 1950년 실행을 목표로 필요한 준비사업이 시작되었다.

공화국 내각은 1948년 12월, 초등의무교육제를 준비하기 위하여 1949년 1년간 집중적인 준비사업을 추진한다고 발표하였다. 내각의 각 부서가 협력하여 1950년에 의무교육제를 실시하기 위해 구체적인 과업을 할당받았다. 기본적으로 필요한 조치는 학구 결정, 학령아동조사, 학교규격의 표준화, 부족한 학교건물의 확충 등이었다.

학구는 도시경영상과 교육상 및 지방 인민위 위원장이 맡아 구역을 나누었다. 아동들이 걸어서 통학할 수 있도록 학구는 3 내지 5킬로미터 이내로 결정하는 것을 원칙으로 하였다. 49년 3월 말까지 전국 4,254개 학구가 설정되었다.

학령아동조사는 교육상의 책임 하에 이루어졌다. 전국 23,409개 조사 분구에 3,884명의 조사원이 파견되어 7세부터 11세까지 인민학교 취학연령 아동과 12세부터 15세까지 성인학교 취학자수를 파악하였다.[42]

초등학교 교원의 확보를 위해, 내각 부수상과 국가계획위원회위원장, 재정상, 사업상, 교육상은 다음과 같은 일을 하였다. 우선 교원들의 물질적 사회적 대우를 향상시키는 제반 조치를 취하였다. 교원제복・구두 우선배급, 농촌교원에게 채소전・연료무상배급, 도시교원 주택수리 및 생필품 배급, 교원상점 설치 등 교원우대대책이 마련되었고, 이 안들은 1950년까지 대부분 실행되었다.

학교가 부족한 지역에 학교를 확보하기 위해 도시경영상 및 각급 인민위원장은 우선 타 기관에서 임시로 사용하고 있는 학교건물을 반환받고, 접수가옥, 몰수가옥 중 적당한 것을 학교나 기숙사로 돌리는 책임을 맡았다. 도시경영상, 산업상, 농림상은 공장, 광산, 농장, 항만, 도시건설 등 대규모 건설계획에 학교설립을 고려하도록 하였다. 한편, 학교건물의 표준화를 위해, 도시경영상과 교육상의 공동책임 하에 학교규격과 기준

설계도를 작성하여 신축학교 건설 및 기존학교의 보수에 활용하였다.

교육상과 각급인민위원회 위원장들은 「전반적 초등의무교육실시 준비위원회」를 중앙 및 도, 시, 군에 조직하고, 각 면에는 「학교건설위원회」를 조직하는 책임을 졌으며, 준비위원회와 학교건설위원회를 통해 부족한 학교를 시급히 건설하였다.

의무교육제 실시를 위해 인민들의 적극적인 참여를 조직하는 것이 필요하였다. 공화국 수상은 "이상과 같은 거족적 사업은 전체 인민의 고도로 앙양된 애국심과 교육열을 현실적으로 조직화함으로써 실천 완수될 수 있는 바"43)임을 강조하였다. 전체 인민의 교육열을 조직해야 한다는 것은 당시 내각 발행 문서에서도 흔히 볼 수 있다. "초등의무교육제 실시과업을 위해, 이 사업을 직접 지도 집행하는 국가 일꾼들은 전반적 교육행정 사업을 제때에 조직하며, 고도로 양양된 인민들의 교육열성을 충실히 동원하여 만단의 준비를 기한 내에 수행할 것 … 이 사업은 전 인민적 투쟁이므로 전체 애국인민은 자기의 있는 힘을 다 이 사업에 바쳐야 할 것이다"44)라고 강조하였다.

'주민들의 교육열을 옳게 조직'하기 위한 선전사업이 실시되었다. 1949년 2월까지 전국적으로 35만여 명의 선전원이 동원되어 41만여 회 선전이 이루어졌다.45) 그럼에도 교육성은 자체평가서에서 "의무교육 실시 준비에 대한 선전 해설사업이 추동되지 못함"을 지적하고 있다.46) 평가서에 따르면, 1월에는 '선전계획 수립 지체, 노래배급, 포스터, 표어, 신문게재 등'이 미약하였고, 4월에는 선전제강을 배포하지 않았고, 포스터가 완성되지 못했다. 그러나 초등의무교육에 대한 인민들의 참여는, 당과 정부의 선전에 의해 이루어진 것 같지는 않다. 교육성은 자체평가에서 선전이 제대로 진행되고 있지 않다고 평가하면서 "인민들이 너무 열성적으로 궐기하였기 때문에 그 기세에 눌리어 이 사업에 주동적 역할을 놀아야 할 교육자들이 간혹 방임 추종하는 사업태도를 갖는 현상"47)이 나타나기도 하였다고 분석하였다.

　초등의무교육제의 특징은 사실상 완전 취학이 이루어진 후에 무상의 무교육제를 실시하려고 했다는 점이다. 앞의 취학률 통계에서와 같이, 1948년에 초등학교취학률은 이미 95%에 육박하였다. 당과 국가가 무상의무교육을 실시하기도 전에 벌써 초등학교는 거의 완전취학 단계에 접어들었다. 학교팽창으로 모든 학령아동을 포괄한 다음 국가는 무상의무교육을 제도화하였다. 의무교육제가 마련되기도 전에 학부형의 열성이 그 제도 실현의 물질적 기반을 마련하였다. 한국전쟁이 없었다면, 1950년 초등의무교육제는 실시되었을 것이다. 전쟁으로 학교가 파괴되고 제반 행정적조치가 실효성을 상실하자 초등의무교육제 실시는 연기된다. 결국 초등의무교육제는 인민학교 교육기간이 5년에서 4년으로 단축된 상황에서 1956년에야 실현되었다.48)

4. 개혁의 결과: 사회주의 주체 형성

　해방 후 5년 안에 북한 주민들은 모두 글을 배웠다. 어린이들은 모두 인민학교에 다녔으며, 원한다면 대부분 중학교로 진학할 수 있었다. 초등무상교육의 실시를 목전에 두었다. 북한의 공식 문헌들은 이러한 성과를 들어 교육개혁이 대단히 성공적이었다고 기술한다. 같은 시기 남한의 교육개혁이 갈등과 타협을 거치면서 더디게 이루어졌음을 비교해 볼 때 이는 분명 괄목할만한 성과라고 볼 수 있다. 그렇다면 다음과 같은 질문이 제기된다. "북한에서 교육개혁은 어떻게 성공할 수 있었는가?" "궁극적으로 교육개혁의 이러한 성공이 북한사회에 어떤 영향을 미치게 되었는가?"

　북한교육개혁이 성공할 수 있었던 것은 우선 국가기구와 당이 교육개혁의 강력한 주체가 될 수 있었기 때문이다. 당시 이른바 '반동'과의 투쟁이 계속되고 있기는 하였으나, 느슨한 분단상태로 인해 체제에 반대하는 인사들이 다수 월남함으로써 북한 사회 안에는 정권에 대한 반대세력이 적은 상태였다. 더욱이 북한정권은 토지개혁 등을 통해 대다수 농민의 지지를 확보하였다. 체제 안에 강력한 비판세력이 없는 상태에서 국가기구와 당의 개혁은 큰 어려움 없이 진행될 수 있었다.

교육개혁을 성공적으로 이끈 한 축이 국가기구와 당이었다면, 다른 한 축은 북한의 일반주민들이었다. 식민지시기에 조선인들은 교육받고자 갈망하였으나 제국주의 정부는 그것을 계속 억압했었다. 이 억압된 열망이 해방과 함께 분출하였다. 일반주민들은 자녀들이 학교에 다니기를 바랐고 북한 정권은 이를 적극 수용하였다. 당은 주민들의 자금과 노동력을 조직하여 각 지방에 학교를 신증축하였다. 해방 후의 급속한 학교팽창은 당과 정권의 조직력과 북한 주민의 교육열이 만들어낸 공동작품이었다. 5년 동안 이룩한 교육팽창의 성과는 오랜 역사를 통해 농축된 조선인의 자발적 힘의 구현이다. 교육열이라고 표현되는 조선인의 독특한 행동양식은 큰 에너지이다. 북한 사회주의 정권은 이 에너지를 집단적으로 조직하였다.

그런데 당이 일반주민의 교육열을 조직한 방식은 독특하였다. 교육기회를 확대하는 데에서 관건은 학교의 건설이다. 취학희망자를 모두 수용할 수 있을 만큼 학교를 짓기 위해 소요되는 경비는 주민들의 기부에 의존하였다. 지역 주민들이 나서서 지역사회의 학교를 건설하였다. 이렇게 신설된 학교들은 모두 국가교육체제 속에 귀속되었다. 학부모와 지역주민들은 학교건설 뿐만 아니라 비품, 연료 등 학교운영에 소요되는 제반 물품들을 지원하였다. 학부모들이 자녀들의 학교교육에 필요한 자재를 조달하는 대신, 국가는 각급 학교의 수업료를 매우 저렴하게 책정하여 학부모 개개인의 학비부담을 덜었다. 학부모의 경제적 지원은 학교신증축 보조 및 학교시설 지원 등 집단적, 공적 수합과정을 거쳐 이루어졌다. 교육열이 공적으로 표출되는 새로운 관행은 자녀교육에 대한 학부모의 지원이 사적인 성격을 벗어나 공적 성격을 띠게 하였다. 이점은 남한사회에서 학부모의 교육열이 사적인 영역에서 분출되는 방식으로 자리잡게 된 것과 구별된다.

그렇다면 이 시기 북한교육은 북한사회형성에 어떤 기능을 하였는가? 첫째, 교육은 북한사람들을 길러냄으로써 북한사회를 만들어나갔다. 인민들은 교육개혁에 동참하는 과정에서 모종의 학습을 하였다. 그들은 자신의 힘에 의해서 학교가 건설되고, 자신의 자녀가 학교를 다니게 되는 것을 목격하였다. 또한 글을 읽고 쓰는 경험을 하게 되었다. 이러한 경험이 이들에게 국가정책에 동참함으로써 그들이 원하는 바를 성취할 수 있다는 자신감을 심어주었다. "당이 지도하면 우리가 한다"는 자력갱생의 자신감이 생겨나기 시작했다고 볼 수 있다. 나중에 등장하는 소위 '주체사상'의 씨앗은 바로 그런 자신감에서 배양되고 있었다. 동시에 국가적 목표를 위해 주민들이 조직적으로 동원되는 인민동원의 전범典範과 관행이 만들어졌다. 이 인민동원 방략은 그 후 한국전쟁과 자력갱생에 대한 경제성장을 거치면서 북한사회의 주요한 자원획득방법으로 정착되었다.

둘째, 교육개혁과정에 당에 의해 조직된 사회조직이 광범하게 참여한 것은 결과적으로 이 조직들을 강화시키는 기능을 하였다. 각종 직업동맹, 여성동맹, 농민동맹, 소년단, 민주청년단 등의 사회단체는 선전사업, 교육활동지원사업, 교사파견 등의 후원사업을 강력히 추진하였다. 이것은 교육개혁을 성공으로 이끈 요인이기도 하지만, 역으로 구체적인 개혁운동에 동참해 나가면서 그 단체들의 조직이 정비되고 강화된 점도 간과할 수 없다.

셋째, 북한사회가 가부장적 사회질서 속에 통합되어가기 시작하였다.

인민동원을 통해 가능했던 학교팽창 및 교육개혁의 성과가 국가에 수렴되고, 그것이 최고지도자에 의해 다시 재분배되는 형태를 띠었다. '문맹퇴치운동'의 실제 전개과정이나, 학교건설과 '새학년도준비사업'에서 확인할 수 있는 바와 같이 광범한 교육물자 조달은 주민들의 참여로 이루어졌으나, 막상 교육은 국가에서 책임지는 것으로 보였다. 국가는 국가원수로 대표되고, 마치 아버지가 자녀를 교육시키는 것처럼 국가원수가 아버지의 역할을 대신하는 것으로 표현되었다. '문맹'을 퇴치한 것도, 아이들을 학교에 보내게 된 것도 모두 지도자의 은덕으로 포장되었다. 이후 북한사회의 독특한 특징이 된, 아버지 수령을 중심으로 하는 대가족사회의 맹아가 자라나기 시작했다.

※ 이 글은 다음 논문 가운데 일부를 수정한 것이다.
이향규·김기석, 『북한 사회주의 사회형성과 교육』(서울: 교육과학사, 1999).

주註

1) 일반적으로 문해운동(illiteracy movement)은 '문맹퇴치운동'으로, '비문해자'는 '문맹자'로 불린다. 그러나 '문맹자'가 비문해자에 대한 부정적인 어감을 준다는 이유로, 학계에서는 비문해자로 부르는 것이 관례이다. 이 글에서도 북한 문헌을 직접인용하는 경우를 제외하고는 '문맹'이라는 용어를 사용하지 않는다.
2) 문해와 비문해의 개념정의에 대한 자세한 논의는 金宗西, "文盲者調査," 『玄魯金宗西博士 論文選集』 (서울: 玄魯金宗西博士論文選集發刊委員會, 1987) 참조.
3) 전혜정, 『문맹퇴치경험』 (평양: 사회과학출판사, 1987), 18~21쪽.
4) 1946년 연령별 인구자료는 『북조선인민경제통계집』(1946) ; 方善柱, "1946년 북한경제통계의 일연구," 『아시아문화』 (翰林大아시아문화연구소), 190쪽 <표 7> 참조하여 계산.
5) 韓國敎育10年史刊行委員會, 『韓國敎育10年史』 (豊文社, 1955), 110쪽.
6) 전혜정, 앞의 책, 3쪽.
7) 성인교육부는 그 후 북한의 정권기관이 임시인민위원회, 인민위원회, 북조선민주주의인민공화국 등으로 바뀜에 따라 부서내의 위치의 약간의 변동은 있었으나, 교육국(이후 교육성) 산하 기구로 성인교육관련 업무를 계속 담당한다.
8) 북조선공산당기관지 ≪正路≫ 1946년 2월 5일.
9) 전혜정, 앞의 책, 11~14쪽.
10) 전혜정, 앞의 책, 28쪽.
11) 앞의 책, 41쪽.
12) 『조선중앙년감』 (평양: 중앙통신사, 1949).
13) 임시인민위원회 결정 제113호 <동기농촌문맹퇴치운동에 관한 건> 1946.11.25.
14) 앞의 책, 52쪽.
15) 앞의 책, 49쪽.
16) 박수영, 『민족어를 발전시킨 경험』 (평양: 사회과학출판사, 1985), 88쪽.
17) 전혜정, 앞의 책, 65쪽.
18) 『문맹퇴치요강』 (북조선인민위원회 교육국, 1947.11.20), 1~6쪽.
19) 『해방후 10년간 공화국 인민교육의 발전』, 48쪽.
20) 『조선중앙년감』 (평양: 중앙통신사, 1949·1950).
21) 전혜정, 앞의 책, 22쪽.
22) 문해교육에 함의된 의식화에 대해서는 P. Freire, *Pedagogy of the Oppreseed* (N.Y.: Seabury Press, 1970) 참조.
23) 캐슬과 뷔스텐베르그, 앞의 책, 144쪽.

24) 『해방후 10년간 공화국 인민교육의 발전』, 47쪽.
25) 전혜정, 앞의 책, 18쪽.
26) 1946년 토지개혁을 계기로 북한에서 봉건적 소작제도는 폐지되었다. 과거 지대가 없어지고 대신 국가에 수확량의 25%를 현물로 납부하는 현물세제도가 생겼다.
27) 『해방후 10년간 공화국 인민교육의 발전』, 47쪽.
28) 임시인민위원회결정, "시 면 및 인민학교 유지비 임시부담금 징수에 관한 건(1946.9.11),"『북한법령집』 4권 (대륙연구소, 1992).
29) *Development of the National Economy and Culture of the People's Democratic Republic of Korea(1946-1959)* (1960), p.72.
30) 본 법령에는 '중등전문학교'로 되어있으나, 1947년 6월 24일 북조선인민위원회 "기술교육 진흥에 관한 제44조 결정"에 의해 명칭은 '전문학교'로 개정된다.
31) 학제는 1947년 6월 한차례의 개정이 이루어지지만 문구 표현을 수정한 것이나 다름없었다. 인민위원회결정 제49호, "학교교육체계에 관한 규정 및 그 실시에 관한 조치 일부개정에 관한 결정서" (1947년 6월 28일).
32) 초등학교 명칭의 경우, 식민지 시기 '국민학교'는 해방직후인 1945년 11월 21일에 '인민학교'로 개칭되었다. 이는 보통교육부분에서 이루어진 최초의 개혁 가운데 하나이다. 널리 알려졌듯이, 국민학교는 1941년 일본 군국주의가 말기에 이르렀을 때 명명된 것으로 국가의 신민을 양성한다는 교육목적을 노골적으로 표현하는 것이었다.
33) ≪로동신문≫ 1948년 6월 4일.
34) ≪로동신문≫ 1948년 6월 4일.
35) ≪로동신문≫ 1948년 6월 4일.
36) ≪로동신문≫ 1948년 6월 4일.
37) 『해방후 10년간 공화국 인민교육의 발전』, 26·29쪽.
38) 『조선중앙년감』(1949).
39) 초급기술학교의 경우 1946년에 68개교가 있었으나 1949년에는 17개교로 축소되었다. 이시기에 학생수도 약 2만 명에서 4천 명으로 줄었다. 한편 기술전문학교의 경우 1946년에 19개, 1947년에 44개교, 1948년에 55개교가 되고는 1949년에는 더 이상 증가하지 않았다. 1949년의 경우 기술전문학교의 학생수는 2만 3천 명에 불과하였다. 『해방후 10년간 공화국인민교육의 발전』(평양: 교육과학출판사, 1955), 36쪽.
40) 인민위원회 결정 제45호 "전문학교 대학학생 장학금 수여에 관한 결정서" (1947.6.20).
41) "해방후 공화국 북반부 민주교육의 회고와 전망 – 기술교육부문," 『인민교육』

(1949.8), 85쪽.
42) 『조선교육사3』, 168쪽.
43) 내각결정, "1950년도부터 초등의무교육제 실시를 위한 1949년도 준비사업에 관한 결정서" (1948.12.10).
44) 허헌, "전반적 초등의무교육 실시의 국가적 의의와 1949년도의 준비사업에 대하여," ≪인민≫(내각기관지) (1949.3).
45) 『조선교육사 3』, 167쪽.
46) 교육성 보통교육국, "월별 사업계획서 및 보고서철" (1950). RG242, National Archives.
47) 남일, "1948년도 인민경제부흥발전 실행에 있어서의 새경험과 새과업," ≪인민≫ 1948.9. ( )안은 인용자.
48) 한편 초등학교 의무교육제가 실시되자마자 중학교 의무교육 실시가 준비되었다. 1958년부터 인민학교 4년과 초급중학교 3년, 즉 7년제 "전반적 중등의무교육제"가 실시된다. 1959년 4월부터는 모든 학생들의 수업료를 폐지하였다. 1967년 중학교의 학제개편과 동시에 "9년제 기술의무교육제"가 실시된다. 이에 따라 인민학교 4년과 중학교 5년까지 의무교육기간이 되었다. 1973년부터, 유치원 1년을 포함하여 중등학교까지 11년제 의무교육이 시작되었고, 1975년에 완성되었다.

<참고문헌>

1. 북한문헌

조선민주주의인민공화국『내각공보』.
『조선중앙년감』(평양: 조선중앙통신사).
김종오,『한글독본』(평양: 조선여성사, 1947).
김창호,『조선교육사3』(평양: 사회과학출판사, 1990).
리용복,『조선민주주의인민공화국에서의 교육』(평양: 사회과학출판사, 1984).
박수영,『민족어를 발전시킨 경험』(평양: 사회과학출판사, 1985).
사회과학원 력사연구소,『조선전사 24』(현대편 민주건설사 2) (평양: 과학백과사전출판사, 1981).
_____,『조선전사 28』(현대편 사회주의건설사 1) (평양: 과학백과사전출판사, 1981).
전혜정,『문맹퇴치경험』(평양: 사회과학출판사, 1987).
『해방후 10년간 공화국 인민교육의 발전』(평양: 교육도서출판사, 1955).
남 일, "인민교육발전과 전반적 의무교육 실시를 위한 준비사업에 대하여,"『근로자』(1949.2).
_____, "공화국정부의 진정한 인민적 교육시책,"『근로자』(1950.7).
_____, "성인재교육지도사업의 경험과 교훈," ≪인민≫ (1950.1).
백남운, "전반적 초등의무교육제 실시는 문화혁명의 거대한 전진이다," ≪인민≫ (1949.12).
이일선, "문맹퇴치성인재교육사업의 당면과제," ≪인민≫ (1948.12).
장종식, "북조선교육의 당면과제," ≪인민≫ (1946.11).
한설야, "1947년도 인민교육 문화발전계획실천에 관하여," ≪인민≫ (1947.5).
허헌, "전반적초등의무교육실시의 국가적 의의와 1949년도의 준비사업에 대하여," ≪인민≫ (1949.3).
≪교원신문≫
≪로동신문≫
≪함북로동신문≫
≪강원로동신문≫.

2. 남한문헌

국토통일원조사연구실,『북한인구추계: 1946~1978』(서울: 국토통일원, 1978).
김기석,『교육역사사회학』(서울: 교육과학사, 1999).
김기석편, "중등교육 팽창의 역사사회적 조건과 동인,"『교육사회학탐구 Ⅱ』(서울: 교육과학사, 1994).
김동규,『북한의 교육학』(서울: 문맥사, 1990).
김종서, "문맹자조사,"『玄魯김종서박사논문선집』玄魯김종서박사논문선집간행위원회 (서울: 교육과학사, 1987).
김준엽(외),『북한연구자료집』(서울: 고려대학교아세아문제연구소, 1969).
김진균·정근식(편),『근대주체와 식민지 규율권력』(서울: 문화과학사, 1997).
방선주, "1946년 북한경제통계의 일연구,"『아시아문화』8호 (춘천: 한림대 아시아문제연구소, 1992).
『북한법령집』(서울: 대륙연구소, 1992).
오성철, "1930년대 한국 초등교육연구" (서울: 서울대학교 교육학과 박사학위논문, 1996).
이향규, "북한 보통교육의 형성: 1945~1950" (서울: 서울대학교 박사학위논문, 2000).
이향규·김기석,『북한 사회주의 사회형성과 교육』(서울: 교육과학사, 1999).
『최고인민회의자료집』(서울: 국토통일원, 1988).
한국교육10년사간행위원회,『한국교육10년사』(서울: 풍문사, 1955).

김일성종합대학의 창설에 관한 연구

김 기 석

1. 서 언

1996년은 김일성종합대학 창립 50년이 되는 해이자 서울대학교 창립 50년이 되는 해이다. 두 주일 사이에 남북을 대표하는 두 대학이 각기 창립되었다. 대학 창설에는 일종의 '탄생설화'라고 할 만한 설화가 있다. 남에는 김일성대학(이하 김대)이 "북한주민들에게 '성금'이라는 이름의 강제징수 한 돈"으로 만든 학교로 알려졌다.[1] 북에서는 김대를 전인민이 합심하여 만든 '인민의 대학'이며 또한 '과학의 최고전당'이라고 한다.[2] 상반된 설이 있기는 서울대학교도 마찬가지이다. 학교 창설에 주역이었던 인물은 서울대학교 설치 이유를 '국가의 전학계를 대표할만한 거대한 종합대학'의 창설에서 찾았으며,[3] 학교 당국 또한, 우여곡절을 겪기는 하였으나, 결국 서울대학교는 '민족여망의 최고학부'로 창립되었다고 하였다.4) 그러나 북에서는 서울대학교를 '미제의 식민지 노예 교육'의 대표적 학교라고 비난한다.5) 서울대학교를 탄생 시킨 국립대학 설립안(이하 국대안)을 분석한 수정주의연구에서도 북에 알려진 것과 유사한 주장이 제기되었다.6) 상대에 대한 비난의 정도를 비교하면 김대에 대한 것이 상대적으로 약하다. 그간 김대 창설 과정이 잘 알려지지 않아 김대 창설은 그만큼 다소 신비한 상태로 남아 있기 때문이다. 이 글에서는 김대의 등장 과정을 밝히고자 한다.

두 개의 '최고학부'가 남과 북에 따로 존재하고 있다는 사실에서 분단교육의 한 단면을 볼 수 있다. 남북이 통일된 후 민족의 최고 지성을 양성하는 국립종합대학이 설 것이 예상된다. 분단된 두 '최고학부' 중 한 대학을 다른 대학으로 흡수 통합하여 새 학교를 세울 수 있다. 또는 두 대학을 그대로 두고, 새 대학을 세울 수도 있다. 어떤 경우든, 현존하는 두 대학은 통일된 국가에서의 대학 창설에 상당 정도 관련될 것이다. 통일 국가에서 민족엘리트를 양성하는 '최고학부'―또는 국립종합대학―를 어떻게 세울 것인가 하는 문제는 매우 어려운 과제이다. 그러나 이 과제는 통일을 준비하는 과정에서 반드시 다루어야할 매우 긴요한 과제이다. 불확실한 새 방향을 찾기 위해서는, 어디에서 어떻게 와 오늘에 이르렀는지를 재확인하는 일이 필요하다. 과거에 대한 반성 없는 미래 설계는 반역사적이다. 이 글은 반역사적 미래 설계를 피해가는 데 일조를 하고자 작성되었다. 지금부터 50년 전 북에서의 '과학의 최고전당' 등장과정을 분석한다.

이 글을 종래 근현대 교육사 연구 관행과는 다소 다르게 출발 하였다. 차이는 관점과 방법 및 자료에서 나타난다. 대학 창립과정에 나타난 허점에 근거하여 그것을 비난하는 일에는 전혀 관심을 두지 않았다. 비판적 관점을 견지하지 못하고 비난을 일삼는 태도 자체가 분단의 산물이다. 그것을 재생산하는 것은 옳지 못한 관행으로 극복되어 마땅하다고 믿기 때문이다. 이 글에서는 김대의 등장을 '고등교육의 형성'이란 관점에서 분석하였다. 형성이란 관점에서 분석한 다는 것은 대학의 기원, 발달 및 기능을 분석한다는 것이다. 이 글에서는 형성의 초기 국면인 기원에 관심을 한정하였다. 기원을 밝히기 위해, 대학 창립이란 사건, 그 사건을 창출한 계기 및 그러한 계기를 창출한 인과적 동인 등을 설명하고자 시도하였다.

방법상의 특징으로는, 조선인을 역사의 중앙에 위치시키고자 하였다. 이 방법은 지극히 당연한 방법이나, 여러 가지 이유에서, 그간 근대교육사 연구에서는 그렇지 못하였다. 종래에는 대체로 한국 및 한국인을 대상으로 한 외국의 대한對韓 점령정책과 외국 점령군의 교육정책의 구현에 주목하고 그것에 한국인이 어떻게 대응하였는지를 밝히고자 하였다. 다시 말하면, 주된 관심은 외국의 개입이었고 조선인은 수동적 입장에서 강제된 정책에 어떻게 대응하였는지를 다루었다. 물론 이 시기 지배적 권한과 권력을 행사한 것이 외국 군대이므로 그러한 방법의 선택은 불가피한 것처럼 보인다. 타율적 사관이라 할 수 있는 이 방법은 거의 관행화되어 있다. 진보적 관점을 견지하였다는 수정주의 연구에서도 대체로 미국의 대한 정책과 미군정의 교육개혁의 추진에 주된 관심을 보이고 이에 대한 조선인의 반응을 분석하였다. 그러나 이 연구에서는 일제 패망 후 조선인이 민족교육 재건을 위해 무엇을 하였는가에 주목하였다. 물론 외국 점령군의 지배에 대한 대응도 분석하였으나, 이 경우에도 조선인의 주체적 노력을 중심에 두고 그것을 외세의 개입에 대한 능동적 대응으로 파악하였다. 이 방법은 내재적 발전론의 연장에서 도출된 것으로 그간 한국교육사고韓國敎育史庫 내에서 이루어지는 일련의 연구과제의 공통적 문제의식의 발로이기도 하다. 실지로 이 방법은 여러 시기에도 동일하게 적용하여 보았다.[7] 그 결과, 앞으로도 이 방법을 지속적으로 사용할 것이라는 신념에 변화가 없다.

사용된 자료도 종래 연구와 차이가 있다. 그간 국내에 알려지지 않은 원자료를 많이 사용하였다. 주 자료원은 1950년 미군이 평양을 점령하여 그곳에서 수집한 이른바 '노획문서'로 현재 국립문서관리청에 기록집단(Record Group 이하 RG) 242로 분류 보관되어 있는 자료이다.[8] 그 중 다음과 같은 대학 교원 이력서를 사용하였다.[9] 김대교원이력서, 문학부, 1946년, 10월(2005 1/31), 김대교육이력서, 약학전문(2006 12/36), 교직원임명에 관한 건(2006 12/35), 김일성대학발령건, 1947년(2011 7/31), 함흥의대(2006 12/40, 12/18), 평양의학대학(2006, 12/32, 2005, 8/3), 청진의학대학(2005 8/31), 평양공업대학(2006, 8/33, 8/35), 평양교원대학(2006, 12/33), 청진교원대학(2005 12/31), 해주교원대학(2005 8/34), 등이다.

서울대학교에 비하여, 김대는 상대적으로 통일된 교육개혁 세력에 의해 신속하게 창립되었다. 국대안 반대운동의 핵심 쟁점은 대학자치의[10] 실현이었다. 다른 곳에서 밝힌 대로,[11] 오천석박사는 이를 일본 제국대학의 분파주의 폐습으로 보고 국대안을 제안하며 이 관행을 청산하고자 하였다. 제국대학 출신 서울대 교수들은 그것을 실현하기위해 국대안에 심하게 저항하였다. 대학자치를 둘러싼 학자와 관료간의 집단적 대립, 충돌, 갈등이 1년여 지속된 끝에 타협이 이루어져 서울대학이 정상화되었다. 그러나 김대의 창립에는 국대안 반대운동과 같은 대립과 갈등이 크게 눈에 띄지 않는다. 얼핏 보면, 김대는 중앙의 명령에 의해 전인민의 참여한 가운데 짧은 시간에 일사불란하게 창립된 것처럼 보인다. 두 학교 모두 최고 지성을 양성하기 위해 설립된 학교이었다. 같은 시기 같은 구상 및 같은 방법을 사용하였음에도 남과 북에서의 대학 등장과정이 그처럼 현격하게 달랐다. 그 원인은 무엇인가? 북에 널리 알려진 것처럼, 김대는 '인민의 대학'을 만들고자하였으나, 서울대학교는, 수정주의연구에서처럼, 미군이 '미국식' 대학을 강제하였기 때문인가? 이하이 글에서는, 서울대학 창립과정을 염두에 두고, 김대 창립 과정을 밝히고자 한다. 곧 밝혀지겠지만, 김대의 창립은 서울대학의 창립과 긴밀하게 관련되어 있다. 두 대학을 각기 비교 준거로 삼으면 각 대학의 창설을 좀더 분명히 이해 할 수 있다.

2. 교육개혁세력의 조직화: 당과 교육국

일제 패망 직후 한반도 전역에서 자치조직이 등장하여 질서 회복과 사회안정에 앞장섰다. 건국준비위원회에 의해 각 지방에 인민위원회와 같은 자치조직이 광범위하게 결성되었으며 평양도 마찬가지이다. 미군은 물론 소련군이 평양 진주 전에 식민지 지배기구에 대한 접수도 자치적으로 이루어졌다. 이는 전국적 현상으로 일본의 무조건 항복이 알려지자마자 "신문사·회사·공장·대상점·대학·전문학교 등 주요 기관시설에" 대한 접수가 광범위하게 이루어졌다.12) 총독부까지 접수하려 했으며 북에는 평양부가 접수되었다.13) 8월 16일 경성제대 대학자치위원회가 조직되어 학교를 접수하였고,14) 곧이어 주요 관립 전문학교에도 자치위원회가 조직되어 학교를 접수하였다. 같은 날 창립 및 재건된 조선학술원과 진단학회와 같은 자생적 학술단체의 주관으로 각 학교별 자치위원회가 조직되고 학교를 접수한 것이다. 관련 인물의 회고에 따르면,15) 조선 '학술계의 대동단결'을 위하여 전 지식인이 참여하여 학술원을 조직하였다.16) 마치 약속이라도 한 듯이, 같은 날 국학계 학자는 진단학회를 재건하였다.17) 이 두 단체는 이후 등장한 각종 학술단체의 묘판이었으며, 특히 간부회원은 곧 서울대학이나 다른 대학의 교수로 선임되었다. 그 중 일부는 김대 창설에 참여하였다. 일본의 패망 후, 조선의 통치권력과 정당성이라는 측면에서 결코 공백기간은 없었다는 주장은18) 교육부문에 적용하여도 마찬가지이다. 이 처럼 힘의 공백 상태를 자치적으로 수습하는 과정에 외국 군대가 진주하였다.

　8월 8일 북한에 상륙하기 시작한 소련군은 한 달 뒤 진주한 미군과는 현격하게 다른 점령정책을 시행하였다. 북에는 유일한 교육개혁세력이 신속히 조직되어 식민지교육의 청산과 교육개혁을 담당한다. 식민지 청산을 위한 교육개혁 추진에서 남북간의 차이는 다음 세 가지 정치적 조건의 차이와 관련되어 있다. 즉, 1) 외국 군대의 진주 방식과 점령 정책, 2) 식민지 유산 청산을 위한 정치 세력의 통일, 3) 자치기구의 성격 및 권한 등이다. 이 세 측면에의 남북 차이가 이후 교육개혁 세력의 조직화의 차이로 나타난다. 남에서는 자치위원회, 학술원, 진단학회, 미군정 학무국 및 산하 자문기관인 조선교육위원회 등과 같이 각기 이해를 달리하는 조직과 단체가 상호 경쟁, 견제, 갈등을 벌이며 백가쟁명식으로 식민지 고등교육유산청산에 나섰다. 남에는 식민지 기득권층은 물론 심지어 친일세력도 마치 개혁세력인 듯 행동하였다. 그러나 북에서는 비교적 짧은 시간에 식민지 모순을 제거할 수 있는 유일한 행정 기구를 만들고 그곳에 행정력을 집중하였다. 이러한 차이로 인해 김대 창설은 국대안 반대운동과같은 조직적 저항을 받지 않고 당과 중앙행정기구의 명령에 따라 신속하게 진행되었다. 이하 세 가지 조건의 차이가 식민지고등교육 청산에 미친 영향을 상술하면 다음과 같다.

　다 알듯이, 미군은 자신이 '점령군'임을 선언하고 38도 이남에 직접 통치를 위해 군정을 설치하였다. 그러나 소련군은 자신이 '해방군'임을 선언하고 점령 지역 내에 간접통치를 실시하였다. 소련군은 점령 초기부터 식민지 지배 기구 및 관리에 대한 전면적 청산을 지원하였다. 조선인의 자치적 법과 질서 회복운동 및 식민지 기관 접수 조치는 그와같은 소련의 점령정책과 조화를 잘 이룬 것이다. 이를테면, "소련군 사령부는 8월 25일에 '조선인 집행위원회'라는 자치기구에 총독부 행정력을 접수

토록 하였고 그것을 조선인 혁명가의 휘하에 둘 것을 명령"하였으며 이 위원회는 즉각 "적산을 몰수하여 국유화하면서 자치 정부 조직의 기반을 확립하였다."19) 소련군은 자국과 가깝게 지낼 공산당체제 건설에 주력하였다. 그러나, 정부기구에 관한 한, 그들은 늘 무대 뒤에 보이지 않는 상태로 남아 있도록 매우 조심하였다. 소련군 사령부와 그에 배속된 정치 장교는 조선인의 자치적 정치활동을 감시의 눈으로 보고는 있었으나 직접통치를 위한 어떤 형태의 군정기구도 설치하지 않았다. 한국에 정통한 미국인 학자의 분석대로, 소련군 점령 정책은 분명 하지장군이 선포한 '미군정만이 남한의 유일한 정부'라는 성명과는 현격하게 대조를 이룬다.20) 요컨대, 소련 점령군은 조선인에게 실질적 권위 행사를 허용하였으나, 미군정은 조선인에게 어떤 지배적 권위도 인정치 않았고 고용된 일부 조선인 관리에게만 제한된 권력의 행사만을 허락하였을 뿐이다.

점령정책 차이는 이후 한반도에 중대한 영향을 미치었다. 이를테면, 미군정 관리 크로후트는 미국의 점령정책이 남한에 미친 영향을, 소련의 그것에 대비시켜, 다음과 같이 요약하였다.

> 점령 초기, 우리(미국: 역자 주)는 조선을 평화적으로 통일시킬 절호의 기호를 놓쳤다. 승전의 날 8월 15일에 조선의 저명 지도자들은 한반도 전역을 통어할 수 있는 정부 조직을 결성하였다. 일본 당국은 이를 인정하였으며, 북부 전선을 향해 신속히 이동중인, 러시아군도 이를 인정하였다. … (중략) … 그러나 조선점령미군은 여(몽양 여운형: 역자주)가 세운 체제를 어떤 형태의 '권위, 지위, 또는 형태'이던지 부정하였으며 심지어 '공화국'이란 명칭 사용조차 엄금하였다.21)

남에서 조선인 자치를 인정하지 않은 미점령군의 방침이 결국 분단체제 등장으로 이어졌다는 것이다. 소련군의 승인 없이 결성될 수는 없었으나, 그들의 간접 통치정책 탓으로, 조선인 자치 조직은 신속히 지방 및 중앙 행정기구로 전환된다.[22] 유일한 자치 행정기구를 설치하고 그 안에 교육개혁실무를 담당할 기구를 설치함으로서 일관된 방침아래 고등교육을 재건할 수 있었다.

둘째, 탈식민지화를 주도할 정치세력의 집중 정도에서 남북간에 차이가 난다. 남에서는 이념을 달리하는 제반 정파와 단체가 제각기 주도권 쟁탈을 위해 거의 무한 경쟁을 벌이었다. 소련군은 자국 국익보호에 도움이 되는 단체만 선별적으로 지원하여 그 구성원을 자치기구의 중핵에 위치시킴으로서 반대 세력을 효과적으로 통제할 수 있었다. 소련군의 정치적 지원 아래 공산당과 유사 진보 정당이 재빠르게 주도권을 장악하고 제반 개혁을 추진하였다. 북에서 따로 사회주의 정당이 조직되었다. 10월 10일 '조선공산당 북조선분국'(이하 분국)이 조직된 것이다. 조공 중앙은 서울에 있었으나 미군정하에서 전국을 주도할 수 없으므로 북한에서 독자적으로 사회주의 혁명을 발전시키고자 평양에 분국이 따로 조직된 것이다. '일국일당의 원칙'에 따라 당 조직의 외양은 분국이었으나 이 조직은 처음부터 서울에 있는 당중앙의 직접적 지도를 받지 않는 독자적인 당 중앙으로 기능하였다. 12월 17일 분국 명칭을 버리고 '북조선공산당'으로 개칭하였다. 이로서 서울의 당중앙을 전제로 한 분국체제에서 벗어나 북에서 제반 사회주의 개혁을 주도해나갈 독립적인 당을 갖추게 되었다. 이후 북조선공산당은 중앙 행정기구를 통하여 당의 결정을 효과적으로 시행할 수 있게 되었다.

셋째, 앞의 두 조건 때문에, 남북에서 새로 만들어진 주권적 행정기구의 성격상 차이가 난다. 또 이 차이가 이후 고등교육개혁의 형태와 효과에 그대로 반영되었다. 미군정은 중앙 행정기구를 서울에 설치하고 이후 각 지방 행정기구를 설치하였다. 일종의 하향식 행정기구설치였다. 소군은 각 지방별 조선인 자치 행정기구를 인정하고 그 연합체를 근거로 중앙기구를 설정하였다. 일종의 상향식 조직이었다. 행정기구 조직방식의 차이는 기능과 특징의 차이에 그대로 반영되었다. 미군은 일제 식민지 통치기구를 그대로 유지시키고 일인 관리만 미군장교로 교체하였을 뿐이다. 처음에는 각 행정부서장에 미국인 책임자를 임명하고 조선인 고문을 두었으나, 곧 각 부서장에 미군 장교와 조선인을 동시 임명하였다가 1946년 8월 말에 이르러 이른바 '한국화' 방침에 따라 조선인 책임자에 미군 고문을 임명하였다.23) 행정기구 부서장은 미군 장교, 한인 등으로 바뀌었으나 중앙관료기구 자체는 일제의 그것을 그대로 답습하였다. 중앙기구 정비 후 설치된 각 지방사무소 역시 관리자만 일인에서 미군장교로 교체하였다. 요컨대, 일제 식민지통치기구는 그대로 온존된 것이다. 통치권력 또한 미군의 군사력에 근거함으로써 남한에서는 외국 군대에 의한 점령상태라는 점에서 8월 15일 전후에 질적인 차이가 없었다. 반면, 소군은 북에 상륙하면서 각 지방별로 일본군의 무장을 해제시키고 곧이어 조선인의 자치적 식민지 지배기구 접수를 허용하였다.24) 따라서 북의 조선인 자치 지방 행정기구 등장과 소련군이 진주 행로는 일치 한다. 함남인민위가 먼저 조직되고25) 이어 평남인민위를 통해 이북 5도에 모두 도별 인민위가 조직된 것이다. 지방자치기구의 연합체 형태로 중앙행정기구를 결성하였다. 10월 중순 5도 인민위는 연합하여, 앞서 언급한, '조선인 집행위원회'를 이을 임시 중앙기구를 만들었다. 즉, '북조선 5도 행정국'(이하 행정국)이 그것이다. 이 행정국에 교육개혁 업무를 담당할 교육국이 설치되었다. 4개월 후 이 행정국은 '북조선임시인민위원회'(이하 임인위)로 전환된다. 지방 행정기구 연합체에서 중앙행정기구가 창설된 것이다. 북노당의 용어를 사용하면, 임인위는 행정국 "각 국의 사업방향을 인도하고 지도할 유일한 북조선 중앙주권기관"이다.26) 이후 이 기구는 사실상의 국가기구로 당이 결정한 사회주의 개혁을 차례로 수행하였다.

46년 3월 임인위는 이른바 "20개 정강"을 발표하여 이후 사회주의적 개혁의 방향과 과제를 선포하였다. 이 정강에 의거하여 김대가 창설된다. 잘 알려진 대로, 정강은 이후 전개될 토지개혁, 중요산업의 국유화, 8시간 노동제, 보통교육의무제 등과 같은 사회주의적 개혁을 조목별로 밝힌 것이다. 강령 제 16호에 의해 김대 창설의 방향이 정해진다. 즉, "국가경영인 소, 중, 전문 대학교들을 광범위하게 확장할"것이다.27) 요컨대, 김대는 '인민교육제도'를 수립하기위한 교육개혁의 일환으로 창립되었다. 당과 임인위가 결정한 대로 교육국은 대학 창설 준비에 착수하였다. 중앙교육관료 기구에서 대학 설립을 결정하였다는 점에서 미군정청 학무국이 국대안을 마련한 것과 그 형식 및 절차에서 큰 차이가 없다.

일제 패망 후 북에는 대학을 운영한 인물도 없었고 경험도 부족하였다. 더구나 주요 대학과 전문학교는 대부분 서울에 집중되어 있어 종합대학을 세울 물질적, 기술적 토대가 심하게 부족한 상태이었다. 그러나 당과 임인위는 '민족간부' 양성에 최우선 순위를 두었다. 당과 교육국의 유일한 지도로 종합대학설립안(이하 종대안)이 입안되고 곧 실행에 옮겨진다. 북에서 이 안이 나온 것은 상당히 빠르다. 45년 11월경에 종대안의 기본 방향이 설정된다. 즉, 임인위 위원장은 "종합대학은 우리나라의 튼튼한 민족간부 양성기지로 될 것이며 앞으로 내올 대학들의 모체로 될 것입니다"28)라고 밝혔다. 즉, 종합대학을 먼저 세우고 이를 바탕으로 각 분야별로 대학을 따로 세우겠다는 것이다. 후술하겠지만, 이 방향은 이후 북한의 고등교육개혁의 기본 방향으로 거의 그대로 실천된다. 이 방침 결정은 단순한 의지 표현만이 아니다. 같은 시기에 대학 설립에 필요한 재원을 조달하기 위해 11월 18일 대학 기성회를 조직하기로 하고 자금 모집과 준비 사업에 착수하였다. 이 시기 남에서는 대학 및 전문학교의 개교를 위해 학교별로 조선인 교수를 새로 임용하고 있었다.

물론, 종대안 추진에도 상당한 저항이 있었다. 그러나, 북의 경우 당 또는 임인위가 정책적으로 추진한 사안에 대한 반대나 저항이 있다하더라도 그것에 관련된 자료가 남아 있지 않다. 또 이후 역사에서도 반대운동은 대부분 생략되었다. 종대안 반대운동의 규모나 정도를 정확하게 알 수는 없다. 그러나 상당 정도 저항이 있었음에는 틀림없다. 이는 기존 자료를 간접적으로 분석하면 알 수 있다. 이를테면, 당 중앙은 공개연설 석상에서 종대안 추진 과정에 '반당반혁명종파분자'와 '사대주의자'의 저항이 있었으며 그들은 종대안이 불가능하다거나 시기상조론을 피력하였고 나가서 유학생 파견으로 시급한 간부 양성이 가능하다는 주장을 폈으나 이를 모두 물리쳤다고 호언한 적이 있다.29) 즉, 상당 정도 반대와 저항이 있었다는 것이다. 북에서 특정 집단을 '반당반혁명종파분자'로 규정할 때는 대체로 사회주의 개혁에 참여하지 않는 구래 기득권 세력을 지칭한다. 실지로 인민교육체제 건설을 위해 추진된 학교 국유화에 찬성할 수 없었던 경우가 있다. 미국 개신교계 학교는 북에 있는 학교를 서울로 옮기어 개교하기도 하였다.30) 또 시기상조론은 얼마든지 제기될 수 있는 반론이었다. 45년 말이면 소련에 유학생이 파송되기 시작하므로 해외유학을 통한 민족간부양성론 또한 충분히 제기될 만한 반론이다. 그러나, 더욱 주목할 점은, 어떤 형태의 반론과 저항이든 종대안의 추진에 지장을 줄 정도로 심각하게 대두되지는 않았다는 점이다. 국대안처럼, 계획 실현을 1년여 지체시키는 저항과 반대는 없었다. 혹 있다하더라도, 북에서는 이를 효과적으로 물리칠 수 있었다. 반대하는 세력만큼 또는 그 이상 지지 세력이 더 많았다. 지지세력은 북에 국한되지 않는다. 후술하겠지만, 전면에 나서서 국대안 반대운동을 벌인 저명 지식인 중 상당수는, 특히 서울대학 교수 일부는, 일찍부터 김대 창설에 참여하고 창설 후에는 대학 간부로 활약한다. 종대안 추진에 있어 주목할 점은 반대 세력이나 지지 세력의 확인이 아니다. 종대안의 입안과 실행을 담당한 조직인 당과 임인위 교육국의 존재이며 그 기구가 보인 강력한 추진력이다.

3. 종합대학교안의 실행

임인위 교육국이 종대안의 입안 및 실행을 맡아 추진하였다. 교육국은 행정국이 설치될 당시부터 조직되었다. 행정국이 임인위로 전환된 후에도 행정국 교육국장이던 장종식은 임인위 교육국장으로 유임되었다. 장국장은 46년 5월 임인위 결정에 의해 조직된 '김일성대학 창설 준비위원회'(이하 준비위)의 위원장을 맡아 종대안을 입안한다.31) 다른 북한 자료가 다 그렇듯이, 임인위 같은 '유일한 주권중앙기구'가 결정서를 발표할 때는 이미 관련된 사안에 대한 준비가 완료되어 실행 중일 때이다. 실지로 장국장은 5월 초 종합대학 설립을 위한 기성회를 결성할 간부를 임명하고 준비위 조직을 지시한 바 있다. 같은 달 하순, 임인위 8차 상무위에서 대학 창립준비위 조직과 그 주요 임무가 확정되었다. 이 달 29일 발족된 준비위는 위원장에 장국장을 위원에는 정두현 평양의전교장과 신건희 평양공전교장이 있었다. 그밖에 한설야, 김택영, 이동화,32) 이정우 및 김달현 등도 준비위원이었다. 정교장은 동경제대 농학부를 졸업하고 평양의 광성, 숭덕, 숭인학교에서 교사와 교장을 맡은 바 있는 매우 존경받는 교육자이다. 숭실전문의 교장으로 재직 중 학교가 문을 닫자 다시 도일하여 태북台北제국대학 의학부를 졸업하여 의사가 되었다. 귀국 후 경성대 의학부 생리학연구실에서 연구 활동을 하다 평남 인민위 초청에 의하여 45년 10월 평양의전교장에 취임하였다. 그는 재정상 최창익을 보증인으로 하여 46년 6월 노동당에 입당하였다. 김대 창설 후 의학부장을 맡았으며 평양의학대학이 김대에서 독립되자 초대 학장을 맡게된다.33) 신건희교장은 경도제대 공학 졸업하고 대동공전 교수로 일하였으며 일제 패망 후 교장으로 임명되었다. 한설야는 일찍 북으로 간 문인으로 장국장 뒤 이어 교육국장직을 맡는다. 김택영과 이동화는 소련국적 조선인으로 소련군 진주시 함께 입국하였다.

　준비위 구성에서 이후 종합대학의 형태를 볼 수 있다. 곧 밝혀지겠지만, 평양 소재 전문학교인 평양의전과 평양공전이 김대의 모태가 된다. 준비위는 오래지 않아 새로 설 종합대학에 대한 구체적 계획을 확정한다. 임인위는 두 전문학교를 우선 대학으로 승격시키고 새로 설 종합대학에 편입시킬 것을 결정하였다. 이 조치는 서울대학교 설립 전에 학무국이 6월 초 해당 전문학교를 모두 대학으로 승격시킨 것과 같다. 대학 내 3년제 예과를 설치할 것이며 종합대학의 명칭은 김일성대학으로 할 것임을 결정하였다.34) 또 교육국은 교수 모집을 위해 '양심적' 남한 학자까지 초빙할 것임을 밝혔다. 북의 자료에서 '양심적'이란 용어는 반제 항일 독립운동가나 식민지체제에 저항한 인물을 지칭하며 특히 진보적 성향의 지식인을 지칭한다. 실지로 서울대학교 교수나 다른 대학의 교수로 있다 김대로 옮겨온 지식인은 대체로 45년 가을 교수로 임용되기 전후에 조선공산당(이후 남로당) 또는 유사 진보 정당에 입당한다. 장국장은 임인위의 결정 내용을 담화로 발표하였다. 곧 이 소식은 보도를 통해 즉각 남에 널리 알려졌다.35) 며칠 전 미군정 학무국 관리는 기자회견을 통해 국대안을 발표한 바 있다. 국대안과 종대안이 비슷한 시기에 추진되었고 또 그러한 사실이 비슷한 시기에 보도를 통해 알려진 것은 우연만은 아니다.

　준비위 활동 4개월여 만인 9월 15일에 김대 개교식이 거행되었고, 10월 1일자로 마침내 북한 유일의 '인민의 대학' 김대가 창립되었다. 김대 창설에 필요한 재원의 상당부분은 인민들의 성미, 성금 및 노동력 제공으로 충당되었다. 한 북한 여행자의 기록에 따르면, 김대 창설을 위해 농민이 자진 헌납한 '애국미'는 약 1억 원에 이르렀다고 한다.36) 이 기록이 정확하다면, 성금액의 규모는 46년도 북의 교육성 전체 예산에 버금가는 막대한 규모였으며 인민위 예산 규모의 약 2할에 달하는 규모였다.37) 북의 성미는 남에서 비난하는 바와 같이 '강제징수'로 보기 어렵다. 이 시기 북에서는 토지개혁으로 농민은 모두 자신의 땅을 갖게 되었다. 농민들이 그와 같은 획기적 조치를 마음으로 고마워하였을 것을 상상하기는 어렵지 않다. 더구나, 46년 전후에 풍년이 들어 생활이 풍족해졌다.38) '인민의 대학'이란 노동자 농민의 자녀도 갈 수 있는 대학이므로 농민들은 자녀의 대학 진학기회에 큰 기대를 가지고 있었다. 이들은 대학 건설에 참여 하였을 뿐만 아니라 인민학교나 중학교의 학교 교사 건축에 필요한 재정, 물자 및 노동력 등을 제공하였다.39) 북의 종대안은, 남의 국대안과 달리, 인민으로부터 큰 규모의 물적 정신적 지원을 받아 추진되었다. 중앙 행정기구로부터 별도 예산을 배정받아 김대 건설에 막대한 비용이 사용되었다.40) 국대안은 학무국의 별도 예산 지원 없이 추진되었다. 국대안 반대 운동이 '교육민주화'운동으로 정립된 이래 국대안은, 종대안과는 달리, 국민적 지지와 격려를 받기는커녕 냉소와 비난의 대상이었다.

    김대는 학부제를 채택하여 창립 당시 7개학부로 조직되었다. 즉, 공학부, 농학부, 의학부, 리학부(후에 물리수학부로 개칭, 이하 괄호안은 개칭된 학부명), 문학부(역사문학부), 철도공학부(운수공학부) 및 법학부(경제법학부) 등이 그것이다. 이듬해 학부 명칭이 바뀌고 화학부가 독립되어 8개 학부가 된다. 김대의 대학조직 특징은 까페뜨리아—즉, 강좌—제를 채택한 것에 있다. 이러한 특징은 과거 제국대학은 물론 미국 등 서구대학에서는 보기 어려운 조직이다. 소련 대학조직을 도입한 것이다. 학부가 교수의 조직 범주였다면, 강좌는 교육의 핵인 강의 및 실험을 관리하는 교수 및 학생 조직이다.

김대에는 교수자치와 같은 제국대학식 대학자치가 허용되지 않았다. 이는 다음 몇 가지 기구상의 특징을 보면 알 수 있다. 교육국의 승인을 받아 대학 기구표가 정해진다. 이 표 어디에도 교수회의는 설치되지 않았다. 오히려, 총교육장은, 총장과 부총장의 지휘 아래, 각 학부 및 강좌는 물론 연구원, 도서관, 출판부, 교무부 및 교양부 등 학사 전반 관련 부서를 총괄하도록 되어있다.41) 초대 총교육장인 권직주는 교수 출신이 아니었으나 교수 채용에 깊이 개입되어 있다. 총교육장과 같은 수준의 간부는 총경리장으로 그의 아래에 회계부장과 경리부장을 두어 예산 관련 업무를 총괄하게 되어 있다. 서기장을 따로 두어 대학 사무를 총괄하게 되어 있다. 서기장과는 수준에 차이가 있으나 간부부장을 두고 있다. 별도로, 대학평의회가 설치되어 대학의 총교육장, 총경리장, 학부장 및 강좌장을 그 구성원으로 하였다. 이 기구는 총장 자문기구로 대학의 '최고협의기구'이다.42) 달리 말하면, 최고의결기구는 아니다. 창립 시 대학의 기구를 그림으로 제시하면 <그림 1>과 같다.43)

<그림 1>에 나타난 권한의 위계와 분배는 단지 명목 또는 도표상의 그것이 아니다. 실지로 앞서 기술한 대로 운영된다. 이는 김대 관련 자료 중 인사 및 재정관련 문서의 품의, 결재 및 회신 등 의사결정 과정을 살펴보면 드러난다. 신규 임용은 물론 승진 대상 교수는 대학의 심사를 받기 위해 반드시 이력서와 자서전을 제출한다. 해당 교수가 소속한 학부장과 간부부장이 그 기록을 평가한다. 평정서를 살펴보면, 간부들은 해당 교수의 학문적 업적, 학생지도능력, 사상 및 성품까지 세밀히 평가하고 있음을 알 수 있다. 이들의 심사를 통과한 다음에 부총장 명의로 교육국에 임명 또는 승진 요청을 상신한다. 어떤 경우에도, 학부나 강좌별 교수회의의 의결을 거쳐 인사 상신이 이루어지지 않는다. 이 점 예산 작성도 마찬가지이다. 대학의 인사와 재정문제에 대한 결정권은 대학 총장 경유로 교육국에 귀속되어 있다.

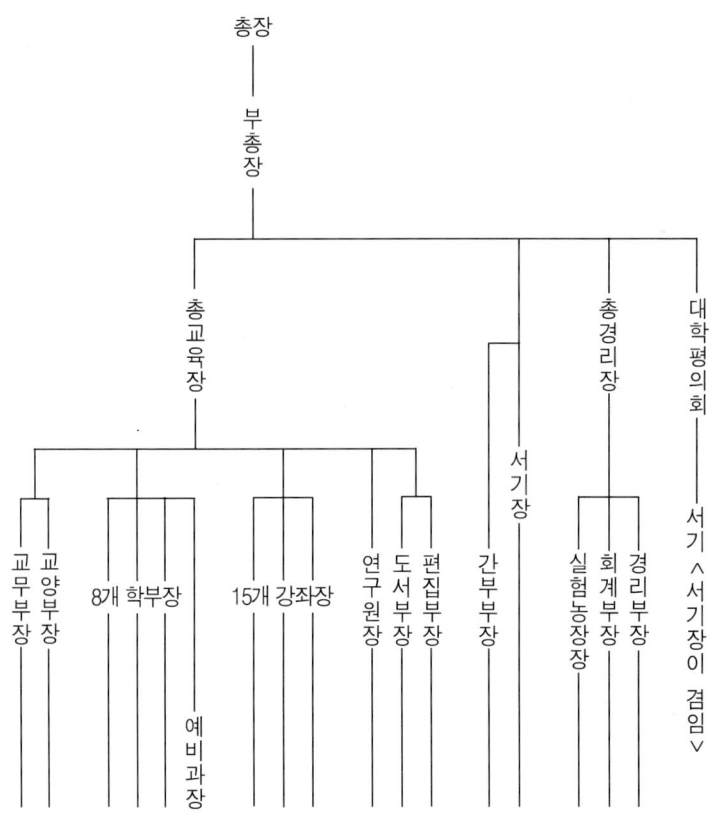

<그림 1> 김일성대학 기구표, 1947년

자료: 김일성대학발령건, 1947.
각 부의 부원, 부부장급 및 과장급 이하와 총교육장급 이상의 비서 생략.

김대는 예과를 별도로 설치하였으며 예과는 대학 창립 전인 6월에 미리 개교하였다. 수준으로 보아 대학입학 준비과정인 중등과정이었다. 이 예과에는 이른바 '애국열사와 노동자 농민 자녀'를 입학시키기로 하여 결국 당과 중앙 행정부 간부 자녀에 대한 특권적 교육기회를 확보하였다. 교수에 대한 파격적인 지원과 일부 학생에 대한 입학 혜택으로 김대는 급속히 팽창하였다. 창립 당시 교수 68명에 학생 1,600여 명이었으나, 이듬해에는 39개 학과 92학급에 교원 166명 학생 3,813명으로 늘었다. 이해 5월 대학원과정인 연구원을 신설하고 연구생 44명을 각 강좌에 소속시키었다. 49년 9월 성미와 성금으로 목단봉 동남쪽에 새로 지은 4층 석조건물이 완성되자 김대는 신축 교사로 이사하였다. 전쟁 중 반파되었으나, 곧 복구되어 오늘에 이른다. 김대는 1950년 첫 졸업생을 배출함으로써 북한의 지배 엘리트 양성에 착수하기 시작하여 오늘에 이르렀다.

인민위는 이듬해 고등교육개혁을 결정하여 김대의 몇 학부를 분리하여 4개 전공 분야별 대학을 따로 세웠다.[44] 공학부와 운수공학부는 평양공업대학(나중에 김책공대로 개칭)으로 독립되어 광산, 지질 금속, 전기, 기계, 운수, 섬유, 건설 등의 분야를 담당하게 되었다. 김대 의학부는 평양의학대학으로 독립되어 의학, 약학, 및 위생 분야를 담당하게 되었다. 농학부는 원산농업대학과 합병하여 사리원농업대학으로 독립되어 농업, 림업, 수산업, 농학, 양잠, 수산, 수의, 축산, 농업경영 등의 분야를 담당하게 되었다. 나머지 물리수학부, 화학부, 생물학부, 력사문학부, 경제법학부 등 5개학부만 김대에 남았으며 이후 김대는 정치, 경제, 문화 분야의 '이론간부 양성소'로 자리 잡는다. 47년 경 김대를 제외한 북한의 4년제 대학으로는 평양공업대, 평양의학대학, 청진의대, 함흥의대 등이며, 3년제 대학으로는 평양농업와 평양사범이 있었다. 평양사범은 이듬해 9월 김형직사범대학으로 바뀐다. 이밖에 2년제 교원대학이 따로 설치되어 인민학교 교사를 양성하였다. 48년 경 북한에는 대학 11개 학생수는 약 8,000명 정도였다.

4. 교수 충원

김대 창립에서 가장 중요한 과제이자 동시에 가장 어려운 과제는 교수 충원이었다. 교수와 학생이 대학의 근간이다. 건물과 기구만으로 대학이 운영될 수 없다. 학생은 입학기회 제공으로 얼마든지 모집 가능하다. 그러나 교수 충원은 그렇지 못하다. 북에는 대학 교수를 할 만한 인물이 극히 드물었다.45) 당과 교육국은 김대 창설에 앞서 대학 운영에 꼭 필요한 인물을 선정하여 직접 교섭한 후 초빙하였다.46) 남한은 물론 소련과 만주지역에서 이름난 학자를 광범위하게 초빙하였다. 비슷한 시기에 서울대학에서도 해외 소재 교수를 초빙하고 있었다. 연락을 받은 교수들은 남과 북의 정세를 살펴보고 행선지를 정했다. 예컨대, 일본 동북제대 출신으로 중국 하얼빈공대에서 6년간 물리학을 가르치던 임극제 林克濟 교수는 김대 교수로 초빙된 경위를 다음과 같이 밝혔다.

> 할빈을 떠날 때에는 서울로 갈 생각도 하였다. 서울대학에서 속히 오라는 통지를 받았기 때문이다. 귀국하여(46년 2월 임: 필자주) 조선의 정치정세를 알고서는 나는 신건희씨의 요청을 꾀락하여 평양공업전문학교 교수가 되었다.47)

평양공전이 김대로 통합되자 그는 김대 철도공학부장을 맡았고 곧이어 공학부장을 맡았다. 림교수가 서울대학교 초청에 응하지 않고 평양공전으로 간 것은 그의 소위 '좌익 성향' 때문은 아니다. 그는 평전 교수가 된 다음에 비로소 '과학연구와 정치를 분리시켜 생각'한 자신이 '큰 착오'임을 뒤늦게 알게 되었다고 고백하였다. 그가 자신의 과오를 수정하고 노동당 평양공전 세포에 입당 원서를 낸 시기는 46년 7월 즉, 취직 후이다. 일단 입당한 교수들은 당의 소환이 있거나 또는 최소한 당의 허가를 받지 않고는 움직일 수 없었다. 사회주의 정당은 규율이 매우 강하며 당원은 명령에는 절대 복종해야한다. 남로당원 대학 교수로서 북의 김대로 가기 위해서는 직장 이전 외에 소속 단체의 이적은 물론 궁극적으로는 남에서 북으로 당적까지 이전해야 한다. 경성광전 교수로 있다 47년 김대로 간 고대옥高大玉 교수는 이직 경로를 다음과 같이 밝혔다.

> 국대안반대투쟁이 일단락되었던 10월 북조선으로 전적함을 당에 건의하며 … (중략) 11월에 함남도교육부에서 기술교원과 기술자를 모집하려 서울에 출장하였다. 남조선과학기술연맹의 소개로(당 문하부 산하) 흥남에 오게 되었다. 수속관계는 당의 소속 세포책임자인 중구 책임자를 경유하여, 당의 인가를 받았고, 또 국립대학반대공동투쟁위원회와 당 문화부장의 양해를 얻었다. 금년 1월 전당 신청수속을 완료하였으니, 북노당 조직부에서 하로라도 속히 전당이 허가되어 … (후략)

남의 학자 뿐 아니라, 소련 출신 교수나 중국공산당 당원 교수들도 마찬 가지로 김대 초빙에 응한 다음에 당적을 이전하였다. 따라서 단순한 개인적 선호도나 정치 신념만으로 김대 교수가 될 수는 없다. 남에서 초빙된 경우에는 대부분 자신 소장 도서, 연구 자료는 물론 심지어 소속 기관 소장 실험 실습기구나 교구도 가지고 북으로 갔다.[48]

교수 충원 과정을 초청 대상자 소재 지역인 소련, 북한 및 남한 등으로 살펴보면 다음과 같다. 소련에서 충원한 교수에는 소련국적의 박일, 전영환, 이동화 등과 소련 유학생 출신의 허익, 박영, 김용성 등이 있다. 박일은 1940년 레닌그라드교육학원 철학과를 졸업한 후 7년여 국립종합대학에서 철학교수로 재직하던 중 46년 11월 김대 부총장으로 초빙되었다. 그는 1년여 교육부총장에 재직하면서[49] 사회과학강좌장과 연구원장을 겸임하였다. 그는 주로 '기본' 교과로 통용되는 정치경제학을 위시한 사회주의 사상을 가르쳤다. 전영환은 교원대학을 졸업 후 7년 동안

중학교 교원, 부교장 및 교장에 재직한 교육자로 소련군에 소환되어 45년 9월 입국한 이래 소련군 정치사령부에 근무하다 김대 교수로 임명되었다. 이동화는 소련대학 출신으로 하바로프스크 제88특별여단 소속 장교로 근무 중 입국하였으며 김대 창설준비위원을 맡아 대학 창설 실무를 맡다 교수로 임명되었다. 허익은 하바로프스크에서 소학교 교원으로 근무 중 레닌그라드대학을 졸업하고 7년여 침껜트교원대학의 교수로 근무하다 46년 10월 김대로 왔다. 김용성은 크슬오르다시 교육대학 졸업 후 5년 동안 중학교에서 러시아문학을 가르치다 11월 김대로 왔다. 박영은 중아세아대학에서 사학을 전공하고 중아세아사범대학에서 3년여 교수로 활동하다 11월 김대 문학부교수로 초청되었다. 이들은 대체로 사회주의 철학과 러시아어 교수로 초빙된 것이다. 이밖에 학력과 전직을 알 수 없는 법학 전공 채규형과 김택영 및 러시아 전공 오완묵 등도 46년에 초빙된 교수들이다. 1947년에 김칠성 등 11명이 다시 소련에서 초빙되었다.[50]

앞서 언급한 대로, 김대는 평양의전과 평양공전을 대학으로 승격한 다음 통합하면서 종합대학으로 확장된 것이다. 북에서 초빙된 교수는 대부분 앞의 두 전문학교 교원들이다. 정두현평양의전 교장과 신건희평양공전교장은 김대 창립준비위원으로서 학교 설립에 따른 실무를 담당하였으며, 대학 설립 후 의학부장과 공학부장에 각각 임명되었다. 관련 대학 이력서를 교차 검토해보면, 두 전문학교의 교수 모두가 김대로 옮긴 것은 아니다. 아직 확인할 수 없는 기준에 의하여 평양공전 유연락 교수 평양의전의 김능기교수 등 각 학교에서 10명 이내 교수만 선발하여 김대 교수로 발령을 낸 것이다. 평양교원대학의 강사 겸 강서농업학 원홍구교장[51]처럼 중등학교장이나 교사 중에서 일부도 초빙되었다. 그 밖의 경우는 왕익권검사나 도유호외무국 간부 등 행정국 간부 직원도 교수로 초빙되었다. 요컨대, 북에 체재 중인 유능한 학자를 총망라한 것이다.

김대 교수진의 핵심은 대부분 남에서 초빙된 학자들이었다. 김대에서 철학을 가르치다 월남한 전직 교수에 따르면,52) 북은 김광진을 비롯한 교섭단을 파송시켜 46년 말에서 48년 초까지 약 20여 명을 초빙하였다고 한다. 그가 이름과 전공을 밝힌 교수는 도상록(양자물리학, 이후 괄호 안은 전공), 김석형(역사), 박시형(역사), 김한주(농학), 이종식(법학), 김지정(수학), 박극채(경제학), 전평수(물리학), 이재곤(수학) 등이다. 전교수를 제외하면 모두 서울대 교수들이었다. 그의 증언은 김대 다른 자료와 일치한다. 인사기록에 의하면,53) 김광진 교수는 김대 교수 중 제일 먼저 46년 8월1일자로 임명되어 법학부장직을 맡았다. 남에서 각 학교장 또는 경성대 학부장이 중심이되어 교수를 초청한 것과 같이 그도 학부장으로 해당 분야 교수를 남에서 초청하였다. 10월 1일 개교일 전후에 발령받은 교수는 김석형, 박시형(8/20),54) 박극채(8/28) 도상록(9/1), 이종식(9/20), 김지정(9/19), 전평수(10/21) 등이다. 그밖에 남에서 초청되어 46년에 발령받은 교수로 박종식(8/8), 신구현(8/16), 황영식(8/18), 김수경(8/20), 유연락, 우형주, 최윤식, 곽대홍(8/31), 계응상(9/9), 한필하(9/19), 홍성해(9/19), 최용달(9/25), 조영식(10/3),55) 강대창(10/7), 도유호(10/20), 황도연(11/8), 김종희(11/9), 최웅석(11/18) 등이 있다.

개교 전후 남에서 초빙된 교수간에는 몇 가지 공통점이 있다. 그중 다음 세 가지가 두드러진다. 각 분야에서 탁월한 업적을 쌓은 이름난 학자들이다. 동시에 국내외에서 제국대학을 나온 동문으로 각기 독특한 학연으로 맺어진 인간관계를 유지하고 있다. 또 45년 가을 이후 진보적 정당에 가입하였으며 국대안 반대 운동에서 중심 역할을 담당하였다. 김대 교수진의 특징을 밝히기 위해 세 가지 특징을 세부적으로 기술하면 다음과 같다.

먼저, 이들은 각 소속 학문 분야에서 두서의 업적을 이룬 저명 학자들이다. 이를테면, 경제전문교수이자 경성대 법문학부 강사였던 김 수경

교수는, 진단학회 출신으로, '어학 방면에서 가장 우수한 소질이 있고 선진 각국어에 능통한 언어학에 독보적 존재'로 알려졌다.56) 같은 진단학회 소속이었던 도 유호교수는 경성고등상업 졸업 후 북경 연경대학을 거쳐 독일 후랑크호르트대학에서 대학원 과정을 마치고 오스트리아대학에서 박사학위를 받은 당대 저명 고고학자이었다. 그는 유럽 유학 배경 탓으로 인민당과 민전의 외교부 책임을 맡았으며 또 과학자동맹위원장이기도 하였다. 저명한 학문적 업적에 관한한 이공계 교수 또한 대단하다. 화공학자 이승기교수는 경도대를 졸업하고 조선인으로 드물게 모교의 교수에 임용될 정도의 탁월한 학술연구 업적을 보여주었다. 잘 알려진대로, 이박사가 연구 중에 발견한 비날론은 그 후 북한 산업발전에 결정적인 공헌을 하였다. 정도의 차이가 있을 뿐, 초청 대상 교수는 각 분야에서 지도적 역할을 담당한 학자들이다.

대부분 국내외 제국대학 졸업생이었으며, 성대 졸업생의 경우 학연을 중심으로 긴밀한 관계를 맺고 있는 학자들이다. 예컨대, 성대 출신 이종식은 같은 성대 출신 김수경의 추천을 받아 김대로 옮긴다. 성대 출신으로 경성사범 교유였으며 학생 사이에 '수재'로 알려진 김택원교수는 47년에 김대로 옮길 때 이종식교수가 보증인이었다. 김석형교수는, 성대 선배이자 같은 진단학회 회원인, 유홍렬교수가 서울대학교 사범대학에서 문리과대학으로 옮기자 그의 후임으로 사범대학교수로 있다가 당의 명령에 따라 김대로 옮겼다. 같은 성대 출신으로, 경제전문을 거쳐 서울대학의 교수가 된 박시형교수의 김대 이전 경로는 김석형교수와 일치한다. 다 알듯이, 남노당과 같은 사회주의 정당의 당원은 일정한 조직의 선에 따라 움직인다. 서울에서 김대로 갈 때 중요한 과정인 추천, 심사, 초빙 결정 등이 진행될 때 작용하는 선이 성대 출신 또는 제대 출신이란 학연과 일치되는 것은 결코 어색한 것이 아니다. 이들의 학연은 예과 시절에서부터 연유한다, 이를테면, 성대 예과 시절 조선인 학생 단체인

'문우회文友會' 시절부터 맑시즘 등 '사회과학' 공부를 같이 하였고 또 친일파들에 대해 공동 투쟁을 전개하기도 하였다. 김석형교수와 박시형교수는 이적 경로 및 시기만 같은 것이 아니다. 두 교수는 각기 경제전문학교과 경성사범학교 시절부터 각 대학의 당 '푸락취'였으며 동시에 조선교육자협회 간부이기도 하였다. 요컨대, 학연을 중심으로 동지적 유대를 강화한 것이며 이러한 연계가 김대로 집단 전직을 가능하게 한 것이다.

　북으로 간 교수 중에서는 국대안 반대 운동의 선봉을 담당하다 김대로 옮긴 경우가 많다. 이는 초빙 교수 가운데 비교적 자세한 기록을 몇몇 교수의 자서전을 통해서 알 수 있다. 이종식교수는,

> 1945년 8월 16일 건국준비위원회 좌익계통의 지도로 조선교육자동지회를 발기하여 재경학생을 동원시키어 치안확보에 종사하다 1946년 2월 15일 민주주의민족전선 결성대회에 대의원으로 출석하여 교육문화대책연구위원으로 피선 이래 민전에서 활동하다. 1946년 2월 17일 조선공산당의 지시에 의하여 조선교육자협회를 발기하여 그 상임 중앙위원, 동 서기국 출판부 책임자로 활동하다 그간에 전문대학교수단 연합회 회원, 국립서울대학안반대투쟁위원으로 활동하다

국대안 반대 운동으로 사범대학에서 해임된 다음 47년에 김대 교육학 교수로 옮긴 김택원교수는 다음과 같이 자신의 투쟁 경력을 밝혔다.

> 8월 15일 해방 직후 경성사범학교 졸업생을 지도하여 교육혁신동맹에 가맹하게하고 재학생으로 하여금 사회과학연구반을 조직하게하여 맑스주의 연구를 지도하다. 1945년 12월 김태준金台俊 이창기李昌器 동지의 추천으로 당시 조선공산당에 입당하다. 1946년 2월 교육혁신동맹을 해체하고 조선교육자협회를 조직하게 되자 서기장과 부위원장으로 선임되어 미군정하의 문교정책의 반동성을 폭로 공격하다. 1946년 2월 16일 민주주의민족전선 결성대회에 대의원으로 출석하여 교육문화대책 연구위원에 피선되다,

그 후 주로 교육자협회 간부로 남노당 지시에 의하여 활동하는 과학자동맹과 조소문화협회의 상임위원으로 피선되다.

1946년 4월 경성사범이 사범대학으로 승격되자 교수로서 교육학을 강의하다가 1947년 3월 미군정청 문교부 방침으로 파면되다. 그 후 7월말까지 중등학교 교과서「사회생활」의 저술에 종사했다.

서울대학교 교수로 재직 중 당의 지시에 의해서 국대안 반대 운동을 조직적으로 벌인 점은 다른 교수들의 자서전에도 자주 나타나 있다. 앞서 소개한 고대옥교수는 자신의 국대안 반대 운동 경력을 다음과 같이 서술하였다.

> 1945년 12월에 서울광산전문학교에 취직하였다. 그 때 광전은 반동적 교수들에게 영도되어 진보적이며 양심적인 학생들은 눌려서 신음하고 있었으며 학교운영 경리에도 부정행위가 많아서 민주조선교육을 파괴하려하였다. 이러한 때에 진보적인 교원들의 지지를 얻어서 팟쇼적이고 파괴적인 반동교수와 학원민주화를 위해 투쟁하며 1946년 4월에는 서울 내 전문대학에서 처음 보는 민주주의적인 정식교수회 규정을 작성하게 되었으며 또 학생자치회도 정식으로 인가되었다.
> 1946년 5월 7일에 조선공산당에 입당이 허가되었고 동시에 동교내 당 푸락취 책임자가 되였다. 6월에는 남조선교육계의 민주진영의 선봉대인 서울시내 전문대학교수단연합회의 위원으로, 7월에는 남조선교육자협회 주최 남조선교육자대회에서「서울국립대학안」반대공동대책위원으로, 8월에는「국립대학안」반대공동투쟁위원회의 위원(당 문하부산하)으로 공작활동 하였으며, 드디어 9월에 이르러 국립대학실시법령 철회요구를 위하여 광산전문교수 전원 총사직을 결행하게 공작하였다. 동교에서 파면된 후에도 … 공동투쟁위원회 지도 밑에서 학생등록거부운동, 사직교수 체포방지공작(사직 후에도 매주 일회 비공식으로 교수회의 소집) 등을 북조선에 오도록 계속하였다.

마찬가지로, 공전 교수에 이어 서울대학교 공과대학과 사범대학의 강사였던 이용규교수는 남로당 공과대학교수반 책임자로 다음과 같이 국대안 반대 운동에 가담하였다.

1946년 8월에 국대안반대투쟁이 일어나자 공업전문에서도 이에 호응하였으나 조직이 미약하여 여의치 않아 학생이 등록하고 들어감에 따라 조직을 강화하기 위하여 학교로 다시 들어갔다. 1947년 2월 제2차 국대안 반대투쟁이 전개되자 이에 참가하여 공과대학 교수반 책임자로서 맹휴의 지도에 참가하였다.57)

관련 교수들이 자술한 대로, 서울대학교로 편입된 여러 전문학교 교수들은 국대안에 반대하였으나 의사표시 정도는 학교마다 차이가 있다. 남에서는 반대 운동을 심하게 한 상과대학과 사범대학 등을 '빨갱이' 학교라 매도하기도 하였다. 앞의 관련 교수의 자서전과 같이, 이 두 학교에는 교수가 당 '푸락취'였다. 학생들 사이에서 '수재'로 존경받는 교수였던 그들은 대부분 남로당원이었다. 광전과 공전에서의 반대운동간의 차이도 교수의 관여 정도의 차이와 관련된다. 광전의 경우는, 고교수가 자술한 대로, 전문학교로서는 처음으로 '민주주의적 정식 교수회의'가 설치되었으며 '학생자치회'도 조직되었다. 광전 최윤식교장은 동경제대 이학부 출신 수학자이다. 광전 교수들이 학무국과 상의도 없이 독자적으로 교수회의를 설치한 것에는 최 교장의 승인이 있었거나, 아니면 그의 양해 없이는 불가능하다. 짐작컨대, 최 교장의 주관으로 '대학자치'를 스스로 이룩하였을 것이다. 교장과 교수들이 나서서 대학자치를 이루고자 했으니 국대안을 반대하기 위해 교수 전원이 '총사퇴'를 결의할 수 있었다. 공전의 경우는 그렇지 못하였다. 공전 교수는 상당수 안동혁교장에 의해 선임되었다.58) 그도 국대안에 반대하고 또 일찍이 교장을 사퇴하였으나59) 그렇게 행동한 이유는 달랐다. 그는 '학술 및 교육과 정치간의 긴밀한 관계'를60) 전제한 학술원 소속 진보적 학자들의 견해에 반대하였다. 결국, 공전의 '조직이 미약하여' 등록 거부운동이 실패하자, 이교수는 다시 교수로 복직하였다. 그는 교수 총사퇴를 이끌어 내지 못한 채 학생들의 반대운동인 '맹휴의 지도'에 그쳤다. 조직력에 있어 광전이 더 견고한 것에는 다른 이유가 있다. 우선, 최교장이 광전 교수를 채용할 때 제대 출신 학연과 진보적 성향을 모두 고려할 수 있었다. 이를테면, 대판大坂제대에서 수학을 전공한 한필하교수는 최교장에 의해 교수로 채용되고 그 후 국대안 반대운동에 참가한 경위를 다음과 같이 밝혔다.

> 1945년 10월 구광산전문학교교장 최윤식씨의 초청에 의하여 동교 교수를 수용하고 있었던 바, 구경성대학이학부 초청에 의하여 동학부 강사를 겸임하여 내려왔던 바, 1946년 9월에 소위 서울국립대학문제로 광전 독자적 입장과 서울대학에 있어서의 그 비합리 특히 진보적 교수 축출 계획에 분개하여 쌍수로 투쟁하다가 내종에 총사직을 결행하고 이에 저항하였습니다.[61]

한교수는 46년 9월 김일성대학 공학부 신건희교수의 초청에 의하여 '북조선의 진보적 사회건설에 미력이나마 이바지하고자' 김대로 갔다. 공전의 조직력이 미약한 것에는 다른 이유도 있다. 광전 세포책인 고교수는 전문대학교수연합회, 조선교육자협회 등 남노당의 지시로 조직된 국대안 반대운동 조직의 간부였다. 그러나 '공과대학 교수반' 책임자인 이교수는 조선과학기술연맹과 조선전기기술협회의 중앙위원이었으나 국대안 반대운동 추진 조직의 간부는 아니었다.

이상에서와 같이, 국대안에 반대하거나 그것의 무력화에 앞장선 서울대학교 교수 상당수가 북으로 갔다. 그들은 대체로 45년 가을 이후 진보적 정당의 당원이 되었다. 이들은 대부분 국내외 제국대학 출신이었다. 이들이 왜 서울대학교를 버리고 김대로 갔는지는 아직 충분히 밝히기 어렵다. 종래에는 그들이 진보적 성향에서 이직 이유를 찾고 이었다. 그러나 정치적 신념은 하나의 이유는 될 수 있다. 그러나 그것이 유일하거나 또는 결정적인 이유이었는지는 다시 검토해 볼 필요가 있다.

46년 개교 전후로 초청된 교수들 간에 보이는 공통점은 이후에도 초청된 학자들에게도 마찬가지로 보인다. 개교 후에도 계속 남의 학자를 초빙하였다. 48년 11월까지 서울대학교 공대 및 사대 강사로 있다 북으로 간 이용규교수는 자신의 이적 경위에 대하여 다음과 같이 진술하였다.

> 4월 김일성대학에서 초청이 있었다. 즉시 떠날 수가 없는 형편이어서 시일의 여유를 청하고 7월에 출발하라고 하였으나 열락 책임자가 대의원으로 월북하여 없으므로 다시 열락을 짓고 조회하느라고 10월 초에야 출발 준비하라는 지시가 있었다.62)

결국 그는 12월 초에 북에 갔는데 그 때는 김대 공학부가 이미 평양공업대학으로 분리되어 그곳에 임용되었다. 김대가 비교적 짧은 시간에 급속히 팽창하였기 때문에 교수를 계속 충원하고자 한 것이다. 개교 이듬 해 87개 학급을 모집한 결과 일주일 총 수업수 1,399시간에 학과목은 모두 141개 과목으로 늘었다. 전임 교수 93명에 강사 30명으로는 강의를 충실히 운영할 수 없었다. 이에 김대 간부들은 전임 교원 60명과 강사 18명을 새로 뽑고자 충원 계획을 다시 수립하고 교육국과 교섭을 시작하였다. 충원 대상자의 중심은 역시 서울이며 특히 서울대학교 교수였다. 서울대학교와 서울 소재 대학에서 초빙하려는 교수는 다음과 같았다. 초빙 대상자를 성명, 출신고, 전공 및 현직 등으로 구분하여 표로 제시하면 <표 2>와 같다.

이 충원 계획 또한 대체로 실현되었다. 초청 대상으로 선임된 학자 가운데는 김대로 가지 않은 학자도 있다. 예컨대, 신영기교수, 고순덕교수, 조좌호교수 등이 그렇다. 김대로 이전한 시기도 다르다. 김택원교수는 즉시 북으로 갔으나, 공과대학 학장을 역임한 바 있는 이승기박사는 1950년 전쟁 발발 후 김대로 갔다. 그러나 이 명단과 개교 직전 초청 대상 명단 간에는 일관된 경향이 있다. 즉, 제국대학 출신, 유능한 학자, 진보적 정당의 당원, 및 국대안 반대운동의 주역을 담당한 교수 등이 그것이다.

<표 1> 1947년 김대 초청 대상 학자 명단: 남한 체재자

이름(출신대학)	전 공	재직 학교*
申永琦(동대 공학부)	일반측량	서울대학교 농과대학
崔三悅(동북대)	화학	경성광전, 이화여대
劉忠鎬(동대 이학부)	고등수학	서울대학교
崔宗煥(동북대)	고등수학	경성 약전
鄭淳宅(동북대)	고등수학	서울대학교 사범대학
丁根(성대)	물리	불명
韓仁錫(동북대)	물리	서울대학교 문리과대학
金東燮(동대)	생화학	불명
黃道淵(경도대)	통계학	서울대학 상과대학
金宅源(성대)	교육사	서울대학교 사범대학
方顯模(동북대)	심리학	불명
高舜德(입교대)	심리학	불명
申南澈(성대)	철학사, 논리	서울대학교 사범대학
李東華(동대)	국제사	조소문화협회
曺佐鎬(동대)	조선사	불명
金炳濟(일대)	조선어	조선어학회
李明善(성대)	조선어	서울대학교 문리과대
李振台(동북대)	축산학	경성
李聖濬(교도대)	전기학	서울대학교
金熙哲(성대)	철도공학	경성
金時溫(성대)	토목공학	서울대학교 농과대학
李升基(경도대)	고분자화학	서울대학교 공과대학
崔彰夏(조대)	수력학	서울대학교

자료: "초빙교원일람표, 1947년 9.1 소요," 김일성대학발령건 (1947) RG242.
표주 *) 재직학교 명칭은 현재의 학교 명칭으로 수정하였음.

초창기 김대 창설의 주역을 담당한 학자의 특징을 분석해 보면 몇가지 매우 궁금한 의문점이 제기된다. 앞 절에서와 같이, 김대는 대학자치가 허용되지 않는 대학이다. 그렇다면, 대학자치를 사수死守하기 위해 스스로 퇴임 또는 퇴직 당한 전서울대교수들은 "어떤 이유로 대학자치를 보장하지 않는 김대로 이적해 갔는가?" 하는 점이다. 또는 그것을 허용하지 않는 김대에 대해 "왜 서울대학의 관료적 통제를 비난하듯 김대의 그것을 비난하지 않았는가?" 하는 점이다. 자치의 근거는 물론 학문의 자유와 사상의 자유이다. 만일 김대에 대학자치가 허용되었다하더라도, 김대 교수들이 학문의 자유를 실천하여 김대 자체나 그것의 존립 기반인 북조선 국가와 당을 비판하였을 것이라고는 상상하기 어렵다. 특히, 북한 교육의 궁극적 지향점인 '공산주의적 인간형성'을 넘어서는, 또는 그것과는 다른, 학문의 자유를 향유할 수는 없을 것이다. 요컨대, 김대에는 교수자치가 제도적으로 보장되어 있지 않았으며 사회주에 자체에 대한 비판을 허용하는 학문의 자유는 보장되지 않았다. 이처럼 대학자치가 허용되지 않았음에도 서울대 교수가 일부가 김대로 옮긴 이유는 국대안 반대운동이 단순히 정치적, 이념적 이유에서 대두된 것이 아님을 알 수 있다. 국대안 반대는 제국대학을 이은 대학 중의 대학의 교수 자리를 지키려는 의도와 깊게 관련되어있다.

앞서 지적한대로, 김대는 대다수 인민의 정신적 물질적 지원은 물론 중앙행정기구로부터 별도로 큰 규모의 예산을 따로 배정 받고 있다. 이와같은 특전 탓으로, 김대 교직원은 거의 파격적 재정 지원을 받았다. 1947년 교원봉급표를 보면, 총장은 매월 3,000원, 강좌 및 학부장 등 부장급은 2,500원, 각 교수는 1,500~1,800원을 각각 지급받게 되어 있다. 이 봉급 규모는 종전의 다른 학교의 봉급에 비해 파격적으로 증가된 것이다. 이를테면, 의학부장은 김대 창설 전 의전교장을 맡았을 때 월 450원을 받고 있었다.[63] 동질의 업무를 수행하나, 의학부장을 맡은 다음에는 의전 교장의 5배 이상 인상된 급여를 받게 되었다. 증가율은 다르나 평교수 또한 파격적으로 인상된 급여를 받았다. 의전 교원 및 강사는 300원 내외를 받았으나, 김대로 이전할 경우 종래 월급의 5~6배를 받게 되었다. 교수 활동에 대한 보상에 관한한 서울대학교는 비교도 되지 않는다. 46년과 47년경 서울대학교의 경우 부장(또는 학장)의 월급은 2,500원, 교수는 평균 2,000원 정도였다.[64] 얼핏 수치는 비슷해 보인다.

그러나 남북간에 화폐가치가 전혀 다르다. 경성대나 다른 대학 교수로 서울대학 교수가 된 경우에 이직에 따른 봉급 인상은 전혀 없었다. 오히려 실질적으로는 낮아졌다. 다 알듯이, 이 시기 걷잡을 수 없는 물가 폭등으로 화폐가치는 급격히 떨어졌기 때문이다. 김대 교수에 대한 물적 보상 정도는 그 자체가 당과 교육국이 김대에 보인 관심과 기대를 거의 그대로 반영하고 있다. 봉급의 차이는 학술연구활동의 지원 조건상의 차이를 반영하고 있다. 요컨대, 교수에 대한 보상이나 연구활동 지원에 관한 한 김대 교수는 서울대학교 교수에 비해 파격적인 대우를 받았다. 이러한 차이 또한 일부 서울대학교 교수의 김대 이직에 깊게 관련되었을 것이다.

김대에서 재직 중에, 여러 가지 이유에서, 남하한 학자도 있다. 그중에는 서울대학교의 교수로 임용된 학자도 있다. 김대 창립 때 철학강사였던 김기석金基錫교수는 월남 후 48년 9월부터 서울대학교 사범대학 교수에 임용되었으며 51년에는 학장이 되기도 하였다. 김대 의학부 외과 강좌장이었던 장기려張己呂박사는 전쟁 중에 남하하여 서울대학교 의과대학 교수가 되었다. 국제사 담당 강사였던 이동화교수는 교직 생활 중 북의 체재에 대해 '환멸을 깊이 느끼게'되어 전쟁 발발 후 남하하였다.65) 초빙 대상 교수 및 강사 중에는 나중에 남한 유수의 대학교 총장을 역임한 인물도 있다. 김대와 서울대학교는, 미리 계획한 바는 아니나, 결과적으로 교수 충원에 있어 일정 정도 상호 도움을 주고받았다.

남에서 올라간 김대 교수는 대부분 남로계였다. 다 알듯이, 50년대 후반 남로당 전당수였던 박 헌영 부수상과 핵심 간부였던 이승엽전서울시당위원장 등이 실각되었다. 이 때 남로계 중진 인물도 같은 운명이었다. 이러한 권력투쟁의 불길이 김대에 미치지 않을 수 없고 또 상당수의 남로계교수도 자리를 떠났다.66) 그러나 46년 개교 전후에 초기에 김대 창설을 도운 도상록교수, 이재곤교수, 김석형교수, 박시형교수를 비롯하여 도유호교수 등은 그러한 풍파에도 잘 견디었다. 이밖에 북으로 간 백남운교수는 초대 교육상을 맡았으며, 벽초 홍명희는 부수상에, 이극로 조선어학회장은 조선어연구소 소장을 맡아 나중까지 일하였다. 이들은 이후 주요 학술기관의 책임자로 일하다 최고 학위인 원사元士가 되기도 하였다. 두말할 나위 없이, 이들은 북한 학문발전에 주목할 만한 공헌을 하였다. 요컨대, 이들은 자신의 의지와 상관없이 주어진 분단교육체제에서 학자적 양심과 신념에 따라 각기 처한 위치에서 민족의 문화 발전에 최선을 다하였다.

5. 결 어

일제 패망 직후 북한은 식민지 교육의 유산을 청산하고 앞으로 세울 국가의 간부를 양성하기 위해 종합대학을 창립하였다. 같은 시기, 남에서 국립대학교를 세우려 했던 것과 큰 차이가 없다. 지도자 양성을 위한 대학 창설 의도와 이유에 관한한 남북간에 질적인 차이는 없다. 그러나 설립안의 실현 과정에서 남북 간에 큰 차이가 난다. 남에는 전국 규모 반대 운동으로 일년 이상 지체되다 대학이 정상화된다. 북에서는 전국 규모의 지지와 성원과 아래 계획대로 개교하자마자 대학이 정상 운영되었다.

조선인 학자 중 지도적 위치에 있었던 제국대학 출신 학자들에게 있어 대학은 곧 제국대학을 뜻한다. 그들은 대학자치 관행에서 대학의 존재 이유와 그 이념적 지향을 찾았다. 그러나 제국대학의 대학자치는 출발부터 그 자체가 모순적이었다. 사상의 자유를 전제한 학문의 자유를 추구하기 위한 것이지만 동시의 제대 교수들의 특권적 독점적 기득권을 온존하기 위한 관행이기도 하였다. 대학자치의 진보적 요소에 천착한 제대 출신 학자들은 그것의 보존을 위해 국대안에 반대하였다. 그것의 병폐를 잘 알고 있는 개혁세력은 국대안을 통해서 대학자치의 병폐를 청산하고자 하였다. 두 세력 다 제국대학에 붙박혀 있는 대학자치의 모순을 적확하게 보지 못하였다. 서울대학에서 대학자치를 실현할 수 없다고 본 유능한 제대 출신 학자들은 북으로 가 김대의 창립에 주도적 역할을 담당하였다.

학교 창립 초기에 초빙된 학자들의 지명도를 비교하면 남에서 초빙된 교수들이 북에서 초빙된 교수 보다 학문적 명성이 훨씬 더 큰 학자들로 보인다. 이들 저명 학자들이 없었다면 김대 창설에는 많은 어려움을 겪었을 것이다. 남에서의 대학교육개혁으로 제안된 국대안에서 만족할 수 없었던 상당수의 서울대학교 또는 서울 소재 대학 교수들이 여러 차례 집단적으로 옮겨갔다. 만일, 김대가 선전에서와 같이 '과학의 최고전당'이라 칭할 수 있는 대학이 될 수 있었다면, 그것은 남에서 북으로간 저명 학자들 덕분이다. 이처럼, 인적 구성에 국한하면 김대 창설과 서울대학 창설은 매우 밀접하게 관련되어 있다. 두 대학은 생물학 용어를 빌면, 마치 '일란성 쌍생아'같다. 두 대학은 모두, 정치적 신념에 따른 좌우익 분열이 날카롭게 드러나기 전에 등장한, 조선인 자생 학술조직에서 유래하였다. 식민지 각 대학 및 전문학교를 접수하기 위해 조직된 자치위원회, 그러한 자치활동의 방침을 정하고 주관한 조선학술원, 진단학회, 및 조선어학회 등과 같은 자생 학술단체가 그것이다. 외국 군대의 점령 방침과 정책에는 차이가 있었으나, 그것에 관계없이, 조선인 학자들은 한마음 한 뜻이 되어 일제 패망 전후 식민지 지배 청산과 민족교육재건에 앞장섰다.

일제 패망 직후, 학자들이 마음으로부터 이루어 보고자한 '학술계의 대동단결'은 이룩되지 못하였다. 외국군대의 점령과 자생 단체에 대한 선별적 지원, 국내외 정세의 급변 등으로 학자들간의 대동단결에 균열이 나타났기 때문이다. 개별 학자 간 또는 학술단체간의 대립과 갈등이 점차 뚜렷해졌다. 국대안의 추진에서 이 내부 분열은 개혁 세력간의 대립과 갈등 형태로 나타났다. 학술단체 간 또는 단체 내부의 균열은 마침내 남과 북에 각각 '최고학부'와 '최고전당'의 출현으로 이어진 것이다. 1950년 전쟁 이전에 민족 최고 지성 양성과정은 남과 북에서 따로 이루어졌다. 즉, 분단고등교육체제가 형성되었다. 그것은 지식인사이의 내부 분열로부터 연유된 것이다. 또 조선인 지식인들 간의 내분, 알력, 대치는 식민지 지배에서 파생된 민족모순과 계급모순을 해결하는 방법에 대한 견해 차이에서 연유하였다. 분단고등교육체제 자체가 식민지지배와 교육의 잔재인 것이다. 따라서 분단고등교육체제의 극복은 궁극적으로는 식민지교육의 잔재 청산에 달려있다. 분단교육의 극복은 쌍생아 탄생의 계기를 제공한 지식인의 내부분열의 극복에서 출발할 것이다.

당시나 그 후, 어떤 지식인이 좌나 우 어느 진영으로 분류되던지 간에, 그들은 주어진 여건에서 최선을 다했다. 식민지 착취와 억압을 목격한, 실은 몸으로 겪은, 그들은 신념과 양심이 명하는대로 정직하게 움직였다. 그러나, 38도를 경계로 남과 북에 외국군대가 진주한 사태는 애시당초 그들이 선택한 것이 아니다. 또 남한에서 미군정에 의해 직접통치와 그에 따른 대립과 갈등도 그들이 선택한 것도 아니다. 북에서 소련에 친화력을 갖게 될 정치체제가 등장한 것도 그들이 선택한 것이 아니다. 국제정세 변동이 점차 냉전체제의 고착화로 향하여 움직여 나간 것도 또한 그들이 의도한 바가 아니다. 결국, 분단으로 이어지는, 어쩔 수 없이 주어진 국내외 정세에서 그들은 엘리트를 기르는 최고의 대학을 세우고자 하였다. 결국 남의 서울대학과 북의 김대가 창설되었다.

지금까지, 서울대학을 염두에 두고, 김대의 창립과정을 밝혔다. 서울대학을 탄생시킨 국대안과 그 반대운동의 동인에 대한 분석으로 두 대학의 창설을 심도 있게 이해할 수 있다고 보고 두 대학을 교차검토 하였다. 교차분석의 결과, 두 대학은 일제 패망 후 자생한 학자들의 '대동단결'로부터 기원하나 이후 국내외 정세변동에서 그것을 견지하지 못해 태어난 '일란성 쌍생아'임을 밝혔다. 이 연구는 이후 김대에 대한 본격적 연구를 초청하기 위한 초대장 이상은 아니었다. 매우 제한된 범위에서 창립과정의 일단만을 밝힌 것이다. 형성이란 관점에서 김대를 연구할 때 마땅히 다룰 핵심적 질문에는 아직도 근접하지 못하였다. 몇 가지 예시한다면 다음과 같다. 북의 이른바 '민족간부'가 김대에서 어떻게 양성되었는가? 김대를 통해 어떤 의식, 태도, 가치관, 신념 및 심성이 형성되었는가? 그러한 인간형성은 다시 북한의 사회주의국가 형성에 어떻게 관련되었는가? 이 같은 몇 가지 질문은 후속 연구를 통해서 밝혀질 것이다. 이에 대한 답을 찾는 가운데 북한 고등교육의 형성이 밝혀질 것이다.

※ 본 글은 김기석, "김일성종합대학의 창설에 관한 일 연구," 『교육이론』 제10권 제1호 (서울: 서울대학교, 1996)에 게재되었던 논문임.

주 註

1) 최광석, "북괴 김일성대학," ≪신동아≫ 1968년 6월, 147쪽. 저자는 김일성대학 철학교수였으며 글 쓸 당시는 내외문제연구소 이사였다.
2) 김대 창립 20주년 기념식에서 김일성주석은 김대를 '인민의 대학'으로 황장엽 총장은 '과학의 최고전당'으로 지칭한 바 있다고 한다. 최광석, 앞의 책, 152~153쪽.
3) 미군정 학무국이 발표한 서울대학교 설치 이유이다. 오천석, 『한국신교육사』 (서울: 현대교육총서출판사, 1964), 416~417쪽.
4) 서울대학교는 학교 창립의 역사적 의의를 다음 세가지에서 찾았다. 즉, 서울대학교는 '최고의 현대적 국립대학'으로 '민족여망의 최고학부'로서 앞으로 '민족문화의 창달과 세계문화창조를 위한 학문적 사명'을 완수할 대학으로 창설되었다. 서울대학교30년사편집위원회, 『서울대학교30년사』 (1976), 3~14쪽.
5) 김택원·송재구·최준갑, 『미제 강점하의 남조선: 교육편』 (평양: 조선로동당출판사, 1963). 저자들은 '미제와 괴뢰도당'이 국대안을 추진하면서 '380여 명의 양심적 교원들과 4,956명의 애국적 학생들을 체포, 투옥, 학살하면서 총칼의 위협'으로 학교를 세웠다고 비난하였다. 제명 학생 수와 퇴직 교수의 수는 사실과 다르다. 사실 규명은 졸저, "국립서울대학교의 창설에 관한 일 연구," 『나산박용헌교수 정년퇴임기념논문집』 (서울: 교육과학사, 근간) 참조.
6) 수정주의연구란 80년대 국대안을 다룬 일련의 석사 논문을 지칭한다. 그간의 성과를 가장 잘 집약한 논문은 이길상, "미군정하에서의 진보적 민주주의 교육운동" (동경: 한일문화교류기금, 제9차 한일합동학술회의, 1996) 참조.
7) 이 방법의 적용 결과는 다음 연구에 의해 평가받게 될 것이다. 김기석·유방란, "한국근대교육의 기원, 1880~1890," 『교육이론』 제7/8권 제1호 (서울대학교 교육학연구회, 1994) ; 유방란, "한국근대교육의 등장과 발달" (서울대학교 박사학위논문, 1995) ; 오성철, "1930년대 한국 초등교육연구" (서울대학교 박사학위논문, 1996) ; 김기석·이향규, "북한사회주의 교육의 기원, 1945~1950," 『한림논총』 (한림과학원, 근간) 등이 그것이다.
8) 노획문서의 수집 경위 및 내용에 대해서는 방선주, "노획 북한필사문서 해제 (1)," 『아시아문화』 (한림대학교 아시아문화연구소, 1986) 참조.
9) RG242, Captured Korean Documents, National Archives. 자료명 뒤 괄호안의 분류기호는 원래 분류체계이다. 각기 선적번호(Shipping Advice), 자료당(Box) 번호/항목(Item) 번호를 지시한다. 김대 관련 자료 중 1947년 발령건은 한국교육사고와 통일원 북한자료실에 소장되어 있다. 그러나 문학부 1946년 자료를 비롯한 나머지 자료는 이번에 처음 발굴되었다. 한국교육사고에서 추진중인

국내외 비장자료 이전사업의 일환으로 1996년 여름 이항규연구원에 의해 발굴되어 사고로 이전되었다. 위 자료 중 '교직원임명에 관한 건'에는 1947년 1월 현재 김대의 교수 및 강사 등 236명의 이름, 직위, 소속, 및 임명일자가 모두 기재되어있다.

10) '대학자치'란 일본 제국대학에서 교수가 대학운영의 핵심인 인사권과 재정권을 행사하는 관행을 뜻한다. 제대 총장 및 학부장과 같은 간부는 사실상 교수 직선제로 선출되었고 교수의 임용, 승진, 사직, 승급 및 감봉은 교수회의을 통해 행사되었다. 교수자치라 할 수 있는 이 관행은 1913년 발생한 "경대 택유사건京大 澤柳事件"을 계기로 공인되었다. 택유 경도제대 학장은 개혁 차원에서 7명 교수를 사직시키었다. 이에 교수회의는 인사발령에는 교수회의의 동의가 필요하다며 사퇴결의와 휴강 등으로 항의하였다. 사건 확대를 두려워한 문부상은 사태 수습을 위해 교수회의에 "교수의 임면에 있어서 총장이 운영상 교수회와 협정하는 것은 지장 없고 타당한 일이다"라는 각서를 전달하였다. 이후 제대에서의 교수 임면권은 명실 공히 교수회의에 부여되었다. 이러한 특권적 지위 부여 과정과 그 이유에 대해서는 Dairoku Kikuchi, *Japanese Education* (London: John Murray, 1909), pp.365~370. 또는 國民教育研究所,『近現代日本教育小史』(東京: 草土文化, 1989), 146~147쪽 참조.

11) 졸저, 앞의 책.

12) 森田芳夫,『終戰の記錄』(東京: 巖南堂, 1964), 81쪽.

13) 평양부 토목과장으로 일제 패망을 맞은 한덕화韓德化는, 김대 임용시 제출한 자서전에서, 건준의 지시로 평양의 치안을 지켰으며, '자치위원회를 조직하고 평양부의 중요 서류와 물자 보호'의 임무를 수행하였다고 한다. 한덕화, 자서전 (김일성대학발령건, 1947).

14) 8월 16일 대학자치위원회 결성 경위에 대해서는 森田芳夫, 앞의 책, 402~403쪽 참조. 이 위원회는 경성대의 조선인 직원, 강사, 동문, 재학생 및 졸업생으로 구성되었으며 백남운교수가 위원장이었다. 1947년 봄 국대안 파동에 대한 과도입법원의 조사보고서를 낭독하면서 장면 의원은 자치활동에 대하여 다음과 같이 극찬하였다. "학생들이 그야말로 자치적으로 봉사적으로 학원을 지켰던 것만은 사실입니다. 혹 왜놈들이 물러갈 때에 시설들을 파괴하고 간다든지 또는 가지고 간다든지 무슨 일이 있을지 몰라서 학생이 밤을 새워가면서 자치제를 조직해서 지켜온 것은 사실이고 또 감탄할 일입니다." 이후 자치위는 경성대 각 학부의 학부장과 교수 임명에도 상당한 발언권을 행사하였다.『南朝鮮過渡立法議院速記錄』, 第三十號, 1947년 3월 6일(이하『速記錄』). 대학자치활동과 그 연장으로서의 국대안 반대운동에 대해서는 拙著, 앞의 책, 참조.

15) 안동혁박사의 회고는 "年譜,"漢陽大學校,『繼象: 安東赫博士古稀紀念文

集』(1978) 또는 "年譜," 安東赫博士八旬紀念文集刊行委員會,『殘像:安東赫博士八旬紀念文集』(1988) 참조.
16) 학술원 기록에 따르면, 8월 16일 '경성 종로기독교청년회 2층 중화기업회관에서 都逢涉 安東赫 金良瑕 李鉤 許逵諸氏가 모여 許逵氏의 개회연설에 安東赫氏의 취지설명으로 조선학술원설립준비회의'가 조직되었다. 학술원은 조직 실무를 맡는 서기국 외에 10 개 분야별 부서를 두고 각 분야 대표적 학자가 부서책임자가 되었다. 즉, 이학부(부장: 도상록, 이하 부장 이름), 약학부(도봉섭), 공학부(崔景烈), 기술총본부(尹日重), 농림부(조백현), 경제법학(백남운), 수산부(정문기), 역사철학(이병도), 의학(윤일선) 및 문학언어학(이양하) 등 10 개 부서가 조직되었다. 朝鮮學術院, "彙報,"『學術』(1946) 참조.
17) 8월 16일 인사동 태화정에서 宋錫夏와 李丙燾 등은 재건회의를 소집하고 임원을 개선하고 향후 활동방침을 확정하였다. 李相伯, 趙潤濟, 李崇寧, 申奭鎬, 金庠基, 孫晉泰, 柳洪烈, 金壽卿, 都宥浩, 李如星, 趙明基, 金永鍵 등이 상임위원으로 확정되었다. 金載元, "광복에서 오늘까지,"『震壇學報』제 57권 (1979), 225~239쪽.
18) 강정구,『좌절된 사회혁명』(서울: 열음사, 1989), 107쪽. 미군 진주 전 조선들의 자율적 질서회복과 폭력 방지라는 놀랄만한 자제력에 대해서는 George McCune, "Recent Poltical Development in Korea," *India Quarterly* (April-June, 1948), p.144.
19) George McCune, Korea's Postwar Political Problems, Unpublished mimeograph, (Institute of Pacific Relations, 1947). p.14 G. McCune, op. cit, (1948), p.149. '조선인집행위원회'는 'The Executive Committee of the Korean People'의 번역임. 이 정보는 8월 29일 일본 정부가 연합군총사령부에 전달한 통신문에서 수집된 것이다.
20) ibid., p.144. 하지장군의 발표는 USMGIK, *Chukan Digest* (25 October, 1945) 참조.
21) Alfred Crofts & Percy Buchanan, *A History of the Far East* (N.Y.: Longmans, Green & Co., 1958), p.545.
22) 미소 점령 정책의 차이에 대해서는 George. McCune, op. cit., (1948), pp.145-151 참조.
23) 미군이 행정기구를 한인에 넘긴 시기는 47년 8월 말부터이다. ibid.
24) 일군 무장을 해제하고 항복을 접수하는 과정에 소련군대는 '해방군' 답지 않은 방자한 행위도 있었다. 이 점에 관해 최근 한 학술대회에서는 남한에 진주한 '미군은 신사적이고 소련군은 미군에 비해 난폭'했는지 여부로 논박을 벌인 적도 있다. 그러나 미군이든 소련군이든, 오래 동안 전쟁에 지친 전투부대 병사

들이 이른바 승리자로서 '적국'에 와서 무절제하게 행동했다는 것은 정도의 차이가 있을 뿐 늘 있어온 사건들이다. 외국군의 무절제한 행동에 대한 논의는 방선주 외, 『한국현대사와 미군정』(한림대학교 출판부, 1991), 참조.
25) 함남인민위 교육문화부는 45년 12월 경 자체의 힘으로 국사 교과서를 편찬하였다. 문석준, 『조선역사』 참조. 이 교과서는 1944년 서대문 형무소에서 옥사한 저자의 유고를 출판한 것이다. 이 교과서는 사상 최초로 '유물사관' 관점에서 기술된 조선사 저술이라고 알려졌다. 이 교과서의 인쇄 및 제본 수준은 이듬해 미군정 학무국과 진단학회가 함께 펴낸 등사판 교과서 『국사교본』에 비해 월등히 낫다. 교과서의 독자적 발간은 지방 인민위의 활동 반경과 역량을 보여 주는 예가 된다.
26) 『김일성전집』 제1권, "임시인민위원회 설치에 대하여," 24쪽.
27) 이밖에 18호는 "국가기관과 인민경제의 제부문에서 요구되는 인재를 양성하는 특별학교를 광범위하게 설치"할 것을 천명하였다. 이후 당 간부학교 혁명유가족학교 등의 특별학교가 설립된다.
28) 『김일성전집』 제1권 384쪽 ; 『조선교육사』 3장 제1절, 176쪽.
29) 앞의 책, 177쪽.
30) 예컨대, 평양소재 숭의학교와 숭실학교가 그렇다. 숭의학교사에 따르면 '좌경세력의 움직임에 위협을 느껴' 평양에서 일제 때 폐교된 학교를 서울에서 다시 열었다고 하였다. 북한 교육개혁에 대한 사립학교의 반응에 대해서는 김기석·이향규, 앞의 책 참조.
31) 임인위, 결정 제21호 1946년 5월 29일.
32) 동경제대 정치과 출신 이동화와 한자명도 같으나, 다른 인물이다. 후술하겠지만, 정치학 전공 이동화는 나중에 외교사 과목 강사로 일하다 전쟁 발발 후 월남하였다.
33) 이상 정교장의 이력은 이력서, 평양의학대학 참조.
34) 임인위 결정 제40호 <북조선에 종합대학을 설치할 데 관한 결정> 1946년 7월 8일.
35) 남한에 보도된 것은 장국장의 담화문이다. ≪독립신보≫ 1946년 7월 18일, ≪조선인민보≫ 7월 19일. 이 두 기사는 16일자 평양발 기사로 "북조선임시인민위원회 교육부에서는 금년 9월 개교를 목표로 십오일 북조선종합대학창립사무소를 평양의학전문학교에 두었다"고 보도하였다.
36) 서광제, 『북조선 기행』(서울: 청년사, 1948), 86쪽.
37) 북한 임인위 46년도 예산 총액은 624,136,669원이며 교육예산은 118,357,498원이다. 남북을 비교하면 북한의 예산은 남한(기간은 1년)의 10% 정도다. 남북예산에 내역은 조선통신사, 『조선연감』(1947), 256~259쪽. 이 예산은 분석

시에 주의할 필요가 있다. 인용된 자료의 북한 년간 예산은 기간이 4월에서 12월까지로 남한의 12개월 예산과 그 기간이 다르다. 이 자료는 북에서 직접 생산된 자료가 아닌 보도 자료인 점에 유의하고 비교하는 것이 좋다.
38) 1945년은 대풍이었고 전년 대비 60%가 늘었다고 한다. Hagwon Sunoo, "American Policy in Korea," *Far Esatern Survey*, Vol.XV, No.15, 31 (July, 1946), p.229.
39) 인민학교와 중학교 건설에 농민들이 참여한 '거족적 사업'에 대해서는 김기석·이향규, 앞의 책 참조.
40) 1946년 교육국은 약 1억 원을 지출하였다. 그중 김대에 2,400만 원이 지출되었는데 이는 전체 23%이다. 김대 한 대학이 인민교육비(우리의 보통교육비)의 6할을 사용하였다. 교육비 지출은 김기석·이향규, 앞의 책 참조. 이 지출비 내역과 앞의 주에 인용한 예산의 수치가 일치하지는 않으나 대체적 규모에는 큰 차이가 없다. 이 지출 자료는 북한 당국이 직접 생산한 자료에 근거한 것이므로 앞의 보도 기사보다 더 신빙성이 있다.
41) 47년 8월 연구원을 창설하면서 대학 내 교육과 연구가 분리된다. 8월 11자로 연구원 창설을 교육국에 요청하기 위한 '대학연구원에 관한 건'이란 문서에는 "교육방면의 일체문제는 1947년 4월 17일부로 교육국에서 승인된 본대학기구표에 의하여 해당한 까페드라학장들이 총교육장의 지시에 의해 실행하되 연구방면의 조치 등을 위해서는 연구학장의 직접간섭을 받아야한다"고 명시되었다. 이 문서는 김일성대학발령건 (1947) 참조.
42) 최광성, 앞의 책, 50쪽. 일본 제국대학에는 같은 이름의 기구가 설치되어 최고 결의기구로 기능하였다. 그러나 비록 기구 명칭은 김대의 그것과 같으나 제국대학에서처럼 의결기구는 아니다.
43) 이 기구표는 김대 자체에서 제작된 것이다. 이 표는 김일성대학발령건 (1947) 참조. 원래 표 중에서 과장이하 조직과 부서는 생략하였다. 1947년 기구와 1968년 기구를 비교하면 상당한 차이가 있다. 68년에는 총교육장과 총경리장 직제는 폐지되었고 대신 경리, 과학, 교무 및 제1 부총장제가 있었다. 각 강좌장은 학부장 아래 있으나 47년에는 같은 격이었다. 여전히 교수회의같은 기구는 보이지 않고 대신, 초기에는 없었던, 당 중앙 직속 대학당위원회가 설치되었다. 서열상 이 위원회는 부총장급과 같다. 위원회 산하에 대학의 기구의 위계서열과 맞게 각종 세포 조직위원회가 병설되었다. 47년에 비해 68년은 당의 지배가 훨씬 직접적임을 알 수 있다. 68년 기구표는 최광석, 앞의 책 (1968), 150쪽 참조.
44) 인민위 제157호 결정 <북조선 고등사업 개선에 관한 결정>.
45) 45년 여름 평양 등 북에 살고 있는 대학 및 전문학교 '졸업자는 3~40명에

내외'였다고 한다. 김응상, 자서전, 김일성대학발령건 (1947). 당시 전문학교 이학 계통에 재직 중인 조선인 교수는 대동공전의 김정수(金精洙), 신건희(申建熙), 우형수(禹亨疇) 등 세 명뿐이다. 이공학부 교수 명단은 朴成來, 韓國科學技術者의 形成 硏究 (한국과학재단, 1995) 참조.
46) 김대 교수로 선임된 국내외 소재 학자에게는 임인위 위원장 명의의 위촉장이 발송되었다. 위임장은『조선교육사』, 앞의 책 참조
47) 이력서 및 자서전, 평양공업대학이력서.
48) 46년경 38도선의 경비 책임자였던 인물의 회고에 따르면 백남운전서울대교수는 자신의 도서를 포함하여 '이삿짐 한 트럭 가득'을 가지고 북행하였다고 한다. 그의 증언에 따르면, 북행 과정이 백교수만 특이했던 것이 아니었다고 한다. 성대 생약연구소에 근무하다 일제 패망을 맞은 임록제는 46년 12월 16일 월북할 때 '연구자료 수천 점과 중요한 약초 종묘 수백 점을 가지고' 북으로 갔다고 자술한 바 있다. 그는 김대 약전을 거쳐 의학부의 교수가 된다. 임록재, 자서전, 김일성대학발령건 (1947). 서울대학 사범대학 김석형교수의 북행에도 북에서 교통편을 제공하여 이사짐은 물론 도서와 자료를 모두 운반하였다고 한다. 李元淳,『원로교수와의 대화』한국교육사고 구술자료.
49) 후임 부총장은 태성수로 나중에 사회주의교양에 관한 많은 저술을 남기었다.
50) 11명 명단은 김일성대학발령건 (1947) 참조.
51) 원홍구교수 관련 서류는 조선민주주의인민공화국 국가학위수여위원회, 1949년 11월 24일, 2006 12/202, RG242 참조. 원교수는 일본에 유학 후 모교인 수원농림교수를 역임한 바 있는 조류학계의 거장이다. 송도고보 교원으로 일할 때 권직주 등과 함께 근무하였다. 그는 교장 재직 중에 '김일성대학의 초청전보를 받고' 대학에 부임하여 농학부, 임학부 및 교원대학에서 가르치었다. 그의 후손 중 육남 병오교수 또한 남의 원로 조류학자이다. 새를 매개로한 부자간의 남북 교류는 대중매체의 보도를 통해 이미 널리 알려진 바 있다.
52) 최광석, 전게서. 김대로 간 교수 명단 중 한자 및 전공분야 오식은 바로 잡았음.
53) 앞의 주장을 검토하기 위해 참조한 인사기록은 김대교원이력서, 문학부, 1946, 2011 7/1, 교직원임명에 관한 건, 1947년 1월, 2006 12/35, RG242 등이다. 문학부 이력서철에는 박극채학부장 등 40여 명의 기록이 있으며, 임명록에는 47년 1월 현재 교수 및 강사 236명 전원에 대한 전공, 발령일자가 기록되어있다.
54) 이하 괄호 안은 임명일자.
55) 체육 강사이며 동명의 부기학 전공 강사가 따로 있다.
56) 문학부장 박극채교수의 평정서.
57) 자서전, 이용규, 앞의 책.
58) 안동혁박사에 의해 경선공전 교수진이 구성된 경위는 漢陽大學校, 앞의 책

(1978), 安東赫博士八旬紀念文集刊行委員會, 앞의 책 (1988) 참조.
59) 안박사는 46년 9월 초 공과대학을 그만두었다고 기억하고 있으나 문서상으로는 45년 11월 30일자로 '파면'되었다. 退職辭令, 제43호, 『官報』. 그의 기억이 정확하다면 그는 국대안과 관련되어 퇴직한 것이다. 국대안 후 공과대학 초대 학장은 김동일박사이다.
60) 학술원은 제일 먼저 조선의 교육개혁안을 마련하였다. '학문과 정치의 일치'는 학술원 교육문화분과위원회가 작성한 교육개혁안의 제일 기본 원칙이었다. 이 원칙아래 초, 중등 및 사범학교의 교육개혁안을 제안하였다. 학술원은 이 안을 9월 24일 군정청 학무국에 전달하였다. 교육개혁 원칙 및 방안은 朝鮮學術院, "教育臨時對策要綱案," 『學術』 (1946) 참조.
61) 자서전, 한필하, 김일성대학발령건.
62) 자서전, 이용규, 평양공업대학이력서.
63) 월급액은 본인 이력서 참조. 이력서, 평양의학전문학교 (1946) 참조.
64) 이 시기 서울대학교 교직원 월급 규모에 자세한 내용은 아직 알 수 없다. 교직원봉급표가 입법의원의 국대안 파동 조사보고서에 첨부되었으나 자료가 망실되어 그 내역은 아직 모른다. 여기서 밝힌 월급액은 조사보고서 낭독과 난상토론 시 언급된 액수이다. 『速記錄』 (1947) 참조.
65) 두산의 김대 교수 생활과 남하 경위는 김학준, 『이동화평전』 (서울: 민음사, 1987), 156~161쪽 참조.
66) 최광석, 앞의 책.

<참고문헌>

1. 북한문헌

교육도서, 『조선교육사』 (평양: 교육도서, 1963).
김일성, "임시인민위원회 설치에 대하여," 『김일성전집』 제1권 (평양: 조선로동당 출판사, 1992).
김일성대학, 『김일성대학발령건』 (1947).
김택원・송재구・최준갑, 『미제 강점하의 남조선: 교육편』 (평양: 조선로동당출판사, 1963).
남조선과도입법의원, 『南朝鮮過渡立法議院速記錄』 第三十號, 1947년 3월 6일.
문석준, 『조선역사』 (함경: 함경남도교육문화부, 1945).
조선통신사, 『조선연감』 1947 (평양: 조선통신사, 1947).
≪조선인민보≫ 1946년 7월 19일자.

2. 남한문헌

강정구, 『좌절된 사회혁명』 (서울: 열음사, 1989).
金載元, "광복에서 오늘까지," 『震壇學報』 제57권 (1979).
김기석, "국립서울대학교의 창설에 관한 일 연구," 나산박용헌교수 정년퇴임기념논문집 간행위원회, 『한국교육의 성장과 개혁』 (서울: 교육과학사, 1997).
김기석・유방란, "한국근대교육의 기원, 1880~1890," 서울대학교 교육학연구회, 『교육이론』 제7/8권 제1호 (1994).
김기석・이향규, "북한사회주의 교육의 기원, 1945~1950," 김재한 편, 『북한체제의 변화와 통합한국』 (서울: 소화, 1998).
김학준, 『이동화평전』 (서울: 민음사, 1987).
朴成來, 『韓國科學技術者의 形成 硏究』 (대전: 한국과학재단, 1995).
방선주 외, 『한국현대사와 미군정』 (춘천: 한림대학교 출판부, 1991).
방선주, "노획 북한필사문서 해제(1)," 『아시아문화』 (춘천: 한림대학교 아시아문화연구소, 1986).
서광제, 『북조선 기행』 (서울: 청년사, 1948).
서울대학교30년사편집위원회, 『서울대학교30년사』 (서울: 서울대학교, 1976).
안동혁박사팔순기념문집간행위원회, "年譜," 安東赫先生八旬紀念文集刊行委員會, 『繼象: 安東赫先生八旬紀念文集』 (서울: 안동혁박사팔순기념문집간행위원회, 1986).
오성철, "1930년대 한국 초등교육연구" (서울대학교 박사학위논문, 1996).
오천석, 『한국신교육사』(서울: 현대교육총서출판사, 1964).
유방란, "한국근대교육의 등장과 발달" (서울대학교 박사학위논문, 1995).
이길상, "미군정하에서의 진보적 민주주의 교육운동," 한일문화교류기금 (동경: 제 9차 한일합동학술회의, 1996).
李元淳, 『원로교수와의 대화』 한국교육사고 구술자료.
朝鮮學術院, "敎育臨時對策要綱案," 『學術』(1946).
朝鮮學術院, "彙報," 『學術』(1946).
최광석, "북괴 김일성대학," ≪신동아≫ 1968년 6월호.
한양대학교 산업과학연구소, "年譜," 漢陽大學校, 『殘像:安東赫先生古稀紀念文集』(서울: 한양대학교, 1978).
≪독립신보≫ 1946년 7월 18일자.

3. 외국문헌

Alfred Crofts & Percy Buchanan, *A History of the Far East* (N.Y.: Longmans, Green & Co., 1958).

Dairoku Kikuchi, *Japanese Education* (London: John Murray, 1909).

George McCune, "Recent Poltical Development in Korea", *India Quarterly* (April-June, 1948).

George McCune, *Korea's Postwar Political Problems* (Unpublished mimeograph, Institute of Pacific Relations, 1947).

Hagwon Sunoo, "American Policy in Korea," *Far Esatern Survey*, Vol.XV, No.15 (31 July, 1946).

RG242, *Captured Korean Documents*, National Archives.

USMGIK, *Chukan Digest* (25 October, 1945).

國民敎育硏究所, 『近現代 日本敎育小史』(東京: 草土文化, 1989).

森田芳夫, 『終戰の記錄』(東京: 嚴南堂, 1964).

북한 고등인력의 양성과 발전(1945~1960)

신 효 숙

1. 들어가는 말

본 연구는 북한사회의 변화 속에서 고등인력의 양성과 그 특징을 살펴보는데 있다. 해방 이후 전후 50년대는 북한 역사에서 다양한 가능성이 열려 있는 격동의 시기였다. 해방 후 국가 건설과 정부 수립, 그리고 한국전쟁과 전후 복구를 둘러싸고 다양한 정파가 갈등하며 향후 국가의 방향을 모색해 나갔다. 특히 이 시기는 여러 정파 간에 절대적 권위가 부재한 가운데 국정 방향, 전후 경제복구, 사회주의체제로의 이행에 관한 문제들을 논의하고 대결을 벌였다.

그러나 전후 복구가 마무리될 무렵, 스탈린의 죽음으로 야기된 사회주의권의 정세 변화는 북한의 정치지형에 변화를 초래하였다. 1956년 흐루시쵸프의 스탈린 격하 운동과 이에서 촉발된 동유럽 국가들의 자유화 운동 속에서 북한 내에 반김일성 세력이 결집되었다. 김일성 반대세력은 동년 8월 전원회의에서 김일성의 축출을 시도하였으나 실패로 끝났다. 그 여파로 관련자들 외에 잠재적 반대세력과 지식인들이 전국적으로 전개된 '반종파투쟁' 운동에서 대부분 숙청의 과정을 밟게 된다. 이로써 북한사회 전반에서 진행되었던 다양한 논의의 장이 막을 내리게 되었다. 달리 표현하자면, 북한정권은 1950년대 중반의 정치·경제적 위기 상황을 타개하는 과정에서 '주체'의 문제를 제기했고, '반종파투쟁'의 사상검열운동을 통해 반대세력을 일소하고 김일성 '유일지배'체제의 기초를 마련하였다.

해방 이후부터 1960년까지의 북한사회는 다양한 측면에서 분석될 수 있다. 기존 연구들은 정치체제, 경제구조, 이데올로기와 같은 정치·경제적 측면에 초점을 맞추어 논의된 경향이 있다. 북한사회는 정치체제나 경제구조의 변화 속에서도 이해될 수 있지만 그 사회를 구성하고 있는 구성원, 특히 체제유지와 경제발전의 근간이 되는 고등인력에 대한 이해와 그 양성체계에 대한 분석을 통해서도 이해의 폭을 넓힐 수 있다. 본 연구는 교육적 측면에서 고등인력의 양성 정책을 분석하되 이를 북한사회의 변화라는 관점에서 분석하였다. 북한의 대내외 정치·경제적 요인과의 상관관계 속에서 고등인력 양성의 특징을 분석하는 것은 그 사회의 외적 구조와 내적 변화를 함께 이해할 수 있는 유용한 한 방법이다. 따라서 본 연구는 북한 대내외 정치·경제적 변화와 교육문화적 측면에 초점을 맞추면서 체제의 근간이 되는 당·정관료, 기술 전문가, 학자, 문화예술인들이 고등교육기관을 통해 양성되는 고등인력의 양성 현황과 특성을 분석할 것이다.

해방 후 4, 50년대는 국가 건설을 목표로 인재 양성에 총력을 기울였던 시기이다. 고등인력 양성의 현황은 여러 시기로 나누어 살펴볼 수 있지만 본 연구에서는 일반적인 시기 구분에 따라 한국전쟁 이전과 이후로 대별하여 분석하고 있다. 본 연구에서 주목하고 있는 또 다른 주제는 고등인력의 성격과 긴밀한 관계를 가진 해외유학생 파견 현황과 지식인들의 사상검토 과정이다. 지금까지 북한이 해외로 다수의 유학생을 파견했다고 알려져 있지만 그 현황에 대한 기존 연구가 전무하다. 또한 반종파투쟁 과정에서 다수의 유학생과 지식인이 숙청을 당했다고 알려져 있지만 이에 대한 학술적 논의도 시작 단계에 머물러 있다. 본 연구는 이러한 문제에 관심을 가지고 자료를 수집하고 분석하고 있다. 50년대 말 정치변화의 소용돌이 속에서 사상검토와 숙청이라는 선별 과정을 거치게 되는 지식인과 고등인력, 이들은 '주체'의 형성과 어떤 관계에 있으며 고등인력 정책의 변화는 어떻게 나타나고 있는지를 의미 있게 살펴볼 것이다.

본 연구에서 사용되는 '고등인력'이라는 용어는 북한에서 흔히 '민족간부', '간부'[1]로 사용되고 있다. 해방 직후 '간부'라는 용어는 '국가 건설의 기본역량'이라는 광의의 의미로 사용되었다면 현재는 '당원'이라는 협의의 의미로 사용되고 있다. 따라서 간부라는 용어를 사용할 경우 당간부로 의미가 축소될 수 있기 때문에 '고등인력'이라는 용어를 사용했다. 고등인력의 범주에는 고등교육기관에서 양성되는 인재를 근간으로 모든 분야의 전문인력을 포함한다. 물론 당간부, 정권기관의 관료들, 군사 간부도 이에 포함된다. 본 연구에서는 지면상 고등교육기관에서 양성되는 인력에 한정하여 논의를 전개할 것이다.

2. 국가 건설과 사회주의적 민족간부

1) 해방후 국가건설기(1945~1950)

북한현대사를 바라보는 다양한 관점이 존재하지만 주요 논쟁은 전통주의적 시각과 이에 비판적인 수정주의적 시각으로 대별될 수 있다. 이러한 시각 논쟁은 특히 북한의 국가건설과 정치체제 형성의 성격을 규명하는데 맞추어져 있다. 전통주의적 시각은 구미의 '전체주의적 접근법'에 기초하여 냉전과 남북 분단의 책임이 세계적화를 목적으로 한 소련에게 있다고 본다. 소련의 제국주의, 팽창주의적 성격은 사회주의권의 확대로 나타나고 이러한 목적에 따라 소련이 북한을 '소비에트화' 하여 '괴뢰정권'을 수립했다고 본다.2) 이런 시각에서 보면 북한의 국가건설기는 북한의 내적 요인이 간과된채 소비에트화되는 과정으로 결정되어 버리는 경향이 있었다. 반면 수정주의적 시각3)은 이를 정면으로 반박한다. 수정주의적 시각은 전체주의적 접근법이 구미의 시각으로 사회주의와 북한 사회를 바라봄으로써 객관적으로 분석하는데 실패했다고 보고, 이에 대한 비판적 논거를 개진하였다.

북한사회를 객관적으로 이해하기 위한 이러한 논의들은 최근 양자의 결함을 보완하는 방법으로 나가고 있다. 논의의 방향은 북한체제 형성의 성격을 규명하는데 있어 외세의 규정력과 동시에 북한 자체의 내적 요인이 고려될 때 보다 폭넓은 이해가 가능하다는 것이다.4) 해방 후 북한사회는 미·소 냉전과 남북한 분단이라는 외적 요인과 함께 유교적 전통, 일제 식민지배, 사회경제구조의 낙후성 등 내적 요인이 동시에 고려되어야 한다. 고등인력 양성 정책도 바로 이러한 내·외적 요인의 고려 속에서 객관적인 분석이 가능할 것이다.

해방 후 고등인력의 현황은 양적으로나 질적으로나 열악한 상황이었다. 1945년 8월 소련군이 북한에 진주했을 때 일제가 패망하면서 북한 내 기존 산업시설의 상당부분을 파괴하였다. 북한 자치위원회가 일본인이 운영하던 산업체와 공장, 교육문화기관을 접수하였으나 이를 복구하고 운영할 수 있는 전문인력의 부족으로 기관들을 정상화 시킬 수 없었다. 이러한 현상은 일제의 교육정책과 긴밀히 연결되어 있었다. 일제는 식민통치기간 내내 한국인의 고등교육을 제한하였고, 일본인과 구별하여 한국인의 교육기회를 제한하는 민족차별적인 교육을 실시하였다.

예를 들자면, 일제하 한국의 유일한 대학이었던 경성제국대학의 교직원 분포를 보면, 1943년에 총 교직원 283명 중 한인은 23명으로 전 교직원의 8.13%를 차지하였다.5) 또한 일제시기에 공업, 농업, 의학, 교육 분야 등 중등전문가를 양성하는 전문학교가 설치되었는데, 중등학교 입학생 구성을 보면 한국학교이지만 일본인 학생이 훨씬 많았다. 공과 계열의 경성공업전문학교는 한국학생과 일본학생의 비율이 1:7, 광산전문학교가 1:4, 부산수산학교가 1:6이었다.6) 일본은 한국인 학생들의 고등기술교육의 기회를 가능한 한 제한하였으며, 이러한 현상은 전문학교에서 고등교육으로 갈수록 심화되었다.

전문 인력의 부족이라는 일제의 유산은 해방 후 북한의 국가건설에 심각한 장애가 되었다. 따라서 소련군과 북한지도부가 해결해야 할 주요 과제가 산업의 복구와 인민생활을 정상화하는 것이었다. 이를 위한 급선무는 '민족간부'를 양성하는 것이었고, 이를 위한 정책이 체계적으로 실시되었다. 이 시기 인력양성 정책은 새로운 교육개혁의 틀 내에서 이루어졌다. 국가건설기 북한교육의 특징은 다음과 같다.7)

첫째, 북한은 일제의 식민교육의 청산 위에서 새로운 교육이념과 제도를 마련하고자 하였다. 36년의 일제 식민지통치를 청산하고 근대국가로 도약하기 위해서는 일제 청산은 기본 과제였다. 해방 후 북쪽 지역에는 소련군이 진주함으로써 항일독립운동가와 공산주의자들이 통치의 주도세력으로 부상할 수 있는 여건이 조성되었다. 김일성 중심의 빨치산파, 소련파, 중국과 연계를 가진 연안파, 그리고 국내 공산주의자들이 주축이 되어 인민정권을 구성했다. 친일 경력의 정치가나 교육자들은 교육의 주도세력에서 배제되었다.

따라서 교육개혁안은 일제 식민교육의 잔재를 청산하는 방향으로 추진되었다. 무엇보다도 오랫동안 억눌렸던 인민들의 교육 기회를 확대하는데 주력했다. 노동자와 농민을 위한 교육 기회의 확대에 주력하면서 초등의무교육을 단계적으로 준비하였다. 과거 유산계층과 친일세력의 입지를 강화했던 학교교육은 그 계급적 성격을 타파하는 방향으로 재편되었다. 1946년 3월 무상몰수 무상분배의 원칙에 따라 단행된 토지개혁은 중농과 부농을 혁파하도록 하였고 그 결과로 학교의 계급구성은 노동자, 농민이 다수를 이루게 되었다. 이와 같이 교육개혁은 토지개혁이나 중요산업 국유화와 같은 사회경제적 개혁과 병행하여 추진되었다.

둘째, 북한교육은 소련의 대한정책 및 소련군정의 정책기조에 입각하여 그 기초가 수립되었다. 소련군은 1945년 8월 9일 대일 선전포고와 함께 한반도 북쪽에 진주하였고 미국은 남쪽에 진주하였다. 북쪽에 진주한 소련군은 북한정권의 창달에 산파역을 담당하고 1948년 말에 본국으로 철수하였다. 소련은 미군정의 직접통치와 달리 간접통치의 방식을 택했다. 1946년 2월에 소련군은 형식상 모든 권한을 북한 인민정권으로 이양하고 자신들은 고문으로서 자문의 역할을 하는 간접통치를 하였다. 이러한 과정에서 교육분야는 소련의 영향을 폭넓게 받아들이게 된다. 소련군정에서 파견한 교육고문 및 소련계한인들이 적극적으로 북한의 교육건설에 참여하였으며 소련의 교과서와 교육자료들이 북한 학교교육에 지침서이자 참고자료가 되었다.

그러나 북한 교육에 끼친 소련의 영향력에 대한 평가는 신중을 기할 필요가 있다. 북한교육은 짧은 기간에 기대 이상의 성과를 달성하게 되는데 이것은 소련의 인적, 물적 지원에 힘입은 바가 크지만 기본적으로 북한대중의 높은 교육열과 통일 민족국가의 염원을 바탕으로 한 것이었다. 대중들은 소련의 경험을 열심히 따라 배웠고 학교의 복구와 건설에 자신들의 노동력을 제공하였다. 이와 같이 북한 대중들의 교육적 욕구와 소련과 북한정부의 사회주의 국가건설의 방향에 기초하여 북한은 소련을 모델로 한 사회주의 교육의 기초를 확립하게 된다.

마지막으로 소련군정기를 포함한 1940년대 말까지 북한 고등인력 정책의 특징을 정리하고자 한다. 고등인력 정책의 첫 번째 특징으로는 정치·경제·문화 분야를 지도적으로 이끌어 나갈 사회주의적 민족간부의 양성을 목적으로 김일성종합대학을 창설한 점이다. 둘째, 북한은 국가건설과 경제발전에 근간이 되는 고등인력을 '사회주의적 민족간부' 양성의 문제와 동일시하였다. 이러한 의도에 따라 모든 학생들은 <맑스-레닌주의 기본>, <변증법적 유물론과 역사적 유물론>, <정치경제학>을 교양필수과목으로 이수하였고 정치교양사업에 참여해야 했다. 셋째, 김일성종합대학을 모체로 여타 대학들이 창립·발전되었으며 짧은 시기에 급속한 팽창을 이루었다는 점이다. 해방 이전에 북한지역에 단 하나의 대학도 없었으나 1949년 현재 15개 대학에 11,984명이 망라되었다. 넷째, 소련의 고등교육 정책을 도입하여 학업을 전문으로 하는 대학과 생산에서 유리되지 않은 채 배울 수 있는 야간대학, 통신대학 형태의 교육기관을 병행하여 발전시키고 있다는 점이다. 다섯째, 북한의 고등교육 제도와 특성이 소련의 적극적인 교육 지원 정책의 영향으로 소련식 고등교육체계와 유사하게 발전되었다는 점이다.[8]

2) 한국전쟁 및 전후 복구건설기(1950~1960)

북한 역사에서 중요한 전환점의 하나는 한국전쟁이다. 한국전쟁은 1950년 6월 25일 '민족해방혁명'을 꿈꾸고 있던 북한지도부에 의해서 촉발되었다. 전쟁 초반에 인민군은 파죽지세로 남쪽으로 밀고 내려갔으나 미국 주도의 유엔군이 남한을 지원하면서 전세가 역전되었고, 이어서 중공군의 참전으로 복잡한 양상을 띠게 되었다. 전쟁은 공방전과 소강상태를 거듭하다 1953년 7월 27일 휴전협정으로 막을 내렸다.

한국전쟁은 휴전협정으로 종결되었지만 북한지역은 전쟁으로 폐허가 되어 버렸다. 미군의 폭격이 주요산업시설 대부분과 농토의 상당 부분을 폐허화시킨 것이다. 전쟁으로 북한 전역에서 8,700여 개의 공장과 70만 호의 가옥, 5,000여 개의 학교건물이 파괴되었다. 인력 손실도 막대했으며 산업 생산량도 격감했다. 전쟁이 끝난 1953년의 공업총생산은 전쟁 전에 비해서 40% 이상 감소되었으며 농업생산량도 25% 이상 줄어들었다.9) 그러므로 북한은 전후 복구와 건설이라는 긴급한 과제를 해결하면서 동시에 사회주의적 개조를 완수해야 했다.

1950년대 북한교육은 한국전쟁기와 전후 복구건설기로 구분하여 살펴볼 수 있다. 한국전쟁기 인력정책의 특징은 전쟁 중임에도 불구하고 국내적으로 대학교육을 재개하고 대외적으로는 해외로 유학생을 파견함으로써 전후에 필요한 각 분야의 고등인력을 준비하고 있었다는 점이다. 정부는 대학을 계속 운영하려고 노력하였고 연구소를 마련하여 과학자들이 연구를 계속하도록 지원했다. 이것은 전후 복구에 필요한 고등인력을 계획적으로 양성하고자 함이었다. 전쟁이 끝난 다음에 필요한 전문가와 기술자를 단기간에 양성할 수 없으며, 인력의 부족은 경제 복구와 발전을 그만큼 지연시킬 것이라는 판단에서였다.

이에 따라 여러 대학이 안전지대로 옮겨 수업을 재개하였다. 김일성종합대학은 전쟁개시 후 곧 평안북도 구성군으로, 다시 평안남도 순천군으로 옮겼다. 김책공대, 원산농업대학, 평양사범대학은 물론 중앙당학교, 중앙고급지도간부학교 등이 분산 소개되었다.10) 전쟁 기간에 북한지역에서의 인력 양성에는 한계가 있을 수밖에 없었다. 때문에 정부는 각 분야의 유능한 인재들 몇 천 명을 선발해 소련을 비롯한 중국, 동구권 공산국가에 유학생으로 파견하였다. 특히 정권의 근간이 될 만경대유자녀학원 학생들은 모두 유학생으로 파견되었으며 상당수의 지도층 자제들도 해외 유학생에 합류하였다.11)

전후 북한사회는 정치·경제적 특성과 변화를 반영하여 일반적으로 전후 복구 건설기, '반종파투쟁'과 김일성 단일지도체계의 확립기로 구분된다. 전후 복구시기 인력양성의 특징은 전후 기술원조의 일환으로 사회주의 국가들이 전문 고문과 기술자를 파견하였고 이들을 통해 북한에 기술 전수가 이루어졌다는 점이다.

1953년부터 1958년까지는 북한이 사회주의 혁명의 기반을 확립했다고 주장하는 기간이다. 이 기간은 사회주의 국가들이 전후 복구를 위해 막대한 원조를 제공했던 기간이다. 소련정부는 북한의 복구건설을 위해 10억 루블을 무상공여하기로 결정했다. 전후복구계획은 소련을 필두로 중국 및 동구 사회주의 국가들의 원조계획 실행으로 구체화되었다. 각 산업부문별, 단위공장별, 도시별로 해당 국가들에게 복구건설과제를 할당하고 원자재, 설비는 물론 기술 지원에 이르기까지 담보하도록 하였다. 동구 사회주의 국가들은 1953~1954년 동안에만 약 1억 2천만 달러 상당의 각종 원자재, 기계, 설비들을 제공하였다. 이들 국가의 무상원조가 1954년 북한 총예산의 31.6%를 차지했다는 사실로부터 이 원조계획의 비중을 확인할 수 있다.[12]

원조계획에는 기술 원조의 일환으로 각 나라별로 고문과 기술자의 파견이 포함되어 있었다. 특히 소련고문들은 전후 복구계획의 중심에 있었다. 1957년 1월 현재 상업성, 전력성, 농업성, 국가계획위원회 등 북한의 내각과 행정부서에서 일하고 있는 소련고문 17명에 대해 언급하고 있다. "북한 간부들은 그동안 필요한 사업 경험을 어느 정도 배웠으므로 앞으로는 도움이 불가피한 분야를 제외하고는 고문의 도움 없이 일을 처리할 수 있을 것이라는 의견을 개진하였다."[13] 이 외에도 1953년 7월 31일 소련 전문가 55명의 파견을 결정했는데 그중 48명은 2달간, 7명은 1달간 파견하기로 했다.[14] 체코슬로바키아의 경우는 1955년 3월 현재 총 250명의 전문가가 북한에서 일하고 있다. 이 중에서 108명은 중립국위원회에서, 60명은 병원에서 의료요원으로, 약 70명은 전문가로서 일하고 있다.15) 또한 함흥시·흥남시 복구건설위원회 조직에 관한 김석형의 구술에 따르면 함흥·흥남시에만 독일기술자 200명, 체코 기술자 100명이 상주하고 있었다.16) 이와 병행하여 북한은 건설, 석탄, 전기, 경공업, 농업 등 각 분야의 전문가를 사회주의 국가의 행정부처나 산업체에서 실습을 받도록 산업실습생으로 파견하였다.

전후 북한사회의 특징으로는 '반종파투쟁'의 정치갈등 과정에서 지식인 및 학계의 변화가 동반되었다는 점이다. 1950년대는 북한정치사의 전환점을 그을만한 권력투쟁이 전개된 시기였다. 권력구조의 변동을 알리는 정치갈등은 이미 한국전쟁 과정에서 일어났다. 무정, 허가이, 박헌영 등 잠재적인 김일성의 경쟁자들이 숙청되었다. 특히 남한 공산주의 운동의 최고지도자 박헌영이 1953년 간첩죄, 국가전복죄로 숙청되었다. 북한정계에서 박헌영의 숙청은 김일성이 조선공산주의 운동의 유일지도자로서의 위치를 확보하는 동시에 김일성 중심의 단일지도체제의 형성이 보다 쉽게 추진될 수 있는 발판을 마련했음을 의미했다.

이어서 1950년대 권력투쟁의 정점은 1956년 8월 전원회의 사건이었다. 권력투쟁은 전후 복구건설노선과 사회주의적 개조를 둘러싼 논쟁이 전개되면서 표면화되기 시작했다. 1956년 2월 소련공산당 제20차대회에서 스탈린 개인숭배가 비판되면서 반김일성운동이 본격화되었다. 반김일성운동은 동년 8월에 전원회의에서 공개적으로 김일성을 비판하는 사건으로 발전했으나 실패로 끝났다. 이 사건은 권력구조의 재편에 상당한 영향을 미쳤다. 반대파 대다수는 '종파분자'로 낙인찍혀 권력의 핵심에서 축출되었으며 전국적으로 지식인들에 대한 사상검토작업과 숙청이 병행되었다. 이 결과로 북한사회에는 김일성의 비판세력이 거의 일소되었으며 김일성 중심의 단일지도체계가 확립되었다. 이 과정에서 자국 혁명의 중요성과 '주체'가 강조되었다. 교육기관에서는 조선노동당사와 혁명역사, 김일성 혁명활동 등이 강조되기 시작했다.

전후 북한사회의 교육적 특징으로는 생산관계의 사회주의적 개조에 맞추어 중등의무교육과 무료교육제가 발표된 점이다. 로동당은 휴전 직후인 1953년 8월 당중앙위 6차 전원회의를 개최하여 중공업 우선, 경공업과 농업의 동시발전을 경제복구건설의 기본노선으로 확정하였다. 동시에 농촌에서의 사회주의적 개조를 위한 전초작업으로 일부 지역에서의 경험적인 농업협동화 실시를 결정하였다. 1954년부터 일부 지역에서 경험적 농업협동화를 시작으로 1958년에 농업협동화는 물론 개인상공업 부문의 협동화 작업도 완료하였다. 이로써 북한사회는 1958년 사회주의적 개조를 마무리하였다.

생산관계의 사회주의적 개조와 맞물려 새로운 교육정책이 발표되었다. 경제 및 교육 부문이 전쟁 전의 수준으로 회복되는 1956년에 초등의무교육제를 발표하였다. 이어서 농업의 협동화가 완료되는 1958년에는 교육의 사회주의적 조치를 완료하였다. 초등의무교육에 이어 중등의무교육과 무료교육을 실시하기로 한 것이다. 또한 1959년 10월 28일에는 기술교육제도를 발표하였다. 교육개정의 이유는 원론적으로는 이론과 실제, 교실내의 수업과 생산 노동을 결합하는 것이었지만 실제로는 경제발전 계획을 추진하는데 필요한 기술자와 전문가를 급속히 양성해야 할 필요성에서였다. 이러한 교육적 조치에 힘입어 북한 산업화의 인적 기반을 마련하게 된다.

3. 고등인력 양성의 특징

1) 고등교육기관의 확대

해방 후 북한 지역에는 대학이 하나도 없었다. 한국인 고등인력을 제한하고자 했던 일본의 정책으로 경성제국대학이 유일한 대학이고 나머지는 전문학교나 각종 학교의 형태였다. 해방이 되어 한반도가 남과 북으로 나뉘고 경성제국대학이 남쪽에 위치하게 되면서 북한에는 대학이 없는 상황이 초래되었다. 북한은 1946년 9월 15일에 김일성종합대학을 창립하였다. 대학 창설의 목적은 '진보적 민주주의 원리에 입각하여 인민경제와 문화를 건설할 지도력이 있는 고등기술인들을 발달시키는 것'17)이었다. 여기서 '고등기술인'은 일반적인 의미의 전문가나 고등인력을 의미하지 않았다. '진보적 민주주의 원리'라고 하는 사회주의 사상으로 교육된 고등인력을 양성하고자 했다. 즉 북한지도부가 양성하고자 했던 '고등기술인'은 소련군이 진주하고 공산주의 계열이 정권의 주도권을 쥐고 있는 상황에서 사회주의 사상으로 교육된 전문인력을 의미했다.

각 분야의 전문가 양성을 목적으로 다른 대학들도 설립되었다. 김일성 종합대학을 시발로 함흥의과대학, 흥남공업대학, 청진교원대학 등이 신설되어 1949년 말에는 15개로 늘어났다. 이러한 증가는 한국전쟁으로 중단되지 않을 수 없었다. 전쟁으로 그동안 이루어놓은 모든 교육시설들이 파괴되었다. 전쟁이 끝난 후 1953년 8월에 노동당 중앙위 제6차 전원회의에서 전후 제1차 3개년 경제계획(1954~1956) 및 교육사업의 기본방향을 제시하였다. 경제계획의 방향은 북한경제를 한국전쟁 이전의 수준으로 끌어올리는 것이었다. 이에 상응하여 고등교육계획은 '우선 고등교육과 기술교육 사업을 강화하여 민족간부를 많이 양성할 것'이 강조되었고, '보통교육부문은 1956년까지 전쟁 전 수준으로 끌어올릴 것'이 결정되었다.18)

전후 3개년 경제계획을 마무리하면서 1956년 8월 전원회의에서도 '인민경제의 급속한 발전을 위하여 기술 인재 양성사업을 개선 강화할 데 대한 전망성 있는 대책을 강구하는 것'이 중요하다고 강조하였다. 이어서 제1차 5개년 경제계획(1957~1960)에서는 북한 경제의 공업화에 필요한 기초 작업을 완료하는 것이 강조되었다. 경제계획을 추진해 가는 과정에서 기술자와 전문가에 대한 수요가 급속히 늘어났다. 인민경제의 각 부문에서 부족한 기술자, 전문가를 자체적으로 빠른 기간 내에 양성하기 위해서는 고등교육기관의 증대가 선차적인 문제였다. 중공업부문만 보더라도 기술자, 전문가에 대한 수요는 겨우 50% 밖에 보장되지 못하는 상황이었다. 이러한 점을 고려하여 1957년 8월 내각 명령 <기술자 및 전문가 양성 전망계획작성에 관하여>를 통해 고등교육기관을 증설하는 조치를 취하였다. 고등교육기관의 신설 확장에 따라 1949년 15개였던 대학이 1960년에는 78개의 대학에서 9만 7,000여 명의 대학생들을 망라하는 급속한 성장을 보였다.19)

<표 1> 5개년 경제계획시기 창설된 고등교육기관

번호	대학명	창립년월일	번호	대학명	창립년월일
1	해주교원대학	1957	11	사리원농업대학	1958.9.1.
2	원산교원대학	1958	12	청진광산금속대학	〃
3	평남기술교원대학	1958	13	함흥수리대학	1959.9.1.
4	평양체육대학	1958.9.1.	14	희천공업대학	〃
5	혜산림업대학	1958.5.	15	해주의학대학	〃
6	함흥농업대학	1958.12.1.	16	원산경제대학	〃
7	평양기계대학	1958.9.1.	17	평양외국어대학	〃
8	평양경공업대학	〃	18	평양법률대학	〃
9	평양운수대학	〃	19	원산수산대학	1959.9.20.
10	평양연극영화대학	〃	20	해주농업대학	1960.12.1.

출처:『조선교육사』3, 4, 5, 6권 (평양: 사회과학출판사) ; 김동규·김형찬 편집, 『북한교육사』(서울: 교육과학사, 2000) 한 권으로 재발간, 412~413쪽.

5개년 경제계획 기간 중에 신설된 대학들은 인문계열은 얼마 안되고 대부분 이공계열 대학으로 이루어졌음을 <표 1>에서 확인할 수 있다. 인민경제계획을 추진하는 과정에서 전문가와 기술인력이 절대적으로 부족했고, 이를 뒷받침할 수 있는 고등교육정책이 필요했다. 북한정부는 고등교육기관을 확대하되 기술자와 전문가들의 양성에 중점을 두어 전체 대학에서 70% 이상을 공과 및 자연과학 계열에 할당하도록 하는 결정을 발표하였다. 즉 고등교육기관을 확대하고 양성 규모를 늘이는데 있어 '인민경제발전에 필요한 기술간부들을 양성하는데 중점을 두며 대학생 총수의 70% 이상이 공과계통과 자연과학계통에서 배우도록 할 것'이 결정되었다.20) 이와 같은 기술인력 정책의 결과로 건설, 기계, 전력, 화학 등의 중공업부문과 지질, 임업, 금속 부문 기술인재양성 규모가 크게 확대되었다.

한편 인민경제의 균형적 발전을 확보하기 위해서는 각부문에서 필요로 하는 중등 기술자, 전문가, 기능공의 양성이 동반되어야 한다. 이를 위해 기술전문학교를 확장하고 중등기술자들을 대량으로 양성하기 위한 조치가 취해졌다. 1956년에 기술전문학교수는 103교, 학생수는 3만 4,000여 명(사범전문학교 제외)이었고, 야간기술학교는 56교, 학생수는 5,400여 명이었고 기술보습반에서는 5,300여 명의 학생들이 공부하고 있었다. 이에 따라 1953년부터 1956년까지 중등전문학교 졸업생 총수가 약 2만 2,000여 명에 달하였다.

결과적으로 1960년에는 고등 및 중등기술 인력을 포함한 사회 각 부문에서 일하는 기사, 기수, 전문가의 수가 1956년에 비하여 2배로 늘어난 13만 3,000여 명이었는데, 이는 53년에 비해 610%가 증가된 수치이다.21) 이때에 이르면 북한의 대규모 공장, 기업소들이 타 사회주의권 국가들의 기술 원조에서 벗어나 자체 북한인 기술자, 전문가들로 관리하고 운영할 수 있게 된다.

한편, 고등인력의 성격에 중요한 영향을 미친 교원 구성에 대해 주목할 필요가 있다. 해방 이후 꾸준히 제기된 현안이 고등인력을 양성할 대학의 증설과 이에 충원될 교수의 확보였다. 해방 당시 다수의 과학인, 문화인들은 미군정이 주둔한 남한에 편중되어 있었다. 따라서 북한은 북쪽에서 자체적으로 교수 요원을 확보하는 동시에 남한에서 북으로 학자들을 초빙하는 사업을 전개하였다. 그 결과 김일성종합대학을 포함한 주요 대학에는 남한 출신 교수들이 적지 않은 비중을 차지하게 되었다.

<표 2> 대학의 증가와 경제발전계획

	년도	대학수	학생수	경제발전계획
국가건설기	1945			
	1946			
	1947	4	3,000	제1차 1개년 계획(1947)
	1948	11	8,731	제2차 1개년 계획(1948)
	1949	15	11,984	제1차 2개년 계획(1949~1950)
한국전쟁	1950			
	1951			
	1952			
전후복구기	1953	15	11,268	
	1954	16	7,700	제1차 3개년 계획(1954~1956)
	1955	16	12,857	
	1956	19	16,592	
	1957	20	20,510	제1차 5개년 계획(1957~1960)
	1958	23	25,640	
	1959	37	52,000	
	1960	71	97,000	

출처: 김선호·김형찬 편, "고등교육," 『북한의 교육』 (서울: 을유문화사, 1990), 288쪽.

종합대학 교수진의 핵심은 대부분 남에서 초빙된 학자들이었다. 1946년에 남한에서 초빙되어 교수 발령을 받은 대표적인 교수로는 도상록(양자물리학 전공), 김석형(역사), 박시형(역사), 김한주(농학), 이종식(법학), 김지정(수학), 박극채(경제학), 전평수(물리학), 박종식, 신구현, 황영식, 김수경, 유연락, 우형주, 최윤식, 곽대홍, 계응상, 한필하, 홍성해, 최용달, 조영식, 강대창, 도유호, 황도연, 김종희, 최응석 등이다.[22] 이어서 1947년 이후에도 종합대학에는 이승기(고분자화학), 정근(물리),

한인석(물리), 이동화(국제사) 등 30여 명 이상의 남한학자들로 재충원 되었다. 종합대학에 초빙된 남한의 학자들은 대체로 경성제국대학 출신, 유능한 학자, 진보적 정당의 당원, 서울국립대학창설안 반대운동의 주역을 담당한 교수라는 점에서 일관된 경향을 보여주고 있었다. 이렇게 남에서 북으로 간 다수의 저명한 학자들은 종합대학 창설의 주역이자 이후 북한의 학계를 대표하는 학자, 문화인, 과학자가 되었다.[23]

또한 고등교육의 발전에 있어 소련에서 파견된 소련계한인들의 참여를 들 수 있다. 북한의 교육개혁 및 고등교육의 발전에 있어 중요한 소련계한인으로는 남 일과 박 일을 들 수 있다. 1946년 10월 북한에 도착한 남일은 북조선인민위원회 교육국 부국장에, 박일은 김일성종합대학 부총장에 임명되었다. 특히 1941년에 레닌그라드 사범대학을 졸업하고 카자흐스탄 종합대학에 근무했던 박일은 초기 대학업무 전반을 총괄했다. 초기 종합대학에 충원된 소련계한인으로는 전영환, 이동화, 허익, 박영, 김용성, 채규형, 김택영, 오완묵, 명월봉 등이 있다. 이들은 국가건설기에 '선진적 소련의 교육제도와 교육사상'을 북한 교육에 접목시키는 역할을 담당했다.[24]

이러한 경향은 1950년대에도 지속되었다. 1950년 말 반종파투쟁이 전개되고 소련파에 대한 숙청이 본격화되기 전까지 소련계한인들은 교육문화기관에서 중요한 역할을 담당했다. 교육계의 저명한 소련계한인으로는 교육성 부상 장익환, 김일성종합대학 총장 유성훈, 강동정치학교 교장 박병율, 중앙정치간부학교 교장 강상호 등 상당수에 이른다. 이들은 50년 말 소련으로 돌아갈 때까지 소련교육을 모델로 북한교육의 기초를 확립하고 전 분야에 걸쳐 사회주의적 간부를 양성하는데 주목할 만한 역할을 수행하였다.

또한 고등교육에 일정한 영향력을 행사했던 소련의 '고문' 제도에 대해 주목해야 할 것이다. 1945년부터 1948년 말까지 북한에 주둔한 소련군정은 민간행정업무를 관장하기 위해 소련민정국을 설치하였다. 소련민정국은 북한의 각 행정부처, 산업체, 교육문화기관에 이르기까지 '고문' 제도를 두어 민사행정 전반을 지도하고 자문하였다. 1948년부터 대학에 '고문'으로서 소련학자들을 초빙하기 시작했다. 이러한 전문고문 및 기술자 초빙의 제도는 한국전쟁 이후에도 지속되었다.

1948년 5월 20일경 소련과 북한간에 체결된 각서에 따라 소련 교수들이 북한 대학의 '고문'으로 초빙되었다. 고문으로 파견된 대표적인 학자로는 뤼샤꼬브(로어문학강좌), 챠스뚜힌(세계사강좌), 츄쁘로브(맑스레닌주의 기본강좌), 빵끄라또브(교육학부), 레베제브(철학강좌), 오사지꼬(정치경제학강좌), 까덴스까야(지리학부), 뜨라후낀(화학부), 자말예브와 비노그라도브 교수부부(생물학부 및 동물학강좌), 씨부힌(물리수학부 및 수학강좌) 교수 등이 있다.25)

소련에서의 교수 초빙은 한국전쟁기간과 그 이후에도 이루어졌다. 쏘꼴로브(철학강좌), 유리예브(정치경제학강좌), 아크싸노브(맑스레닌주의 기초강좌), 쏘로비예브(물리수학부), 마이브라다(경제학부) 등이 전쟁 중임에도 불구하고 대학사업의 복구에 참여하였다. 전후 시기에는 이고르 네스또로비치(무기 화학), 도보로쩐(수리 물리), 깜네브 이완(다원주의 기본), 루다쉐브스끼 쎄몬(인체 및 동물 생리학), 데멘쩨브(지형학 및 지리학사), 자위도비취(인민경제 계획화), 베스빠릐(상품학) 등이 파견되었다.26)

고등인력 양성의 성격을 좌우하는 북한 교원 구성의 특징으로는 첫째, 북한 최고의 대학인 김일성종합대학은 남한에서 초빙한 학자들이 중심이 되어 창립되었다는 사실이다. 둘째는 소련계한인들 및 소련에서 파견된 학자들이 고등교육체계의 확립과 인재 양성에 있어 중요한 역할을 담당하였다. 셋째는 1950년대 중반부터 북한 자체 내에서 학위를 받은 학생들이 교수로 충원되기 시작했으며, 동시에 유학생으로 파견되어

학위를 취득한 학생들, 특히 소련 학위자가 교수로 충원되기 시작했다. 이런 점으로 미루어 고등교육기관에는 해외와 연계를 가진 교수들이 적지 않은 부분을 차지하고 있었다.

이러한 학계의 특징은 1957년부터 반종파투쟁이 본격화 되고 '주체'를 강조하는 과정에서 문제로 제기될 수밖에 없었다. 반종파투쟁의 소용돌이 속에서 남한출신 학자들, 소련파, 연안파, 그리고 소련 학위자들이 사상검열의 표적이 되었다. 게다가 1950년대 후반에 시작되어 1960년대 내내 격렬하게 전개되었던 중소분쟁이 이러한 고등인력 정책에 변화를 촉발하였다. 북한은 중소분쟁 과정에서 자주노선을 걷게 되면서 '경제에서의 자립'을 달성할 수 있는 조건을 마련해야 했다. 해방 이후 오랫동안 해외에 의존하여 양성했던 전문인력은 1950년대 후반 국내외 정세의 변화 속에서 자주적으로 전문인력을 확보하는 방향으로 선회하게 된다.

2) 해외유학생 및 실습생의 파견

전후 복구를 전후한 1950년대 북한의 특징적인 고등인력 정책은 사회주의 국가로 학생과 전문가를 대량으로 파견한 점이다. 해외 유학생은 일찍이 1946년 말부터 파견되기 시작했다. 유학생은 사회주의 국가 건설에 필요한 각 분야의 전문가를 양성하려는 목적에서 파견되었다. 1946년부터 1950년까지 소련으로만 유학생을 파견하였으나 한국전쟁을 계기로 유학생 파견 국가의 다변화가 이루어졌다. 1951년부터는 폴란드, 체코슬로바키아, 루마니아로 학생을 파견하기 시작했고 1952년부터는 중국, 동독, 헝가리, 불가리아, 몽고로 파견했고, 1956년부터는 알바니아로 파견하기 시작했다.[27]

<표 3> 북한의 해외 유학생 및 실습생 파견 연람표

	정식 유학생	실습생, 시찰단, 전쟁고아들 교육
1946년 (46/47 학년도)	소련: 고등교육기관에 약 230명 파견(교육시찰단 및 기타 포함 총 299명)	소련 교육시찰단 30명
1947년	소련: 학부생 120명, 대학원생 20명 파견	
1948년	소련으로 60명 파견	
1949년	소련: 학부생 60명, 대학원생 20명	* 1950년 현재 소련 고등교육기관에 학부생 478명, 대학원생 18명이 공부중
1950년	소련으로 165명 파견	
1951년	소련으로 129명 파견	
1952년	소련으로 262명 파견	
1953년	소련: 전문학교 250명, 학부생 200명, 대학원생 60명 파견을 요청함 폴란드: 대학원생 포함 고등교육기관에 130명, 전문학교 150명 파견 체코슬로바키아: 전문학교 200명, 고등교육기관 200명	소련: 문화예술 실습생 11명(1년), 과학전문가 25명(3개월), 산업실습생 414명, 민주청년동맹 연수생 30명 중국: 민주청년동맹 연수생 75명 폴란드: 전쟁고아 1,000명 루마니아: 전쟁고아 1,500명, 220명 추가파견 체코슬로바키아: 전쟁고아 700명
1954년	소련: 학부생 80명, 대학원생 20명 * 사회주의 국가의 고등교육기관에 총 3,700명의 북한유학생이 공부중.	소련: 농업전문가 실습 65명(8개월), 직업교육 실습생 10명(6개월), 소련공산당 최고학교 25명, 소련공산청년동맹 중앙당학교 15명(1년), 민주청년동맹 파견단 12~15명(1개월) 폴란드: 북한의 전문기사,기술자,노동자 100명 파견
1955년	소련: 고등교육기관 40명, 국제관계대학에 5명 파견.	소련: 노동자 실습생 4명, 소련 건설성 산하 실습생 20명
1956년	소련: 소련사회과학원에 북한과학자 5명 파견, 학사원에 10명 파견.	소련: 소련내무성 산하 실습생 23명, 소련 당사업경험 연수 2명, 교원시찰단 20명(2개월), 교육기관 시찰단 5명(1개월) 56.3월 현재 전쟁고아들이 헝가리 340

1957년	소련: 학부생 38명, 대학원생 37명, 전문학교 2명, 음악학교 2명 파견 중국: 몇 천명의 학생과 전쟁고아들 * 1957.7 현재 소련 외 사회주의권 고등교육기관에 총 1,895명 유학 (폴란드 440명, 동독 380명, 체코슬로바키아 500명, 헝가리 20명, 루마니아 270명, 불가리아 140명, 알바니아 5명)	명, 폴란드 1,000명을 포함해 동유럽에 총 5,000명, 중국에 2만여 명이 양육되고 있음 * 1957.7월 현재 전문학교 학생 현황은 중국 200명, 폴란드 400명(이중 240명은 전쟁고아들), 체코슬로바키아 580명(이중 210명은 전쟁고아들), 루마니아 130명, 불가리아 130명, 동독 470명(모두 전쟁고아들임)

필자주 1) 러시아 대외정책문서보관소의 자료(1945~1958) 중 일부만 선별·정리함. 따라서 소련유학생과 실습생 자료를 중심으로 기타 사회주의국가의 유학생 정보가 부분적으로 인용됨.
2) 전쟁기간부터 중국으로 파견된 다수의 유학생수가 포함되어 있지 않음.

　북한의 해외유학생 현황을 살펴보면, 1946년 말 최초의 유학생 299명이 소련으로 파견되었다. 이를 시발로 소련 유학생이 매년 100~200여 명씩 파견되었고 1951년부터는 다른 사회주의 국가에도 유학생을 파견하기 시작했다. 특히 사회주의 국가들은 1953, 1954년에 전후복구를 위한 원조의 일환으로 유학생, 산업실습생, 전쟁고아, 견학단 등을 받아들였는데 북한유학생 총수가 5천여 명을 상회하여 최고정점을 이루고 있다. 각국은 전쟁 전보다 훨씬 많은 수의 북한유학생을 받아들였다. 이는 물론 전후 복구와 경제발전을 위한 것이었다. 또한 사회주의 국가들은 전후복구를 위해 각 나라별로 전문가와 기술자를 파견하였다.
　소련의 고등교육기관에 다녔던 북한유학생의 입학과 졸업 현황은 <표 4>와 같다. 이 수치는 소련의 중등교육기관이나 재교육기관, 당·정·군 산하 교육기관에 다녔던 유학생 수를 제외한 고등교육기관 재학자이다. 해방 직후부터 1950년대 중반까지, 그리고 1980년대에 유학생이 가장 활발하게 파견되었음을 알 수 있다. 특히 1958년부터 대학을 졸업한 학생들을 대상으로 필요한 분야만을 대폭 축소, 파견하기로 한 유학생 정책이 발표된 이후, 1960년대 전반기 소련으로 유학생이 전혀 파견되지 않았음을 표로 확인할 수 있다.

<표 4> 북한 유학생의 소련 고등교육기관 입학과 졸업 현황(1945~1985년)

년도	1945년	1946년	1947년	1948년	1949년	1950년	합계
입학생/졸업생(명)	-	(230)	140/-	60/-	90/11	165/8	455/19

1951년	1952년	1953년	1954년	1955년	1956년	1957년	1958년	1959년	1960년	합계
129/41	262/52	218/73	79/107	69/157		(77)		(19)		757/430

1961년	1962년	1963년	1964년	1965년	1966년	1967년	1968년	1969년	1970년	합계
-/32	-/2	-/4	-/4	2/4	-	34/4	18/8	16/11	2/10	72/86

1971년	1972년	1973년	1974년	1975년	1976년	1977년	1978년	1979년	1980년	합계
-/1	7/6	35/5	22/12	-/14	50/8	13/15	6/9	21/9	49/10	203/89

1981년	1982년	1983년	1984년	1985년	합계	총계(1945~1985)
135/66	133/80	147/71	286/125	165/96	866/438	2353/1062

출처: В.А.Белов, 『Подготовка Кадров Для Зарубежных Стран В Советских ВУЗах 소련고등교육기관에서의 외국 유학생의 교육』(Калининград, 2003), 212~219쪽 정리.
필자 주: 1956~1960년까지 빈칸은 이 자료의 저자가 수치를 확인하지 못한 것이고, ( )는 필자가 '러시아 대외정책문서보관소'의 자료를 덧붙인 것임.

사회주의 국가로 파견된 북한 유학생의 총수는 1958년 1월 현재 4,729명에 이르고 있다. 1960년까지 남한의 해외유학생 총수는 5,520명인 것에 비하여, 남한 인구의 절반에 불과한 북한이 1958년까지 해외유학생 총수가 4,729명에 달하고 있다. 북한이 해외유학을 통한 고등인력의 확보에 얼마나 비중을 두었는가를 알 수 있다.[28]

<표 5> 북한의 해외유학생 현황(1958년 1월 현재)

1946~1957년까지 해외유학 졸업자			1958년 1월 현재 공부중인 유학생 수				
중등전문학교	고등교육기관	대학원	중등전문학교	고등교육기관	대학원	산업실습생	전쟁고아들
731	895	138	652	2,182	131	642	2,540
총 1,764명			총 2,965명				
총계 4,729명							

출처: АВПРФ, ф 0102, оп.14, п.75, д.8, лл.104-106.

　<표 5>를 통해 본 유학생 정책의 특징으로는 유학생이 고등교육기관뿐만 아니라 중등전문학교로도 파견되었다는 점이다. 전후 복구를 위해서 고등전문가뿐 아니라 다수의 중등기술자가 절실히 필요했다. 자체 내에서 중등기술자를 대량으로 양성하는 한편 자격을 갖춘 중등전문가는 해외유학을 통해서 양성하였다. 1957년까지 해외유학 졸업자수가 고등교육기관 895명에 대해 중등전문학교는 731명이고, 1958년 현재 고등교육기관에서는 2,182명, 중등전문학교에서는 652명이 공부하고 있다. 전후 복구의 긴급한 과제가 제기된 1953년에는 소련, 폴란드, 체코슬로바키아로 파견한 전문학교 학생수가 고등교육기관의 학생수와 거의 비슷함을 알 수 있다(<표 3> 참조). 이러한 현상은 중등전문학교는 고등교육기관에 비해 짧은 기간에 더 많은 인력을 양성할 수 있는 장점이 있었기 때문이다.

　또한 사회주의 국가들은 북한에 대한 인력지원의 일환으로 전쟁고아들을 일정기간 양육하고 교육시켰는데 이들이 중급 기술자와 기사로서 북한의 경제발전에 일익을 담당하게 된다. 중국에 2만 명, 동유럽에 약 5,000명에 달했던 전쟁고아들은 각국의 유아원이나 유치원을 졸업한 후 기술학교나 중등전문학교에서 공부를 계속하며 기술훈련을 받았다.[29] 중국의 경우 전후 두 차례에 걸쳐 6천여 명의 북한의 기능공을 받아

훈련시켰다. 1958년 6월에는 중국에서 육년 만에 귀국한 기술자 5백여 명이 평양방직공장에 배치되었고, 전쟁고아 2천5백 명이 중국의 공장과 농장에 일년간의 생산실습을 위하여 파견되었다.30) 전쟁 시기부터 파견되었던 전쟁고아들이 1958년경 소련, 중국, 동독, 폴란드를 비롯한 동유럽에서 귀국하면서 초급 또는 중급 기술자로서 본격적으로 북한의 산업화 과정에 참여하게 된다.

인력양성의 다른 특징으로는 각 분야의 전문가들을 단기 시찰단이 아닌 실습생 형식의 견학단으로 다수 파견한 점이다. 예로 전쟁 중인 1953년 2월 21일에 '소련의 선진적인 문학예술을 연구 섭취하여 북한의 문학예술을 발전시킬 목적으로' 연수생 11명을 1년간 소련에 파견할 것을 요청하고 있다. 연수생 명단에는 극작가 신고송, 작곡가 김옥성, 연출가 리서향 등 문화예술분야의 최고 전문가들을 망라하고 있다.31) 또한 북한은 과학자 25명을 소련의 과학적 성과를 보고 배우게 할 목적으로 소련측에 3개월간의 실습을 요청하고 있다. 과학자 명단에는 홍남공업대학 물리강좌장 림극제, 과학원의 리승기와 계응상 등 지도적인 학자와 과학자들로 구성되어 있었다.32)

인력양성의 또 다른 특징으로는 해외에서의 산업실습생 양성을 들 수 있다. 해외 실습생은 전후 복구와 더불어 인민경제의 각 분야를 재조직하는데 필요한 계획, 운영, 설비, 기술 습득 등을 목적으로 해외로 파견되었다. 특히 한국전쟁 기간과 전후에 대량으로 실습생이 파견되는데 이들은 전후 북한 인민경제의 재편과 운영을 준비하는데 적지 않은 역할을 담당하게 된다. 예로 전후 농업분야의 집단화를 단계적으로 실시하여 1958년에 완전한 농업의 협동화로 이행하기 위해서는 소련의 농업협동화의 모든 계획과 시행절차를 배우고 미리 준비할 필요가 있었다. 이를 위해 북한정부는 1954년에 북한농업의 사회주의적 개조를 위해 소련의 국영농장성과 농업성 시설에서 8개월간 실습을 받게 할 목적으로 농업전문가 65명을 실습생으로 파견하였다.33) 또한 전후복구 3개년 계획, 제1차 5개년 계획을 성공적으로 추진하기 위해 각 나라의 행정부처와 산업체에 실습생들을 집중 파견하였다. 예로 1953년 소련의 각종 산업체에 414명, 1954년에 6개월간 직업교육 실습생 10명, 1955년에 소련 건설성 산하 기관에서의 연수를 위해 20명, 1956년 소련 내무성 산하 연수를 위해 23명 등을 파견하였다.34) 또한 북한은 광산 2개 및 기관차 정비공장의 복구를 위해 폴란드 전문가 31명을 초청하였으며 폴란드는 위의 시설을 다룰 수 있는 인재를 양성할 목적으로 북한의 전문기사, 기술자, 노동자 100명 이상을 자국에서 연수하도록 하였다.35)

해외 유학생 및 실습생들은 북한의 전문인력 양성 정책에 있어 중요한 의미를 지니고 있었다. 이들은 국내에 돌아와서 교수, 전문가로서 학계에 자리를 잡거나 혹은 인민경제의 다양한 분야에서 중요한 직책을 맡았다. 예를 들자면 1955년에 김일성종합대학 교원 구성에서 약 41%가 3년 미만의 교원 경력을 가진 새 교원들인데 이들은 주로 최근에 종합대학을 졸업하였거나 소련에 유학하였다가 귀국한 유학생들이었다.36) 또한 1954년 현재 사회주의 국가에서 교육을 받은 400명의 전문가들이 건설과 생산부문에 종사하고 있고, 40명이 준박사학위를 받고 조교수의 직위에 있다. 해외유학자 다수가 내각이나 행정부서의 장, 책임 있는 전문기사로 일하고 있다. 예로, 중공업성과 산하의 산업체에 532명의 전문기사가 일하고 있는데 이들 중 64명이 소련 및 기타 사회주의 국가의 고등교육기관을 졸업했다.37)

이와 같이 해외에서 양성된 고등인력은 사회주의 국가의 새로운 지식과 기술을 북한에 도입하고 보급하는 역할을 담당하였다. 이들은 과학문화유산이 미천한 북한에 새로운 선진기술과 연구 성과를 도입하고 보급시켰다. 그러나 이러한 긍정적 역할에도 불구하고 이들은 외국의 경험을 기계적으로 전달한다는 비판을 받게 된다. 강선제강소의 한 기사장은 북한 공장의 현실에 어두운 유학생 출신 기술자들의 경향을 비판하고 있는데, "외국에서 양성된 기술자들은 외국의 산업설비와 공장 실정, 원료에 대해서는 잘 알지만 자국의 현실에 대해서는 어둡다는 것"이다.38) 따라서 반종파투쟁이 확산되면서 소련의 형식과 방법을 기계적으로 따르는 것을 교조주의로 비판하고 기술교육 및 고등인력 양성에 있어 소련에 의존하지 말고 북한의 실정에 맞게 자체적으로 양성할 것이 강조되어진다.

4. 8월 종파사건 이후 교육계·학계의 사상검열운동

북한은 1946년 2월에 북조선임시인민위원회, 1947년에 북조선인민위원회를 거쳐 1948년 9월에 북조선민주주의인민공화국을 창설하였다. 초기 북한의 당과 국가는 여러 정파간의 연합으로 이루어져 있었다. 이러한 여러 정파간의 균형에 입각한 권력구조는 한국전쟁 과정에서 깨어지게 된다. 그 시초는 국내파 공산주의자의 거두인 박헌영을 중심으로 한 리승엽, 림화 등 남로당파에 대한 숙청으로 시작되었다. 한국전쟁 과정에서 남로당파에 대한 숙청 및 소련계 허가이의 자살은 46년 8월 북조선노동당 창립 이래 유지되어 왔던 빨치산파와 연안파, 소련파 등 해외출신 세력 사이의 제휴관계에 금이 가도록 하였다. 남로당파가 숙청되고 소련파와 연안파 등의 해외출신들이 비판을 받으며 점차 자신의 위치에서 밀려났다. 대신에 김일성을 중심으로 한 빨치산파가 그 세력을 넓혀나갔다.

전후 1950년대의 권력 갈등은 전후 복구계획을 둘러싸고 표면화되기 시작했다. 조선로동당은 휴전 직후인 1953년 8월 당중앙위 6차 전원회의를 개최하였다. 회의에서는 중공업 우선, 경공업과 농업의 동시발전을 경제복구건설의 기본노선으로 확정했다. 동시에 일부 지역에서부터 경험적인 농업협동화를 실시하기로 했다.

그러나 이러한 결정에 대해 일부 세력이 반기를 들었다. 이들은 전쟁으로 피폐해진 인민들의 생활을 향상시키는 것이 급선무이므로 중공업보다는 소비재를 공급하는 경공업의 우선적 발전을 주장하였다. 또한 농업협동화 문제도 시기상조임을 들어 반대하였다. 이러한 논란에도 불구하고 김일성 중심의 당지도부는 중공업 우선의 경공업, 농업의 동시발전과 농업협동화의 부분적 실시를 전후 복구건설 노선으로 관철시켜 나갔다.

전후 경제계획은 시행하는 과정에서 더 많은 문제에 부딪쳐야 했다. 우선 계획을 집행할 엘리트의 선발과 충원이 시급했는데 이 문제는 전문가와 기술자 양성으로 해결해 나갔다. 무엇보다 심각한 문제는 각 기관 및 산업체 관료들의 사업작풍이었다. 당중앙위 통계자료에 따르면 공금유용, 관물착복 등으로 1953년 6월부터 1954년 6월까지 1년동안에 당원 중 2만 2천 명이 적발되었다. 1955년 당중앙위 4월 전원회의는 전 국영 및 협동조합부문 재산의 약 1/3이 착복되거나 낭비되었다는 결론을 내렸다. 또한 전후 경제계획의 집행과정에서의 문제는 농업분야에서 두드러지게 나타났다. 준비가 불충분한 상태에서 급속한 농업협동화의 결과로 1954년 북한은 해방 이래 최대의 흉작을 기록했다. 이런 상태에서 농업현물세 징수와 양곡구매사업의 강행으로 수만 명의 농민들이 아사를 하였으며, 불만이 농민의 전 계층으로 확산, 고조되었다.[39]

이러한 사회경제적 위기에 대한 '책임론'이 당내 전면에 부상하였다. 경제정책의 실패로 인한 지도부 내 균열은 책임소재를 둘러싼 당내 공방으로 발전하였다. 이에 대해 김일성은 경제정책 실패의 원인을 당원들의 계급의식 해이와 간부들 사이에 팽배해 있던 관료주의와 부정부패, 그리고 형식주의와 권위주의에서 찾았다. 1955년 4월 전원회의에서 김일성은 이전에 외국에서 활동했던 지도일꾼들, 특히 소련계, 연안계의 출세주의적 경향을 비난하였다. 소련계와 연안계에 대한 전면적인 공격은 1955년에 이어 56년 초까지 이어졌다. 연안계 박일우와 소련계 박창옥, 박영빈, 기석복, 김열 등이 당중앙위원에서 제명되었다.40)

이런 상황에서 1956년 2월 소련공산당 제20차 전당대회가 열렸다. 후르시쵸프는 스탈린의 개인숭배는 물론 그의 강압적인 대외정책이 국제공산주의 운동의 분열을 야기시켰다고 비판하면서, 소련은 '사회주의로의 다양한 길'을 인정하며 폭력적인 전제정치를 하지 않겠다는 의지를 표명했다. 후르시쵸프의 연설은 대내외적으로 큰 반향을 불러 일으켰다. 동유럽 국가인 폴란드와 헝가리에서는 자유화 운동이 격렬하게 진행되었다. 국내적으로는 그동안의 당지도부의 조치에 대해 소련파와 연안파가 반전할 수 있는 기회를 제공하였다.

반대파들의 공개적인 도전은 소위 '8월 종파사건'으로 일컬어지는 1956년 8월 당중앙위원회 전원회의에서 이루어졌다. 연안파와 소련파가 주축이 되어 김일성을 당지도부에서 축출하고자 했으나 이들의 노력은 실패로 끝났다. 반대파의 행동은 '반당종파행위'로 규정되어 윤공흠, 서휘, 이필규는 출당되고 최창익, 박창옥에게는 당직이 박탈되는 조치가 내려졌다. 그러나 사태는 쉽게 마무리되지 않았다. 소련과 중국이 북한의 국내정치에 개입하였고, 김일성은 외세의 압력에 굴복하여 8월 전원회의의 결정을 번복하여 연안파와 소련파 일원들을 복당시키는 조치를 취하였다.

그러나 김일성은 국제정세의 변화 속에서 국면 전환의 기회를 맞이하였다. 1956년 10월에 헝가리 사태가 발생하여 국제 공산진영이 분열하기 시작했고 1957년부터 중소 갈등이 표면화되면서 이들 국가들이 북한 정치에 개입할 틈이 없는 사이에 김일성은 다시 반대파를 제거하기 시작했다. 이렇게 해서 북한은 1959년까지 전사회적으로 '반종파투쟁'을 단행하였고 결과적으로 김일성의 비판 세력을 일소시킬 수 있었다.

이와 같이 대대적인 반종파투쟁이 전개되기 전, 1956년의 국내외 정세는 북한의 지식인들에게 상당한 반향을 불러 일으켰다. 지식인들 사이에서 비판적인 의견이 개진되었다. 문화계에서는 도식주의 및 신격화에 대한 비판의 목소리가 제시되었고 작가들에게는 이전과 다른 자율성이 부여되는 것 같았다. 정치분야에서 공개적인 김일성 비판이 시도되었듯이, 학계에서도 비공개적으로 개인숭배가 나쁘다거나 노동당의 정책을 비판하는 경우가 생겨났다.

당 정책에 대한 비판적인 움직임은 특히 고등교육기관의 교수와 학생들, 그리고 해외유학생들 사이에서 시작되었다. 해외 유학생 중에서도 헝가리 유학생들은 가장 주목의 대상이 되었다. 자유화 운동의 산 체험자인 헝가리 유학생들은 졸업을 앞둔 110명의 학생을 제외하고 전쟁고아들을 포함한 약 1,200명의 학생이 1957년 1월에 모두 북한으로 소환되었다. 이 과정에서 학생 몇 명이 서독과 오스트리아로 도망을 쳤다. 평양역에서 헝가리 유학생 귀국 환영행사가 개최되었는데 일부 유학생들은 평양 학생들과 만나는 동안에 거만하게 보이며 고국으로 돌아온 것에 대한 불만을 시위로 표현하기도 했다.[41]

또한 헝가리 사태 이후에 특히 유학생들이 귀국한 후부터 대학과 기숙사의 공공장소에 선동적인 내용의 삐라가 나돌기 시작했다.[42] 북한당국은 귀국한 유학생들을 예의 주시하였고 일반 대학생들과 분리하여 별도로 정치교육을 실시하였다. 북한당국은 귀국 유학생들의 동향을 다음과 같이 전하고 있다.

> 귀국학생들은 현지적응과 정치교양사업을 위해 별도의 건물에 배치되어 교육을 받고 있다. 종합대학의 몇 몇 교수들이 이들에게 강의를

진행하였다. 학생들은 강의가 재미없으면 시끄럽게 소란을 피우거나 발을 구르거나 교수에게 대답하기 곤란한 질문을 던졌다. 대담이나 세미나에서는 북한정부가 헝가리 카다르정부의 경제지원을 거절한 것은 헝가리 국민들의 도움을 받지 않으려는 것과 마찬가지로써 이는 잘못되었다거나 유고의 티토 발언은 정당했다고 공개적으로 발언하였다. 북한에 대해서는 평양 주민 대부분이 걸어 다니고 있는데 일제시대의 세 바퀴 자동차를 만드는 공장을 건설할 것을 제안하면서 북한의 향후 중공업발전 정책을 반대하고 있다.43)

해외 유학생들의 심상치 않은 동향에 위기를 느낀 북한은 1957년 2월 두 그룹의 해외방문단을 구성하였다. 로동당중앙위원회 선전선동부 부장이 동행한 한 그룹은 폴란드, 동독, 체코, 소련의 교육기관을 방문하였고 외무성 고문의 한 사람이 이끈 다른 방문단은 헝가리, 루마니아, 불가리아, 중국을 방문하기로 하였다. 해외방문단의 실제 목적은 폴란드와 헝가리 사태 이후 학생들의 동향을 파악하고 검열하고자 한 것이었다.44) 소련에서는 방문단과의 대담에서 몇 몇 학생들이 공개적으로 8월 종파사건의 경위를 질문하고 개인숭배를 비판하는 발언을 하였다. 이 사건 이후 반김일성 운동을 주도한 상당수의 유학생들은 북한으로 잡혀가 숙청되었고 10명 정도의 학생이 소련의 도움으로 북한으로 소환되지 않고 남을 수 있었다.45)

<표 6> 1956년 8월 종파사건을 전후한 교육계의 동향과 사상검열 과정

연 도	교육계의 동향과 사상검열
1956.2.	제20차 소련공산당 전당대회: 흐루시쵸프가 스탈린의 대외정책을 비판하며 '사회주의에로의 다양한 길' 인정
1956.8.	8월 종파사건: 연안파와 소련파가 주축이 되어 김일성을 당지도부에서 축출하려 했으나 실패로 끝남 최창익, 윤공흠, 서휘, 이필규, 박창옥, 김승화 등이 당에서 제명, 숙청됨
1956.10.	헝가리, 폴란드의 자유화 운동
1957.1.	전쟁고아를 포함한 헝가리의 북한유학생 약 1,200명이 본국으로 소환됨 폴란드의 북한유학생의 소환(시기 불분명)

1957.2.	해외유학생 동향 파악을 목적으로 로동당중앙위원회 선전선동부 부장을 단장으로 소련·폴란드·동독·체코슬로바키아에 교육기관 방문단의 파견
	해외유학생 동향 파악을 목적으로 외무성 고문을 단장으로 중국·헝가리·루마니아·불가리아에 교육기관 방문단의 파견
1957년 여름	정치사상 검열을 목적으로 매년 여름방학에 해외로 파견된 북한유학생의 일시 본국 소환 교육이 이루어짐
1957년 3월부터	김일성종합대학을 비롯한 고등교육기관에서 반종파투쟁을 위한 당집회 개최
	김일성종합대학의 역사학부 학장 김정도, 마르크스·레닌주의 기초 강좌장 송군찬, 정치경제 강좌 교수 림해, 세계사 강좌 교수 김현수, 심방학 강좌 교수 이동식, 철학 강좌 교수 송택영, 그리고 이들에 동조한 학생들 약 100여 명이 사상검열에서 비판의 대상이 됨
1957년 2~8월	내각 교육문화성에서 반종파투쟁 전개
	교육문화성 간부 13명이 체포·억류되었고 이데올로기 분야에서 일한 약 50명이 다른 곳으로 이직됨
1957년 가을	북한 과학원에서 반종파투쟁 전개
	역사연구소장 겸 과학원 사회과학위원장 이청원을 비롯한 최익한, 김소령 등이 사상검열에서 비판의 대상이 됨
1957년	평안남도 한 도에서만 정치적 이유로 초·중등학교 교사 약 3,000명을 교체함
1958~ 1960년	1958년부터 사회주의국가에 해외유학생의 파견 숫자를 대폭 감축한 데 이어 1960년에는 일체 파견하지 않음

출처: 필자가 '러시아 대외정책문서보관소'의 자료를 정리한 것임.

이와 같이 해외유학생들 가운데서 제기되고 있는 불미스러운 사태는 유학생 정책의 변화를 초래하였다. 교육문화성 부상 장익환은 소련을 제외한 동유럽국가로 당분간 유학생을 파견하지 않는다는 결정을 채택하였으며, 유학생들이 고국 북한의 생활을 이해하게 할 목적으로 1957년부터 매년 여름방학 기간에 약 150명 정도로 구성된 유학생들을 북한으로 일시 소환하기로 결정하였다.46) 이런 정책의 변화는 이미 1957년 1월 김일성의 발언에 의해 예견된 것이었다.

"전쟁기간에 해외로 파견된 북한젊은이들은 당시 선발에 필요한 어떠한 조건도 없었다. 이제 해외로 파견할 학생의 숫자를 대폭 감축시키고 그들의 선발과정을 엄격히 해야 할 것이다. 향후 형제 나라에는 고등교육기관을 졸업한 필요한 수의 학생들만 그들의 지식을 완성시키기 위해 파견될 것이다."47)

이로써 동유럽 국가에는 유학생을 파견하지 않기로 하였고 소련에는 극히 적은 수만 파견하기로 하였다. 그러나 소련에만 유학생을 파견하기로 한 정책도 곧 시련을 맞게 된다. 1956년부터 1958년까지 진행된 모스크바 유학생들의 반김운동과 귀국을 거부한 일부 유학생들을 소련 정부가 북한으로 넘기지 않은 것을 문제 삼아 북한은 1959년에 19명만을 소련으로 파견하였고 1960년부터는 유학생을 아예 파견하지 않기로 하였다.48)

1956년 국내외 변화 과정에서 교육계와 학계에는 엄청난 변화가 수반되었다. 8월 종파사건 이후 각급 당단체별로 종파주의와 분파주의와의 투쟁을 전개하였다. 우선적으로 최고 교육행정기관인 교육문화성과 최고의 엘리트 양성기관인 종합대학을 중심으로 사상검토와 숙청 작업이 전개되었다. 헝가리 사태 이후 노동당 중앙위의 지시에 따라 당의 통일을 강화할 목적으로 1957년 3, 4월에 종합대학을 비롯한 다른 교육기관에서도 종파주의를 폭로하는 당집회를 대대적으로 진행하였다. 노동당 중앙위는 노동당과 내각의 주요 관료들 40명으로 그룹을 구성하였고, 이들을 교수와 학생들의 이데올로기 사업현황을 검열하도록 3개월간 교육기관에 파견하였다. 김일성대학에도 로동당중앙위 검열위원들이 파견되었다.49)

우선 종합대학의 당검열과정을 살펴보면, 종합대학 당 전체회의에서는 「종파주의의 해악과 그 후과」라는 보고가 있었고 종파주의자로 최창익, 박창옥, 김승화가 거론되었다. 이 회의에서는 이들 이외에 종합대학의 일부 교수들도 종파주의자로 거론되어 격렬한 비판을 받았다. 일부

교수들이 헝가리 사태 이후에 민주주의의 확대, 인민생활의 향상, 노동당의 개인숭배에 대한 비판을 슬로건으로 당의 통일을 분열시키고 있다. 이들은 북한 정세를 가르치기는커녕 교수들의 생활과 지위 향상을 지지하고 있다. 종합대학 내에서도 특히 사회과학 강좌 교수들이 오염되어 있다고 결론지었다.50) 비판을 받은 교수들의 사상검열 내용을 살펴보면 다음과 같다.

일본에서 고등교육을 받았고 모스크바국립대학에서 준박사학위를 받은 김정도 역사학부 학장은 20세기 조선 민족해방운동이 러시아 10월 혁명의 영향 하에서 일어났다는 것은 이론적으로 근거가 없는 주장이며, 뻬쩨르부르그의 봉기는 사실상 서울의 인민대중의 집회에 어떠한 영향도 끼칠 수 없었다고 발언하였다.51)

마르크스-레닌주의 기초 강좌장 송군찬은 소련에 대한 북한의 자주적 태도를 암시하면서 소련과 북한의 상호관계가 이제 끝장나고 있다고 학생들에게 진술하는가 하면, 노동당의 국내정책을 비판하면서 수상의 직위에 있던 최창익조차도 인민들의 삶을 편안하게 향상시키고자 했다고 발언하는가 하면 국제관계가 평화가 아닌 전쟁으로 가고 있는 것 같이 복잡하기 때문에 민족의 통일은 불가능하다고 발언하였다.52)

정치경제 강좌 교수 림해는 노동당의 경제정책이 노동자들의 이익을 옹호하는 것이 아니며 주민들은 굶주리고 있으며, 무식한 사람들이 이상하게 통치하고 있다는 발언을 하였다.53)

세계사강좌 교수 김현수는 유고슬라비아의 대내외 정책과 그 지도자들의 발언에 찬성을 표시했다. 또한 북한에는 학문에 있어서조차 자유가 없다는 것과 유사한 생각을 지지하고 있고 이 나라의 지도층은 무식한 사람들이며 지도층을 바꾸어야 할 때가 왔다고 말했다.54)

종합대학의 이러한 동향과 결과에 대해서 교육문화성 부상 장익환은 다음과 같이 말하고 있다. 이러한 교수들은 모두 종파주의자 최창익 편이며 그와 긴밀한 관계에 있었고, 이러한 발언들이 종합대학의 일부 학생들에게 해로운 영향을 끼쳤다. 이런 저런 형태로 상기의 교수들의 발언에 동조하며 지지를 표명하는 학생들의 숫자가 100여 명이 넘었다. 고등교육기관의 교수와 학생들은 물론 중등교육기관의 교원들 일부도 8월 전원회의 이후에 헝가리 사태와 관련하여 정치적 미숙과 이념적 해이를 드러냈다. 이에 따라 평안남도 한 도에서만 정치적 이유로 초·중등학교 교사 약 3,000명을 불가피하게 교체하였다.[55]

또한 로동당 중앙위 조국통일부 부장 김청한은 1957년에 있었던 교육문화성의 반종파투쟁 과정에 대해 다음과 같이 정리하고 있다.

> 교육문화성에서는 '노동당에서의 종파주의의 해악과 당 계급구성의 향상'이라는 의사일정으로 1957년 2월부터 8월까지 당회의를 진행하였다. 당회의의 결과 약 300명으로 구성된 교육문화성의 당원들의 이념적 수준이 낮은 것으로 판명되었다. 문필가, 배우, 평론가 및 교육문화성의 간부 일부가 노동당에는 민주주의가 없으며 인민들의 생활수준을 염려하지 않는다는 등의 발언을 하였다. 결과적으로 교육문화성에서 13명이 체포되고 억류되었으며 이데올로기 분야에서 일했던 약 50명이 다른 업무로 옮겨졌다.[56]

1952년 12월에 창립된 과학원에서도 종파주의에 대한 검열이 이루어졌다. 과학원 후보원사인 장주익에 의하면, 과학원에서는 1957년 가을에 12일 동안 당집회가 열렸다. 과학원 회원 중 김소령, 이청원, 최익한이 특히 비판을 받았다. 1945년 남한에서 공산당에 입당해 1948년 이후 월북한 김소령은 소련 제20차 당대회 이후 공개적으로 '우리의 경애하는 지도자 김일성'이라는 용어를 사용할 필요가 없다거나 인민들의 생활수준을 향상시켜야 한다고 말했다. 또한 노동당 중앙위 위원이자 역사연구소장 및 과학원 사회과학부문 위원장인 이청원과 그의 장인 최익한도 심하게 비판을 받았다. 현재 이청원은 역사연구소장직에서 직위 해제되어 교육과학출판사에 교정원의 하위직으로 일하고 있다.57) 일제 하 국내 사회주의 지식인의 인식을 전형적으로 대표했던 이청원에 대한 공개적인 비판과 숙청은 적지 않은 의미를 던져준다. 그는 종파주의에 관여했다는 정치적 이유로 비판을 받았지만, 보다 근본적으로는 이청원 계열의 반주류적 역사인식이 당 주류의 '주체'적 역사인식과의 갈등에서 패배하여 역사학계에서 배제되는 것을 의미했다.

이와 같이 1956년 8월 종파사건과 헝가리 사태 이후에 전개된 교육문화계의 사상검열과 숙청은 고등인력의 성격에 상당한 영향을 미쳤다. 교육문화성을 비롯한 일선 교육행정기관, 대학교, 연구소, 초중등교육기관 전반에 걸친 반종파투쟁의 전개는 교육계 어느 곳에서도 당정책에 대한 반대자, 심지어 상이한 의견조차도 제기될 수 없음을 의미했다. 비판을 받은 교수들은 헝가리 사태나 유고의 티토 발언에 대한 지지, 개인숭배 비판, 중공업 우선 정책에 대한 비판, 인민생활 향상에 대한 지지, 민주주의의 확대 등의 견해를 표명했다는 이유만으로 사상검열의 대상이 되었다. 로동당의 대내외 정책에 대한 이견은 당연히 검열의 대상이었고, 교수들의 지위 향상과 같은 학교 내 문제도 비판의 대상이 되었다. 로동당 정책에 대한 비판적 발언은 곧 사상검열과 숙청의 대상이 됨을 의미했다. 따라서 1956년 이후부터 대대적으로 전개된 반종파투쟁의 결과, 북한의 교육계와 학계는 로동당의 정책을 절대적으로 지지하는 지식인들을 배출하는 산실이 되었으며 이와 다른 의견이나 이론은 설 곳을 잃어 버렸다. 따라서 반종파투쟁 시기를 전후하여 고등인력 및 간부의 요건으로서 개개인의 전문성보다 당성과 정치사상성을 더욱 강조하게 된다.

5. 전후 북한사회의 재편과
   고등인력정책에 대한 평가

　북한은 1950년대의 격렬한 정치 갈등과 사회 변화 과정을 거치면서 주체사상 및 김일성 유일지배 체제의 기초를 마련하였다. 해방 후 소련 군정의 경험, 한국전쟁 및 전후 복구과정에서의 중·소의 결정적인 원조 등 북한사회는 외세 개입의 공간이 크게 확장되었고 일부 세력화로 발전하는 경향이 있었다. 북한사회의 전 영역에서는 교조주의적, 사대주의적 경향에 대한 비판이 제기될 정도로 소련을 비롯한 외세의 영향력이 확대되어 있었다.

　마찬가지로 북한의 사회문화 전반에는 소련과의 수직적 관계가 그대로 적용되고 있었다. 체제 유지와 이데올로기 재생산의 기능을 담당하는 교육 부문은 특히 소련의 영향이 지배적이었다. 주요 행정기관과 교육기관에는 소련계한인이나 소련고문들이 주요한 역할을 담당하고 있었다. 모든 교육체제와 내용은 소련을 모델로 개편되었다. 전문인력의 상당부분은 소련유학을 통해 양성되었고 그들을 통해 소련의 학문체계와 과학기술이 북한으로 전수되었다.

　이런 상황에서 '주체'의 문제는 교육·문화에 새로운 방향을 제시하였다. 주체 확립은 '맑스-레닌주의의 일반적 원리를 북한의 구체적 현실에 창조적으로 적용하는 문제'로 제시되었다. 소련의 지식과 경험을 '교조주의'적으로 모방하지 말고 북한의 구체적 조건, 민족적 특성에 맞게 창조적으로 적용할 것이 제시되었다.[58] 따라서 교육에서의 주체적 인식은 당시 풍미했던 소련식 모방에 대한 반성에서 시작되었다. 모든 과목에서 북한의 구체적 현실에 맑스-레닌주의가 창조적으로 적용되고 있는지, 소련이나 기타 외국의 교과서와 문헌들의 이용에 있어서 교조주의적으로 이식되는 점은 없는지를 검토하도록 하였다. 이에 따라 교과목과 교육내용의 전면적인 개편이 뒤따랐다.59)

또한 당지도부는 당·국가기구의 정통성을 김일성의 항일무장투쟁으로 확정하였다. 따라서 교육기관과 당교양기관에서는 '혁명전통'의 확립과 교양을 중시하였다. 정치교양사업에서 북한의 혁명역사, 즉 로동당사와 실제 당 사업경험을 중시하는 방향으로 교육이 이루어졌다. 교육기관에서는 기존의 맑스-레닌주의 관련 교과목 외에 '조국의 자유 독립과 민주 건설을 위한 조선로동당의 투쟁'이 필수과목으로 등장하였다.60)

북한의 고등인력 양성 정책은 국가건설과 경제발전의 요구에 따라 대학을 급속히 확장하고 전문가와 기술자를 대량으로 양성하는 방식으로 이루어졌다. 국가건설기(1945~1950)에는 일제가 파괴한 산업시설의 복구와 주민생활의 정상화, 또한 사회주의체제의 형성과 운영에 필요한 각 분야의 전문가와 기술자들을 양성하고자 했다. 한국전쟁과 전후복구 3개년계획기(1954~1956)에는 전후 인민경제 전반에 걸친 복구사업에 주력하고, 중공업을 우선하면서 경공업과 농업의 동시 발전을 목적으로 기반 산업의 구축에 주력했던 시기이다. 한국전쟁기간에는 해외로 유학생과 기술자를 파견하는 해외의존 고등인력 정책을 실시했다면, 3개년계획기에는 국내적으로 대학과 기술교육기관을 증설하면서 동시에 해외로 유학생, 기술자, 전쟁고아들을 파견하여 고등인력을 양성했던 시기이다. 사회주의 경제 성장기(1957~1960)에는 사회주의 경제의 공업기반 구축을 위해 중공업 발전에 박차를 가하는 시기로서 점증하는 전문기술인력의 요청에 따라 대학정원의 70%를 이공계열과 인민경제 분야의 인력을 양성하도록 하는 조치를 취하였다.

한편 소련의 제20차 당대회 및 그 여파로 인한 동유럽의 자유화 운동, 북한의 8월 종파사건 이후 사회 전반에서 전개된 반종파운동을 계기로 해외 기술원조에 의존하는 북한의 인력양성 정책은 큰 변화를 맞게 된다. 교육에서의 주체 확립은 북한 자체에서 고등인력을 양성하고 충원해야 할 필요성을 제기하였다. 이는 가장 먼저 해외 유학생 파견의 감축으로 나타났다. 1957년부터 유학생 파견 숫자를 대폭 감축했고, 1958년부터는 대학졸업자에 한하여 필요한 분야만 소수를 파견하기로 결정했고 1960년부터는 완전히 중단해 버렸다. 이러한 유학생 정책의 변화에는 일차적으로 반김일성 운동의 확산을 근절시키기 위한 조치의 일환에서 취해졌다고 할 수 있다. 동시에 1950년대 후반은 전후 복구가 완료되고 본격적인 산업화가 진행되면서 전쟁 직후와 같은 전문가, 기술자의 절대 부족에서 어느 정도 벗어났을 뿐만 아니라 해외유학자들이 대거 귀국할 시점이었다. 따라서 북한은 고등인력을 해외에 의존하기보다 북한 자체적으로 양성하는 정책으로 선회하게 된다.

유학생 수의 감축은 북한 자체의 지식과 기술로 향후 경제발전계획을 추진하고 달성하게 하는 계기로 작용하였다. 경제계획을 추진해 가는 과정에서 기술자와 전문가에 대한 수요가 급증하였고 이 문제는 1957년 8월에 고등교육기관을 증설하는 조치로 해결해 나갔다. 1957년에 20개였던 대학은 1960년에 78개로 급증하였다. 교육기관의 증설을 통한 대량의 전문가 양성계획은 경제계획의 성공적 완수를 위한 조치이면서 동시에 해외유학생의 감축에 따른 부족한 전문인력을 자체 충원하기 위한 조치였다. 그러나 이러한 고등교육기관의 증설을 통한 전문인력의 양성 계획은 양적 증가는 가져왔으나 지식과 기술 수준의 향상이라는 질적 심화로는 이어지지 않은 듯 하다.

1950년대 고등인력 정책의 중대한 변화로는 고등인력의 계급구성의 변화를 위해 '입학규정 개혁'을 단행한 점이다. 북한당국은 1956년의 정치적 위기와 이에 동조한 대학 내 불건전 세력은 교수 인력의 배치와 전문인력의 양성에 있어서 정치적 기반의 미비와 계급적 이익을 망각한 결과라고 판단했다. 따라서 학생들의 계급구성의 변화를 목적으로 대학의 '입학규정 개혁'을 단행하였다. 새로운 입학규정은 중등학교 졸업과 동시에 대학에 진학하는 학생들의 비율을 대폭 줄이고, 대신에 산업체나 농장, 또는 군에 복무하는 자를 소속 당위원회의 추천을 받아 대학에 우선적으로 입학시키도록 하는 내용을 골자로 하였다. 이 결과로 1958~1959학년도에 고등교육기관 총 입학자의 70%가 근로청년들로 구성되었다.61) 이와 같이 고등인력의 노동계급화를 도모하는 교육정책은 이후 북한의 고등인력정책의 특징으로 지속된다.

전후 고등인력의 재편에 결정적인 영향을 미친 것은 교육계와 학계에 대한 사상검열운동이라 할 수 있다. 일차적으로는 김일성 지도부의 정책에 대항했던 정치집단들, 즉 소련과 중국과 같은 외세와 일정한 연계를 맺고 있던 소련파와 연안파가 숙청의 대상이었다. 이어서 1957년부터 1959년까지 진행된 반종파투쟁 과정에서는 지식인의 상당수가 사상검열과 비판의 대상이 되었다.

여기서 문제가 되는 것은 반대파들에 대한 숙청과 주체의 확립이 동시에 진행되고 있는 점이다. 주체의 형성 과정에서 북한은 다양한 정치세력과 지식인들을 수렴하지 않고 당정책에 비판적인 지식인들을 모두 교조주의자, 종파주의자로 숙청하였다. 당지도부는 비판적 지식인들을 당의 통일을 저해하고 주체적이지 못한 종파주의자로 규정하였는데, 이는 주체의 의미를 지나치게 협소화하는 결과를 초래했다. 당정책과 다른 의견을 가진 지식인들은 모두 사상검토의 대상이 된 반면에, 당정책을 지지한 지식인들은 1960, 1970년대에 진행된 주체 확립의 과정에 동참할 수 있게 된 것이다. 결국 1950년대에 진행된 지식인들에 대한 사상검열은 교육에 있어서 대소 자주성을 확보하도록 하는 중요한 전환점이었던 동시에, 김일성 '유일지배체제'에 대항할 지식인, 전문가 집단의 형성 가능성을 근절시키는 계기로 작용했다. 동시에 전사회적 사상 검열과 숙청은 북한사회의 경직화와 전제적 권위주의 국가의 특성을 강화시키는 계기로 작용하였다.

※ 본 글은 신효숙, "북한사회의 변화와 고등인력의 양성과 재편," 『현대북한연구』 8권 2호 (경남대학교 북한대학원, 2005)에 게재되었던 논문임.

주_註

1) 북한의 『백과전서』(1982)에 의하면, '간부'는 '당의 기본핵심역량'을 의미하며, 당의 노선과 정책은 간부들을 통하여 당원들과 대중 속에 전달되며 그 관철을 위한 활동도 간부들에 의하여 조직되고 집행된다. 김광운, "북한 권력구조의 형성과 간부 충원" (한양대학교 박사학위논문, 1999), 9쪽.
2) 김남식 외, 『해방전후사의 인식』 5 (서울: 한길사, 1989), 332쪽.
3) 수정주의적 입장의 저서로는 브루스 커밍스, 『한국전쟁의 기원』 (서울: 일월서각, 1986).
4) 김광운, "북한 권력구조의 형성과 간부 충원," 6쪽.
5) 오천석, 『한국신교육사』 (서울: 현대교육총서출판사, 1964), 352쪽.
6) 이만규, 『조선교육사』 상권 (서울: 을유문화사, 1947), 367~369쪽.
7) 신효숙, "소련군정기 북한의 교육개혁,"『현대북한연구』 2권 1호 (서울: 경남대 북한대학원, 1999), 208~212쪽.
8) 신효숙, 『소련군정기 북한의 교육』 (서울: 교육과학사, 2003), 167~180쪽.
9) 이종석, 『새로 쓴 현대북한의 이해』 (서울: 역사비평사, 2000), 73쪽.
10) 『조선교육사』 3, 4, 5, 6권 (평양: 사회과학출판사) ; 서울에서 『북한교육사』 (서울: 교육과학사, 2000) 한 권으로 재발간, 237쪽.
11) 2003년 3월 6일, 최선옥 구술.
12) 백준기, "1950년대 북한의 권력갈등의 배경과 소련," 역사문제연구소편,『1950년대 남북한의 선택과 굴절』 (서울: 역사비평사, 1998), 454~455쪽.
13) АВПРФ(러시아대외정책 문서보관소), ф 0102, оп.13, п.7, д.6, л.48, л.62.
14) Там Же, оп.9, п.44, д.9, л.173.
15) Там Же, оп.11, п.60, д.79, л.9.
16) 김석형 구술·이향규 녹취,『나는 조선노동당원이오』 (서울: 선인, 2001), 397쪽.
17) 북조선인민위원회 사법국,『북조선법령집』 (평양, 1947), 226쪽.
18) 『조선교육사』, 308~309쪽.
19) 위의 책, 410~412쪽.
20) 위의 책, 402쪽.
21) 위의 책, 418쪽.
22) 김기석, "김일성종합대학의 창설에 관한 일 연구,"『교육이론』 제10권 제1호 (서울: 서울대학교, 1996), 230쪽.
23) 위의 글, 235~236쪽.
24) 신효숙, "해방후 북한 고등교육체계의 형성과 특징,"『북한연구학회보』 제2권 제2호 (서울: 북한연구학회, 1998), 207~209쪽.

25) АВПРФ, ф 0102, оп.4, п.8, д.10, лл.3~6 ;『김일성종합대학 10년사』 (평양: 김일성종합대학발행, 1956), 59~63쪽.
26) 『김일성종합대학 10년사』, 100·135~136쪽.
27) АВПРФ, ф 0102, оп.16, п.24, д.6, лл.97~99.
28) 북한의 유학생 정책은 남한과 비교하면 더 두드러진다. 미군정 당시 정부차원에서 1946년에 남한교육재건을 위한 미국유학 추진계획이 마련되지만 재원문제로 실시되지 못했다. 군정 말기에 유학을 떠났을 것으로 짐작되는 50년대 초반의 미국유학 인정자는 108명으로 기록되어 있다. 남한에서 1951년부터 1961년까지 단기연수, 시찰, 교환교육의 형태로 해외훈련을 받은 인원은 총 2,309명이다. 이와 별도로 장기간의 유학을 한 정식유학생의 규모는 다음과 같다.

남한의 해외유학생 인정자 통계(1951~1960)

연도	51	52	53	54	55	56	57	58	59	60	합계
유학생수	128	403	634	1,129	1,079	520	435	378	418	396	5,520
미국유학생수	108	364	576	1,041	963	429	359	299	350	312	4,801
미국유학생비	84.4	90.3	90.9	92.2	89.2	82.5	82.5	79.1	83.7	78.8	87(%)

1960년까지 남한의 해외유학생 총수는 5,520명이다. 전후복구를 위한 원조의 일환으로 1954년에서 55년에는 1천여 명을 상회하여 최고정점을 이루다가 1956년부터 급격히 감소하지만 1960년대 말까지 400~500명 선을 유지하고 있다. 유학생 중 미국유학자가 4,801명으로 전체 유학자의 87%를 차지하고 있다. 임대식, "1950년대 미국의 교육원조와 친미 엘리트의 형성,"『1950년대 남북한의 선택과 굴절』, 161~164쪽.
29) АВПРФ, ф 0102, оп.16, п.24, д.6, лл.16~17.
30) 조정아, "산업화 시기 북한의 노동교육" (서울대학교 박사학위논문, 2003), 52쪽 재인용.
31) АВПРФ, ф 0102, оп.9, п.44, д.4, л.3, лл.15~26.
32) Там Же, лл.27~34.
33) Там Же, оп.10, п.52, д.9, л.59.; Там Же, оп.10, п.52, д.8, л.103.

34) Там Же, оп.12, п.68, д.5, л.146.
35) Там Же, оп.10, п.52, д.9, л.78.
36) 『김일성종합대학 10년사』, 126쪽.
37) Там Же, оп.10, п.59, д.57, лл.6~7.
38) 리재천, "기술 교육 사업에서의 형식주의와 교조주의를 퇴치하자," 『근로자』 1956년 제12호 ; 조정아, "산업화 시기 북한의 노동교육," 53쪽 재인용.
39) 백준기, "1950년대 북한의 권력갈등의 배경과 소련," 457~469쪽.
40) 조선노동당 중앙위원회, 『결정집』(1956), 49~58쪽.
41) Там Же, оп.13, п.7, д.6, лл.43~45, л.78.
42) Там Же, оп.13, п.74, д44, лл.2~8.
43) Там Же, оп.13, п.7, д.6, лл.82~83.
44) Там Же, оп.13, п.7, д.6, лл.105~106.
45) 2003년 3월 6일, 최선옥 구술. 최선옥은 북조선왕조성립비사의 저자인 임은(본명 허진)의 아내로써 두 사람은 한국전쟁 초기 소련유학생으로 선발되었다. 1957년 2월 소련방문단과 유학생의 대담에서 허진은 공개적 비판 발언으로 북한으로 소환될 위기를 가까스로 모면하고 최선옥과 함께 소련에 남았다.
46) Там Же, оп.13, п.7, д.6, л.201.
47) Там Же, оп.13, п.7, д.6, л.109.
48) Там Же, оп.16, п.86, д.15, л.4.
49) Там Же, оп.13, п.7 д.6, лл.194~197.
50) Там Же, оп.13, п.74, д.44 л.7.
51) Там Же, оп.13, п.7, д.6, лл.160~161, л.198.
52) Там Же, лл.196~199.
53) Там Же, лл.196~199.
54) Там Же, лл.196~199.
55) Там Же, лл.198~199.
56) Там Же, лл.280~281. 체포된 사람 중 문화성 부상은 종파주의자와 관련이 있었다. "예술" 편집에서 일한 한 사람은 김구의 전개인비서로서 남한의 스파이와 관련되어 있었다.
57) Там Же, л.333, лл.348~349.
58) 김일성, "사상사업에서 교조주의와 형식주의를 퇴치하고 주체를 확립한데 대하여"(1955.12.28).
59) 신효숙, "북한 교육의 발전과정에 대한 논의-사회주의 교육에서 주체교육으로-,"『북한연구학회보』제5권 제1호 (서울: 북한연구학회, 2001), 61~63쪽.

60) 조선노동당 중앙위원회, 『결정집』, 112~114쪽.
61) Там Же, л. 201.: Там Же, оп.19, п.34, д.32, л.33.

<참고문헌>

1. 북한문헌

김일성, "사상사업에서 교조주의와 형식주의를 퇴치하고 주체를 확립한데 대하여" (1955.12.28).
김일성종합대학 편,『김일성종합대학 10년사』(평양: 김일성종합대학발행, 1956).
북조선인민위원회 사법국,『북조선법령집』(평양, 1947).
조선노동당 중앙위원회,『결정집』, 1956.

2. 남한문헌

『조선교육사』3, 4, 5, 6권 (평양: 사회과학출판사) ; 김동규, 김형찬 편집,『북한교육사』(서울: 교육과학사, 2000) 한 권으로 재발간.
김광운, "북한 권력구조의 형성과 간부 충원" (한양대학교 박사학위논문, 1999).
김기석, "김일성종합대학의 창설에 관한 일 연구,"『교육이론』제10권 제1호 (서울: 서울대학교, 1996).
김남식 외,『해방전후사의 인식』5 (서울: 한길사, 1989).
김석형 구술·이향규 녹취,『나는 조선노동당원이오』(서울: 선인, 2001).
김선호, "고등교육," 김형찬편,『북한의 교육』(서울: 을유문화사, 1990).
백준기, "1950년대 북한의 권력갈등의 배경과 소련," 역사문제연구소편,『1950년대 남북한의 선택과 굴절』(서울: 역사비평사, 1998).
브루스 커밍스,『한국전쟁의 기원』(서울: 일월서각, 1986).
신효숙,『소련군정기 북한의 교육』(서울: 교육과학사, 2003).
＿＿＿, "북한 교육의 발전과정에 대한 논의－사회주의 교육에서 주체교육으로－,"『북한연구학회보』제5권 제1호 (서울: 북한연구학회, 2001).
＿＿＿, "소련군정기 북한의 교육개혁,"『현대북한연구』2권 1호 (서울: 경남대북한대학원, 1999).
＿＿＿, "해방후 북한 고등교육체계의 형성과 특징,"『북한연구학회보』제2권 제2호 (서울: 북한연구학회, 1998).
오천석,『한국신교육사』(서울: 현대교육총서출판사, 1964).
이만규,『조선교육사』상권 (서울: 을유문화사, 1947).
이종석,『새로 쓴 현대북한의 이해』(서울: 역사비평사, 2000).
임대식, "1950년대 미국의 교육원조와 친미 엘리트의 형성,"『1950년대 남북한의 선택과 굴절』(서울: 역사비평사, 1998).
조정아, "산업화 시기 북한의 노동교육" (서울대학교 박사학위논문, 2003).

3. 외국문헌

В.А.Белов,『Подготовка Кадров Для Зарубежных Стран В Советских ВУЗах 소련고등교육기관에서의 외국 유학생의 교육』(Калининград, 2003).
2003년 3월 6일, 최선옥 구술.
Архив Внешней Политики Российской Федераций
(러시아대외정책문서보관소, АВПРФ로 약칭)
    ф.0102, Референтур по Корее Первого Дальневосточного отдела
      (제1극동부서의 한국 보고서)

종합기술교육의 도입과 현 실태
: '전면적으로 발달된 인간의 형성'

조 정 아

1. 서 론

　일반적으로 교육은 실생활과는 구분되는 모종의 지식 체계나 세계를 보는 안목을 가르치고 배우는 것이며, 학습주체로서의 학생은 노동의 주체로서의 성인과 다른 존재로 인식된다. 그러나 북한을 비롯한 사회주의 국가에서 교육은 생활세계와 긴밀하게 연관되며, 배움의 세계와 일의 세계는 보다 중첩적이다. 사회주의 교육에서 학습과 노동, 정신노동과 육체노동, 학교와 직장 간의 경계가 우리보다 다소 모호한 것은 사회주의 국가에서 교육의 원칙으로 받아들여지고 있는 종합기술교육(Polytechnic Education) 이론의 영향이라고 볼 수 있다. 북한의 교육도 마찬가지로 기본적으로 종합기술교육 이론에 그 이론적 뿌리를 두고 있다.
　북한에서는 해방 이후 소련과의 교육문화교류를 통하여 종합기술교육의 이론과 제도를 도입하였고, 산업화시기에 노동인력 양성의 필요성 속에서 교육의 기본 원칙으로 정착시켰다. 북한에서는 종합기술교육이라는 용어 대신에 '교육과 실천의 결합', '교육과 노동의 결합'이라는 말을 사용하고 있다. 교육과 실천을 결합한다는 것은 교육을 실천상의 요구와 밀착시킴으로써 학생들을 실생활에 필요한 지식뿐만 아니라 제 분야에서의 실천적 능력을 겸비하도록 교육하는 것을 의미한다. 교육과 실천을 결합하는 데 있어서 두 가지 요소가 강조되고 있다.[1] 첫째, 학생들에게 가르치는 이론과 지식이 실천활동에 도움이 되도록 하여야 한다는 점이다. 둘째, 학생들을 생산노동과 사회정치활동에 참가시키는 등 교육과정을 현실과 결부시켜야 한다는 점이다. 북한에서는 정신노동을 기본으로 하는 교육은 자연을 변혁하기 위한 생산노동과 결합됨으로써 완결성을 획득할 수 있다고 본다. 특히 생산실습은 교육과 생산노동, 이론과 실천을 밀접히 결합시키는 주요한 방법으로 학교에서 배운 지식을 공고히 다지며 그 활용능력을 키우는 주요한 교육방법으로 여겨지고 있다.[2] 이는 특정한 분야의 직업기능을 훈련시키는 것과는 구분되는 것으로, 일반교육을 통해 형성되는 이론적 기초와 광범위한 안목을 갖추는 것을 포함한다. 이러한 종합기술교육의 원리를 교육법에서는 다음과 같이 명시하고 있다.

> 제4조 교육과 실천을 결합시키는 것은 쓸모 있는 지식과 실천 능력을 겸비한 인재를 키우기 위한 필수적 요구이다. 국가는 교육사업을 발전하는 현실의 요구와 인민의 리익에 맞게 하며 교육을 실천활동과 밀접히 결합하도록 한다.
> 제29조 교육기관은 학생에게 건전한 사상과 도덕, 깊은 지식을 주고 그들이 튼튼한 체력과 풍만한 정서를 지닐 수 있게 정치사상교육을 앞세우면서 과학기술교육을 깊이 있게 하고 체육, 예능 교육을 결합시켜야 한다.

이 글에서는 1950년대 후반에서 1960년대 초반에 이르는 초기 산업화시기를 중심으로 종합기술교육이 어떠한 사회적 조건 속에서 북한 교육에 전면적으로 도입되었으며, 그 결과 북한의 교육은 어떠한 특징을 지니게 되었는지를 밝히고자 한다. 이는 또한 북한에서 종합기술교육을 통하여 어떠한 인간을 기르고자 시도하는지에 대한 탐색이기도 하다. 종합기술교육에 관한 연구에서 특히 산업화시기에 주목하는 것은, 종합기술교육의 도입에는 맑스가 주장하였던 정신교육, 기술교육, 신체교육의 결합이라는 사회주의 교육의 이념적 지향뿐만 아니라, 산업화의 추진에 필요한 기술인력의 양성이라는 사회적 필요성이 강력하게 작용하였기 때문이다. 맑스에 의해 추상적인 수준에서 제시되었던 종합기술교육 이론은 소련에서의 다양한 실험을 거쳐 정형화된 형태로 북한에 도입되었으며, 산업화의 추진이라는 사회적 과제와 결부되어 교육에 전면적으로 적용되었다. 산업화라는 사회경제적 과제와, 교육 제도와 과정에 있어서 소련의 영향이라는 역사적 요소로 인하여 북한의 종합기술교육은 특정한 모습으로 형성되었다. 이 글에서는 북한에서 종합기술교육이 도입된 사회경제적 조건을 살펴보고, 그러한 맥락하에서 전개된 종합기술교육의 교육 과정, 교육 내용과 방법의 특성을 탐구한다. 또한 초기 단계와는 다른 방향으로 전개된 북한식 종합기술교육의 현 실태를 살펴본다.

이 연구는 북한에서 생산된 일차자료를 중심으로 하는 문헌분석 방법을 사용하였다. 기초연구가 일천하고 현지사례연구가 불가능한 상황 속에서 북한에서 생산된 일차적 자료에 의존할 수 밖에 없다는 점은 북한 연구의 근본적인 제약을 초래한다. 이 연구도 기본적으로 북한에서 생산된 일차자료에 의존하므로 자료가 지니는 한계를 안고 출발할 수 밖에 없다. 따라서 자료에 표현되어 있는 특정 쟁점을 둘러싼 다양한 의견이나 교육의 문제점에 대한 언급을 재구성함으로써 공식적으로 의도되는 교육과정과 함께 실지로 실현된 교육의 모습을 유추해보고자 한다. 이 연구에서는 다음과 같은 일차자료를 활용하였다. 『교육학』, 『사회주의교수방법론』 등 북한 사범대학의 교육학 교재와 교사용 수업지침서인 『교수요강』은 교육 목표와 교육 내용, 방법, 교육과정안 등을 수록하고 있어, 교육과정 운영에 관한 기초적인 정보와 함께 학교교육을 통하여 어떠한 인간을 형성하고자 하였는지를 파악하는 데 활용하였다. ≪교원신문≫, 『기술교육』 등의 교육 관련 신문과 정기간행물은 교사와 교육전문가를 대상으로 발행되는 것으로, 이를 통해서 교육계의 주요 사건과 쟁점, 논의의 흐름을 살펴보았다. 또한 종합기술교육의 현재 모습, 특히 공식적 담론과는 달리 전개된 교육의 실제 모습을 교사생활을 하거나 중등학교를 졸업한 북한이탈주민의 통하여 살펴보았다.

2. 종합기술교육 이론과 소련에서의 적용

북한의 종합기술교육에 대하여 살펴보기 이전에 사회주의 교육 이론으로서 종합기술교육의 기본 원리와 종합기술교육이 사회주의 혁명 이후 소련에서 실제로 어떠한 모습으로 구현되었는지를 살펴본다. 이는 북한에 도입된 종합기술교육이 맑스(K. Marx)의 교육이론에 토대한 것이기보다는 소련에서 일련의 논쟁 과정을 거쳐 정착된 '스탈린 시대의 교육'을 원형으로 한 것이기 때문이다.

사회주의 교육의 이론적 원천은 맑스로 거슬러 올라간다. 맑스는 사회주의 사회로 이행하는 과정에서 교육이 갖추어야 하는 교육 목표와 내용, 형식에 관한 세부적인 언급은 하지 않았으나, 육체노동과 정신노동 간의 차별을 극복할 필요성, 학습과 생산노동의 결합의 중요성, 모든 사람들에 대한 높은 수준의 일반교육과 직업훈련의 중요성을 지적하였다. 그가 교육에 관하여 제공했던 아이디어는 '전면적으로 발달된 인간'과 이를 구현하기 위한 교육인 '종합기술교육'으로 집약된다.

맑스는 자본주의 초기의 직업훈련에서 노동계급 자녀들을 위한 일반교육의 도입이라는 가능성을 발견하였다. 맑스는 사회주의 사회에서 교육은 "일정 연령 이상의 모든 아동을 위해 생산적 노동을 학업 및 체육에 결합시키는 것으로, 그것은 사회적 생산을 증대시키기 위한 한 방법일 뿐만 아니라, 전면적으로 발달한 인간을 육성하는 유일한 방법"이라고 보았다.3) '전면적으로 발달된 인간'을 양성하는 데 있어 핵심적인 것은 "한 가지 일에 소외된 형태로 종사하는 분업의 결함을 보완하여 노동자들로 하여금 자신의 업무에 대한 확고한 지식을 체득케 하는" 것이다.4) 종합기술교육은 협소한 전문분야에서의 직업기술의 획득을 의미하는 것이 아니라 전 산업부문에 공통적으로 적용되는 기초적 기술과 이를 이론적으로 뒷받침할 수 있는 자연과학을 비롯한 학문적 지식의 획득을 포함하는 것이다. 이러한 폭넓은 기초 지식과 기술 교육의 필요성은 근대 산업 체계의 특성으로부터 발생한다. 한편으로는 생산과정의 끊임없는 변화에 따른 생산기술의 지속적 변화와, 다른 한편으로는 언제라도 대체될 수 있는 비숙련 산업예비군 풀의 존재라는 산업 환경은 편협한 전문가나 비숙련 노동자가 아닌 폭넓은 일반교육과 다면적 직업기술, 생산과정에 대한 이해를 갖춘 노동력을 필요로 한다는 것이다.

맑스의 종합기술교육의 아이디어는 이후 사회주의 교육의 기본적 지향점이 되었다. 사회주의 소련에서 이를 실제적으로 적용해나가면서 이론의 해석을 둘러싸고 몇 가지 다른 해답이 제공되었다. 사회주의 사회 건설을 위한 교육의 정치사회적 역할을 전제로 한 가운데 소련의 교육자들 속에서는 종합기술교육에 관한 서로 다른 해석과 논의, 다양한 실천이 이루어졌다.

그 중에는 종합기술교육의 목적을 개인의 교양을 의미하는 것으로 해석하는 집단이 있었다. 이들은 혁명 후 소련교육은 협소한 전문 교육과 조기 직업선택을 피해 보다 광범위한 일반교육을 제공해야 한다고 보았다. 이는 직업교육과는 질적으로 구분되는 것으로, 교양교육(general education) 위주의 전통적인 문법학교의 전통에 실질적 기술과 산업생산에 관한 학습을 포함시키고, 사회 모든 계층의 자녀들에게 입학의 기회를 제공하는 것을 의미하였다.5)

맑스의 유산에 대한 또 다른 해석이 1920년대 소련 교육 분야에서 담론과 실천을 주도하였다. 사회주의 건설의 수행과 개인의 성장 추구라는 두 가지 가치를 동시에 추구하는 이상주의적이고 '낭만적'인 시도가 행해졌다.6) 1910년대 말부터 1920년대까지 복합적 교육과정, 프로젝트학습법, 달턴 플랜을 포함하여 미국의 진보주의 교육사조의 영향을 반영하고 있는 다양한 교육과정과 교육방법에 대한 실험이 행해졌다. 이들은 시험, 숙제, 체벌 등의 폐지를 주장하였으며, 단순암기와 3R7) 연습도 부적합하다고 보았다. 과거의 전통적인 '책으로만 배우는 학교'를 거부하고 아동의 경험과 흥미에 기반한 학습방법을 채택할 것을 주장했다. 이러한 입장을 대표할 수 있는 교육가는 샤츠키, 크룹스카야이다. 특히 레닌의 부인인 크룹스카야는 1920년대에 이르기까지 소련의 교육 정책에 가장 큰 영향을 미쳤다. 1917년 10월 혁명 이후 크룹스카야의 지도로 국가교육위원회가 구성되었다. 이후 2년간 교육에 관한 일련의 포고가 인민위원회 명의로 공표되었다. 이중에는 사립학교의 국가 접수, 무상·의무교육 실시, 남녀 공학, 등급매기기와 시험 철폐, 체벌과 강제숙제 금지 등의 급진적인 조치가 포함되었다. 1918년 10월에 공표된 포고 중 '학교 노동에 관한 원칙' 조항에서는 생산노동과 교육의 결합을 명시하였다. 크룹스카야에게 있어 교육과 노동의 결합은 "아동이 집에서 하는 노동을 뜻있고 흥미있게 하며 그들의 관찰력을 일깨워 준다는 것"8)을 의미하였다. 그는 노동을 본래의 목적대로 활용한다면 아동의 정신적 발달을 촉진하는 강력한 지렛대가 될 수 있다고 보았다. 그러기 위해서는 다음과 같은 조건을 충족하여야 한다. 첫째, 노동은 아동의 흥미를 끌어야 한다. 둘째, 아동이 습득한 지식과 기능을 적용하는 것이고, 육체적일 뿐 아니라 정신적이어야 한다. 셋째, 아동은 자기 노동의 결과와 그러한 노동에 자신이 유용하다는 것을 알아야 한다. 넷째, 아동노동은 학교 내에서만이 아니라 학교 밖에서도 적용되어야 한다. 이는 일의 분야에서 사람들과 전면적으로 관계를 맺고 현실을 관찰하고 삶을 배우고 어릴 적부터 이미 사회의 유용한 구성원이라는 자각을 갖게 하기 때문이다.9) 크룹스카야는 학교의 조직과 운영에 학생들이 능동적으로 참여하는 것을 생산과정을 조직하고 통제할 수 있는 노동자들을 교육하는 필수적인 첫걸음으로 생각하였다.

　맑스의 종합기술교육 이론을 이와는 달리 해석한 또 다른 부류가 존재하였다. 맑스는 현대 산업의 특성상 한 가지 종류의 기술은 생산과정의 변화에 따라 폐기되기 쉽기 때문에 모든 생산과정의 기본적 원리와 전 산업부문의 생산에 가장 기초적인 도구를 활용할 수 있는 기술을 교육해야 한다는 점을 언급하였다. 산업기술의 다양성에 대한 맑스의 강조점에 주목하여 교육의 기술적·산업지향적 성격을 강조하는 경향이 나타났다. 이는 학교에서 무엇보다도 공장의 환경과 연결된 기술지향적인 것을 교육해야 하며, 그를 위해 모든 계급의 아동들에게 직업중등교육을 실시할 것을 주장하는 것이었다. 이는 사회주의 교육의 방향을 맑스의 가르침뿐만 아니라 소련의 경제적 이해관계로부터 구하는 것이기도 했다. 이러한 관점의 교육론에서는 개인의 인성 추구를 사회의 요구에 복종시켰다.

　1921년 3월부터 실시된 신경제정책(New Economic Policy) 시기에 경제 성장을 위한 기술자와 전문가의 급속한 양성이 필요했다. 이에 따라 이전 시기에 상대적으로 경시되었던 직업교육의 중요성이 신경제정책

하에서 강조되었다. 4년간의 보통교육을 마친 청년들을 위한 다양한 기술 및 실업고등학교가 설립되었고, 1921년에 공장견습공 학교(Factory School for Apprentices)가 설립되어 공장 내에서 직업훈련이 전격적으로 실시되었다. 1920년대 중반에는 새로운 교육의 방향을 둘러싸고 논쟁이 가열화되었다.

1928년부터의 5개년계획기에 추진된 본격적인 산업화와 레닌의 사망, 스탈린의 집권 등의 정치적 격변 속에서 이전 시기의 다양한 교육적 실험은 결실을 맺지 못한 채 순종을 위한 훈련, 기간요원 양성과 산업발전을 위한 대중교육이 강조되기 시작했다. 스탈린 체제 하에서 산업화의 필요를 반영하는 좁은 의미의 종합기술교육은 엄격한 형식과 규율을 강조하는 마카렌코의 관점과 일치점을 찾게 된다.10) 마카렌코에게 있어 교육의 목적은 개인의 관점, 이상, 신념, 욕구, 행동들이 완전히 집단과 조화를 이루는 상태로 이끄는 것이었다. 공장에서 진행되는 산업노동을 학교에서 훈련하는 것은 그러한 교육의 목적을 달성하기 위한 주요한 수단이 되었다. 마카렌코는 '노동을 통한 교육'의 두 가지 교육 목표를 다양한 산업 부문에 적용할 수 있는 기술의 성장과 사회주의 의식의 배양이라고 보았다. 즉, 마카렌코의 교육 이론과 실천의 두 가지 핵심은 노동을 매개로 한 교육과 실생활의 긴밀한 연계와, 사회주의 사회 건설의 주체인 '새로운 소비에트 인간'을 양성하기 위한 엄격한 집단주의 규율이었다.11)

1931년에는 프로젝트학습법이 금지되고 학교의 규율이 강화되었으며, 1932년에는 '책으로만 배우는 학교'가 부활됨으로써 혁명초기에 주류를 이루었던 크룹스카야 식의 종합기술교육이 후퇴하였다. 1930년대의 소련 교육은 한편으로는 마카렌코 교육 이론에서 강조되는 강력한 집단주의 규율을 강화하는 방향으로 변화하였으나, 한편으로는 또 하나의 핵심적 개념이었던 '노동을 통한 교육'이라는 교육 이념이 지향하는 바와는 반대의 방향으로 변화되었다. 학교의 교육과정은 실제 생활과는 동떨어진 혁명 이전의 학문중심적인 교육과정으로 복귀되었으며, 지식교육과 기술교육 및 노동은 분리되는 경향을 띠었다. 이러한 경향은 1950년대 후반 후르시초프 시기에 '노동을 통한 교육'이 재등장하기까지 지속된다. 해방 후 북한에 도입된 종합기술교육은 교육과정의 성격과 규율 등의 측면에서 스탈린시기의 교육의 특성을 지니는 것이었다.

3. 북한의 산업화와 종합기술교육의 전개 과정

종합기술교육을 중심으로 하는 사회주의교육이론은 해방 후 소련으로부터 사회주의 교육제도, 정책과 함께 도입되었다. 해방 이후부터 북한에서는 소련을 비롯한 사회주의 국가들과의 교육 문화적 교류를 통해 종합기술교육 이론과 제도, 교육방법을 도입하였다. 해방 이후 '민주개혁' 시기부터 북한의 교육 정책을 입안하였던 소련계 한인교육자들과 조소문화협회 등이 주관한 소련과의 문화교류 및 번역 출판 사업을 통하여 소련의 교육학자인 마카렌코의 교육이론이 도입되었다. 노동을 매개로 한 교육과 실생활과의 긴밀한 연계와, 사회주의 사회 건설의 주체인 '새로운 소비에트 인간'을 양성하기 위한 엄격한 집단주의 규율은 마카렌코의 교육 이론의 두 가지 핵심이었으며, 이는 북한에서 전개된 종합기술교육에도 동일하게 적용되었다.

종합기술교육이론이 학제와 교육내용에 보다 본격적으로 적용되기 시작한 것은 초기 산업화 단계인 제1차 5개년 계획기이다. 북한에서 본격적인 산업화는 제1차 5개년 계획기인 1957년부터 1960년까지의 '공업화의 토대구축' 단계와 이후 제1차 7개년 계획기인 '전면적 공업화'

단계의 두 단계로 진행되었다. 5개년 계획기에는 단기간에 대량의 산업노동력이 창출되어 산업인력구성이 고도화되었으며, 중공업 중심의 고성장 기조가 지속되었다. 5개년 계획은 연평균 공업생산 증가율이 36.6%에 달하는 괄목할만한 성과를 거두면서 1959년에 조기 종료되었다. 이어 1961년부터 중공업 중심의 자립적 공업체계를 확립하고 경공업과 농업을 균형있게 발전시키는 것을 목표로 하는 제1차 7개년 계획이 시작되었다.

초기 산업화는 매우 급속한 속도로 이루어졌으며, 이에 따라 산업노동력 수요도 급격히 증가하였다. 전후부터 1960년까지의 7년 동안 산업노동자수는 2.5배로 증가하였다. 이 기간의 연평균 노동자 증가율은 14.2%로 상당히 높았다.12) 농업협동화가 완료되기 이전까지 산업노동력은 주로 농촌에서 공급되었다.13) 1958년에 농업협동화가 완료되어 농촌에서는 더 이상 노동력을 방출하기 어려워졌다. 농민을 대체하여 공장 노동자로 충원된 집단은 여성과 노동자의 부양가족, 각급 학교 졸업생 등이었다. 집단별 신규 노동력 유입 현황의 변화를 보면, 1954년 대비 1957년의 신규노동력은 농어민 출신이 0.08배로 급격히 감소한 데 비하여 각급학교 졸업생이 3.48배, 노동자의 부양가족이 1.64배로 증가하였다. 특히 중등학교를 비롯한 각급 학교의 졸업생들은 비교적 높은 기술 수준이 요구되는 기계 부문과 경노동 부문 기업소에 집중적으로 배치되었다14). 5개년 계획기에 들어 "새 과학 지식과 선진 기술"을 보유한 중등학교 졸업생들은 주요한 노동력의 원천으로 대두되었다.

전체 산업노동자 수와 함께 일정한 기술력을 갖춘 기술인력도 지속적으로 증가하였으나 기술인력의 증가율은 그 수요의 증가율을 앞지르지 못하였다. 1960년 주요 경제 부문에서 기술자 확보 비율은 수요의 35.4%에 불과하였다.15) 더군다나 전후복구 사업이 종료되고 본격적인 산업화가 시작되면서 전후복구기 동안 기술인력 양성의 주요 원천이었던 소련 등의 사회주의 진영의 기술 원조가 급격히 감소되었다. 외국의 기술원조에 의존하여 왔던 기술인력 양성 방식은 국내의 교육기관과 산업 현장에서 자체적으로 기술인력을 양성하는 방식으로 그 중심이 이동하였다. 산업화에 필요한 기술인력을 체계적으로 양성하는 일은 학교교육의 중요한 과제로 대두되었다. 중등교육 학제 및 교육과정의 개정과 종합기술교육의 원리에 입각한 교육의 전면적 실시는 산업기술인력의 체계적 양성이라는 사회경제적 과제에 대한 교육적 해결책으로서 제시된 것이었다.

1950년대 후반에는 교육과 노동을 결합시키는 방향에서 사회주의 국가들의 교육 제도와 교육 방법을 검토하고 도입하였다. 1957년과 1958년에 교육성 부상을 포함한 교육관료들이 조선교육견학단을 조직하여 중국과 소련의 교육기관을 시찰하였다. 1958년 11월에 발표된 소련의 교육개혁에 관한 테제는 한달 후에 조선노동당 중앙위원회 기관지인 『근로자』를 통해 소개되었다. 이 시기 ≪교원신문≫에는 소련과 중국, 동구권 사회주의 국가들의 교육 제도와 현황이 빈번히 소개되었고, 특히 생산기술 교육에 관한 기사가 집중적으로 게재되었다. 마카렌코가 체르친스키 공동체16)에서 개발한 교육방법은 교육과 생산을 결합한 모범 사례로 선전되었다.

이러한 일련의 노력은 소련보다 일년 늦게 이루어진 1959년 10월의 학제 개정을 통하여 결실을 맺게 된다. 제1차 5개년계획이 종료되고 다음에 이어질 제1차 7개년계획을 준비하는 '완충기'에 진입하는 시점에서 새로운 노동력의 원천인 중등학교 학생들에게 "현실과 유리된 추상적 지식"이 아닌 "로동과 현대적 생산 속에서 검열, 공고화 된" 기술교육을 제공하려는 목적으로 학제 개정이 단행되었다. 학제 개정의 기본 방향은 교육 내용과 방법 면에서 교육과 노동의 결합을 강화하고 교육제도 측면에서 기술교육기관을 강화하는 것이라는 점에서 종합기술교육을 전면적으로 도입한 것이었으며, 이는 소련의 학제 개정의 방향과 일치하는 것이었다.17) 개정 이전의 학제는 4년제 인민학교, 3년제 초급중학교, 3년제 고급중학교의 보통교육체계와, 초급중학교 졸업생이 입학하는 3년제 전문학교로 이루어지는 별도의 기술교육체계로 구성되었다. 즉 후기 중등교육 단계인 고급중학교와 전문학교에서 실질적인 계열의 분리가 이루어졌다. 학제 개정으로 인문계열의 중등교육기관인 고급중학교가 폐지되고, 초급중학교 졸업생이 입학하는 2년제 기술학교와 기술학교 졸업생이 입학하는 2년제 고등기술학교가 신설되었다. 상급학교 진학을 염두에 둔 고급중학교와는 달리, 기술학교에서는 졸업 후 진출할 분야에서 필요한 직업기술을 한 가지 이상 익히도록 하는 것이 교육의 중심이 되어야 한다는 점이 강조되었다. 1959년의 학제개정의 결과, 해방 이후 후기 중등교육 수준에서 유지되어오던 계열의 분리가 폐지되었으며, 계열 통합은 기술교육을 강화하는 방향으로 이루어졌다.

4. 교육과정의 특성

종합기술교육의 실현이라는 원칙은 산업화 시기 학제 개정 뿐만 아니라 교육과정의 변화에도 반영되었다. 한국전쟁 이후 1960년대 초반까지 수차례에 걸친 교육과정 개정으로 중등학교 교육과정은 전체적으로 산업화가 요구하는 기술교육을 강화하는 방향으로 변화하였다.18) 북한에서는 해방 후 초기 교육개혁 시기에 소련의 교육과정을 전범으로 삼아 식민지의 저급한 실용교육, 군사교육 중심의 교육과정을 교과중심 교육과정으로 대체하는 교육과정 개정을 실시하였다. 1946년에 발표된 임시교육과정과 1949년 교육과정 개정의 초점은 식민지 교육으로부터의 단절과 사회주의 교육과정의 도입이었다. 한국전쟁 이전까지의 초기

교육개혁 시기의 교육과정은 식민지 교육과정과 비교하여 다음과 같은 특징을 나타냈다. 첫째, 실업, 체육 과목이 폐지 또는 약화되고 과학과 수학 등 일반 기초과목이 강화되었다. 둘째, 교과과정이 강한 '분과형' 체제를 따라 구성되었다.19)

이러한 초기 교육개혁 시기의 교육과정의 특징은 산업화 시기에는 전혀 다른 방향으로 나타났다. 한국전쟁 이후부터 1959년 학제 개정 이전까지의 교육과정의 변화를 살펴보면 몇 가지 변화의 방향성을 찾을 수 있다. 첫째, 어학과 인문과학의 비중이 감소한 대신 자연과학의 비중이 증가하였다. 전체 수업시간수가 감소한 가운데 어학과 인문과학의 비중이 감소하고 자연과학의 비중이 증가하였다. 특히 노어, 한문 등의 외국어와 세계력사, 세계지리 과목의 시간수가 대폭 감소하였다. 전반적으로 생산실습 과목이 강화되었다. 이는 초기 교육개혁 시기의 인문과학 교과 중심, 실업 과목 축소라는 방향과는 정반대의 방향을 취한 것이었다. 북한 중등학교의 교육과정을 같은 시기 소련과 중국의 교육과정과 비교하여도 자연과학의 비중이 높았으며, 기술 및 생산실습의 비중도 중국에 비해서는 높았음을 알 수 있다. 1957년 북한, 소련, 중국의 중등학교 교육과정의 교과 부문별 시간수 구성은 다음 <표 1>과 같다.

<표 1> 1957년 북한, 소련, 중국의 중등학교 교육과정안
교과 부문별 시간수 구성 (단위: %)

국가	교육과정	인문과학	자연과학	기술 및 실습	예체능
북한	초급중학교 및 고급중학교	39.0	42.6	7.4	10.9
소련	5~10학년	46.7	36.8	10.5	6.0
중국	초급중학교	45.3	39.3	2.2	13.1
	고급중학교	50.7	42.5	-	6.9

출처: 북한은 ≪교원신문≫ 1957년 1월 26일. 소련은 W. K. Medlin, C. B. Lindquist & M. L. Schmitt, *Soviet education programs* (U. S. Department of Health, Education and Welfare, 1960), 중국은 Price, R. F, 이종태 역,『현대중국의 교육』(서울: 평민사, 1987).

둘째, 해방 후 식민지 시기 교육의 잔재로 여겨져 축소되어왔던 실업 및 기술교과의 비중이 산업화 기간 동안 꾸준히 증가하였고, 1957년부터 초급중학교에서 30일, 고급중학교에서 년간 40일간의 생산노동이 부과됨으로써 노동이 정규교육과정으로 채택되었다. 특히 '대학의 전초기지'로서 졸업 후 대학 진학을 염두에 두고 교육이 진행되었던 고급중학교에서조차도 생산실습 과목의 비중이 증가하였고 생산노동이 교과과정으로 부과되었다.

셋째, 교과목의 구성에 있어서는 각 과목간의 구분이 분명하고 교육목표와 내용이 교수요강에 의하여 명확히 규정되며 교사와 학생의 자율성의 여지가 작다는 점에서 '강한 분류'와 '강한 통제'의 특성을 지니는 분과형 교과 체제가 유지되었다. 조선어 및 문학은 조선어와 문학으로, 수학은 산수, 대수, 기하, 삼각으로, 력사는 조선력사와 세계력사로, 지리는 자연지리, 세계지리, 조선지리, 세계경제지리, 조선경제지리로, 생물학은 식물, 동물, 인체해부생리학, 다윈주의 기본으로 세분화되었다. 이는 1930년대 소련의 교육과정안을 모방하였던 북한의 초기 교육개혁 시기의 중등교육과정의 특성이 유지된 결과라고 볼 수 있다. 1959년 학제 개정 이후의 기술학교와 고등기술학교의 과정안에서도 세분화된 몇 개 과목이 부분적으로 통합되었을 뿐이지 기본적으로는 분과형 교과 체제를 유지되었다.

1959년의 학제개정에 의해 고급중학교를 대체하는 후기중등교육기관으로 등장한 기술학교와 고등기술학교에서는 기술 및 생산실습 교과가 극단적으로 강화되었다. 기술학교와 고등기술학교의 교육과정은 "교육과 생산 로동의 결합, 일반교육과 기술교육의 결합을 철저히 보장함으로써 학생들을 전면적으로 발전"시키는 원칙에 근거하여 구성되었다.[20] 기술학교의 교과목은 크게 일반과목, 기술과목, 생산실습으로 나뉘어지는데, 일반과목에는 고등기술학교 교육과정에 포함되는 한문과

천문학을 제외하고 종전에 고급중학교에서 교육하던 모든 과목이 포함되었다. 기술과목으로는 기초기술과목들과 학과의 특성에 맞는 전문과목통론이 있었다. 기초기술과목은 "현대 생산의 기초적인 과학 지식을 부여하는 것"을 목적으로 하여, 의학과, 예술 부문 학과, 체육과를 제외한 모든 학과에서 제도, 기계 공학 기본, 금속 공학 기본, 전기 공학 기본 과목이 운영되었다. 전문과목통론은 전공 학과에 따라 해당 부문 전반에 대한 기술과 지식을 다루는 과목으로 200~300시간을 설정하였다. 생산실습은 1960년 말을 기준으로 할 때 1학년 280여 시간, 2학년 510여 시간이 배정되었다. 이는 1957년 고급중학교 생산실습에 배정된 168시간에 비하면 5배 가까이 증가된 것이다.

1960년 과정안을 기준으로 할 때, 기술학교와 고등기술학교에서 기술 및 생산실습 과목에 전체 시간수의 47%와 61.1%가 배정되었다. 이전의 초급중학교와 고급중학교에서는 기술 및 실습 과목에 7% 정도의 시간이 배정되었을 뿐이었다. 학제 개정에 따른 교육과정의 변화는 소련의 과정안과 비교해도 상당히 급진적인 것이었다. 다음의 <표 2>는 학제 개정 이후의 북한의 교육과정안 구성을 소련의 과정안과 비교한 것이다.

<표 2> 1960년 북한, 소련의 중등학교 교육과정안
교과 부문별 시간수 구성 (단위: %)

국가	교육과정	인문과학	자연과학	기술 및 실습	예체능
북한	중학교·기술학교·고등기술학교	29.5	23.9	37.3	9.3
소련	6~11학년	35.0	31.0	28.0	6.0

출처: 북한은 ≪교원신문≫ 1959년 11월 21일. 소련은 W. K. Medlin, C. B. Lindquist & M. L. Schmitt, *Soviet education programs*. 북한의 중학교 교육과정은 1957년의 초급중학교 교육과정안을 기준으로 함.

논쟁의 과정을 세밀하게 추적할 수는 없으나, 기술 및 생산실습과목의 비중을 급격히 상향조정한 기술학교와 고등기술학교의 교과목 구성을 두고 상당한 논란이 제기되었다고 추정된다. 기술학교 설립 초기에는 인문과학과 자연과학 등 일반교과에 약 25%, 전문 공학을 비롯한 기술교과에 25%, 생산실습에 50~53%의 시간이 배정되었다.[21] 이러한 비율은 곧 조정되어 1960년에는 일반교과 53%, 기술교과 20.5%, 생산실습 26.5%로 시행되었고,[22] 1960년 말에는 일반 교과가 56%로 재조정되었다.[23] 기술학교에 있어서 기술교과와 생산실습의 비중이 이전 시기에 비하여 현격하게 높아졌기 때문에 이들 교과간의 비중이 지속적인 논의의 초점이 되었음을 알 수 있다.

기술학교와 고등기술학교에서 생산실습의 높은 비중은 북한 중등교육의 역사상 유례없는 것이었다. 북한 교육과정안의 교과부문별 구성에 대하여 시기별로 구체적인 변화의 과정을 추정할 수는 없지만, 기술 및 생산실습 교과에 편중되었던 경향이 기술학교 제도가 폐지되면서 시정되었다는 점은 분명하다. 확인가능한 교육과정안으로 1986년 중등학교 과정안의 교과부문별 비중을 보면 인문과학 34.2%, 자연과학 40.1%, 정치사상교과 10.3%, 기술 및 실습교과 7.3%, 예체능교과 8.1%로 구성되어 있다. 산업화시기에 극도로 강조되었던 기술 및 실습교과를 대신하여 정치사상교과가 강조되었고 인문과학과 자연과학도 그 비중이 늘어났음을 알 수 있다.

전체적으로 보아 산업화 시기 북한의 중등교육 과정은 초기 교육개혁 시기의 인문중심 교육과정에서 탈피하여, 산업화에 필요한 기술·지식의 습득과 직접 결부되는 자연과학 및 기술관련 교과와 생산실습 교과의 비중이 대폭 증가하는 방향으로 변화하였다. 1966년 학제개정에 의해 기술학교제도가 폐지된 이후, 기술 및 생산교육의 비중은 축소되었으나, 생산노동이 교육과정의 일부분을 이루고 있으며, 일반교과와 기술교과 및 생산실습의 연계가 강조된다는 점에서는 산업화 시기의 종합기술교육의 특성이 현재까지 상당히 유지되고 있다고 볼 수 있다.

5. 종합기술교육의 성격

　북한에서 산업화시기에 실현된 종합기술교육의 원칙은 '일반교육과 기술교육의 결합', '교육과 노동의 결합'으로 요약할 수 있다. 이 두 가지 원칙을 구현함으로써 '협소한 직업인'이 아닌 '전면적으로 발달한 인간'을 양성할 수 있다고 본 것이다.

　일반교육이란 "후대들이 장차 사회 생활과 활동에 참가함에 있어서 반드시 소유해야 할 일반적이고 기초적인 준비를 갖추는 교육"이다.24) 이는 어학, 인문과학, 자연과학 등의 교과교육을 통해, 사회의 구성원으로서 갖추어야 할 기본적인 지식과 규범의 총체를 가르치는 것을 의미한다. 일반교육은 뒤르껭의 '보편적 사회화'에 해당하는 기능을 수행한다고 볼 수 있다. 기술교육이란 "후대들에게 사회 실천적 활동, 특히 사회의 생산 활동의 어느 한 부문에 관한 지식과 기술을 소유시키며 그에 해당한 기능과 숙련을 형성시키며 사회 실천적인 활동, 생산 활동에 종사할 수 있도록 지력과 체력을 발전시키며 직업적 준비를 갖추는 것"을 지칭한다. 이는 졸업 후 특정한 직업 분야에서 활용할 수 있는 구체적인 직업 기술 뿐만 아니라 그와 관련된 지식과 노동의 태도 및 규율에 관한 교육을 포함한다. 종합기술교육이란 특정한 분야에 대한 직업기능을 훈련시키는 것과는 구분되는 것으로, 일반교육을 통해 형성되는 이론적 기초와 광범위한 안목을 필요로 한다고 본 것이다. 이는 또한 이론 자체를 교육하는데 그치지 않고 기술교육과 연계됨으로써 실생활에 유용한 지식으로 전환될 수 있는 것이어야 한다.

　구체적인 교과의 내용과 수업을 통해서 일반교육과 기술교육의 결합이라는 교육 원리가 어떻게 구현되었는지를 자연과학 교과를 예로 들어 살펴보자. 자연과학 교과는 "해당 과학이 포괄하고 있는 사실과 현상 및 그에 내재하는 합법칙성을 정확히 가르쳐 주는" 것을 기본적인 교육 목적으로 삼았다. 뿐만 아니라 "생산 기술적 자료들을 도입하고 학생들이 앞으로 참가할 작업 내용들을 설명"해 줌으로써 학생들로 하여금 "과학의 기본들을 생산 현실과 련계시켜 고찰"할 수 있게 한다는 점에서 그 중요성이 부각되었다.25)

그런데 자연과학 교과의 경우에 이러한 교과교육의 목표는 교과서의 구조와 내용에 직접 반영되어 있지는 않다. 산업화시기 북한의 중등 자연과학 교과서의 내용과 구성은 남한의 교과서와 별다른 차이를 느낄 수 없을 정도로 학문중심적 체계로 구성되어있고, 유물론적 세계관이나 실지로 활용가능한 지식 및 태도를 직접적으로 언급한 부분은 크게 눈에 띄지 않는다. 일반교과 교육에 있어서 '일반교육과 기술교육의 결합'이라는 원칙은 교육 목적으로 명시될 뿐 교과서의 구체적인 내용이나 구조, 서술방식에는 반영되지 않았음을 알 수 있다.

교과서의 내용이 교육 목표상의 특질을 반영하지 않는다면 그러한 목표는 어떻게 실현되었는가? 우리는 그 해답을 교사들의 실제적인 수업과정 속에서 찾을 수 있다. 수업이 실제로 어떻게 이루어졌는지에 관한 자료를 구하기는 쉽지 않으나 ≪교원신문≫, 『기술교육』등의 교육 관련 정기간행물과 소책자에 실린 모범적인 수업의 사례와 교육 내용, 방법에 관한 지상토론을 통해서 교과서의 내용이 실제 수업에서는 어떻게 다루어졌는지를 파악할 수 있다. 일반교육과 기술교육의 결합은 교과서의 구성과 내용에 직접 반영되지는 않았지만 교과 수업과 실습 수업 과정에서 교사들의 목적의식적인 노력을 통하여 관철되어야 할 원칙으로 제시되었다. 학생들이 '산지식'을 습득할 수 있도록 교과의 기본적 개념과 법칙을 설명함에 있어서 학생들이 견학, 실습, 생산 노동을 통하여 획득한 경험과 결부시키고, 교과 지식을 실제 생산 활동에 응용할 수 있도록 교육해야 한다는 점이 강조되었다.

　물리 수업의 예를 들면, 물리학 개념 중 대다수는 공장에서 이루어지는 산업노동과 관련지어 설명하였다. 질량과 관성의 개념은 기중기로 물체를 들어 올리는 과정이나 선반에 물체를 고정시키고 작업할 때 관찰되는 관성과 결부시켜 설명하였다.26) 열의 일당량 개념을 설명할 때에는 기계로 절삭 작업 시 절삭 부분이 가열되므로 냉각 공정이 필요하다는 점을 설명하였다.27) 역학에서 힘의 합성과 분해를 설명할 때에는 금속을 자를 때 기구에 미치는 힘을 예로 들었다. 개념과 법칙을 설명할 때 뿐만 아니라 질문을 통해 학생들의 지식 습득 여부를 확인할 때에도 생산 공정과 결부된 예를 듦으로써 일반교육과 기술교육을 연계시켰다. 학생들에게 과제를 제시할 때에도 실지 생산 과정에서 실지로 필요한 계산을 문제로 줌으로써 생산 공정에서 필요한 물리적 지식과 계산에 숙련될 수 있도록 하였다. 공장에서 생산실습을 할 때, 교사들은 수업시간에 다룬 개념과 법칙에 대하여 상기시키고 이를 집중적으로 관찰하게 함으로써 교과 지식을 심화시켰다.28)

　그런데 수업 과정에서 일반교육과 기술교육을 결합하고 교육 내용을 생산현장과 연계시키는 구체적인 수업의 절차는 학생들의 자발성을 발휘하게 하는 대신에 교사의 주도성과 통제가 유지되는 가운데 진행되었다. 개념의 설명과 질의응답, 과제의 제시는 교사가 미리 교수안에 계획한 절차를 따라 진행되었으며, 학생들의 자율적인 탐구 행위가 수행될 수 있는 여지는 극히 적었다. '통제'의 정도가 높은 이러한 특성은 엄격한 교사주도의 수업 규율을 중시하는 마카렌코 류의 소련교육이 지니는 특성과 동일한 것이었다.

　'일반교육과 기술교육의 결합' 원리는 기술학교가 폐지되고 5년제 중학교가 신설됨에 따라 '깨우쳐주는 교수방법'이라는 교육방법론으로 통합된다. 1960년대 후반 이후 교육의 주요 쟁점이 사상교육으로 이동하면서 교육이론서에서도 '일반교육과 기술교육의 결합'에 대한 강조는 점차 사라지게 되었다. 현재는 과학기술교육을 '일반지식'과 '전문지식' 교육으로 구분하고 일반지식교육은 초중등 단계에서, 전문지식교육은 고등교육 단계에서 실시하는 것으로 구분하고 있다.29)

북한에서 구현된 종합기술교육의 또 한가지 중심축은 노동을 교육적으로 활용하는 것이다. 북한에서는 이를 '교육과 생산로동의 결합'이라 일컫는다. 생산노동은 아동을 미래 사회의 구성원으로 준비시킬 뿐만 아니라, 사회적으로 유용한 노동에 참가하게 함으로써 현재 사회의 일원이 되도록 한다는 점에서 그 중요성이 강조되었다.

생산노동을 교육적으로 활용하기 위해서, 일반과목 수업에서 교육내용을 생산과 결부시킬 뿐만 아니라, 노동을 직접적인 교육의 과정으로 도입하였다. 생산노동을 통한 교육은 학생들에게 생산에 필요한 실제적 기술 기능을 훈련하고 생산 관리에 관한 지식을 전달하며 노동에 대한 사회주의적 태도로 교양하는 것을 교육 목적으로 삼았다. 이러한 교육 목적에 따라 교육 내용은 크게 네 가지로 설정되었다. 첫째, 현대 생산의 일반적 원리와 과학의 기본이다. 이는 주요 산업 부문과 관련된 이론과 원리를 교육함을 의미한다. 둘째, 다양한 생산 부문에서 생산적 기능과 숙련이다. 셋째, 생산 계획의 수립, 노동력 조직, 생산 경쟁, 노동력 계산 및 평가 등 생산의 조직과 운영에 관한 지식과 기능이다. 넷째, 노동에 대한 공산주의적 태도와 생산 문화, 직업적 정체성이다.

생산노동을 통한 교육이 어떻게 운영되었는지는 학생들의 연령 및 학교의 종류, 학과, 시기에 따라 약간의 차이가 있다. 생산노동 도입 초기에 노동을 통한 교육은 초급중학교의 '실습' 과목과 고급중학교의 '생산기본' 과목, 기술학교와 고등기술학교에서의 '생산실습' 과목을 통해 이루어졌다.

기술학교와 고등기술학교에서 생산노동을 통한 교육은 교육과정에서 중심적인 위치를 차지하였다. 기술학교에서는 전반적인 산업 부문의 생산에서 공통적으로 필요로 하는 생산 기술을 습득시키는 것에 초점을 두었고, 고등기술학교에서는 이를 분야별로 보다 세분화하여 분야별 전문 기술을 교육하는 것을 목적으로 하였다. 학생들은 교내 실습장과 인근 공장에서 진행된 생산노동을 통하여 자기 전공분야에서 산출하는 제품들을 대량생산하였다. 학교마다 기계공학 까비네트30)와 함께 기계직장을 설치하고 이것이 불가능할 경우에는 인접 공장을 이용하여 주물작업, 선반, 볼반, 프레스 등을 이용한 기계 부속품 제작, 기계 조립을 반드시 진행하도록 하였다. 때로는 지역의 공장을 학교의 후원단체로 지정하고 그 공장에서 생산할 제품을 학교에 위탁생산하기도 하였다. 이렇게 하여 전체 학생들이 기본적인 기계의 작동법과 기계 부속품 제작 및 조립 기능에 숙련되도록 하였다.

실습 기간동안 학생들의 하루 일과는 공장의 일반노동자들과 마찬가지로 여덟 시간에 걸친 강의 및 생산노동 뿐만 아니라 독보 모임과 작업반별 평가, 정치교양 등 작업 전후로 공장에서 이루어지는 모든 활동을 포함하였다. 실제 공장에서 이루어지는 생산실습을 통하여 노동 수행에 필요한 기술과 지식 뿐만 아니라 노동 규율과 태도까지 포괄하는 총체적인 교육을 실시함으로써 학생들을 훈련된 노동자로 준비시키고자 하였다.

그러나 교육의 일환으로서 생산노동을 도입하고 운영하는 과정이 순조롭게 이루어지지는 못하였다. 생산노동을 정규교과로 운영하는 과정에서 많은 현실적 문제점이 드러났고, 생산노동의 경시와 과중한 노력동원이라는 두 편향 사이에서의 줄타기가 계속되었다. 생산노동이 교육과정으로 부과된 1957년경에는 교육 관련 신문과 정기간행물에 생산노동의 중요성을 강조하고, 생산노동이 견학이나 '유람식 실습'이 아니라 직접적인 생산과정이 되어야 한다는 점을 주장하는 논설이 자주 게재되었다. 생산 노동은 "리론 수업에서 배운 지식을 한 번 현실에 적용하여 검증하여 보는 식의 실습"과는 다른 것이며 교과 수업은 "학생들의 기술적 시야를 넓히는데 복종되고 생산 기술의 성과적 보장에 종속"되어야 한다는 것이 그러한 주장의 요지였다.31) 또한 실습과정에서 학생들을 생산노동에 직접 참가시키지 않고 자료수집이나 견학으로 대체하는 현상과 실습 공장을 이용하여 학생들이 실제로 제품을 만들어낼 수 있음에도 불구하고 '교육적 목적'이라는 이유로 기계의 조작 기술만을 교육하고 있는 실태가 비판의 대상이 되었다.32)

생산노동의 중요성을 강조하는 이러한 논조는 1959년 후반기에 들어서면서 완전히 바뀌었다. 1959년 7월에 열린 도, 시, 군 인민 부위원장들의 협의회에서 교육문화상 리일경은 학생들의 성적 부진의 원인의 하나가 '무원칙한 로력 동원'임을 시인하였다. 이 보고에서 리일경은 "학생들이 쉴새없이 어떤 로동을 하여야 하는 것이 바로 교육과 생산 로동의 결합인 것 같이" 생각하는 일부 교육관계자들의 그릇된 인식을 비판하면서, "로동 그 자체만으로는 학교 교육이 될 수 없다"는 점을 강조하였다. 산업화의 추진이라는 사회적 과제와 교육과정으로서 생산노동의 중요성에 대한 강조가 생산노동을 교육적으로 활용하는 것이 아니라 부족한 노동력을 보충하는 수단으로 이용하는 경향을 초래하였던 것이다. 이러한 현상은 몇 개 학교에 한정된 특수한 사례가 아니라 당시 상당히 만연해 있었던 풍조였다. 학생들을 과도하게 생산노동에 동원하는 경향은 일반교과 수업에 지장을 주었다. 특히 기술학교와 고등기술학교의 일반교과 이수시간수는 고급중학교 교육과정의 60% 정도에 불과하였기 때문에 교사들은 "시간이 모자란다"고 하며 불평하였다. 종전에는 45분 내지 90분이 소요되었던 수업 내용을 생산노동과 결부된 수업을 통해 20분 내지 30분에 전달하여야 했다.33) 교과수업시간이 절대적으로 감소된 상황 속에서도 과정안에 규정된 생산노동일수를 초과하는 과도한 노력 동원이 이루어졌다. 이는 수업시간의 연장과, 휴일, 방학기간 중의 보충수업 등 파행적인 수업 진행을 초래하였다.[34] 생산노동에 대한 과도한 강조는 "일반과목 특히 물리, 수학, 화학, 생물 등의 과목의 과학적 수준을 저하"시키고 "사회 과학 및 예능, 체육 부문을 홀시"하는 경향을 낳는 등 교과교육의 질적 저하로 귀결되었다.

특히 공장에서 진행되는 생산실습 수업은 그 교육으로서의 성격과 노동으로서의 성격이 균형있게 조화되기 어려웠으며, 공장의 노동자들은 학생들의 생산실습을 자신의 노동과정을 방해하는 요소로 받아들였다. 생산 일정으로 인하여 공장의 기술자가 실습생들을 대상으로 하는 계획된 실습 수업을 진행하지 못하는 경우가 빈번히 발생하였으며, 현장 수업을 진행하는 장소에서 공장 노동자들의 모임이 열려 수업이 진행되지 못하는 경우도 발생하였다.[35] 공장에서 실습하는 학생들은 호기심으로 기계를 마구 다루거나 잘못 조작하여 사고를 발생시켰다. 초보적인 기능을 습득하고 난 후에는 정해진 실습 범위를 벗어나 자의적으로 복잡한 기계조작을 시도하기도 하였다. 그러나 생산현장은 실습학생들이 야기하는 이러한 문제들을 교육을 위한 시행착오의 과정으로 여기고 감수할 만큼 여유있게 운영되지 못하였다. 노동자들은 생산의 흐름을 중단시키는 요인을 만들어내는 학생들의 실습을 기피하였다. 학생들을 "주물조에서는 용선로에 장입할 주철을 날라다 주며 단조 작업조에서는 매질하는 것으로써 실습을 대치"하는 등 노동자들의 심부름을 하는 보조노동력으로 간주되었다. 심지어는 "다른 사람들이 하는 작업을 구경"하는 것으로 실습을 대체하는 경우도 있었다.[36] 이러한 문제로 인하여 일부 학교에서는 기능을 가지고 있는 학생들만을 실습에 참가시키거나 견학으로 실습을 대체하기도 하였다. 생산실습의 교육적 측면은 공장에서 생산과제 달성의 긴급성으로 인해 종종 고려의 대상이 되지 못하였던 것이다.

이러한 문제점을 시정하고 생산노동에 대한 경시와 과도한 강조 사이에서 균형을 유지하기 위하여 교육과정에서 생산기술교육의 비중을 지속적으로 조정하고 그를 준수하도록 하는 노력이 이후 상당기간 지속되었다. 또한 생산노동과 교과수업의 균형을 유지하기 위하여 1960년대 초반부터 일선 학교에서 교수규율의 강화와 교육과정안에 규정된 수업시수의 준수, 고정시간표에 의한 수업 진행의 정규화가 강조되었다.

6. 종합기술교육의 변형과 현 실태

직접적인 교육의 과정으로서 생산노동의 비중은 시기에 따라 변동이 있었지만 교육 내용을 생산노동과 결부시키고 생산노동을 직접적인 교육의 과정으로 활용하여야 한다는 원칙은 북한의 교육에서 변함없이 유지되어왔다. 김일성은 "산 지식은 현실 속에서 배워야" 하며, 책에서 배운 지식은 "실생활에 적용되고 실생활에서 검열되어야 비로소 산 지식으로 될 수 있다"고 지적하였으며, "집단노동은 사람들을 교양하는 가장 훌륭한 학교"라고 강조하였다. 교육과 생산노동의 결합, 이론과 실천의 결합이라는 종합기술교육의 원리는 현재에 이르기까지 북한 교육의 내용과 방법을 규정하는 근본적인 원리로 작용하고 있다.

그러나 1970년대를 경유하면서 중등학교 교육과정에서 학생들의 기초기술을 배양하기 위한 교육의 비중이 축소되었다. 또한 생산실습을 교육적으로 조직하기 위한 물질적 기반이 상당히 약화됨에 따라, 노동은 교육적 의미가 희석된 채 봄철 농번기에 1~2개월, 가을 추수기에 1개월 정도의 단순 노동의 형태로 진행되고 있다.

다음의 <표 3>에서 볼 수 있는 바와 같이 현재 북한 중등학교 교육과정에서 기초기술교과의 비중은 상당히 작다. 1960년대 후반 이후 정치교육의 강화 및 경제적 상황 악화에 따라 종합기술교육, 특히 기초기술교육과 실습 등이 유명무실해진 것이다. 1960년대 초반에는 기초기술교과의 비중이 40%에 가까운 데 비해 정치사상교과를 비롯한 사회과학 교과 비중은 7.7%에 불과하였다. 그러나 정치사상교과의 비중이 점차 증가하여 현재는 20%를 넘는데 비하여 기초기술교과의 비중은 급격히 감소하여 현재 6.0%로 여타 사회주의국가는 물론 남한의 경우보다도 그 비중이 작다. 수학 및 자연과학 교과는 꾸준히 30% 이상의 높은 시간 비중이 유지되어 왔고, 현재에도 거의 40%에 가까운 시간 비중으로, 이 역시 여타 사회주의 국가 및 남한의 교과비중보다 높음을 알 수 있다. 현재 북한의 교육과정은 교육과 생산노동의 결합을 표방하지만 적어도 교과목 구성을 볼 때에는 기초기술교육이 그다지 중요하게 다루어지지는 않는다고 볼 수 있다.

<표 3> 중등학교의 교과 영역별 비중 비교

국가\교과영역별 비중	언어	사회과학 (정치사상)	수학·자연과학	기초기술 (Polytechnic)	예체능
북한(1962)	15.5	7.7	33.7	38.9	4.1
북한(1983)	22.8	20.9	39.2	8.2	8.8
북한(2001)	25.0	22.5	39.9	6.0	7.5
한국(7차 교육과정)	27.7	18.8	25.9	9.8	17.9
소련	26.0	8.7	35.9	18.6	10.8
동독(7학년)	36.6	8.7	28.6	7.1	19.0

출처: 소련은 J. Morison, "Recent Developments in Political Education in Soviet Union," *The Making of the Soviet Citizen* (London·New York·Sydney: Croom Helm, 1987), 초등 3년 중등 8년 중 중등 8년 교육과정 비중임. 동독 교육과정 구성은 V. D. Rust& D. Rust, *The Unification of German Education* (New York·London: Garland Publishing Inc, 1995), p.74, 예체능시간수 비중은 군사학 1.93%가 포함된 수치임.

게다가 기초기술교과 수업도 그다지 내실있게 운영되고 있지는 못한 것으로 보인다. 북한이탈청소년들은 1990년대 초반에 자신이 경험하였던 중등학교 기초기술교과 수업에 대하여 다음과 같이 회상하고 있다.

> 고등중학교 때는요 제도를 배우는데, 그 제도 해가지고 참 별로였어요. 그냥 기초적인 것들을 배워주는 거지요. 완전 복잡한 도면 말고, 간단한 도면 이런 거는 볼 수 있죠. 고등중학교에서는 기초적인 것들만 해주구요.37)

> 실습이라는 게 일주일에 고조 한번이나. 그저 앞으로 사회 나가서 일을 하는데 가장 초보적인 거는 알아야 하니까. 소위 뭐, 대패면 대패질 할 줄 알고 그런 거. 가장 초보적인 고조, 그런 목공실습 정도 했습니다. 목공장에 가면 드릴이라든가 기계 공구들 있는데, 선생님 지도 밑에서 자체, 뭐 만드는. 기계 부속 같은 거 깎는 법도 배우고. 고조 다루는 법을 간단히 배우죠. 이건 가장 소외되는, 이거 수업도 아니고, 고조 학생들의 기본 소양을 위해서 하는.38)

북한이탈주민들의 증언에 따르면 기초기술교과 수업은 학생들에게 졸업 후 취업하여 바로 직무를 수행하는 데 필요한 최소한의 광범위한 직업기능을 훈련시키는 정도의 수준으로도 제공되지 못하고 있다. 기초기술교과 수업의 부실화를 초래한 직접적인 원인은 이 과목을 운영하는 데 필요한 실습 및 실험 기자재와 교구의 부족이다. 교사 출신 북한이탈주민들의 증언에 의하면 1980년대부터는 실험실습 진행에 필요한 기구나 교구가 중앙에서 공급되지 않아 교사들이 이를 개인적으로 확보해야만 했다고 한다.

> 60년대는 물질적인 보장으로 실험실습은 그때가 좀 더 잘 한 것 같아요. … 70년도까지는 나라 재산, 재산이 조금 있을 때는 교육자금으로 부분에 투자를 한 게 있으니까 그걸로 인해서 실험기구도 좀 나오고 시약도 좀 나왔는데, 요 최근에는 전혀 없는 거예요. 제가 마지막

처음 70년대 초반에 교육할 때만 해도 좀 나왔는데 후반엔 없어. 그 다음부터는 어떻게 하는가 하면은, 기업소 실험실에 가서 뭐 어떻고 어떻고, 이런데 아이들 교수를 위해서 주세요, 그렇게 하면 선생님이 너무 아글타글 애들을 위해서 하는 인정에 못 이겨서 없는 것도 덜어주는 거예요. … 심지어는 기술대학 같은 거 있어요. 애들이 자동화 학부다 그럼 라디오 같은 거는 분해조립 해야 되잖아. 그런데 그거 할 라디오가 없어.39)

노동과 교육의 결합을 통한 전면적으로 발달된 인간 양성이라는 종합기술교육의 지향으로부터 더욱 멀리 이탈한 것은 중등학교에서 교육과정의 일환으로 실시되고 있는 생산노동이다. 중등학교에서 실시하는 생산노동은 학생들로 하여금 노동의 가치를 인식하도록 하고 현장실습 경험을 통해 미래의 직업인으로서 갖추어야 할 기술과 태도를 함양하는 것을 목적으로 한다. 그러나 현재 북한에서 진행되고 있는 생산노동은 교육적 의미를 지니는 현장실습이 아니라 단순한 노동력 보충의 기능을 하고 있다. 산업화 초기에 노동을 교육에 도입할 당시 제기되었던, 노동과 교육의 분리와 교육적 관점의 상실이라는 우려가 현실화된 것이다. 교사 출신 북한이탈주민은 중등학교에서 이루어지는 생산실습에 대하여 다음과 같이 평가하고 있다.

그 다음에 실지 중학교 과정에 애들이 두 달씩, 그 다음에 가을에 한달, 무조건 농장동원해요. 무보수예요. 현실 체험이라 하게 되면 정말 2박 3일로 해가지고 곡식이 자라는 모습을 가르쳐줘야 되잖아요. 그런 교육은 하나도 없어요. 농장원이 되는 거예요, 학생이. (북한의 교육이론에 의하면 그렇게 하면 안되는 것 아니에요?) 내가 말하는 게 교육이론은 그런데, 현실은 그게 아니라 이거죠. 농장에 수확과 농장 근로능력이 모자라니까 학생을 대용능력을 쓰는 거예요, 노동인력으로. (선생님들이 교육 원칙대로 하려고 생각 안 해요?) 할 수가 없죠. 왜냐하면 농장원처럼 공수를 요구하고, 학교에서 공수를 떼어 가지고 오라거든요. 공수를 요구한다는 자체는, 노동력을 늘리기 위한 것이지 학생들의 배운 내용을 실천과 결합하라고 하는 게 아니거든요. 공장이나 생산단위를 가야만 실천과 내가 배운 것과 결합이 되겠는데, 이건 순수 농장일 밖에 없는 거에요. (노동자구에 있는 학교들에서도 그랬어요?) 다 농장 일을 나간다니까요. 그니깐 사실은 현실에 맞는 교육이 되자면 탄광에 하루 동안 방문해가지고 이런저런 걸 다 배우고, 그 다음에 도자기 공장이 있어가지고 1박 2일로, 이렇게 돼야 되잖아요, 근데 절대 그건 견학이 안돼요, 갈 수도 없고. 학교에서 승인을 안 해줘요. 내가 교원을 해봤지만, 깎아놓고 말하는 게 아니라, 어느 학교나 똑같애요.40)

교육이 매개되지 않은 단순노동은 북한의 교육이론에서 제시하는 학습 내용과 실천의 결합이라는 교육적 효과를 거두지 못할 뿐만 아니라 오히려 1~2개월간 학습의 중단으로 인한 학습내용의 연계성 확보 측면에서의 문제점을 야기한다. 이러한 문제점 때문에 일부 중학교에서는 고학년 학생들 중 대학에 진학할 실력을 갖춘 성적 우수자들에게는 생산노동을 면제하기도 한다.41) 이는 오히려 생산노동이 교육적 의미를 상실하는 것을 넘어서서 학습을 저해하는 요소로 작용하고, 생산노동의 면제가 학과학습에 대한 긍정적 강화기제로 작용하는 현실을 보여준다.

7. 결 론

이상에서 살펴본 바와 같이 북한에서 종합기술교육은 산업화에 따른 체계적인 기술인력 양성의 필요성이라는 사회경제적 과제를 해결하기 위한 교육적 대책으로 전면적으로 도입되었다. 그것은 교육 이론의 측면에서는 맑스가 추상적인 차원에서 제시하였던 사회주의적 교육을 구현한 것이었지만, 사회적인 측면에서는 급격한 산업화라는 사회경제적 요구의 반영이었다. 오히려 북한에서 실지로 구현된 교육의 모습을 만들어간 추동력은 사회주의라는 대의보다는 산업화라는 경제적 힘이었다. 종합기술교육은 그것이 지니는 경제적 효과에 힘입어 전면적으로 도입될 수 있었다. 또한 북한에서는 종합기술교육의 방향성에 관한 별도의 다양한 교육적 실험의 과정이 없이, 소련에서 승리한 마카렌코류의 정형화된 종합기술교육이 도입, 전개되었다. 교육과 생산노동의 결합이 강조되었으나 서구의 생활중심교육과는 다른 성격을 지니는 것이었다. 생산노동이 갖는 교육으로서의 유의미성은 마카렌코류의 엄격한 규율과 통제된 학습 과정 속에서 제한되었다.

산업화 시기에 소련보다도 더욱 급진적인 형태로 변화하였던 북한의 교육과정 개정의 흐름은 북한 교육이 경제적 토대로부터 지니는 자율성의 범위가 그리 넓지 않다는 점을 보여주고 있다. 번스타인에 따르면 교육의 상대적 자율성은 교육 범주와 생산 범주간의 분류의 강도에 따라 규정된다. 사회부문간의 분류가 강한 곳에서는 교육의 원리와 맥락이 생산과 통합되지 않으며 노동과 지식이 서로 단절되지만, 반대의 경우 교육과 생산노동의 관계는 긴밀해진다. 북한은 이 중 후자에 해당한다. 즉 노동과 지식간의 경계의 정도가 약하며 교육과 생산의 관계가 밀착되어 있다. 이러한 상황에서 교육내용의 사회적 적합성은 생산구조에 의해 결정되고 교육의 자율성의 여지는 축소된다. 교육이 사회경제적 요구를 즉각적으로 반영하고 있는 북한 교육의 이러한 특성은 향후 북한 교육의 방향성을 예측하는 데 있어 경제적인 변수가 상당히 큰 고려사항이 되어야 한다는 점을 시사한다.

이와 동시에 북한의 교육은 정치적 요구로부터의 자율성의 여지 또한 협소하다. 최근 북한에서는 경제난을 타개하는 주요한 수단으로서 기술분야의 교육을 강조하고 있다. 이는 초기 산업화 과정에서 급진적인 형태로 전개되었으나, 이후 정치사상교육의 대두와 기술교육의 물질적 기반 약화 추세 속에서 변형, 쇠퇴되어온 종합기술교육의 본래적 의미를 되살리는 방향과도 일치한다. 북한 과학기술의 낙후성과 경제적 후진성을 교육을 통하여 극복하려는 현재의 교육적 시도의 성공 여부는 경제 분야의 개방에 발맞추는 교육에서의 '專'의 강화가 70년대 이후 북한 교육에서 지속되어 온 '紅'의 주도성을 어떻게 넘어서고, '전면적으로 발달된 인간'의 육성이라는 종합기술교육의 본래적 의미를 되살릴 것인가에 달려있다.

※ 이 글은 "북한 종합기술교육의 도입과 전개," 『교육 사회학 연구』 제13권 제1호 (2003)에 수록된 글을 수정·보완한 것이다.

주註

1) 남진우 외, 『사회주의교육학』(평양: 교육도서출판사, 1991), 40~42쪽.
2) 리병모, 『사회주의교수방법론』(평양: 김형직사범대학출판소, 1985).
3) K. Marx, 김영민 역, 『자본 I-2』(서울: 이론과 실천, 1990), 587쪽.
4) K. Marx, 김태성 역, "현대 사회에서의 교육보급에 관한 맑스의 발언기록," 『맑스 엥겔스 교육론 II』(서울: 한울림, 1988), 188~189쪽.
5) S. Fitzpatrick, *Education and Social Mobility in the Soviet Union* (London·New York·Melbourne, Cambridge University Press, 1979), pp.5-10.
6) Bowen, J., *Soviet education: Anton Makarenko and the years of experiment* (The University of Wisconsin Press, 1965), pp.139-141.
7) 3R은 읽기(read), 쓰기(write), 셈하기(arithmetic)를 의미한다.
8) Krupskaya, K., 한신대학 제3세계문화연구소 역, 『크루프스카야의 국민교육론』(서울: 돌베개, 1989), 73쪽.
9) 위의 책, 65쪽. 크룹스카야는 다른 글("'국민교육과 민주주의'를 쓰기 위한 자료에서," 위의 책, 133쪽)에서 미국의 진보주의 교육이 계급성이라는 면에서 문제가 있으나, "아동의 창조력에 넓은 미래를 부여하고, 사회적 본능에 장래성을 부여하면서 아동의 전인격을 포착"한다는 긍정적인 면이 있다는 평가를 하고 있다.
10) 마카렌코와는 달리 크룹스카야는 노동에 참가하는 것 자체가 학생들에게 내부로부터의 규율을 형성시킨다고 보았다. 규율은 외부로부터가 아니라 인간 자신의 의식의 결과가 되어야 하는 것이 중요하며, 노동과정을 통해 아동은 자신의 능력을 가늠하고, 시간을 배분하고 노동을 조직하는 것을 배움으로써 내부로부터의 규율을 싹틔울 수 있다고 보았다. 크룹스카야, 위의 책, 163~164쪽.
11) Bowen, J. *Soviet education: Anton Makarenko and the years of experiment* (Madison: Univ. of Wisconsin Press, 1962), pp.199-200.
12) 이는 같은 기간 연평균 인구증가율 3.4%의 4배 이상에 해당하며, 1928년부터 1940년에 이르는 소련의 제 1, 2차 5개년 계획기간 중 비농업노동자의 연평균 증가율 8.7%의 1.6배에 해당하는 수치이다.
13) 빈농 이외에도 토지개혁의 실시로 재정적 기반을 상실한 중농, 부농, 상인, 지주와 자본가 출신, '떠돌아 다니던 건달군' 등 다양한 계층이 산업노동자로 유입되었다. 리국순, "흥남 비료 공장 로동자들이 걸어 온 승리의 길," 과학원 력사연구소 편, 『력사론문집 4』(평양: 과학원출판사, 1960).
14) 김동찬, "로력 보충 사업의 발전," 『로동』 1958년 8호.
15) 김창만, "기술 인재 양성 사업을 개선 강화할 데 대하여," 『조선중앙년감』(조

선중앙통신사, 1960).
16) 체르친스키 공동체는 우크라이나 지방에 설립된 어린이와 청소년을 위한 수용소로 일종의 교육과 생활의 공동체이다. 마카렌코는 1927년 말에 이 기관의 책임자로 취임하여 자신의 교육 원칙에 따라 이 기관을 운영하였다. 1932년에 체르친스키 공동체는 3천명여명을 수용하였다. 이 공동체 생활의 기초는 생산노동이었다. 전체가 7~15명의 소집단으로 조직되어 하루 4시간씩 생산노동을 수행하였다. 모든 성원은 몇 가지 분야의 숙련노동자로 훈련되었으며 중등학교 수준의 보통교육을 받았다.
17) 소련에서 다시금 교육과 노동, 교육과 생활 간의 연계를 강화하려는 시도는 1950년대 후반에 다시 활발해졌다. 후르시초프는 노동과 교육의 결합이라는 종합기술교육의 원리를 견지할 것을 천명하였고, 1958년 11월에 '학교와 실생활과의 연계를 강화하며 인민교육체계를 발전시킬데 대한 테제'를 발표하였다. 곧 이어 12월에는 '학교와 사회의 유대강화에 대한 시행령'을 공포하여, 8년간의 교육을 이수한 후 다양한 후기중등교육기관에서 생산노동과 결합된 종합기술교육을 실시할 것과 대학 진학 전 최소 2년간 공장이나 집단농장에서의 노동 경험을 의무화할 것 등을 내용으로 하는 학제 개정을 단행하였다. 새로운 교육체계의 목표는 학교와 삶과의 연계를 강화시키는 것이었다. 이는 학생들에게 학문적 지식만이 아니라 노동을 위한 능력과 적합한 태도를 개발시키는 것을 의미하였다. 이는 1959년 북한에 학제 개정에도 영향을 미쳤다. 그러나 구체적인 제도에 있어서 북한은 소련과는 다른 형태를 나타내었다. 소련에서 학제 개정으로 후기 중등교육기관이 일반계 학교인 3년제 기술학교와, 실업계 학교인 기술전문학교, 야간·통신·계절학교로 운영되는 노동청년학교 및 농촌청년학교로 분화된 데 비하여, 북한의 후기중등교육기관은 계열이 구분되지 않고 기술학교와 고등기술학교라는 단일한 제도로 운영되었다.
18) 1953년, 1954년, 1956년, 1957년의 과정안 개정은 그 내용을 확인할 수 있으며, 1957년 이후에도 부분적인 개편이 더 있었을 것으로 추정된다. 이 시기 교육과정 개정의 구체적인 내용에 관해서는 조정아, "산업화 시기 북한의 노동교육" (서울대 교육학과 박사학위논문, 2003) 참조.
19) 이향규, "북한 사회주의 보통교육의 형성" (서울대 교육학과 박사학위논문, 2000). 이는 B. Bernstein의 교육과정 분석 개념에 따른 구분이다. Bernstein은 교육과정을 분석함에 있어 교육 내용들 사이의 경계의 선명도를 의미하는 '분류(classification)'와, 교사와 학생의 통제력의 정도를 의미하는 '통제(frame)'라는 개념을 사용한다. 강한 분류와 강한 통제는 '분과형(collection codes) 교육과정'을 대표하며, 약한 분류와 약한 통제는 '통합형(integrated codes) 교육과정'을 대표한다.

20) 교육문화성 기술 교육국, "기술 학교 과정안 교수 요강 집행에서 제기되는 몇 가지 문제," 『기술교육』 1960년 11호.
21) ≪교원신문≫ 1958년 11월 1일.
22) 전성근, "기술 학교와 고등 기술 학교는 새로운 형의 학교이다," 『기술교육』 1960년 1호.
23) 교육문화성 기술 교육국, "기술 학교 과정안 교수 요강 집행에서 제기되는 몇 가지 문제," 앞의 글 (1960).
24) 전성근, "기술 학교와 고등 기술 학교는 새로운 형의 학교이다," 앞의 글.
25) 정은모, "기술학교 체계에서 일반교육과 기술교육의 결합," 『기술교육』 1963년 4호.
26) 김권기, "물리 교수와 생산 로동을 어떻게 결합시킬 것인가?," ≪교원신문≫ 1960년 10월 29일.
27) 안관홍, "생산 활동에서 얻은 경험을 물리교수에 적극 도입하자," 『기술교육』 1960년 3호.
28) 최창석, "물리 교수를 생산 로동과 결부시켜," ≪교원신문≫ 1960년 2월 10일.
29) 남진우 외, 『사회주의교육학』, 89쪽.
30) 까비네트란 기관에서 열람실이나 도서실, 과학연구실 같은 것으로 쓰는 방을 의미한다.
31) 교육문화성 기술 교육국 교수 방법 연구부, "기술 학교에서의 생산 교육 진행 방법에 대하여," ≪교원신문≫ 1958년 11월 12일.
32) ≪교원신문≫ 1958년 4월 19일; ≪교원신문≫ 1957년 2월 23일.
33) 리락언, "교육과 생산 로동과의 결합에 대한 몇 가지 문제," 『근로자』 1959년 4호.
34) 오창학, "기술 전문 학교들에서 혁명적 제도와 질서를 더욱 강화하자," 『기술교육』 1960년 2호.
35) 손중주, "현장 교수 조직과 지도에서 얻은 경험," 『기술교육』 1960년 11호.
36) 리주암, "1학년 생산 실습을 어떻게 조직 지도할 것인가," 『기술교육』 1960년 11호.
37) K1, 청진시 고등중학교 졸업(1986~1991), 전문대학 졸업(1992~), 2003년 11월 면담.
38) H1, 함흥시 고등중학교 졸업(1986~1991), 2003년 11월 면담.
39) H2, 황해남도 고등중학교 교사(1970~1980), 2003년 8월 면담.
40) C1, 함북 인민학교 교사(1984~1996), 2005년 5월 면담. 괄호안의 글은 연구자가 질문한 내용임.
41) 한 북한이탈주민(K1)은 이와 관련하여 다음과 같이 증언하고 있다. "수학소조

학생들은 생활총화 같은 거 비중이 큰 활동들은 참가하지만 비중이 덜한 활동들은 빼줘요. 그리고 6학년쯤 되면 아예 그것도 다 빼줘요. 중학교 봄, 가을에 농촌에 지원나가는 거, 거기서도 빼줘요. 불법이거든요, 불법이지만 …. 왜냐하면 학교에서 매해 마다 대학가는 인원수에 따라서 그 학교 명예가 결정이 되잖아요. 그 명예 때문에 선생님들이 거의 불법으로 진행을 해요. 교육법적으로는 그렇게 불가능하지만 그렇게 하는 거죠."

<참고문헌>

1. 북한문헌

강근조, 『조선교육사 4』 (평양: 사회과학출판사, 1993).
교육문화성, "교육문화성령 제26호: 각급 학교 실습공장관리운영에 관한 규정" (1959).
교육문화성 기술교육국, "기술 학교 과정안 교수 요강 집행에서 제기되는 몇 가지 문제," 『기술교육』 1960년 11호.
교육문화성 기술교육국 교수 방법 연구부, "기술 학교에서의 생산 교육 진행 방법에 대하여," ≪교원신문≫ 1958년 11월 12일.
교육성, 『교수요강』 (동경: 학우서방, 1956).
교육학분과 집필위원회, 『교육학』 (평양: 교육도서출판사, 1960).
김권기, "물리 교수와 생산 로동을 어떻게 결합시킬 것인가?," ≪교원신문≫ 1960년 10월 29일.
김동찬, "로력 보충 사업의 발전," 『로동』 1958년 8호.
김태원, "보통 교육 부문 학교들에서의 생산 실습의 조직 및 실시," ≪교원신문≫ 1958년 4월 19일.
김창만, "기술 인재 양성 사업을 개선 강화할 데 대하여," 『조선중앙년감』 (조선중앙통신사, 1960).
김창익, "우리 대학에서의 교원 자질 향상 사업," 『기술교육』 1960년 5호.
남진우 외, 『사회주의교육학』 (평양: 교육도서출판사, 1991).
리국순, "흥남 비료 공장 로동자들이 걸어 온 승리의 길," 과학원 력사연구소 편, 『력사론문집 4』 (평양: 과학원출판사, 1960).
리락언, "교육과 생산 로동과의 결합에 대한 몇 가지 문제," 『근로자』 1959년 4호.
리재경, "중학교에서 로동 교양의 방도(2)," 『인민교육』 1963년 6호.
리병모, 『사회주의교수방법론』 (평양: 김형직사범대학출판소, 1985).
리주암, "1학년 생산 실습을 어떻게 조직 지도할 것인가," 『기술교육』 1960년 11호.
박주성, "생산 실습 보장에서 제기되는 당면 몇 가지 문제," 『기술교육』 1961년 1호.
석 림, "실습 조직과 총화에서 얻은 우리의 경험," 『기술교육』 1961년 10호.
손중주, "현장 교수 조직과 지도에서 얻은 경험," 『기술교육』 1960년 11호.
신현식·서영준·리영환, 『사회주의교육학』 (평양: 김형직사범대학출판소, 1985).
안관홍, "생산 활동에서 얻은 경험을 물리교수에 적극 도입하자," 『기술교육』 1960

년 3호.
안국원, 『화학: 중학교 제4학년용』 (평양: 교육도서출판사, 1967).
양문혁, "모든 교원들의 자질을 한 계단 높인다," 『기술교육』 1960년 10호.
오창학, "기술 전문 학교들에서 혁명적 제도와 질서를 더욱 강화하자," 『기술교육』 1960년 2호.
전성근, "기술 학교와 고등 기술 학교는 새로운 형의 학교이다," 『기술교육』 1960년 1호.
정은모, "기술학교 체계에서 일반교육과 기술교육의 결합," 『기술교육』 1963년 4호.
집필위원회, 『사회주의 교육학』 (평양: 교육도서출판사, 1975).
최창석, "물리 교수를 생산 로동과 결부시켜," ≪교원신문≫ 1962년 2월 10일.

2. 남한문헌

국토통일원 편, 『최고인민회의자료집』 (서울: 국토통일원, 1988).
김형찬, 『북한의 주체교육사상』 (서울: 한백사, 1990).
신효숙, "소군정기 북한의 교육정책" (한국정신문화연구원 한국학대학원 박사학위논문, 1997).
이돈희 외, 『남북한 초·중등학교 교육과정 체제 및 구조 비교 분석 연구』 (서울: 서울대학교 교육과정 연구위원회, 2001).
이향규, "북한 사회주의 보통교육의 형성" (서울대학교 교육학과 박사학위논문, 2000).
조정아, "산업화 시기 북한의 노동교육" (서울대학교 교육학과 박사학위논문, 2003).
조주연·한만길·황규호, 『남북한 교육과정 및 교과서 비교 분석 모형 개발 연구』 (서울: 서울교육대학교 교육과정 연구위원회, 1995).
최영표, 『북한과 중국의 교육제도 비교연구』 (서울: 교육개발원, 1988).

3. 외국문헌

Bernstein, B., *Class, codes and control* (London: Routhledge & Kegan Paul, 1975).
Bowen, J., *Soviet education: Anton Makarenko and the years of experiment* (Madison: The University of Wisconsin Press, 1965).
Castles, S., & W. Wustenberg. 이진석 역, 『사회주의 교육의 이론과 실천』 (서울: 푸른나무, 1990).
Fitzpatrick, S., *Education and Social Mobility in the Soviet Union* (London·New York·

Melbourne, Cambridge University Press, 1979).
Kim, Sun-Ho, *Education in North Korea: Technical, manpower and industrial development*. Unpublished doctorial dissertation (George Peabady College for Teachers, 1971).
Krechetova, E., "Learning from life to live" In H. B. Redl(ed.), *Soviet educators on soviet education* (New York: The Free Press, 1964).
Krupskaya, K., 한신대학 제3세계문화연구소 역, 『크루프스카야의 국민교육론』(서울: 돌베개, 1989).
Marx, K., "현대 사회에서의 교육보급에 관한 마르크스의 발언 기록," 김태성 역, 『맑스 엥겔스 교육론 Ⅱ』(서울: 한울림, 1988).
Marx, K., 김영민 역, 『자본 I-2』(서울: 이론과 실천, 1990).
Medlin, W. K., C. B. Lindquist, & M. L. Schmitt, *Soviet education programs* (U. S. Department of Health, Education and Welfare, 1960).
Morison, J., "Recent Developments in Political Education in Soviet Union" *The Making of the Soviet Citizen* (London·New York·Sydney: Croom Helm, 1987).
Price, R. F., 이종태 역, 『현대중국의 교육』(서울: 평민사, 1987).
Rust, V. D., & D. Rust, *The Unification of German Education* (New York·London: Garland Publishing Inc, 1995).
Yang, A., *Red and expert: Communist China's educational strategies of manpower development*. Unpublished doctorial dissertation (University of California, Berkeley, 1965).

북한의 학문분류체계
인문사회과학 분야를 중심으로

강 성 윤

1. 서 언

　학문분류체계는 고정 불변한 것이 아니라 시대적인 상황에 따라 변화되며 국가마다 특수성을 지니고 있기 때문에 규격화 되어 있지 않고 통일성이 없는 것이 특징이다. 따라서 남북한 간에도 지난 60년간 이질적인 사회체제하에서 서로 다른 가치를 추구하며 학문 활동을 하여 왔기 때문에 각각 다른 특성을 지니고 있다. 그러므로 남한의 학술진흥재단에서 발표한 연구분야분류표[1]를 기준으로 북한의 학문체계를 분류 평가할 수는 없다. 물론 북한의 학문 체계도 학문으로서의 보편성을 지니고 있는 것이지만 특수성을 간과할 수 없는 것이기 때문에 북한의 학문체계에 대한 별도의 연구가 요구되는 것이다.
　그간 북한의 제 학문분야에 대한 많은 연구가 진행되어 왔지만 학문분류에 기초하여 종합적으로 정리 분석 평가하는 연구보다는 특정 주제에 대한 부분별 연구가 중심을 이뤄 왔다. 따라서 북한의 학문세계를 총체적으로 파악하는 데는 한계가 있었으며, 이에 대한 연구의 필요성이 제기되고 있었다. 북한의 학문세계에 관한 연구의 출발점은 연구내용에 대한 분석에 앞서 무엇이 학문의 범위에 속하며, 어떻게 분류하고 있는가라는 기본적인 학문체계에 대한 검토이며 이를 토대로 한 총체적인 분석이라 하겠다.

이러한 맥락에서 본 연구는 북한의 학문세계를 이해・평가하기 위한 기초연구로서 인문사회과학분야의 학문에 한정하여 분류체계를 검토하는데 목적을 두고 있다. 따라서 북한의 교육과 연구의 제 영역에서의 학문 활동을 분석대상으로 삼아 그 범위를 대학학과와 학술연구기관에서의 종류, 문헌(도서)분류 및 사전적 개념과 학위 분류, 분야별 연구성과 평가에 의한 분류로 구분하였으며 정리 분석을 시도하였다. 그 결과에서 공통분모를 도출하고 이를 토대로 학문분류체계의 시안을 만들고 특징을 살펴보고자 한다.

2. 교육과 연구의 제 영역에서 분류

1) 대학과 학술연구기관에서의 분류

(1) 대학의 학과(전공)분류

대학의 학과는 학문의 연구와 교수를 기본사명으로 하고 있기 때문에 학문이 학과의 성격을 규정하는데 결정적인 역할을 한다. 따라서 대학의 학과는 일반적으로 학문의 성격에 따라 인문과학, 사회과학, 자연과학으로 구성된 대학 또는 학부에 소속 학과로 구성된다.

물론 학과는 학문을 조직적으로 연구하기 위한 제도적 장치로서 학문분류의 원칙에 기초하고 있지만 학과분류가 학문분류와 반드시 일치하는 것은 아니다. 뿐만 아니라 사회의 변화에 따라 학문 연구 대상의 확대와 사회적 요구의 증대는 필연적으로 새로운 학과를 필요로 하고 있다. 그러나 대학의 학과편제는 학문분류체계를 가늠하는 유용한 도구임을 부인할 수 없다.

이러한 의미에서 김일성종합대학 학과의 변천과정을 통하여 북한의 학문분류체계의 시사점을 찾고자 한다.

김일성종합대학은 북한 정권이 수립되기 전인 1946년 9월 1일에 7개 학부 24개 학과로 개교하였다.2) 7개 학부 중 인문사회과학분야는 문학부(사학과, 문학과, 교육학과)와 법학부(법학과, 경제학과)였다. 지난 60년간 학부 및 대학 편제의 변천과정은 다음의 <표 1>과 같다.

<표 1> 김일성종합대학 학부 및 대학편제 변천과정(인문사회과학분야)

1946.9.1	1947.9.1	1949.9	1951.12	1957.9	현재
문학부	력사문학부	력사학부	력사학부	력사학부	력사학부
					철학부
		조선어문학부	조선어문학부	조선어문학부	문학대학
		외국어문학부	외국어문학부	외국어문학부	외국어문학부
		교육학부	평양사범대학이관		
		지리학부*	지리학부	지리학부	지리학부
법학부	경제법학부	경제학부	경제학부	재정금융학부	경제학부
				경제학부	
		법학부	법학부	법학부	법률대학

출처: 『김일성종합대학 10년사』(평양: 김일성종합대학, 1956) ; 『조선중앙년감 1949』(평양: 조선중앙통신사, 1949) ; 『조선중앙년감 1954~55』(평양: 조선중앙통신사, 1955) ; 『조선중앙년감 1966~67』(평양: 조선중앙통신사, 1967) ; ≪로동신문≫ 1957년 5월 28일자 ; ≪로동신문≫ (1958년 6월 24일자, 1959년 5월 12일자, 2001년 1월 29일자) ; ≪민주조선≫ 2001년 2월 13일자.
* 1947년에 력사문학부에 지리학과가 설치되었던 것임으로 편의상 존치했음.

<표 2> 학부(대학)별 학과현황(인문사회계열)

학부(대학)명	학과명	비 고
력사학부	김일성동지혁명력사학과 김정일동지혁명력사학과 조선력사학과 세계력사학과 당정책사학과 종교학과	조선로동당력사학과가 김일성동지혁명력사학과와 김정일동지혁명력사학과로 개편된 것으로 알려짐. (조선력사학과와 세계력사학과를 력사학과로도 신입생모집요강을 발표함)3)
철학부	철학과 김일성주의로작과 주체사상학과	≪로동신문≫ 1994년 1월 31일자
문학대학	조선문학과 조선어학과 한문학과 도서관학과 신문학과 보도학과 창작학과 도서정보학과 민족고전학	민주조선, 2001.2.13. 기존의 조선어문학부의 학과와 함께 시, 소설, 극문학, 아동문학 창작학과를 신설하여 대학으로 개편
외국어문학부	로어문학과 중국어문학과 영어문학과 독일어문학과 불어문학과 에스파니아문학과	1949.9에 개설 57~8학년도 모집안함 1956.8에 개설
경제학부	정치경제학과 재정학과 대외경제학과 통계학과	1954.8에 개설
법률대학	법학과 국제법학과 정치학과	법률대학의 3개학과 확인은 조선신보 (2001.2.5)

력사학부에서 철학부가 독립된 것은 1965년 6월 당 중앙위원회가 김일성종합대학을 내각에 직속시키는 조치를 취하고 편제를 개편하는 과

정에서 비롯된 것으로 판단된다.4) 또한 조선어문학부가 문학대학으로 개편된 것은 2001년 4월 1일이며5) 이시기에 법학부가 법률대학으로 개편된 것도 알려졌다.6) 따라서 현재 김일성종합대학의 인문사회과학분야는 4개학부와 2개 대학으로 구성되어 있다.

한편 각 학부와 대학에는 <표 2>와 같은 학과로 구성되어 있다.

<표 2>와 같은 학과는 1946년 9월 개교 당시 5개학과(사학과, 문학과, 교육학과, 법학과, 경제학과)가 지난 60년간 학문영역의 확대와 국가사회의 목표에 따라 분화되고 폐지·신설되는 과정을 거쳐 현재 31개학과에 이르고 있다. 학부와 달리 학과의 경우는 언제 설치되고 그간의 변화과정에 대한 계기와 정확한 시점을 명쾌히 확인할 수는 없으나 학과 편제상 특이한 사항은 조선로동당력사학과와 주체사상학과라 하겠다. 북한 체제의 특성으로 이해될 수 있지만 력사학부에 조선로동당력사학과와 철학부에 주체사상학과가 언제 어떠한 배경을 갖고 설치되었는지 정확한 기록을 확인하는 데는 한계가 있다. 조선로동당력사학과의 경우 1957년 7월 당중앙위원회 상무위원회 결정에 의하여 각 대학에 '조선로동당 투쟁사'강좌를 설치하여7) 독립적인 필수과목으로 교수 사업이 진행됨으로 당사가 독자적인 영역을 확보하는 계기가 되었고 이를 토대로 학과로까지 발전하였다고 본다. 그러나 알려진 바에 의하면 '조선로동당력사학과'가 '김일성동지혁명력사학과'와 '김정일동지혁명력사학'과로 개편되었다고 하며, 력사학부에 '당정책사학과'와 '종교학과', 철학부에 '김일성주의로작과'가 설치되었다고 한다.8) 한편 맑스—레닌주의를 지도이념으로 출발한 북한 정권은 1970년 당 5차대회에 이르러 "조선로동당은 맑스—레닌주의를 창조적으로 적용한 김일성의 주체사상을 자기 활동의 지도적 지침으로 삼는다"라고 당 규약을 수정하여 주체사상을 당의 유일사상으로 규정하기에 이른다. 따라서 당 지도이념을 이론적으로 체계화하고 발전시키기에 학문적 틀을 갖추기 위하

여 주체사상학과를 개설한 것으로 판단된다.

또한 경제학부의 경우에는 그간 개설되었다 폐지 또는 명칭이 변경된 학과로서 계획경제학과, 금융경제학과, 상업경제학과, 무역경제학과, 재정신용학과, 부기계산학과 등이 있다. 법률대학의 경우 과거 법학부 시절에 한때 국제관계학과가 있었고9) '국가와 법이론강좌'도 개설되었으며 인민경제대학에는 국가건설학과가 설치되었다.10) 이러한 국가와 법이론강좌와 국가건설학과 등이 정치학과의 역할을 하였고 결국 정치학과로 개설된 것이라 하겠다.

이러한 대학 학과의 구성에서 나타난 특징은 지도자에 관한 문제와 체제이데올로기를 학문의 영역으로 발전시켜 연구 교육하려는 시도를 하고 있다는 점이다.

(2) 학술연구기관의 연구소 실태

일반적으로 학술연구를 위한 기구와 조직은 학문의 성격과 연구대상의 확대 및 국가의 정책적 목적에 따라 변화를 거듭하고 있다. 따라서 어떠한 국가를 막론하고 국가를 대표하는 학술연구기관은 존재하지만 기구와 조직은 일정치 않으며 국가별 특성을 지니고 있다.

현재 북한의 경우 인문사회과학분야의 학술은 사회과학원이 총괄적으로 기획 관리하고 있지만 설립과정을 보면 '정치경제학 아카데미야'로부터 출발하였다. 정권수립 초기에 학술전반에 걸쳐 체계적인 관리조직을 마련키는 어려웠던 상황에서 1949년 12월 8일 내각 결정 제184호에 의거하여 설립된 '정치경제학 아카데미야'가 교육기능 만이 아니라 연구기관도 관장하는 역할을 담당하였다.11) 따라서 1952년 12월 1일 국가학술기관의 총 본산으로서 과학원이 개원되기까지 조선력사연구소와 조선언어학연구소가 정치경제학 아카데미야의 산하기구로 연구활동을 하였던 것이다.12)

과학원은 1952년 5월 7일 내각 결정으로 창설을 결정하고 동년 10월 9일에 과학원 조직에 관한 내각 결정 제183호를 채택함으로써 자연과학과 인문사회과학의 18개 분야의 연구소(원)로 개원하였다. 당시 인문사회과학분야의 연구소는 경제법학연구소(연구실수 4), 조선어 및 조선문학연구소(연구실수 2), 력사연구소(연구실수 3, 사전편찬실 1), 물질 문화사 연구소(연구실수 3, 사료편찬실 1) 등 4개 연구소가 개설되었다.13) 물질 문화사연구소는 미술사연구실과 민속학 및 고고학연구실로 편성되어 있었으나 1956년에 명칭이 고고학 및 민속학연구소로 개칭되었고, 조선어 및 조선문학연구소 역시 언어문학연구소로 개칭되고 어학, 문학, 외국 어문, 사전편찬실로 개편되었다.14) 1964년 2월 17일 사회과학원이 창설되면서 과학원 산하 인문사회과학분야의 경제법학연구소가 경제연구소와 법학연구소로 분리되었고, 언어 문학연구소도 언어학 연구소와 문학연구소로 개편되었다.15) 또한 과학원의 직속연구실로 있던 고전연구실이 고전연구소로 확대되었고, 력사연구소에 소속되었던 철학연구실이 철학연구소로 분리 독립하여 총 8개 연구소로 사회과학원이 창설되었다.16)

이처럼 8개 연구소로 출발한 사회과학원에 대하여 통일부에서 2005년에 발간된 자료는 18개 연구소로 운영되고 있는 것으로 기술하고 있으나 출처 근거가 불명확함으로 부정확한 부분이 있다고 판단된다. 특히 김일성동지 청년사상연구소라고 청년사상연구소를 별도로 운영하고 있는지는 자료에 의문을 더하고 있으며, 2000년 출판된 조선대백과사전에는 김일성동지청년사상연구소는 없으며, <표 3>과 같이 13개 연구소가 운영되고 있는 것으로 밝히고 있다. 또한 2002년에 발간된 전화번호 책에도 김일성동지혁명력사연구소, 김일성주의연구소, 주체경제학연구소, 사회주의경제관리연구소, 법학연구소, 언어학연구소, 주체문학연구소, 력사연구소, 고고학연구소, 민족고전연구소 10개연구소의 전화번

호만이 등재되어 있다.[17]

<표 3> 사회과학원 연구소변천실태

정치경제학 아카데미야	과학원창립	사회과학원			
1949.12.8 설립	1952.10.9 창립	1964.2.17 창립	2005.12 현재[18]		2000년[19]
조선력사연구소	력사연구소	력사연구소	김일성동지 청년사상연		혁명력사 연구소
			김일성동지 혁명력사연		
			력사연구소		력사연구소
		철학연구소	주체사상 연구소		주체사상 연구소
			철학연구소		철학연구소
	물질문화사 연구소	고고학 및 민속학연구소	고고학연구소		고고학연구소
			민속학연구소		
		고전연구소	민족고전연구소		민족고전연구소
조선언어학 연구소	조선어 및 조선문학 연구소[20]	언어학연구소	언어학연구소		언어학연구소
		문학연구소	주체문학연구소		주체문학연구소
경제법학연구소	경제법학 연구소	경제연구소	경제연구소		주체경제학연구
			무역경제연구소		세계경제연구소
			사회주의 경제관리연구		사회주의경제관
		법학연구소	법학연구소		법학연구소
			국제법연구소		사회과학 통보연구소
			국제관계연구소		
			통일문제연구소		
			군사학연구소		

여하튼, 연구소의 경우도 대학의 학과와 같이 지도자 및 체제이념을 중점적으로 연구하는 연구소를 설치운영하고 있음을 볼 때 이에 대한 이론적 체계를 갖추려는 의도를 읽을 수 있다는 점에서 시사하는바 크다고 하겠다.

2) 문헌 및 사전적 개념과 학위 분류

(1) 도서 분류

문헌(도서) 분류와 학문분류와는 목적 및 개념상의 차이가 존재하지만 기본적으로 학계의 객관성과 보편성을 인정받는 학문 분류에 기초하여 문헌 분류가 이루어진다는 점에서 학문 분류 체계를 파악하는데 유용한 방법이라 하겠다.

따라서 현재 입수가능 한 북한의 국립중앙도서관에서 발행한 '도서 분류표'를 중심으로 도서 분류 체계를 검토코자 한다. 본 연구에서 활용한 도서 분류표에 대하여 북한은 "기본 류문들은 문화성 통일 분류표 작성위원회에서 토의 채택되었으며 강, 목, 세목들은 해당한 과학연구기관들과 전문 일군들의 방조 하에 국립중앙도서관, 과학원 도서관, 김일성종합대학 도서관, 김책공업대학 도서관, 평양의학대학도서관 일군들이 작성하였으며, 최종초안은 문화성 도서관 학술위원회가 비준하였다"[21]라고 밝히고 있듯이 공식적이며 표준이 되는 분류표라 하겠다.

한편 "분류표의 류문 배열과 그 체계에 있어서는 맑스─레닌주의적 과학 분류원칙과 분류체계에 입각하면서 과학기술 발전의 제 성과를 반영하며 전반적인 기술혁명, 문화혁명, 사상혁명 수행을 촉진하는데 노력하였으며 총 류문은 43개로 배정 전개하였고 그중 사회과학부문은 10개 류문으로 구분하고 사회 발전 법칙에 관한 과학들로부터 시작하여 사상 및 사회적 의식에 관한 과학들의 순위[22]로" <표 4>과 같이 배열하고 있다.

<표 4> 도서 분류표(사회과학분야)

류문표		류강표	
11/15	맑스-레닌주의, 김일성동지의 저작	111~119	맑스, 엥겔스 저작, 생애
		121~128	레닌, 쓰탈린 저작, 생애
		131~133	김일성의 저작 및 활동
		150~153	맑스-레닌주의 이론
21/23	맑스-레닌의 당, 조선로동당	210	국제공산주의운동, 국제로동운동
		220~229	조선로동당 관련
		235~238	각국의 공산당 및 로동당
70	사회과학총기	700~704	사회과학총론, 통계학일반, 인구
71	력사, 력사과학	710~719	력사일반, 세계사, 조선사, 개별국가력사, 고고학, 민속학, 기타 력사보조과학
72	경제, 경제과학	720~728	경제일반, 정치경제학, 부문경제학, 세계경제, 개별국가인민경제,
73	사회정치생활	730~739	사회정치생활일반, 세계사회정치생활, 조선 및 각국의 사회정치생활
74	국가와 법, 법률과학	740~749	국가와 법 일반 및 이론, 부문법, 각국의 법, 법의학, 범죄수사학
75	군사, 군사과학	750~759	군사과학일반, 군사학, 개별국가의 군대, 군사보조과학
80/82	문화, 과학, 교육과학	800	문화, 문화건설
		810~816	과학, 교육과학, 출판, 보도, 서지학
		820~829	군중문화, 영화, 도서관학, 박물관학, 향토지학, 체육
83/84	언어학, 문학작품	830~839	언어학, 조선어, 외국어, 고대어
		840~848	문학일반, 조선문학, 개별국가문학
85/87	예술, 예술과학	850~858	예술론, 조선예술, 개별국가예술
		860~866	조형예술, 건축, 조각, 회화, 무대미술
		871~875	음악, 악보, 무용, 연극, 영화
89	철학, 철학과학, 심리학, 종교학, 무신론	890~897	철학, 론리학, 륜리학, 미학, 심리학, 종교

분류표를 좀더 구체적으로 살펴보면 류문 설정에서 맑스-레닌주의와 김일성동지의 저작류문과 맑스-레닌주의 당, 조선로동당 류문을 첫자리인 11~23에 배정하고 있는 것이 특징이다.

이러한 류문 분류는 사회주의 국가에서 볼 수 있는 일반적인 분류 관행으로서 중국의 경우도 <표 5>에서 보듯이 맑스-레닌주의와 모택동사상, 등소평이론을 첫 번째인 A에 배정하고 있다. 따라서 북한에서 김일성과 관련된 저작물들을 하나의 독립된 류문으로 분류 취급하고 있다는 것은 북한만의 특이한 사항은 아닌 것이다.

<표 5> 중국도서관 도서 분류법간표(북경국가도서관)

A	맑스, 레닌주의, 모택동사상, 등소평이론
B	철학, 종교
C	사회과학총론
D	정치, 법률
E	군사
F	경제
G	문화과학, 교육, 체육
H	어언, 문자
I	문학
J	예술
K	역사, 지리

그러므로 김일성저작이나 조선로동당에 관한 부분은 류강표에서 보듯이 학문의 한 분야에 해당하는 비중을 두고 있다. '70 사회과학 총기'에는 사회과학에 관한 맑스-레닌주의 고전 및 김일성동지의 저작과 사회과학의 철학적 제 문제,사회과학 방법론을 비롯하여 통계학 일반과 인구, 인구조사에 관한 도서를 포함하고 있다. '71 력사, 력사과학'은 력사과학 일반 문제와 세계사, 조선사 및 개별국가의 력사를 비롯하여 고고학, 민속학과 기타 력사보조과학(사료학, 문헌학, 력사 지리학)으로 분류하고 있으며 혁명운동사, 민족해방투쟁사, 국제관계사, 일반문화사도 력사에서 분류하고 있다. '72 경제, 경제과학'에서는 경제일반, 정치경제학, 부문경제학, 세계경제, 개별국가의 인민경제로 나누고 있으며,

'73 사회정치생활'은 사회정치생활일반 문제, 세계 사회정치생활을 비롯하여 개별 사회주의국가의 사회정치생활 및 가정, 인민반생활로 세분하고 있다.

(2) 사전적 개념과 학위 분류(종류)

북한에서 사회과학에 해당되는 학문을 가장 명확하게 설명 기술하고 있는 자료가 각종 사전에서의 해석이라고 판단되어 중요 사전에서의 개념 정의를 검토하였다.

우선 조선대백과사전에서는 사회과학에 대하여 다음과 같이 서술하고 있다.

"사회현상들을 전문적으로 연구하는 학문들의 총체. 자연과학과 함께 과학의 2대 분야의 하나를 이룬다. 철학, 경제학, 법학, 력사학, 문예학, 민족고전학, 언어학 등이 그에 속한다"[23]라고 사회과학에 속하는 학문들을 나열하고 있다.

그러나 이러한 사전에서의 사회과학분야에 속하는 학문에 대한 분류는 사전 마다 일정하지 않으며 약간의 차이를 나타내고 있다. 예컨대, 1957년에 발간된 '대중정치용어사전'을 보면 "사회과학은 그가 연구하는 대상에 따라 정치경제학, 법률학, 철학, 력사학, 언어학 등으로 나뉜다"[24]라고 규정하고 있다.

1970년에 발간된 철학사전에는 사회과학을 '사회생활의 여러 측면을 연구하는 과학들의 총제'라고 규정하면서 "철학, 정치경제학, 법학, 력사학, 문학, 언어학 등이 여기에 속한다"[25]라고 제 학문 분야를 열거하고 있고, 정치사전에서는 '사회현상들을 객관적 합법칙성을 연구하는 과학'이라고 사회과학을 규정하고 "연구대상에 따라 정치경제학, 철학, 력사학, 법학, 문학, 언어학을 비롯하여 여러 부문 등이 있다"[26]라고 기술하고 있다.

또한 1992년에 출판된 조선말대사전을 보면 사회과학을 "철학, 경제학, 법학, 력사학, 고고학, 민속학, 문예학, 언어학 등 사회적 현상을 연구하는 과학을 통털어 이르는 말"27)이라고 설명하고 있다.

이처럼 각종 사전에서 지칭하고 있는 학문분류가 총체적으로 종합한 관점에서의 분류가 아닐 지라도 중요 학문영역임에는 분명한 것이라 하겠다. 또한 시간의 경과에 따라 학문분야가 증가되고 있으며, 범위에서도 변화(정치경제학→경제학)를 나타내고 있다.

한편 북한에서 사회과학 분야에 수여되고 있는 "학위에는 박사와 학사가 있으며, 그 학문별 구분은 철학, 력사학, 사회정치학, 경제학, 법학, 교육학, 언어학, 문학 및 예술학, 군사학 등으로 되어 있다"28)고 밝히고 있다. <표 6>에서 보듯이 비교적 세분화되어 있고, 군사학 박사학위를 수여하고 있는 것이 특징이라 하겠다.

<표 6> 사전 및 학위에 의한 분류

사전에서의 사회과학					학 위 명
정치용어사전	철학사전	정치사전	조선말대사전	조선대백과사전	박사·학사
정치경제학	정치경제학	정지경제학	경제학	경제학	경제학
철 학	철학	철학	철학	철학	철 학
법률학	법학	법학	법학	법학	법 학
력사학	력사학	력사학	력사학	력사학	력사학
언어학	언어학	언어학	언어학	언어학	언어학
	문학	문학	문예학	문예학	문학 및 예술학
			고고학		
			민속학		
				민족고전학	
					교육학
					군사학
					사회정치학

3) 분야별 연구성과 평가에 의한 분류

조선중앙년감은 1961년부터 과학을 기술과학, 자연과학, 사회과학, 농업과학29)으로 구분하고 연구성과를 서술하기 시작하였지만 학문을 자신들의 기준에 기초하여 분야별로 나누어 평가하기 시작한 것은 1973년판부터라고 하겠다.

1973년판 조선중앙년감에서 사회과학분야를 철학분야(김일성의 혁명사상, 주체사상), 경제분야(정치경제학, 부문경영학), 당 및 국가건설리론분야(국가기능과 역할, 당이론), 력사학분야, 고고학분야, 언어학분야에 대한 성과를 서술하고 있다.30) 물론 서술된 분야가 사회과학의 전 분야를 평가하고 있는 것은 아니지만 매년 분야별로 평가하고 있어 사회과학의 분류체계와 특성을 파악하는데 유용한 자료로 활용할 수 있다고 판단된다.

학문연구 성과 평가에서 가장 특징적인 현상은 주체사상에 관한 문제이다. 북한체제가 주체사상을 모든 국가활동의 지도적 지침31)으로 삼고 있기 때문에 이러한 점은 학문의 세계에서도 예외가 될 수 없는 것이다.

김일성은 "자연과학이나 사회과학이나 할 것 없이 모든 과학 분야에서 가장 중요한 것은 주체를 철저히 세우는 것"32)이라고 강조하고 있으며 김정일의 경우도 "우리는 주체사상을 사상리론적, 방법론적 기초로 하여 과학연구사업을 끊임없이 심화발전시킴으로써 사회과학의 모든 부문을 새로운 연구성과들로 풍부히 하여나가야 합니다"33)라고 주체사상이 모든 학문연구의 출발점임을 분명히 하고 있다. 따라서 철학연구분야에서 주체철학을 한 분야로 비중 있게 취급하고 있다.

<표 7> 분야별 연구성과에 의한 분류 및 학문분류

연구성과		비고	학문분류	
분야	세부 내용		분야	소분류
주 체 사 상				
철학분야	주체철학	*주체철학을 기본으로한 분야로 설정 *사회학은 부르죠아 사회학에 대한 비판		주체철학
	철학일반		철학	철학일반
	미학			미 학
	윤리학			논리학
	논리학			심리학
	심리학			윤리학
	사회학			사회학
경제학분야	정치경제학	1987년판에서 정치경제학연구분야로 설정하여 경제학분야를 설명	경제학	정치경제학
	세계경제학			세계경제학
	부문경영학			부문경영학
	인구학			인구학
혁명력사연구 분야	김일성	당과 김일성에서 백두산3대장군으로 서술내용의 변화	혁명력사	조선로동당
	김정일			김일성
	김정숙			김정일-정숙
국가 및 법이론연구 분야	정치(국가)이론,	사회주의 정치학('91)	정치학	정치이론
	법이론			국제관계
	부문법		법학	법학
	국제관계			부문법
력사연구분야	고, 중, 근, 현대사	민속학, 고고학을 력사에 포함하는 경우 (87,88,91,97,00.01)	력사학	조선사
	세계사			세계사
	문화사			문화사
	인류학			인류학
문예학분야	문학		문예학	문학
	영화,연극,가극,음악, 미술,교예			예술 제분야
언어학분야	어휘,의미,문법 문체론		언어학	
	응용언어학			
	사전학			
	실험음성학			
고고학분야			고고학	
민족고전분야			민속학	
			민족고전	

한편 혁명력사연구분야를 설정하고 있는 것이 특징이다. 혁명력사 연구분야를 별도로 설정하기 시작한 것은 1987년판 조선중앙년감이며 김일성의 혁명역사와 당의 혁명전통을 중심 내용으로 하고 있다.[34] 그 이전에는 력사연구분야에 혁명력사를 포함하여 서술하였으며, 내용에 있어서도 시간의 경과에 따라 변화를 가져와 김정일이 포함되고 2000년대에 접어들어서는 백두산3대장군으로 확대되었다. 또한 1987년판에서 기존에 분류 사용하였던 '경제학연구분야'의 명칭을 '정치경제학연구분야'로 바꾸어 그 속에 경제학을 기술하고 있다.

국가 및 법이론연구분야는 국가이론부문과 부문법이론연구[35]로 구분하고 있으나 정치이론부문[36]에 관한 것과 사회주의 정치학의 기본문제[37]들을 포함하고 있는 것으로 정치학과 법학에 해당되는 것이라 하겠다.

고고학과 민속학을 간혹 역사연구분야에 포함시키고 있으나 전체적인 흐름은 고고학 연구분야와 민속학과 민족고전연구분야를 독립된 분야로 다루고 있다.

이상의 분야별 연구성과에 따른 분류를 정리하고 이를 토대로 학문분류를 하면 <표 7>과 같다.

3. 학문분류체계의 종합화와 시안

1) 제 분류의 종합

학문분류체계를 파악하기 위하여 앞서 검토한 교육과 연구의 제 영역에서의 분류를 종합하면 <표 8>과 같이 정리될 수 있다.

북한의 학문분류체계 ∴ 189

<표 8> 제 영역에서의 분류종합

학부대학	대학 학과	학술기관	도서분류		학위	연구성과 평가	
	김일성종합대학	사회과학원	류문	류강	박사/학사	분야	분류
철학	주체사상학과	주체사상연구소	김일성저작			주체철학	
	철학과	철학연구소	철학	철학	철학	철학	철학일반
	김일성주의노작			미학			미학
				윤리학			윤리학
				논리학			논리학
				심리학			심리학
				종교			사회학
							종교학
경제	정치경제학과	경제연구소	경제	경제일반	경제학	경제학	정치경제
	재정학과	경제관리연구소		정치경제			세계경제
	대외경제학과	무역경제연구소		부문경제			부문경영
	통계학과			세계경제			인구학
역사	김일성동지혁명	혁명력사연구소	조선로동당	당 관련	혁명력사		
	김정일동지혁명		역사	조선사	력사학	역사학	조선사
	종교학과			세계사			세계사
	조선력사학과	력사연구소		력사일반			문화사
	세계력사학과	고고학연구소		고고학			인류학
				민속학		고고학	
						민속학	
법률	법학과	법학연구소	국가와 법	이론	법학	법학	법이론
	국제법학과	국제법연구소		부문법			부문법
	정치학과	국제관계연구소		법의학			
		통일문제연구소		범죄수사			
			사회정치	정치생활	사회정치학	정치학	정치이론
				각국정치			국제관계
		군사학연구소	군사	군사과학	군사학		
문학	조선어학과	언어학연구소	언어학	조선어	언어학	언어학	
	조선문학과	주체문학연구소		외국어			
	한문학과			고대어			
	신문학과		문학	문학일반	문학		
	보도학과			조선문학			

	창작학과				개별국가		문예학	
	도서관학과		문화		도서관			
	도서정보학과				영화			
	민족고전학과	민속학연구소			박물관			
외문	로어문학과		교육과학		출판			
	중국어문학과				보도			
	영어문학과				서지			
	독일어문학과		예술		예술론			
	불어문학과				조형예술	예술학		
	에스파니아문학				음악,무용			
교육	교육학					교육학		

* 각종 사전은 사회과학의 분과학문으로 경제학(정치경제학), 철학, 법학, 역사학, 언어학, 문예학, 민족고전학을 열거하고 있다(철학사전, 정치사전, 조선말대사전, 조선대백과사전)

　물론 검토한 주제간 분류관점이 다르기 때문에 동일한 해석이 불가능하지만 영역별 특징을 통하여 공통점을 발견할 수 있다.
　대학의 경우를 보면 학과 구성에 정책적(이념적)인 학과의 설치 비중이 높으며 이에 대한 연구와 교육이 강조되고 있다. 예컨대, 김일성동지혁명력사학과를 비롯하여 김정일동지혁명력사학과,38) 김일성주의로작학과, 주체사상학과, 당정책사학과 등이 대표적인 사례로서 독자적인 영역을 만들어 가고 있다. 이에 반하여 일반 학문분야는 학과가 비교적 미분화되어 있으며 연구영역에서도 범위가 한정되어 있다.
　한편 학술연구기관에 있어서도 이념적인 분야의 연구가 강조되고 있음은 대학의 경우와 동일하다. 대표적인 학술연구기관인 사회과학원의 구성에서 보듯이 김일성동지혁명력사연구소를 비롯하여 주체사상연구소가 설치되어 이론적 체계를 발전시켜 나가고 있으며, 주체사상연구소를 김일성주의연구소라는 명칭으로도 사용하고 있다. 문학과 경제학연구소의 경우는 주체 용어를 사용하여 주체문학연구소, 주체경제학연구소라는 명칭으로 불리고 있다.

문헌분류에서도 '김일성의 저작과 활동'에 관한 도서와 '조선로동당'과 관련된 도서를 별도의 '류문'으로 분류하고 있으며, '군사'를 독립된 류문으로 다루고 있다. '사회정치생활'이란 류문을 에서 정치에 관한 도서를 포함하고 있는데 이러한 현상은 정치학분야의 학위를 사회정치학으로 수여하고 있는 것과 맥을 같이하고 있는 것이다.

이처럼 북한체제의 특성을 강조하는 분야-주체사상, 혁명력사 등-에 대하여 각종 사전에서는 아직 분과학문으로 설명하지 않고 있으며, 독립적인 학위도 수여하지 않고 있다. 그러나 사전에서 독립된 분과학문으로 분류하지 않고, 학위명이 없다고 하여 분과학문으로 성립되지 않는 것은 아니다. 사전에서 사회과학으로 분류하고 있는 분과학문은 경제학, 철학, 법학, 력사학, 언어학, 문예학, 고고학, 민속학, 민족고전학 등이며, 학사와 박사학위는 경제학, 철학, 법학, 사회정치학, 역사학, 언어학, 문학 및 예술학, 교육학, 군사학으로 구분하여 수여하고 있다.

분야별로 나누어 학문연구성과를 년도별로 평가한 조선중앙년감의 특징은 주체사상이 전 학문영역을 관통하는 사상이론적, 방법론적 기초로서 주체철학을 철학에서 독립된 분과학문으로 설정하고 있다.

아울러 혁명력사 연구분야-김일성동지혁명력사, 김정일동지혁명력사, 김정숙동지혁명력사, 조선로동당의 혁명전통-를 역사분야에서 독립시켜 별도의 분과학문화를 시도하고 있다. 이러한 현상은 대학의 학과, 연구소, 문헌분류에서도 나타난 공통적 현상이다. 또한 연구 성과평가에서 정치학 분야라는 용어를 사용하지 않고 있지만 '국가 및 법이론 연구분야'에서 정치학과 법학에 해당되는 연구내용을 평가하고 있음을 발견할 수 있다.

2) 학문분류표 시안

학문의 분과학문(<표 9>에서 중분류에 해당)은 시대적 환경과 학문 영역의 확대에 따라 새로운 분과학문이 다양하게 출현하고 있으며 분화를 계속하고 있다.

그러나 하나의 독립된 분과학문으로서 자리매김하기 위해서는 기존의 학문에서 다루지 않는 고유한 탐구대상의 확보가 필수적인 조건이다. 이와 더불어 개별국가마다 지니고 있는 특수한 상황에 따라 독특한 연구영역이 존재하고 있는 것이다.

이러한 관점에서 앞서 검토한 북한의 교육과 연구 분야에서 행하고 있는 각각의 분류를 종합하여 사회과학 부분의 학문 분과를 <표 9>와 같이 총 14개 분과학문으로 인문사회과학 분야의 학문을 분류 정리할 수 있다. 이러한 분류는 다음과 같은 몇 가지 분류기준을 적용하여 시안을 작성하였다

우선 북한체제의 특수성에 기초하여『주체철학』과『혁명역사』에 관한 연구를『학』으로 하나의 분과학문으로 분류하였다. 대학에 관련 학과가 개설되어 있고 연구기관에 연구소가 설치되어 있을 뿐만 아니라 관련문헌도 류문차원에서 분류하고 있다. 특히 학문성과평가에서 주체사상은 물론이며 '혁명력사연구분야'라고 역사연구분야와 별도로 다루고 있고 탐구대상(조선로동당 및 백두산3대장군)을 확보하고 있다는 점에서 분과학문으로 분류하였다.

한편 북한에서 학사와 박사학위를 수여하는 학문별 구분에 대하여는 분과학문으로서 위치하고 있다고 판단하여 기준으로 설정하였다. 따라서 학위를 수여하고 있는 군사학을 중분류로 분류하였다.

반면에 분과학문으로서의 위치를 점하고 있음에도 불구하고 독자적인 학위명을 갖지 못하고 인접분야의 학문과 같이 학위 명칭을 사용하

는 경우도 있다. 그러므로 학위명을 갖고 있는 학문만이 분과학문으로 존립하는 것은 아니므로 학위 명칭과 관계없이 고고학, 민속학, 민족고전학을 비롯하여 『주체철학』, 『혁명력사학』 등이 고유 명칭의 학위가 없어도 분과학문으로의 분류를 하였다. 뿐만 아니라 사회정치학이란 학위가 있음에도 불구하고 사회정치학이란 분과학문으로 분류하기보다는 대학의 학과 등을 고려하여 정치학으로 분류하였다.

<표 9> 학문분류표 시안

대분류	중분류	소분류	제 영역에서의 확인 종합
사회과학	주체철학	철학원리	대학학과/ 연구소/문헌(류문)/성과평가
		사회주의건설이론	
		혁명이론	
		통일이론	
		문헌연구(저작연구)	
	혁명력사학	김일성동지혁명력사	대학학과/연구소/문헌(류문)/성과평가
		김정일동지혁명력사	
		김정숙동지혁명력사	
		조선로동당사	
	철학	조선철학	대학학(부)과/연구소/문헌(류문)/성과평가/학위
		세계철학	
		논리학	
		윤리학	
		종교학	
		심리학	
		미학	
	력사학	조선사	대학학(부)과/연구소/문헌(류문)/성과평가/학위
		세계사	
	고고학		연구소/문헌(류강)/성과평가
	민속학		연구소/문헌(류강)/성과평가
	민족고전학		
	경제학	정치경제학	대학학(부)과/연구소/문헌(류문)/성과평가/학위
		세계경제학	
		부문경제학	
		전문경제학	
		인구학	

법학	통계학	대학학과/연구소/문헌(류문)/성과평가/학위	
	법이론		
	부문법		
정치학	정치이론	대학학과/연구소/문헌(류문)/성과평가/사회정치학	
	국제관계		
언어학	조선어	대학학과/연구소/문헌(류문)/성과평가/학위	
	외국어		
	고대어		
문예학	문학	대학학과/연구소/문헌(류문)/성과평가/학위	
	음악		
	영화		
	연극		
	미술		
	기예		
교육학		대학학과/문헌(류문)/학위	
군사학		대학/연구소/문헌(류문)/학위	

4. 결어―학문분류체계의 특징

앞서 검토한 내용으로부터 북한 학문분류체계의 특징을 다음과 같이 정리할 수 있다.

북한은 학문의 대상인 과학을 자연과학과 사회과학으로 양분하고 인문과학이란 개념과 용어를 사용하지 않고 있다. 물론 사전적인 개념으로는 "인류의 문화와 력사 같은 것을 연구하는 과학을 통털어 이르는 말"[39]이라고 설명하고 있지만 이에 해당하는 분야의 학문을 인문과학이라고 지칭하지 않으며 사회과학으로 분류 설명하고 있다. 그러나 북한정권 수립초기에 인문과학이란 용어를 사용한 예를 발견할 수 있으나[40] 일시적인 현상이었다.

따라서 자연과학과 사회과학이란 틀 속에서 모든 학문분야를 분류하고 있는 것이 기본적인 특징이라 하겠다. 이러한 구분아래 과학 특히

"사회과학은 그 내용자체가 계급성을 띤다"41)고 성격을 규정하고 있다.

둘째로 체제이데올로기와 지도자에 관한 문제를 학문적 차원에서 접근하고 있다. 이러한 현상은 북한 체제의 특성에서 비롯된 것으로『주체철학』과『혁명력사학』을 철학과 역사학에서 분리하여 독립적인 학문적 체계 확립을 시도하고 고유한 탐구대상을 확보해 나가고 있다는 점이다. 혁명력사학은 최고지도자에 대한 문제로서 대통령학과 맥을 같이 한다고 볼 수 있으나 긍정적인 내용 일변도로 구성되어있다. 현재로서『혁명력사학』을 하나의 독립된 분과학문으로서 객관적 평가받을 수 있는 위치를 점하였다고 단정할 수는 없다. 그러나 학문분류는 시와 장에 따른 특수성이 개재된다는 점에서 북한 학문체계의 특수성으로 인정하여야 될 것이다. '주체철학'과 혁명력사와 관련된 '위대한 수령 김일성동지의 로작'과 '위대한 령도자 김정일동지의 문헌'은 학위논문제출자격시험의 공통과목42)이기도 하다.

셋째로는 학문영역의 폭이 넓지 못하며 분과학문으로 분화하지 못하고 미분화상태에 있음으로 많은 분야의 학문이 독자적인 영역을 확보치 못하고 있다. 예컨대, 인류학, 사회학 광고학 등등에 관한 연구가 진행되고 있지 않으며, 경영학, 회계학, 무역학, 행정학, 정책학, 신문방송학, 지역학 등이 분과학문으로서 위상을 확보치 못하고 있다. 물론 사회학 분야의 연구가 이루어지고는 있으나 부르죠아사회학에 대한 비판이란 차원에서 행하여지고 있음으로 북한에서 사회학이 하나의 분과학문으로 존립한다고 볼 수 없다.

넷째로는 정치학을 학문의 영역으로 인정하고 있다는 점이다. 초기에는 정치를 경제에 속하는 것으로 해석하여 왔던 입장에서 시간의 경과에 따라 독자적인 분과로서 다루기 시작하였다. 물론 정치학을 권력비판의 학이란 시각에서 학문분과로 인정하고 있는 것이 아니라 국가통치관리학이란 관점에서 정치학이라 하겠다. 이러한 현상은 김정일의 선군정치론의 전개와도 무관하지 않은 것으로 판단되며 '정치학, 법률학 부문의 학술잡지 ≪정치법률연구≫'[43]를 발간하기 시작한 것도 정치학의 학문적 위치를 가늠하는 척도가 될 수 있다.

끝으로 체제의 특성이 학문에도 반영되어 학문분류에서도 나타나고 있음을 볼 수 있다.

이른바 폐쇄사회와 군 중시체제라는 특성은 대외개방과 교류지향적인 관광학을 비롯하여 국제통상학(무역학)같은 학문의 분과학문으로의 발전을 저해하고 있으며, 반면에 군사학은 일반대학에 학과로 설치되어 있는 것이 아니라 김일성종합군사대학을 비롯한 특수대학에서 연구와 교육을 하고 있지만 분과학문으로서 만이 아니라 군사학이란 명칭으로 학위까지 수여되고 있다.

이상과 같이 북한의 학문분류체계의 시안을 만들고 특징을 분석 검토하였으나 제한된 자료를 통한 연구가 지닌 한계성을 본 연구도 완전히 극복하지 못하였음을 밝히며, 분류체계의 틀을 제시했다는 점에 의미를 두면서 후속 연구로 남북한 비교를 통하여 보완하고자 한다.

※ 북한연구학회보 제10권 1호에 수록한 논문을
수정·보완하여 작성한 글이다.

주註

1) http://www.krf.or.kr/download/major.xls
2) 『김일성종합대학 10년사』 (평양: 김일성종합대학, 1956), 19쪽.
3) '1957~58학년도 및 1958·59학년도, 1959~60학년도 신입생모집요강,' ≪로동신문≫ (각각 1957년 5월 28일, 1958년 6월 24일, 1959년 5월 12일자) 참조.
4) 『조선중앙년감 1966~67』 (평양: 조선중앙통신사, 1967), 231쪽 참조.
5) ≪로동신문≫ 2001년 1월 29일 및 ≪민주조선≫ 2001년 2월 13일.
6) ≪조선신보≫ 2001년 2월 5일.
7) 김경인, "조선로동당 력사 연구소 사업에 대하여," 『공산당 및 로동당들의 맑스-레닌주의연구소, 당 력사 연구소, 당 력사 위원회 대표들의 제3차 국제회의 문헌집』 (평양: 조선로동당출판사, 1959), 346쪽.
8) 김일성종합대학 철학부에 근무한 경력을 지닌 2004년 입국한 새터민의 증언.
9) 1955년 8월에 개설(『김일성종합대학 10년사』, 123쪽 참조)된 이후 1959년 9월 신입생모집까지 확인됨(≪로동신문≫ 1957년 5월 28일자, 1958년 6월 24일자, 1959년 5월12일자 각 년도 신입생모집요강).
10) 『조선중앙년감 1954~55』 (평양: 조선중앙통신사, 1955), 452~453쪽.
11) 1952년 3월 27일 내각결정 제57호에 의거 "조선력사편찬위원회 및 조선어문연구회를 교육성관으로부터 분리하여 전자는 조선력사연구소, 후자는 조선언어학연구소로 개칭하고 조선민주주의인민공화국 내각 직속 정치경제 아카데미야에 이관한다"고 결정. "조선력사편찬위원회 및 조선어문연구회를 정치경제학 아카데미야에 이관함에 관하여," 『북한법령집』 제4권 (서울: 대륙연구소, 1990), 180쪽.
12) 정치경제학관계연구소(경제법학연구소?)도 있었던 것으로 판단. 김용섭, 『남북 학술원과 과학원의 발달』 (서울: 지식산업사, 2005), 95쪽.
13) 『조선중앙년감 1953』 (평양: 조선중앙통신사, 1953), 571~572쪽.
14) 『조선중앙년감 1956』 (평양: 조선중앙통신사, 1956), 131쪽.
15) 『조선중앙년감 1965』 (평양: 조선중앙통신사, 1965), 170쪽.
16) 『조선중앙년감 1964』 (평양: 조선중앙통시사, 1964), 207쪽.
17) 『전화번호책』 (발행처 미상이나 북한의 전 지역의 기관 전화번호책, 2002), 108쪽.
18) 『북한기관 단체별 인명집』 (서울: 통일부, 2005), 281~284쪽에서 참조 정리. 통일문제연구소와 군사학 연구소가 법학연구소로부터 분화 여부는 불분명.
19) 『조선대백과사전 (13)』 (평양: 백과사전출판사, 2000), 71쪽.
20) 1955년부터 언어문학연구소로 명칭이 개칭되어 사회과학원 설립시까지 언어

문학연구소로 활동.『조선중앙년감』(1956~1964) 참조.
21)『도서 분류표(군중도서관용)』(평양: 국립중앙도서관, 1964), 2쪽.
22) 위의 책, 187쪽.
23)『조선대백과사전』13 (평양: 백과사전출판사, 2000), 71쪽.
24)『대중정치용어사전』(평양: 조선로동당출판사, 1957), 149쪽.
25)『철학사전』(평양: 사회과학출판사, 1970), 334쪽.
26)『정치사전』(평양: 사회과학출판사, 1973), 528쪽.
27)『조선말대사전 1』(평양: 사회과학출판사, 1992), 1646쪽.
28)『조선대백과사전 (23)』(평양: 백과사전출판사, 2001), 566쪽.
29)『조선중앙년감 1961』(평양: 조선중앙통신사, 1962), 213~216쪽 참조. 그러나 과학을 사회과학과 자연과학으로 분류하여 분야별로 성과를 정리하기 시작한 것은 1971년판부터임.
30)『조선중앙년감 1973』(평양: 조선중앙통신사, 1973), 261쪽.
31) '북한헌법,' 제9조 참조.
32)『김일성저작집』제21권 (평양: 조선로동당출판사, 1983), 471쪽.
33) 조선중앙년감의 사회과학부문의 평가를 서술하는 머리말에 기술하고 있음 (1994년부터 매년).
34)『조선중앙년감 1987』(평양: 조선중앙통신사, 1987), 270쪽 참조. 1987년 이후 1989년판에 혁명력사를 역사연구에 포함하여 단 1회 서술한 적이 있음.
35)『조선중앙년감 1988』(평양: 조선중앙통신사, 1988), 203~204쪽.
36)『조선중앙년감 1989』(평양: 조선중앙통신사, 1989), 256쪽.
37)『조선중앙년감 1991』(평양: 조선중앙통신사, 1991), 196쪽.
38) 력사학부에 기존의 조선로동당력사학과가 폐지되고 김일성동지혁명력사학과와 김정일동지혁명력사학과가 설치된 것으로 알려짐(각주 8 참조).
39)『조선말대사전 2』(평양: 사회과학출판사, 1992), 1698쪽.
40)『조선중앙년감 1949』(평양: 조선중앙통신사, 1949), 128쪽에서 대학의 학부를 설명하면서 인문과학계통학부, 자연과학계통학부라고 분류.
41)『조선말대사전 4』(평양: 사회과학출판사, 1996), 486쪽.
42)『조선대백과사전 (23)』(평양: 백과사전출판사, 2001), 566쪽.
43) 북한은 2003년 1월부터 과학백과사전출판사 이름으로 "정치학, 법률학부문에서 사업하는 교원, 연구사, 현직일군들을 대상으로 하는 정치학, 법률학부문의 학술잡지 <정치법률연구>를 분기별로 발행"하기 시작하였음.

<참고문헌>

1. 북한문헌

김경인, "조선로동당 력사 연구소 사업에 대하여,"『공산당 및 로동당들의 맑스－레닌주의연구소, 당 력사 연구소, 당 력사 위원회 대표들의 제3차 국제회의 문헌집』(평양: 조선로동당 출판사, 1959).
『김일성저작집』제21권 (평양: 조선로동당출판사, 1983).
『김일성종합대학 10년사』(평양: 김일성종합대학, 1956).
『대중정치용어사전』(평양: 조선로동당출판사, 1957).
『도서 분류표(군중도서관용)』(평양: 국립중앙도서관, 1964).
『전화번호책』(발행처 미상, 2002).
『정치사전』(평양: 사회과학출판사, 1973).
『조선대백과사전 (13)』(평양: 백과사전출판사, 2000).
『조선대백과사전 (23)』(평양: 백과사전출판사, 2001).
『조선말대사전 1』(평양: 사회과학출판사, 1992).
『조선말대사전 2』(평양: 사회과학출판사, 1992).
『조선말대사전 4』(평양: 사회과학출판사, 1996).
『조선중앙년감 1949』(평양: 조선중앙통신사, 1949).
『조선중앙년감 1953』(평양: 조선중앙통신사, 1953).
『조선중앙년감 1954~55』(평양: 조선중앙통신사, 1955).
『조선중앙년감 1956』(평양: 조선중앙통신사, 1956).
『조선중앙년감 1961』(평양: 조선중앙통신사, 1962).
『조선중앙년감 1964』(평양: 조선중앙통신사, 1964).
『조선중앙년감 1965』(평양: 조선중앙통신사, 1965).
『조선중앙년감 1966~67』(평양: 조선중앙통신사, 1967).
『조선중앙년감 1973』(평양: 조선중앙통신사, 1973).
『조선중앙년감 1987』(평양: 조선중앙통신사, 1987).
『조선중앙년감 1988』(평양: 조선중앙통신사, 1988).
『조선중앙년감 1989』(평양: 조선중앙통신사, 1989).
『조선중앙년감 1991』(평양: 조선중앙통신사, 1991).
『철학사전』(평양: 사회과학출판사, 1970).
≪로동신문≫ 2001년 1월 29일자.
≪로동신문≫ 1957년 5월 28일자.

≪로동신문≫ 1958년 6월 24일자.
≪로동신문≫ 1959년 5월 12일자.
≪민주조선≫ 2001년 2월 13일자.
≪조선신보≫ 2001년 2월 5일자.

2. 남한문헌

김용섭,『남북학술원과 과학원의 발달』(서울: 지식산업사, 2005).
『북한기관 단체별 인명집』(서울: 통일부, 2005).
『북한법령집』제4권 (서울: 대륙연구소, 1990).
http://www.krf.or.kr/download/major.xls

제2부
북한교육의 현재와 전망

한만길　북한교육의 이념과 목적
최영표　북한의 학교교육제도의 변천과 구조
권성아　북한의 교육과정 정책
조정아　북한 중등학교 규율과 학생문화
한만길　북한 교육의 변화 동향과 발전 과제

북한 교육의 이념과 목적

한 만 길

1. 북한교육의 이념적 배경

　북한교육의 이념적 배경은 마르크스·레닌주의와 김일성의 주체사상에 기초하고 있다. 마르크스·레닌주의는 북한이 해방과 더불어 사회주의 사회를 건설하기 위하여 소련식의 사회주의 이념을 도입하면서 북한 사회의 중요한 지도이념으로 작용하였다. 주체사상은 이른바 김일성의 항일무장 투쟁의 혁명전통을 계승하여 1970년 이후 당의 지도이념으로 정착된 것이다.

　북한은 해방이후 1960년대까지는 사회주의 사회의 기초건설기로서 공산주의 지도 이념을 도입하고 소련식 사회주의 교육을 적용하는데 주력하였다. 당시 교육의 주요 사업으로서 마르크스·레닌주의에 입각한 공산주의 이념교육, 교육과 생산노동의 결합을 도모하는 종합기술교육, 그리고 초등교육의 의무화를 들 수 있다. 이 시기에는 마르크스·레닌주의에 기초하여 사회주의 교육을 실천하는데 주력하였다고 볼 수 있다. 1960년에 들어서 소련 내에서의 스탈린 격하운동이 전개되고, 중소분쟁이 심화되면서 북한은 서서히 독자노선을 모색하기 시작하였다. 또한 해방 초기의 조직적 약세를 극복하고 김일성은 자신의 정치적 위치를 확고히 다지는 한편, 소위 항일무장 투쟁의 혁명전통을 계승하여 주체사상을 당의 지도이념으로 표방하게 되었다. 이로써 1970년대에는 마르크스・레닌주의가 상대적으로 격하되면서 주체사상이 유일한 사상체계로 등장하게 되었다.

북한 교육의 이념과 목적은 사회주의 헌법이나 어린이 보육교양법, 사회주의 교육에 관한 테제 등을 통하여 명시되고 있다. 이들 문건에서 북한의 교육 목표를 구체적으로 살펴볼 수 있다. 그리고 북한 교육의 목적을 1990년 통치 이데올로기의 변화와 사회적 현실을 통하여 살펴볼 수 있다.

2. 북한헌법을 통해 본 교육 목적

북한 교육의 목적은 교육 관련 법령을 통하여 확인할 수 있다. 법령으로서 사회주의 헌법, 어린이 보육교양법, 사회주의 교육에 관한 테제, 교육법(조선민주주의 인민공화국 교육법) 등이 있다.

먼저 사회주의 헌법은 교육과 관련한 7개항을 규정하고 있다.[1] 여기에서는 북한교육의 목표로서 '지덕체를 갖춘 공산주의적 새 인간'을 제시하고 있으며, 교육사업의 기본방침으로서 11년제 의무교육, 교육체계의 특성, 무료교육, 사회교육, 학령전교육을 각각 명시하고 있다.

현행 북한 헌법은 1998년 제7차 개정으로서 모두 7장 166조로 구성되어 있다. 서문, 제1장 정치, 제2장 경제, 제3장 문화, 제4장 국방, 제5

장 공민의 기본 권리와 의무, 제6장 국가 기구 제1절 최고인민회의, 제2절 국방위원회, 제3절 최고인민회의 상임위원회, 제4절 내각, 제5절 지방인민회의, 제6절 지방인민위원회, 제7절 검찰소와 재판소, 제7장 국장, 국기, 국가, 수도가 그 내용이다.

교육은 제3장 문화의 장에 규정되어 있다. 문화의 장의 제39조로부터 제51조에 이르는 13개 조문이라고 할 수 있다. 이들 헌법의 교육에 관한 규정에서 북한이 지향하는 교육의 목적을 확인할 수 있다. 우선, 북한 교육헌법은 인간 개개인의 자기 개발을 위한 교육기본권의 보장보다는 '사회주의적 민족문화의 전면적인 개화 발전'을 교육의 이념으로 하고 있다. 교육을 공민의 기본 권리라고 보지 않고 국가 사업의 한 부분으로 간주하고 있다. 교육에 관한 전적인 권한과 책임은 국가가 가지며, 국민은 다만 이러한 교육을 받을 의무만 지니고 있음을 알 수 있다.

둘째, 구체적으로는 문화혁명을 철저히 수행하여 모든 노동자들을 자연과 사회에 관하여 깊은 지식과 높은 문화 기술 수준을 가진 사회주의, 공산주의 건설자로 만들고, 사회주의적 민족 문화 건설을 위하여 민족 문화 유산을 보호하되 그것을 사회주의 현실에 맞게 계승 발전시키며, 모든 분야에서 낡은 사회의 생활 양식을 없애고 새로운 사회주의적 생활 양식을 전면적으로 확립하는 것을 그 목적으로 한다.

셋째, 이를 위하여 이른바 주체사상의 무장을 통한 공민들의 결속과 단합을 위하여 사회주의 교육학을 그 교육의 원리로 삼는다.

넷째, 교육 사업을 다른 어떤 사업보다 중시하여 사회주의 교육체제를 수립하되, 여기에는 취학전 교육 1년을 포함하여 초·중·고 학교교육까지 11년제 의무교육을 실시하는 것, 교육의 내용에 있어서 순수이론 교육을 지양하고 직업과 직결된 직접교육과 전문교육을 중시하는 것, 같은 맥락이지만 학교 교육과정에 많은 노작교육을 병행하는 것, 학교교육에만 비중을 두는 것이 아니라 평생교육 차원에서 사회교육을 강조하는 것 등을 포함하고 있다.

1998년의 북한헌법상 직접적으로 교육에 관해서 규정한 조항

제43조 국가는 사회주의 교육학의 원리를 구현하여 후대들을 사회와 인민을 위하여 투쟁하는 견결한 혁명가로, 지덕체를 갖춘 공산주의적 새 인간으로 키운다.

제44조 국가는 인민교육사업과 민족간부양성사업을 다른 모든 사업에 앞세우며 일반교육과 기술교육, 교육과 생산로동을 밀접히 결합시킨다.

제45조 국가는 1년 동안의 학교전 의무교육을 포함한 전반적 11년제 의무교육을 현대과학기술 발전추세와 사회주의 건설의 현실적 요구에 맞게 높은 수준에서 발전시킨다.

제46조 국가는 학업을 전문으로 하는 교육체계와 일하면서 공부하는 여러 가지 형태의 교육체계를 발전시키며 기술교육과 사회과학, 기초과학 교육의 과학 리론 수준을 높여 유능한 기술자, 전문가들을 키워낸다.

제47조 국가는 모든 학생들을 무료로 공부시키며 대학과 전문학교 학생들에게는 장학금을 준다.

제48조 국가는 사회교육을 강화하며 모든 근로자들이 학습할 수 있는 온갖 조건을 보장한다.

제49조 국가는 학령전 어린이들을 탁아소와 유치원에서 국가와 사회의 부담으로 키워준다.

1998년의 북한헌법상 간접적으로 교육에 관해서 규정한 조항

제39조 조선민주주의인민공화국에서 개화발전하고 있는 사회주의적 문화는 근로자들의 창조적 능력을 높이며 건전한 문화 정서적 수요를 충족시키는데 이바지한다.

제40조 조선민주주의인민공화국은 문화혁명을 철저히 수행하여 모든 사람들을 자연과 사회에 대한 깊은 지식과 높은 문화예술수준을 가진 사회주의, 공산주의 건설자로 만들며 온 사회를 인테리화한다.

제41조 조선민주주의인민공화국은 사회주의 근로자들을 위하여 복무하는 참다운 인민적이며 혁명적인 문화를 건설한다. 국가는 사회주의적 민족문화건설에서 제국주의의 문화적 침투와 복고주의적 경향에

반대하며 민족문화유산을 보호하고 사회주의 현실에 맞게 계승발전시 킨다.
　　제42조 국가는 모든 분야에서 낡은 사회의 생활양식을 없애고 새로운 사회주의적 생활양식을 전면적으로 확립한다.
　　제50조 국가는 과학연구사업에서 주체를 세우며 선진과학기술을 적극 받아들이고 새로운 과학기술분야를 개척하여 나라의 과학기술을 세계적 수준에 올려 세운다.
　　제51조 국가는 과학기술발전계획을 바로 세우고 철저히 수행하는 규률을 세우며 과학자, 기술자들과 생산자들의 창조적 협조를 강화하도록 한다.

3. 교육관련 법령을 통해 본 교육목적

　　북한의 교육 관련 법령은 대표적으로 '조선민주주의 인민공화국 어린이 보육 교양법'(1976년 채택), 사회주의 교육에 관한 테제(1977년 채택), 조선민주주의 인민공화국 교육법(1998년 제정)이 있다.
　　먼저 '어린이 보육 교양법'은 취학전 아동의 보육 교육에 관한 기본 방향과 지침을 명시하고 있다. 여기에서는 보육교양의 목적으로 '공산주의 건설의 후비대', '혁명위업의 계승자' 육성으로 규정하고 있다. 그리고 보육교양에 관한 기본 방침으로서 사회적인 양육 책임과 국가사회의 부담을 명시하고 있다. 보육교양의 목적에 관한 조항을 예시하면 다음과 같다.

　　　　제1조 조선민주주의 인민공화국에서 어린이들은 조국의 미래이며 공산주의 건설의 후비대이며 대를 이어 혁명할 우리 혁명위업의 계승자들이다.
　　　　제2조 어린이들을 사회적으로 키우는 것은 사회주의 국가의 중요한 시책의 하나이며 사회주의 교육학에 근거한 교육방법이다. 조선민주

주의 인민공화국은 모든 어린이들을 탁아소와 유치원에서 국가와 사회의 부담으로 키운다.
　제3조 어린이들이 비록 탁아소에 갈 나이라 하더라도 탁아소에 보내지 않고 자기 집에서 키우는 것은 그들 부모의 자유에 속한다.
　제4조 조선민주주의 인민공화국 어린이 보육 교양법은 조국의 광복과 인민의 자유와 행복을 위한 영광스러운 항일혁명투쟁에서 이룩된 빛나는 혁명전통을 이어 받은 법이다.
　제5조 조선민주주의 인민공화국 어린이 보육 교양법은 맑스-레닌주의를 우리나라의 현실에 창조적으로 적용한 조선 노동당의 위대한 주체사상을 유일한 지도사상으로 삼는다.
　제6조 조선민주주의 인민공화국 어린이 보육 교양법은 우리나라에 전반적으로 확립된 선진적인 보육 교양제도를 더욱 공고발전시켜 모든 어린이들을 주체형의 혁명적 새 인간으로 키우며 여성들을 어린이를 키우는 무거운 부담에서 해방하는 신성한 사업을 실현하며 나라의 사회주의 건설을 힘있게 다그치며 온 사회를 혁명화 노동계급화 하는 역사적 위업수행에 이바지한다.

　다음으로 '사회주의 교육에 관한 테제'는 북한 당국이 북한교육의 기본 방향과 지침을 집대성한 것이다.[2] 교육테제는 1977년 9월 5일에 김일성 교시로 발표하였으며, 교육법이 정식으로 채택된 1999년까지 북한의 교육에 관한 기본법의 역할을 하였다. 이는 20여 년 전 김일성이 소위 주체사상이라는 기본철학을 발전시키는 과정에서 나온 것이었다.
　'교육테제'는 사회주의 교육학의 기본원리, 교육내용, 교육방법, 교육제도, 교육기관의 항목에서 각각 구체적인 지침을 명시하고 있다. 먼저 사회주의 교육의 가장 기초적인 이념은 공산주의적 인간 육성에 있음을 다음과 같이 제시하고 있다.

　　공산주의 건설의 두 요새를 점령하는 데서 사상적 요새를 점령하는 것이 무엇보다도 중요하다. 사회의 주인인 사람들을 공산주의적으로 교양 개조하여야 공산주의 건설의 근본문제를 해결할 수 있으며 물질적 요새도 성과적으로 점령할 수 있다. 그러므로 로동계급의 당과 국가는 자본주의로부터 사회주의에로의 과도기에 사람들을 공산주의적으로 개조하여 사상적 요새를 점령하는데 선차적 힘을 넣어야 한다.

사회주의 교육의 목적은 사람들을 자주성과 창조성을 가진 공산주의적 혁명 인재로 키우는 것이라고 한다. 북한 교육에서 '인간의 자주성과 창조성'은 사회주의 혁명을 위하여 헌신할 수 있는 혁명 인재를 뜻한다.

다음으로 북한은 사회주의 교육원칙으로서 혁명화, 로동계급화, 공산주의화의 3가지 개념을 제시하고 있다. 사회주의 교육테제에서 '사람들을 혁명화, 로동계급화, 공산주의화하는 것은 사회주의, 공산주의 건설의 합법적 요구이며 자본주의로부터 사회주의에로의 과도기에 로동계급이 당과 국가 앞에 나서는 기본 혁명 과업'이라고 한다.

또한 교육사업의 원칙으로서 당성, 로동계급성, 주체, 교육과 혁명의 결합을 제시하고 있다. '당성', '로동계급성'은 교육의 계급적 성격을 말하며, '주체'는 교육이 북한 자신의 환경과 조건에 알맞아야 함을 뜻하고 있다. 그리고 교육은 혁명 실천과 결합함으로써 공산주의 혁명에 이바지할 수 있는 혁명인재를 육성해야 한다는 점을 강조하고 있다. 이에 관한 문헌을 제시하면 다음과 같다.

> 사회주의 교육사업을 원만히 진행하기 위하여서는 다음과 같은 원칙을 견지하여야 한다. 첫째로, 교육에서 당성, 로동계급성을 구현하여야 한다. 계급사회에서는 교육은 언제나 계급적 성격을 띤다. 사회주의 교육은 그 계급적 본질에 있어서 당적이며 로동계급적인 교육이다. …
> 둘째로, 교육에서 주체를 세워야 한다. 사회주의, 공산주의 건설사업은 민족국가 단위로 진행되며 매개 나라 혁명과 건설의 주인은 그 나라 인민 자신이다. …
> 셋째로, 교육과 혁명 실천을 결합하여야 한다. 교육은 실천의 요구로부터 발생하였으며 실천을 위하여 복무한다. 실천과 결합된 교육만이 자기의 사명을 다할 수 있다. 사회주의 교육은 사회주의, 공산주의

를 위한 로동계급의 혁명 실천과 결합되어야 한다. …

지난 1999년 8월에 북한은 최초의 교육법이라 할 수 있는 '조선민주주의 인민공화국 교육법'을 채택하였다. 지금까지 사회주의 교육테제와 같이 김일성 교시나 내각 결정 등의 형식으로 교육에 관한 법령을 제정·공포하여 시행한 것과 달리, 건국 이후 처음으로 교육법이라는 명칭을 사용하여 공포하였다.3)

그 동안 북한의 교육 관계 법령은 법적인 체계와 구조를 갖추지 못하고 있었는데, 새로운 교육법은 명실상부한 교육법의 체계를 갖추고 있다. 특히 지난 1977년 북한이 발표한 '사회주의 교육에 관한 테제'는 강령적 성격을 띠고 있다는 점에서 법적인 의미를 부여할 수 있었으나 이를 발전적으로 계승하여 교육법으로서의 구조를 갖추었다.

교육법은 6장 52조로 구성되어 있다. 제1장은 교육법의 기본이라고 이름하고 있으며 북한교육의 성격 등 일반규정을 담고 있다. 북한사회의 발전에 따라 새롭게 부각되고 있는 측면을 추가하고 있다는 점에서 주목할 만하다. 즉 '온사회의 인테리화', '해외 조선 동포들의 민주주의적 민족교육', '국제기구들과의 교류와 협조'에 관한 조항을 명시하고 있다. 이러한 조항은 사회의 개방과 변화에 대비하기 위한 내용이라고 할 수 있다.

2장은 전반적 무료의무교육제의 내용을 서술하고 있다. 북한이 자랑하고 있는 무상의무교육제도에 관하여 이번 교육법에서도 강조하고 있다는 점에서 사회주의 교육테제와 다를 바 없다. 그러나 무상교육의 질적인 변화를 보여 주는 조항이 신설되어 있다. 사회주의 교육테제에서는 경제상황에 따라 무상교육의 범위를 확충한다고 하여 전반적으로 단기간에 걸쳐 실시하기는 어렵다는 단서를 붙였었다. 이 번 교육법에서는 '무료의무교육'에 대하여 구체적으로 언급하고 있을 뿐만 아니라 강제성을 띠고 있다.

교육법에서는 깊은 산골, 외진 섬과 같은 지역의 주민, 그리고 불구 어린이들의 의무교육을 보장하는 조치를 취해야 한다는 점을 명시하고 있다. 그리고 학생들로부터 입학, 수업, 실습, 견학, 답사와 관련한 비용을 받을 수 없다고 명시하고 있다. 또한 학업을 전문으로 하는 고등교육기관과 수재 계열 학교, 특수 아동에게 일반 장학금을 제공하고 학업우수자에게는 특별 장학금을 제공하도록 규정하고 있다. 군관 복무 경력자와 박사원생에게는 우대 장학금을 제공하고, 일하면서 공부하는 현직 학생에게는 생활비를 제공하도록 규정하고 있다. 나아가 학생들에게 식량도 공급하고 학용품과 생활필수품을 저렴한 가격으로 공급하도록 규정하고 있다.

3장은 교육기관과 교육일꾼에 관한 조항으로서 북한의 교육기관과 배치 및 운영 원칙 그리고 교육자의 역할 등에 관하여 논의하고 있다. 북한은 교육기관을 학교교육기관과 사회교육기관으로 구분하고 있다. 전자에는 인민학교, 고등중학교, 전문학교, 대학과 박사원 등을 예로 들고 있다. 여기서 이전에 고등전문학교라고 했던 것을 전문학교라고 변경하고 있음을 알 수 있다. 공장대학 등의 성인교육기관 또한 사회주의의 전통적인 개방적인 관점에 따라 정식 교육기관으로 분류하고 있음을 알 수 있다.

4장은 교육내용과 방법에 관한 조항을 담고 있는데 교육의 성격과 질을 확보하기 위한 차원에서 논의하고 있다. 기본정신은 교육테제와 비교하여 크게 달라진 점은 없다. 교육을 국가사업으로 보고 철저한 중앙집권의 형태를 띠고 있다는 점에서 아직까지 변화된 점이 없기 때문이라고 할 수 있다.

5장은 교육조건 보장이라고 하여 구체적으로 누가 무엇을 어떻게 기능하여 교육의 장을 꾸려 나갈 것인가에 대한 내용을 담고 있다. 교육사업에 필요한 제반 경비와 시설에 대한 국가 사회의 지원이 절실히 필요하다는 사실을 강력히 천명하고 있다. 한마디로 말해 교육이 충실히 보장될 수 있는 물질적, 기술적 조건을 강화시켜 나가겠다는 정책적 의지를 명시하고 있다.

마지막 6장은 국가의 교육사업이 교육현장에 효율적으로 이행될 수 있도록 지도 통제에 대하여 구체적으로 명시하고 있다. 중앙교육행정기관은 국가적인 교육사업에 대하여 정책결정과 교육강령의 제정, 교육조건의 보장 등을 담당하는 한편, 지방교육행정기관은 이러한 국가 정책을 집행하고 보통교육부문의 교원과 교양원 양성 사업 등을 수행하도록 하고 있다. 교육테제에서는 '교육사업에 대한 당적 지도'를 중요하게 언급하고 있으나 이번 교육법에서는 중앙교육행정기관을 내세우고 있는 점이 차이를 보이고 있다.

4. 1990년대 통치 이데올로기와 교육 목적

주체사상은 북한의 확고한 유일 이데올로기다. 북한은 주체사상의 유일적 위상을 인정하면서도 정치적 여건과 주변환경의 변화에 따라 그 하위담론을 수시로 발전시켜 왔다. 1990년대 이후 체제유지를 위한 통치 이데올로기는 다음과 같이 발전하였다. 첫째, 구소련과 사회주의 국가의 급격한 붕괴에 대응하여 1990년대 초반에는 '우리식 사회주의'가 제창되었으며, 둘째, 김일성 사망 이후 1990년 중반에는 '붉은기 철학'이 제시되었고, 셋째, 김정일 정권이 공식 출범되는 1998년 이후에는 '강성대국론'이 제시되었다.[4] 이러한 통치 이데올로기의 특징과 변화를 통하여 1990년 북한 교육의 변화하는 양상을 확인할 수 있다.

첫째, 우리식 사회주의란 특히 북한식 사회주의제도의 우월성으로 제시되고 있다. 북한 사회주의제도의 우월성과 독특성에 대해서 김정일은 "우리나라 사회주의는 위대한 주체사상을 구현하고 있는 인민대중중심의 우리식 사회주의입니다"5)라고 정의하고 있다. 학교교육사업에서는 "우리 수령, 우리 당, 우리 민족, 우리식 사회주의가 제일이라는 긍지를 가지도록 교양하는 사업을 힘 있게 전개하고"6) 있을 뿐만 아니라 '충실성 교양'을 강화하여 '당과 수령께 무한히 충직한 주체형의 혁명인재',7) '주체형의 공산주의혁명가'8)를 양성하는 사업에 힘을 쏟고 있음을 제시하고 있다. 이와 같이 수령·당·대중이 혼연일체로 굳게 단결된 '우리식' 사회주의의 우월성을 강조하는 통치담론이 학교정책으로 구체화되었다.

둘째, 붉은기 철학 담론은 1995년 8월 28일자 로동신문 정론 「붉은기를 높이 들자」를 통해서 시작되었다. '붉은기'는 '노동계급의 혁명사상을 상징하는 깃발'로 이해되고 있으며, 공산주의 운동과는 불가분의 관계에 있는 것이다. 북한은 사회주의권 몰락으로 인한 국제적 고립의 상황 속에서 수령 김일성의 사망과 2년간 계속된 수해로 인해 극심한 식량난과 국가경제의 파탄에 직면했다. 엄청난 자연재해로 인하여 국가경제와 국민생활에 상당한 악영향을 미쳤을 뿐 아니라 교육의 물질적·기술적 토대를 상당히 약화시켜 놓았다. 학생들의 출석률 하락, 교원들에 대한 배급 중단, 교과서와 종이의 부족, 학교비품의 자체 조달 등 극히 어려운 상황에 직면하게 된 것이다.

이러한 상황에서 붉은기 철학 담론은 김일성 사후 전체 사회의 심리적 동요를 막고 붉은기를 따라 추호의 흔들림 없이 사회주의의 길로 가야한다는 집단적 의지를 강조한 것이다. 사회주의에 대한 신념과 혁명가에 대한 도덕의리, 일심단결을 강조하고 있다. 이것은 김일성 사망 이후의 과도기 정국에 '혁명가에 대한 숭고한 도덕의리, 윤리와 신념'을 강조함으로써 주민들의 수령사망으로 인한 심리적 동요와 사회주의 신념에 대한 정신적 회의감을 무마하는데 무엇보다도 효과적이라고 판단했기 때문일 것이다.9)

북한에서 혁명열사릉과 애국열사릉을 건립하고 그들의 이름을 따서 학교와 공장과 농장 이름으로 명명하는 작업을 진행하였다.10) 1996년 1월에는 조선사회주의노동청년동맹의 명칭을 김일성사회주의청년동맹(이하 청년동맹으로 약칭)으로 개칭하였는데, 그 목적은 '김일성 동지의 청년동맹으로 영원히 강화 발전시켜 나가는 것'이며, '수령이 개척한 혁명위업을 대를 이어 계승'함으로써 혁명위업을 계승한 김정일장군을 결사 옹위하는 것임을 강조하고 있다. 김정일정권을 지지하는 청년조직으로 재조직하였다.

셋째, 강성대국 건설은 1998년 8월 22일자 로동신문 정론「강성대국」을 통해 공식화되기 시작하였다. 주요내용은 '주체의 사회주의 나라, 수령중심의 정치·사상강국, 선군정치의 군사강국, 자력갱생의 경제강국 건설' 등으로 정리할 수 있다. 김정일 체제가 90년대의 위기를 해소하면서 체제 안정과 경제난국을 돌파하기 위해 선택한 정책이 사회주의 강성대국이다. 사상강국 건설의 토대 위에 경제강국 건설이라는 기본방침을 제시하였다. 이러한 가운데 '경제적 효율성'을 증대시키기 위한 과학기술 정책방향과 노선이 제시되고 있다.

과학기술중시 노선은 과학기술교육을 강조하는 정책으로 나타나고 있다. 특히 북한 교육의 질적 전환을 가져오는 과제로 인식되고 있다. 즉 북한 교육의 양대 과제는 '정치사상교양'과 '과학기술교육' 부문에서의 혁신이다. 정치사상교양에서의 교육혁신이 학생들에게 수령결사옹위정신, 혁명의 수뇌부옹위정신을 키워 주는 것이라면, 과학기술교육에서는 교육의 질적 수준을 높임으로써 국가경제를 지원하는 데 있다. 최근 과학기술분야 중에서도 정보통신, 컴퓨터교육을 강조하면서 수재교육을 통해 현대적 지식과 기술을 겸비한 과학기술인력을 확보해야 한다는 것이다.

5. 북한 교육 목적의 특징

북한 교육의 이념적 기초는 공산주의적 인간육성, 주체사상, 집단주의, 이론과 실천의 결합에 있다고 할 수 있다.[11] 이러한 북한 교육의 이념적 특징을 정리해 보고, 정치사회적인 변화를 겪고 있는 북한의 현실에서 어떻게 변화할 것인가 전망해 보기로 한다.

북한 교육의 이념으로서 첫째, 공산주의 인간의 육성은 핵심적 요소라고 할 수 있다. 북한 사회주의 헌법에서는 교육의 목표를 '지·덕·체를 갖춘 공산주의적 새 인간의 육성'으로 규정하고 있다. 공산주의적 인간은 공산주의 혁명을 완수하고 공산주의 사회를 건설하는데 적극적으로 헌신할 수 있는 인간을 의미한다. 북한 사전에서는 교육이란 "사람들을 지덕체를 겸비한 사회적 인간으로 키우는 작업이며 '하나는 전체를 위하여, 전체는 하나를 위하여'라는 공산주의적 원칙을 실현하기 위하여 투쟁하는 혁명가를, 다시 말하면 착취와 압박을 반대하고 사회와 인민을 위하여, 노동계급을 위하여 투쟁하는 공산주의자들을 키워내는데 있다"고 설명하고 있다.

또한 사회주의 교육테제에서는 사회주의 교육학의 기본원리로서 혁명화, 노동계급화, 공산주의화를 제시하고 있다. 이것은 '사람들을 공산주의 혁명사상으로 무장시키며 그에 기초하여 깊은 과학지식과 건장한 체력을 가지도록 하는 것이다.' 사회주의 테제를 분석해 보면, 혁명화는 사람들의 의식 속에 남아있는 낡은 사상 잔재를 뿌리 뽑아 자본주의사상을 타파하고, 제국주의자들의 사상문화적 침습을 막아내어 공산주의 사회를 건설하는 것을 의미한다. 노동계급화는 자본가계급에 대한 노동자 계급의 계급투쟁의식을 고취함으로써 계급적 차이를 없애고 평등한 사회를 건설한다는 것이다. 즉 노동계급의 혁명적 실천과 노동자의식을 강조하고 있다.

둘째, 북한의 교육목적은 주체사상에 기초하여 설정하고 있다. 어린이 보육 교양법에 의하면 "모든 어린이들을 탁아소와 유치원에서 주체형의 혁명가로 교육 교양하는데 선차적인 힘을 넣는다"고 하였다. 사회주의 교육테제에서도 "사회주의 교육의 지도사상은 공산주의, 주체사상"이며, "사회주의 교육을 발전시키는데서 가장 중요한 문제는 당의 유일사상 체제를 세우는 것"이라고 말하고 있다. 교육에서 주체를 세운다는 것은 나라의 주인인 인민의 이익에 알맞게 진행해야 한다는 것이다. 또한 주체적인 교육은 나라와 인민의 이익에 부합하도록 사회주의 혁명을 완수하기 위하여 자기 나라의 역사, 문화, 자연을 잘 알려주고 과학 기술을 발전시키는 것이다. 실제로 주체사상은 김일성이 주창한 북한의 유일사상으로서 북한 교육의 지도원리로 강조됨으로써 당과 수령의 영도 밑에 하나의 사상, 하나의 조직으로 결속되어야 함을 의미하기도 한다.

셋째, 북한의 교육은 집단주의를 지향한다. '집단주의는 사회주의 사회생활의 기초이며, 공산주의자들의 활동원칙이다.' 모든 학생들이 개인주의, 이기주의를 없애고 하나는 전체를 위하여, 전체는 하나를 위하여'라는 집단주의 원칙에 따라 일하고 배우며 생활하여 사회와 인민의 이익, 당과 혁명의 이익을 위하여 몸 바쳐 투쟁하도록 교양한다. 이와 같이 북한의 교육은 집단에 대한 헌신과 봉사를 강조한다. 이러한 집단주의 원리를 실천하기 위하여 학습과정에서 집단적인 학습활동을 강조하고 각종 단체 활동을 통하여 단체에 대한 소속감, 단결심, 집단의식을 일깨워 주고 있다.

　넷째, 북한의 교육원리로서 교육과 실천의 결합, 교육과 노동의 결합을 추구하고 있다. 일차적으로는 교육은 일상생활과 연관되는 쓸모 있는 지식을 중시해야 한다는 점이다. 이로써 학교교육에서 실험실습, 생산실습, 전공실습 등과 같은 실제 생활, 생산노동과 연관되는 학습활동을 중시하고 있다. 또한 북한 학생들이 현실 속에서 행동하고 폭넓은 지식을 배우도록 하기 위하여 혁명사적지 답사, 사회교양기관 방문, 공장, 기업소, 협동농장 견학 등의 활동도 강조한다. 한편 교육과 실천의 결합은 교육이 사회주의 혁명 실천에 참여하는데 필요한 지식과 실천능력을 배양한다는 것을 의미하기도 한다. 즉 사회주의 혁명에 적극적으로 가담할 수 있도록 학생들의 실천능력을 키우고 혁명적으로 단련시킨다는 것이다.

6. 북한 교육 목적의 변화 전망

　북한 교육의 변화 가능성은 목적으로서의 '주체형의 인간육성'과 더불어 수단으로서 '기술 인재의 육성'이라는 두 가지 측면에서 전망해 볼 수 있다.12) 즉 북한 교육이념이 제시하고 있는 주체형의 인간상과 사회주의적 혁명 인재의 육성이라는 목적은 변함없이 지속될 것이다. 이러한 교육목적은 북한 체제를 유지하는 데 결정적으로 기여하였기 때문에 앞으로도 그러한 방식대로 지속될 것이다.

　한편 북한은 현재의 경제난국을 타개하는 방법의 하나로 현대적인 과학기술을 도입하여 경제발전의 길을 모색하고 있다. 이는 사회주의 체제를 유지하고 강화하기 위한 수단으로서 과학기술의 발전을 통한 경제 도약을 모색하고 있는 것이다. 이것은 북한 교육이 사회주의 체제를 강화하기 위해 사상 교양과 더불어 기술 인재의 육성이라는 과제를 동시에 추구하고 있음을 알 수 있다. 이러한 점에서 북한 교육이 변화할 수 있는 가능성은 기술적이며 기능적인 부분에 한정되어 있다고 할 수 있다. 북한은 1990년대 과학기술교육, 컴퓨터 교육, 영어 교육을 강화하는 조치를 취하고 있다.

북한은 강력한 체제결속의 이데올로기를 통해 학교 현장을 지배하고 있음에도 불구하고 최근 주체형 인간의 의식구조와 생활방식에는 변화의 조짐이 보이고 있다. 물질적 결핍으로 인한 사적인 이익 추구, 사회적 이해관계나 일상적 저항이 성장하면서 집단주의적 인간관계가 흔들리는 조짐을 보이고 있다. 노동현장에서나 일상적인 생활영역에서 경쟁, 화폐, 혹은 개별화된 소비양태가 확산되면서 개인주의 경향이 점차적으로 진행되고 있다.13) 이런 상황에서 수령에 대한 충성심, 조직과 당에 대한 결속을 강조하는 주체형의 인간상은 일상적인 생활에서 개별화된 행동 양태나 개인주의적 가치와의 괴리로 갈등이 더욱 커질 것으로 예상된다. 이는 사상성 위주의 교육이 개인의 삶과 동떨어진 형식적 교육이 될 수 있음을 의미한다.

앞으로 북한은 사회주의 체제를 강화하기 위하여 주체사상의 교양에 더욱 주력할 것이다. 동시에 경제 회생과 주민생활의 향상을 위하여 부분적인 개방을 시도하게 될 것이며, 교육 부문에서는 과학기술 인력을 양성하는 데 더욱 주력할 것이다. 여기서 북한 교육의 모순과 딜레마가 발생할 것으로 전망할 수 있다. 북한 교육의 모순은 주체형의 사회주의 인간을 육성하는 동시에 세계적인 수준의 과학기술을 발전시키기 위하여 전문 인력을 양성해야 하는 과제를 안고 있는 것이다. 유능한 과학기술 인력을 양성하는 것은 외국의 문화와 기술을 접할 수 있어야 가능할 것이다.

북한교육이 당면한 문제는 이러한 두 가지 목적을 어떻게 동시에 달성할 수 있을 것인가 하는 점이다. 현대사회에서 요구되는 과학기술 인력은 세계화와 개방화 추세에 부응하기 위하여 고도의 창의성과 개방성을 지닌 '전문 인력'을 의미한다. 그런데 현재와 같이 강력한 통치 이데올로기를 전달하는 북한의 교육체제에서 과연 이러한 전문 인력을 양성할 수 있는가 하는 문제이다. 하여튼 김정일 정권은 '주체형 인간'과 '전문 인력'의 양성을 통해 북한이 당면한 경제적 위기를 타개하고 국가 발전의 방향을 모색해 가고 있다.

주註

1) 한만길 외, 『북한 교육 관계 법령 연구』(한국교육개발원, 2000).
2) 한만길 저, 『통일시대 북한교육론』(교육과학사, 1997).
3) 한만길 외, 『북한 교육 관계 법령 연구』(한국교육개발원, 2000).
4) 한만길 외, 『북한 교육의 현실과 변화 전망』(한국교육개발원, 2001). 신효숙 박사가 집필한 "1990년대 통치 이념의 변화와 교육" 부분 참조, 145~150쪽.
5) 김정일, "인민대중중심의 우리 식 사회주의는 필승불패이다," 『근로자』1991년 6호, 4쪽.
6) 『조선중앙년감』(1991), 207쪽.
7) 『조선중앙년감』(1990), 186쪽.
8) 『조선중앙년감』(1991), 207쪽.
9) 정우곤, "주체사상의 변용 담론과 그 원인 – '우리식' 사회주의, '붉은기' 철학, '강성대국'을 중심으로" (북한연구학회 하계학술회의 발표 논문, 2001.7.7), 8~12쪽.
10) 『조선중앙년감』(1990), 187~188쪽.
11) 한만길 저, 『통일시대 북한교육론』(교육과학사, 1997), 33~35쪽.
12) 한만길 외, 『북한교육의 현실과 변화』(한국교육개발원, 2001), 163~167쪽.
13) 우정, 『북한사회구성론』(진솔북스, 2000), 253~256쪽.

<참고문헌>

1. 북한문헌

김정일, "인민대중중심의 우리 식 사회주의는 필승불패이다,"『근로자』1991년 6호.
조선중앙통신사,『조선중앙년감』(평양: 조선중앙통신사, 1991).

2. 남한문헌

우　정,『북한사회구성론』(서울: 진솔북스, 2000).
정우곤, "주체사상의 변용 담론과 그 원인 – '우리식' 사회주의, '붉은기' 철학, '강성대국'을 중심으로" (북한연구학회 하계학술회의 발표 논문, 2001.7.7).
한만길 외,『북한 교육 관계 법령 연구』(서울: 한국교육개발원, 2000).
_____ 저,『통일시대 북한교육론』(서울: 교육과학사, 1997).
_____ 외,『북한 교육의 현실과 변화 전망』(서울: 한국교육개발원, 2001).

북한의 학교교육제도의 변천과 구조

최 영 표

1. 서: 문제의 제기

교육제도는 사회제도의 일종이다. 따라서 사회제도가 다르면 교육제도 그 사회의 요구에 따라 모습을 달리하게 된다.

북한은 남한과는 매우 다른 이념과 체제를 신봉하고 있어서 교육제도도 그에 따라 다른 모습을 보이고 있다는 점은 우리 모두 알고 있다. 교육제도의 개념규정을 보면 이를 더욱 잘 알 수 있다. "매개 사회의 교육제도는 그 사회제도에 의하여 규정되며 주권을 잡고 있는 계급의 이해를 반영한다"[1]라고 하고 있으며 "노동계급을 비롯한 인민대중이 국가 주권과 생산수단의 주인으로 되고 있는 사회주의제도 하에서는 교육제도가 노동계급의 계급적 이익을 철저히 반영하며 근로 인민의 아들 딸에게 배움의 권리를 실질적으로 보장하여 준다"[2]라고 개념화하고 있어서 기본적으로 북한은 계급투쟁의 관점에서 교육제도를 보고 있으며, 학교제도 조직에 있어서도 다른 시각에서 구조화하고 있다고 말할 수 있다.

우리가 오늘 논의의 대상으로 삼는 학교교육제도라고 하는 개념도 북한은 광의로 해석하고 있다. 학교교육이라는 개념은 교육의 담당자가 누구이냐는 근거에 따른 분류로서 사회교육, 가정교육과 대비되는 개념이다. 이러한 개념에 따라 북한의 교육체계는 남한의 정규교육에 해당하는 학업을 전문으로 하는 교육체계 외에 유치원 교육을 위주로 하는 학교 전 취학체계, 그리고 사회교육과 성인교육에 해당하는 일하면서 공부하는 교육체계를 모두 포괄하는 개념으로 사용하고 있다. 따라서 본고에서는 이들 세 가지 교육제도 즉, 취학 전 단계에서부터 학업을 전문으로 하는 교육체계 뿐만 아니라 일하면서 공부하는 교육체계까지도 함께 포함하여 다루고자 한다.

그러면 이와 같은 북한의 학교제도를 심층적으로 이해하기 위하여 어떠한 관점에서 보고 논의하는 것이 바람직할 것인가? 우리는 학제를 논의할 때 일반적으로 수업연한, 횡적인 차원의 단계성, 그리고 종적인 차원의 계열성을 주요 관점으로 삼는다. 몇 년에 걸쳐 학교교육이 수행되고 있으며, 교육단계는 어떻게 구분하고 있고, 계열은 언제부터 어떻게 분화하고 있는가 하는 관점을 가지고 논의한다. 본고에서도 이러한 관점은 충실히 지킬 것이다. 그리고 형식적인 학제의 조직상황 뿐만 아니라 독자의 이해를 돕기 위해 가능한 한 그 제도의 형성 배경까지도 함께 논의하고자 한다.

그리고 북한이 어느 사회주의 국가보다도 일찍부터 별단의 관심을 기울여 괄목할만한 교육발전을 이룩하였던 점을 감안하여 북한 교육사와 관련지어 학제의 변천을 약술하여 독자의 이해를 돕는 바탕을 마련한 후, 북한의 학제구조를 구체적으로 논의하는 과정을 밟고자 한다.

2. 북한 학제의 변천3)

1945년 분단 이후 북한의 교육은 대체로 5단계를 거쳐 오늘에 이르고 있다. 1950년까지는 인민민주주의적 사회주의 교육 수립기, 한국전쟁후인 1954년부터 1960년까지를 전후 복구 및 사회주의 교육기반 건설기, 1961년부터 1970년까지를 사회주의 교육 전면 건설기, 1971년부터 1977년까지를 주체적 교육 수립기, 1978년 이후부터 1990년대 전반기까지를 주체적 교육 심화기, 그리고 1990년대 전반기부터 현재까지를 고난의 시기 및 재정립기라고 특성 지을 수 있다.

인민민주주의적 사회주의 교육 수립기에는 일제 식민통치의 잔재를 소탕하고 인민민주주의적 교육으로의 개편을 시도한 시기이다. 1945년 10월에 「북조선 학교교육 임시조치 요강」을 발표하였으며, 1947년 6월에는 1년제 취학전 교육과 4년제 인민학교, 3년제 초급중학교, 3년제 고급중학교, 그리고 4년제 대학의 학제로 개편하였다. 이 학교제도는 근로자의 문맹 해소와 인민민주주의 교육정책의 차원에서 기본학교체계와 성인교육체계로 이원화하였다.

사회주의 교육기반 건설기는 한국전쟁의 폐허를 복구하면서 사회주의 교육기반을 건설하려는 특성을 띤 시기였다. 전쟁 고아문제를 해결하고 사회주의 기본세력을 길러내기 위해 애육원과 유자녀학원 등의 학교설치의 근거를 마련하였으며, 전쟁 복구에 필요한 기술인력을 양성해 내기 위하여 고등기술 전문학교를 창설하였다. 그리고 의무교육에도 관심을 기울여 초등의무교육에 이어 중등의무교육도 시작하였다.

1959년에는 「인민교육체계의 개편에 관한 법령」을 통해 고급중학교를 철폐하고 2년제 기술학교와 고등기술학교를 설치함으로서 일반교육과 기술교육의 유기적인 결합을 시도하였다. 이념적으로는 육체노동과 정신노동의 차별을 해소한다는 사회주의 교육철학의 반영이라고 할 수 있다. 이와 같은 개편으로 1959년의 학제는 4년제 인민학교, 3년제 중학교, 2년제 기술학교, 2년제 고등기술학교, 그리고 3~5년제 대학으로 구분하여 이전과는 다른 모습을 갖추게 되었다.

1960년대 사회주의 교육 전면건설기는 전쟁의 상처가 어느 정도 아물면서 사회주의를 전면적으로 건설하기 위한 의욕이 고조된 시기이다. 교육에 있어서는 과거 초급중학교까지의 의무교육으로는 노동할 나이에 이르지 못한 채 사회에 진출하는 문제를 해소한다는 차원에서 1967년부터 9년제 기술의무교육을 실시하는 노력을 보였다. 이와 아울러 학제도 4년제 인민학교, 3년제 초급중과 2년제 기술학교를 통합한 5년제 중학교, 2년제 고등학교, 그리고 4~5년제 대학으로 개편하게 되었다.

1970년대 주체적 교육 수립기는 북한사회의 주체사상화에 따라 교육에서도 소위 주체적 교육체계를 수립하려 한 시기이다. 북한의 교육법이라고 볼 수 있는 사회주의 교육테제, 그리고 어린이 보육교양법 등이 제정·공포되었고, 학제도 2년제 유치원, 4년제 인민학교, 6년제 중등중학교(1978년에 고등중학교로 개명) 그리고 4년제 대학으로 개편하였으며, 유치원 높은 반과 초중등 단계를 포괄한 11년제 의무교육을 시작하는 등 획기적인 발전이 있었다. 한편 성인교육체계에 속하는 근로자중학교는 대상자가 없어져 폐지되었다.

주체적 교육 심화기에는 자력갱생의 구호 아래 주체사상이 체계를 갖추어 나가면서 김일성가의 세습과 우상화가 한층 강화되어가는 한편으로 '온 사회의 인텔리화'란 정책의 표명으로 대학단계의 성인교육기관이 확충되는 시기였다. 1980년에 김정일을 후계자로 지정하고 1985년에는 김일성과 같은 수준으로 격상시켰으며, 교육부문의 주체사상이라고 할 수 있는 인간개조이론을 연구하여 주체사상 총서의 하나로 발간하였다. 그리고 11년제 의무교육이 완성단계에 접어들어 일하면서 공부하는 개방형의 근로자 고등중학교는 폐지되고 성인근로자대학이 대폭 확충되게 되었다.

한편, 국제사회의 데땅트화, 그리고 경제침체를 해소하기 위한 합영법의 제정 현실을 감안하여 부분적으로 교육의 전문성과 외국어교육의 중요성을 인식하게 되었다. 각 시·도에는 영재교육기관인 제1고등중학교를 신설하고 과학관련 경연대회를 매년 개최하게 되었으며, 인민학교 4학년 때부터는 주 1시간씩 외국어과정을 이수하도록 하였다. 다만 김일성 주체사상화 차원에서 관련 저작물을 교재로 사용하도록 하고 있다.

고난의 시기 및 재정립기는 북한이 냉전체제가 무너지고 사회주의가 붕괴되어가는 혼란기에 국내적으로 경제난, 식량난 등이 닥쳐 생존의 어려움에 직면하던 시기에 해당한다. 1994년 7월에는 김일성주석이 사망하고 이전부터 후계체제를 다져왔던 김정일이 유훈통치를 끝내고 국방위원장으로 정권을 이어받아 선군정치, 강성대국을 내세우고 북한사회를 통치하고 있다. 2000년 역사적인 6·15남북공동선언이 이루어지고 2002년 1월에는 신사고를 천명하고 동년 7월에는 경제개선조치를 단행하여 부분적으로 시장경제를 실험하는 조치를 취하고 있다. 이와 같은 사회배경으로 교육도 많은 어려움을 겪으면서 새로운 사회요구에 부응하기 위한 노력을 기울이고 있다. 흔들리고 있는 사회를 안정시키고자 정치사상교육을 여전히 강조하고 있으며, 경제부흥의 요구에 부응하여 IT교육 등 과학기술교육을 발전시키려는 노력이 배가되고 있다. 또한 외국어 교육과 수재교육도 지속적으로 발전시키려는 노력을 보이고 있다.

3. 북한 학제의 구조

　북한의 교육제도는 앞서 언급한 바와 같이 학교교육의 개념을 광의로 해석하여 취학 전 교육체계, 학업을 전문으로 하는 교육체계, 그리고 일하면서 공부하는 성인교육체계로 구분된다.
　취학 전 교육체계는 유치원 교육단계를 말하며 2년제로서 낮은 반 1년, 높은 반 1년으로 구성하고 있다. 학업을 전문으로 하는 교육체계는 크게 기본 학교교육체계와 특수목적교육체계로 양분된다. 기본교육체계는 4년제 소학교, 6년제 중학교,[4] 4년제 대학을 근간으로 하고 있으며, 특수목적체계는 영재학교, 혁명학원, 외국어학교, 예·체능계학교로 구성되어 있다. 일하면서 공부하는 성인교육체계는 근로자 성인에게 교육기회를 제공하는 공장·농·어장대학을 기본형으로 두고 있으며, 북한 정권과 당의 특수목적요구에 부응하기 위한 특수목적형 학교로 구분할 수 있다.
　북한의 현행 학제는 1972년 학제 개혁이 이루어진 이후, 지금까지 크게 변화하지 않고 지속되고 있다. 이 학제는 앞에서 살펴 본 바와 같이, 유치원 1년을 포함하여 중등교육 단계까지 전반적 11년제 의무교육을 실시하기 위해 마련된 것이다. 당시 개혁 때 인민학교 4년은 그대로 존속하고, 종전의 5년의 중학교와 2년제 고등학교를 통합하여 6년제 고등중학교로 개편하였다. 북한이 1972년 개편하여 근간을 유지하고 있는 현행 학제는 다음과 같다.

<그림 1> 현행 북한의 학제

연령	성인교육 체계	학교교육체계					특수목적 교육체제					학령
26		박사원 (2~4년)									고등교육	21
25												20
24												19
23												18
22	공장대학 농장대학 어장대학 (4~6년) 통신 및 야간교육망											17
21												16
20												15
19		대학 (4~6년)	단과 대학 (3~4년)	전문 학교 (3년)	사범 대학 (4년)	교원 대학 (3년)	예체능	외국어	과학			14
18												13
17												12
16		중학교(6년)					의무교육	혁명학원	분야학교	분야학교	분야학교	중등교육	11
15												10
14												9
13												8
12												7
11												6
10		소학교(4년)									초등교육	5
9												4
8												3
7												2
6		유치원 높은 반(1년)									취학전교육	1
5		낮은 반(1년)										
4		탁아소										

1) 취학전 교육체계

취학전 교육체계는 사회주의권에서 강조하는 조기교육의 원리에 의하여 정권수립 초기부터 관심을 기울였다. 1947년에 유치원이라는 기관이 설치되어 있는 것으로 보아 이를 알 수 있다. 그러나 본격적인 발전은 1975년 높은 반 1년을 의무교육에 포함하고, 1976년에는 어릴 때부터 문화적인 시설에서 집단적으로 보육교양하여야 한다고 하면서 '조선민주주의인민공화국 어린이 보육교양법'을 제정하면서 이루어 졌다.

탁아소의 종류를 기간별로 보면 일일 탁아소, 주간 탁아소, 월간 탁아소, 계절제 탁아소가 있는데, 일일 탁아소는 각종의 공장이나 기업소, 농장에 부설하고 주간 또는 월간 탁아소는 평양·함흥·청진 등 대도시의 2개 구역에 1개꼴로 설치되어 있다.

일반적인 형태인 일일 탁아소는 부모가 직장에 출근하면서 맡겼다가 퇴근 때 데리고 오는 경우이고 주간이나 월간 탁아소는 부모가 지방근무로 일정 기간 또는 장기간 집을 떠나는 경우에 이용한다.

탁아소의 연령별 종류로는 그 기능에 기준을 두고 구분하고 있는데 갓난아이들, 기어 다니는 아이들, 걸어 다니는 아이들로 3분하여 각각의 성장과정에 알맞은 양육을 하고 있다. 장소별 종류로는 공장 탁아소(구성방직공장 탁아소, 송림 애기궁전, 천리마 제사공장 탁아소), 농장 탁아소, 노동자구 탁아소, 읍 탁아소, 리·동 탁아소 등이 있다. 탁아소의 반 구성은 젖먹이반(생후 6개월까지)과 젖때기반 1반, 2반(7~18개월), 교양반(밥먹이) 1반, 2반(19~36개월)으로 이루어져 있으며 주로 기본 생활의 좋은 습관 형성과 놀이에 중점을 두고 일상 일과가 짜여져 있다.

탁아소의 취원 상황은 부모의 자유의사에 따라 결정되는데 탁아소 생활이 보편화되어 있어 거의 모두가 취원하고 있으며 1991년 현재 약 36,000개의 탁아소가 설치되어 210만 명이 취원하고 있다.

유치원의 종류는 기간별로 일일 유치원, 주 유치원, 월 유치원으로 구분할 수 있으며, 만 4세의 낮은 반과 만 5세의 높은 반으로 구성되어 있는데 높은 반은 의무교육 기간에 포함된다.

취원 상황을 보면, 유치원 낮은 반 취원은 강제하지 않으며 이 기간은 탁아소 생활도 가능한 것으로 여긴다. 높은 반은 1975년부터 의무교육화하여 완전 취원하도록 하고 있는데 학교교육을 원만히 받을 수 있는 준비를 갖추기 위해 1991년 현재 약 24,000개의 유치원에 140만 명의 아동이 취원하고 있다.

(1) 취학전 교육내용

탁아소와 유치원에서의 교육목적은 『어린이 보육교양법』 제6조에서 밝히고 있듯이 크게 두 가지로 요약될 수 있다. 그 하나는 모든 어린이들을 소위 주체사상이라 일컬어지는 김일성 유일사상으로 무장된 혁명가로 양성하는 일이요, 또 다른 목적은 여성노동력의 확보를 극대화하는 것이다.

따라서 탁아소와 유치원은 '공산주의적 새 인간'의 양성을 위한 기초 작업장으로서 사회주의 교육학의 원리에 따라 어린이들을 혁명적으로 교양하고 사회주의 규범을 준수하며 공산주의적 도덕품성을 키워주고 나아가 전면적으로 능력 발전을 도모하기 위한 것이다.

탁아소에서의 교육은 생후 1년 6개월이 지나면서부터 시작되는데 그 주요 교육내용을 구분하여 살펴보면, 기초적인 언어교육에서 보행법, 노래, 유희 등을 통해 규율에 대한 순종심, 집단주의 정신, 김일성을 어버이로 섬기는 정신 등을 주입한다.

2) 학업을 전문으로 하는 교육체계

(1) 기본학교교육체계
① 초중등 교육단계

학업을 전문으로 하는 교육체계 중에서 기본교육체계의 초중등단계가 10년으로 되어 있다. 초중등교육연한으로 볼 때, 과거 소련의 10년제 중등보통교육학교, 동독의 10년제 일반 복합기술학교와 맥락을 같이 하고 있다. 다만 이들 교육단계를 똑같이 의무교육화하고 있으면서도 구소련연방이나 동독은 초중등단계를 구분하지 않은 통일된 학교체제로 구조화하고 있는데 대해 북한은 발단단계를 고려하여 소학교와 중학교로 구분하고 있다.

초중등 교육연한을 10년으로 하고 있는 것은 사회체제적으로도 긴밀히 연계되어 있다. 의무교육이 끝나는 고등중학교 졸업시의 연령이 만 16세인데 북한이 인정하는 노동을 시작할 나이와 일치하고 있다. 북한의 신헌법 31조에 '공민이 노동하는 나이는 16살부터이다'라고 규정하고 있는 것이 이를 말해주고 있다. 또한 군 징집과 성년으로 인정되는 나이와도 연계되어 있다. 군 징집연령이 만 17세여서 중학교를 마친 후 군에 가는 것이 적절하게 되어 있다. 실제로 중학교를 마친 후 일부 직통생을 빼고는 대부분이 군에 입대하고 있는 현실을 보면 잘 알 수 있다. 또한 북한에서는 만 17세가 되면 성년으로 간주하여 공민증을 발급해주고 있다.

이 시기의 학교교육은 계열을 분화하지 않고 획일화된 교육과정으로 운영하고 있다. 평등을 우선하는 사회주의 이념 실현의 차원에서 일정 기간은 모두에게 공통의 과정을 부과함으로써 차별화하지 말아야 한다는 정책에서 기인된 것이다. 이는 소외론의 관점이 반영된 것이다. 대학단계 이전에 분화하는 것은 자본가의 요구에 따른 것으로 인간의 잠재력을 충분히 발휘하지 못하게 함으로써 인간을 소외시키고 비인간화시키는 결과를 초래한다고 보기 때문이다.

② 고등교육단계

북한의 고등교육은 전문교육 단계에 속한다. 남한은 고등학교 단계에서 직업교육이 분화되므로 전문교육이 이 단계에서 시작된다고 보지만 북한은 초중등교육 10년간을 통합교육 즉, 일반고등단계로 규정하고 있어 고등교육단계에 들어서 비로소 전문교육이 시작된다.

　북한의 고등교육은 사회주의 체제의 수립・발전과 궤를 같이 하여 발전하여 왔다. 해방된 이듬해인 1946년 9월 북조선임시인민위원회의 결정을 통해 김일성 종합대학을 세우기로 하면서 시작되었으며 한국전쟁이 끝난 '50년대 후반에는 정치・경제분야 대학들을 신설하였으며, 중등의무교육 실시를 위해 교원 양성대학도 확충하였는데 초반기의 이들 북한의 대학은 구소련의 고등교육 모델을 기초로 삼았었다.

　이 모델은 사회주의 계획경제에 기반한 교육체제로서 계열별로 특성화된 모습을 띠고 있다. 북한이 종합대학이라고 부르는 김일성대학, 김책공업대학도 각각 인문사회과학 계열, 공과계열 만으로 조직된 규모가 큰 단과대학 형태라고 볼 수 있다. 규모가 큰 10대 중심대학 이외의 대학, 예컨대 청진광산대학, 평남석탄대학 등의 많은 대학은 더욱더 세분화되어 있으며 규모도 작아 기백명의 대학도 많은 실정이다.

　두번째 단계는 기술교육에 중점을 두고 성인교육에 속하는 공장대학을 본격적으로 발전시키고자 하였다. 사회주의 경제발전에 필요한 기술인재를 길러내기 위해 1950년대 후반에 2년제 고등기술 전문학교를 설치하고, 1960년대에 들어서는 일하면서 배우는 교육체계인 공장대학, 농장대학, 어장대학을 설치하기 시작하고, 1970~1980년대까지 지속적으로 확충하여 나갔다.

　전일제 고등교육기관은 김일성종합대학, 김책공업종합대학, 고려 성균관의 3대 종합대학과 의과계열의 평양의학대학, 농과계열의 사리원 계응상대학, 김형직사범대학 등을 포함한 4~6년제 대학, 각 부문별로 전문기사를 양성하는데 목적을 둔 3~4년제 단과대학, 그리고 과거 고등기술학교를 개편하여 현장기술자를 양성하는 2~3년제 전문학교를 포함한다. 이들 고등교육기관은 북한이 계획경제에 기반하고 있는 관계로 기본적으로 계열별로 특성화되어 있으며 실제로 정무원의 행정부서의 관장 범위와 전공계열이 같다. 그리고 김일성대학 등 10개 중점 대학을 제외하고는 학교규모도 크지 못하며, 대부분 자연계열의 실용적인 인재를 기르는데 목표를 두고 있다.

북한의 고등교육기관은 수적으로는 매우 많다. 앞서 언급한 바와 같이 계획경제에 요구에 따라 인재를 양성하여 공급하는 체제에 기반하고 있어 대학기관들이 계열별 특성화의 특성을 띠고 있기 때문이다. 1993년 통계로 대학이 280개, 고등전문학교가 470개, 고등교육 이수자가 160여만 명이라고 조선중앙연감은 말하고 있는데 현재는 기존 추세로 볼 때 약간 늘어난 것으로 보인다. 그리고 전일제 기관과 재교육 성격을 띤 성인고등교육기관이 명칭상으로는 구분되지 않는다. 이처럼 고등교육기관수는 많으나 중심대학 등 일부 대학을 제외한 많은 대학의 시설이나 설비가 매우 열악한 것으로 알려지고 있다. 일부 공장대학 등 성인교육기관은 별도 교사도 없이 간판만 달고 기업시설을 빌어 활용하는 수준도 많다고 한다.

북한은 21세기에 들어서면서 국제환경의 변화에 부응하고 실리추구를 위한 전문인력 양성의 일환으로 대학명칭 변경, 전문성 위주의 교과목 편성 등 대학 전문화를 위한 학제 개편에 주력하고 있는데 2002년 7·1경제관리 개선조치 이후에는 정보기술분야 인재 양성에 주안점을 둔 학제 개편을 통해 강성대국 건설의 견인차로 활용하려는 의도를 드러내고 있다.

최근의 개편동향을 보면, 김일성종합대학의 학부를 단과대학으로 개편하고 있다. 김책공대에 정보·기계분야 단과대학을 설립하였다. 2002년 전문학교를 승격하여 특성화된 대학으로 개편하는 추세를 보였다. 2001년에는 평양컴퓨터기술대학, 구성기계기술대학과 함흥컴퓨터기술대학을 설립하였으며, 2002년에는 함흥건설전문학교를 함흥건설대학으로 개편하고 황남공업대학은 해주경공업대학으로 확대·개편하였으며,

2003년에는 희천공업대학을 희천체신대학으로 개편하였다.

그리고 지식정보화사회에 대응하기 위한 학부와 학과도 신설하고 통폐합도 이루어지고 있다. 사리원 공대에 정보처리학과, 정보통신학과 생명공학과 등 15개 학과를 신설하였으며, 2003년까지 104개 학과를 통폐합하고 22개 학과 명칭을 변경한 것으로 알려지고 있다. 평양컴퓨터기술대학에 수십 개의 정보기술과목을 신설한 것도 같은 맥락에서 개편된 것이다.

한편, 최근 경제개혁 추세를 반영하여 대학교과내용도 부분적으로 개편되고 있다. 최근 경제개혁, 시장 등의 용어를 공식적으로 사용하는 등 시장친화적인 풍토가 조금씩 확산되고 있는 상황과 경제관리 개선조치 이후 부분적으로 수요와 공급에 의해 가격이 결정되고 실물경제에서 화폐경제로 이행하고 있는 과도기적인 경제현실을 반영하여 교과 내용이 새롭게 개편되고 있는 것으로 알려지고 있다. 이에 따라 경영학, 재정금융학 등 경제관리 및 화폐금융분야 중심의 개편에 착수하고 있다. 경제현실이 변하고 있는데 따른 이론적 뒷받침이 필요한 상황에서 그리고 실리추구의 추세로 나아가고 있는 현실을 반영한 것으로 보인다.

이외에도 최근의 첨단과학기술 및 정보기술원리를 반영하여 과학기술부문의 학과목에 대한 교육내용을 현대화하고 있다. 김책공업종합대학의 경우 전기공학실험중심 편성 등 IT 중심으로 총 610여 개의 교과목 내용과 나노기술 등 첨단과학부문을 반영하고 있다.[5]

(2) 특수목적학교교육체계

학업을 전문으로 하는 교육체계 중에서 특수목적형은 앞서 언급한 바와 같이 영재학교, 혁명학원, 외국어학원 그리고 예·체능계학교로 구성되어 있다.

1980년대 초반에 김정일의 지시에 의해 설립되었다는 중등교육단계의 제1중학교는 영재학교의 본보기이다. 1982년 평양시 보통강변에 평양제1고등중학교를 신설하고 전국에서 우수하다는 학생들을 특별 모집하여 영재교육을 제공하면서 시작되었는데, 1986년에는 각도의 도청소재지마다 설립하였다. 1999년까지는 다시금 각 시·군까지 확충하여 현재는 총 200여 개교로 늘어났다.6) 주로 수학, 물리, 화학 등의 자연계 과목과 외국어 교육에 중점을 두며, 졸업생은 군대를 면제해주고 직통생으로서 대학에 진학하여 학업을 계속할 수 있도록 배려해 주고 있다.7) 1980년대 초반까지도 영재교육을 차별을 인위적으로 조장하는 반동교육이라고 규정하고 철저히 비판한 점을 감안할 때 금석지감을 금할 수 없다.

혁명학원은 한국전쟁으로 발생한 전쟁고아문제를 해결하면서, 북한 사회주의 정권의 기본세력을 길러내기 위해 설치된, 북한에만 있는 정치성이 강한 특수한 형태의 학교로서 설립시기나 수업연한이 각각 다른 것으로 알려지고 있다. 평양의 만경대 혁명유자녀학원은 1947년에 인민무력부 산하기관으로 설립되어 혁명유가족 및 당정권 고위간부자녀를 대상으로 하여 7년제로 운영되고 있으며, 남포의 강반석혁명유자녀학원과 해주혁명유자녀학원은 1958년에 설립되었으며, 11년제로 운영하고 있다. 그리고 외국어계열의 평양외국어혁명학원은 1958년에 창설하여 인민학교 졸업자로서 유자녀, 영웅칭호 수여자 및 영예군인 자녀 중 외국어에 발전 가능성이 있는 자를 대상으로 하여 7년제로 운영하고 있다.8) 이들 학교에 입학하는 학생들은 재학기간 중 군복차림으로 군대식 규율 하에 집단생활을 영위하면서 철저한 당의 후비대로 육성됨에 따라 졸업 후에도 군 또는 특수요직에 진출하도록 하고 있다.

외국어학교는 인민학교 졸업예정자 중 외국어에 발전 가능성이 있는 자를 대상으로 모집하여 6~9년제로 운영하고 있는데 주로 외국어계

대학에 진학하여 국제전문인재로 육성되고 있다. 평양외국어학원은 6년제 중학교 과정으로서 노어, 중국어, 일어, 영어 등 8개 외국어 계열을 두고 있으며, 각 시·도에 설치되어 있는 외국어학원은 9년제로 운영되고 있다.

예·체능계 특수목적학교는 대개 1960년대 초에 설립되었는데 음악학교, 무용학교, 조형예술학교는 11년제로 운영되고 있고, 체육학교와 공예학교는 고등중학교 졸업생을 대상으로 하여 4년제로 운영하고 있다. 예능계를 조기에 분화한 것은 예술적 잠재능력은 조기개발하는 것이 효과적이라는 발달원리, 그리고 예술을 '근로자들을 공산주의적으로 교양하며, 온 사회를 혁명화, 노동계급화하는데 복무하는 수단'으로 규정하고 있어 예술인재를 길러 혁명의 수단으로 활용하자는 정책적 특성이 함께 어우러진 결과로 보인다.

3) 일하면서 공부하는 성인교육체계

일하면서 공부하는 반공반독형半工半讀型의 성인교육체계는 북한이 프롤레타리아 독재를 표방하고 있는 관계로 현실적으로 기본세력인 근로자에게 다양한 방식의 교육기회를 제공하기 위해서 학업전문교육체계와 병행하여 꾸준히 발전시켜 왔다. 교육학의 입장에서도 이 방식은 매우 긍정적이다. 책을 통해서만 배운 지식은 죽은 지식이고, 실제 경험을 통해서 배운 지식이 산 지식이라는 지식론의 입장, 그리고 사회가 곧 교육의 장이라는 개방적인 관점들이 이 방식의 교육발전을 지지해주고 있다.

북한의 일하면서 공부하는 교육제도는 1990년에 근로자 고등중학이 폐지되면서 고등교육 단계위주로 설치되어 있는데 교육형태상으로는 근로자 작업현장에 설치한 공장대학, 농·어장대학, 통신 및 야간교육망, 간부들과 근로자들의 정규적인 학습, 그리고 당정간부를 연수시키기 위한 특수목적형 정치간부교육기관으로 분류할 수 있다.

(1) 공장대학, 농·어장 대학[9]

공장대학은 주로 연합기업소와 1급기관에 부설되어 있으며, 기업규모가 작은 업소들은 지역별로 연합하여 운영하기도 한다. 그리고 대규모의 협동농장에는 농장대학이, 수산사업소에는 수산대학이 설립되어 있다.

수업연한은 4~6년으로 졸업 후에는 정규대학 졸업과 동일한 자격이 부여되어 기사자격증을 받는다. 입학학력이 미치지 못한 근로자들을 위해서는 별도로 2년제 예비과를 설치하여 진학의 길을 열어주기도 한다.

수업은 근로자들이 강의를 받기에 용이하도록 하고 있는데, 근로시간을 조정하여 오후 1시부터 하루 3시간씩 주당 18시간의 강의를 실시하는 곳이 많다.

공장대학의 수와 학생수는 최근 들어 매년 확충되어왔다. 1961년에는 총 24개뿐이었는데, 1983년에는 5개교가 신설되어 총 77개로 전체 대학의 41%를 차지하였으며, 1984년에는 7개교, 1985년에는 2개교, 그리고 1988년에 5개교가 설립되어 1990년에 이르러서는 100여 개교로 늘어났다.[10]

(2) 통신 및 야간교육망을 활용한 성인교육

방송통신매체를 활용한 성인교육은 김일성방송통신대학과 TV방송대학이 주로 실시하고 있다. 전자는 1973년 김일성의 61회 생일을 기념하여 창설되었으며, TV방송대학은 1982년 9월에 설치되었다.

통신과정의 교육연한은 5년으로서, 1년 중 10개월간은 통신매체를 통해, 그리고 2개월은 출석수업을 받고 시험을 통해 평가를 받는다. 농민들은 농한기를 이용하며, 직장인은 직장의 편의를 받아 등교수업을 받게 되는데 유급휴가를 받고 교육비와 여비는 직장이 부담하도록 하고 있다.

TV방송대학의 강좌는 주 3회 오후 5시 30분부터 7시까지 90분간 실시하며, 학생들은 공장, 기업소, 협동농장별로 5~20명씩 '학습반'을 조직하여 구내 수상기를 통해 공부한다. 1984년에는 37개 대학에 수강생의 편의를 위해 강의시청장을 설치하기도 하였다.

야간과정은 정규대학의 야간학부를 통해서 실시하는데 수업은 오후 6시부터 10시 30분까지 실시한다. 대체로 학생들이 주경야독하는 것이 힘들어 결석도 많고 업무때문에 공부할 시간도 많지 못하여 통신과정보다도 일반적으로 수준은 낮다고 귀순자 김명철은 자기 경험을 이야기하고 있다.11)

(3) 특수 목적형 정치간부 교육기관12)

특수목적형 정치간부 성인교육기관으로는 공산대학, 당학교, 인민경제대학, 국제관계대학 등이 있는데 대체로 당 간부 양성을 위한 장단기 재교육을 제공하고 있다.

공산대학은 시·도 당학교를 1960년에 개편한 대학으로 당·정, 공장 등의 모범직원으로서 당 학교나 고등교육단계의 정치교육과정을 이수하지 못한 자 중에서 당의 추천을 통해 교육시키고 있으며, 김일성고급당학교는 1946년의 중앙당학교를 1972년에 개편한 것으로 군당 위원장과 도당 부부장급 지도자를 대상으로 교육시키고 있다.

인민경제대학은 경제부문 관리와 공장, 기업소 관리의 재교육기관으로서, 평양에 소재하고 있으며 4년 과정으로 운영하고 있다.

4) 직업기술교육체계

　북한의 교육은 공산주의 사회를 건설할 수 있는 인재를 양성하는데 목적을 두고 있다. 1998년 개정한 헌법 43조에서는 이를 '국가는 사회주의 교육학의 원리를 구현하여 후대들을 사회와 인민을 위하여 투쟁하는 견결한 혁명가로 지·덕·체를 갖춘 공산주의 새인간으로 키운다'고 명시하고 있다. 여기서 얘기하는 공산주의적 새인간이란 내용상으로 볼 때 노동계급화된 인간을 포함하고 있다. 즉 사회주의가 계급투쟁의 관점에 기반하여 창설되어 노동자 천국을 만드는데 목적을 두고 있으므로 노동계급의 특성을 올바로 이해하고 노동계급의 계급적 이익과 요구를 철저히 옹호하고 관철할 수 있는 인간을 길러낼 수 있어야 한다는 것이다. 이처럼 북한은 노동계급을 사회 주체세력으로 보고 있기 때문에 노동자 계급을 최우대하고 학교교육에서도 노동교육을 필수로 부과하고 있다. 인민학교 때부터 의무노동을 필수화하고 있는 것은 바로 좋은 예이다.

　물론 의무노동교육이 직업교육의 차원에서만 수행되고 있는 것은 아니다. 여타 사회주의 국가들이 견지해 있던 것처럼 기초기술교육 차원에서 교육과정에 포함시키고 있다. 사회주의는 평등이념을 우선하고 있어서 대체로 10년간을 통합교육기간으로 설정하고 이 기간 중에는 기초기술교육만을 보편적으로 제공하는 것이 관례였는데 북한도 이 원칙을 충실히 따르고 있는 것이다. 반면에 직업교육은 고등교육 단계부터 시작된다고 보는 것이 타당하다. 직업교육을 조기에 제공하는 것은 인간의 전면 발전을 저해하며 인간의 능력 일부분만을 발전시켜 분절화 시킴으로써 결국은 바람직하지 못한 소외 현상을 야기하게 된다는 철학 때문이다.

① 북한 직업기술교육의 이론적 배경

앞서의 논의에서 북한사회는 기초기술교육은 초·중등 관계에서 그리고 기술교육은 직업교육 차원에서 고등교육단계에서 이루어지고 있다고 하였는데, 도대체 어떠한 이론적 배경 하에서 이를 타당화하고 있는 것인가. 이에 동원할 수 있는 이론으로는 사회구성체론, 물질적 요새 점령론, 산지식론, 기초기술교육강조론, 그리고 소외론 등을 들 수 있을 것이다.

사회구성체론은 사회주의가 사회를 이해하는 기본 시각이다. 이 이론은 유물사관과 마르크스 레닌주의에 뿌리를 두고 있으며 북한이 입안한 주체철학에도 수용되어 있다.

유물론은 물질을 만물의 근원으로 보며, 사회를 물질적인 생산력에 상응하는 생산관계 중심으로 이해하고자 한다. 특정 사회의 경제적 구조는 생산관계의 총체를 형성하는데 이것을 토대 또는 하부구조라고 하며, 이 하부구조를 토대로 삼아 이 위에 형성되는 정치, 법률, 교육 등의 사회적 의식의 여러 형태를 상부구조라고 이름하고 있다. 그런데 하부구조인 경제 기초는 상부구조를 결정하는 힘을 가지고 있기 때문에 교육의 모습과 성격은 경제 토대에 의하여 결정될 수밖에 없다고 보고 있다. 따라서 교육은 경제를 위하여 공헌하는 것이 타당하다고 본다. 이 이론은 기술교육이나 직업교육이 그 사회의 경제토대의 요청에 따라 교육단계에 적절히 결합·배치되어야 한다는 것을 말해주고 있다.

물질적 요새 점령론은 북한이 공산주의 사회로 발전하기 위한 필요에서 강조하고 있다. 사회주의 교육에 관한 테제에서는 "사회주의 제도가 선 다음에도 혁명을 계속하여야 하며 공산주의의 사상적 요새와 물질적 요새를 점령하기 위한 투쟁을 다 같이 힘있게 밀고 나가야 한다"라고 강조하고 있어 물질적 요새도 중시함을 알 수 있다. 즉 인민이 원하는 대로 모든 것을 얻을 수 있는 공산주의 사회로 발전하여 나가기 위해서는 경제를 발전시켜 물질이 풍부해지도록 하여야 한다는 차원에서 제기되고 있다고 볼 수 있다.

　이 이론 또한 직업기술교육이 교육단계에 적절하게 수용되어 경제사회가 요구하는 소기의 기능을 발휘할 수 있어야 한다는 기초이론으로 작용하고 있다. 중국이 혁명적인 차원에서 과감히 사회주의 시장경제를 도입한 것은 바로 이 차원의 발전을 위한 획기적인 결단이었다고 인정되고 있다. 그러나 북한은 이러한 전기를 마련하지 못하여 직업기술교육도 제대로 발달하지 못하였으며 나아가서는 오늘의 경제난에 처하게 되었다고 판단된다.

　산지식론은 북한에서는 이론교육과 실천교육, 교육과 생산노동의 결합이라는 이론의 바탕을 이루고 있다. '이론교육과 실천교육을 결합하는 것은 학생들을 쓸모 있는 산지식을 가진 공산주의적 혁명인재로 키우는 중요한 방도이다', 또한 '학교교육에서 특히 생산실습과 전공실습을 잘하는 것이 중요하다'13)라고 하고 있어 학교교육이 이론 교육 위주로 흐르는 것을 사전에 예방하고 있다. 이는 학교교육이 이론교육만으로 이루어지게 되면 실제 생활과 유리되게 되어 공리 공론에 빠지게 됨으로써 부르조아화되게 된다고 보기 때문이다. 이러한 지식을 북한에서는 죽은 지식이라고 얘기하고 있다.

　교육과 생산노동의 결합을 강조하는 것 또한 사회주의 이념에 기반을 두고 산지식화하기 위한 차원에서 강조되고 있는데 사회주의 이념에 기반을 두고 있다. '사회적 실천의 가장 중요한 형태인 생산노동은 자연을 변혁하고 사회를 발전시키며 사람들을 교양 개조하는 힘있는 수단이다' '생산노동에서 유리되어 학업을 전문으로 하는 학생들을 생산노동에 참가시키는 것은 … 학교에서 배운 지식을 공고히 하고 그 응용력을 키우며 현실에 대한 체험과 노동에 대한 숙련을 쌓는다'14)라고 하여 학교 교육에서도 생산노동을 반드시 결합시켜야 한다고 하고 있다. 그리고 의무노동, 또는 생산노동이라고 하여 정규 교육과정에 개설하고 있는데 북한의 정치체제가 계급 투쟁론에 근거하여 노동계급을 주체로 인정하고 있기 때문에 노동자를 중시하고 이를 내면화하기 위한 생산노동을 결합시키는 것은 타당하다고 볼 수 있다.

기초기술교육 배합론은 전인민의 노동계급화 관점과 소외론의 관점이 결합되어 있다. 북한은 초·중등 단계 10년을 기초교육으로 보고 있는데 지식교육에 치우치지 않고 기초기술교육이 결합되어야 한다고 보고 있다. 그리고 전문교육은 고등교육단계서 이루어져야 하는 것인데 전문지식이나 기술을 가르쳐야 한다고 하고 있다. 즉 전문화된 교육을 직업교육으로 보고 고등교육단계에서 제공되어야 하는 것으로 본다. 이와 같은 관점을 세우게 된 것은 노동자를 사회의 주체로 보는 국가 시각 그리고 중등단계에서 직업교육을 제공하는 것은 기초교육이 충분치 못한 상황에서 분절화된 전문교육을 제공하게 되어 인간의 전면 발전에도 도움이 되지 않고 소외현상도 야기하게 된다고 보고 있는 것이다. 북한이 6, 70년대에 9년제 기술의무교육을 실시한 것은 바로 이러한 정책에 따른 것이었다.

② 북한직업기술체계와 그 특징들

북한의 교육제도는 크게 볼 때 학업전문교육체계와 일하면서 공부하는 교육체계로 구분된다. 학업전문교육체계는 초등, 중등, 고등교육단계로 구분되어 있으며, 일하면서 공부하는 교육체계는 학업전문 교육기관과 생산기업소에 병설되어 있다. 예컨대, 김일성종합대학은 학업전문교육체계에 속하지만 재교육학부를 설치하여 일하면서 공부하는 교육체계의 과정도 동시에 제공하고 있다.

학업전문교육체계의 초등단계에서는 기초기술교육만 제공하고 있다. 현재 11년제 의무교육이 실시되고 있어서 취학 전 1년간과 초중등 10년간이 의무교육화되어 있기 때문에 소학교와 중학교의 모든 학생들은 앞서 언급한 것처럼 직업교육 차원이 아닌 통합교육차원에서 기초기술교육을 받고 있다고 할 수 있다. 북한의 교육과정에서 보면 기초기술교육 교과로는 중학교 4, 5학년 때 각각 주 1, 2시간씩의 전자공학기초과목이 있으며, 여학생실습과 공작실습이 각 학년에 총 36주 중에 1주씩 개설되어 있었다.

원래 사회주의는 집단주의를 우선하고 개인주의를 배격하기 때문에 교육에 있어서도 개개인의 특성에 따른 지원체제 마련이 미흡하다. 이러한 영향으로 교육과정도 획일화되어 제공되는 것이 일반적이다. 북한 또한 과거에는 이러한 기조를 견지하여 왔으나 2001년도부터 지역의 특성을 감안한 선택과정제를 도입하는 조치를 취하였다. 이 제도는 1999년 김정일의 지시에 의해 준비되었는데 '강성대국 건설의 요구에 맞게 교육내용과 방법을 개선하고 교육의 질을 한 단계 더 높이기 위한 사업'의 일환책이었음을 밝히고 있다.15)

이외 별도로 특별활동으로 생산노동과 실습이 부과되고 있는데, 전자는 1학년부터 3학년까지는 30일씩 그리고 4, 5학년은 45일, 6학년은 60일씩 개설되어 있고, 후자는 5학년 때 2주, 6학년 때 3주가 개설되어 있다.

직업교육은 전문교육이라는 이름 하에서 수행되고 있는데 전문지식 교육과 전문기술교육이 주 내용을 이루고 있다. 이들 기관들로는 2~3년제 고등전문학교와 4~6년제 대학이 있다.

일하면서 공부하는 교육체계는 1975년부터 중등교육까지 의무화되어 있어서 고등교육단계에 활성화되어 있다. 4년제 공장고등전문학교, 5~6년제 공장대학, 농장대학, 어장대학, 그리고 통신 및 야간 교육망을 이용한 과정 예컨대, 앞서 언급한 김일성종합대학의 재교육학부와 같은 기관들이 있는데 현직자들이 근무하면서 공부할 수 있도록 다양한 방식으로 운영되고 있다.

　직업기술교육을 제공하는 고등교육기관들은 남한과 같은 종합대학 형태로 조직되어 있지 않고 계열별, 전공별로 특성화되어 있는 형태를 띠고 있다. 북한이 종합대학이라고 얘기하는 김책공업대학까지도 남한의 시각으로 보면 단과대학이다. 대부분의 공업대학은 모두 공업계 학부로 구성된 단과대학에 속한다. 따라서 전체 학생수가 500명도 되지 않는 경우도 많다.

　이처럼 북한의 직업기술계 대학들이 단과대학 형태를 띠고 있는 것은 기본적으로 계획경제체제에 기반하고 있는데서 연유한다. 북한은 시장이 없는 계획경제체제이기 때문에 국가행정체제도 부문별로 조직되어 있으며 이들이 모든 경제부분별로 철저하게 인력 계획을 세워 운영하고 있다. 국가 전체적으로 해당 부문의 향후 인력수요가 어느 정도 되므로 인력공급이 어떻게 이루어져야 한다는 계획을 갖고 있는 것이다. 이러한 인력계획에 의거하여 유관 고등교육기관에 입학정원을 할당하고 특정 수준의 자질을 지닌 직업기술인재를 양성해 주도록 하고 있는 것이다. 한마디로 얘기하자면 목적양성체제라고 말할 수 있다.

　대학의 명칭을 보면 이를 미루어 짐작할 수 있다. 평양건설대학, 함흥화학공업대학, 청진광산금속대학, 사리원지질대학, 회천체신대학, 평양철도대학, 룡성식료공업대학, 신의주경공업대학, 청진선박대학 등 특정 부문별로 세분화되어 있다. 그리고 북한중앙행정기관인 정무원에는 이들 대학과 관련되어 있는 부서를 발견할 수 있다. 예컨대, 건설건재공업성, 화학공업성, 금속기계공업성, 체신성, 철도성, 경공업성, 수산성 등이 개설되어 있어 관련 대학들과 직접 연계하고 있다.

　공장대학은 특정 공장 또는 기업소에 부설하는 것은 원칙으로 하고 있기 때문에 당해 공장이나 기업소의 기술문제를 자체적으로 해결하는데 목적을 두고 있어 매우 실용적인 교육내용으로 구성하고 있다. 따라서 교재는 현장 기술자들의 의견을 참고한 구체적인 실천경험들을 반영하여 제작하는 것으로 알려지고 있다.

　북한이 주체사상을 천명하고 폐쇄정책을 견지함에 따라 실제로 요청되는 기술을 자체적으로 개발하여야 하기 때문에 공장대학 운영에 있어서 공장이나 기업소가 필요로 하는 기술을 자체적으로 해결하고자 하였다. 그러나 공장이나 기업소의 연구여건이 미흡한 상황이어서 고급기술은 관련 과학원이나 대학에 위탁하여 개발하는 것으로 알려지고 있다.

　북한의 공장대학에 설치하고 있는 관리일꾼반 학생들의 교재를 통해 보면 공장대학의 교육이 매우 실용적이며 소박한 수준에서 이루어지고 있음을 알 수 있다. 『공업기업소 후방관리』16)라는 교재의 목차를 보면, 1장 공장기업소 후방공급체계와 임무, 2장 후방물자 공급, 3장 살림집과 합숙 및 식당 관리, 4장 편의시설 및 탁아소, 유치원 관리로 구성하고 있다. 이 교재의 머리글에서 밝히고 있는 것처럼 김일성 교시에 따라 '로동자들이 가정생활에서 안착되고 아무런 근심 걱정 없이 자기 사업에 열성을 다하도록 후방공급사업을 보장하여야 한다'라고 하는 취지에서 내용을 조직하고 있다. 이 교재는 계획경제체제하에서 관리일꾼들이 후방사업에 어떠한 종류의 일을 어떻게 하여야 한다는 것을 여실히 보여주고 있다.

　공장대학의 교육시설은 다양하다. 별도 교사가 없이 공장이나 기업소의 생산시설을 그대로 활용하는 경우도 있지만 일상적으로 학습을 받을 수 있도록 교실을 별도로 구비하고 있는 곳도 있다. 강계공업대학은 총 건평 3,000㎡의 2층 시설을 교사로 사용하고 있는데 물리실험실과 화학실험실도 갖추고 있다고 한다.

　이들 공장대학의 교사진은 사회정치과목과 기초과목은 전임교사들을 두고 있지만, 기술교과목은 주로 해당 공장, 기업소의 기술자와 전문가들로 구성하고 있다. 이들 대학의 학장은 대부분 공장장이 겸임하고 있다.

공장대학의 수업은 주, 야간 적절한 때 이루어지는 것이 일반적이다. 공장대학 학생들이 보통 3교대로 근무하기 때문에 낮에 근무하는 사람에게는 야간에 교육을 제공하고, 초야나 심야에 근무하는 학생에게는 주간에 교육을 제공하도록 하고 있다. 어장대학의 경우는 출어하는 배 위에서 휴식시간을 활용하여 교육을 제공하기도 한다고 얘기되고 있다. 수업시간은 보통 하루 3시간씩 주당 18시간을 원칙으로 하며 일년 수업 주수는 35주로 하고 있다.

4. 북한학제의 논의

위에서 우리는 북한의 학교제도를 고찰하였다. 북한이라는 사회주의 체제의 학교제도를 심층적으로 이해하기 위하여 교육제도 관련 이론 및 사회주의 교육이론의 관점들을 반영하여 논의하고자 한다.

먼저, 학교제도를 3가지 체계로 구분하고 있는 점을 논의의 대상으로 삼을 만하다.

학교제도를 취학전 교육체계, 학업전문 교육체계, 일하면서 공부하는 교육체계로 구분하여 특성대로 발전시키겠다는 구분은 바람직하며, 평생교육의 시대적 요구에도 부합된다. 그러나 북한은 앞서 언급한 바와 같이 교육제도의 개념을 계급투쟁론의 입장에서 편향적으로 보고 있다. 그리고 이와 같은 편향된 입장은 내면적으로 3가지 교육체계 중에서 일하면서 공부하는 성인교육체계의 강조로 연계되어 있다. 일하면서 공부하고자 하는 근로자들은 교육적으로 불리한 입장에 있기 때문에 이를 보상해주기 위하여 강조하는 것은 매우 진보적인 견해임에 틀림없으며 바람직하기도 하다. 그러나 학생선발에 있어 정치적 목적에 의해 출신성분에 따른 교육기회를 제한하고 있는 지금까지의 현실과 결부시켜 볼 때, 이와 같은 편향된 시각에서 출발한 성인교육의 강조는 교육 본연의 발전을 도모하는데 있어 문제를 내포하고 있다.

둘째, 초・중등 교육연한을 10년으로 하고, 기본형인 소학교와 중학교를 두면서 다수의 특수목적형 학교를 병존하고 있는 점을 논의의 대상으로 삼을만하다.

앞서 언급한 바와 같이 초중등교육연한 10년은 사회주의권의 나라들과 맥락을 같이 하고 있다. 그리고 북한사회체제상으로도 뒷받침되어 있다. 다만 북한은 기본형 이외에 다양한 특수목적형 학교들을 병행시키고 있으며 조기에 분화하고 있다. 특히 혁명유자녀학원은 북한만의 특수한 형태의 학교이다. 그리고 비판의 대상이었던 영재학교도 설립하고 각종 혜택을 부여하고 있다. 북한 사회의 요구를 수렴하여 분화시킨 점은 충분히 인정할 수 있으며 교육적으로 바람직한 점도 많다.

단 사회주의 이념인 평등의 원칙을 벗어나고 있음을 부인할 수 없다. 평등이념의 교육적 차원인 차별소멸론의 관점과 배치되기 때문이다. 이 이론은 평등한 교육기회를 제공하지 못하여 사회의 불평등을 초래해서는 안 된다는 것으로 사회주의권에서는 단선형을 신봉하여 왔으며 통일된 학교형태로 정책화되었다. 즉 소유형식, 직종의 차이, 거주지역의 차이, 문화기술 보유수준의 차이로 인하여 교육적으로 불평등한 대우를 받아서는 안 된다는 원칙을 고수하는 기존의 정책과는 배치되는 의도적으로 차별을 발생시키는 정책이라고 해석된다.

셋째, 정치적 목적에 의해 설치된 학교 종류와 학교 명칭도 논의의 대상이다.

혁명유자녀학원은 보통교육을 제공하면서 정치적 목적에 의해 설립한 학교이다. 정치간부 양성을 위한 특수목적형 성인교육기관 또한 이 범주에 속한다. 후자는 현장의 성인들을 대상으로 하여 정권유지를 위한 고급간부를 길러낸다는 점에서 독재체제를 유지하고 있는 북한으로서는 현실적이라고 볼 수 있다. 다만 상당히 폐쇄적으로 운영되고 있는 점은 논란의 대상이 될 것이다. 이에 대해 혁명유자녀학원은 보통교육 단계에서 폐쇄적으로 특정 계급의 학생만을 대상으로 운영하여 정권유지의 간부로 양성해내고 있는 점은 큰 문제임에 틀림없다.

학교 명칭이 김일성가의 이름이나 소위 혁명열사의 이름을 따르고 있는 점도 간과하기 어렵다. 주체사상화를 내세우면서 김일성가 우상화를 굳건히 하고 있기 때문이다. 긍정적 모범으로 감화시킨다는 북한의 깨우쳐주는 교육의 한 방법으로 정당시할 수 있을는지 모르겠지만 보편성을 결여하고 있으며, 실재로 우상화와 연계되어 있어서 비판의 대상이 될 수밖에 없다.

넷째, 11년제 의무교육을 조기에 실시하는 성과를 거둔 점은 특기할 만한 대상이다.

북한은 경제적으로 풍요롭지도 못한 상황에서 특단의 노력을 기울여 일찍이 11년제 의무교육을 실시하고 매우 자랑스럽게 여기고 있다. 이웃 사회주의 중국과 비교해 볼 때 괄목할만한 성과라고 할만하다. 다만 거주이전의 자유가 제한되어 있는 상황에서 의무교육 여건이 지역별, 학교별로 격차가 심하여 학생들이 평등한 기회와 혜택을 받고 있지 못한 점은 문제이다. 학생들을 국가사회 부담으로 키운다고 하면서도 학교시설은 학교 후원회 등 지방의 부담으로 하고 있어 격차가 발생할 수밖에 없기 때문이다.

이러한 문제에 직면하여 교육환경을 개선하기 위한 기금을 마련하여 교육의 질을 제고하기 위한 노력을 보이고 있는 점은 바람직하다. 최근 북한은 '교육은 나라의 흥망과 민족의 장래운명을 좌우하는 근본문제의 하나'라고 강조하면서 학교의 교육교양 설비들을 더욱 현대화하고 교육조건을 보다 완비하기 위하여 조선교육후원기금을 새로 설립하였다고 보도하고 있다(조선방송 2005년 6월 8일). 그동안 매년 입학 시기에 맞취 지역소재 공장과 기업소 등을 대상으로 교과서 및 교육기자재의 보장사업을 힘 있게 벌일 것과 후원단체들의 책임적 역할을 강조하여 왔는데 이러한 조치만으로는 교육환경 개선을 기하기가 어렵다는 인식에서 보다 획기적인 조치를 마련하는 노력을 보이고 있다.[17]

주註

1) 과학·백과전서출판사, 『백과전서』 (평양: 과학·백과전서출판사, 1982), 427쪽.
2) 위의 책.
3) 최영표, "북한현대교육사의 재조명," 『한국교육사학』 제12집 (1990.10), 27~43쪽 ; "북한교육," 『한국교육연감』 2001~2005년판 참조.
4) 2002년 9월 이전에는 소학교는 인민학교, 중학교는 고등중학교라 하였음. 이처럼 개명함으로써 중국, 일본, 대만의 학교명칭과 기본적으로 같아지게 되었음 (최영표, "북한교육," 『한국교육연감』 2003년판 참조).
5) 최영표, "북한교육," 『한국교육연감』 2004년판, 573~574쪽.
6) 최영표, "북한교육," 『한국교육연감』 2005년판, 566쪽.
7) 이충국(귀순자), "북한의 수재교육," ≪한국일보≫ 1994년 10월 16일자.
8) 북한연구소, 『북한총람』 (서울: 북한연구소, 1983), 1279쪽.
9) 최영표, 한만길 외, 『통일에 대비한 교육정책연구(Ⅱ)』, KEDI RR 93-8 (1993), 131~132쪽.
10) 해당연도 『조선중앙연감』 참조.
11) 김명철, '간부승진을 위해 김형직사대 야간학부에 들어가다' ; 최영표, 한만길 외, 『내가 받은 북한교육』 KEDI RM 94-4 (1994), 224~235쪽.
12) 통일원, 『북한개요』 (서울: 통일부, 1995), 134~136쪽.
13) 사회주의 교육에 관한 테제의 3. 사회주의 교육의 방법 참조
14) 위의 주 참조
15) 최영표, "북한교육," 『한국교육연감』 2002년판, 670쪽.
16) 김성식(해주공업대학), 『공업기업소 후방관리』 1판 (평양: 고등교육출판사, 1984).
17) 최영표, "북한교육," 『한국교육연감』 2006년판, 568쪽.

<참고문헌>

1. 북한문헌

과학·백과사전 출판사 편,『백과전서(1권)』(평양: 과학·백과사전출판사, 1984).
김성식,『공업기업소 후방관리』1판 (평양: 고등교육도서출판사, 1984).
조선중앙통신사 편,『조선중앙년감』(평양: 조선중앙통신사, 각년도).

2. 남한문헌

정조영 외,『남북한 과학기술정책에 관한 비교연구』(한국과학기술단체총연합회), 1992.
최영표, "북한 현대교육사의 재조명,"『한국교육사학』제12집(1990).
_____, "남북한 의무교육의 비교 연구,"『도산학술논총』제2집(1992).
_____, "북한교육의 실상,"『교육부, 북한 바로알기 교육』(서울: 교육부, 1991).
_____, "남북 학교체계의 통합상 제기문제 분석,"『통일연구논집』제2집 (전국대학통일문제연구소협의회, 1999.2).
_____,『남북한 교육제도 통합방안 연구』KEDI CR 94-3 (1994).
_____, "북한 중등교육체제의 분석,"『통일교육연구』창간호 (2000.5).
_____, "북한의 직업기술교육체계,"『직업과 인력개발』제3권 4호 (2000).
_____, "북한교육,"『한국교육연감』2002~2006년판.
_____, "향후 북한교육의 변화전망,"『통일교육연구』제2호 (2002).
_____ 외,『통일에 대비한 교육정책 연구(Ⅱ)』(서울: 한국교육개발원, 1993).
_____ 외 편,『내가 받은 북한교육』KEDI RM 94-4(1994).
_____ 외 편,『공산권 교육의 과거·현재·미래』세미나 보고서 (서울: 한국교육개발원, 1988).
최영표·한만길·김홍주,『북한과 중국의 교육제도 비교연구』(서울: 한국교육개발원, 1988).

북한의 교육과정 정책

권 성 아

1. 교육과정에 대한 북한의 인식

'교육과정'이 일차적으로 일정한 정치적 이념과 사회적 상황에 따라 교육의 목적과 내용 및 방법을 규정하고 있는 문서라고 할 때, 남한은 이를 사회적 필요가 있을 경우 교육인적자원부의 주도 아래 전반적으로 개정하되, 그 실천은 지역사회와 학교에 상당한 자율권을 두는 형태를 띠고 있다. 이에 반해 북한은 조선로동당 산하에 과학교육부를 두어 교육과정에 관한 사항을 법에 규정해 놓고, 행정기관인 교육성을 통하여 이를 일률적으로 실천하는 형태를 띠고 있다.

북한에서 교육과정과 관련된 문서가 처음 나온 것은 1950년 4월 8일 '조선민주주의인민공화국 교육성'이 발표한 <각급학교 규정>에서였으며, 교육과정에 관한 구체적인 입장이 체계적으로 발표된 것은 1977년 9월 5일에 내놓은 <사회주의교육에 관한 테제>에서 이다. 그러다 현재에는, 1999년 8월 11일 채택하고 2000년 4월 최고인민회의 제10기 3차회의에서 승인된, <교육법>에 따라 교육과정을 운영하고 있다.

　북한은 교육과정과 관련한 용어가 남한과 조금 다르다. 북한은 교육법 제4장인 '교육내용과 방법'에 교육과정에 관한 사항을 밝히고 있는데, 이에 의하면 북한은 남한의 교육과정에 해당하는 말로 '교육강령'이라는 말을 사용하며, 여기에는 남한의 교과목 편제표에 해당하는 '교육과정안'과 교육과정 각론에 해당하는 '교수요강'이 속해 있다(제32조). 교육강령은 '중앙교육지도기관'인 교육성에서 작성하도록 되어 있으며(제33조), 국가는 교육강령과 교과서의 심의를 위하여 중앙교육기초기관과 해당 기관에 '비상설심의위원회'를 두도록 하여 이 위원회의 승인 없이는 교육강령과 교과서를 고칠 수 없도록 규정하고 있다(제34조). 그리고 교원은 교육강령에 기초하여 담당과목의 '교수안'을 작성하여야 하고, 이 교수안은 교원의 집체적 협의를 거쳐 완성하도록 되어 있다(제35조).

　이와 같이 북한의 교육과정은, 남한에서처럼 일정한 기간이 경과한 후 '제 몇 차 교육과정' 식으로 전반적으로 개정·공포되는 것이 아니라, 교육법에는 원칙만 천명해 놓고 실제의 학교교육에서는 사회적 필요에 따라 수시로 부분적으로 수정하는 형태를 띠고 있다. 따라서 때로는 1년 만에 새로운 교육과정안이 발표되기도 하며, 수정의 범위도 새로운 과목을 첨가하거나 삭제하는 것 혹은 시간 수를 조정하는 것에 한정되어 있다. 즉, 북한은 남한과 같이 교육과정 체계를 근본적·전체적으로 변화시키는 식의 개정은 하지 않고, 따라서 공식문서로 나와 있지도 않기 때문에 북한의 교육과정상의 특징을 시기별로 분석한다는 것은 거의 불가능하다.

　이 가운데 특히 북한의 교육과정의 변화 과정과 그 특징을 직접 살펴 볼 수 있는 원 자료는 북한 교육성에서 편찬한 '과정안'으로, 현재 구할 수 있는 자료로는 1956년 것과 1983년 및 1996년 것이 있다. 그런데 이는 어떤 일관성을 가지고 작성된 것이 아니기 때문에, 이를 가지고 북한 교육과정의 변화 과정을 파악하기는 쉽지 않다.

그러나 일반적인 북한 교육의 변천은, 1990년대에 새로 저술된,『조선교육사』전6권을 통해 파악해 볼 수 있는데,[1] 이에 의하면 북한이 스스로 규정하고 있는 교육은 다음과 같이 시대 구분이 되어 있다.

① 새 민주조선 건설시기 교육(1945.8~1950.6)
② 조국해방전쟁시기 교육(1950.6~1953.7)
③ 전후인민경제복구발전과 사회주의 기초건설시기 교육(1953.7~1960)
④ 사회주의 전면적 건설시기 교육(1961~1970)

사회주의가 전면적으로 건설되었다고 보는 1970년대 이후는 시기 구분을 하지 않고 있으나, 이 시대를 다룬 제5권과 제6권의 1장 제목으로 보아,

⑤ 사회주의교육학의 원리 구현시기 교육(1970년대)과
⑥ 온 사회의 주체사상화 요구시기 교육(1980년대)으로 구분할 수 있다.

그러나 이는 그들의 사회발전을 나타내는 구분일 뿐 교육과정상의 어떤 특징을 중심으로 나눠진 것이 아니며, 1990년대 이후의 변화에 관해서는 전혀 설명을 하고 있지 않다는 한계가 있다.

남한에서 북한 교육과정상의 변화를 정리한 것으로 가장 대표적인 것으로는 한만길의 것을 들 수 있다[2]. 그는 교육과정의 변천과정을, 교과목의 변화를 중심으로, 다음과 같이 시기를 구분하고 있다.

① 해방과 과도기의 교육과정(1945~1948)
② 초등의무교육시기(1949~1958)
③ 기술의무교육시기(1959~1967)

④ 김일성 우상화시기(1968~1985)
⑤ 김정일 등장시기(1986~현재)

이에 비해 이돈희 등은 명확한 교육과정의 변천 시기를 밝히는 것보다는 어느 시기에 어떤 요인에 의하여 교육과정에 변화가 야기되었는지를 설명하는 것이 더 유용하다고 보고, 교육과정의 변천을 교과 편제를 중심으로 다음과 같이 시기를 구분하였다.3)

① 탈식민지 교육과정 개혁(1945~1950년대)
② 전시 교육과정(1950~1953)
③ 전후복구기와 주체사상 교육의 부분적 도입(1953~1950년대 후반)
④ 기술교육체제의 확립과 생산과 교육의 결합(1950년대 말~현재)
⑤ 유일사상교육의 확립(1960년대 말~현재)
⑥ 기초과학과목과 외국어 교육의 강화(1980년대 중반~현재)

그리고 김기석 등은 "북한의 교육과정 변천에 관한 연구"에서 김정일에 초점을 두고 1990년대 이후의 변화 과정도 포함하여 북한의 교육과정 변천을 다음과 같이 구분하고 있다.4)

① 해방 후 탈식민지 개혁 시기(1945~1950)
② 한국전쟁 시기(1950~1953)
③ 산업화 시기(1953~1960년대 후반)
④ 김일성 중심 지도체계 및 주체사상 확립 시기(1960년대 후반~1970년대 후반)
⑤ 김정일 후계체계 확립 및 부분적 개혁 모색 시기(1980년대~1994)
⑥ 김정일 지도체계 수립 시기(1994년~현재)

이에 반해 본인은 북한체제의 특성상 그들의 교육이 기본적으로 국가이념에 따라 변화할 수밖에 없다고 보고, 그 증거로 헌법의 재·개정을 들었다.5) 그러면서 국가이념의 변화는 어떤 방식으로든 교과서에 반영될 것이라고 보고 아래와 같이 구분하였다. 이 관점은 교육과정상의 변화 전체를 파악하게 하는 것은 아니나, 북한의 교육과정상의 가장 중요한 변화 요인과 그 특징을 파악하게 해준다는 특성을 지니고 있다.

① 소련식 사회주의기(1945~): 북한은 맑스-레닌주의에 입각하여 1948년 9월 8일 헌법을 제정하고 국가를 형성함으로써, 공산주의적 세계혁명의 입장에서 반일·반제 교육 실시
② 주체사상기(1967~): 6·25전쟁 이후 북한은 주체사상을 사회 전반에 펼쳐가면서 레닌주의에 주체사상을 병합시켜 1972년 12월 27일 헌법을 개정하고, 그에 입각한 사회주의교육학을 실천하면서 김일성 우상화 교육 전개
③ 민족제일주의기(1986~): 1980년대 후반부터 김정일 우상화 교육도 실시하면서, 독일의 통일과 구소련의 붕괴를 보고 북한은 자신들의 사회가 오로지 주체사상만 따르고 있음을 1992년 4월 9일 헌법을 개정하면서 강조하고, 민족제일주의에 입각하여 교육
④ 강성대국론기(1994~): 1994년 김일성이 사망하자 북한은 김정일 중심으로 선군정치에 입각한 강성대국론으로 나가면서 1998년 9월 5일 또다시 헌법을 개정하여, 북한헌법이 김일성헌법임을 전문에 밝히고 김일성을 신격화하는 교육과 반제 교육 강화

단, 이 구분은 헌법 개정을 중심으로 이루어진 것이기 때문에, 소군정에서 북한 정권을 수립해갈 때까지의 과정과 6·25전쟁 기간 동안 및 그 이후 주체사상을 완성해갈 때까지의 과도기적인 상황을 모두 소련식 사회주의기에 흡수시켜 버렸다는 한계를 지닌다.

이에 이후 북한의 교육과정 정책을 분석하는 한 연구에서,6) 북한 교육과정의 변천을 정치·사회적 상황과의 관련 속에서 시대 구분을 좀 더 세분화하여 ① 소군정기 ② 북한정권 수립과 전후복구기 ③ 주체사

상 도입기 ④ 주체사상 구현기 ⑤ 민족제일주의기 ⑤ 강성대국론기의 6단계로 구분한 바 있다. 이에 이 연구에서는 이 구분에 따라 각 시대별 교육과정상의 특징을 교육이념과 교과목 변화를 중심으로 살펴보고자 한다.

2. 북한 교육과정 정책의 변화

1) 소군정기(1945~1948)

일본이 패망하자 북쪽에는 1945년 8월 17일 일제시대 때 신사참배를 끝까지 거부했던 조만식을 위원장으로 하는 민족주의자 중심의 '평남건국준비위원회'가 자생적으로 생겨났으나, 8월 25일 평양에 입성한 소련 극동군은 이의 해체를 요구하면서 그 대안으로 "광범한 세력을 망라한다"는 명분 하에 새로운 조직체의 구성을 종용하였다. 그리하여 소련군 제25군 사령관인 I. M. Chistiakof 대장은 1945년 8월 26일 포고문을 발표하여 갑산파·연안파·국내파 등에 대해 1941년 소련으로 피신하였던 김일성 중심의 권력구조를 추구할 수 있도록 하고, 이를 추진하기 위하여 '맑스-레닌주의적 혁명적 당'을 발족시킨 후 10월 10~13일에 '조선공산당 서북5도 책임자 및 열성자 대회'를 개최하여 '조선공산당 북조선분국'을 조직하였다.[7]

그리고 다음날, 즉 10월 14일 김일성은 '평양시 군중대회'에 처음으로 모습을 드러내면서 아래와 같이 민족의 단결을 부르짖었다. 그리고 18일 '평남인민정치위원회'의 환영식에서도 같은 논조로 역설한 바, 이는 초당파적·애국적 노선의 가장으로, 국내적으로는 열렬한 애국자로서의 김일성 상을 형성하여 대중들의 여망을 획득하고 대외적으로는 소

련식 공산주의 정권을 수립하려는 의도를 감추기 위한 것이었다.8)

> 조선민족은 이제로부터 새 민주조선 건설에 힘을 합하여 나가야겠다. 어떠한 당파나 개인만으로 이 위대한 사명을 완수할 수는 없는 것이다. 돈 있는 자는 돈으로, 지식 있는 자는 지식으로, 노력을 가진 자는 노력으로, 참으로 나라를 사랑하고 민주를 사랑하는 전 민족이 완전히 대동단결하여 민주주의 자주독립국가를 건설하자!9)

이런 가운데 소련군은 11월 16일 <북조선에 시행할 법령에 관한 건>을 발표하여 그 기반을 닦아나가면서, 11월 21일에는 북한 최초의 교육과정이라 할 수 있는 <북조선교육림시조치요강>을 발표하였다. 여기에서의 가장 중요한 목적은 일제 식민지노예교육을 청산하고 새조선 건설에 이바지할 수 있도록 학교교육사업을 조직운영하기 위한 원칙과 구체적인 대책을 밝히기 위함이었다.10) 그리하여 일제 말기의 명칭이었던 '심상소학교'를 '인민학교'로 바꾸는 등 각종 학교교육체계를 정비하고자 하였다.

해방 직전, 평양 제3중학교의 경우를 살펴보면, 총 971명의 학생들 가운데 지주와 자본가 출신 학생이 9%, 상인 출신이 47%, 그리고 나머지 44%는 관리 출신의 자제였으며, 노동자와 농민 출신의 자제는 한명도 없었다.11) 즉, 일제는 민족의 자주의식을 말살하고 조선인을 무지와 몽매 속에 얽매어 두기 위해 식민지노예교육을 강압적으로 실시하였다는 것이 북한의 판단이었다. 따라서 해방이 되자 북한에서는 남한과 마찬가지로 일제에 의해 강요되던 교육강령과 교육과정 및 교과서 등을 일제히 폐지하고, 국어와 역사 과목을 우선적으로 새로 설치하면서 모든 교수 용어를 한글로 사용하도록 하였다.

당시 교육과정의 가장 큰 특징은 학교에서의 교육내용에 통일을 기하고자 하는 것과 해방된 북한사회의 이념에 부합하도록 교육과정을 개편하는 것이었다.12) 그래서 우선적으로 식민지교육의 중심교과였던 「일본어」, 「일본역사」, 「일본지리」 등의 교과를 모국어를 사랑하고 조선역사를 깊이 있게 연구하도록 하기 위하여 「조선어」와 「조선력사」 및 「조선지리」 과목으로 바꾸어 새로 설치한 것이 특징으로 드러난다. 그리고 일제하에 윤리도덕 과목으로 존재하였던 「수신」 과목을 대신하여 인민학교에서는 「인민 도덕」으로 개편하고 중등학교에서는 「인민」 과목을 설정한다. 그러면서 중등학교에서는 외국어로 러시아어를 교수하도록 조치를 취하였다.

외형적으로는 민족주의의 형태를 띠면서 실질적으로는 스탈린주의적 권력체계를 확립하기 위하여 소련군은 1946년 2월 8일 김일성을 위원장으로 하는 '북조선임시인민위원회'를 창설하면서, 교육과 관련해서는 "과거 일본 제국주의교육의 노예화사상을 청산하기 위하여 진실한 민주주의적 정신으로 인민을 교양하며 각계층 인민에게 문화계몽사상을 광범히 전개시켜야" 한다는 결정서 내용을 채택하여 그들의 기본입장을 한층 강화하였다.13) 그리고 11개의 당면과업을 제시하면서, 초중등학교를 확장하고 국문교과서를 편찬할 것을 교시하였다.

(1) 초등교육기관인 인민학교에서는 일제 시기 신도주의神道主義를 설교하던 수신과 국사 과목 대신 공산주의 사상교육과 그에 입각한 역사교육을 실시하기 위한 「인민도덕」과 「조선력사」 과목을 설치하여, 반일사상을 고취하고 공산주의 도덕을 함양할 것을 지적하였다.

(2) 중등학교인 초급중학교와 고급중학교에도 「인민」 과목을 설치하여, 사회생활에 필요한 국가의 정치·경제·문화의 개요를 이해하고, 해방된 인민으로서 지녀야 할 자주적이며 건설적인 자질을 배양할 것을 지적하였다. 그리고 국어와 역사교육의 중요성을 강조하여, 학생들이 모국어를 사랑하도록 하고 조선역사를 깊이 있게 연구하도록 하였다.

그리고 1946년 8월 28일에는 북조선분국을 김두봉 일파의 연안파를 중심으로 발족한 조선신민당과 합당시켜 '북조선로동당'을 만들고, 11월 3일에는 '최초의 프롤레타리아 독재정권'인 '북조선인민위원회'를 결성하였다. 그러면서 1946년 12월 18일 북조선임시인민위원회 상무위원회에서 교육체계를 처음으로 규정한 바, 여기에서는 <북조선학교교육체계에 관한 규정 및 그 실시에 관한 조치>(결정 제133호)를 공포하여 학업을 전문으로 하는 교육체계와 일하면서 배우는 교육체계를 결정하였다.

 (1) 학업을 전문으로 하는 교육체계
  ① 보통교육체계: 1년제 유치원반(1947년 9월부터 3년제로 바뀜)
   — 1년제 예비반과 4년제 인민학교(1947년 6월부터 예비반 없어지고 인민학교는 5년제로 됨) — 3년제 초급중학교 — 3년제 고급중학교
  ② 기술교육체계: 3년제 초급기술학교 — 3~4년제 중등전문학교
  ③ 고등교육체계: 2년제 교원대학, 4~5년제 대학, 3년제 연구원
 (2) 일하면서 배우는 교육체계
  ① 야간초급중학교 — 야간고급중학교
  ② 야간초급기술학교
  ③ 야간전문학교 등

임시위원회는 이와 같이 새로운 학교교육체계를 포함한 학제를 공포하고, 1947년 9월부터 이를 시행하였다. 그러면서 새로운 교육과정과 교수요강을 작성하였는데, 이는 북한에서 사회주의 개혁이 추진되고 교원과 학생들 사이에 사회주의 사상이 광범하게 침투되던 시기에 학교교육의 체계를 확립하기 위해 취해진 조치였다.[14] 그리하여 인민학교에서는 「인민도덕」이, 초급중학교에서는 「인민」 과목이, 그리고 고급중학교에서는 「사회과학」이 가장 중요한 과목으로 설정되었다. 이는 "학생들의 머리속에 남아있던 개인주의와 자유주의, 노예굴종사상과 봉건유습과 같은 낡은 사상 잔재들을 빨리 없애기 위한" 조치로 이루어진 것이었다.[15]

그리고 이러한 정치사상교육과 함께 일반지식교육도 강화시켰는데,

이 가운데에서도 북한은 조선어·조선문학·조선력사·지리 과목에 가장 큰 비중을 두었다. 그리하여 인민학교 1~5학년까지 1주간의 총 수업시간수(136시간) 중 조선어는 43시간(31.6%)을 그리고 조선사와 지리에 4시간을 할당하였다. 이중 어문교육의 실시 목적은 "인민의 문화 창조와 향유의 기초로 되며 우리말에 대한 이해 없이는 과학의 기본을 습득할 수 없는 것"이기 때문이며, 역사교육은 일제 식민지교육을 청산하고 민족적 긍지와 혁명적 자부심을 북돋우기 위하여 실시한 것임을 밝혔다.16)

2) 북한정권 수립과 전후복구기(1948~1955)

1948년 9월 8일 최고인민회의 제1차 회의에서 헌법 전문을 통과시키고 다음 날 조선민주주의인민공화국을 수립한 북한은, 1949년 9월 사회주의 교육체제를 정착시키기 위하여 학제개편 및 교육과정을 개정하였다.17) 이에 관한 규정은 1950년 4월 8일 제정한 <각급학교 규정>에 나타나는 바, 그 가운데 <인민학교에 관한 규정> 제2조에 의하면 인민학교를 세운 목적이 "인민적 민주주의 원칙에 의한 교육 교양사업을 실시하여 …"로 되어 있으며, 이러한 목적 달성을 위하여 초등학교에서는 11개의 교육 교양사업을 조직하여 실시해야 한다고 제3조에 적고 있다. 그런데 이 항목들을 살펴보면 다음과 같이 당시에는 북한이 헌법에 입각하여 소련식 사회주의의 입장을 교육과정에 있어서도 전반부에 가장 강하게 반영하고 있음이 드러난다.

　　① 조국과 인민을 위하여 충실히 복무하는 애국사상을 배양한다.
　　② 조선민주주의 인민 공화국의 헌법과 정부 정강에 기초하여 학생들의 정치적 교양제고와 정치훈련 강화에 주력하며 …
　　③ 조국의 해방과 민주독립 국가 건설을 위한 쏘련의 우의적인 방

조를 깊이 인식시키며 쏘련을 비롯한 자유와 평화를 애호하는 민주주의 제국과의 영구 친선과 세계 민주 력량과의 단결을 공고히 하는 국제주의 사상을 배양한다.

…

…

⑥ 우리 민족문화의 우수한 것을 규명 계승하고 쏘련을 비롯한 선진국가의 문화를 적극적으로 섭취하여 민주주의 조선 민족문화를 창조 발전시킬 수 있는 능력을 배양한다.[18]

…

이에 따라 이후 과정안을 일부 수정하여 인민과 사회과학 과목은 없애고, 대신 초급중학교에「헌법」을 그리고 고급중학교에「천문학」과「론리학」을 새로 포함시켰으며, 초중등교육기관에서「직업」과목은 없애버렸다. 한편, 정권 수립에 따라 새로운 정치사상과목으로 떠오른 헌법에 모든 주권이 인민에게 있음과 이를 위해 모든 국민이 교육받을 의무가 있고 초등교육을 의무교육으로 실시할 것임을 명기하고, 1950년 9월 1일부터 초등의무교육을 실시하기 위하여 이에 관한 법령을 발표하였으나, 6·25전쟁으로, 실제의 실현은 1956년 8월 1일에 이르러 이루어졌다.

6·25전쟁 직후 북한에서 가장 역점을 둔 것은 '인민경제복구발전3개년계획'이었다. 따라서 교육도 이에 초점을 두고 이루어졌다. 그들은 전쟁에 의하여 학교의 72%, 교실의 88%가 파괴되고 대부분의 교육설비와 기자재들이 불타고 교과서 출판 및 학용품 생산기지가 혹심한 피해를 입었다고 보고하면서, 당시의 교육의 근본문제를 어떻게 하면 북한혁명에 옳게 복무시키겠는가 하는 문제와 1950년 9월부터 실시하기로 되어 있던 '전반적초등의무교육'에 역점을 두었다.[19] 그 결과 1956년 인민학교 학생수는 101.1%로 늘어났으며, 초급 중학교 학생 수는 124.3%로 늘어났다.[20]

한편, 1953년 7월 11일 6·25전쟁이 끝날 무렵 북한은 '내각결정 111호'에 의해 학제를 개편하였다. 이때 인민학교를 5년제에서 4년제로 개편하고, 초급중학교 3년과 고급중학교 3년 및 기술전문학교 3년과 사범전문학교 3년 및 노동학원 3년 과정을 두었다. 그리고 그에 따라 1954년 교육과정을 개정하였다[21]. 이때 종전의 이과는 「자연」으로, 조선력사는 「력사」로 변경하였다.

　　(1) 인민학교 4년간 총 수업 시간 수는 3,333시간인데, 이중 국어가 1,650시간(49.5%) 산수가 891시간(26.7%)을 차지하였으며, 예체능 과목도 중시되어 체육·도화·공작·창가 등의 과목이 528시간(15.8%) 배정되었다.

　　(2) 초급중학교와 고급중학교에서는 문학·조선어 문법·한문 등에 1,452시간이 배정되었고, 여기에 노어 808시간을 합하면 어문 교과가 총 시수의 33.4%나 된다.

전후 복구 작업이 이루어지면서 북한에서는 사회주의 혁명과 건설사업을 빠른 속도로 진전시키면서 사회 전반에 주체사상을 펼쳐나가기 시작한다. 그러면서 교육의 목적 또한 "이러한 현실적 요구에 맞게 청소년 학생들 속에서 교육사업을 강화하며 특히 정치사상교양을 강화하여 그들을 지덕체를 겸비한 열렬한 사회주의건설자로 키워야" 하는 데 두고, 다음과 같이 그 취지를 밝혔다.

　　사회주의, 공산주의를 건설하기 위해서는 사회주의제도가 수립된 이후에도 사람들의 사상의식을 개조하기 위한 사상혁명을 확고히 앞세워나가면서 물질기술적토대를 쌓는 사업을 다 같이 힘 있게 밀고나가야 한다. 새 세대들 속에서 정치사상교양을 끊임없이 강화하여 그들로 하여금 온갖 낡은 사상에 오염되지 않고 선진적인 로동계급의 사상, 공산주의사상으로 튼튼히 무장되도록 하여야 온 사회의 혁명화, 로동계급화 과정을 다그치고 사회주의, 공산주의 사회를 성과적으로 건설할 수 있다.[22]

이와 같이 교육에 있어서 정치사상교양을 강화하기 위하여 북한은,

아래와 같은 세 가지 측면에서, 각급학교의 과정안과 교수요강 및 교과서를 개편한다.

(1) 당정책교양사업의 강화: 이는 학생들을 김일성의 혁명사상과 그 구현인 노동당의 노선과 정책으로 무장시키고 그것을 철저히 옹호·관철시키기 위한 사상교양사업으로, 북한은 이를 통해 당의 유일사상체계를 튼튼히 세울 수 있게 한다고 보았다. 이를 위해 각급 학교에서는 김일성의 노작과 교시들을 체계적으로 학습하고 실생활에 구현하기 위한 교양사업을 강화하였다.

(2) 혁명전통교양의 강화: 이는 학생들에게 김일성의 혁명역사와 영도 및 공산주의적 풍모를 체득시킴으로써 노동당과 혁명의 역사적 뿌리를 똑바로 알고 주체혁명위업을 대를 이어 계승·발전시킬 수 있게 하는 힘 있는 무기가 된다고 보고 실시된 것으로, 북한은 이를 위해 1956년부터 각급학교에서 '조선로동당 투쟁사' 과목을 과정 안에 포함시켰다. 그리고 각급학교에 '조선로동당 력사연구실'을 조직하여, 이를 거점으로 다양한 형식과 방법으로 혁명전통교양사업을 진행하였다.

(3) 공산주의교양의 강화: 이는 김일성이 1958년 11월 20일 전국 시·군 당위원회의 선동원들을 위한 강습회에서 "공산주의교양에 대하여"를 연설한 후 강조되기 시작한 것으로, 근로자들에게 자본주의에 대한 사회주의와 공산주의의 우월성을 알리고 그 개조에 커다란 장애가 되고 있는 개인주의와 이기주의를 반대하며, 사회주의적 애국주의와 프롤레타리아 국제주의정신으로 교양하며, 노동을 사랑하고 계속 전진·혁신하는 혁명사상으로 교양하려는 것이다. 북한은 이의 실현을 위해 '공산주의교양' 과목을 신설하여, 일제와 전쟁 시기 인민들이 겪은 생동한 역사적 사실을 통하여 지주와 자본가 계급의 착취적 본성과 제국주의자들의 침략적 본성 등을 학생들에게 주입시키고자 하였다.

3) 주체사상 도입기(1955~1967)

　1950년대 초 6·25전쟁에서의 패전으로 북한에서는 주민의 사기 저하와 권력 투쟁의 심화에 의한 적대계층이 형성되어 위기감이 조성되었다. 게다가 소비에트화 과정에서 생긴 스탈린식 중앙집권 통제의 문제점 노출은 맑스-레닌주의의 조선화에 대한 평가를 다시 하게 했으며, 더욱이 스탈린 격하운동이 전개됨에 따라 이것이 김일성 독재에 대한 공개적 비판으로 파급되어 당내에 치열한 이데올로기 투쟁이 전개되게 되었다. 이에 김일성은 반대파들의 이론적 도전을 회피하고 그들을 숙청하는 무기로 '주체사상'을 내놓게 된다. 더구나 후르시초프의 새로운 평화공존 노선으로 공산주의 진영의 재편이 이루어지는 시점에서, 주체사상은 대외적 자주성의 확보 문제와 연결되는 것이었다. 즉, 민족주의적인 입장에서 사회주의 혁명의 토착화를 모색하고자 주체사상을 지배적 이념으로 내놓게 된 것이다.

　북한에서 주체사상이 처음으로 대두된 것은 김일성이 1955년 12월 28일 당 선전선동 일꾼들 앞에서 행한 연설에서이다.[23] 그리하여 북한은 1955년 주체사상을 당의 지도이념으로 명시하기 시작하면서 '사상에서의 주체'를 우선으로 하여 사회 전 분야에 걸쳐 주체를 확립하기 위하여, 1956년에는 '경제에서의 자립'을, 1957년에는 '정치에서의 자주'를, 1962년에는 '국방에서의 자위'를, 그리고 1966년에는 '외교에서의 자주'를 노동당의 정책방침으로 표방하였다. 주체사상이 공식적으로 선포된 것은 1967년이었는데, 이해 5월에 열린 당중앙위원회 제4기 제15차 전원회의에서는 "전 당을 수령님의 혁명사상, 주체사상으로 일색화하는 데서 결정적인 전환의 계기가 되었다"는 말을 사용하였으며,[24] 7월 6일 21차 전원회의에서는 전 당이 하나의 사상, 즉 주체사상으로 무장하고 이에 기초하여 단결할 것을 요구하였다.[25]

주체사상은 사람이 모든 것의 주인이며 모든 것을 결정한다는 진리를 밝혀 주고, 모든 것을 사람 중심으로 생각하고 사람을 위하여 일하게 하는 사람 중심의 세계관으로, 그 가장 큰 특징은 인간을 자주성·창조성·의식성을 지닌 사회적 존재로 본다는 데 있다.26) 주체사상은 사람이 혁명과 건설의 주인이라는 자각을 가지며, 자기 나라 혁명을 중심에 놓고 모든 것을 사고하고 실천하며, 모든 문제를 자기의 지혜와 힘으로 풀어나가는 관점과 태도를 가지도록 하려는 것이다.

그러면서 북한은 기본적으로 민족의 이념과 정신이 올바르게 반영되기 위해서는 주체사상에 입각한 민족주의에서 시작하여 사회주의 사회로 넘어갈 수 있어야 한다고 본다. 이때, 그들이 말하는 사회주의 사회란, 공산주의 사회로 넘어가기 위한 전 단계로, 능력에 따라 일하고 노동에 따라 분배받는 사회주의적 분배의 원칙이 적용되는, 따라서 모든 착취사회와 근본적으로 구별되는 새로운 사회이며 근로인민대중이 모든 것의 참다운 주인이 되는 사회를 뜻한다.

그래서 북한은 공산주의 사회 건설을 위하여 사상혁명·기술혁명·문화혁명을 추진하고, 이를 통한 인간개조·자연개조·문화개조 사업을 진행하고 있다. 그런데, 여기서 '사상혁명'이란 모든 인민을 혁명적 열의와 창발성이 높은 공산주의 혁명가로 만드는 인간개조사업이며, '기술혁명'이란 경제와 물질생활에서 인민대중의 창조적인 생활의 기본조건이 되는 자연개조사업이며, '문화혁명'이란 낡은 사회의 문화적 낙후성을 없애고 모든 성원에게 사회주의, 더 나아가 공산주의 문화생활을 보장해주는 문화개조사업을 뜻한다.27)

이후 교육에서 주체를 세운다는 것은 모든 교육교양사업이 철저하게 노동당의 정책적 요구에 맞게 진행되도록 하는 것을 의미하며, 다른 나라의 것을 기계적으로 본 따는 것이 아니라 자기 나라의 것을 기본으로 그 실정에 맞게 교육하는 것을 뜻한다고 보았다.28) 그리하여 1956년 2

월 당중앙위원회 상무위원회에서는 보통교육부문 학교사업을 개선·강화할 것에 대한 결정을 통하여, 학교들에 대한 각급 당 조직들의 지도를 개선하며 교육사업을 북한의 구체적인 현실과 밀접히 결합하여 진행하도록 하기 위한 대책을 세웠다.

(1) 교육강령의 개편: 사회과학부문에서는 다른 나라 관계부문 교수시간을 전반적으로 줄이는 한편 북한 관련은 늘이는 조치가 취해졌으며, 자연과학부문에서는 북한의 인민경제 발전에 관련한 당면문제들과 전망 등을 해결하는 데 필요한 과학기술지식을 가르치도록 하였다.

(2) 교수요강의 개작·편찬: 교수요강과 교과서에 다른 나라의 것을 기계적으로 따라가 가르치는 편향과 자기의 것을 무시하거나 소홀히 하는 경향을 극복하고, 당의 노선과 정책 및 혁명전통으로 튼튼히 무장시키며, 북한의 것을 기본으로 가르치도록 교육내용을 수정·보충하였다. 그리고 대학에서는 「조국의 자유독립과 민주건설을 위한 조선로동당의 투쟁」 과목을 필수과목으로 설정하였다.

한편, 전반적 4년제 초등의무교육이 성공적으로 수행되자 북한은 1958년 10월 2일 최고인민회의 제2기 제4차 회의에서 <전반적 중등의무교육제를 실시하며 기술의무교육제를 준비할데 대한 법령>을 채택하여, 그 해 11월 1일부터 전 지역에서 초급중학교에서 무료교육제를 실시하고 애국열사 유자녀들과 국가적 방조를 받는 일부 공민의 자녀들에게는 교과서와 학용품을 국가에서 무상으로 공급한다는 것 등을 선포하였다. 이의 실시는 '인민교육을 가일층 발전시키는 동시에 근로인민들의 문화수준과 기술수준을 전반적으로 높이며 사회주의건설을 더 한층 촉진시키는데서 커다란 의의'가 있다는 것이다.[29]

그리고 아울러 4~5년 내에 초급중학교 졸업생들을 대상으로 하는 기술학교를 설치하여 2년제의 기술의무교육제를 실시할 것도 명기하였다. 그러면서 교육체계를 개편하여, '현대적 기술을 가진 전면적으로 발전된 사회주의 인재를 양성'하고자 하였다. 특히, 현실생활에 맞는 기술교육을 강화하기 위하여 고급중학교 체계를 폐지하고, 중등 및 고등기술체계를 새롭게 설치하여 일정한 분야의 지식을 가질 수 있도록 하고자 하였다.

(1) 이에 따라 1959년 10월 28일 조선로동당 최고인민회의 제2기 제6차 회의에서 교육체계를 개편할 법령을 채택하여, 고급중학교는 폐지하고, 인민학교 4년, 중학교 3년, 기술학교 및 고급기술학교 각각 2년, 대학 4~5년, 연구원 4년으로 확정하였다. 그러면서 인민학교와 중학교의 목적을 다음과 같이 명기하였다.

> 인민학교와 중학교는 학생들에게 기초적인 일반교육과 기본생산기술교육을 주며 공산주의도덕품성과 로동을 사랑하는 정신으로 교양하며 건장한 체력과 정서적소양을 가지게 한다.[30]

(2) 이때 개편된 교육과정의 특징은 기술교육 학제의 개편과 아울러 기술교육 관련 과목을 대폭적으로 확대하는 데 있었다. 즉, 8살부터 17살에 이르는 모든 청소년들을 4년제 인민학교와 5년제 중학교(중학교 3년과 기술학교 2년의 통합)의 과정에 망라시켜 국가가 무료로 기술의무교육을 주는 '9년제기술의무교육'을 1967년부터 실시하기 위하여, 중등교육 단계에서 고급중학교가 폐지되면서 기술학교와 고등기술학교에서「기술」과목과「생산실습」과목이 새롭게 등장하거나 확대된 것이다.[31]

(3) 이 시기 인민학교 교육과정과 관련해서 확실한 체계가 밝혀진 바 없지만,「생산노동」과목이 추가되었다. 이는 학교교육과 육체노동을 결합시키고 생산노동에 참여하도록 하는 기술교육체계 개편 취지에 부합하는 것으로 볼 수 있는 것이다.[32] 이에 따라 1학년에는 생산노동 과목이 34시간, 2학년에는 74시간, 3~4학년에는 총 106시간이 배정되었

다. 그러다 1967년에는 중학교와 기술학교를 통합하여 5년제 중학교를 두고, 그 위에 2년제 고등학교를 두는 체계로 다시 개편하여 1972년까지 지속시켰다.

4) 주체사상 구현기(1967~1986)

1960년대 접어들어 북한은 교육에서 주체사상을 구현하기 위하여 「공산주의도덕」 과목에 대한 논의를 진행하면서, 교육사업에 있어서 당의 유일사상체계를 확립하기 위하여 김일성 우상화 교육을 실시하기에 이른다.

(1) 1962년 10월 내각 전원회의에서 공산주의 교양과목을 신설할 것을 결정한 후, 1963년 8월에는 인민학교와 중학교에서 이를 가르치기로 결정하였다. 그 결과 1968년 9월 1일부터 「공산주의도덕」 교과서를 완성하여 인민학교와 중학교에서 사용하기 시작하였다.[33]

(2) 「위대한 수령 김일성동지 혁명력사」, 「위대한 수령 김일성원수님 혁명활동」, 「위대한 수령 김일성동지 로작」 등의 김일성 우상화 과목은 1967년부터 과목 설치의 필요성을 제기하여, 1968년에 정식 과목으로 설치할 것을 결정하였으며, 1969년 9월 1일부터 새로운 교과서를 개발하여 인민학교와 중학교에서 사용하도록 하였다.[34]

북한이 김일성 우상화 교육을 강화하기 시작한 데에는, 1967년 반종파투쟁을 통하여 마지막으로 남아 있던 김일성에 대한 반대세력을 제거한 것과 밀접한 관련이 있는 것으로 보인다. 김일성은 1967년 5월 25일 당중앙위원회 제15차전원회의에서 이들을 사대주의와 봉건주의에 물든 부르죠아 분자와 수정주의자로 비판하면서, 모든 부문에서 이들을 제거하도록 지시하였다.

그러면서 교육 부문에서도 이들을 제거하기 위한 반혁명분자 색출작업을 추진하고, 교육사업에서 "당의 유일사상체계를 세우며 혁명전통교양과 공산주의교양 특히 사회주의적애국주의교양을 강화하는 것이 중요하다"는 것을 강조하였다.35) 그리하여 1967년과 1968년에는 수차례에 걸친 교시를 통하여 청소년들의 사상교양사업을 강화할 것을 지시하였으며, 1967년 10월에는 「조선로동당정책사」를 편찬할 것과 이것을 모든 대학생들에게 가르치도록 지시하였다.

이런 가운데 북한은 주체사상을 사회 전반에 적용하기 위하여 1972년 12월 27일 이를 '사회주의 헌법'에 공식적으로 명문화한다. 그리하여 처음 헌법을 제정할 당시에는 1조에 국명만 명기하였었는데, 이를 "조선민주주의인민공화국은 전체 조선인민의 리익을 대표하는 자주적인 사회주의국가"라고 정의를 내리고, 4조에 "맑스-레닌주의를 우리나라의 현실에 창조적으로 적용한 조선로동당의 주체사상을 자기 활동의 지도적 지침으로 삼는다"고 국가경영의 원칙을 밝혔다.

교육 또한 "오직 맑스-레닌주의원칙과 우리나라에서의 혁명과 건설의 경험에 기초하여 사회주의교육학을 독창적으로 완성해나가야 한다"고 보았다. 이에 김일성은 1971년 12월 27일 전국교원대회에서 "교육사업에서 사회주의교육학의 원리를 철저히 구현할데 대하여"를 발표한다.36) 이를 구현하는 제일 과업이 사상교양을 확고히 앞세우는 것이라 보고, 주체사상원리교육과 당정책교양, 혁명전통교양, 계급교양과 공산주의교양을 강화하도록 지시하였다.

이에 따라 각급학교에서는 유일사상 과목들이 강화되고, '김일성동지혁명사상연구실', '김일성원수님혁명활동연구실' 등을 거점으로 유일사상교양을 여러 형식과 방법으로 조직·진행하였다. 그러면서 그들은 아래와 같은 효과를 보게 되었다고 평가하였다.

모든 학교들에서 당의 유일사상체계를 세우기 위한 교양사업을 강화하여 학생들이 위대한 수령님을 충성으로 높이 우러러 모시고 수령님의 권위를 절대화하며 수령님의 혁명사상을 신념으로 삼고 어버이 수령님의 교시를 신조화하며 그 집행에서 절대성, 무조건성의 원칙을 지키도록 함으로써 학생들을 위대한 수령님과 친애하는 지도자동지게 끝없이 충직한 근위대, 결사대로 키워나갔다.37)

(1) 이러한 우상화교육을 보다 효과적으로 실시하기 위하여 1972년 5월 21일 학제를 개편하고, 9월 1일부터 시행하도록 하였다. 이에 의하면 의무교육을 보다 효율적으로 실시하기 위하여 종래의 중학교를 고등중학교(6년제)로 개편하고 고등학교는 없앴으며, 고등기술학교는 고등전문학교로 재편하여 단과대학 형태로 운영하게 하였다. 그리고 초·중·고급반으로 되어 있던 유치원은 낮은 반과 높은 반으로 구분하여 운영하기 시작하였다.

(2) 유치원 학제가 정착되면서 유치원 높은반의 과목으로 '김일성원수님의 어린시절이야기', '공산주의 도덕', '우리말', '셈세기', '노래', '체육', '그리기와 만들기' 등을 책정하였다. 그러면서 이를 학제에 편입시켜 11년의무교육제를 도입하여 1975년부터 실시하게 되고, 이로써 유치원과 초·중등학교에서 김일성 우상화교육을 체계적으로 실시하기에 이른다.

그리하여 북한은 주체사상을 확립하면서 이를 교육에서 실천하고자 1977년 9월 5일 '사회주의 교육에 관한 테제'를 공포하였다.38) 이는 조선로동당 중앙위원회 제5기 제14차전원회의에서 발표한 것으로, 주체의 교육사상과 이론 및 방법을 총체적인 체계로 집대성해 놓은 것이다. 교육테제의 핵심되는 내용은, 교육을 사회주의 국가의 사상문화교양의 무기로 본다는 것과 이 사업의 성공을 위해 교육에 대한 국가의 책임이 크다는 것이다.

사회주의교육은 사회주의국가의 사상문화교양의 무기이다. 사회주의국가는 교육사업을 통하여 문화교양자적기능을 수행한다. 사회주의국가는 교육사업을 책임적으로 조직진행하여 사람들을 공산주의적으로 교양육성하는 사업을 다그치며 사회주의, 공산주의 위업의 승리를 앞당겨야 한다.
　사회주의국가는 교육사업을 다른 모든 사업에 확고히 앞세워야 한다.[39]

　이들의 교육적 사명은 한마디로 '공산주의적 교양개조'임을 그 서문에서 밝히면서, 사회주의 교육의 필요성을 3대 혁명과 관련하여 다음과 같이 말하고 있다.

　오늘 우리 앞에는 혁명발전의 요구에 맞게 사회주의교육사업을 더욱 발전시켜야 할 중대한 과업이 나서고 있다. 사상, 기술, 문화의 3대 혁명이 전면적으로 심화되고 있는 오늘의 현실은 사회주의교육을 더욱 발전시킬 것을 절박하게 요구하고 있다. 우리는 사회주의교육사업을 발전시켜 사상혁명, 문화혁명을 더욱 다그치고 기술혁명을 적극 추동함으로써 사회주의, 공산주의 위업의 승리를 앞당겨야 할 것이다.[40]

　교육테제에서는 사회주의 교육학의 기본원리가 사람들을 혁명화 · 노동계급화 · 공산주의화하여 공산주의 혁명사상으로 무장시키는 데 있음을 밝히면서, 사회주의 교육이 목적과 사명을 다하기 위하여서는 교육사업에서 사회주의 교육학의 기본원리를 철저히 구현하여야 한다고 보고 있다. 여기서 '혁명화'란 소위 낡은 사회라고 일컬어지는 자본주의 부르주아 사회의 모든 제도를 타파하고 혁명적 세계관에 입각하여 3대 혁명을 이룸으로써 공산주의 사회를 건설한다는 것이며, '노동계급화'란 모든 사람들을 노동계급화 하여 한 사회에 있어서 계급적 차이를 없애고 평등한 사회를 이룬다는 의미와 함께 자본가 계급에 대한 노동계급의 투쟁을 의미하기도 한다. 그리고 '공산주의화'란 사람들을 혁명화・노동계급화 함으로써 인간의 의식을 개조하고 공산주의 사회를 건설한다는 것이다.

교육테제 마련 이후 북한에서는 1980년대 초반 들어 취학전 1학년과 보통교육 10년의 의무교육을 전국적으로 실시하면서, 1983년 교육과정을 개정한다.

(1) 인민학교의 경우, 4년간에 걸쳐 10개 과목을 가르치고 있는데, 「경애하는 수령 김일성원수님 어린시절」과 「공산주의도덕」 등의 김일성 우상화 과목 및 「특강」 등의 정치사상 교과목의 비중(각 152시간)이 총 3,603시간 중 12.7%를 차지하고 있다. 가장 비중이 큰 과목은 31.7%를 차지하고 있는 국어(1142시간) 교과인데, 이 과목에서도 김일성 우상화와 반미 감정 및 일제 청산 그리고 적화통일에 대한 염원 등 정치사상 교육이 높은 비중을 차지하고 있은.41)

(2) 고등중학교의 경우에는 6년간에 걸쳐 총 24개의 과목을 가르치는데, 총 6,626시간 가운데 「위대한 수령 김일성원수님 혁명활동」(184시간)과 「위대한 수령 김일성원수님 혁명력사」(196시간) 및 「공산주의도덕」(88시간)의 김일성 우상화 과목과 「현행 당정책」(102시간) 및 특강(194시간) 등의 정치사상 교과목의 비중(총 764시간)이 11.5%를 차지하고 있다.

그러나 1980년대에 접어들면서 북한은, 지도체제의 구심점을 김일성에서 김정일로 넘기기 위한 준비에 들어가면서, 주체사상의 철학적 원리와 역사이론, 그리고 정책노선과 지침 등을 하나의 체계 속에 포함하는 독자적인 사상체계의 형태로 완결시키는 작업을 하며 그 편파성을 드러내기 시작하였다. 1980년 제6차 당대회 때는 '조선로동당 규약'을 개정하면서 그 서문에서 '맑스—레닌주의의 창조적 적용'이라는 기존의 입장은 포기하고, "조선로동당은 위대한 수령 김일성 동지에 의해 창건된 주체형의 혁명적 맑스—레닌주의 당이다"라고 명시한 후 "조선로동당은 오직 위대한 수령 김일성 동지의 주체사상, 혁명사상에 의해 지도된다"고 공식 선언하여, 주체사상만이 북한의 유일한 지도이념임을 밝혔다.

그 후 1982년에는 김일성 탄생 70주년을 기념하면서 김정일이 '주체사상의 김일성주의화'를 정식화하고 나서면서, 당 서열 2위 자리를 굳히고 명실공이 당정사업을 전반적으로 지도하는 후계자의 지위를 확보한다. 이는 김정일에 의해 주체사상을 맑스-레닌주의를 능가하는 위대한 사상으로 부각시킴으로써 김일성에 대한 개인숭배를 더욱 노골화시키고, 통치이데올로기에 대한 김정일의 기여를 앞세워 그 자신의 정통성을 확보하기 위한 조치라고 볼 수 있다. 즉, 인민의 창조적 능력은 자연발생적인 것이 아니라 교화된 지도력에 의하여 적절한 자극과 지도를 받을 때 보다 큰 성과를 얻을 수 있는데, 사회를 지도하는 힘은 당에게 주어진 역할이므로, 이러한 당의 의지를 구현하기 위해서는 현명한 지도자가 필요하다는 것이다. 그리고 그러한 개인적 지도자가 당의 역할을 결정하고 행동지침을 내려 줄 때, 인민대중·당·수령의 삼위일체가 이루어질 수 있다는 것이다.

그러면서 김정일은 1984년 7월 22일 전국교육일꾼열성자회의 참가자들에게 보낸 서한에서 교육에 직접적인 관심을 보였다. 이때 "교육사업을 더욱 발전시킬데 대하여"라는 문건을 발표하면서42), 그는 "자연과 사회를 개조하는 것이 사람이며 결국 사람의 사상의식과 문화기술 수준에 따라 사회의 발전수준이 규정되기 때문에" 자연·사회·인간의 3대 개조사업에서의 기본은 인간개조사업이라고 하면서, 이러한 "사람의 지위와 역할은 자주적인 사상의식과 창조적능력에 의하여 규제"되므로 사회발전을 다그치기 위해서도 교육사업을 빨리 발전시켜야 한다고 강조하였다.

그리고 1986년에 다시 교육과정을 개정하면서, 김정일 우상화 과목을 정규 과목으로 신설하는 중요한 변화를 보였다. 이때 김정일을 '동지'라 부르게 됨에 따라, 김일성에게는 '원수님'이란 호칭으로 일관성 있게 사용하게 된다. 김정일 과목의 등장은 그의 후계체제를 확고히 하는 교육정책의 일환이라 볼 수 있다.

(1) 인민학교의 경우, 「친애하는 지도자 김정일동지 어린시절」(152시간)이 신설된 것을 볼 수 있으며, 「외국어」 과목을 신설한 대신 특강과 공산주의도덕 및 위생독본 과목은 폐지한 것이 눈에 띈다. 이때 외국어 과목이 신설된 것은 김정일이 "세계선진과학기술을 널리 받아들이고 과학문화분야에서 국제적교류와 협조를 발전시켜 나가자면 중등일반교육 단계에서 외국어교육도 강화하여야 한다"고 강조하였기 때문이다.

(2) 고등중학교의 경우에도 「친애하는 지도자 김정일동지 혁명활동」(112시간)과 「친애하는 지도자 김정일동지 혁명력사」(110시간)를 신설한 대신 특강과 공산주의도덕 및 자연과 위생독본 과목은 폐지한 것이 눈에 띈다. 특히, 외국어 과목은 1983년 총 496시간에서 591시간으로 대폭 늘렸다. 단일 과목으로 가장 비중이 높은 것은 수학 과목인데, 1983년 1,224시간(18.5%)에서 1986년에는 1,283시간(19.6%)으로 더 비중을 높였다.

5) 민족제일주의기(1986~1994)

북한이 주체사상과 그에 입각한 김일성 우상화 교육으로 스스로 국제사회에서 고립된 사회주의 국가로 몰아가고 있는 가운데, 1985년 미하일 고르바초프가 소련공산당 서기장으로 등극하면서부터 시작된 소련과 동유럽에서의 사회주의의 몰락과 1989년 6월 천안문 사태를 계기로 국제적 고립이 증폭되자 중국이 펼쳐나간 개혁·개방 등 세계체제의 대변혁은 북한을 잔존 사회주의 국가의 하나로 전락시킨다. 게다가

1980년대 중반 이후 북한은 경제적 위기가 심화되어 심각한 침체 국면에 빠져 들어가고 있는데, 1990년 6월 '한·소 정상회담'과 9월 '한·소 수교'가 이루어지고 10월에는 한·중 양국 간 무역대표부 교환 설치가 이루어지자, 북한은 부분적으로나마 개혁을 선택할 것인지 폐쇄노선을 계속 고수할 것인지 갈등적인 상황에 놓이게 된다. 이러한 때 북한은 대내적으로 계급을 민족의 하위개념으로 인식하여 민족의 이익을 계급의 이해에 선행시키면서,43) '조선민족제일주의'·'우리 식 사회주의'·'민족대단결' 등을 내세워 마르크스—레닌주의에 입각한 전통적 사회주의 이론과의 결별을 가속화하고 주체사상을 폐쇄적 민족주의로 변질시켜 버리고 만다.

게다가 1980년대 중반 이후 북한은 경제적 위기가 심화되어 사회가 심각한 침체 국면에 빠져 들어가자, '조선민족제일주의'·'우리식 사회주의'·'민족대단결' 등을 내세워 마르크스—레닌주의에 입각한 전통적 사회주의 이론과의 결별을 가속화하고 오로지 주체사상에만 입각하여 북한사회를 지속시키고자 한다. 그러면서 북한은 주체사상으로 "조국의 자주적평화통일을 위한 우리 인민의 투쟁에서도 새로운 국면이 열렸"으나 남한에 대해서는 "남조선인민들 속에서 반제반파쇼민주화투쟁이 날을 따라 더욱 강화발전되고 있었다"고 평가하였다.44)

이런 가운데 북한은 김정일을 전면에 내세우면서 모든 정책에 있어서 '조선민족제일주의' 정신을 강조하는데, 이는 민족적 자부심과 우월감을 과시하고자 1986년부터 주장되기 시작한 것으로, 동구 사회주의가 붕괴되던 1989년 말 당 중앙위원회에서 한 연설에서 이 정신을 재차 확인하였다.45) 그는 제일주의 정신을 '세상에서 가장 우월한 사회주의 제도에 사는 긍지와 자부심'이라고 정의한 후, 북한이 세계에서 사회주의를 으뜸가게 해 놓았다는 점에서 참으로 우리 민족의 크나큰 자랑이 아닐 수 없다고 자부하고 북한 사회주의를 스스로 선택한 길을 따라 자체의 힘으로, 자기 식으로 건설한 것이기 때문에 이에 대하여 남다른 애착을 가질 수밖에 없다고 주장하였다. 그러면서 이를 강조하는 것은 사회주의 민족문화를 건설하기 위한 노선의 연장선상에서라고 강조하였다.[46]

'우리 식 사회주의' 또한 김정일이 제일주의를 논할 때부터 등장한 것인데, 특히 사회주의체제가 대변혁을 한 후 널리 사용되었다. 김정일은 사회주의체제의 대변혁을 목격한 다음 해인 1991년 "인민대중중심의 우리 식 사회주의는 필승불패이다"라는 제목의 글을 통하여 일부 나라들에서 사회주의가 좌절한 것은 일시적 현상이며 인류가 사회주의로 나아가는 것은 그 어떤 힘으로도 막을 수 없는 역사의 법칙이라고 강조하였다. 그러면서 계급을 초월하고 세계변화와는 무관하게 '민족'이 사회주의 체제의 가장 으뜸가는 단위라는 것을 분명히 밝혔다.[47] 이는 "인류력사상 가장 우월한 인민대중 중심의 우리 식 사회주의 제도는 조선민족제일주의의 형성과 발양을 위한 사회적 기초이며 그 요인"이기 때문이라는 것이다.[48] 따라서 어떠한 시련이 닥치더라도 김정일을 중심으로 굳게 뭉쳐 주체사상을 구현한 사회주의를 끝까지 지켜 나가자고 주민들에게 교육시키고 있다.

계급성과 국제주의를 초월한 민족주의를 전면에 부상시키면서 등장한 조선민족제일주의에 입각한 우리 식 사회주의는 북한이 1980년대 말과 1990년대 초의 대외 정세적 위기를 극복하는 이론적 지주가 되었다. 특히 독일의 통일과 구소련의 붕괴를 바라보면서 북한은 조선민족제일주의에 입각한 우리 식 사회주의를 확고히 하기 위하여, 1992년 4월 9일 헌법을 개정하면서, 오로지 주체사상만을 지도지침으로 삼는다는 것을 분명히 밝혔다.

(1) 제1장 '정치' 부문에서는, 1972년 개정 시 4조에 밝혔던 "맑스-닌주의를 우리나라의 현실에 창조적으로 적용한 조선로동당의 주체사

상을 자기활동의 지도적 지침으로 삼는다"는 구절을 삭제하고, 대신 3조에 "사람중심의 세계관이며 인민대중의 자주성을 실현하기 위한 혁명사상인 주체사상을 자기활동의 지도적 지침으로 삼는다"고 함으로써, 초기 소련식 공산주의에서 1970년대 주체사상과 접목시켰던 것을 소련 공산권의 붕괴를 계기로 완전히 북한식 공산주의로 선회하는 것을 볼 수 있다.

그러면서 북한의 최대 목표가 3대 혁명을 통해 조국통일을 실현하기 위한 투쟁임을 처음으로 헌법 9조에 명시하였다.

> 제9조 조선민주주의인민공화국은 북반부에서 인민정권을 강화하고 사상, 기술, 문화의 3대혁명을 힘 있게 벌려 사회주의의 완전한 승리를 이룩하며 자주, 평화통일, 민족대단결의 원칙에서 조국통일을 실현하기 위하여 투쟁한다(헌법 제9조).
> 그러나 이는 결국 정치사상적 통일임을 10조에 밝혔다.
> 제10조 조선민주주의인민공화국은 로동계급이 령도하는 로농동맹에 기초한 전체 인민의 정치사상적 통일에 의거한다(헌법 제10조).

(2) 교육과 관련된 헌법 내용은 1972년과 마찬가지로 제3장 '문화' 부문에 담겨 있는데, 교육과 문화의 관계에 대하여 1972년 개정 시에는 그 첫 조에 해당하는 35조에 북한에서는 "전체 인민이 다 공부하며 사회주의적 민족문화가 전면적으로 개화발전한다"고 밝혔었는데, 1992년 개정 시에는 첫 조에 해당하는 39조에서 이를 북한에서 "개화발전하고 있는 사회주의적 문화는 근로자들의 창조적 능력을 높이며 건전한 문화정서적 수요를 충족시키는데 이바지한다"고 수정하여 적고 있다. 대신 1972년에는 36조에 그 목적이 "문화혁명을 철저히 수행하여 모든 근로자들을 자연과 사회에 관한 깊은 지식과 높은 문화수준을 가진 사회주의, 공산주의 건설자로 만드는" 데 한정했었는데, 1992년에는 40조에서 '근로자' 대신 '사람들'이란 표현과 '문화수준' 대신 '문화기술수준'이

란 표현을 쓰면서 그 뒤에 '사회주의, 공산주의 건설자로 만들며 온 사회를 인테리화'하는 데까지 확대시키고 있다.

그리고 의무교육과 관련하여 45조에 이를 "현대과학기술발전추세와 사회주의건설의 현실적 요구에 맞게 높은 수준에서 발전"시킨다는 내용을 새롭게 첨가하였다. 또한 일하면서 공부하는 체계와 관련해서도 46조에 "기술교육과 사회과학, 기초과학교육의 과학리론수준을 높여 유능한 기술자, 전문가들을 키워낸다"는 내용을 추가하였다. 그리하여 1972년 44조에 "국가는 과학연구사업에서 주체를 천천히 세우며 과학자들과 생산자들의 창조적 협조를 강화하여 나라의 과학기술발전을 촉진시킨다"고 적었던 것을 1992년에는 50조에 "국가는 과학연구사업에서 주체를 세우며 선진과학기술을 적극 받아들이고 새로운 과학기술분야를 개척하여 나라의 과학기술을 세계적 수준에 올려 세운다"는 항목과 51조에 "국가는 과학기술발전계획을 바로 세우고 철저히 수행하는 규율을 세우며 과학자들, 기술자, 생산자들의 창조적 협조를 강화하여 나라의 과학기술발전을 촉진시킨다"는 항목으로 늘려 적고 있다.

한편, 1992년 헌법 개정 시 교육과 관련한 가장 중요한 변화는 아마, 이전까지는 없던, '사회교육'에 관한 항목을 헌법에 집어넣었다는 것일 것이다. 북한은 48조에 "국가는 사회교육을 강화하며 모든 근로자들이 학습할 수 있는 온갖 조건을 보장한다"는 항목을 새로이 첨가하였다. 이는 북한에 경제난이 가속화되면서 11년제 의무교육과 무상교육을 지속시키기 힘들자, "일하면서 공부한다"는 그들의 원칙을 사회교육을 통하여 실현하고자 하는 것이 아닐까 하는 생각이 드는 항목이다.

1990년대에 접어들어 북한은 탈냉전과 탈이념이라는 세계사적 추세 속에서 개방과 개혁을 통한 체제의 변화가 불가피하였다. 그러나 이와 같은 상황 속에서도 "우리 식 사회주의에 걸맞은 공산주의적 새 인간양성"이라는 정치사상 위주의 교육은 변함이 없었다. 그리하여 아예 주체사상에 입각한 교육론을 역사적 측면과 주체의 교육이념 및 내용·방법·제도 등의 측면에서 검토하고, 이를 온 사회의 인테리화 하는 데 활용하게 하기 위하여 학교와 교원들을 위한 지도방안을 내놓기도 하였다.49) 그러면서 1992년 교육과정을 개정한다.

(1) 인민학교에서 공산주의도덕과 력사 과목은 다시 부활시키고 외국어 과목은 폐지하였다. 역사 과목의 경우, 그동안 김일성 우상화 과목이 신설·증가하면서 역사와 지리 과목은 교육과정에서 사라졌었다. 그런데 1992년의 경우 인민학교 4학년에게 주당 1시간씩 가르치도록 규정한 것이다. 그리고 외국어 과목의 경우에는, 인민학교에서 이를 가르치는 데 필요한 교과서나 학습교재 및 교원의 확보가 어렵기 때문에 폐지한 것으로 해석할 수 있다.50)

(2) 고등중학교에서는 김일성 부자의 교과가 각각 1개로 축소되고, 대신 공산주의도덕 과목이 부활하였다. 그리고 한문, 역사(조선력사·세계력사), 지리(조선지리·세계지리) 과목의 경우에는, 종전에는 학년별 시간수를 명기한 대신, 매주 1~2시간씩 이수할 것만 제시해 놓았다. 이는 교육과정 운영상 선택의 재량을 둔 것으로, 학년별 과목 선택과 동시에 이수시간을 조절할 수 있도록 해놓은 것으로, 북한의 교육과정 역사상 처음 나타나는 특징이다.

6) 강성대국론기(1994~현재)

1994년 7월 8일 김일성 사망 이후 북한은 심각한 식량난과 에너지난 및 외화난 등 이른바 3난에 직면하게 된다. 이에 김정일은, 김일성의 주체사상만으로는 새 국면에 처한 정국을 유지하기 힘들다고 판단하고, 자신의 "붉은기 사상, 붉은기 철학으로 무장하고 온 사회를 붉은기 철학으로 일색하자"는 선전선동의 구호로 대체하기 시작하였다.51) 즉, 김정일은 주체사상을 붉은기 철학으로 강화시킨 것을 '주체철학'이라고 부르면서,52) 1996년 로동신문의 신년 사설을 아예 '붉은기' 용어로 풀어 나간다.

그리고 1996년 7월 26일 조선로동당 중앙위원회 정간지인 『근로자』를 통하여 그의 입장과 견해를 밝혔다.53) 여기서 그는 최근 일부 사회과학자들이 주체철학을 해석하는 데 있어서 로동당과 어긋나는 견해를 주장할 뿐만 아니라 이를 대외에도 유포하고 있다는 문제가 제기됨에 따라, 주체철학은 맑스주의 유물변증법을 발전시킨 것이 아니라 사람 중심의 새로운 철학적 원리들을 밝힌 데 그 역사적 공적이 있음을 강조하였다. 즉, 맑스주의가 일종의 물질학이라면, 주체철학은 인간학이라는 것이다.

주체철학은 유물변증법적 세계관을 전제로 하고 있기는 하지만, 이 원리만으로는 사람이 세계에서 주인의 지위를 차지하고 세계를 개조하는 데 결정적 역할을 한다는 결론을 이끌어낼 수 없다는 것이다. 다른 모든 물질적 존재와 근본적으로 구별되는 사람의 본질적 특성이 해명된 조건에서만 세계의 주인, 세계의 개조자로서의 사람의 독특한 지위와 역할이 바르게 밝혀질 수 있는데, 바로 주체철학에 의하여 비로소 사람이 자주성·창조성·의식성을 가진 사회적 존재라는 특성이 과학적으로 해명됨으로써 그것이 가능하게 되었다는 것이다. 사람은 육체적 생명이 없으면 정치·사회적 생명을 지닐 수 없지만, 육체적 생명 그 자체가 정치·사회적 생명을 낳는 것은 결코 아니라는 것이다.

김정일은 사회의 발전이 정치에 의하여 향도되는데, 사회발전을 가장 곧바른 길로 인도하는 정치의 원리적 기초를 밝혀주는 철학이 바로 주체철학이라고 보았다.54) 그가 이 문건을 내놓은 가장 중요한 이유는 김일성 사망 이후 북한 내 일부 사회과학자들이 주체사상을 맑스사상의 연장선상에서 파악함으로써 그 보편성을 확보하려고 하는 데 반해, 김일성 체제를 이어받고자 하는 김정일로서는 주체사상의 독자성을 확보함으로써 이를 정권 유지의 수단으로 삼고자 하는 데 있다고 볼 수 있다. 그래서 그는 주체철학을 어떻게 대하는가 하는 문제가 순수 철학이론의 문제가 아니라, 당의 사상에 대한 관점 및 입장과 관련된 문제라고 강조하였던 것이다.

이런 가운데 북한은 1996년 김정일 체제를 강화하는 방향으로 교육과정을 개정하는 바, 그 내용을 보면 김정일 우상화 교육에 중점을 두고 있는 것을 살펴볼 수 있다.

(1) "친애하는 지도자"로 불리던 김정일 '동지'는 "위대한 령도자"가 되면서 뒤에 '원수님'이라는 칭호를 붙이게 됨에 따라, "위대한 수령" 김일성은 '대원수님'으로 승격된 칭호를 붙인 우상화 교과를 배정하였다.

(2) 고등중학교의 경우 1~3학년에는 김 부자의 혁명활동을, 그리고 4~6학년에는 혁명력사를 이수하도록 하였다. 그러면서 소련 및 동구 변화에 대응하여 "우리식 사회주의에 잡사상이 끼여들지 못하도록 모기장을 쳐야 한다"는 김정일의 지시에 따라, 고등중학교 교과서에 수록된 이들 국가들의 역사교육을 중단하였다.

이와 같이 김일성 사후 북한은 교육내용 개편에 있어서 김정일의 위대성을 모든 학과목 학습에 포함시키고 있는데, 특히 김정일에 대한 충성심 제고를 중심으로 개편하는 한편 학생들의 학과 성적도 이에 따라 좌우하도록 하고 있다.[55]

이후 김정일은 정권유지의 핵이 군부에 있음을 인식하여 1997년 10월 8일 그 동안의 당-정-군의 질서를 군-당-정으로 개편하고 당 총비서에 추대되고, 1998년 9월 5일에는 최고인민회의 제10기 1차 회의를 열어 헌법을 개정하여 주석제를 폐지하면서 국방위원장을 정점으로 하는 새로운 국가체제를 탄생시킨다. 이 헌법은 "김일성주석을 영원히 높이 모시고 주석의 혁명사상과 업적을 고수하고 계승완성시키시려는 총비서의 숭고한 뜻과 철의 의지의 반영"을 위해서였다.56) 그러나 서문을 새로 설정하고 헌법 조항에서 국가 주석제를 없애고 대신 국방위원회가 전반적인 국방관리기관으로서 국방사업 전반을 책임지게 한 것 이외에, 특히 제1장 '정치' 부문과 교육이 담겨 있는 제3장 '문화' 부문은 1992년 것과 다름이 없다.

이와 같이 김정일은 군의 최고사령관의 지위를 확보하면서 "군은 곧 당이요 인민이다"는 구호와 함께 '선군정치론'과 '강성대국론'을 대내외적으로 표방하면서 군국주의 노선을 취한다. 그리하여 김정일은 '고난의 행군' 시기를 거쳐 대내외적인 변화를 혁신으로 모색하면서 1999년을 선군先軍정치에 입각한 '강성대국건설의 위대한 전환의 해'로 정하였다.57) 여기서, '사회주의강성대국'이란 "당과 인민의 필승의 신념과 불굴의 의지가 담겨져 있는" "국력이 강하고 모든 것이 흥하며 인민들이 세상에 부러움 없이 사는 나라"를 뜻한다.58) 이때, 김정일은 정치사상과 군사적인 측면에서는 이미 강성대국에 올랐으므로 이제 경제건설에 힘을 집중하여야 한다고 강조하였다.

김정일은 강성대국 건설이 "우리가 주인이 되어 이 땅 우에 우리의 힘, 우리의 기술, 우리의 자원으로 부강조국을 일떠세우기 위한 사업"으로 그 과정에 부족함과 난관이 있더라도 남에게 의존할 수는 없으므로, 제국주의자들의 개혁과 개방 바람에 끌려가서는 절대 안 된다고 강조하였다.

그런데 제국주의자들과 반동들이 북한식 사회주의를 압살하기 위하여 더욱 악랄하게 책동하고 있으므로, "당원들과 근로자들 속에서 반미교양, 계급교양을 강화하여 그들이 높은 계급의식을 가지고 온갖 계급적원수들을 반대하여 견결히 싸워나가도록 하여야 한다"고 하면서, 이를 위해 "수령님이 '이민위천'을 좌우명으로 삼으시고 한평생을 인민의 자유와 행복을 위한 투쟁에 바치셨듯이," 인군들도 "대중을 존중하고 그들 앞에 허심하며 그들의 이익을 위하여 헌신적으로 일해야" 한다고 역설하였다. 이와 같이 북한이 선군정치를 내세워 강성대국론으로 나가는 것은 이것이 "사회주의 수호의 위력한 무기이며 사회주의 건설의 마지막 보검"이라고 보고 있기 때문이다.59)

이에 따라 교육에 있어서도 유일사상을 강화하기 위해 1999년 8월에 접어들면서 기존의 교육테제와 유아보육·교육법 및 김일성 부자의 교육관련 문건들을 종합·정리해 6장 52조로 된 "교육법"을 채택·법제화했으며, 2000년 4월 4~6일 최고인민회의 10기 3차 회의에서 이를 승인하였다. 이 교육법에 의한 현행 북한 교육과정의 특징은 다음 절에서 밝히겠거니와, 이 절에서 우선 교육과정과 관련한 전반을 살펴보면 그 구체적 내용은 "제4장 교육내용과 방법"에 적혀 있는데, 이를 통하여 현재 북한의 교육과정 정책과 관련한 중요한 의사결정 과정과 그 특징의 대강을 파악할 수 있다.

(1) 제32조에 의하면, 교육내용과 방법은 남한의 교육과정에 해당하는 '교육강령'에 반영한다고 되어 있으며, 여기에는 남한의 교육과정 총론과 교과목편제표에 해당하는 '교육과정안'과 각과 교육과정에 해당하는 '교수요강'이 속한다고 명시되어 있다.

(2) 제33조에 의하면, 초·중등학교의 교육강령은 '중앙교육지도기관'(즉, '교육성')이 작성하고, 고등교육 부분은 해당 교육기관이 작성하여 중앙교육지도기관이나 해당 중앙기관의 승인을 받는다고 명시되어 있다.

(3) 제34조에는 국가가 교육강령과 교과서의 심의를 위하여 중앙교육지도기관과 해당 기관에 '비상설심의위원회'를 둔다고 명기하면서, 이 기관의 승인 없이는 교육강령과 교과서를 고칠 수 없다고 밝히고 있다.

(4) 제35조에 의하면, 교원은 교육강령에 기초하여 담당 과목의 '교수안', 즉 남한에서의 수업지도안을 작성해야 하며, 이는 '집체적 협의'를

거쳐 완성해야 한다고 명시하고 있다.

(5) 제36조에 의하면, 각 교육기관은 교육강령을 어김없이 집행하여야 하며, 해당 기관의 승인 없이는 교원이나 학생을 교육강령 집행과 관련 없는 일에 동원시킬 수 없다고 명시하고 있다. 그러면서 6장 "교육사업에 대한 지도통제" 부문에 가면, 제47조에 교육강령의 집행을 포함하여 교육기관의 조직과 건설 및 보수와 보통교육 부문의 교원과 교양원 양성사업은 '지방정권기관'이 조직하고 지도하여야 한다고 명시하고 있다.

3. 북한 교육과정의 변화 방향

강성대국론을 표방한 후 북한은 김정일 집권 이후 5년 동안 경제난을 극복하고 대외적 고립관계를 탈피하기 위해 19개국과 잇따라 수교를 맺었으며, 특히 남북정상회담이 이루어지고 전방위 외교가 본격적으로 시작된 2000년을 '자주외교의 위대한 승리의 해'라고 스스로 규정하고, 그해 말부터는 '신사고' 바람을 불러일으키기 시작했다. 그러면서 "김정일시대를 빛내일 리상국건설전략"이라는 제목으로 강성대국 건설전략을 내놓았다.60) 재미있는 것은 머리말에서 밝힌 것처럼 이 책이 최근 북한 바로알기 운동이 활발히 전개되고 있는 가운데 남한에서 강성대국 건설에 관심이 모아지기 때문에 이 책을 편찬하게 되었다는 점인데, 한 가지 의아스러운 것은 이 책이 남한의 '도서출판 지성'에서 "김정일강성대국건설전략"이라는 제목으로 나온 것을 입수하여 재판한 것이라는 점이다.

어쨌든 이런 가운데 김정일은 2001년 1월 중국을 방문한 이후 '경제강국' 실현을 위해 모든 역량을 집중하면서, 생산성을 국제적 수준으로 끌어올린다는 목표 아래 생산시설의 현대화와 과학기술 발전에 총력을 기울였다. 그리하여 2001년 10월 3일 "강성대국건설의 요구에 맞게 사회주의 경제관리를 개선강화할데 대하여"라는 문건을 발표해 실리주의로 나갈 것을 주장하였다. 그러면서 2002년 7월 1일 "사회주의경제관리 개선조치"를 내놓음으로써 시장경제 요소가 가미된 개선책을 추진하여 실적·실리·실력주의 3실주의에 입각한 '실리사회주의'로 갈 것임을 표방하였다. 그리고 계속해서 경제 관리에 초점을 두면서 사회주의 원칙을 지키면서도 실리를 보장할 수 있는 방안을 계속해서 마련하는 등의 조치를 취하는 것으로 보아,[61] 2002년을 기점으로 하여 북한은 '실리사회주의기'로 나가고 있다고 보아야 할 것이다.

이와 더불어 김정일은 교육에 있어서도 '새로운 관점'과 '새로운 혁신'을 요구하는 발언을 하면서, "21세기는 과학기술의 시대"라는 슬로건을 내걸고 북한 전역에 컴퓨터 학습 분위기를 조성하는 등 과학기술 인재 양성에 지대한 관심을 쏟고 있다. 그는 기술교육 측면에서 새로운 지식교육을 강화하여 컴퓨터 교육을 새롭게 등장시켰으며, 외국어 가운데에서도 영어교육을 새롭게 강조하고 있다. 그리고 이러한 사업에 부응하고자, 북한은 2002년 9월 초 의무교육제는 그대로 유지하는 가운데 인민학교를 '소학교'로 그리고 고등중학교를 '중학교'로 이름을 바꾸고, 대학교육기간도 학교별로 줄여나가고 있다. 이는 교육연한을 줄여 고급 노동력을 조기 확보함으로써 실리를 추구하겠다는 입장으로 여겨지는 것이다.

그러면서도 대내적으로는 북한은 "반제교양·계급교양 사업을 강화하는 것은 오늘 그 어느 때보다 절박한 요구"라고 하면서, 이 사업을 실속 있게 벌이는 것이 "우리식 사회주의를 고수하는 것임을 똑똑히 알아야 한다"고 강조하였다.[62] 개혁·개방의 과정에서도 제국주의 사상과 문화가 침투하는 것을 막고 주체사상 교육을 강화하고자 하는[63] 이러한 그들의 입장은 교과명의 변화에서도 나타나는데, 21세기를 기점으로 하여 이전까지는 중학교에서 '친애하는 지도자 김정일선생님'이 '위대한 령도자 김정일원수님'으로 승격되며 소학교에서는 '항일의 녀성영웅 김정숙어머님'이 '위대한 공산주의혁명투사'로 강화되는 것을 볼 수 있다. 더욱이 2002년도까지는 「공산주의도덕」이라는 명칭으로 가르치던 과목이 2004년도를 기점으로 하여 「사회주의도덕」으로 바뀌는 것을 볼 수 있는데, 이는 아마도 선군정치에 입각한 강성대국 건설로 북한이 독특한 사회주의 국가 건설을 향해 나아가고 있다는 것을 교육을 통해서도 강화할 필요가 있기 때문이라고 판단할 수 있다.

이런 가운데 북한은 2002년도 10월 22일자 평양방송을 통하여 "경제는 주저앉았다가 다시 일으켜 세울 수 있으나 군사가 주저앉으면 나라의 백년대계의 기틀이 무너진다"면서 "우리 공화국이 선군정치로 군사력을 강화하지 않았더라면 매일같이 군사적 도발을 일으키고 있는 미제가 벌써 오래 전에 전쟁의 도화선에 불을 달았을 것은 뻔하다"고 하였다. 그러면서 이때쯤 교육과정에 있어서도 중요한 변화가 나타나는데, 2002년 10월을 기하여 중학교 6학년에 「미제와 일제의 조선침략 죄행」이라는 교과를 새로 배정하였다.64) 이는 그 머리말에서 밝히고 있듯이, 「조선력사」 과목에서는 1920년대까지만 다루고 있기 때문에 그 이후 즉, 1930년대부터 1990년대까지의 미국과 일본의 우리, 특히 남한에 대한 '만행'을 주제별로 항목을 나누어 설명하기 위해 특별히 구성된 교과이다.

그리고 북한은 "나라와 민족들이 자주독립을 실현하고 자기의 운명을 자신이 틀어지고 개척해 나가려는 것은 현 시대의 기본추세"라고 하면서, 2004년부터 선군사상을 '선군시대'라는 용어로 체계화하여 사용하기 시작하였다. 그러면서 단순히 선군을 일컫는 '우리 군대'만이 아닌 '우리 수령'과 '우리 사상' 및 '우리 제도'의 '4대제일주의'로 강성대국을 건설해야 할 것을 역설하고 있다.65) 이는 선군정치가 단순히 군에 의한 정치가 아니라 군의 조직과 문화를 사회생활 전반에 모범화·정치화하는 것임을 뜻한다.66) 즉, 북한은 대외적으로는 실리사회주의의 입장을 띠어 가면서도 대내적으로는 강성대국론의 입장을 아직까지는 견지하고 있을 수밖에 없으며, 그렇기 때문에 교육에 있어서는 이러한 입장을 더욱 강화시키지 않을 수가 없을 것이다.

※ 이 글은『북한의 교육과정 정책과 한국 관련 교과서 동향 분석』(한국정신문화연구원) 2003년 연구보고서의 일부를 수정·보완한 것이다.

주註

1) 북한은 1990년대에 접어들어 평양의 사회과학원출판사를 통해 총 6권에 걸친 『조선교육사』를 내놓은 바, 그 내용으로 다룬 시기와 저자 및 연도는 다음과 같다. 제1권(고대~19세기 중엽): 홍희욱·채태형, 1995 ; 제2권(19세기 후반~일본 식민지 시기): 박득준, 1995 ; 제3권(항일혁명투쟁시기~1953년): 김창호, 1990 ; 제4권(휴전 이후~1960년대), 강근조, 1991 ; 제5권(1970년대), 리영환, 1993 ; 제6권(1980년대), 리영환, 1995.
2) 한만길, 『통일시대 북한교육론』(서울: 교육과학사, 1997).
3) 이돈희 외, 『남북한 초·중학교 교육과정 체제 및 구조 비교분석연구』(서울대학교 교육과정 연구위원회, 2001).
4) 김기석 외, 『북한의 교육과정 변천에 관한 연구』(서울대학교 통일대비 교육과정연구위원회, 2003).
5) 권성아, "헌법 개정에 따른 북한의 교육이념 변화: 국어와 공산주의도덕 교과서를 중심으로," 『교육과정연구』 21-2 (한국교육과정학회, 2003.6).
6) 권성아, "북한의 교육과정 정책과 한국 관련 교과서 동향 분석," 『국제한국이해 사업의 개선을 위한 주변국가의 한국 관련 교육과정 및 교과서 정책연구』 (한국정신문화연구원, 2003.12).
7) 김일성의 다음 제목의 연설은 이때 발표한 것이 아닌가 생각된다. "새 조선 건설과 민족통일 전선에 대하여"(각 도당책임일군들 앞에서 한 연설, 1945.10.13), 『김일성저작집』 1 (평양: 조선로동당출판사, 1979), 329~ 338쪽.
8) 양호민, "북한의 소비에트화," 『북한 공산화과정 연구』(서울: 고려대아세아문제연구소, 1973), 5쪽.
9) 조선중앙통신사, 『조선중앙년감』 1 (1949), 63쪽.
10) 조선교육출판사, 『해방후 10년간의 공화국 인민교육의 발전』(평양: 조선교육출판사, 1955), 51쪽.
11) 김창호, 『조선교육사』 3 (평양: 사회과학출판사, 1990), 39쪽.
12) 한만길, 앞의 책, 141쪽.
13) <북조선임시인민위원회창설에 대한 북조선 각도 및 각군인민위원회 대표들과 반일민주주의적 당 및 각사회단체대표들 회의의 결정서>(1946. 2.8). 이는 다시 9월 1일에 마련된 북로당 강령 10조에 다음과 같이 명기된다: "인민교육의 개혁을 실시하며 각종 학교 내에서의 교육과 교양사업에서 일본 교육제도의 잔재를 숙청하며 …."
14) 조선교육출판사, 앞의 책, 54쪽.
15) 김창호, 앞의 책, 74쪽.

16) 김창호, 위의 책, 75쪽.
17) 조선교육출판사, 앞의 책, 56쪽.
18) 김기석, 앞의 책, 143~144쪽에서 인용
19) 강근조,『조선교육사』4 (평양: 사회과학출판사, 1991), 307쪽.
20) 강근조, 위의 책, 340쪽.
21) 조선교육출판사, 앞의 책, 210~211쪽.
22) 강근조, 앞의 책, 369~370쪽.
23) 김일성, "사상사업에서 교조주의와 형식주의를 퇴치하고 주체를 확립할데 대하여(당선전선동일군들 앞에서 한 연설, 1955.12.28),"『김일성저작집』9 (평양: 조선로동당출판사, 1980).
24) 조선로동당출판사,『조선로동당력사』(평양: 조선로동당출판사, 1991), 432쪽.
25) 김일성, "간부들속에서 당의 유일사상체계를 세우며 혁명화하기 위한 사업을 강화할데 대하여(조선로동당 중앙위원회 제4기 제21차전원회의 확대회의에서 한 결론, 1970.7.6),"『김일성저작집』25 (평양: 조선로동당출판사, 1983).
26) 리성준,『주체사상의 철학적 원리』(평양: 사회과학출판사, 1983).
27) 사회과학출판사,『사회주의 공산주의 건설이론: 위대한 주체사상총서 5』(평양: 사회과학출판사, 1985).
28) 강근조, 앞의 책, 380쪽.
29) 강근조, 위의 책, 358쪽.
30) 강근조, 위의 책, 469쪽.
31) 허동찬, "교육과정," 김형찬(편),『북한의 교육』(서울: 을유문화사, 1990), 145쪽.
32) 김형찬, "초등교육," 위의 책, 247쪽.
33) 강근조, 앞의 책, 237쪽.
34) 강근조, 위의 책, 231쪽.
35) 강근조, 위의 책, 525쪽.
36) 김일성, "교육사업에서 사회주의 교육학의 원리를 철저히 구현할데 대하여(전국교원대회에서 한 연설, 1971.12.27),"『김일성저작집』26 (평양: 조선로동당출판사, 1984).
37) 리영환,『조선교육사』5 (평양: 사회과학출판사, 1993), 727쪽.
38) 김일성,『사회주의교육에 관한 테제』(평양: 조선로동당출판사, 1977), 2쪽.
39) 김일성, 위의 책, 13쪽.
40) 김일성, 위의 책, 2쪽.
41) 권성아, "북한의 교육과정 정책과 한국 관련 교과서 동향 분석," 앞의 글, 155쪽.
42) 김정일, "교육사업을 더욱 발전시킬데 대하여(전국교육일군열성자회의 참가자들에게 보낸 서한. 1984.7.22)" (동경: 재일본조선인총련합회 중앙상임위원회,

1984).
43) 전상인, 『북한 민족주의 연구』(서울: 민족통일연구원, 1994), 1~2쪽.
44) 리영환, 『조선교육사』 6 (평양: 사회과학출판사, 1995), 865쪽.
45) 김정일, "조선민족제일주의정신을 높이 발양시키자(조선로동당 중앙위원회 책임일군들 앞에서 한 연설, 1989.12.28),"『친애하는 지도자 김정일동지의 문헌집』(평양: 조선로동당출판사, 1992).
46) 이와 관련해서는 평양 조선로동당출판사에서 1992년에 출판한 김정일의 『주체문학론』과 『음악예술론』, 『미술론』, 『무용예술론』 등 참조.
47) 김정일, "인민대중중심의 우리 식 사회주의는 필승불패이다(조선로동당 중앙위원회 책임일군들과 한 담화, 1991.5.5),"『친애하는 지도자 김정일동지의 문헌집』(평양: 조선로동당출판사, 1992).
48) 장석소, "조선민족제일주의형성의 중요 요인,"『철학연구』1993년 제2호(1993), 12~16쪽.
49) 김수진, 『주체의 교육론』(동경: 학우서방, 1992) 참조. 이 책의 주요 구성은 다음과 같다: 제1장 교육론의 력사적개관 - 1, 2, 3절 고대, 중세, 근대의 교육과 교육론, 4절 현대부르죠아교육론, 5절 맑스 - 레닌주의교육론, 6절 주체의 교육론의 창시와 특징, 제2장 주체의 교육리념, 제3장 교육내용, 제4장 교육방법, 제5장 교육제도, 제6장 온 사회의 인테리화, 제7장 학교와 교원, 교육사업에 대한 지도.
50) 한만길, 앞의 책, 156쪽.
51) 김정일, 『혁명의 붉은기를 지켜』(평양: 조선로동당출판사, 1994).
52) 김정일의 "주체철학의 리해에서 제기되는 몇가지 문제에 대하여(당리론선전일군들과 한 담화, 1974.4.2),"『주체철학에 대하여』(평양: 조선로동당출판사, 2000), 1~15쪽을 보면 '주체철학'이라는 용어 자체는 이때부터 사용된 것 같다.
53) 김정일, 『주체철학은 독창적인 혁명철학이다(조선로동당 중앙위원회 리론잡지 『근로자』에 준 담화, 1996.7.26)』(평양: 조선로동당출판사, 1997).
54) 김정일, 위의 책 (1997), 16쪽.
55) 통일원 통일정책실, 『통일백서』(서울: 통일부, 1995), 49쪽.
56) 신재철(편), 『김정일 시대의 조선』(평양: 외국문종합출판사, 2000).
57) '선군정치'라는 말이 처음 등장한 것은 《로동신문》 1998년 4월 25일자 사설에서이며, '강성대국'이라는 구호는 《로동신문》 1998년 8월 22일자 사설에서이다.
58) 김정일, "올해를 강성대국건설의 위대한 전환의 해로 빛내이자(조선로동당 중앙위원회 책임일군들과 한 담화, 주체88.1.1),"『김정일선집』 14 (평양: 조선로동당출판사, 2000).

59) ≪연합뉴스≫ 2002년 10월 8일.
60) 김재호,『김정일시대를 빛내일 리상국건설전략: 김정일강성대국 건설전략』(평양: 평양출판사, 2000).
61) 박영근, "경제관리에서 원칙을 지키면서 실리를 보장하는데서 나서는 원칙적 문제,"『사회과학원 학보』2004년 제2호.(루계42호) (2004).
62) ≪로동신문≫ 2002년 10월 19일자.
63) 신효숙, "김정일시대 북한교육의 변화,"『주제가 있는 통일문제 강좌』10 (통일부 통일교육원, 2006.3), 40~41쪽.
64) 허성철,『미제와 일제의 조선침략죄행』중학교 제6학년용 (평양: 교육도서출판사, 2002).
65) 김원삼·최순옥,『4대제일주의는 강성대국건설의 영원한 구호』(평양: 사회과학출판사, 2004).
66) 정창현, "북한의 정치체제와 변화 전망," 우리겨레하나되기운동본부, 겨레하나 통일강좌 제2강 자료 (2006.7), 7쪽.

<참고문헌>

1. 북한문헌

강근조,『조선교육사』 4 (평양: 사회과학출판사, 1991).
김원삼·최순옥,『4대제일주의는 강성대국건설의 영원한 구호』(평양: 사회과학출판사, 2004).
김일성, "간부들속에서 당의 유일사상체계를 세우며 혁명화하기 위한 사업을 강화할데 대하여(조선로동당 중앙위원회 제4기 제21차전원회의 확대회의에서 한 결론, 1970.7.6),"『김일성저작집』 25 (평양: 조선로동당출판사, 1983).
_____, "사상사업에서 교조주의와 형식주의를 퇴치하고 주체를 확립할데 대하여(당선전선동일군들앞에서 한 연설, 1955.12.28),"『김일성저작집』 9 (평양: 조선로동당출판사, 1980).
_____,『사회주의교육에 관한 테제』(평양: 조선로동당출판사, 1977).
_____, "새 조선 건설과 민족통일 전선에 대하여(각 도당책임일군들앞에서 한 연설, 1945.10.13),"『김일성저작집』 1 (평양: 조선로동당출판사, 1979).
김재호,『김정일시대를 빛내일 리상국건설전략: 김정일강성대국 건설전략』(평양: 평양출판사, 2000).
김정일, "올해를 강성대국건설의 위대한 전환의 해로 빛내이자(조선로동당 중앙위원회 책임일군들과 한 담화, 주체88.1.1),"『김정일선집』 14 (평양: 조선로동당출판사, 2000).
_____, "인민대중중심의 우리 식 사회주의는 필승불패이다(조선로동당 중앙위원회 책임일군들과 한 담화, 1991.5.5),"『친애하는 지도자 김정일동지의 문헌집』(평양: 조선로동당출판사, 1992).
_____, "조선민족제일주의정신을 높이 발양시키자(조선로동당 중앙위원회 책임일군들 앞에서 한 연설, 1989.12.28),"『친애하는 지도자 김정일동지의 문헌집』(평양: 조선로동당출판사, 1992).
_____,『주체철학은 독창적인 혁명철학이다(조선로동당 중앙위원회 리론잡지『근로자』에 준 담화, 1996.7.26)』(평양: 조선로동당출판사, 1997).
_____,『주체철학의 리해에서 제기되는 몇가지 문제에 대하여(당 리론선전일군들과 한 담화, 1974.4.2)』(평양: 조선로동당출판사, 2000).
_____,『혁명의 붉은기를 지켜』(평양: 조선로동당출판사, 1994).
김창호,『조선교육사』 3 (평양: 사회과학출판사, 1990).
리성준,『주체사상의 철학적 원리』(평양: 사회과학출판사, 1983).

리영환,『조선교육사』5 (평양: 사회과학출판사, 1993).
＿＿＿,『조선교육사』6 (평양: 사회과학출판사, 1995).
박영근, "경제관리에서 원칙을 지키면서 실리를 보장하는데서 나서는 원칙적 문제,"『사회과학원 학보』2004년 제2호(루계42호)(2004).
「북조선인민위원회창설에 대한 북조선 각도 및 각군인민위원회 대표들과 반일민족주의적 당 및 각사회대표들 회의의 결정서(1946.2.8)」.
사회과학출판사,『사회주의 공산주의 건설이론: 위대한 주체사상총서 5』(평양: 사회과학출판사, 1985).
신재철(편),『김정일 시대의 조선』(평양: 외국문종합출판사, 2000).
장석소, "조선민족제일주의형성의 중요 요인,"『철학연구』1993년 제2호.
조선로동당출판사,『조선로동당력사』(평양: 조선로동당출판사, 1991).
조선중앙통신사,『조선중앙년감』1 (평양: 조선중앙통신사, 1949).
허성철,『미제와 일제의 조선침략죄행』중학교 제6학년용 (평양: 교육도서출판사, 2002).
≪로동신문≫ 1998.4.25 ; 1998.8.22 ; 2002.10.11 ; 2002.10.19.

2. 남한문헌

권성아, "헌법 개정에 따른 북한의 교육이념 변화: 국어와 공산주의도덕 교과서를 중심으로,"『교육과정연구』21-2 (한국교육과정학회, 2003.6).
＿＿＿, "북한의 교육과정 정책과 한국 관련 교과서 동향 분석,"『국제한국이해사업의 개선을 위한 주변국가의 한국 관련 교육과정 및 교과서 정책연구』(한국정신문화연구원, 2003.12).
김기석 외,『북한의 교육과정 변천에 관한 연구』(서울대학교 통일대비 교육과정연구위원회, 2003).
김재복 외,『남북한 초·중등학교 교육과정 통합방안 연구』(경인교육대학교 남북한교육과정통합연구위원회, 2004.12).
김형찬, "초등교육,"『북한의 교육』(서울: 을유문화사, 1990).
신효숙,『김정일시대 북한교육의 변화』(통일부 통일교육원, 2006.3).
양호민, "북한의 소비에트화,"『북한 공산화과정 연구』(서울: 고려대아시아문제연구소, 1973).
이돈희 외,『남북한 초·중등학교 교육과정 체제 및 구조 비교분석연구』(서울대학교 교육과정 연구위원회, 2001).
전상인,『북한 민족주의 연구』(서울: 민족통일연구원, 1994).
정창현, "북한의 정치체제와 변화 전망," 우리겨레하나되기운동본부, 겨레하나 통일강좌 제2강 자료 (2006.7).

통일원 통일정책실, 『통일백서』 (서울: 통일부, 1995).
한만길, 『통일시대 북한교육론』 (서울: 교육과학사, 1997).
허동찬, "교육과정," 김형찬(편), 『북한의 교육』(서울: 을유문화사, 1990).
≪연합뉴스≫ 2002년 10월 8일.

3. 외국문헌

김수진, 『주체의 교육론』 (동경: 학우서방, 1992).
김정일, 『교육사업을 더욱 발전시킬데 대하여(전국교육일군열성자회의 참가자들에게 보낸 서한, 1984.7.22)』(동경: 재일본조선인총련합회 중앙상임위원회, 1984).

북한 중등학교 규율과 학생문화

조 정 아

1. 서 론

이 글에서는 북한의 학교에서 학생들을 특정한 인간형으로 만들어내는 규율화의 과정과 이에 대한 학생들의 수용 및 저항의 양상과 특성을 중심으로 북한 중등교육의 실제 모습을 탐색한다. 사회체제를 막론하고 학교에서 이루어지는 공교육은 지식 및 기술의 교육과 태도·규범·규율의 교육으로 그 내용과 기능을 나누어볼 수 있다. 학교 교육에서 규율은 한편으로는 훈육이라는 말과 동일시되어왔다. 훈육이란 학습자를 그들의 정신상태에 모종의 영향을 주는 규칙이나 명령에 복종시키는 것을 의미하며,[1] 또 다른 관점에서는 행동 규범에 따르는 자기규제 메커니즘을 발달시키는 것을 의미한다.[2] 그런데 이 훈육이라는 개념만으로는 학교에서 이루어지는 모종의 태도와 습관의 형성을 온전히 포착하기 어렵다. 규율의 의미를 규칙 준수 차원에 국한시키지 않고 특정한 인간형을 형성하는 과정이라는 좀 더 넓은 의미로 확대해 볼 때, 학교 규율은 학생들의 인성 형성에 핵심적인 영향을 미치는 요소로서 위치지워진다. 따라서 이 글에서는 규율이라는 용어를 명시적 규칙과 교육 목표 뿐만 아니라 교과지식의 암묵적 메시지, 지식의 조직 방식, 교육 조직의 특성이나 교육 내부의 행위자들 간의 관계와 같은 '잠재적 교육과정'[3] 또는 '숨겨진 교육과정'을 포함하여 개인을 특정한 방식으로 인식하고 실천하는 주체로 만들어내는 메커니즘을 의미하는 것으로 사용한다.

이러한 광의의 규율의 개념을 적용할 때 북한의 중등학교에서 학생들을 특정한 인간형으로 형성시키는 규율화의 과정은 교과 수업, 학교 규칙, 교사의 생활 지도, 청소년 조직 생활, 학생들 간의 비공식적 모임과 상호작용 등 학교 내에서 이루어지는 모든 활동 전반에 걸쳐 이루어진다고 할 수 있다. 이 글에서는 특히 수업 문화와 청소년 조직 생활을 통한 규율 통제를 주로 분석한다.

북한 학교의 규율에 대한 탐구에서 주목해야 할 점은 공식적 교육과정이 표방하는 규율과 실지 학교 규율이 작동되는 모습 간에 괴리가 존재한다는 점이다. 국가가 특정한 교육 목적과 내용을 통하여 실현하고자 하는 바는 학교 내의 행위자들의 상호작용과 역동에 의하여 변형되고 타협된 모습으로 나타난다. 윌리스는 자본주의 사회인 영국의 중등학교에서 노동계급의 학생들이 반주지주의적, 반학교적 지향을 지닌 독자적인 문화를 형성하고 행사하는 과정을 분석함으로써 학교 내에서 대안적 헤게모니가 창출되고, 이것이 지배 헤게모니와 각축하는 지점을 보여준 바 있다.[4] 윌리스의 연구에서 볼 수 있는 학생들의 저항문화처럼 적극적이고 보편적인 저항의 형태를 띠지는 않지만, 북한의 중등학교에서도 각종 규칙과 규율 위반이 일상적으로 발생한다.

이 글에서는 북한 중등학교에서 볼 수 있는 다양한 규율 위반 현상들을 '반학교문화'라는 시각에서 고찰한다. 윌리스에 의하면 학교라는 제도 안에서의 공식적인 패러다임으로부터의 분화가 이루어지면서 '반학교문화'가 생성된다. 학교교육이 표방하는 공식적인 가치체계 및 문화로부터의 분화는 학생들에게는 이미 주어진 제도적 규정으로부터 분리되는 학습의 집단적 과정으로 체험되고, 제도의 담당자들에겐 이해할 수 없는 붕괴와 저항, 반항으로 체험된다. 이 연구에서는 북한 중등학교에서 볼 수 있는 일탈과 규율 위반 행위들 역시 학교 교육이 표방하는 가치와 문화에 대한 나름대로의 저항이라는 점에서, 이를 "학생들 스스로 학교에서 요구하는 가치와 태도를 거부, 반항하는 집단의 생활양식, 규범"[5)]을 의미하는 '반학교문화'라고 규정한다. 특히 북한 학교의 공식적 이데올로기와 조직 체계 속에서 적극적 저항으로 전화할 수 있는 에너지를 지닌 '반학교문화'가 어떻게 온건하고도 안전한 형태로 표출되는지에 주목한다.

그러나 이 글에서는 북한 중등학교에서 나타나는 '반학교문화'의 물적 토대는 무엇인지, '반학교문화'가 북한 사회의 계급구조와 어떻게 연결되어 있는지, 80년대 이후 '반학교문화'가 두드러지게 나타나게 된 사회적 동인은 무엇인지, 규율에 대한 저항이 주로 소극적인 저항의 양상으로 전개되고 지배 이데올로기의 '교란'이 '간파'를 압도하는 이유가 무엇인지, 여학생들의 규율화와 이에 대한 저항은 어떻게 전개되는지 등에 대해서는 다루지 못하였다. 이는 후속 연구를 통해 밝혀야 할 과제이다.

이 글에서는 북한에서 생산된 일차자료에 대한 문헌분석 방법과 함께 북한이탈주민 인터뷰를 통해 수집한 구술 자료를 활용하였다. 북한의 학교 관련 규칙에 관해서는 학생 규칙, 학생생활 표준세칙, 각급 학교 내부 질서 규정 등을 수록하고 있는『조선 민주주의 인민공화국 교육 규정 자료집』을 참조하였다. 북한의 사범전문학교 및 사범대학 교재인 각 시기별 『교육학』, 『사회주의교육학』, 『사회주의학교관리학』과 교육 관련 정기간행물인 『인민교육』을 통해 수업과 학생생활지도 영역에서 어떠한 규율이 적용되는지, 어떠한 인간형이 모범적인 인간형으로 제시되는지를 파악하였다.

또한 북한 교사 출신 및 중학교 졸업자의 구술을 통하여 북한의 중등교육이 공식적으로 표방하는 바와는 다르게 작동하는 규율에 대한 각종 형태의 저항과 '반학교문화'에 관한 자료를 수집하였다. 구술자료는 문헌자료가 지니는 '위로부터의 시각'을 극복하고 행위자, 특히 공식적인 역사서술에서 제외되어 온 계층 중심의 '아래로부터의 시각'을 취할 수 있게 함으로써 연구의 폭과 관점을 넓히는 데 도움이 될 수 있다. 현지 사례연구가 불가능한 북한 교육 연구에서 구술 자료의 활용은 당국에 의해 생산된 일차적 자료가 갖는 시각의 일방성과 한계를 극복하고 실제 교육 과정과 행위자의 행동 및 의미를 분석할 수 있는 유일한 원천이다. 이 연구에서 인용한 구술자료는 북한이탈주민 여덟 명의 구술을 2003년과 2004년에 각각 1~2회에 걸쳐 채록한 것이다. 이 중 두 명은 1970년대부터 1980년대 말까지 고등중학교[6]의 교사로 재직하였다. 나머지 구술자들은 1980년대부터 1990년대 중반까지 도시 및 농촌지역에서 고등중학교를 다녔다. 이 이외에도 선행연구를 통해 공개된 구술자료를 활용하였다.

2. 북한 중등학교 규율

1) 학생규칙과 공식적 규율[7]

북한의 학교교육에서는 학생들을 '당에 끝없이 충실한 혁명가'로 키우기 위한 올바른 태도와 규율 형성을 공식적인 교육의 목표로 명시하고 있다. 이에 따라 수업과 학교생활에서 엄격한 규율을 세우고 학생들이 이를 자발적으로 준수하도록 지도하는 것을 강조하고 있다. 규율 준수를 중요시하는 이유는 학교 규율을 엄격하게 적용함으로써 학생들에게 '혁명적 규율과 질서가 짜인 생활' 습관을 형성시킬 수 있다고 보기 때문이다.8)

북한의 중등학교 규율의 특성을 명시적으로 보여주는 것으로 학생규칙이 있다. 학생규칙은 각급학교 학생들이 준수하여야 할 규범을 1949년 10월 26일에 교육성이 성문화된 형태로 공포한 것이다. 학생규칙은 총 22개 조항으로 이루어져 있는데, 학교생활과 교외생활, 가정생활에서 준수하여야 할 규율을 총망라하고 있다. 북한의 '학생규칙'은 다음과 같다.9)

각급 학교 학생은 다음 사항을 의무적으로 실천하여야 한다.
1. 지식 있고 교양 있는 사람이 되기 위하여 정확하고 확고하게 지식 기능을 배우며 조국의 리익을 위하여 전력을 다할 것.
2. 결석 지각 조퇴를 하지 않도록 할 것이며 열심히 공부할 것.
3. 학교장과 교원의 지시에 절대 복종할 것.
4. 등교시에는 교과서 기타 학습에 필요한 도구를 반드시 지참할 것이며 수업시간이 되면 교원이 교실에 들어서기 전에 학습태세와 학습에 필요한 모든 준비를 맞출 것.
5. 신체(특히 머리, 얼굴, 손) 의복을 깨끗이 하며 단정하게 하고 등교할 것.
6. 교실 내 자기 좌석과 주위를 깨끗이 할 것.
7. 상학종이 울면 곧 교실에 들어와서 자기 자리에 앉을 것이며 수업시간중의 교실 출입은 반드시 교원의 허가를 받을 것.
8. 수업 시간 중에는 자세를 바로 가지고 교원의 설명이나 다른 학생의 해답을 주의깊이 들을 것이며 잡담, 장난질, 곁눈질, 하품 기지개, 조는 일 등이 없도록 할 것.
9. 학교장 또는 교원들이 교실에 출입할 때에는 학생은 구령 없이

일제히 일어서 그에게 경의를 표할 것.
10. 수업시간 중 교원에게 대답할 때에는 일어서 자세를 바로 할 것이며 대답 후 앉을 때에는 교원의 허가를 받을 것. 학생이 자진하여 대답 또는 질문할 때에는 손을 들어 교원의 허가를 받을 것.
11. 숙제 제목은 반드시 일지에 기입할 것이며 이 기록은 부모에 보일 것, 모든 숙제는 자기 자신의 힘으로 완수할 것.
12. 학교장 및 교원을 존경하며 교외에서 이들을 만났을 때에는 모자를 벗고 허리를 굽혀 정중히 경례할 것.
13. 웃 사람을 존경할 것이며 어떤 장소에서나 웃 사람을 만났을 때에는 겸손하고 예절 있게 행동할 것.
14. 학교장이나 교원이 안내하는 손님에 대하여 례의를 차릴 것.
15. 학교 내외에서 비방적이거나 란폭하고 야비한 언어 행동을 하지 말 것이며 술을 마시거나 담배를 피우지 말고 돈이나 물건을 걸고 요행을 바라는 유희를 하지 말 것.
16. 지정된 시간 및 극장 영화관 이외에 일반 극장 영화관에 출입하지 말 것.
17. 학교 재산을 비롯하여 국가 사회 재산을 애호하며 자기 물건이나 남의 물건을 다 소중히 할 것.
18. 늙은이 어린이 약한 사람 병자들에게는 주의 깊고 친절하게 좌석이나 길을 양보할 것이며 모든 원조를 줄 것.
19. 부모에게 례절을 지키며 부모를 돕고 어린 동생들을 사랑할 것.
20. 자기 집을 깨끗이 하며 자기의복, 신발, 침구, 학용품 및 기타 자기 물건을 일상적으로 정돈할 것.
21. 학생증은 항상 소중히 지니고 다닐 것이며 학교장이나 교원이 요구할 때에는 또는 자기의 신분을 증명할 필요가 있을 때에는 이를 제시할 것. 학생증은 절대 남에게 빌려 주지말 것.
22. 자기 학급과 학교의 명예를 자기 자신의 명예와 같이 항상 귀중히 여길 것.
학생이 본 규칙을 위반하였을 때에는 각각 그 정형에 따라 주의경고 엄중경고 또는 출학에 처한다.

북한의 학생규칙은 총 21개 조항으로, 1943년 8월에 발표된 소련의 학생규칙을 일부 수정한 형태로 제정되었다. 소련의 학생규칙 중 4항

"필요한 모든 교과서 및 공책 연필 등을 가지고 등교할 것"과 5항 "교사가 교실에 들어오면 즉시 공부할 수 있는 준비를 갖출 것"을 "등교시에는 교과서 기타 학습에 필요한 도구를 반드시 지참할 것이며 수업시간이 되면 교원이 교실에 들어서기 전에 학습태세와 학습에 필요한 모든 준비를 맞출 것"으로 하나의 조항으로 통합하고, 다른 두 개의 조항을 첨부하였다. 첨부된 조항은 14항과 16항이다.10)

학생규칙 이외에도 학생생활표준세칙을 제정하여 학생들이 학교와 가정, 사회에서 지켜야 할 행동의 지침을 보다 세부적으로 규정하였다. 세칙에는 등교, 수업시간, 휴식시간, 점심시간, 과외시간, 가정생활, 기타 일상생활, 학교 청소 등의 영역별로 학교 내외에서 준수해야 할 세부적인 행동 준칙과 절차가 명시되어 있다. 세칙은 1950년대 후반에 출판된 교육 관련 서적에서 확인할 수 있으나, 현재 각 학교에서 적용되지는 않고 있다.

학생규칙과 세칙은 학생들이 아침에 일어나서 등교하여 학교에서 수업, 식사, 휴식, 과외활동을 진행하고, 하교하여 가정에서 복습, 가사일, 휴식을 취하고 잠자리에 들기까지의 하루의 일상을 진행하는 원칙과 방법을 규정한 것이다. 또한 이들 규칙의 일부 항목은 학생들이 사회에 진출하였을 때 지켜야 할 노동 규율과 연계되었다. 시간 규율의 준수, 각각의 시공간에서 수행되어야 하는 과업의 완수, 상급자에 대한 복종 등의 규율을 명문화하고 일상적으로 교육함으로써 학생들에게 체화시키고자 하였다.11) 북한의 학생생활표준세칙에서 표현된 세부적인 규칙의 항목들은 일제 식민지기의 학교 규칙과 상당히 유사하다.12) 북한 학교의 규칙과 일제 시기 학교 규칙간의 유사성은 해방 후 북한의 교육개혁을 통하여 시도되었던 식민지 시기의 교육 이념과 제도, 교육 내용의 청산에도 불구하고 또 다른 차원에서 유지되고 있는 관행의 연속성을 보여준다.

학생규칙과 세칙은 각 학교별로 제정한 것이 아니라 국가가 제정한 것이다. 대학교를 제외한 각급 학교에서는 학생들이 두 가지 규칙을 의무적으로 실천하도록 지도하며, 학생 규칙을 위반하였을 때에는 그 경중에 따라 '주의경고', '엄중경고', '출학'의 세 단계로 처벌한다고 규정하고 있다.

학생규칙의 내용은 교과수업 내용과 결부되어 또는 과외 활동을 통하여 교육된다. 그러나 이는 규칙의 각 항목을 암송하고 이를 지키도록 하는 식으로 진행되기보다는 담임 교사들의 생활에 대한 일상적이고 총체적인 지도 속에서 이루어진다. 또한 주별, 월별, 분기별 학급 회의의 생활 총화 시간에 학생 각 개인의 규칙 준수 상황을 검토하고, 특별히 유의가 필요한 사항에 대해서는 주별 또는 월별 과제로 제시하여 특별히 주의를 기울이도록 교육한다.

2) 수업 규율

북한 학교의 수업 규율의 특성은 교사 주도의 엄격한 규율이 부과된다는 점이다. 사범대학의 교육학 교재에는 교사가 수업에서 항상 '지도하고 조종하며 이끌어주는' 주도적 위치를 차지해야 함을 명시하고 있으며,[13] 수업의 전 과정에서 엄격한 규율을 확립할 것을 강조하고 있다. 잘 조직되지 못한 수업은 지식의 습득에 부정적인 영향을 줄 뿐만 아니라, '수업 중에 묵과된 무규율성이 수업 이외의 시간에 더욱 나타나게 함'으로써 학생들의 무규율성을 조성한다는 점에서 비교육적이라고 간주된다. 수업 진행에 있어 교사의 주도성과 그에 대한 복종이 강조됨에 따라 학생들이 수업시간에 지켜야 할 규율이 학교 규칙을 통해 매우 세부적으로 규정되었다. 학생규칙의 총 22개 조항 중 10개 조항이 수업 규율과 관련된 것이다. 이 조항들은 출결, 교원 지시에 대한 복종, 수업

준비, 용의복장, 교실 청결, 수업 태도 등을 명시하고 있다. 학생생활표 준세칙에서는 16개 조항에 걸쳐 수업시작, 수업시간 중 수강 및 질문, 필기도구 사용, 수업 중 교실 출입, 수업종료 절차, 주의사항 등 수업 관련 규율을 명시하고 있다. 여기에는 수업시작 절차, 질문을 하는 방법과 절차, 학습장을 사용하는 방법, 연필을 깎는 동작 등 극히 세부적인 사항까지도 포함되었다.

　수업과 관련된 학교 규칙은 엄격하고 세밀하며, 학생들의 동작 하나하나까지 교사의 지시와 허락에 의해서 이루어지도록 규정하고 있다는 점에서 상당히 교사주도적인 특성을 지닌다. 이러한 수업 규율은 학생이 스스로 자신의 학습을 조직하고 자신의 학습과정에 대한 결정권을 지니는 대신, 규율과 자제력이 몸에 배어 있으며 상부와 집단의 권위를 수용하는 데 익숙하며 이 권위를 강화하는데 자발적으로 참여하도록 하는 규율화의 장치이다. 북한의 수업 규율에서 특징적으로 나타나는 엄격성과 교사의 권위는 사회주의 교육제도의 성립과 더불어 유입된 마카렌코 류의 소련 교육의 영향이라고 볼 수 있다. 그러나 북한 학교규율의 특성은 소련 사회주의 교육의 영향으로 인하여 형성된 것만은 아니다. 규율의 엄격성과 교사의 권위라는 특성은 일제 강점기 교육의 특징이기도 하다. 북한에서 사회주의 정권의 수립에 따른 사회주의 교육개혁으로 교육 제도와 교육 내용의 차원에서는 일제시기 교육의 잔재가 청산되었으나, 학교 규율의 차원에서는 이전 시기 규율의 특성 중 특정 부분이 유지되었음을 알 수 있다. 물론 일제 시기 학교 규율과 북한의 학교 규율이 동일한 인간형의 양성을 표방한 것이었다고 말할 수는 없다. 그러나 적어도 일제하 학교 규율과 교육의 관행이 마카렌코 류의 소련 교육이 북한에서 뿌리를 내릴 수 있는 비옥한 토양으로 작용하였다는 점은 부인할 수 없다.

　북한 수업 규율에서 또 한 가지 특징적인 점은 수업 규율 위반에 대한 통제 방식이다. 집단생활에서 규율의 의의를 학생들에게 인식시키고 '교양과 통제'를 통해 학생들이 규칙과 질서를 지키도록 지도하는 것은 교사들의 주요한 역할로 간주된다.14) 북한 학교에서 생활지도의 기본적인 방침으로 활용되는 것은 '깨우쳐주는 교수교양' 또는 '긍정적 모범에 의한 감화교양' 방법이다. 이는 학생의 잘못된 점을 지적하고 벌주기보다는 교사 스스로가 행동의 모범을 보이고 학생의 좋은 점을 강화함으로써 감동을 유도하여 잘못된 행위에 대해 반성하고 교정할 수 있는 계기를 제공하는 것을 의미한다. 따라서 학생 통제의 방식으로서 강압적인 체벌은 공식적으로는 금지되고 있다.

또한 교사들은 집단적인 상벌을 활용함으로써 학생들이 수업의 규율을 지키도록 서로를 통제하도록 유도한다. 한 학생의 수업 규율 위반은 그 학생 개인의 문제가 아니라 학급 구성원 전체의 문제로 인식된다. 북한에서 집단주의 교육의 기본 관점은 '개인의 힘보다 집단의 힘이 크다는 것, 개인의 생활보다 사회정치적생명을 가지고 빛 내여 나가도록 하는 조직생활, 집단생활이 더 중요하다는 것, 집단의 리익과 개인의 리익은 통일되어 있다는 것'이다.15) '친구 집단과 떨어져서 혼자 놀기 좋아하고 조직의 규률을 싫어하고 그것을 위반하는 자유주의'는 집단주의 정신에 정면으로 위배되는 것이다. 수업 규율을 지키지 않거나 학습에 뒤떨어지는 학급 동료를 방관하는 것 또한 집단주의 정신에 어긋나는 태도이다. 따라서 한 학생의 수업 규율 위반은 그 학생 개인의 잘못이 아니라 학급 구성원 전체의 문제로 인식하여야 하는 것이다. 수업 분위기가 산만할 때 교사들은 학급 전체에게 운동장 돌기 등의 가벼운 집단적 벌을 가한다. 집단주의적 분위기 속에서 학생들은 스스로 급우의 수업 태도를 통제하고 수업분위기에 대하여 집단적 책임을 지려는 자세를 보이기도 한다(H1). 김영천이 한국 초등학교 수업의 특성으로 명명한 바 있는 '자아의 상실과 집단의 출현'이라는 특성은 북한의 학교 수업에

서 보다 뚜렷하게 드러난다.16)

3. 규율 통제 방식

1) 교사의 생활지도

북한의 학교에서 학생들의 생활 지도는 주로 학급 담임교사와 소년단, 청년동맹 등의 조직활동에 의해서 이루어진다. 학교에서 개별 학생들에 대한 생활지도를 책임지는 사람은 담임교사와 소년단, 청년동맹 등 청소년 조직의 지도원이다. 담임교사는 학생들의 일상생활에 대하여 일차적인 책임을 지며 학교생활뿐만 아니라 가정생활과 사회생활의 영역까지 세밀하게 지도한다. 소년단 지도원과 청년동맹 지도원은 사상적인 측면에 대한 집중적인 지도와 특별히 큰 문제행동을 일으키는 학생들에 대한 지도를 담당한다.

생활 지도는 학습 지도 못지않게 중요한 교사의 역할이다. 학급 학생들 속에서 '건전한 생활기풍'을 확립하는 것은 담임교사가 담당해야 할 주요 활동 중의 하나이다. 그 중에서 가장 중요한 것은 '규율 있고 절도 있게 생활하는 기풍'을 세우는 것이다.17) 집단생활의 규율의 의의를 인식시키고 '교양과 통제'를 통하여 학생들이 집단적인 규칙과 질서를 지키도록 지도하여야 한다는 점이 강조된다.

교사가 자기 학생들을 제대로 통제하고 있는지를 평가하는 기본적인 척도는 학생들의 출석률이다. 학생들은 개별적으로 등교하는 것이 아니라 동네입구에 모여 줄을 서서 등교한다. 북한 중등학교의 학급은 주거지역을 기준으로 편성된다. 학급 내에 몇 개의 반18)이 짜여지고 같은 반의 학생들은 정해진 시간에 동네 입구에 모여서 줄을 서서 등교한다.

집단적인 등교 상황은 등교조의 반장이 점검하는데, 집단적인 등교에서 이탈하여 개인으로 등교하는 것은 학생 생활총화에서 비판의 대상이 된다. 결석하는 학생에 대해서는 교사가 점심시간이나 방과 후에 가정방문을 실시한다. 교사 혼자서 학생을 찾아가기도 하지만 학급 전체가 단체로 결석생의 집을 방문하기도 한다. 교사들은 항상 높은 출석률 보장하도록 지도하는데 힘을 기울인다. 학급에 신체장애를 가진 학생이나 문제를 자주 일으키는 학생이 있으면 교사가 업고 다니거나 등하교를 함께 하기도 한다.

용모와 복장도 주요한 생활 지도의 영역이다. 학생들의 복장에 대한 지도는 교사에 의해서 일상적으로 이루어지고, 등교시 규찰대에 의해서도 이루어진다. 규찰대는 청년동맹 지도원이 관할하는 조직으로 고학년 학생 중 '열성자'들로 구성된다. 이들이 등교시 학교 정문에 서서 학생들의 복장을 검열한다. 규찰대는 학생들의 규율을 지도하는 데 있어서 상당한 권위를 지니고 있다. 규찰대는 수업 사이의 휴식시간과 수업 후, 휴일에도 학생들이 생활규범을 잘 지키도록 하기 위한 활동을 한다. 특히 학생들이 예절 있게 말하고 행동하도록 지도하는 것이 이들의 주요한 활동이 된다.19) 복장에서 주요한 규제 대상이 되는 것은 머리 길이와 의복 및 신발의 청결도이다. 교복은 찢어진 곳이 있으면 잘 깁고 깨끗하게 빨아서 단정하게 입는 것이 중요하게 여겨진다. 교사들은 학생들에게 교복과 운동화를 항상 깨끗하게 빨고, 바지와 치마의 주름을 세워서 입고, 옷에 먼지가 묻으면 스타킹 같은 것을 사용하여 먼지를 제거하고 입도록 교육한다. 이 이외에도 앞장에서 설명한 세칙에 언급된 인사, 몸가짐, 복장 등이 학생들의 생활규율의 주요 항목들이다. 흡연, 싸움, 절도와 같은 비행성 문제행동도 물론 생활지도의 대상이 된다.

교사들은 학생들이 지켜야 할 생활 규율을 학급의 벽면에 게시하고 학생들에게 암송시킨다. 주, 월, 분기, 년간에 행해지는 총화시간에는 이러한 생활 규율을 잘 지켰는가가 주요한 평가 영역중의 하나가 된다. 학기말과 학년말에 학생들의 생활태도를 '모범', '보통', '락후'로 평가한다. 이러한 '품행평가'의 가장 중요한 기준은 김일성, 김정일에 대한 '충실성과 효성'이라고 말한다. 당과 수령에 대한 충실성을 평가하는 척도는 무엇인가? 학생들의 기본과업은 학습이기 때문에 당과 수령에 대한 충실성은 일차적으로 당이 제시한 '학습제일주의방침'을 어떻게 관철했는가, 즉 학습에 대한 태도로 드러난다고 본다. 품행평가의 두 번째 기준은 소년단 등의 조직생활을 얼마나 성실하게 수행하는가이다. 여기서는 조직에 대한 학생들의 태도와 회의 참가 태도, 조직의 결정과 개인이 조직에서 담당한 과업 수행 태도와 결과 등이 평가의 척도가 된다. 세 번째 기준은 소년단 등의 조직을 중심으로 이루어지는 사회정치활동 참가도이다. 여기서는 주로 소년단 조직을 단위로 하여 이루어지는 각종 대중운동과 활동에 참가하는 태도가 평가된다. 넷째, 사회적 노동에 대한 태도이다. 여기서는 교육과정의 일부로 수행되는 각종 과외노동에 임함에 있어서의 근면성과 성실성을 평가한다. 다섯째, 학생들의 도덕 품성을 평가한다. 도덕 품성에 포함되는 것으로 당과 수령에 대한 충성과 효성, 윗사람과 교사에 대한 존경, 친구들에 대한 사랑, 공중도덕과 사회질서 준수, 건전한 생활 등을 평가한다.[20] 이 품행 평가에서 '락후'를 받은 학생은 입대와 입당이 어려워지는 등 향후 진로에 있어 상당한 지장을 받는다.

2) 청소년 조직활동을 통한 규율 형성

북한의 중등학교에서 교과 수업 못지않게 큰 비중을 차지하는 것은 소년단, 청년동맹 등의 청소년 조직에 의해 이루어지는 조직 활동이다. 청소년 조직은 학교생활뿐만 아니라 일상적인 생활의 영역에 이르기까지 학생들의 생활방식을 규율하고 통제하는 기능을 담당한다. 북한에서는 만 7세부터 소년단에, 만 13세부터 김일성사회주의청년동맹(이하 '청년동맹'으로 약칭함)에 가입한다. 소년단과 청년동맹 조직에서 이루어지는 각종 과외활동과 조직 생활을 통하여 집단주의적 의식과 생활태도가 형성된다. 조직 생활은 사상교양과 사상투쟁, 혁명적 실천을 유기적으로 결합하여 학생들에게 높은 사상성과 조직성과 강인한 의지를 길러주는 교육 과정으로 여겨진다. 학생들은 소년단과 청년동맹의 조직 생활을 통하여 조직성을 키우고 조직이 위임하는 활동을 수행함으로써 혁명적으로 단련되고 의지를 키워나갈 수 있다고 보는 것이다. 학생들의 조직 생활을 지도하는 데 있어서 가장 중시되는 점은 '조직을 자기의 생명보다 더 귀중히 여기고 언제나 조직에 의거하고 조직의 지도와 통제 밑에 사업하고 생활하는 것을 습성화'하는 것이다.[21] 이를 '혁명적 조직관'이라고 부르며 조직 생활 지도에 있어 최우선시해야 할 원칙으로 강조하고 있는데, 이는 곧 개인의 판단과 이해보다 집단을 앞세우는 집단주의적 태도를 의미한다.

　북한에서는 집단적인 조직 생활은 소학교 2학년 때 소년단에 가입함으로써 시작된다. 이 때 소년단원의 상징인 붉은 넥타이와 휘장을 받는다. 입단은 학급의 모든 학생들이 한꺼번에 하는 것이 아니라 세 차례에 걸쳐서 순차적으로 하게 된다. 학업과 품행이 우수한 학생들에게는 먼저 소년단에 입단하여 붉은 넥타이를 매고, 먼저 청년동맹에 입단하여 붉은 넥타이를 풀 수 있는 기회가 주어진다. 입단 차수에 따라 입단식을 하는 장소와 넥타이를 매주는 사람이 달라진다. 한 학교에서 몇 명에게 밖에 기회가 주어지지 않는 일차 입단 대상은 구역문화회관 같은 장소에서 구역당 책임비서가 넥타이를 매준다. 각 학급 당 10~20명 정도가 되는 이차 대상은 학교에서 교장이, 삼차 대상은 담임교사가 넥타이를 매준다. 학생들을 몇 차례로 나누어 입단시키는 것은 먼저 입단한 학생

들에게는 자부심을, 입단하지 못한 학생들에게는 경쟁심과 분발을 촉구시키는 경쟁 기제로 작용한다.22)

소년단과 청년동맹의 기본 조직은 단이고, 단 아래에 분단과 반이 있다. 단은 학교 단위의 조직을 말한다. 소년단과 청년동맹의 상설적인 지도기관은 학교에 조직된 소년단위원회와 청년동맹위원회이다. 단 차원에서 '김일성원수님혁명활동연구실' 운영과 '위대한 수령님과 친애하는 지도자선생님을 따라 배우는 학습회', '혁명활동로정 해설 모임', '덕성실기연구발표모임' 등의 정치사상교육을 진행한다. 정치사상교육은 정치사상교과 등의 교과수업을 통해서 기본적으로 이루어지지만, 청소년 조직생활 속에서 진행되는 각종 활동을 통해 의식적으로 더욱 공고화되고 생활속에서의 체화가 이루어진다. 소년단 및 청년동맹 조직에서는 학생들에게 공산주의 도덕규범과 준칙을 실생활과 결부시켜 인식시키기 위한 활동을 진행한다. 이러한 활동은 인식 차원의 도덕규범과 정치의식을 행동 차원으로 발전시킨다. 당과 수령에 대한 충실성의 중요성을 인식할 뿐만 아니라 자신의 생활 속에서 실천할 수 있는 방법을 찾고 그것을 실행에 옮기게 되는 것이다. 특히 조직 활동에서 중요시되는 실천 규범은 집단주의적 생활규범을 자각적으로 준수하는 것, 부모와 웃어른에 대한 존경, 친구들에 대한 사랑, 예절바른 행동, 공중도덕과 사회질서의 자각적 준수 등이다.23)

소년단과 청년동맹 활동을 조직, 집행하는 단위는 분단인데 이는 학급을 의미한다. 분단위원회는 분단위원장과 두 명의 부위원장, 분단위원들로 구성된다. 부위원장 중 조직 부위원장은 학급반장이 겸임한다. 이 이외에 조직 부위원장과, 학습 담당 분단위원, '좋은 일하기 운동' 담당 분단위원, 체육활동 담당 분단위원 등이 있다. '김일성, 김정일의 청소년 시절을 따라 배우는 운동', '좋은 일하기 운동', '영예의 붉은기학교', '영예의 붉은기분단 칭호쟁취운동', '향토애호근위대 활동', '토끼기르기운동', '소년단림을 조성하는 운동', '사회주의 건설지원운동' 등의 각종 사회적 활동과 대중운동이 분단을 단위로 하여 집행된다. 분단 안의 기본 단위로, 장소와 시간에 구애됨이 없이 일상적으로 활동할 수 있도록 조직된 단위가 반이다. 학생들의 일상적인 소조활동 및 학습, 규율에 대한 통제는 학급 내의 반을 기본으로 하여 이루어진다.

청소년 조직 활동의 일환으로 진행되는 회의도 학생들을 특정한 방식으로 규율화하는 기제이다. 이는 특정한 사안에 관한 학생들의 의견을 수렴하는 통로가 아니라, 학생들을 정치사상적으로 각성시키고 혁명적으로 교양하는 '정치적 학교'로서의 기능을 수행한다.

분단총회, 즉 학급회의는 한 달에 한 번 이상 소집하는 것을 원칙으로 한다. 한 학급에서 학급반장인 분단위원장 이외에 두 명의 부위원장과 세 명의 분단위원이 선출된다. 분단위원장 등 학급간부 선출은 학생들의 추천과 투표라는 형식을 거치지만 실제로는 교사의 의사가 주로 반영된다. 교사가 학급 간부 후보 명단을 작성하고 회의에서 '복안 발표'라 하여 이를 말하거나, 회의에 앞서 누구를 추천하고 찬성 발언을 어떻게 할 것인지 몇몇 학생에게 미리 이야기해 놓는다(H1). 그렇지만 고학년인 경우에는 특히 학생들 사이에서 '신망'이 있는 학생이라야 분단위원장과 분단위원에 선출될 수 있다. 학생들 사이에서 '신망'이 있다는 것은 학업 성적이 뛰어날 뿐만 아니라 통솔력이 있고 친구들을 잘 돕는 등 성품도 좋다는 것을 의미한다. 이런 학생을 선출해야 교사가 학급을 통솔하는 것이 보다 용이해지므로 교사는 통솔력과 능력이 있는 학생들을 분단위원장으로 선출하고자 한다.

회의에서 교사의 의견이 주로 관철되고 학생들의 자율적인 참여가 이루어지지 않는 점은 간부 선출만이 아니라 일반적인 월, 분기 회의에서도 마찬가지이다. 학생들은 회의에 참가해서 특별히 발언할 것이 지정되지 않으면 '그저 가만히 앉아 있다가 나오면' 된다(H1). 회의의 흐름이 끊기지 않고 단시간에 회의를 마칠 수 있도록 토론도 미리 순서를 정하여 조직한다. 교사는 회의에 앞서 회의 지도안을 작성하고 비준받는다. 분단위원장도 한 달 동안 학생들 속에서 나타난 결함과 우수한 점을 개괄한 보고서와 다음 달에 학생들이 해야 할 개별 분공안을 작성해 비준받아야 한다.24) 생활총화 시간에 진행하는 자아비판과 상호비판도 매우 형식적으로 진행된다. 주로 "수업시간에 떠들었다"와 같이 일상적으로 저지를 수 있는 잘못에 대하여 비판하며, 상호비판 때에 큰 잘못을 비판하면 나중에 보복당할 수 있기 때문에 상투적인 발언만 하는 경우가 대부분이다.25)

북한 중등학교에서 회의는 학생들이 서로의 의견을 교환하고 이를 민주적으로 수렴하고 학급의 일을 결정하는 장이 아니다. 정기적으로 진행되는 회의와 생활총화를 통하여 학생들은 자신에게 주어진 침묵을 인내하고, 교사가 미리 결정하여 제시하는 의견을 일방적으로 수용하고, 정해진 시점에서 기대되어진 의견을 발언하도록 훈련된다.

4. 학생 문화와 규율에 대한 저항

1) 학생의 범주와 수업 문화

교사 주도의 엄격하고 위계화된 숨막힐 듯한 규율, 규율을 자발적으로 준수하며 고도의 자제력과 집단에 대한 책임감을 보여주는 절도 있는 학생들, '깨우쳐주는 교수방법'에 의해서 학생들을 지도하는 헌신적인 교사, 이것이 공식적 담론을 통해 우리가 상상할 수 있는 북한 학교와 학생들의 모습이다. 그런데 실지로 북한 학교와 학생들의 모습은 어떠한가?

공식 담론을 통해 그려볼 수 있는 '정상적인' 북한 학생의 모습은 실제 북한의 학교에서는 오히려 지극히 비정상적인 학생이다. 북한이탈주민들의 구술을 종합하여 보면 학급의 학생들은 크게 세 부류로 나뉜다. 첫째는 열심히 공부하는 학생들이며, 학교생활과 수업에 임하는 이들의 태도는 공식 담론에서 모범적인 것으로 묘사되는 바와 유사하다. 학교의 성격, 지역, 규모 등에 따라 차이가 있지만 대체로 이들은 한 반에서 몇 손가락 안에 들 정도로 소수이다. 둘째는 보편적인 북한 학생들로, 이들은 공부에 그다지 큰 흥미와 열성을 보이지 않으며 크게 처벌받지 않는 범위 내에서 각종 규율을 위반하며, 수업 중에도 분위기를 보아가며 자기 자신만의 놀이를 추구하는 유형이다. 세 번째 부류의 학생들은 교사들의 생활지도의 주요 대상이 되는 학생들로, 결석을 일삼고 심각한 규율 위반으로 문제를 초래하는 소수의 학생들이다. 학교별 편차26)는 있으나 일반적으로 수업 분위기를 주도하는 집단은 두 번째 집단이다.

이렇게 학생들의 범주가 분화되는 것은 중학교 3학년 경부터 시작되고 5, 6학년 경에는 완전히 굳어지게 된다. 학생들의 범주가 분화되는 것은 중학교 졸업 후 학생들의 진로 및 대학입시 제도와 관련이 있다. 북한에서는 중등학교 졸업 후 바로 대학에 진학하는 경우가 드물다. 남학생들의 경우에는 대부분 군대에 입대하거나 취업하여 일정 기간 노동경력을 쌓은 후에 대학에 입학하는 경우가 일반적이다. 1980년대 이전에는 대학생의 10%만이 중등학교 졸업 후 바로 대학에 진학하는 '직통생'이었다. 1980년대 이후에 고급인력 조기배출을 강조하는 정책으로 인하여 이 비율은 다소 증가하였을 것으로 추측되나, 교육 관련 기초 통계의 부재로 인하여 진학률을 파악하기 어렵다. 북한이탈주민의 증언에 의하면 진학을 준비하는 학생은 남녀 통틀어 반에서 10% 내외인 것으로 추정된다. 대학 입학시험을 볼 수 있는 자격은 대학별 입학시험 추천권을 배정받은 학생에게만 주어진다. 각 중학교와 기관, 기업소마다 대학별 선발시험에 응시할 수 있는 입학시험 추천권이 할당된다. '직통생'의 경우에는 각 중학교에서 예비시험인 국가자격고사 성적이 기준 내에 드는 학생에 한해서 김일성대학 몇 명, 김책 공업대학 몇 명, 지방 단과대학 몇 명, 하는 식으로 대학별 입학 추천권을 배정하고, 추천을 받은 학생들은 각 대학별 입학시험을 거쳐 진학한다. 한 학교에 입학시험 추천권이 많이 배정되지 않고, 이 또한 성적뿐만 아니라 '직권과 정실안면관계'가 작용하기 때문에 일반적인 중학교 학생들이 바로 대학에 진학한다는 것은 상당히 어려운 일이다.27) 그렇기 때문에 남학생들의 경우에는 공부를 아주 잘하는 소수의 학생을 제외하고는 졸업 후 바로 진학하는 것을 염두에 두지 않는다. 학생들은 자신의 사회적 위치와 한계에 대한 '간파'28)의 결과, 대학 입학을 스스로 포기하기도 한다. 노동자 성분의 한 북한이탈주민은 저학년 시절에 외교관이 될 꿈을 가졌으나 "너무 희망이나 포부 높게 세우지 말라"는 누나의 충고로 인해 자신의 꿈이 실현 불가능함을 깨닫고는 공부를 포기하고 "그저 졸업만 했다"(H2)고 밝히고 있다.

북한의 학생들이 학교공부를 기피하는 것은 반드시 입시제도 때문만은 아니다. 한 북한이탈주민은 북한의 일반적 학생들의 희망진로를 "군·당·대·기·실"이라는 말로 압축하여 설명하고 있다(H2). 즉 북한 사회에서 일반적인 학생들이 출세하기 위해 필요한 것은 군복무, 입당, 대학졸업, 기술, 실지자격능력 순이라는 것이다. 일반 학생들이 진학보다는 입대를 선호하는 것은 대학졸업장보다는 당원증이 보다 강력한 출세의 지표이고, 군대경력이 입당할 수 있는 가장 일반적인 길이기 때문이다. 극소수의 중심대학을 제외한 일반대학 졸업은 일반인이 당 또는 행정관료로 나갈 수 있는 길이 되지 못한다.29) 물론 입대와 입당을 자신의 주요 진로로 삼는 이러한 인식은 김일성 사망과 경제난을 겪으면서 급격하게 변화하고 있다.

이러한 상황 속에서도 소수의 공부하는 학생들은 상당히 높은 학구열을 보인다. 이러한 부류에 속하는 학생들은 일반 학교에서 한 반에 대여섯 명 이내이다. 교사들은 공부하는 학생의 성적은 체벌을 동원해서라도 관리한다. 공부 잘하는 학생들의 성적이 떨어지면 "불러다가 죽일래 살릴래 막 난리를 친다"거나 "때려서 어떻게든 공부를 시키려고" 한다(J1, K1). 반면 성적 관리 대상이 아닌 학생들에게는 "너희는 그냥 졸업만 해라"라는 태도로 대하는 것이 일반적이다. 학부모들은 교사가 공부를 시키려는 목적으로 체벌하는 것을 당연시한다. 오히려 "애들은 때려야 된다"는 생각이 일반적이다. 이 부류의 학생들은 일반적으로 수업에 적극적으로 참가하고, 쉬는 시간에도 다른 학생들이 "나가서 놀거나 담배를 피우고 올 동안 다음 시간 수업을 준비"한다.

북한에서는 각 학교마다 방과 후 활동의 일환으로 각 교과 성적이 우수하거나 예체능 방면에서 뛰어난 소질을 지닌 학생들을 선발하여 소조를 운영한다. 이 중에서 예체능 소조를 제외한 수학, 물리, 화학, 국어, 외국어, 컴퓨터 소조는 주로 대학 입학을 희망하고 성적이 우수한 학생으로 구성된다. 교과 소조는 중학교 4학년 경부터 본격적으로 운영되며, 전 교과의 성적이 우수한 학생으로 '다과목 소조'를 구성하기도 한다. 학년당 10명 내외로 구성되는 교과 소조의 구성원이 되었다는 것은 '공부하는 길에 들어섰다'는 것을 의미하며, 이는 곧 모든 '친구들과의 놀이와 교제를 포기'하는 것을 의미한다(K1). 소조원으로 선발된 학생들은 그에 대하여 자랑스러워하지만, 대부분의 남학생들은 그것을 그다지 부러워하지는 않는다. 오히려 소조에 소속된 학생들은 학급 생활에서는 일반 학생들과 분리된다. 일반적인 남학생들은 이들을 '우리 남자들'과는 달리 '놀음판에서 놀 줄도 모르고 공부만 하는 샌님, 글뒤주'로 간주한다(H2). 이들은 공부 면에서는 학급의 대표로 인식되지만, 학급 내에서의 영향력은 크지 못하다. 학급 내에서 영향력 있는 친구들이나 학업

성적이 떨어지는 친구들의 숙제를 도와주는 등 학업 측면에서 일정한 역할을 담당하지만, 학급에서 분위기를 주도하는 학생과의 관계가 좋지 못한 경우에는 '모서리 취급'이라고 불리는 따돌림을 당하기도 한다. 이들은 자기 학급보다는 방과 후에 함께 공부하는 소조를 주된 학교생활의 근거지로 삼는다. 교과목 소조에서는 실지로 대학 입학시험 준비와 매년 전국적으로 실시되는 수학, 물리, 외국어, 컴퓨터 학과경연을 준비한다. 전국적인 학과경연에서 입상하는 것은 학교의 명예를 높이는 일인 동시에 학생 개인에게는 원하는 대학에 쉽게 진학하는 혜택을 얻을 수 있는 기회가 되기 때문에 소조원들은 '죽기 살기로' 열심히 공부한다. 이들은 해당 교과의 진도를 1년 정도 앞서 나가면서 공부하고 수학, 물리, 화학 등 교과목의 참고서와 문제집을 풀이한다. 보통 방과 후부터 저녁까지 소조별로 자습이나 특별수업을 진행하고, 대학입시를 앞둔 시기에는 밤 세워 공부하는 것도 흔한 일이다. 학년 초에는 소조원들을 몇 십 명씩으로 구성했다가 매달 성적이 나쁜 학생들을 몇 명씩 탈락시키기도 하고, 매일 시험을 보고 그 결과를 소조 교실 출입문에 게시하는 등 경쟁을 통해 학습을 촉진하기도 한다. 학교에서도 소조 담당 교사를 배치하여 특별 수업과 학습 지도를 한다든지, 소조원들에게는 방과 후의 각종 조직 활동과 행사 동원을 면제해준다던지 하는 특별한 지원을 제공한다.

두 번째 학생 유형은 학교공부에 큰 의미를 부여하지 않는 학생들인데, 북한 중등학교 학생의 대다수가 이에 속한다. 이들은 "책가방만 둘러 다니고, 어떤 학생들은 잡기장이라는 노트 하나 갖고 다니고, 어떤 학생들은 노트도 없이" 다닌다(H2). 수업 분위기를 주도하는 학생들은 이 부류의 학생들이다. 이 학생들은 공부에 대해서는 시큰둥하게 여기며, "그냥 45분이라는 시간을 때우면 된다"고 생각한다. 교사들도 이러한 '보통' 학생들에 대해서는 낙제를 면하고 졸업만 시키면 되기 때문에 공부를 크게 강조하지는 않으며, 이러한 경향은 학생들의 범주가 굳어지는 고학년의 경우에서는 두드러지게 나타난다. 일반적으로 한 학급에서 절반 이상의 학생이 공부에 관한 한 교사가 '포기한 애들'이다(J2).

마지막 범주의 학생들은 수업과 학급 생활에서 완전히 제외되는 학생의 부류이다. 이들은 학교에 장기간 결석하고 학교 내외에서 문제를 자주 일으키고 문제행동에 대한 교정도 쉽지 않은 학생들로, 교사는 이들을 '찔통'이라고 부른다. '찔통'은 경제 위기 이전에 학교가 정상적으로 운영되었던 시기에는 한 학급에 한두 명 정도였다(H1). 교사가 자기 학생들을 제대로 통제하고 있는지를 평가하는 기본적인 척도는 학생들의 출석률이기 때문에 열성적인 교사들은 이 부류의 학생들과 등하교를 같이 한다거나 그들의 생활을 세심하게 지도하는 등 주의를 기울인다. 경제난 이전에는 출석률이 상당히 높았던 편이어서, 세 번째 범주에 해당하는 학생을 제외하고는 대부분 학교에 출석하였다. 결석하는 학생이 발생하면 교사는 학급반장이나 다른 학생을 시켜서 결석한 학생을 학교에 데리고 오도록 한다. 이런 학생들은 대부분 마을 근처의 산이나 들에서 놀다가 학교로 잡혀오지만, 금세 도망을 가기도 한다. 때로는 교사가 점심시간이나 방과 후에 가정방문을 실시하기도 하고, 열성적인 교사는 이런 학생들과 함께 숙식하면서 행동을 교정하기도 한다. 이 범주의 학생들은 교사가 특별히 신경을 쓰지 않는 한은 학업 성적도 뒤떨어질 뿐만 아니라 일반적인 학생들의 무리에 끼지 못해서, 총화 때마다 집중적인 비판의 대상이 되는 등 '모서리 취급'을 당한다.

수업 분위기는 학교의 전반적인 문화가 공부를 중시하는 학교인지, 교사의 구성비가 남성이 많은지 여성이 많은지 등의 여러가지 요인의 영향을 받지만, 기본적으로 교사와 학급반장이 두 번째 부류의 학생들을 어떻게 통제하는가에 따라 달라진다. 대체로 학생들을 엄하게 다루는 교사의 수업 시간에는 학생들이 수업 분위기를 조용하게 유지한다.

엄한 교사들은 수업 시간에 약간이라도 장난을 치거나 다른 학생들의 공부를 방해하는 경우에 회초리로 손을 때리거나 뒤에 세워놓는 등의 벌을 가한다. 간혹 심한 체벌을 가하는 경우도 있다고 한다. 수업 시간에 학생들이 심하게 소란을 피우는 경우는 드물지만, '포기한 애들'의 범주에 드는 학생들은 대부분 자기 나름대로의 방식대로 수업시간을 즐긴다. 잠을 자거나, 소설책을 보거나, 종이에 낙서를 하거나, 장난감을 만드는 등의 일이 수업 시간에 이루어진다. 교사가 온순하고 학급반장도 수업 분위기를 풀어 놓는 경우에는 교사를 놀리는 글을 칠판에 적기도 하고, 분필통에 개구리를 집어넣는 등의 짓궂은 장난을 하기도 한다. 교실 뒤에서 벌을 서다가 교사가 뒤돌아선 사이에 교실을 빠져나오기도 한다(H2).

교사 못지않게 수업 분위기에 영향을 주는 사람은 학급반장이다. 북한 사범대학의 교육학 교재에서는 학급을 통솔하기 위해서 가장 중요한 요소로 '핵심을 튼튼히 꾸리는 것'을 꼽고 있다. 여기서 '핵심'은 '집단의 열성분자, 적극분자이며, 집단생활에서 능동적이며 주동적인 작용을 하는 학급의 기본구성성원'이라고 설명한다. 이들에게는 담임교사를 도와 교사의 요구를 학급에서 관철시키고 학생들이 생활 규칙을 지키도록 지도하는 임무가 부여된다.30) 학급의 반장과 소년단 또는 청년동맹의 분단위원장이 '핵심'에 해당한다. 이 중에서 수업 상황을 통제하는 역할을 하는 것은 학급반장이다. 일반적으로 학급반장은 성적보다는 학생들 사이에서 신망과 통솔력, 힘이 있는 학생에게 맡겨진다. 이들은 '학급에 필요한 주먹'인 것이다(K1). 학급반장은 학급의 규율을 통제하고 학급 내의 인간관계를 좌우하는 가장 영향력 있는 인물이다. 대부분의 교사들은 학급반장을 통해 수업을 통제한다. 수업 분위기가 소란할 경우 교사는 학급반장에게 "학급반장, 분위기를 좀 봐"라거나 "학급반장, 좀 조용히 하게 해"라고 말한다. 수업 분위기는 학급반장의 통솔력과 기분에 따라서 좌우된다. 학급반장이 학생들을 완전히 장악하고 있는 학급에서는 수업 분위기가 산만하면 반장이 '의자를 휙 돌려서 한번 눈길을 주면 물 뿌린 듯 조용'해진다. 반장이 기분이 좋아서 학생들을 풀어 놓는 날은 산만한 분위기가 허용되기도 한다.

북한 중등학교의 실제 수업 규율은 공식적 문헌이나 규칙에서 명시되어 있는 엄격하고 절도 있는 것과는 거리가 있다. 공식적 규율에서 강조하고 있는 집단주의 규율이 수업 운영에 있어서도 강조되기는 하지만, 한 학급은 단일한 집단으로 구성되는 것이 아니라 학업 성적이나 공부에 대한 태도에 따라 몇 개의 집단으로 구분된다. 공부에 대한 관심이 없는 대다수의 학생들, 한편으로는 이들을 대표하고 한편으로는 이들을 통제하는 학급반장, 그리고 교사의 요구 사이의 특정한 지점에서 이루어진 타협의 결과로 실제 수업 분위기가 조성된다. 교사의 최소한의 요구사항인 출석과 지나친 소란으로 공부하는 학생들을 방해하지 말 것을 위반하지 않는 한에서 '공부하지 않는' 학생들은 학교 수업 시간을 자신에게 의미 있는 시간으로 만들어간다.

2) 규율에 대한 저항의 양상

북한 학교의 수업 문화에 대한 분석을 통해서 알 수 있는 바와 같이 학생들의 실제 학교생활 모습은 공식적인 교육과정이 표방하는 바와는 차이를 보인다. 학생들은 학교에서 부과하는 규율에 대하여 다양한 형태의 저항을 한다. 북한 학교에서 일어나는 일탈과 저항에 관한 언급은 공식 문헌에서는 쉽게 찾을 수 없다. 북한의 교육 관련 문헌과 정기간행물들은 학생들의 사소한 잘못을 교육을 통하여 교정한 사례와 모범적 행동들을 중점적으로 수록하고 있을 뿐이다. 김일성과 김정일의 연설문에서 교육의 방향과 강조점이 언급될 뿐 학생들의 규율 위반에 관한 지적은 등장하지 않는다. 그런데 1980년대 후반에 조선노동당 중앙위원회 제6기 제13차 전원회의 연설에는 학생들의 일탈행위에 대한 직접적인 언급이 등장하였다. 김일성은 "학생들 속에서 불량행위를 하는 현상이 나타나지 않도록 교양사업을 잘하여야 하겠습니다. 학생들 속에서 사상교양사업을 잘하지 않고 과외생활을 바로 조직하지 않으면 불량행위를 하는 현상이 나타날 수 있다"31)고 하면서 학생들의 규율 위반 현상과 그에 대한 지도의 필요성을 공식적으로 인정하였다. 이는 1980년대 후반에는 공식적인 연설에서 지적할 정도로 학교 규율이 이완되었다는 점을 시사한다. 북한이탈주민들의 증언에 의하면 학교 규율 이완 현상은 1990년대에 경제난이 급격히 심화되면서 더욱 심각해지고 있어, 경우에 따라서는 학교의 출석률이 급격하게 감소하고,32) 절도 등 경제적인 동기에 의한 위법행위도 급격히 증가하고 있다. 김정일은 1994년 6월에 "불량 청소년이 급증하여 사회질서가 문란해지고 있으므로 이들의 교양 선도를 위해 사로청 활동을 더욱 강화"하도록 지시한 바 있다.33) 이는 교육 내적인 이유보다는 식량의 부족과 가족 해체 등의 교육 외적인 요인이 학교 규율의 해체에 결정적 영향을 미치고 있다는 점을 보여주는 것이다.

  북한 학교에서 실제로 일어나는 규율에 대한 저항의 양태는 주로 북한이탈주민의 구술을 통해서 파악할 수 있다. 북한 학교에서 보편적으로 볼 수 있는 규율에 대한 저항은 결석, 용의복장 불량, 흡연과 음주, 이성교제 등의 일상적인 규율 위반과, '자유주의', '날라리풍', '황색바람' 등으로 불리는 자본주의 문화 모방, 절도와 패싸움 등 심각한 사회적 문제가 되는 위법 행위 등이 있다. 이하에서는 각 영역별로 규율에 대한 저항의 양상을 간단히 살펴본다.

  북한의 중등학교에서는 교복을 착용하는데, 학생들은 제한된 범위 내에서 교복의 변형을 시도한다. 주로 교복 바지폭을 좁힌다든지 안감을 대어 나팔바지를 만들어 입는다. 신발의 끈을 나비모양으로 맨다거나 머리를 규정 이상으로 기르기도 한다.34) 최근 들어 운동복은 공급되지 않고 각자가 구입하는 경우가 많은데, 학생들은 중국을 통해서 들어온 다양한 운동복을 입음으로써 자신의 개성과 경제적 능력을 표현하기도 한다.

흡연과 음주는 중학교 남학생들 사이에서는 보편화되어 있는 규율 위반행위이다. 학생의 흡연율을 정확하게 파악할 수는 없지만, 중학교 고학년 남학생의 절반가량 담배를 피운다는 북한이탈주민들의 구술로 미루어볼 때 남자중학생들의 흡연율은 상당히 높을 것이라는 점을 짐작할 수 있다.35) 개인적으로 친분 있는 교사들과는 학교 밖에서 술이나 담배를 함께 하기도 한다. 잎담배를 말아 피우거나 집에서 집안 어른들의 담배를 몇 개비씩 몰래 가지고 와서 변소 등 학교 구내의 구석진 곳에서 담배를 피운다. 필터 담배는 자신의 부를 과시하는 수단으로 쓰이기도 한다(J1). 상습적으로 흡연하는 경우가 아니면 교사들은 학생 스스로가 고치도록 유도하지만, 상습적인 흡연은 생활총화와 품행평가의 대상이 된다. 음주와 흡연으로 대표되는 성인의 습관과 기호는 그것을 즐기는 학생들을 더 성숙하고 우월한 사회적 존재로 드러내주는 표식이다.

이성교제는 80년대 말 남녀공학 실시와 경제난, 중국과 서양 문화의 유입 등의 영향으로 90년대 이후 심각한 문제로 대두되었다. 고학년 학생들간에는 이성교제가 공공연히 행해지고 있으나 비공개적으로 이루어지기 때문에 드러나는 경우는 흔하지 않다. 문제가 되는 상황이 발생할 경우에는 전교생 앞에서 공개적인 자기비판을 해야 한다. 이는 품행평가에 반영되고 청년동맹 간부인 경우에는 간부직 박탈 등의 처벌이 가해지지만 졸업 이후에까지 크게 문제가 되지는 않는 분위기이다.

경제난 이후 특히 큰 규율 문제로 대두된 것은 소위 '자유주의'이며, 그 중에서도 '날라리풍', '황색바람'으로 불리는 서양 문화 모방 현상이다. 라디오나 중국을 통해 북한으로 유입되는 서양 춤과 한국 대중가요 등은 공식적으로 금지된 문화이지만, 학생들 사이에서는 선풍적인 인기를 누린다. 이러한 문화는 학생들간의 비공식적인 친목모임을 통해서 확산되기도 하지만, 최근에는 농촌지원활동 기간에 집단적으로 즐기기도 하고, 길거리에서 부르는 경우까지 있다고 한다. 이러한 문화를 접하고 확산시키는 학생들은 학생들 사이에서 '문화적으로 앞서 나가는 애'로 인식된다(K1). 심지어는 학생들의 규율 위반을 단속해야 할 청년동맹 간부들도 학생들 사이에서 지지를 얻고 그들을 효과적으로 통제하기 위해서 농촌지원활동 기간에 다른 학생들로부터 이러한 춤과 노래를 배우기도 한다.36) 90년대 초반에 남한 가요가 삽입된 '민족과 운명'이라는 북한 영화가 출시되자, 영화 속의 남한 가요가 순식간에 학생들에게 확산되어 그 노래를 금지하는 당의 지시가 내려지기도 했다. 북한이탈주민의 구술에서 '자유주의 분자'들이 '자유조직'을 결성하기도 한다는 말을 찾아볼 수 있는데, 이는 엄밀한 의미에서 조직적인 저항행위를 목적으로 하는 체계를 갖춘 조직으로 보기는 어렵다. 이는 학생들이 교사와 조직 생활의 통제망에서 벗어나 담배 피우고 술을 마시고 음악에 맞추어 서양 춤을 추는 등 학교 규율로 금하고 있는 각종 행위를 해보는 친목 모임 정도의 성격으로 보는 것이 타당하며, 문화적 호기심을 넘어서는 정치적 색채를 띠게 되는 것은 대부분의 학생들은 '꿈도 못 꾸는' 일이다.

북한 학생들에게서 흔히 나타나는 비행성 규율 위반 행위는 절도이다. 절도의 수준은 대부분 가정집에 들어가 쌀을 훔치거나 찬장을 열고 밥을 뒤져먹는다거나 주머니 돈을 훔치는 정도가 대부분이다.37) 그런데 이러한 사소한 절도행위는 상당히 일상화되어 있고, 청소년 조직 활동의 일환으로 전개되는 각종 수집활동으로 인해서 구조화된 절도라는 점에 주목할 필요가 있다. 소년단과 청년동맹에서는 각종 재활용품과 자재 수집운동을 벌이고 있는데, 이는 경제난 이후에 더욱 강화되었다. 개인별, 반별로 일정한 분량의 종이, 쇠붙이, 토끼가죽 등이 할당되는데, 할당액을 채우지 못할 경우에는 총화에서 비판의 대상이 된다. 따라서 학생들은 어떠한 수단을 써서라도 할당량을 채우려 하고, 각종 절도 행위가 그 수단으로 동원된다. 학생들은 중량 당 금액이 높은 동이나 납조각을 구하기 위해 기업소에 몰래 들어가 자동차 배터리를 뜯어 그 안에 있는 납판을 녹여서 내기도 하고, 토끼 가죽 할당량을 채우기 위해서 학교 토끼사를 습격해서 학교에서 기르는 토끼를 잡아서 내기도 한다.38) 자재 수집 운동을 위한 절도는 "학교에서 동을 많이 수집했다 하면 도둑질을 많이 했다는 소리"(K1)라는 말이 나올 정도로 보편적이다. 공동재산을 절약하자는 조직 생활의 요구를 수행하기 위해서 오히려 공동재산을 훔치는 규율의 위반을 일상적으로 범하고 있는 것이다.

학급의 이익을 위해서 전체 사회의 이익을 침해하는 규율 위반을 행한다는 사실을 통하여, 집단주의가 가장 기본적인 규율의 원리로서 강조되지만 실제로 학생들이 실감하는 유의미한 집단은 전체 사회와 국가라는 추상적인 집단이 아니라 사회주의 경쟁의 단위가 되는 반과 분반이라는 점을 알 수 있다. 또한 사적 소유관념이 희박한 사회주의 체제의 문화적 특성으로 인해 사소한 절도 행위는 학생들의 의식 속에서 그다지 심각하게 받아들여지지 않는 것으로 보인다. 경제난은 학생들의 절도 행위를 더욱 증가시키는 요인이 되었다. 경제난 이후에는 결손가정의 아이들이 주거지역과 학교를 이탈하여 개성, 평양, 청진 등 도시로 몰려다니면서 도둑질을 하는 사태도 종종 발생하고 있다고 한다.39)

3) '반학교문화'로서의 '패' 형성과 집단 폭력

학생들의 규율 위반 행위 중 가장 심각한 것으로 간주되는 것은 학교,

학급, 마을별로 형성되는 패거리 간에 벌어지는 패싸움이다.40) 패싸움은 1980년대에 일부 지역의 중등학교 남학생들 사이에서 성행하였다. 1980년대 후반에는 패싸움이 전사회적인 문제로 대두되어 청소년조직을 동원하여 강력한 사상투쟁과 단속을 벌이기도 하였으나, 90년대 경제난이 심화되면서부터 패싸움은 오히려 자취를 감추게 되었다. 이 절에서는 패싸움이 성행하였던 시기를 분석 대상으로 한다. 앞 장에서 언급한 학생 범주 중에서 두 번째 범주에 해당하는 대다수의 남학생들은 전부 '패'라고 불리는 비공식적 집단에 소속되어 있었다. 중학교 3학년 경부터 주먹이 센 학생들을 중심으로 자생적인 학생들의 무리가 만들어지며, 4학년 정도가 되면 상급학년 중심의 기존 패조직과 연결되면서 남학생 대부분이 특정한 패에 소속되었다. 패는 학급에서 힘이 센 학생을 중심으로 해서 학급 단위로 형성되기도 하고, 상급학년이나 학교 외부의 조직과 연결되면서 학교 내에서 몇 개의 주요한 패가 경합을 벌이기도 하였다. 제대군인이나 노동자 등 그 지역의 성인들과 연결되어 성인 패조직 간의 싸움에 동원되기도 했다.41) 중학교 고학년 남학생들은 패싸움을 하지 못하면 '남자 축에도 끼지 못하는' 것으로 여겨졌다.42) 이러한 조직은 패 두목의 이름이나 별명 밑에 '떼'나 '패'를 붙여서 '준호떼', '덜더네패' 등으로 불렸다. 학교 내의 패들이 대립하다가도 같은 패 소속임을 알고 통합되는 경우도 있었다고 한다.

패들 간에는 수시로 패싸움을 벌였는데, 자기 패 소속의 학생이 매를 맞거나 부당한 일을 당하면, 패의 학생들이 상대 패의 학생에게 몰려가서 '모두매'라고 말하는 집단폭력을 가했다고 한다. 이는 곧 패 간의 집단 패싸움으로 번지기도 했다. 패의 두목끼리 싸움 시간을 정하고 학교 밖의 산이나 강둑 등지에서 집단적으로 맞붙었다. 보통은 주먹이나 돌 등으로 싸우지만 삽, 곡괭이, 칼 등의 무기를 사용하여 인명 피해가 생기는 경우도 있었다. 패싸움의 이유는 보통 '네가 세냐, 내가 세냐 하는 자존심 싸움'이었다. 방과 후에 모여서 노는 활동 구역을 침범하거나 지나가다가 어깨를 부딪친 것 등 사소한 이유들이 모두 싸움의 사유가 됐다. 승리한 패는 패배한 패 소속의 학생들에게 심부름을 시키는 등 권력을 행사할 수 있었다. 다른 학교 학생들과 싸우게 될 때에는 학교 전체 남학생들이 나가서 싸움을 했다. 한때 패싸움은 '학교 수업 끝나면 패싸움하는 게 기본 스케줄'이라고 말할 정도로 보편적인 일이었다.

그런데 학생들 사이에서 패거리를 형성하고 이들 간에 집단적 폭력을 사용하여 패싸움을 벌이는 것은 일시적인 일탈이나 비행[43]이라기보다는 학생들이 학교생활을 영위하는 데 있어 기본이 되는 존재 방식이며 그들의 '생활의 즐거움'(K1)이었다. 학생들의 공식적인 조직은 청년동맹의 반, 분반, 단으로 구성되며, 그 중심은 각 단위 조직의 위원장이다. 그러나 실제 학생들의 생활에서 보다 의미 있는 조직은 자신이 소속한 패이며, 패의 각 단위의 두목들이었다. 공부를 잘 하는 극소수의 학생들을 제외하면 다 자신이 소속된 패가 있다. 자기 패에 속해 있을 때만이 맞지 않고, 자기 몸을 보전할 수 있었다. 공부를 잘 하는 학생들도 패에서 영향력 있는 학생들과 친분관계를 가져야지만 학교생활을 잘 해 나갈 수 있었다. 이들은 패 두목들의 숙제를 대신해준다든지 공부를 가르쳐준다든지 하는 방법으로 협상을 했다. 휴식 시간에도 같은 패끼리 모여 앉아서 이야기하거나 밖에 나가서 담배를 피우고, 방과 후에도 패끼리 나뉘어 놀았다. 중등학교 남학생들에게 패가 가지는 의미에 대해서 한 북한이탈주민은 다음과 같이 말한다. "패에 소속되지 않으면 생활하기 좀 힘들죠. 그 물에서 벗어나기만 하면 그 땐 완전히 생명 끝이라 할 정도로."(H2)

학생들에게 있어서 패는 물고기에게 있어 물과 같은 존재이기 때문에 학생들은 어떠한 경우에도 자신의 패를 지키고 그와 관련된 비밀을 엄수하려 한다. 교사들이 학생 생활지도에서 가장 역점을 두는 것 중의 하나가 패싸움 방지이기 때문에 패싸움이 적발될 경우에 당사자들은 비교적 크게 처벌받는다. 청년동맹 조직이 강력한 경우에는 청년동맹 주도로 교양과 비판이 이루어지고 인명피해를 냈을 경우에는 안전부나 청소년 교화소로 보내진다. 패싸움 문제가 학교 범위를 벗어나지 않도록 하기 위해서 싸움이 발생할 경우 교사들은 끝까지 주동자를 캐내려하지만 학생들은 이에 관해 철저하게 입을 다문다. 패싸움으로 인해서 뼈가 부러지는 등의 큰 부상을 입더라도 그에 관해 발설하는 것을 "수치로 여기고, 병신이 되면 됐지 조직의 이름은 안 밝힌다"고 한다. 만일 교사에게 패싸움에 관한 정보를 제공한 것이 다른 학생에게 알려지면 그 학생은 자기 조직의 보호구를 벗어나게 된다. 학생들에게 학급내의 조직은 '졸업을 해서도, 죽을 때까지도 연결되어 있는 그런 인맥관계'이며, 자신들끼리의 비밀을 누설한다는 것은 자신의 생존 공간을 스스로 파괴하는 것이므로, 다른 학생들의 '발길 밑에서 인격이 파괴된 생활'을 지속해야 한다는 것을 의미한다(K1). 때문에 패싸움은 일상적인 일이지만 발견되어 큰 처벌을 받는 일은 그리 흔하지는 않았다.

패에 소속되어 패싸움을 벌이고 패싸움에서 승리하여 조직 내에서 자신의 입지를 확인하는 과정은 또한 북한의 남학생들이 집단주의적인 문화 속에서 유일하게 자아를 확인하는 길이기도 하다. 앞 장에서 살펴보았듯이 북한의 대다수 학생들에게 학업은 자아를 실현하는 주요한 통로가 되지 못한다. 또한 집단주의를 지향하는 학교의 공식적 규율과 문화 속에서 학생 개개인은 집단의 일원으로서의 정체성만을 강요당한다. 그들은 일상적인 자기비판과 호상비판이라는 기제를 통하여 집단의 구성원으로서의 규격화된 모습을 벗어나지 않도록 자기 자신을 검열한다. 그들은 학교의 일상적 규율 통제 기제 하에서 잃어버린 개인적 정체성을, 너무나 강력한 초자아의 그늘 밑에 가려서 초라해진 자아를 패싸움이라는 폭력적인 방식을 통해 회복하고자 하는 것이다. 홍민의 연구에 의하면 공장에서 일어나는 노동자들의 패싸움은 그들 내에서의 '차이'를 구분하고 이러한 '차이'를 매개로 묶여 서로간의 정서를 인위적으로 공감하는 형태로 집단적 정체를 확인하는 과정이다.44) 중등학교에서 나타나는 패싸움 역시 개인이 국가와 사회라는 거대 집단의 일원으로서만 존재하는 사회 속에서, 스스로 자신에게 유의미한 소집단을 구성하고 다른 집단과 육체적 힘을 겨루는 과정을 통하여 타인과의 '차이'를 확인하려는 욕구의 표현으로 해석할 수 있다.

북한의 남자 청소년이 동일시하는 대상이 전쟁영웅, 지도자, 수령, 싸움을 잘하는 동료라는 연구 결과는 학교교육의 공식적 이데올로기와 자신들이 스스로 창조한 영웅이 공존, 교차하고 있는 북한 남학생들의 내면세계의 단면을 보여준다.45) '형들을 덩달아 따라 나가서, 그저 패싸움하는 걸 자랑처럼 여기고'(H2), 패싸움에서 이기는 것을 기쁨과 큰 명예로 생각하는46) 북한의 남학생들에게 패거리 문화와 집단적인 폭력은 단순한 일탈 행위 이상이다. 패싸움은 학생들이 학교의 지배문화로부터 분리되어 존재할 수 있는 이들만의 온전한 공간이다. 패싸움을 통해 학생들의 비공식적인 지위체계가 결정되고 집단 내에서 자신의 존재가치가 확인된다. 남한 학교에서 학생들이 추구하는 대중문화47)나 개성 있는 용의복장48)이 학생들이 자아를 표현하는 수단이라면, 패 결성과 패싸움은 북한 남학생들이 자신의 정체성을 확인하고 표출하는 주된 수단인 것이다. 이는 학생들 스스로 학교에서 요구하는 가치와 태도를 거부하고 새로운 집단의 생활양식과 규범을 창조해가는 행위라는 점에서 일종의 '반학교문화'라고 볼 수 있다.

이처럼 공식적 규율과 이에 대한 저항, 학교의 공식적 이데올로기와 '반학교문화'는 학생들의 생활세계와 내면 심리세계에서 공존하고 중첩된다. 공식적 규율에 대한 저항과 '반학교문화'의 물적 토대가 되는 것은 공식적인 학생조직과 구분되는 학생들의 자발적인 집단, 즉 '패'이다. 그런데 흥미로운 점은 학급 조직이나 청년동맹 등의 청소년 조직이 학생들을 통제하기 위하여 패조직과 패의 중심이 되는 학생들을 적극적으로 활용하고 있다는 점이다. 북한의 공식적 학교 조직의 두 핵심은 학급반장과 청년동맹 등 청소년조직의 장이다. 이 중 학급 반장은 학급에서 물리력으로 모든 학생들을 장악할 수 있는 학생, 즉 패 두목이 담당한다. 이들은 공부는 못하지만 학생들을 잘 통솔하고 여학생들 사이에서도 인기가 높다. 교사는 학급반장을 통해 학급 운영에 관한 자신의 생각을 전달하고 관철시키는 경우가 많기 때문에 반장이 학급 학생들을 장악하고 있는가가 순조로운 학급 운영의 관건이 된다. 반에서 학생들 간의 관계에 있어 크고 작은 문제가 발생할 때 이를 조정하고 해결하는 것은 교사보다는 학급반장인 경우가 많다. 이들은 학교 밖에서는 공식적으로 금지된 패싸움과 같은 행위를 주도하지만, 학교 내에서는 교사를 도와 학급 내 질서를 유지하는 역할을 담당하는 것이다. 성적도 어느 정도 좋고 성분도 좋은 학생이 담당하는 청년동맹 간부들은 학생들의 정치적 교양과 품행평가와 관련된 생활 총화를 책임지고 있다. 따라서 패싸움과 같은 규율 위반 행위를 앞장서서 교정해나가야 할 위치에 있다. 그렇지만 실제로는 청년동맹 위원장도 패에 소속될 뿐만 아니라 활동을 원활하게 하기 위해서는 패의 두목들과 협력해야 한다. 아무리 정치적으로 우위에 있다고 해도 실질적으로 학생들을 장악하고 있는 두목의 협력이 없이는 학생들을 통솔할 수 없기 때문이다. 청년동맹 간부들은 자신이 소속해있는 패나 자신과 친한 패 두목의 협력을 얻는 대신 이들의 규율 위반은 눈감아준다. 간부들은 분기생활총화에서 자신에게 적대적이고 눈에 거슬리는 패 두목들의 규율 위반을 비판하는 방식으로 자신들의 권력을 행사한다. 패 두목들도 좋지 않은 품행 평가는 평생기록에 남고 입대나 입당에 지장을 초래할 수 있기 때문에 적당한 선에서 청년동맹 조직과 연계를 가지려고 한다.

보다 적극적으로 학교의 공식적인 조직이 학생들의 자체적인 패 조직을 장악하는 경우도 있었다. 1990년대 초반에 패싸움이 전사회적으로 문제가 되자, 일부 지역의 학교에서는 패 두목을 청년동맹 간부로 임명하였다. 이러한 시도가 성공적이었던 학교에서는 학생들의 자발적인 조직을 공식적 조직과 일치시키자 학교의 공식적 이데올로기가 학생들의 '반학교문화'를 침윤해 들어갔다. 학교 자체가 하나의 큰 패가 되면서 청년동맹 위원장이 패 두목으로서 학교에서 일어나는 모든 싸움들을 통제하고 효과적으로 관리하는 것이 가능했다. 학교 내에서 큰 싸움은 줄어들었고 학교 대 학교로 싸움을 벌이는 경우에 청년동맹 위원장끼리 만나서 싸움이 너무 크게 확대되지 않도록 협상했다. 학생들은 청년동맹 간부들을 학교의 '주체'라고 불렀다(J2). '주체'는 학교 내에서 '실질적인 권한'을 갖고 모든 학생들을 장악했다. 이들은 4, 5학년 후임자 간부단과 6학년 간부단이 함께 몰려다니면서 자신들의 실체를 과시했고, 자신의 후임자를 청년동맹지도원과 교장에게 추천할 수 있었다. 반면, 이러한 시도가 성공적이지 못한 경우도 있었다. 어떤 지역에서는 청년동맹 위원장으로 임명된 패 두목이 칼부림을 해서 청소년 교화소에 수용되고 사건이 구역당에 보고된 사례도 있었다.

5. 결론: 북한 중등학교 규율과 '반학교문화'의 특성

이 연구를 통하여 북한 사람의 인성 특성[49]을 형성하는 주요한 요인인 북한 중등학교 규율을 살펴보았다. 이상에서 살펴본 바를 종합할 때 북한의 학교 규율은 다음과 같은 특성을 지님을 알 수 있다. 첫째, 북한의 학교 규율은 집단주의적 특성을 지닌다. 집단주의는 성문화된 학교 규칙, 교육 내용, 수업 규율과 통제 방식, 청소년 조직 생활을 통하여 가장 강조되는 항목이며, 북한 사람의 인성의 골격을 이루는 특질이다. 최봉대는 북한의 집단주의 멘탈리티가 자기 희생－개인 이기주의, 제일성－개별성, 집단적 규율－자유주의, 일원주의－다원주의, 질서－무질서라는 이분법적 가치 체계 속에서 전자의 일극에 투사된 개인들의 사회적 가치 및 행위를 지향해 주는 사회 심리적 힘이며, 북한 주민들에게 내재화되어 있는 이러한 사회심리적 힘이 심각한 경제 위기에도 불구하고 북한 사회의 통합을 유지하는 원인이라고 지적한다.50) 앞에서 살펴본 바와 같이 학교는 북한 사람들의 의식적, 무의식적 사고와 행동방식을 규정하는 집단주의적 규율을 내재화하는 주요한 장이다. 집단주의는 사회주의 교육의 공통적인 특징이지만, 북한의 경우에 이 집단의 구심에는 항상 수령이라는 지도 중심이 위치해 있고 이 지도 중심이 모든 가치판단의 기준이 된다는 점이 특징적이다.

그런데 학교의 수업과 청소년 조직 생활 속에서 나타나는 집단주의 규율은 개인별, 집단별 경쟁의 기제와 공존한다. 북한의 교육학 이론에서는 학생들의 학업과 사회 활동 성과에 대한 개인별, 집단별 비교와 경쟁은 전체 국가와 사회의 이익을 위한 것이라는 점에서 집단주의의 틀을 벗어나지 않으며, 집단주의와 집단적 경쟁은 상호 모순적인 것이 아니라 보완적인 것이라고 보지만, 실제로 국가의 이익과 개인 또는 소집단의 이익이 충돌하는 경우 집단주의의 원칙보다는 경쟁의 원리가 학생들에게 실질적인 힘을 발휘함을 알 수 있다.

북한 학교 규율에 내재하는 집단주의와 경쟁의 원리간의 모순은 외부적 상황의 변화에 따라 집단주의 규율이 상당 정도 이완될 수도 있음을 시사한다. 특히 최근 들어 경제적 위기 상황 속에서 나타나고 있는 집단주의적 규율의 이완 현상을 눈여겨 볼만하다. 최근 북한에서는 항일혁명기와 한국전쟁, 산업화 초기의 자기 희생과 집단주의 정신을 부활시킨 '고난의 행군' 정신의 강화를 통하여 현재의 경제적 위기를 극복하고자 하고 있지만, 국가라는 대집단이 주민의 생계 유지를 담보하지 못하는 상황에서, 자기희생이 곧 집단의 이익 및 자신의 이익으로 연결된다는 집단주의가 어느 정도로 지속적인 효력을 발휘할 수 있을 지는 미지수이다.

북한 학교 규율의 두 번째 특징은 권위에 대한 자율적 복종이 강조된다는 점이다. 북한 학교에서는 규율을 학생들에게 내면화함에 있어서 '긍정적 모범에 의한 감화교양' 방법에 의해 학생들이 규율을 자율적으로 준수하도록 교육해야 한다는 점을 강조한다. 그러나 실제 학교 규칙이나 수업 규율, 생활총화 과정 등을 살펴볼 때, 북한 교육에서 말하는 자율성이라는 것은 교사와 상부의 결정사항을 적극적으로 수행하는 태도를 의미하는 것으로 학생 스스로의 가치판단에 의한 주체적인 행위와는 다른 것으로 판단된다. 즉, 정답은 이미 결정되어 있고 그 정답을 어떻게 이행하는가에 있어서 각자의 능력과 열성을 적극적으로 발휘하라는 것이 북한 교육에서 말하는 자율성의 의미인 것이다. 그렇기 때문에 자율성에 대한 강조에도 불구하고 북한 학교 교육을 통해 실제로 형성되는 특성은 권위에 대한 순종과 적응이다.

권위의 정점에 수령이라는 절대 권력자가 존재한다. 수령은 인민을 지배하지만 이 지배는 억압적이고 폭력적인 지배가 아닌 부모가 자식들에게 베푸는 은혜와 보살핌으로 형상화된다. 이러한 특성을 이만우는 '지배의 온정주의적 정당화'라고 명명한다.[51] 즉, 수령은 온정주의적 '부모 형상'을 지니면서 지배를 합리화하는 매체이다. 부모 형상의 온정주의적 이미지를 대중에게 내면화시킴으로써 자존과 자기 결정에 대해 무감각한 의존적 인성을 형성시킨다. 북한 학교에서 교사는 수령의 '부모 형상'의 대리물이다. 권위에 대한 복종의 강제는 '깨우쳐주는 교수교양', '긍정적 모범에 의한 감화교양'이라는 온정주의적 규율 방식을 통해 포장된다.

이러한 특징을 지니는 북한의 학교 규율은 학생들에게 그대로 수용되고 내면화되지는 않는다. 학령기 이전부터 지속되는 사상교육과 엄격한 학교 규칙, 교사와 청소년 조직에 의한 일상생활의 세밀한 간섭과 통제 등이 위로부터 이루어지는 공식적인 규율이라면, 한편으로는 공식적인 규율에 순종하면서도 자신들에게 허용된 범위 안에서 결석, 수업 중 도망가기, 수업시간에 딴전 피우기, 장난걸기, 음주와 흡연 등의 각종 규율 위반을 범하고, 때로는 억압된 욕구와 공격성을 종종 극단적인 형태로 표출하면서 그를 통해서 자신의 존재를 확인하는 모습이 공식적 규율의 이면에 존재하는 것이다.

학교 규율에 대한 저항은 사회 체제에 대한 적극적인 도전으로 발전하지는 못하며 소극적인 저항의 형태를 띤다. 집단적 패싸움과 같이 형태 면에서는 폭력적인 양상을 띠는 경우도 있지만, 그러한 경우에도 학교나 사회의 통제에 대한 적극적인 저항이라고 보기는 어렵다.52) 학교의 공식적 이데올로기는 '반학교문화'에 의해 축소되거나 전복되지는 않는다. 오히려 적극적인 저항으로 전화할 수 있는 학생들의 에너지는 온건하고도 안전한 형태의 '반학교문화'로 표출된다. 집단주의적이고 권위주의적인 학교 규율의 특성은 학생들의 자발적인 조직인 '패' 조직과 그들이 만들어내는 '반학교문화' 속에도 그대로 투영된다.

북한 학생들은 대학 진학 기회의 좌절, 자신이 출세할 수 있는 한계에 대한 부모나 선배의 조언, 대북 방송 청취, 경제난의 과정에서 다른 지역으로의 여행 중에 접한 사람들의 어려운 생활상 등을 통해 북한 사회와 자신의 삶의 조건에 대하여 부분적으로 '간파'한다. 북한의 학교에서 학생들의 부분적 '간파'는 어떤 위협적인 저항이나 정치적 대안의 구성에까지 이르지 못한 채 중단되고 만다. 윌리스에 의하면 이데올로기가 '반학교문화'에 하향수직적으로 끼치는 영향들 중 가장 중요한 것은 '확정'과 '교란'이다. 문화적 과정의 여러 측면 중 현 사회적 조직에 가장 잘 맞아떨어지는 것들은 장려되나, 그 체제에 대한 어느 정도의 비판적 간파를 담고 있는 것들은 교란된다.53) 북한의 학교에서 끊임없는 사상교육, 청소년 조직 활동에 의한 상호검열 및 자기검열 등의 '교란'의 기제는 간파의 실마리가 발전하고 표출되는 것을 혼란시키고 방해하는 '제약'의 요소로 작용한다. 뿐만 아니라 '반학교문화'가 가지고 있는 특정한 성격, 예를 들어 패조직의 위계와 권위주의적 성격은 학교의 공식적인 문화와 조직 속으로 흡수되면서 학교의 공식적 규율과 담론을 오히려 강화하는 계기로 작용하기도 한다. 이것은 자본주의 학교에서 이데올로기가 간파를 부분적으로 확정하고 교란시킴에 있어 '우리'(us)가 집합적 결속을 갖추고 자기선언적인 '우리들'(we)로 되지 못하도록 방해하는 것54)과 마찬가지이다. 이데올로기가 만들어내는 거짓 '우리들'을 위해 학생 개개인은 자신의 권력과 힘을 양도한다. 자본주의 사회의 중등학교에서 '반학교문화'가 노동계급 출신의 학생들을 육체노동으로 '자발적으로' 향하게 함으로써 재생산을 유지시키는 것과 마찬가지로, 북한 학교의 '반학교문화'는 학교 체제를, 더 나아가서 사회 체제를 위협하지 않는 적절한 선에서 허용되면서, 공식적 규율이 주는 중압감의 누적이 초래할 수 있는 위협을 감소시키는 완충제의 기능을 한다.

   북한의 학교에서 다양한 형태로 공식적 규율에 저항하고 나름의 '반학교문화'를 형성하는 학생들의 정체성은 체제위협적인 것도 아니고 계급적 성격을 띠는 것이라 보기도 어렵다. 그렇지만 이들의 저항이 사회정치적 상황과 외부적 요인의 작용에 의해 정치성을 띠게 될 가능성이 없다고 단언할 수는 없을 것이다. 이들 역시 이데올로기의 수동적 담지자가 아니며, 기존 구조에 대한 부분적인 간파를 통해 저항과 탈주의 공간을 열어가는 삶의 주체이기 때문이다.

※ 이 글은 학술지에 게재하였던 연구자의 논문 "북한 중등학교 규율과 '반학교문화'"와 "북한의 학교규율과 '사회주의적 노동자' 만들기" 두 편을 다시 정리한 것임을 밝혀둔다.

주註

1) 김은하, "미셸 푸코의 훈육에 관한 교육학적 고찰" (고려대학교 석사학위논문, 1996), 15쪽.
2) 박병량, 『훈육: 학교 훈육의 이론과 실제』(서울: 학지사, 2001), 43~45쪽.
3) 공식적 교육과정은 공식적 수업에서 명시하는 인지적 목표와 정의적 목표를 말한다. 잠재적 교육과정은 의미의 잠재적 구조를 통해, 학교와 교실 생활에서의 사회관계와 공식적 내용을 통해 학생들에게 진술되지 않은 채 은밀하게 전수되는 규범, 가치들, 신념들을 말한다[M. Apple & N. King (1977) ; Giroux, H., *Teachers as intellectuals*, 이경숙 역, 『교사는 지성인이다』(서울: 아침이슬, 2001), 83쪽에서 재인용].
4) P. Willis, *Learning to labor: How working class kids get working class jobs*, 김찬호·김영훈 역, 『교육현장과 계급재생산』(서울: 민맥, 1989).
5) 이창진, "고교생의 반학교문화에 관한 문화기술적 연구" (성균관대학교 석사학위논문, 1992), 3쪽.
6) 북한에서는 2002년 8월에 각급 학교의 명칭을 개정하였다. 즉 고등중학교는 중학교로, 인민학교는 소학교로 개칭하였다.
7) 이 글에서 '공식적 규율'이란 공식적으로 표방되는 학교의 규율을 의미하는 것으로, 이는 교육학 교과서나 학교의 규칙 등으로 명문화된다.
8) 민병소, "교육규률을 강화하는데서 학교앞에 나서는 과업," 『인민교육』 1973년 제10호 (1973), 13쪽.
9) 재일본 조선인 총련합회 중앙본부 교육부 편, 『조선 민주주의 인민공화국 교육규정 자료집』(동경: 학우서방, 1957), 47~48쪽. 이하에서 인용한 학생규칙, 학생생활표준세칙 등은 맞춤법을 수정하지 않고 원문 그대로 수록하였다.
10) 소련의 학생규칙은 Levin, D. (1959), 김용기 역, (1964), 118~119쪽.
11) 특히 시간에 대한 구획과 통제는 북한의 학교 규칙에서 가장 강조되는 항목으로, 일제시기 근대학교 운영의 주요한 특징 중의 하나이기도 하다.
12) 1920년대 초 전남의 한 보통학교의 아동작법에서는 경례, 신체의복, 언어동작, 학교왕래, 등교, 교실 내 행동, 식사, 운동장, 변소, 하교 등 10개항의 심득과 52개의 요목으로 학생규율을 규정하고 있다. 또한 1929년도 경성사범학교 부속 보통학교 규율을 규정한 훈련세목에서는 교내생활에서 준수해야 할 규율을 조회, 회합, 작업, 과업, 학용품 사용법으로 구분하여 규정하고 있는데[오성철, 『식민지 초등 교육의 형성』(서울: 교육과학사, 2000), 332~333쪽], 북한의 학생생활표준세칙은 이 훈련세목에서 제시된 항목들을 더욱 정교화된 형태로 제시하고 있다.

13) 남진우 외,『사회주의교육학』(평양: 교육도서출판사, 1991), 126쪽.
14) 위의 책, 373쪽.
15) 최청의,『교육심리』(평양: 교원신문사, 2001), 306쪽.
16) '자아의 상실과 집단의 출현'이란 집단중심에 의한 수업에서 개인은 한 집단의 요소로서 인식되고 자신의 성적과 성취가 집단의 성취에 의하여 영향을 받게 되는 것을 의미한다[김영천,『네 학교 이야기: 한국초등학교의 교실생활과 수업』(서울: 문음사, 1997)].
17) 남진우 외,『사회주의교육학』, 373쪽.
18) 여기서 반은 남한의 분단이나 모둠에 해당한다.
19) 전광두·장세운,『소년단 건설 2』(평양: 교육도서출판사, 1986), 132쪽.
20) 남진우 외,『사회주의교육학』, 381~383쪽.
21) 앞의 책, 310쪽.
22) 제일 먼저 소년단 넥타이를 매었다는 사실은 인민학교 학생들에게는 '최고의 긍지'로 여겨진다. 한 북한이탈주민 H2는 자신이 일차로 소년단에 입단했을 때, 북한 영화에 등장하는 항일 빨치산 아동단원과 한국전쟁 중 미국과 싸웠다는 아동단원들을 머리 속에 떠올렸다고 구술하고 있다. 그에게 있어 자신의 소년단 넥타이는 항일 빨치산 아동단원들이 투쟁의 과정 속에서 휘날린 '붉은 넥타이'의 의미를 지니는 것이었으며, 소년단 넥타이를 맴으로써 자기 자신을 역사 속의 아동단원과 동일시한 것이다. 그러나 청년동맹의 경우에는 입단 시기에 대하여 학생들이 그렇게까지 큰 의미를 부여하지 않는다고 한다.
23) 전광두·장세운,『소년단 건설 2』, 39쪽.
24) 천정순, "북한에서 교원으로 산다는 건," 한만길 편,『북한에서는 어떻게 교육할까』(서울: 우리교육, 1999), 170쪽.
25) 민성길·전우택, "북한 청소년에 대한 이해," 148쪽.
26) 예를 들어 '수재교육' 기관인 제1중학교에서는 첫 번째 범주에 속하는 학생들이 분위기를 주도하는 경향이 나타난다.
27) 김정일은 1986년에 기존 입시관행 때문에 머리가 좋고 공부를 잘하는 사람들이 대학입학시험을 치루지 못하고 간부자녀들은 실력이 낮아도 대학에 진학하는 문제점이 야기된다는 점을 지적하고 이를 시정할 것을 지시한 바 있다[김정일, "학교교육사업을 개선강화하는데서 나서는 몇가지 문제,"『과학교육사업을 발전시킬데 대하여』(평양: 조선로동당출판사, 1999), 169~170쪽]. 그러나 대학입시 제도의 개혁은 실행되지 못하였다. 한 북한이탈주민은 연구자와의 인터뷰에서 자신의 성적이 대학에 진학할 성적에 미치지 못했지만, 담임교사가 개인적 인맥을 활용하여 입학 추천 '폰트'를 받아 준 사례를 말하였다.
28) '간파'란 문화적 형태 안에 있으면서 그 구성원들이 처한 삶의 조건과 전체사

회 속에서의 그들의 위치를 꿰뚫어 보려는 충동을 의미한다(P. Willis, *Learning to labor: How working class kids get working class jobs*, p.181).
29) 1980년대 초반 북한에서는 고등교육의 이원화 경향이 두드러지게 나타났다. 현재 북한의 대학은 김일성대학을 비롯한 십여 개의 '중심대학'과 기술인력을 양성하는 단과대학 및 '일하면서 공부하는' 공장대학으로 구분된다. '중앙대학'이라고도 부르는 '중심대학'에서는 각 분야별 간부와 최고 인재를 양성하고 단과대학과 공장대학에서는 특정 분야의 전문기술지식을 소유한 현장기사를 양성하고 있다.
30) 남진우 외,『사회주의교육학』, 370쪽.
31) 김일성, "과학, 교육 사업과 인민보건사업에서 새로운 전환을 일으킬데 대하여,"『김일성저작선집 10』(평양: 조선로동당출판사, 1988), 62쪽.
32) 경제난 이후 북한 학교의 출석률에 관해서는 시기와 지역에 따라 상당한 편차가 존재하기 때문에 정확하게 파악하기는 어렵다. 북한이탈주민들의 구술에 의하면 경제난이 가장 심각했던 90년대 중반 경에는 일반적으로 출석률이 70%를 넘지 못했으며, 지역에 따라 출석률이 30%에도 미치지 못하는 곳도 있었다고 한다. 최근에는 출석률이 거의 회복되어 대부분의 지역에서는 결석자가 학급당 2~3명 이내라고 한다. 그러나 일부 지역에서는 여전히 학생들의 결석률이 높은 곳도 있다고 한다.
33) 길은배, "북한청소년의 변화와 한계 전망,"『새교육』5월호 (2003), 68쪽.
34) 송광성 외,『북한 청소년 생활』(서울: 한국청소년개발원, 1993), 281쪽.
35) 교사 출신 북한이탈주민 K2는 북한 중학교 남학생들의 흡연 실태에 대하여 다음과 같이 구술하고 있다. "담배는 고등중학교 1학년이면 거의 피우기 시작해서 4학년쯤이면 대부분이 다 피워 통제가 힘들다. 학교에서도 통제하다가 '들키지만 말라'거나 '집에 가서 피워라' 한다." 또 다른 북한이탈주민은 "담배는 고학년이 되면 거의 어른들보다 더 피운다"고 말한다.
36) 청년동맹 위원장 출신의 북한이탈주민 H2는 농촌지원에서 자신이 패 두목들로부터 디스코춤과 한국가요를 배웠던 사례를 이야기하면서, "그런거 전혀 할 줄 모르고 그러면 제가 사로청 위원장으로서 학생을 통제할 권한이 서질 않거든요. 섞일 수 없습니다"라고 말한다.
37) 송광성 외,『북한 청소년 생활』, 244쪽.
38) 박수현, "조직생활의 기초를 다지는 소년단 활동," 한만길 편,『북한에서는 어떻게 교육할까』(서울: 우리교육, 1999).
39) 송광성 외,『북한 청소년 생활』, 258쪽. 공동재산, 자재, 생산품에 대한 절도 행위는 학교뿐만 아니라 공장에서도 보편적으로 일어나는 현상이다. 공공재산 횡령과 절도 행위는 1950년대부터 줄곧 김일성의 연설문에서 노동규율 위반의

대표적인 사례로 지적되고 있으며, 북한이탈주민들의 구술에서도 예외 없이 확인할 수 있다. 90년대 이후에는 국가가 주민들의 기본적인 생활을 보장하지 못하면서 탄광의 갱목을 빼서 땔감으로 사용한다든지 공장의 기계를 떼어다 파는 등의 극단적인 행동도 비일비재하게 일어났다. 이는 경제난으로 인하여 규율을 통제해야 할 위치에 있는 사람들까지도 '서로 눈 감아주는' 공모관계 속에서 '집단의 것과 내 것을 구분하지 않고'(H3) 사적인 이익을 취하는 극단적 규율 이완 현상이 초래되었음을 상징적으로 보여준다. 한편 국가와 사회의 공동재산에 대한 절도 행위는 북한뿐만 아니라 다른 사회주의 국가에서도 볼 수 있는 현상이다. 황수민에 의하면 중국의 집체체제 하에서도 공공재산에 대한 좀도둑질이 횡행하였는데, 이러한 좀도둑질은 공동의 재산이 자신이 속한 사회의 것이기 때문에 그것을 개인적으로 쓰기 위해 가져가는 것에 대해 죄책감을 느끼지 않는 농부들의 인식과 관련된다[황수민, The Spiral Road, 양영균 역, 『린 마을 이야기』 (서울: 이산, 2003), 208쪽].
40) 패싸움의 강도는 시기별로, 지역에 따라 편차를 나타낸다. 특히 함흥, 청진과 같이 패싸움이 심한 지역이 있는데, 북한이탈주민들은 이를 지역 주민들의 기질이 강하고 노동자 출신들이 대부분을 차지하고 있기 때문이라고 말하고 있다. 특히 일부 광산 지역 출신 노동자는 학교의 패조직이 공장의 성인 패조직과 연관되어 있다고 증언하고 있다. 패싸움의 양상에 영향을 주는 지역적, 문화적, 계층적 요소 및 학교와 공장 조직 간의 연계에 대해서는 보다 심화된 연구가 필요하다.
41) 특히 80년대 광산지역의 한 노동자 출신 북한이탈주민은 광산 노동자들의 패조직이 중학교 학생들을 조직원으로 조직하고 동원하였다는 사실을 밝히고 있다. 박용석의 구술에 의하면 1980년대에는 탄광 패조직의 두목이 고등중학교에서 '후비'를 물색하고, 성인들의 패싸움에 학생들을 함께 참가시키는 사례가 빈번하게 일어났으나, 90년대 중반 이후 경제적 문제 해결이 주민들의 최대 관심사가 되면서 패싸움도 잦아들었다고 한다. 이 사례를 일반화하기는 어려우나, 공장의 노동규율이 이완되어 있고 공식적 통제가 미약한 지역에서는 노동자들의 패조직이 상당한 세를 확보하고 있었으며, 이것이 학생 조직과도 연계되고 있음을 알 수 있다.
42) 송광성 외, 『북한 청소년 생활』, 280쪽.
43) 길은배, "북한청소년의 변화와 한계 전망," 『새교육』, 67쪽.
44) 홍민, "북한의 공장과 노동세계: '아래로부터의 역사'," 『대학원연구논집』 (동국대학교 대학원, 2003). 싸움하는 게 우월함을 나타내는 방법이라는 북한이탈주민 H3의 증언은 이러한 주장을 뒷받침한다.
45) 민성길·전우택, "북한 청소년에 대한 이해," 160쪽.

46) 위의 글, 144쪽.
47) 최소영, "인문계 고등학교 학생문화의 이중성 연구" (숙명여자대학교 석사학위논문, 1996).
48) 박선웅, "학생다운 몸의 규율과 학교 위기," 『교육사회학연구』 12(3), 75~99쪽 (2002) ; 이은성, "중등학교 용의복장규율에 관한 연구" (서울대학교 교육학과 석사학위논문, 2004).
49) 선행연구[서재진·김태일, (1992) ; 전우택, (2002)]에서는 북한 사람들의 주요한 인성 특성으로 기초적 생활규범 습득, 김일성에 대한 충실성, 집단의식, 수동성과 타율성, 온정주의 등을 꼽고 있다.
50) 최봉대, "북한 사회 주민들의 멘탈리티와 사회적 통합 기제," 『현대북한연구』 2(2) (1999).
51) 이만우, "북한사회 대중운동에서의 권력작용 연구," 『현대북한연구』, vol.1, no.1 (1998).
52) 외양적으로는 순종하는 척 하면서 실제로는 불복종하는 행위, 일하면서 꾸물거리기, 고의로 불성실하기, 도주, 무지한 체 하기, 시치미 떼기, 좀도둑질하기 등의 소극적인 저항은 집단적이고 공개적인 저항이 허용되지 않고 정치체제가 억압적인 사회에서 발달하는 저항의 형태이다[서재진·김태일, 『북한주민의 인성연구』 (서울: 민족통일연구원, 1992)].
53) Willis, P, *Learning to labor: How working class kids get working class jobs*, pp.235-237.
54) *ibid*, pp.235-245.

<참고문헌>

1. 북한문헌

김일성, "과학, 교육 사업과 인민보건사업에서 새로운 전환을 일으킬데 대하여," 『김일성저작선집 10』 (평양: 조선로동당출판사, 1988).
김정일, "학교교육사업을 개선강화하는데서 나서는 몇가지 문제," 『과학교육사업을 발전시킬데 대하여』 (평양: 조선로동당출판사, 1986).
남진우 외, 『사회주의교육학』 (평양: 교육도서출판사, 1991).
민병소, "교육규률을 강화하는데서 학교앞에 나서는 과업," 『인민교육』 1973년 제10호 (1973).
재일본 조선인 총련합회 중앙본부 교육부 편, 『조선 민주주의 인민공화국 교육 규정 자료집』 (동경: 학우서방, 1975).
전광두·장세운, 『소년단 건설 2』 (평양: 교육도서출판사, 1986).
_____, 『소년단 건설 1』 (평양: 교육도서출판사, 1987).
조선청년사 편, 『소년단 조직 및 상징과 의식』 (평양: 조선청년사, 1984).
집필위원회, 『교육학: 사범대학용』 (평양: 교육도서출판사, 1969).
_____, 『사회주의 교육학』 (평양: 교육도서출판사, 1975).
최청의, 『교육심리』 (평양: 교원신문사, 2001).
황초중 외, 『사회주의학교관리학』 (평양: 교육도서출판사, 1976).

2. 남한문헌

길은배, "북한청소년의 변화와 한계 전망," 『새교육』 5월호 (2003).
김명진, "북한 청소년 조직 생활에 관한 연구" (서울대학교 교육학과 석사학위논문, 1999).
김영천, 『네 학교 이야기: 한국초등학교의 교실생활과 수업』 (서울: 문음사, 1997).
김은하, "미셸 푸코의 훈육에 관한 교육학적 고찰" (고려대학교 석사학위논문, 1996).
김호권·이돈희·이홍우, 『현대교육과정론』 (서울: 교육출판사, 1977).
민성길·전우택, "북한 청소년에 대한 이해," 『통일연구』 창간호(연세대학교 통일연구원, 1997).
박병량, 『훈육: 학교 훈육의 이론과 실제』 (서울: 학지사, 2001).
박선웅, "학생다운 몸의 규율과 학교 위기," 『교육사회학연구』 12(3), 75-99 (2002).

박수현, "조직생활의 기초를 다지는 소년단 활동," 한만길 편,『북한에서는 어떻게 교육할까』(서울: 우리교육, 1999).
박철희, "식민지기 한국 중등교육 연구: 1920~1930년대 고등보통학교를 중심으로" (서울대학교 교육학과 박사학위논문, 2002).
서재진·김태일,『북한주민의 인성연구』(서울: 민족통일연구원, 1992).
송광성 외,『북한 청소년 생활』(서울: 한국청소년개발원, 1993).
여금룡, "사상교양과 '자유조직'이 공존하는 고등중학교," 한만길 편,『북한에서는 어떻게 교육할까』(서울: 우리교육, 1999).
윤인진, "남북한 사회통합 모델의 새로운 모색,"『아세아연구』통권 105호(2001).
오성철,『식민지 초등 교육의 형성』(서울: 교육과학사, 2000).
이만우, "북한사회 대중운동에서의 권력작용 연구,"『현대북한연구』1권 1호 (1998).
이은성, "중등학교 용의복장규율에 관한 연구" (서울대학교 교육학과 석사학위논문, 2004).
이장호, "통일의 심리학적 기초,"『충북대 사회과학연구』13(1) (1996).
이창진, "고교생의 반학교문화에 관한 문화기술적 연구" (성균관대학교 석사학위논문, 1992).
전우택, "탈북자들을 통하여 보는 남북한 사람들의 통합전망,"『통일연구』6권 (연세대 통일연구원, 2002).
_____·민성길, "탈북자들의 심리와 적응상의 문제," 이영선·전우택 편,『탈북자의 삶-문제와 대책』(서울: 오름, 1996).
조정아, "북한 중등학교 규율과 '반학교문화',"『교육사회학연구』제14권 제1호 (2004).
_____, "북한의 학교규율과 '사회주의적 노동자' 만들기,"『아시아교육연구』제4권 2호 (2003).
_____, "산업화 시기 북한의 노동교육" (서울대학교 교육학과 박사학위논문, 2003).
천정순, "북한에서 교원으로 산다는 건," 한만길 편,『북한에서는 어떻게 교육할까』(서울: 우리교육, 1999).
천정웅, "사회주의권 청소년단체의 정치사회화,"『한국청소년연구』6, 53-72 (1991).
최봉대, "북한 사회 주민들의 멘탈리티와 사회적 통합 기제,"『현대북한연구』2권 2호 (1999).
최소영, "인문계 고등학교 학생문화의 이중성 연구" (숙명여자대학교 석사학위논문 1996).
좋은벗들 편,『북한이야기』(서울: 정토출판, 2000).
한만길,『통일이후 남북한 교육통합 방안연구』(서울: 국회도서관 입법조사분석실, 1997).
홍민, "북한의 공장과 노동세계: '아래로부터의 역사',"『대학원연구논집』(동국대학교 대학원, 2003).

황수민, 『린 마을 이야기』[The Spiral Road], (양영균 역). [서울: 이산(원전은 1989년에 출판), 2003].

3. 외국문헌

Bowles, S. & H. Gintis, *Schooling in capialist America: Educational reform and the contradiction of economic life*. 이규환 역, 『자본주의와 학교교육』 (서울: 사계절, 1986).

Castles, S. & W. Wustenberg, *The education of the future*. 이진석 역, 『사회주의 교육의 이론과 실천』 (서울: 푸른나무, 1990).

Giroux, H, *Teachers as intellectuals*. 이경숙 역, 『교사는 지성인이다』 (서울: 아침이슬, 2001).

Willis, P, *Learning to labor: How working class kids get working class jobs*. 김찬호·김영훈 역, 『교육현장과 계급재생산』 (서울: 민맥, 1989).

북한 교육의 변화 동향과 발전 과제

한 만 길

1. 북한 교육에 대한 관점

북한교육에 대한 이해의 관점은 무엇인가? 과거 남북한의 대결적 상황에서는 북한 교육은 전체주의적 시각 또는 냉전적 시각에서 바라보았다. 말하자면 북한 교육은 김일성·김정일의 일인 독재체제를 유지하기 위한 수단으로서 학생들에게 북한의 정치이념을 강요하고 내면화하는 기제로 보았던 것이다. 나아가 북한은 우리가 싸워서 이겨야 할 적이기 때문에 북한을 정확히 알고 북한의 도발에 대비하기 위하여 북한 교육을 간파하고자 하였다. 그리하여 북한교육에서 '남한과 미국에 대한 적대감'을 고취하고 학생들에게 군사훈련을 강요하고 있다는 점을 부각시켰던 것이다. 손자병법에 나오는 말대로 나를 알고 상대방을 바르게 알아야 적과 싸워서 이길 수 있다는 관점에서 북한을 이해하고

자 한 것이다.

　이제 남북한은 긴장 관계를 해소하고 화해와 협력을 추구하는 이 시점에서 북한교육에 대한 이해는 평화지향적 관점에서 출발해야 할 것이다. 평화지향적 관점은 남북한 공동의 안정과 번영을 추구하기 위하여 서로 화해하고 협력할 수 있는 방안을 모색하는 것이다. 북한은 이제 싸워서 이겨야 할 적이 아니라 화해하고 협력하여 공동의 번영을 추구할 이웃이자, 동포인 것이다.

　이러한 관점에서 우리가 북한교육을 이해하려는 이유는 북한과 화해하고 협력할 수 있는 방법을 찾기 위한 일환으로서 연구한다고 말할 수 있다. 북한의 교육적 상황에서 그들이 안고 있는 문제와 고민을 이해하고, 그들의 문제를 해결하는 데 도움을 줄 수 있는 방법을 찾기 위하여 연구하는 것이다. 말하자면 그들은 어떠한 처지에 놓여 있는가? 그들은 무엇을 필요로 하는가? 혹시 어려움이 있다면 무엇 때문인가? 우리는 그들의 교육발전을 위하여 무엇을 해야 하는가? 무엇을 도와줄 수 있는가? 이러한 문제의식에서 출발해야 할 것이다.

　이 글은 최근 북한이 장기적인 경제침체를 탈피하기 위하여 실용주의적 개선을 모색하는 과정에서 교육적 변화 상황을 정확히 이해하고자 한다. 그들이 북한교육의 발전을 추구하기 위하여 시도하고 있는 조치를 살펴보고 그 한계점을 찾아보려고 한다. 그리고 우리가 북한 교육의 발전을 위하여 조언하고 지원할 수 있는 방안을 모색하는 데 이 글의 목적이 있다.

2. 북한 교육의 발전 과정

　해방 직후 교육의 불모지라고 할 수 있는 북한 지역에서 지난 50여

년 동안 교육은 괄목할 만한 성장과 발전을 이룩하였다. 해방 직후부터 북한 당국은 사회주의 체제를 건설하는 과정에서 교육의 중요성을 무엇보다도 강조하였다. 해방 직후 김일성은 직접 교육기관의 건설을 독려하였으며, 교육물자 보급을 지시하고 확인할 정도로 교육에 대하여 심혈을 기울였다. 김일성은 무엇보다도 연필과 공책을 생산하는 학용품 공장을 우선하여 건설할 것을 지시하였으며, 최고의 제품을 생산하여 학생들에게 보급하도록 독려하였다고 한다.

그리하여 지난 1980년대에는 모든 주민들이 자신이 필요한 교육을 평생 동안 받을 수 있는 '교육의 나라'라고 스스로 평가하고 있다.[1] 그 이유는 사회주의 체제에서 국가는 국민의 교육에 대한 요구를 평등하게 충족시킨다는 정치적 목적이 반영되었기 때문이다. 그리고 사회주의 사회의 정치사상을 조기에 주입시키려는 정치적 목적도 작용하였으며, 산업화에 필요한 인력을 양성할 목적도 반영되었기 때문이다.

지난 1960년대 이후 탁아소와 유치원이 지속적으로 발전하였다는 점을 북한교육의 대표적인 발전 사례로 들 수 있다. 이를 테면 1960년에는 유치원이 4470개에 취원 아동 수는 30만 명에 이르고 있다. 1970년에는 6800여 개에 1백12만 명의 아동을 유치원에 취원시킨 것으로 기록되어 있다. 이에 비해서 남한은 1970년에 유치원이 모두 484개에 불과하였다. 남한의 취원율은 당시 4~5세 아동 176만여 명 중에서 1.3%에 지나지 않는 수준이라는 점을 보면 우리와 상대적으로 비교되고 있다.

그리고 북한은 이른바 전반적 11년제 무상의무교육의 실시를 자랑하고 있다. 북한은 1972년에 11년 무상의무교육제도를 공식적으로 채택하였으며, 1975년부터는 본격적으로 11년 무상의무교육을 착수하였다. 이어 1986년에는 11년제 무상의무교육이 완성된 것으로 판단하고 고등교육의 확대 정책을 추진하기 시작하였다. 북한은 지난 1990년에 근로자 고등중학교를 폐지한 것으로 발표하였다. 1991년도 북한은 "근로자들 속에서 고등중학교 교육을 받아야 할 대상이 없어졌다는 것을 확정하였으며 이에 따라 근로자고등중학교 체계를 완전히 없애는데 대한 조치를 취하였다"2)라고 발표하였다.

이어서 북한 당국은 '일하면서 배우는 성인교육체계'를 수립하여 각종 대학을 증설하고 성인교육을 통하여 산업 현장의 근로자들에게 고등교육의 기회를 확대하였다. 지난 1980년 당대회에서 주요 과업의 하나로 '온사회의 인테리화'를 천명한 조치에서 나온 것이다. 이로써 북한은 1995년 170만 인테리대군(대학 학력소지자)을 양성한 것으로 발표하였다. 이는 당시 북한의 25세 이상 성인 인구3) 가운데 14.9%를 차지하고 있다. 이를 1995년 당시 남한의 대졸 학력 인구 구성비 19.7%와 비교할 때 북한의 고등교육 이수자 비율은 결코 낮다고 할 수 없을 정도이다.

그리하여 2000년 현재 북한교육은 괄목할 만한 기회확대를 실현하고 있는 것으로 확인할 수 있다. 즉 소학교 4,810개 학교, 학생수 1,631,000명, 중학교 4,840개 학교, 학생수 2,278,000명, 대학교 280개 학교, 310,000명으로 확인되고 있다.4) 이러한 북한 학생 현황을 남한과 비교하여 제시하면 다음과 같다. 북한의 취학율이나 진학률을 정확하게 산출할 수 없기 때문에 남북한 비교를 위하여 인구 만명당 학생수를 산출하였다. 인구 만명당 학생수를 보면 초등학교의 경우 남한이 855명, 북한이 735명으로서 남한이 많으며, 중등학교는 남한이 836명인데 비해서 북한은 1,027명으로서 북한이 많다. 또한 대학은 남한이 601명, 북한이 139명으로서 남한이 월등히 많은 편이다. 지난 1995년의 유네스코 자료를 기준으로 보면 인구 만명당 대학생수에서 남한은 409명, 북한은 142명으로서 남한은 미국, 호주, 뉴질랜드와 함께 세계적으로 가장 높은 수준을 보이며, 북한은 저개발국가 가운데 높은 수준을 보이고 있다.

<표 1> 남북한 교육지표 비교(2000년 기준)

	초등학교		중등학교		대학교	
	남한	북한	남한	북한	남한1)	북한2)
학교수	5,267	4,810	4,688	4,840	330	280
학생수	4,020,000	1,631,000	3,932,000	2,278,000	2,829,000	310,000
인구만명당 학생수	855.3	735.7	836.6	1,027.5	601.9	139.8

1) 전문대학 포함, 방송통신대학은 제외
2) 전문대학, 공장대학, 농장대학 포함

 그리하여 북한은 스스로 '교육의 나라', '배움의 나라'라고 자축하고 있다. 이는 북한의 모든 주민들이 자신이 원하는 대로 언제 어디서나 교육받을 장치가 마련되어 있다는 점을 강조하는 것이다. 지난 1980년대 말 이후 북한의 교육여건이 열악해 지고 있는 상황에서도 여전히 북한 당국은 스스로 '교육의 나라'임을 자랑하고 있다(≪교육신문≫ 2004년 4월 1일).

 북한교육이 발전할 수 있었던 배경에는 주민들의 교육에 대한 욕구 상승, 국가의 적극적인 지원, 최고 지도자의 관심과 지원이 크게 작용하였다. 김일성과 김정일은 기회가 있을 때마다 교육의 중요성을 강조하고 직접 교육발전을 독려하는 서신을 발표하였다. 예를 들면 다음과 같은 사례를 들 수 있다. .

 지난 1990년 김정일은 세 쌍둥이 출산을 축하하면서 "우리 당은 자라나는 새 세대들을 위해서라면 그 무엇도 아끼지 않습니다. 우리 당은 제일 좋은 것을 다 어린이들에게 주고 있습니다"라고 말한 바 있다. 그는 사회주의 사회를 건설하는 데 있어서 교육의 중요성을 자신의 아버지인 김일성 못지않게 강조하고 있다.

 또한 북한 학교에서는 학생들을 책임지고 지도하는 풍토가 조성되어 있다고 한다. 탈북자들의 말에 의하면 북한은 대단히 정교하고 효율적인 교육방법을 실천하고 있다고 한다. 또한 북한의 교원들은 높은 책임감을 갖고 열성적으로 학생을 지도한다는 것이다. 그러면서 남한 학교에서는 학생들을 책임지고 지도하지 않기 때문에 학교에 대하여 불만을 가진다고 말한다. 심지어 남한 학교에서는 교원들이 책임지고 지도하지 않기 때문에 학교를 마친 이후에 학생들이 학원이나 과외에 매달리게 된다고 비판한다.

3. 북한 교육의 실용주의적 개선 시도

최근 북한은 경제난국을 타개하기 위하여 사회주의 경제개선 조치, 남한과의 경제 협력 등 일련의 경제조치를 시도하고 있다. 교육 부문에서는 사회주의 체제를 유지하기 위하여 여전히 정치사상교육을 강조[5]하면서 다른 한편으로 과학기술교육, 컴퓨터교육, 영어교육, 수재교육을 강화해 나가는 것이다. 이러한 실용주의적 교육 정책을 추진하면서 경제발전에 필요한 인력을 양성하고자 시도하고 있다.

1) 과학기술 교육의 강조

북한은 1980년대 들어서 과학기술을 발전시키기 위하여 과학교육을 강조하였다. 그 일환으로 중등단계에서 제1고등중학교(현재 제1중학교)를 중점적으로 육성하였으며, 고등교육 단계에서 이공계 대학을 육성하였다. 또한 북한의 과학기술을 발전시키려면 외국의 선진 과학기술을 신속하게 받아들여야 한다는 점을 인식하여 해외에 유학생을 파견하고 외국어 교육을 강화하였다.

먼저 1981년에는 인민학교와 고등중학교의 자연과학 교과 내용이 개편되었으며,6) 1984년부터 고등중학교 4~6학년 교육과정에 '전자기계실습' 교과가 도입되었다. 특히 1984년 9월 평양을 비롯하여 청진, 개성, 혜산 등 각 도청소재지에 과학영재교육 기관인 제1고등중학교를 신설하였으며, 이어서 각 시도에 증설하는 조치를 취하였다.

북한은 IT 산업 개발을 위하여 컴퓨터 교육을 강화하고 있다. 1985년에 조선계산기 단과대학이 평양과 함흥에 설립되었으며, 1996년에 평양프로그램 강습소가, 1997년에 김책공대 컴퓨터정보센터가 설립되었다. 1998년에는 고등중학교 4학년이상에 대한 컴퓨터 교육을 시작하였으며, 김일성종합대학, 이과대학, 김책 종합대학 등에 IT관련 과목을 신설하였다. 1999년에는 평양컴퓨터기술대학을 설립하였고, 2001년에는 만경대학생궁전, 평양학생소년궁전, 금성 제1고등중학교, 금성 제2고등중학교에 '컴퓨터 수재반'을 설치하였다.

김정일은 선진 과학기술을 받아들이는 사업을 잘 하지 못했다는 점을 실토하면서, 대학을 졸업하고 몇 년간의 현장 경험을 쌓고 과학원에 들어온 젊은 연구사들을 외국에 유학시켜 선진 과학기술을 도입하도록 할 것을 지시하였다. 그래서 컴퓨터 전문가를 중국 등 외국에 파견하여 연수시키고 있다. 2001년 들어서는 과학 분야를 세분화하여 '컴퓨터 분야의 수재학교'를 운영하기 시작하였다. 예를 들면 만경대학생소년궁전, 평양학생소년궁전과 그 부속학교인 금성 제 1고등중학교, 금성 제 2고등중학교를 '컴퓨터 수재양성기지'로 전환하였다.

김정일은 기회 있을 때마다 대학이 수재교육을 강화하여 20대, 30대의 젊은 박사들을 많이 양성해야 함을 강조하고 있다.7) 2003년에도 경제난을 벗어나기 위한 방편으로 과학기술의 발전을 통하여 기술혁신을 이룩하자는 주장을 강조하고 있다. 이러한 인식에서 컴퓨터와 정보통신 분야의 인재양성에 주력하고 있다. 또한 수재형의 컴퓨터 전문가를 대거 양성해야 하는 시대적 요구에 맞게 컴퓨터 수재교육을 강화할 것을 강조하였다(≪로동신문≫ 2003년 5월 14일자). 또한 2004년 교원신문은 사설을 통하여 '김정일동지의 교육령도 사업'을 이어받아 "첨단과학기술교육, 기초과학교육, 지능교육을 강화하여 능력 있고 재능 있는 과학자, 기술자 후비들을 키워내야 한다"(2월 12일자)고 주장하고 있다.

2) 영어교육의 강화

북한은 외국과의 교류가 활발하게 전개되고 과학기술이 강조되면서 외국어 교육의 중요성을 더욱 강조하였다. 김일성은 이미 1978년 전국교육일군대회에서 한 연설에서 "외국어를 알아야 다른 나라의 과학기술서적들을 마음대로 읽고 우리에게 필요한 선진과학기술을 배울 수 있다"고 하면서 대학의 외국어 교육을 강화하여 대학생들이 영어, 프랑스어, 로어, 중국어, 일본어 등의 외국어 중 한 가지 이상의 외국어에 정통하도록 지도할 것을 지시하였다.[8]

대표적인 사례로서 1985년부터 인민학교 4학년 학생들에게 외국어 자모와 생활용어를 가르쳤으며, 고등중학교에서는 외국어 수업시수를 증가시키고 회화 교육을 강화하였다. 1990년 9월에는 김정일의 지시에 의해 공산권 붕괴와 대일 관계 정상화를 추진하는 등 급변하는 정세를 반영하여 일본어, 중국어 교육을 강화하였다.

1995년에는 고등중학교에서 러시아어를 필수과목에서 선택과목으로 조정하는 대신, 영어를 필수과목으로 지정하여 3~4시간을 배정하였다. 전문학교와 대학의 경우 영어를 필수과목으로 주당 3~4시간, 일본어, 중국어, 독일어, 프랑스어, 러시아어는 선택과목으로 주당 2시간을 배치하였다.

최근에는 교육 잡지를 통하여 영어 교수학습법에 대한 기사를 실어서 영어교육에 대하여 강조하고 있음을 알 수 있다. 이를 테면 영어 문법, 회화, 작문에 관한 예시를 소개하고 있다. 또한 이러한 영어 교육을 통하여 김일성과 김정일에 대한 충성심을 고취하는 기사도 등장하고 있다(≪교육신문≫ 2004년 3월 4일자, 5월 20일자). 그리고 외국어 경연대회를 전국적으로 개최하여 학생들의 영어 회화 실력을 향상시키는 활동을 지속하고 있다.

3) 고등교육의 확대

북한은 중등의무교육을 완성한 이후에는 '온 사회의 인테리화'라는 구호를 본격적으로 제기하고 있다. 일반 학생을 대상으로 하여 11년제 의무교육을 완성하고, 성인교육을 통하여 중등교육까지 확대시킴으로써 모든 국민들이 중등교육의 학력을 소유한 것으로 파악하게 되자, 고등교육의 확대를 추진하게 된 것이다.

1980년 조선로동당 제6차 당대회의 과업의 하나로 '온 사회의 인테리화'가 천명되었다. 이를 실현하기 위해서 '지금 있는 민족 간부양성기지를 튼튼히 꾸리는 한편 일하면서 공부하는 교육체계를 발전시키는 방향에서 고등교육기관들을 늘이는' 방향이 제시되었다. 이에 따라 10여 개의 대학을 '중앙급대학'으로 지정하고 '수재교육' 차원에서 중앙급대학에 집중적으로 투자하였다. 그리고 산업 부문의 기술 인력을 양성하는 단과대학이나 일하면서 공부하는 공장대학을 증설하였으며, 텔레비죤 방송대학을 신설하는 등 통신교육을 강화하는 방침이 천명하였다. 그리하여 1980년대 중반부터 대학의 수는 급격하게 증가하였다. 1960년에 78개, 1970년에 129개, 1980년에 170개, 1980년대 말에 260여 개, 1992년에 280여 개로 빠르게 증가하였다.

1984년 4월에는 고등전문학교를 단과대학으로 개편하는 방안을 제시하였다. 그리하여 20여 개의 고등전문학교를 단과대학으로 개편하는 것을 시작으로 하여 고등전문학교들을 점차적으로 3~4년제 단과대학으로 개편하였다. 이러한 개편 작업은 산업적 수요와 학교의 지역적 배치, 교육조건에 따라 4~5년의 기간에 걸쳐 시행하도록 하였다.

단과대학은 특정 분야의 전문기술지식과 기술기능을 소유한 현장기사를 키워내는 고등교육기관으로서 이론교육과 함께 기술실습을 강화하는 방향에서 교육강령을 편성하도록 하였다. 그리고 1984년 이후 1990년대 초반까지 전국적으로 전자, 자동화, 기계 등 공업 부문의 전문학교를 증설하였다.

4) 전문가 양성을 위한 시장경제 교육

북한은 부분적으로 시장경제를 도입하기 위한 준비 단계로서 경제전문가와 관계자를 대상으로 시장경제에 관한 교육프로그램을 운영하고 있다. 시장경제 교육의 주요 대상자는 경제 관료들이 중심이라고 할 수 있으며, 해외의 국제기구 또는 대학의 경제 및 경영 전문가들이 교육을 담당하고 있다.

1997년 김일성 종합대학에 '자본주의 경제강좌'를 개설한데 이어 1998년 나진정보센터 등 무역전문가 양성기관을 설립했고 2000년에는 무역성 산하에 자본주의제도연구원을 세웠다. 특히 북한은 1998년 9월 나진 선봉 경제특구에 나진기업학교를 설립하여 북한경제 무역 관리들을 대상으로 관광, 기업경영, 통계, 지역관리, 복지, 관계법령, 과세, 금융 등의 시장경제 교육을 실시하기 시작하였다. 이 교육에 참여한 교수들은 대부분 해외의 학자, 경영인들이다.[9] 1998년 이후 해외에서 시장경제 등에 관한 연수를 받은 북한의 경제관리가 400여명에 달하는 것으로 집계됐다.

2001년 6월 4일 통일부는 『남북 정상회담 이후 북한의 변화』라는 제목의 보고서를 통해 "북한은 유엔개발계획(UNDP), 아시아재단 등 국제기구의 협력으로 경제관료들을 중국, 호주, 헝가리 등에 파견해 연수교육을 실시하고 있다"고 전했다. 북한은 자본주의 경제질서에 대한 적응 노력으로 대외부문의 변화 속도는 여타 부문에 비해 빠른 편이다.

한편 아시아재단은 총 네 차례에 걸쳐 중국 베이징과 상하이에서 50여명의 북한 경제관리를 대상으로 자본주의 이해 세미나를 갖고 국제법, 무역법, 분쟁 처리절차 등을 교육했다. 아시아재단은 2001년 4월 5일부터 8일간 북한 내각의 재정성, 무역성, 전자공업성 소속 관리 17명을 상하이로 비공개 초청, 시장경제와 중국의 경제특구관련법 세미나와 최첨단 정보(IT)산업 시설 시찰 등 올해의 연수 프로젝트를 진행했다.10)

또한 북한 학자 5명은 2001년 5월 22일부터 2주간 미국 포틀랜드주립대에 머물며 시장경제교육을 받고 반도체업계, 세계무역센터, 대학 내 연구시설 등을 견학했다. 북한 연구단이 체류 중 북한 유학생 및 포틀랜드주립대 교수 파견 문제 등을 논의한 결과, 포틀랜드 주립대 교수 6명이 8주 동안 북한에서 국제무역부문의 강의 허가를 북한정부로부터 받았다. 또한 유학생 파견 문제는 9월경에 교수나 연구원, 학생을 미국으로 유학을 보내는데, 북한의 1차 유학생 규모는 20명 선으로 예정하고 있다.11)

현재 북한은 해외 유학생을 주로 중국에 파견하는 것으로 알려져 있다. 1983년 김정일의 중국 방문, 그리고 1984년 김일성의 소련 및 동유럽 방문을 계기로 하여 이들 국가에 대한 유학생 파견을 본격화하였으며, 이로 인하여 1986년과 1987년경에는 한 해에 2000명에 이르는 유학생을 파견한 것으로 나타나고 있다. 그러나 1990년대에 들어서 해외 유학생은 급격히 감소하였으며, 최근에는 중국을 중심으로 300여 명의 유학생이 파견되어 있는 것으로 알려져 있다. 이와 같이 종래의 유학생 중심의 해외 파견에서 현재에는 관료 중심의 단기 연수 과정이 중심을 이루고 있다.

4. 북한 교육의 발전을 위한 과제

남한에 거주하는 필자로서 북한 교육의 발전 과제를 제시한다는 것은 한계가 있다. 우선 남북한의 교육체제가 서로 다른 상황에서 필자가 남한 사회에서 바라보는 관점은 북한교육의 발전과제를 제시하는 데 적합하지 않을 수 있다는 점이다. 나아가 북한 교육 내부의 논리와 작동 원리가 있기 때문에 우리가 이를 포착하기 어렵거나 간과하고 있는 부분이 있을 것이다. 기본적으로 북한 내부의 전문가들이 북한교육의 발전 과제를 판단할 문제라는 점을 인정하면서 남한의 전문가로서 조언하는 입장에서 발전 과제를 제시해 본다.

1) 직업기술교육의 강화[12]

북한은 경제성장을 위해서는 상당 기간 동안 저임금 노동력에서 경쟁력을 확보해야 할 것으로 전망된다. 최근의 경제 정책에 의하면 종래의 중화학공업 분야 뿐 아니라 농업, 경공업, 무역, IT산업 등 다양한 부문에서 다양한 수준의 인력 수요가 창출될 것으로 예상할 수 있다. IT 산업을 주도할 고급 과학기술인력이 필요할 뿐 아니라, 경제 개방이 본격적으로 추진되어 한국을 비롯한 외국의 공장이 이전되고 경제협력이 활성화된다면 노동집약적 산업 부문에 종사할 저임금의 단순 노동력과 기능 인력에 대한 수요도 증가할 것으로 보인다. 따라서 북한은 제조업 부분에 종사할 기능인력을 양성하기 위하여 직업기술교육을 활성화시키는데 노력을 경주해야 할 것이다.

북한은 현재 초·중등교육 단계에서는 교육과 실습의 결합으로서 '기초기술교육'에 중점을 두고 있다. 따라서 체계적인 직업기술교육은 중학교(고등중학교의 명칭 변경) 졸업 후 단기 직업훈련기관인 기능공학교(6개월 내지 1년)와 전문학교(3년)에서 실시하고 있다. 기능인력 양성을 위한 직업기술교육을 강화하기 위해서는 중등교육 단계에서 실업계 학교를 설치하는 방안과 중등교육 이후 단계인 기능공학교와 전문학교 교육을 강화하는 방안이 있을 것이다.

　북한의 산업화 수준에 비추어 볼 때 중등교육 수준에서 실업계 학교를 설치하거나 일반 고등학교에 직업반을 설치하여 일찍부터 직업기술교육을 실시하는 것이 보다 효율적인 인력 양성 전략인 것으로 보인다. 이미 고등교육이 크게 확대되어 있는 북한의 교육 발전 수준에 비추어 볼 때에는 기능공학교와 전문학교 등 중등 이후 단계에서의 직업기술교육을 강화하는 것이 실효성이 있을 것으로 보인다.

　그러나 보다 중요한 것은 학생·학부모들이 직업교육을 받고자 하는 교육적 수요를 창출하는 것이다. 이를 위하여 근본적으로는 대학교육은 더 이상 확대할 필요가 없으며, 기능 인력을 우대하는 정책이 필요하다.

2) 고등교육 정원의 조절

　북한은 1980년대 이후 '온 사회의 인텔리화'라는 구호 아래 고등교육 인구를 크게 확대시켜 왔다. '수재교육'을 담당하는 중앙급대학, 특정 산업 부문의 기술 인력을 양성하는 4년제 단과대학, 2년제 전문대학, 일하면서 공부하는 공장대학, 통신대학 등 다양한 형태의 대학들이 급격하게 증가하여 1960년 78개였던 대학이 1992년에는 280여 개로 늘어났다. 1998년 현재 대졸 학력자는 180만 명을 상회하고 있다.

　이러한 북한의 고등교육 정책으로 인하여 대학생 수는 1980년 이후 급격히 증가하는 경향을 보이고 있다. 북한은 11년제 의무교육의 시행으로 기초교육의 완전취학에 이르자 1980년대 후반에는 대학교육의 대중화를 지향하는 방향으로 정책을 추진하였다. 그리하여 북한은 1995년 170만의 대학졸업 학력소지자를 육성하게 되었다. 앞에서 언급한 바와 같이 이는 당시 북한의 25세 이상 성인 인구 가운데 14.9%를 차지한다. 남한의 19.7%와 비교할 때 결코 낮은 편이라고 할 수 없다.

이와 같은 고등교육의 확대는 북한이 가장 필요로 하는 기능인력의 양성·공급을 저해할 것이다. 대졸 인력은 노동을 기피하고 전문관리직을 선호하는 바, 제조업체에서 기능 인력으로 일하려 하지 않을 것이기 때문이다.

고등교육 인력의 양성 및 활용의 측면도 비효율적인 성격이 강하다. 북한의 대학은 실질적인 전문교육보다는 졸업장을 수여하는 자격 수여 기능을 강하게 수행하고 있다. 간부가 되려면 군대복무 연한 및 입당증과 함께 대학졸업증을 갖추어야 한다. 따라서 노동직을 회피하고 공직이나 사무관리직으로 진출할 수 있는 자격 요건으로서 대학을 가고자 하는 것이다. 이와 같은 자격증 수여 기능으로 인하여 일부 중앙급 대학을 제외하고는 대학이 내실 있는 전문교육을 실시하지 못하고 있다. 또한 노동시장이 흡수할 수 없을 정도의 고등교육인구를 양산하는 것은 국민들의 기대 수준만 높여주어 불만을 고조시키고, 인력 활용의 낭비를 초래하게 된다. 결국 북한은 경제침체와 궁핍화로 인하여 일자리가 없어짐으로써 고등교육 인력의 수요와 공급의 불일치를 보이는 것이다.

고등교육의 대중화에 따라 고등교육 인구가 크게 확대될 전망인 바, 대학의 기능을 분화시키고 특성화시켜 일반대학의 확대를 가능한 억제하고 전문기술인을 양성하는 단과대학과 전문대학을 활성화시키는데 주력해야 할 것이다. 대학교육은 전문교육으로서의 내실을 기하여야 한다. 각 유형의 대학들은 본래의 목적에 맞게 특성화하여 운영되어야 한다. 통신교육 등 성인 대학들은 단순히 정규 대학의 교육 기회를 놓친 성인들에게 졸업 자격을 주는 자격 수여 기관의 기능을 담당하는 것이 아니라 철저하게 성인들의 직업재교육의 기능을 수행해야 할 것이다.

3) 과학기술인력의 양성

북한은 과학기술의 중요성을 지속적으로 강조해 왔으면서도, 실제로 과학기술자에 대한 처우가 열악하고 이들의 활용이 비효율적이다. 과학기술자의 사회경제적 지위는 동일 교육수준의 다른 직종에 비해 낮은 편이다. 기술일꾼은 당일꾼이나 행정일꾼보다 지위가 낮으며, 공과대학을 나온 기사들의 수입은 경제를 전공한 기업소의 관리직의 수입보다 낮다.

또한 북한은 대외적인 폐쇄성 때문에 외국으로부터의 새로운 지식과 기술을 받아들이는 데 한계가 있었다. 이로 인하여 고등교육 수준이 국제적 표준에 비해 크게 뒤떨어지는 경향이 생겨났을 것으로 짐작된다. 해외 유학파에 대한 처우도 소극적이다.

더욱이 과학기술인력의 활용에도 문제가 있다. 인력의 선발·배치에 있어서도 능력주의보다는 정치 논리가 지배한다. 또한 고급 과학기술인력은 국방 산업에 주로 활용되어 경제 발전에 기여하지 못하고 있다. 개발된 수준 높은 기술이 경제 및 생산에 투입되지 못하고 무기개발 등 국방 산업에만 주로 투입되고 있으며, 국방과 관련 없는 많은 수준 높은 연구물들이 방치되어 있는 실정이다. 산업기반이 갖추어져 있지 않기 때문에 연구 개발된 산출물도 생산 현장에서 활용되지 못하고 있다.

기술자들이 자신의 능력을 최대한 발휘해 열심히 일하게 하는 인센티브가 부족하고, 기술자, 전문가, 노동자들에게 기술 혁신을 위한 동기부여(인센티브)가 부족하다는 점이다. 이러한 인센티브의 부재는 축적된 인적 자본의 충분한 활용을 어렵게 하고 있다.

북한은 김정일 정권 출범 후 '강성대국', '경제강국'을 건설하기 위해 과학기술교육을 적극 강조하고 있다. 과학기술분야 중에서도 정보통신, 컴퓨터 교육을 강조하면서 수재교육을 통해 현대적 지식과 기술을 겸비한 과학기술인력을 가능한 한 많이 확보해야 한다고 밝히고 있다. 2004년 1월에는 "당의 수재교육 방침을 철저히 관철하자"는 제목의 사설을 통하여 세계적으로 빠르게 발전하고 있는 과학기술을 따라잡기 위해서는 수재교육 방침을 철저히 관철해야 한다는 점을 강조하고 있다(≪교원신문≫ 1월 15일자).

이와 같은 정책적 강조가 실현되고 경제 발전에 기여하기 위해서는 과학기술자의 우대 정책이 동반되어야 한다. 또한 과학기술자들의 산출물이 국방 부문이 아니라 경제 부문에 적극적으로 투입되어 부가가치의 창출과 연결될 수 있도록 하는 정책이 필요하다.

4) 전문교육과 정치사상교육의 균형

북한은 정치사상교육이 교육의 핵심을 차지하고 있다. 북한은 60년대 후반부터 교육 각 분야에서 정치사상교육을 강조해 왔다. 탈북자들은 북한의 지도자에 대한 충성심을 부추기는 정치사상교육이 인재 양성에 있어서 가장 큰 장애가 되고 있으며, 결과적으로 북한의 정치, 경제, 사회발전을 가로막는 장애 요인이 되고 있다고 인식하고 있다. 교육의 절대적인 비중이 정치사상교육에 주어지므로 전공 교육이 소홀해질 수밖에 없다. 더욱이 다른 나라의 발전 상태에 접할 기회가 차단되고 있기 때문에 기술인력의 질도 떨어지고 있다. 연구개발을 수행하는 과학자들의 전문성도 떨어지고 있다.

북한은 김정일 정권 출범 후 '강성대국', '경제강국'을 건설하기 위해 '사상 중시, 총대 중시'와 함께 '과학기술 중시 노선'을 관철해 갈 것을 거듭 강조하고 있다. 과학기술분야 중에서도 정보통신 산업을 육성하려 하고 있으며, 이를 위해 컴퓨터 교육을 강화하고 있다. 이에 따라 교육성 산하에 '프로그램 교육지도국'과 '컴퓨터 교육센터'를 신설하여 전국 학교에 대한 컴퓨터 교육사업을 지도하고 있으며, 대학을 중심으로 컴퓨터 전문가 양성 체계를 갖추는 등 각급 학교에서 컴퓨터 인재를 양성하는데 주력하고 있다.

그러나 실제 성과는 미흡한 편이다. 일반 중학교에서 컴퓨터교육은 대부분 '프로그램 작성법과 활용법'을 중심으로 한 이론 중심 교육으로 이루어지고 있고 실습 교육은 거의 이루어지지 않고 있다. 컴퓨터 공급이 용이하지 않기 때문이다.

한편으로 후발국으로서 북한은 세계 경제 체제에서 중저급 기술 부문의 생산 활동을 떠맡아야 하며, 그러면서도 선진국을 따라 잡기 위해서는 첨단 산업 부문을 주도할 고급 기술 부문에 도전해야 할 과제를 안고 있다. 그러나 현재 북한과 같은 후발국이 처해 있는 세계 경제 환경 속에서는 세계 경제의 주변부 경제 활동을 떠맡음으로써 북한 경제 저변을 활성화시키는 전략과 세계 경제의 선도 부분을 따라잡는 전략을 동시에 추진해야만 후발국의 위치에서 도약할 수 있다. 북한은 정보통신 분야의 수재교육에 적극적으로 교육자원을 투입하고, 해외 교류를 활성화하여 선도 산업을 주도할 수 있는 인재를 양성하는데 주력해야 할 것이다. 뿐만 아니라 앞으로 부분적으로 시장경제를 도입하는 경우 체제 안정을 위해 정치사상교육은 한층 강화될 것으로 전망되는 바, 기초교육 단계에서 정치사상교육의 폐쇄성과 경직성을 극복하여 창의성과 자발성, 능동성을 함양할 수 있는 교육으로의 전환이 필요하다.

5) 학생 선발제도의 개편

북한 사회에서는 대학교육기회를 획득하고 사회적 지위를 차지하는 데 출신 성분이 매우 중요한 역할을 한다. 탈북자들은 능력이 뛰어나도 출신성분이 좋지 않으면 좋은 대학에 진학하기 어렵고, 사회적 요직을 차지하기 어렵다고 말한다. 특히 1960년대 말에서 70년대에 걸쳐 대학 진학에 출신 성분이 강하게 작용했기 때문에 현재 50대, 60대에서 학사와 박사 비율이 낮다고 한다. 한 탈북자는 북한 경제가 지금과 같이 침체된 것도 두뇌교육을 못시켰다고 말한다. 능력이 있는 학생들에게 양질의 교육기회를 제공하여 인재로 양성하는 것이 인력 양성의 효율성을 높이기 위한 주요 과제라고 할 수 있다.

최근 들어 북한에서는 과학기술의 중요성을 부각시키면서 출신 성분과 관계없이 우수한 학생들을 대학에 입학시키려는 시도가 나타나고 있다. 월남자 가족 등 성분이 나쁜 가정 출신자도 김일성종합대학이나 국방대학 등 종래에 출신 성분이 매우 중요한 선발 준거로 작용했던 대학에 입학하는 사례가 생겨나고 있다. 대학 입학뿐 아니라 입당에서도 가정환경을 너무 문제 삼지 말라는 공문이 내려오기도 한다.

최근에는 교육잡지를 통하여 학습제일주의, 실력제일주의를 주창하고 있다. 즉 학생들의 실력을 제일 중시하는 풍토를 만들어가자는 것이다(≪교육신문≫ 2004년 1~2월). 이것은 북한 사회가 교육 선발 및 사회 선발에 점차 능력주의 원리를 적용하고 있다는 것을 시사하고 있다. 인력 양성·활용의 효율화를 위해서는 이와 같은 시도가 확산, 정착되어야 할 것이다.

6) 학생의 학습 시간 확보

북한에서 학생들로 하여금 노동의 가치를 인식하도록 하고, 현장 실습 경험을 통하여 교육과 생산을 결합시킨다는 데에 교육적 의의를 부여하고 있다. 그러나 실제로 현장 실습이 아닌 단순 노동력의 역할을 수행하고 있다.

학생들은 각종 노력동원과 군사교육 등으로 인하여 교육시간의 손실이 매우 크다. 1959년 내각 결정에 의해 법제화된 '학생 사회의무노동제'에 의하면, 인민학교 학생(3~4학년)은 연간 2~4주, 고등중학생은 6~8주, 대학생은 12~14주간 동안 농촌지원 활동, 경제건설 지원, '꼬마계획'(폐품수집 활동), '좋은 일하기 운동'(각종 성금 및 물품 헌납운동) 등 다양한 사회의무노동에 참가해야 한다. 또한 고등중학교 5~6학년은 준군사적조직인 '붉은청년근위대'에 편입되어 연간 288시간의 군사훈련을 받아야 한다. 이러한 과중한 노력동원과 군사교육이 학생의 학습시간을 확보하는 데 지장을 주고 있다.

탈북자의 증언에서도 실제로 중학생은 일년에 두 달에서 석 달은 의무적으로 농사 현장에 나가야 하고, 대학생들은 농촌지원, 교도대, 건설 등 6년제 대학이라면 2년 정도는 노동을 해야 한다. 즉, 학생들은 기계로 대체시킬 수도 있는 단순 노동력으로서 농업, 건설 등의 현장에서 장기간 학습 시간을 희생시키며 일해야 한다. 인력의 양성과 활용의 측면에서는 효율성이 매우 떨어지는 제도라고 할 수 있다. 집중적으로 공부함으로써 인적 자원을 축적하고 생산성을 높여야 할 학생들이 장기간 노동에 종사하다 보면 배웠던 것도 잊어버리고 다음 단계로의 연결도 잘 되지 않는다. 한 탈북자는 "북한에서는 아이들이 어른들을 먹여 살린다는 말이 있으며 어른은 직장에서 빈둥빈둥 놀고 아이들은 일을 시키니까 교육이 엉망이 되고 있다"고 한다.

또한 고등중학교 졸업 후 곧바로 진학하지 않고 군대 복무 후에 진학한다. 약 10년간 군대 생활을 하면 30세가 다 되어 대학을 진학해야 하고, 이 때에는 이미 이전 학습과의 연계도 잘 이루어지지 않고, 학습 능력도 많이 저하되어 있기 때문에 학습의 효율성을 기하기 어렵다.

따라서 공부할 수 있는 최적기에 집중적으로 공부할 수 있도록 학생들의 노동력 동원을 최소화할 필요가 있다. 또한 중등교육과 고등교육 사이의 시간적 격차를 줄여서 학습의 연계를 촉진시키고, 학습 역량이 가장 높은 시기에 집중적으로 학습할 수 있도록 하여 학습 효율성을 제고시켜야 한다.

7) 교육물자의 확보

북한 당국이 교육 발전을 위하여 심혈을 기울여 왔음에도 불구하고 최근에는 장기적인 경제 침체와 물자 부족으로 인하여 교육여건을 대단히 열악한 실정이다. 학교에 필요한 거의 모든 교육물자가 부족하고 제대로 공급되지 않고 있는 것으로 알려져 있다.[13]

교실 수업의 기본 조건이라고 할 수 있는 교과서, 학습장, 필기도구 등이 절대적으로 부족한 형편이다. 학교의 교육 시설 및 설비, 교육 기자재 등이 매우 열악한 수준이며, 제대로 공급되지 못하고 있는 실정이다. 북한 교과서의 지질은 식별하기 어려울 정도로 대단히 조악하다. 북한 당국은 컴퓨터교육을 중점적으로 육성한다고 밝히고 있지만 실제로는 보급 실태가 부족하다는 것이다.

그래서 교원들은 학교에 필요한 물자를 자체 조달하기 위하여 지역 유력 인사나 학부모들에게 청탁을 하고 강요하기도 한다. 교원과 학부모들은 학교 책걸상, 유리창, 종이 등의 부족한 교육물자를 조달할 임무를 안고 있다. 2004년 3월 교육신문은 사설을 통하여 "교육기관과 각급 학교에서는 자체의 힘으로 학교의 교육환경을 훌륭히 꾸리기 위한 투쟁을 힘 있게 벌려 나가야 한다. 학교 후원단체들과 공장, 기업소, 협동농장을 비롯한 경제기관들은 물론 사회의 모든 기관들에서 학교를 물질적, 노력적으로 적극 지원하여야 한다"(《교육신문》 3월 11일자)는 것이다.

또한 최근 들어 지역사회의 공장과 기업소가 책임을 지고 협력하도록 조치를 취하고 있다.[14] 학교가 위치하고 있는 인근의 지방자치 기관, 공장, 농장, 사업소와 연계하여 학교에 필요한 물자를 지원하도록 조치하고 있다. 그래서 부모들은 학생들의 '제2의 담임교원'이며, 사회는 '제3의 담임교원'이라고 칭하기도 한다.

북한의 교육물자를 조달할 수 있는 방법은 북한 사회 내부의 생산량을 확대하거나 아니면 외부 국가의 지원을 확보하는 방법이다. 북한 내부적으로는 물자 부족 현상이 심각하기 때문에 교육물자의 부족 현상을 근본적으로 해결하기는 사실상 어려울 것이다. 교육물자 생산에 필요한 철재, 목재, 종이, 유리창 등은 모두 북한에서 생산량을 늘리는 데 한계가 있다.

따라서 남한을 비롯한 외부 국가의 지원을 확보하는 방법을 적극적으로 강구해야 할 것이다. 그 동안 국제기구로서 유네스코, 국내의 민간 대북지원단체, 교육기관 등이 북한에 종이를 비롯한 교육물자를 지원하는 데 앞장서 오고 있다. 지난 2001년 우리민족서로돕기운동은 2,500여 상자 분량의 학용품을 지원하였으며, 2002년 유네스코 한국위원회는 교과서 용지를 지원하였다. 2003년과 2004년도에는 전교조, 한국교총, 그리고 서울시 교육청이 교과서 용지를 지원하였다.

그러나 교육부문 지원 사업은 식량, 의약품, 보건복지 등 다른 분야의 지원보다는 미진하고 제한되어 있는 형편이다. 그 이유는 우선 국내외를 막론하고 교육 부문의 지원 사업을 전개하는 기관, 단체가 없으며, 남북한 간의 지속적인 협의와 협력이 이루어지고 있지 않기 때문이다. 북한이 필요한 교육물자로서 교과서 용지, 학용품, 교육기자재 등을 적극적으로 지원할 수 있는 방안을 강구해야 한다. 앞으로 북한 교육의 여건을 개선하기 위하여 우리가 지원할 수 있는 방안을 적극적으로 개발해야 할 것이다.

5. 북한 교육 지원을 위한 제언

필자는 전후 세대로서 한국전쟁을 직접 경험하지는 않았지만 전후 복구 과정에서 미국을 비롯한 우방 국가들이 우리를 지원한 것을 잘 알고 있다. 우리는 미국을 비롯한 유엔 회원국들이 우리에게 식량과 구호물자를 도와주었다는 사실을 알고 있으며, 그러한 혜택을 받으면서 자랐다. 우리가 공부한 교과서 뒷면에는 미국과 유엔이 지원해준 종이로 인쇄하여 보급한다는 문구가 쓰여 있었다. 그리고 우리는 우방 국가들의 지원에 고마움을 느끼면서 자랐다. 지금까지도 우리 국민들 대부분은 우방 국가들의 지원에 감사하는 마음을 갖고 있다. 비록 미국은 우리에게 부정적인 이미지를 갖고 있는 것도 사실이지만 우리가 어려울 때 앞장서 도와주었다는 사실로 인하여 부정적 이미지는 충분히 상쇄하고도 남을 만 하다.

이제 남북관계는 새로운 전환점에 있다. 우리가 미국의 지원을 받아서 성장할 수 있었던 바와 같이 우리는 북한을 지원함으로써 북한의 발전을 도와주어야 할 것이다. 그래야 우리가 미국과 우방국가에 대하여 고마운 심정을 간직하듯이 북한 주민들도 우리 남한에 대하여 감사하는 마음을 갖게 될 것이다. 그것은 남북관계를 냉전적 대결 구도에서 평화적 협력 구도로 전환시키는 결정적 계기가 될 것이다. 북한에 대한 지원은 우리의 우호적 심정을 북한 주민들에게 전달하는 매개체가 될 것이며, 우리의 지원을 받아 보면서 북한 주민들은 우리의 동포애와 화해의 손짓을 느끼게 될 것이다. 교육은 바로 사람들의 마음과 행동을 올바른 방향으로 변화시키는 활동이라고 생각하기 때문에 더욱 중요한 것이다.

북한 교육 부문의 지원은 정치적으로 민감한 문제를 해소해 나가면서 추진해야 할 것이다. 우선 남한에서 북한 교육을 지원하는 것은 북한의 체제 인정 문제와는 무관하게 순수한 동포애의 차원에서 이루어지고 있음을 우리 스스로 확인해야 한다. 우리가 북한에 대하여 지원하면서 조건을 기대하거나 요구해서는 안 될 것이다. 만약 순수한 목적이 아니라면 그들은 의혹의 눈초리로 바라볼 것이며, 받아들이지 않을 것이다. 또한 북한은 우리의 순수한 지원 의도를 북한 학생들에게 알려야 한다. 우리의 동포애를 북한 학생들에게 그대로 전달해야 한다. 그리하여 북한 학생들이 갖고 있는 남한에 대한 부정적 이미지를 쇄신하는 계기로 삼아야 할 것이다. 이와 같이 북한 교육 지원 사업은 남북한의 화해의 정서와 우호적 태도를 이어줄 수 있는 매개체로 만들어야 한다.

북한 교육 지원을 위하여 몇 가지 제안을 결론 삼아 제시해 본다.

첫째, 북한 교육 지원에 관한 종합적이며 장기적인 접근이 필요하다. 교육은 북한 사회의 발전을 위하여 대단히 중요한 분야임에 틀림없다. 그렇기 때문에 북한 사회의 발전과 북한 인적 자원의 개발을 위하여 교육지원 사업이 어떠한 방향과 목표를 가져야 할 것인가에 대한 종합적인 계획과 전략이 필요한 것이다. 교육에 대한 부분적인 지원이 시급하기는 하지만 전반적으로 북한 사회의 물질적 기반을 안정적으로 구축해 가는 방향을 찾아야 할 것이다. 교육 분야만을 다루는 것은 한계가 있으며, 사회적 여건을 개선하고 경제적 자생력을 가질 수 있도록 교육지원을 연계시켜 나가야 할 것이다.

둘째, 초기 단계의 긴급 구호에서 탈피하여 북한 내부의 자생적 기반을 구축할 수 있는 교육적 인프라와 교육개발의 동력을 확보하도록 해야 한다. 우선 시급한 과제는 지난 90년대 이후 식량난과 경제침체로 인하여 열악해진 교육여건을 개선하는 데 목적을 두어야 할 것이다. 그러나 이 단계에서 머물러 있기보다는 교육시설과 물자를 스스로 해결할 수 있는 생산체제를 개선하고, 교육물자의 운영 절차와 공급 체제를 개선해야 한다. 이러한 점에서 교육물자의 생산 시설을 갖추는 데 우리의 지원이 필요할 것이다.

셋째, 북한교육 지원을 위한 단계적인 접근, 그리고 분야별 조정과 관리가 필요하다. 초기 단계에서는 교육물자로서 종이, 학용품, 교육기자재, 시설 자재 등을 지원해야 할 것이다. 나아가 다양한 분야에서 교육프로그램의 지원, 교육 관련 정보와 기술의 지원이 필요하다. 예를 들면 교육자료 개발, 전문가 연수, 각종 정보와 자료 제공을 통하여 북한 교육 발전을 도모하는 데 기여하도록 해야 할 것이다. 이 과정에서 북한 교육에 대한 특성을 이해하고, 북한 교육자들의 입장과 태도를 존중하는 것이 중요할 것이다. 남북한의 상호 협의와 협력을 바탕으로 북한 교육을 지원할 수 있는 방안을 모색해야 할 것이다. 물론 남북한 상호 체제와 이념과 관련이 없는 분야부터 접근해야 한다.

넷째, 북한 교육 지원을 체계적이며 효과적으로 수행하기 위하여 네트워크를 구성할 필요가 있다. 북한 교육 부문에서 다양한 국제기구와 민간단체들이 대북 지원 활동을 전개하고 있다. 현재는 각 기구와 단체들이 개별적이며 산발적으로 대북 지원 활동을 전개하고 있는 형편이다. 그리하여 정보 공유는 물론 협력 체제가 형성되어 있지 않은 상태이다. 심지어 대북 지원 단체 및 기관 간의 경쟁으로 인하여 비효율적이며 부작용을 초래하는 경우도 있다. 이러한 문제점을 개선하려면 북한 교육 지원에 관한 정보 공유, 협력 체제를 구축하는 것이 중요하다. 나아가 북한 교육 지원 사업을 종합적으로 조정, 관리할 기관이나 단체가 필요하다.

다섯째, 북한 교육 지원 운동을 전개할 필요가 있다. 정부, 민간단체, 기업체, 지방자치단체와 학교, 학부모들이 참여하는 범국민적인 지원 사업을 전개할 수 있을 것이다. 남한 학생과 학부모를 대상으로 북한 교육 지원 운동을 적극적으로 전개하고 권장할 필요가 있다. 특히 북한의 불우한 학생 돕기, 학용품 보내기, 교육기자재 보내기, 종이 보내기 운동을 전개할 수 있다. 남한 학생들에게 북한 학생에 대한 화해의식을 심어주는 계기로 만들어 가야 한다. 북한 교육 지원은 교원단체, 학부모 단체 등 민간단체가 중심으로 지원 운동을 전개해야 할 것이다. 민간단체가 남북한 교류협력의 일환으로 북한 교육 지원 사업을 추진하는 데 의의가 있는 것이다. 그리고 민간단체가 중심적인 역할을 수행하면서 정부가 지원하고 기업체가 참여하여 형태로 나가는 것이 원활할 것이다.

여섯째, 북한 교육 지원을 효과적으로 추진하기 위하여 남북한 교육 전문가의 교류와 협력 사업이 필요하다. 남북한 교육에 대한 상호 이해와 협력이 필요하고, 이를 추진할 수 있는 전문가들이 지속적으로 참여할 수 있어야 한다. 정기적인 학술회의, 협의회를 개최하고 각종 교육자료를 교환하는 교류협력 사업을 전개할 수 있다. 그리하여 남북한 전문가들이 서로의 교육 상황을 이해하고 협력할 수 있는 방안을 모색해야 한다.

일곱째, 북한 교육 지원 기금을 조성할 필요가 있으며, 이를 실행할 수 있는 기구를 구성해야 한다. 여기에는 남한의 민간단체가 중심적인 역할을 하면서 국제기구, 교원단체, 학부모단체 등이 참여하고 정부가 지원하는 형태로 구성할 수 있다. 물론 북한의 교육관련 단체 또는 국제기구가 참여해야 할 것이다. 이러한 사업을 추진하기 위하여 남북한 교육 관계자들이 협의체를 구성해 나가야 한다.

※ 이 글은 한국교육개발원, 『북한 교육 발전과 국제협력』 연구자료 RM 2005-61 (한국교육개발원, 2005)에 게재하였던 논문임.

주註

1) 한만길 저,『통일시대 북한교육론』(서울: 교육과학사, 1997).
2) 조선중앙통신사,『조선중앙년감』(1991), 187쪽.
3) 노용환·연하청,『북한 인구센서스의 정책적 함의』(서울: 한국보건사회연구원, 1997) 참조.
4) 이상 자료의 출처는 한만길, "남북한 교육기회 확대정책의 체제경쟁적 특성 분석" (한국교육사회학회 발표 논문, 2005.10.20).
5) 북한은 부분적인 개방을 시도하고 외국과의 교류가 확산되면서 정치사상교육을 여전히 강조하는 경향을 보이고 있다. 북한의 ≪교육신문≫(2004)을 보더라도 사설과 교양 부문에서 지속적으로 언급되고 있음을 알 수 있다. 그러나 이 글에서는 정치사상 교육의 동향은 구체적으로 언급하지 않는다. 이는 북한이 정치사상교육을 약화시키고 있다고 보아서가 아니며, 우리가 이 부분을 간과해도 된다는 의미는 아니다. 다만 북한 교육의 발전과제에서 언급할 것이다.
6)『조선중앙년감』(1982).
7) 김정일, "혁명발전의 요구에 맞게 대학교육을 강화할데 대하여,"『과학교육사업을 발전시킬데 대하여』(평양: 조선로동당출판사, 1996), 266쪽.
8) 김일성, "사회주의교육테제를 철저히 관철하여 교육사업에서 새로운 전환을 일으키자,"『김일성저작선집 8』(평양: 조선로동당출판사, 1978), 164쪽.
9) 조명철, "북한에 대한 시장교육 지원방안" (대외경제정책연구원 주최 '북한 개혁·개방의 향방 및 국제 협력의 과제' 세미나 발표 자료, 2001.2.9).
10) ≪연합뉴스≫ 2001년 6월 4일자.
11) ≪연합뉴스≫ 2001년 6월 8일자 및 6월 13일자.
12) 한만길·남성욱·김영화,『북한의 경제발전을 위한 교육의 역할』(서울: 한국교육개발원, 2003) 기초하여 수정하였음.
13) 한만길·윤종혁·이정규,『북한교육의 현실과 변화』(서울: 한국교육개발원, 20010).
14) ≪교육신문≫ 2004년 4월 8일자, "제 2의 담임교원"이라는 제목의 기사.

<참고문헌>

1. 북한문헌

김일성, "사회주의교육테제를 철저히 관철하여 교육사업에서 새로운 전환을 일으키자,"『김일성저작선집』 8 (평양: 조선로동당출판사, 1978).
김정일,『과학교육사업을 발전시킬데 대하여』(평양: 조선로동당출판사, 1996).
『조선중앙년감』, 조선중앙통신사 발행 (1982).

2. 남한문헌

노용환·연하청,『북한 인구센서스의 정책적 함의』(서울: 한국보건사회연구원, 1997).
조명철, "북한에 대한 시장교육 지원 방안" (대외경제정책연구원 주최, '북한 개혁개방의 향방 및 국제 협력의 과제' 세미나 발표 자료, 2001.2.9).
한국교육개발원,『북한 교육발전과 국제협력』(서울: 한국교유개발원, 2005).
한만길,『통일시대 북한교육론』(서울: 교육과학사, 1997).
_____,『북한에서는 어떻게 교육할까』(서울: 우리교육, 1999).
_____·윤종혁·이정규,『북한교육의 현실과 변화』(서울: 한국교육개발원, 2001).
_____, "남북한 교육기회 확대 정책의 체제경쟁적 특성 분석" (한국교육학사회학회 발표 논문, 2005.10.20).
_____·남성욱·김영화,『북한의 경제발전을 위한 교육의 역할』(서울: 한국교육개발원, 2003).

# 제3부
북한의 과학기술

김근배　북한 과학기술의 역사적 전개
이춘근　과학교육계획
이춘근　과학기술체제 개혁
최현규　학술 활동 및 기술 확산
김유향　북한의 정보화 교육

북한 과학기술의 역사적 전개

김 근 배

우리에게 북한 과학기술의 이미지는 낙후성과 폐쇄성으로 각인되어 있다. 시대에 뒤떨어져 있고 다른 나라와의 교류도 꺼리고 있기 때문이다. 그렇더라도 북한의 과학기술은 일반적인 생각보다 실제로는 훨씬 더 크고 작은 변화를 내부적으로 거듭해 왔다. 사상의 우위가 강조되는 사회 분위기 속에서도 과학기술은 특히 어려운 상황에 놓일 때마다 적지 않게 달라졌다. 이는 북한에서 과학기술이 기본적으로 사회체제와 정치사상의 영향력 범위 안에 있었으면서도 한편으로는 다소의 유동성과 자율성을 지니며 전개되어 왔음을 시사해 준다.

그동안 북한의 과학기술이 변화해온 궤적을 살펴보면 크게 자립이나 주체라는 이상적 목표와 모방이나 선진이라는 현실적 과제 사이를 오고 간 것으로 드러난다. 이 중 '주체와 선진'은 변화하는 시대 상황에 발맞추어 북한 과학기술이 기반으로 삼은 두 개의 중심축이었다. 공산주의 이상이 드높은 시기일수록 북한 특유의 주체과학을 내세웠고 반면에 사회현실이 힘겨울수록 외국의 앞선 선진과학으로 기울었던 것이다.

물론 북한의 과학기술이 주체과학과 선진과학 사이를 단순하게 오고 갔던 것은 아니다. 그보다는 나선형으로 진화해 가는 모습을 띠었다. 주체과학 혹은 선진과학을 쫓더라도 이전과 이후는 그 내용에서 상당한 차이를 나타냈다. 즉, 북한 과학기술은 주체와 선진을 양 축으로 삼아 '나선형의 진화'를 이루며 진전되어 왔던 것이다. 그 방향은 결과적으로 이념에 기반한, 보다 많은 실리의 추구라는 형태를 띠었다. 이 때문에 해방 직후의 과학기술과 현재의 과학기술은 그 추구하는 방향이 매우 비슷해 보이지만 실제로는 자못 다르게 나타난다.

1. 과학기술로의 매진

북한은 해방과 더불어 과학기술에 유달리 깊은 관심을 쏟았다. 이데올로기 다음으로, 때로는 그에 못지않게 강조한 것이 과학기술이라고 말할 수 있을 정도이다. 사회주의적 생산관계와 수준 높은 생산력은 북한사회가 이룩해야 할 중심 과제였기에 이데올로기와 함께 과학기술은 그만큼 중요할 수밖에 없었다. 그러므로 이후 북한을 이끈 두 핵심 부문은 바로 이데올로기와 과학기술이었다고 해도 지나치지 않는다. 그것은 사상혁명과 더불어 기술혁명이 국가적 과업으로 계속 추진되었던 것을 보더라도 잘 알 수 있다.

그런데 초기 북한의 과학기술 여건은 남한보다도 열악한 처지에 있었다. 해방직후 과학기술계 고등교육기관은 평양공업전문학교와 평양의학전문학교, 함흥의학전문학교 뿐이었고 시험연구기관도 두드러진 것이 없었다. 일제 때에 세워진 몇 개의 과학기술기관들이 그나마도 불균등한 지역분포를 이루고 있었던 것이다. 중화학 공장들이 흥남을 비롯한 북쪽 지역에 들어서 있긴 했으나 그 기계설비는 전적으로 일본인

기술자들이 운영하고 있어 북한의 과학기술 기반 형성에는 도움이 되지 못했다.[1)]

이 때문에 북한에 있던 과학기술자들도 해방이 되자 오히려 남한으로 이동하는 경향이 있었다. 일부는 정치나 종교 요인에 기인했지만 초기 단계에서의 대다수는 남쪽에서 더 좋은 직장을 얻기 위해서였다. 특히 미국유학 출신자들은 남한의 미군정에 들어가 자신의 능력을 발휘하기를 원했다. 이들 중 북한에 남은 사람은 거의 없었던 것으로 보인다. 그만큼 당시 과학기술자들은 남한에서 자신의 전문능력을 발휘할 더 넓은 취업의 기회를 찾을 수 있었던 것이다. 이로써 북한에는 이공계 박사학위자가 한 명도 없었고 대학 졸업자도 극소수에 불과했다.[2)]

이 같은 어려움을 북한은 짧은 기간 안에 스스로 해소하고자 했다. 과학기술계 학부가 주축이 된 김일성종합대학을 비롯하여 김책공업대학, 흥남공업대학, 평양의학대학, 함흥의과대학, 청진의과대학, 원산농업대학 등을 세웠다. 연구기관으로는 중앙연구소, 중앙광업연구소, 흥남연구소, 약품위생연구소, 가축위생연구소, 농사시험장, 잠업시험장 등이 들어섰다. 그리고 무엇보다 놀라운 일은 국가의 중심적인 연구기관으로 과학원을 세우고 그 안에 여러 개의 과학기술계 연구소를 설치한 것이었다. 이밖에 우수한 인력을 양성하기 위해 매년 수백 명의 유학생을 소련으로 과학기술 분야를 위주로 해서 파견하기도 했다.[3)]

이들 과학기술기관은 그 상당수가 뜻밖에도 일제의 유산에 기반하여 세워졌다. 식민지시기 북쪽에 세워져 있던 과학기술계 전문학교, 시험연구기관, 병원 및 농장 등이 최대한 그대로 활용되었다. 예를 들어, 김일성종합대학은 식민지시기에 세워진 평양공업전문학교(대동공업전문학교의 후신)와 평양의학전문학교를 모체로 삼음으로써 단기간 안에 설립될 수 있었다. 게다가 일본인 기술자들을 즉시 쫓아내지 않고 상당 기간 억류시켜 과학기술기관과 대규모 공장의 순조로운 운영을 도모했다. 사회주의체제를 지향하던 북한이 일제의 과학기술 유산을 청산하기보다 활용하는 정책적 조치를 취했다는 것은 다소 의아스러운 일이다.

그러면 북한은 왜 이토록 과학기술을 중시한 것이었을까? 그것은 북한이 초기에 중요하게 내세우고 있던 새로운 사회의 건설에 과학기술이 밀접한 관계를 맺고 있다고 보았기 때문이다. 우선, 과학기술은 일제가 통치 기간 내내 가장 억압한 분야로서 그를 발전시키는 일은 결과적으로 식민지 폐해로부터 하루 빨리 벗어나는 중요한 조치로 여겨졌다. 그리고 과학기술은 사회주의체제 건설에 절실히 요구되는 과학적 사상의 배양과 물질 생산력의 발전에도 결정적인 기여를 할 것으로 보았다. 이처럼 근대적 과학기술은 북한이 내세운 '과학적 사회주의'를 실현하는 데 정신적으로나 물질적으로 매우 중요한 기여를 할 것으로 인식되었다.

이로 인해 과학기술자들은 다른 분야의 사람들에 비해 상당 기간 사상적 구속을 덜 받으며 활동할 수 있었다. 사회 전반적으로 정치사상이 강조되고 사상검열이 자주 실시되었지만 당시 북한의 현실이 과학기술계에 대해서만은 그 원칙적 적용을 어렵게 만들었다. 왜냐하면 과학기술의 막중한 중요성에 비해 그 종사자가 너무나 적었으므로 한 사람이라도 끌어안는 것이 필요했기 때문이다. 실제로 상당수의 과학기술자들이 사상검열에 걸려 문제가 되었지만 이들 대부분은 여러 차례에 걸쳐 구제받을 기회를 얻었다. 이렇듯 북한에서는 일제시기에 활동경력을 지닌 '오랜 인텔리'에게도 자신의 재능을 발휘할 수 있게 상당기간 면죄부를 주었던 것이다.[4]

그에 발맞추어 북한은 남한의 우수한 과학기술자들을 끌어들여 부족한 인력을 충원하고자 했다. 어느 분야보다도 과학기술계 인사들이 월북을 많이 해 당시 활동중인 대학 졸업 과학기술자의 약 40%에 이르렀다. 이는 북한의 유인과 남한의 배척이 상호 작용을 한 결과였다. 남한에서는 국립서울대학교설립안(국대안) 파동으로 많은 과학기술자들이 대학에서 쫓겨났고 북한은 이를 놓치지 않고 공작전담반까지 만들어 그들의 월북을 조직적으로 추진했던 것이다. 당시 이들 과학기술자의 상당수는 자신의 행동을 이념과 관계없는 단순한 '지역이동'으로 생각했기에 결과적으로 그 인원이 많았다. 수학의 김지정, 유충호, 물리학의 도상록, 신건희, 림극제, 화학의 최삼열, 김양하, 화학공학의 리승기, 려경구, 리제업, 기계공학의 강영창, 유기연, 김덕모, 전기공학의 최성세, 배준호, 토목건축학의 김시온, 김응상, 광산야금학의 정준택, 박성욱 등이 포함되어 있다. 이들 중에는 민족의식을 다소 지닌 일본유학 출신의 의욕에 넘치던 젊은 과학기술자들이 많았다.5) 이후 월북 과학기술자들은 북한 과학기술계의 핵심인력을 형성하며 특히 과학연구에서 구심점 역할을 하게 되었다.

2. 소련 과학기술의 모방

북한은 해방직후부터 1950년대 중순까지 전적으로 소련을 모델로 삼아 과학기술을 발전시켜 나갔다. 사회주의 선진 과학기술을 빠른 기간 안에 갖추는 일이 과학기술의 주요 목표의 하나였던 것이다. 이는 탁월한 과학적 사상과 과학기술 수준을 갖춘 국가라는 소련의 이미지와 사회주의 진영에서 차지하고 있던 모국으로서의 소련의 위상을 생각해 보면 당연한 일이었다. 누가 보아도 낙후한 상태에서 갓 출발하는 북한이 사회주의 선두주자인 소련을 뒤따라야 하는 것은 의심의 여지가 없었다.6)

소군정은 소련에서 다년간 활동경험을 지닌 소련계 한인들을 끌어들여 주요 직책에 앉혔다. 대표적인 인물로 소련의 사범대학에서 물리학을 가르치던 남일은 교육국 부국장 겸 김일성종합대학 교수로서 국가와 대학의 정책에 깊이 관여했다. 북한도 각종 시찰단과 연수단을 소련으로 파견하여 새로운 제도를 본받는 일에 적극 나섰다. 과학기술기관을 새로이 설치할 경우에는 언제나 예외 없이 대표단을 소련으로 보내 관련 시설을 둘러보게 한 후 그 경험을 반영하도록 했다. 아울러 오파린(A. I. Oparin) 박사를 단장으로 한 소련의 전문가단과 여러 분야의 기술자들이 잇달아 파견되며 북한의 과학기술제도는 소련식으로 바뀌어 갔다. 특히 고등교육기관의 설치와 대규모 공장의 재건에 이들 소련 과학기술자가 미친 영향은 아주 컸다.[7]

북한 최고의 대학인 김일성종합대학은 1946년 설립과 함께 소련의 대학체제를 본받았다. 대학 행정직제는 물론 전공조직, 교육내용, 학내 활동 등에 이르기까지 전반적인 면에서 소련과 똑같은 모습을 갖추려고 애썼다. 사용된 명칭도 아스삐란트라(연구원), 까페드라(강좌), 까비넷트(연구실), 꼰페렌치아(발표회), 꼰슬따찌야(자문) 등처럼 소련에서 불리는 그대로 썼다. 당시 과학기술계 학부는 공학부장 림극제, 운수공학부장 유기연, 물리수학부장 도상록, 화학부장 최삼열, 의학부장 정두현, 농학부장 이수일 등이 책임을 맡았다. 그리고 1948년에는 과학기술에 역점을 둔 소련의 대학체제를 본받아 종합대학과 함께 전문화된 여러 단과대학들을 창설, 확충하는 조치도 취했다. 평양공업대학(현재의 김책공대), 평양의학대학, 원산농업대학은 각각 김일성종합대학의 공학부, 의학부, 농학부를 분리해서 만든 대학들이었다. 그 결과 북한에서는 처음 단계부터 과학기술계의 비중이 전체 고등교육의 70%를 넘어설 만큼 매우 높게 나타났다.[8]

과학원도 소련의 과학아카데미를 모방해서 1952년에 만든 국가적인 종합연구기관이었다. 처음에 붙인 명칭이 바로 과학아카데미였고 그 포괄 범위도 과학기술과 함께 인문학, 사회과학까지 망라했다. 조직체계와 임원구성, 사업계획, 활동방향 등도 소련의 경우를 그대로 따랐다. 초대 원장은 홍명희, 부원장은 최삼열(화학)이 맡았다. 과학원 설립을 전후해서는 주요 책임자들을 역시 소련으로 파견하여 과학아카데미를 둘러보고 그곳 관계자들로부터 구성 및 운영 전반에 관한 상세한 조언을 받도록 했다. 그 덕분에 북한은 자체의 기반이나 경험이 없었음에도 소련의 선례를 본받아서 아주 일찍이 중추적인 과학연구기관을 만들 수 있었다. 이로써 월북 과학기술자를 중심으로 한 우수한 인사들은 국가로부터 많은 물적, 인적 지원을 받으며 빠른 시일 안에 연구활동을 본격적으로 추진할 수 있었다.9)

그런데 이 과정에서 북한은 의도했던 것과 다르게 실제 결과에서는 소련과 다른 특징을 부분적으로 띠었다. 소련의 선진적인 제도를 그대로 이식하려고 했지만 서로간에 존재하는 역사적 경험과 당면한 현실의 차이로 말미암아 그 내용과 방향이 달라지는 경우가 있었던 것이다. 어찌 보면 다른 국가의 제도를 받아들일 때 크고 작은 변화가 뒤따르게 마련이듯이 소련 과학기술의 북한식 변형이 결과적으로 일어났던 것이다.

그 하나는 종합대학과 전문화된 단과대학의 이른 분화로 북한에서 기술관료 집단이 빠르게 형성된 점을 들 수 있다. 소련은 이미 사회주의 교육체계가 확립된 관계로 전공교육일지라도 사상 지침이 그 안에 스며들어 있었지만 북한은 역사적 경험의 부재로 인해 그와는 다를 수밖에 없었다. 그럼에도 전공교육에 중점을 둔 소련의 대학 교과과정을 그대로 적용함에 따라 북한의 과학기술계 대학은 상대적으로 사상교육과 전공교육의 분리, 나아가서는 과학기술교육에서 정치사상성의 약화, 구체적으로는 맑스-레닌주의의 부족문제를 초래했다. 더구나 당시 북한의 과학기술계에는 사회운동 경험이 풍부하고 사상성이 강한 정치적 리더가 없는 편이었다. 이에 따라 공과대학, 의과대학, 농과대학에서는 전공

교육의 확장에 힘입어 기술 전문성을 상대적으로 강조하는 기술관료가 출현할 수 있는 제도적 기반이 일찍이 갖추어졌다.10)

다음으로는 부족한 과학기술인력을 현장에서 대거 충원하면서부터 과학기술의 현장성을 남다르게 강조하는 경향도 나타났다. 북한은 소련과 같은 사회주의 과학기술체제를 구축하기 위해 전문성과 함께 사상성을 크게 강조하고 한편으로는 과학기술기관의 확충으로 그 수요가 급증하는 과학기술인력을 새로이 확보할 필요가 생겼다. 이때에 북한의 정치권력자들은 사상성과 전문성이 결합된 한 형태로 현장에서의 활동경험 및 실무능력이 포함될 수 있고 실제로 생산현장에는 비록 학력이나 학술연구는 미흡할지라도 비교적 다수의 전문인력 원천이 존재하고 있음을 발견했다. 결국 이들을 사회적으로 우대하는 조치를 취하고 그들을 주요 과학기술기관으로 끌어들임으로써 현장지향 과학기술자들이 하나의 주요 집단으로 성장하는 계기가 마련되었다.11) 여순공대 3인방으로 일컬을 수 있는 정준택(국가계획위원회 위원장), 강영창(과학원 3대원장), 김두삼(전기공업성 성상)은 그 주요 인물들이었다.

이 시기 북한은 소련을 모델로 삼아 사회주의 선진 과학기술을 따라가고자 힘썼다. 바로 소련식 과학기술의 추구가 북한 과학기술계의 주된 흐름으로 자리 잡았다. 그 덕분에 북한에서는 과학기술의 기반을 빠른 기간 안에 갖출 수 있었고 과학연구도 미흡하나마 본격적으로 추진할 수 있었다. 이와는 다르게 일각에서는 북한의 사회현실과 현장경험을 풍부하게 지닌 과학기술집단이 새로이 부상하고 있었다. 이들은 북한이 직면한 현실적 문제를 해결하는 데 앞장을 섰고 실제로도 가장 커다란 기여를 했다. 따라서 소련유학파와 현장출신파는 눈앞에 닥친 북한 과학기술의 낙후성이라는 당면과제를 극복하기 위해 한동안은 서로간에 적절히 역할분담을 하면서 힘을 합해 나갔다.

3. 과학의 주체, 사상의 주체

　북한이 소련식에서 벗어나 자립노선을 내세우며 자기식의 길을 내딛기 시작한 것은 1950년대 후반부터였다. 중소간에 이념분쟁이 일어나고 국내에서는 소련과 중국을 등에 업은 반대세력이 부상하는 등 북한정권으로서는 위기상황을 헤쳐 나가기 위해 자기의 정체성을 확실하게 세울 필요를 깨달았다. 그 결과 정치사상에서는 맑스-레닌주의의 '창조적 적용', 경제에서는 '자립적 토대'의 구축, 문화에서는 '민족 문화유산'의 계승발전, 역사에서는 '혁명전통'의 재인식 등이 주창되었다. 소련을 그대로 뒤따르는 것에서 탈피, 북한의 역사 경험과 사회 현실을 보다 충실히 반영하는 방향으로 사회체제를 구축하고자 했던 것이다.
　당시 북한은 상공업의 국유화와 농업의 협동농장화를 포함한 생산관계의 사회주의적 개편을 완료한 후 생산력 발전을 본격적으로 도모하기 위한 이른바 '기술혁명'을 내세웠다. 실제 생산현장에서 직면하고 있는 과학기술 문제를 구체적으로 해결하려는 움직임이 다각도로 벌어졌다. 그리고 김일성을 비롯한 주도적인 정치집단은 당시의 곤란을 외국에 의존하지 않고 자체 역량으로 해소하려고 했다. 특히 천리마작업반운동은 과학기술자는 물론 인민대중까지 광범히 참여시켜 과학기술 현안을 단숨에 해결하기 위한 국가적 과학기술동원사업이었다.[12] 이 같은 자립노선에 기반한 기술혁명의 추진은 소련유학 출신이 아닌 현장출신의 과학기술자들이 과학기술계에서 주도적인 위치로 올라서고 정치세력으로 부상할 수 있는 길을 열어 주었다.
　이들 현장지향 과학기술자는 북한의 실정에 부합하는 과학기술을 발전시키는 일에 높은 관심을 가졌다. 외국의 과학을 훌륭하다 하여 무조건 도입하기보다 북한의 실정을 고려하여 그것들을 적절히 활용 발전하는 것이 바람직하다고 판단했다. 과학기술은 그 자체를 위한 것이 아니라 국가와 인민을 위한 것이어야 한다고 여겼다. 전반적으로 볼 때 순수 및 기초과학보다 응용과학과 산업기술을 중시하는 방향으로 크게 기울었다. 그리고 아주 낙후한 과학기술을 빠른 시간 안에 전면적으로 발전시키기 위해서는 집단적이고 전인민적인 방식으로 과학기술을 진흥해야 한다고 보았다. 이 때문에 과학기술은 북한의 사회주의 건설과 인민의 생활 증진에 직접 기여하도록 과학기술과 생산의 결합, 심지어는 생산현장에서 수행되는 '현지연구사업'이 대대적으로 추진되었다.

이때에 현장출신의 기술관료들이 자신의 주장을 확실히 뒷받침할 수 있는 근거로 찾아낸 것이 바로 리승기의 비날론 연구였다. 세계적으로 주류 기술로 부상중인 석유화학에 기반한 미국의 나일론이냐, 아니면 새로이 개발된 석탄화학에 기반한 북한의 비날론이냐? 논란을 거듭한 끝에 비날론 연구는 북한이 직면한 의복문제를 자체의 힘으로 해결해줄 수 있는 훌륭한 방안이라는 결론이 내려졌고 이는 세계에 내세워도 손색이 없다고 여긴 리승기라는 걸출한 과학기술자의 명성으로도 뒷받침되었다.13) 이렇듯 비날론 연구에 대한 성격 규정과 채택 여부는 과학기술 내부만이 아니라 정치권력의 향방과도 관련 되었던 것이다. 이 때문에 비날론은 나중에 '주체섬유'라는 정치적인 평가와 가치까지 받았다.

과학기술계에서는 이를 기회로 북한 고유의 새로운 연구과제들이 한층 더 관심을 끌게 되었다. 몇 가지 대표적인 예로 염화비닐, 합성고무, 갈섬유, 옥수수섬유, 무연탄가스화, 무연탄 제철법, 동의학, 집약농법 등을 들 수가 있다. 대부분이 북한에 풍부하게 존재하는 부존자원을 이용하고 자체의 힘으로 기술력을 확보할 수 있으며 시급한 현안의 해결에 유용하게 활용될 수 있는 연구과제들이었다. 이로써 이들 연구과제는 국가 차원에서 대규모로 추진되고 그 중의 일부는 곧바로 응용되어 산업적 성과를 거두기도 했다.

결국 리승기의 비날론을 비롯한 이들 연구과제는 아주 짧은 기간 안에 큰 성공을 거둔 것으로 비춰졌다. 정치 권력자들은 이 같은 일들이 과학연구에서 주체적인 정책을 취했기 때문이라고 그 요인을 내세웠으나 실제로는 그것이 아니었다. 일부 업적이 현지연구기지에서 얻어지기는 했지만 대부분은 이미 과학원 창립 때부터 연구되어 오던 것들로서, 그것도 현장 출신이 아닌 월북 과학기술자들의 주도로 성취되었다. 그러므로 이때에 획득하게 된 새로운 가치는 과학적 성과에 있다기보다 그에 대한 '정치적 해석'에 있었던 것이다.[14]

당시 월북 과학기술자들은 다른 그룹과는 달리 풍부한 활동과 연구업적을 쌓은 적이 있어 짧은 기간 안에 우수한 연구성과를 거둘 수 있었다. 사실 사회주의 선진국가에 유학한 소련유학파들은 학부 혹은 전문학교 교육만 마치고 서둘러서 돌아왔기에 연구경력은 거의 없는 사람들이었다. 그리고 월북 과학기술자들은 이미 명성이 나있는 인물들이어서 과학기술을 중시하는 국가의 정책에 따라 상당한 지원을 받아오고 있던 터였다. 뿐만 아니라 이들은 2차대전 때에 대용품 개발을 위한 일본 특유의 연구 활동에 참여한 경력을 가지고 있어 북한의 새로운 과학기술 노선에 쉽게 적응할 수 있었다. 즉 이들 월북 과학기술자는 일본인들이 식민지시기에 주장했던 일본식 과학을, 그에 대한 경험을 살려 새로이 북한식으로 훌륭하게 적용 변형한 것이었다. 리승기의 비날론, 려경구의 염화비닐, 리제업의 합성고무, 주종의의 무연탄가스화, 계응상의 누에개량 등은 그 주요 성과들이었다.

결국 비날론의 공업화는 과학기술의 중요성, 과학기술자의 위상을 사회적으로 크게 높였을 뿐더러 '주체'라는 용어의 사용을 정당화해주는 과학적 근거가 되었다. 주체라는 말이 몇 년 전에 정치영역에서 반대파의 사상 경향을 비판할 목적으로 사용된 적이 있었다. 아직은 일시적으로 조심스럽게 거론되고 있던 상황이었다. 그러다가 1960년대 초반부터 과학기술계를 중심으로 '과학에서 주체를 확립하자'라는 주장이 본격적으로 제기되었다. 이는 과학기술을 주체적 방식으로 연구함으로써 북한에 보다 직접적이고 실질적인 도움을 주는 성과가 얻어질 수 있다는 것이었다.15) 중앙당 과학교육부장 김창만, 내각 부수상 리종옥, 과학원 원장 강영창 등은 주창자들의 일원이었다. 이를 계기로 주체라는 용어는 문학, 언어, 경제 등 다른 영역으로도 그 사용이 빠르게 확산되었다. 주체는 무엇보다 과학기술 분야에서 그 정당성이 물질적으로 입증된 가장 과학적이고, 사회주의적인 것으로 인식되었기 때문이다.

이후 주체라는 말이 사상분야에서까지 쓰이며 장차 주체사상으로의 길을 여는 데 하나의 중요한 전기가 된 것은 생물의학에서 혁명적인 봉한학설의 등장이었다. 1960년대에 월북 의학자 김봉한이 한의학에서 주장해온 경락이 실제로 존재하고(경락체계) 그 안에는 다량의 핵산을 함유한 산알(살아있는 작은 알갱이를 의미)이 있어 세포의 성장 및 사멸에도 깊이 관여한다(산알학설)는 것을 제시했다. 이 학설은 세포이론에 기반한 기존 생물학과는 달리 생명의 기본 단위는 산알로서 그것이 매개되어 이루어지는 생명현상은 경락체계에 의해 관장된다는 아주 혁명적인 내용을 담고 있었다. 다시 말해, 산알이 성장하여 세포로 되고 이 세포는 다시 산알로 되돌아가는 순환을 되풀이하는데 이 과정이 봉한관이라는 경락에서 이루어지며 생명활동이 이루어진다는 것이다.16) 이 때문에 북한에서는 이 연구업적이 다윈의 진화론에 버금가는 세계 과학사에 기리 새겨질 금자탑으로 여겨졌다. 이 연구논문은 노벨생리의학상 수상을 염두에 둔 때문인지 영어와 로어는 물론 일어, 불어, 스페인어 등으로 번역되어 세계 각국으로 배포되었다.

이러한 엄청난 과학 발견이 가장 낙후한 곳에서 이루어졌으니 그것이 몰고 온 사회적 파장과 충격은 이루 말할 수 없이 컸다. 무엇보다 1965년 중순에 모습을 드러낸 주체사상의 초기 형태는 이 봉한학설에 적지 않게 힘입었다. 이 새로운 과학의 성과와 주체에 대한 논의는 긴밀한 관련을 맺으며 전개되었을 뿐만 아니라 서로간에는 자주성, 창조성, 자력갱생의 측면에서 닮은꼴을 하고 있었다. 당시 북한에서 자기의 독자적인 사상을 내세운다는 것은 도저히 상상하기 힘든 일이었다. 왜냐하면 국내외로부터 수정주의적 편향이라는 거센 비난을 면치 못할 것이기 때문이었다. 그럼에도 이러한 저항에 맞설 수 있었던 내부 원천의 하나는 봉한학설을 비롯한 그간의 과학 성취와 그들로부터 추출한 메시지에 크게 기댈 수 있었던 점을 들 수 있다.17)

이 시기는 북한의 과학기술이 상대적으로 가장 정점에 달했던 때이다. 북한은 이 같은 과학기술 발전이 이루어진 요인을 자립적이고 주체적인 정책노선으로 여겼다. 어찌 보면 정치 주도세력이 당시 얻어진 연구 성과를 자신들의 입지를 강화하는 방향으로 적절히 활용했던 것이다. 그러나 북한의 과학기술이 이 시기에 급속도로 발전할 수 있었던 주된 요인은 다른 데에 있었다. 무엇보다 일본에서 연구경력을 쌓은 유능한 월북 과학기술자들이 다수 포진해 있었던 점이 중요했다. 하지만 북한의 정권은 과학기술에서 묵묵히 일하던 인력의 가치를 제대로 인식하지 못한 채 자신들이 이끈 노선의 가치만을 눈여겨봤던 것이다.

4. 주체사상과 주체과학

주체사상이 1960년대 후반 정식화되면서 그것은 과학기술을 포함한 모든 분야를 새로운 방향으로 구축하게 만들었다. 과학기술은 그 중요성이 여전히 강조되긴 했지만 이때부터는 전면에 앞세워진 사상의 영향 아래에서 발전이 모색되지 않으면 안되었다. 주체사상의 위대성과 전능성이 강조되면 될수록 과학기술도 그 가르침을 받으며 뒤따라야 했던 것이다. 이때부터는 사상이 앞서가고 과학이 그를 본받아 뒤따라가는 모습을 띠었다. 주체과학, 주체기술, 주체의학, 주체농법 등의 말이 널리 쓰이며 매우 독특한 체계를 갖추게 된 것은 바로 이 시기부터였다.

그 특징은 세 가지로 나타났다. 하나는 김일성의 교시를 절대시하여 과학기술도 그것을 이어받아 철저히 따라야 하는 것으로 여겨진 점이다. 수령의 지도를 받아야 과학기술의 올바른 발전이 이루어질 수 있다는 것이다(수령의 향도). 다음으로는 사회의 주인으로 간주된 근로인민이 과학기술에서도 주체가 되는 대중적 혁신에 의해 과학기술은 빠른 발전이 보장될 수 있다고 한다. 이 때문에 과학기술활동은 근로인민이 대거 유입되는 가운데 생산현장에서 수행되게 되었다(대중적 혁신방식). 끝으로는 주체노선과 항일유격대의 혁명정신을 이어받아 과학기술의 경우도 자립적 발전을 강화하고 자력갱생의 원칙을 견지해 나가야 한다는 점을 지적할 수 있다(자력갱생의 원칙).

이에 따라 북한의 과학기술은 다른 나라에서는 그 유례를 찾아보기 힘든 북한식 과학, 즉 '주체과학'의 등장과 정착으로 이어졌다. 주체과학은 북한의 자체 자원, 기술, 설비에 철저히 기반한 속에서 모든 인민을 대대적으로 동원하여 북한의 실정에 가장 적합하게 발전시켜 나가는 것이다. 북한은 주체사상을 주축으로 한 정치사상에 부합하며 당시 처한 여건에서 경제건설과 인민생활에 즉각적이고 직접적으로 이바지할 수 있는 방향으로 과학기술의 재편을 시도했던 것이다.[18] 이렇듯 다른 나라에 대한 과학기술의 의존을 탈피하고 그 자립을 도모하려던 노력이 그것을 훨씬 뛰어넘어 자기만의 특유한 과학기술을 추구하는 방향으로 나아가게 되었다. 이는 과학기술의 실천지향, 집단주의 성격에다가 새로이 지역주의, 인민주의 성격을 가미하는 결과를 낳았다.

이 시기에 추진한 기술혁명을 보면 과학기술과 정치사상이 얼마나 밀착되어 있었는지를 잘 알 수 있다. 이른바 중노동과 경노동의 차이,

공업노동과 농업노동과의 차이, 가사노동으로부터 여성의 질곡을 극복하기 위한 '3대기술혁명'이 제시되었다. 그 목표는 주체사상에서 최고의 가치로 내세우는 인간의 자주성을 실현하기 위해 과학기술을 통한 노동해방을 본격적으로 추진하기 위한 것이었다.[19] 이를 위해 북한은 생산과정의 기계화와 자동화에 필요한 기계공학, 전자공학, 컴퓨터공학의 발전과 그 산업적 응용을 강조하게 되었다. 과학기술과 정치사상의 일체화가 보다 전면적으로 추진되었던 것이다.

한편, 과학기술자는 전문성이 아무리 뛰어나더라도 사상성이 담보되지 않으면 국가적으로 필요 없다고 간주되었다. 대학 졸업 후 진로 배치에서는 실력이나 재능보다 출신성분, 그리고 군대나 현장 경력이 우선적인 중요성을 지녔다. 과학기술자를 대상으로 한 정치 및 노력 동원이 자주 행해지고 생산현장의 과학기술 문제를 풀기 위해 관련 전문가를 파견하는 '과학자기술자돌격대' 제도가 시행되었다. 과학기술자는 혁명하는 자세로 국가와 인민에 헌신해야 하므로 다양한 임무를 수행하는 만능형의 인간이 되어야 했다. 이를테면, 과다한 강의, 대중교양, 정책토론회, 현장실습, 학술강연, 외국서적 번역 등은 그들이 부여받은 과제들이었다. 과학기술자들도 온갖 곤경을 헤쳐 나가며 혁명을 수행하는 과학기술 분야에서의 유격대와 다름이 없었다.[20]

과학연구는 스스로의 힘에 전적으로 의거하여 자체 자원의 활용과 대용품 개발에 중점이 두어졌다. 이 때문에 이전부터 강조해오던 기계공업과 함께 채취공업, 금속공업, 화학공업, 건설공업 등처럼 자립적인 경제체제 구축을 위한 원료, 연료, 동력기지를 꾸리는 일에 많은 노력이 기울여졌다. 물론 전자공학이나 자동화공학처럼 첨단기술의 중요성을 강조하기는 했으나 그것의 목적은 첨단산업의 발전을 위해서라기보다 낙후한 전통산업, 특히 힘든 노동으로부터의 해방에 도움을 주기 위한 것이었다. 그리고 실험설비도 외국에서 들여오기보다 필요한 기관이 중심이 되어 자체 제작하는 것을 기본 원칙으로 삼았다.

　과학기술자의 상당수는 일하면서 배우는 교육체계의 대표 형태인 '공장대학'을 통해 배출되었다. 이 대학은 가능한 한 많은 사람들이 고등교육을 받을 수 있으며 과학기술활동에 근로인민을 대대적으로 유입시킬 수 있는 북한이 지닌 우월한 교육제도로 여겨졌다.[21] 반면에 외국 과학기술을 도입하는 것은 사대주의, 교조주의의 발로로 간주되었기에 해외유학이나 연수는 거의 완전히 중단되었다. 주체과학의 건설에 외국에서 이룩된 과학기술 성과는 그다지 도움이 되지 않는다고 판단했던 것이다. 이로 인해 외국서적이나 잡지도 번역을 통해서만 제한적이고 단편적으로 전달될 뿐이었다. 결국 우수한 과학인재의 양성이나 외국과의 교류는 이 기간 동안 크게 위축되는 결과가 빚어졌다.

　이 시기 들어 생긴 커다란 문제의 하나는 후속 과학세대의 단절이었다. 월북 과학기술자들은 나이가 들어 연구일선에서 물러나는 시점에 이르렀지만 그들을 이어받을 젊은 세대는 역량이 크게 뒤떨어져 있었다. 과학기술자들의 연구능력은 짧은 기간에 더구나 정치사상만을 강조하는 것으로는 얻어지기 힘들었다. 물론 북한 정권은 재일동포 과학기술자들을 적극적으로 유치하여 우수인력의 부족문제를 해결하고자 힘썼다. 하지만 그 규모는 유치 인력의 제약으로 한계가 있을 수밖에 없었다. 이렇듯 당시 북한에서 과학기술을 실질적으로 이끌 과학기술인력의 질적인 문제는 갈수록 커지고만 있었던 것이다.

　따라서 북한의 과학기술은 극히 몇몇 부문을 제외하고는 다른 나라에 비해 크게 뒤떨어졌다. 특히 첨단기술, 소비재기술, 기초과학 부문은 낙후성이 가장 두드러지게 드러난 영역들이었다. 이는 과학기술의 정치사상화, 우수 고급인력의 부족, 외국과의 교류 미진, 지나친 실용적 목표의 추구, 국방기술 치중, 경쟁시스템의 부재 등에 기인했다. 주체적 연구가 가져온 뜻밖의 성과로 북한은 주체과학의 가치와 승리를 지나치게 낙관했고 그럴수록 '사상 주도의 과학 드라이브정책'을 더욱 강력하게 추구했던 것이다. 그러므로 북한으로서는 이 같은 문제를 어떻게든 해결하려는 노력을 기울이지 않으면 안되는 상황에 놓이게 되었다.

5. 주체과학 대 선진과학

　북한에서 선진 과학기술에 대한 관심이 높아지고 그 수용을 위해 가시적인 조치를 취하게 된 것은 1980년대 중반부터였다. 자신의 과학기술이 뒤지고 있다는 것을 인정하면서 '과학과 기술의 시대'에 맞게 과학기술 발전을 위한 새로운 노력이 필요함을 깨달았다. 과학기술의 세계 추세나 수준이라는 말이 자주 언급되며 북한의 과학기술도 그 흐름에 어느 정도 부응하지 않으면 안된다는 판단을 내렸다. 이로써 주체과학이나 주체기술이라는 용어는 잘 사용되지 않고 대신에 '과학기술에서의 주체' 정도로 약화되며 선진 과학기술이 그것에 모순되지 않는다고 여기게 되었던 것이다.

　이는 북한의 경제현실, 그것을 뒷받침하고 있는 과학기술의 낙후성에 대한 반성을 통해 나타났다. 특히 과학기술의 질적인 수준의 문제는 아주 심각한 것으로 여겼다. 북한이 안고 있는 경제문제는 과학기술의 수준을 높이지 않고는 해결하기 어렵다는 인식을 가지게 되었던 것이다. 한편으로는 과학기술의 자립성과 주체성 확립을 위한 그간의 노력이 일정 정도 성과를 거둠으로써 외국 과학기술의 도입이 이제는 문제가 되지 않을 것이라는 판단도 하게 되었다. 외국의 선진 과학기술은 북한의 주체적 과학기술에 어긋나지 않고 오히려 그것의 효율적이고 빠른 발전에 도움이 될 수 있다는 것이었다. 과학기술에서의 이 같은 새로운 방향 모색은 김정일이 정치권력 전면에 나서서 정책결정을 주도하게 되면서

본격적으로 이루어졌다.22)

　이때부터 과학기술자는 과학기술의 핵심 혹은 직접 담당자로 여기며 그 위상에 변화가 일어났다. 과학기술의 주체로 간주되던 인민대중에서 핵심집단은 과학기술자이고 과학기술의 전문화와 학제화로 전문인력의 중요성은 더욱 커졌다는 것이다. 이 때문에 과학기술자는 사회적 동원에서 벗어나 교육 및 연구활동에 보다 역점을 두게 되었다. 과학기술자의 지위 향상을 위해 실력과 성과 위주의 평가, 학습 제일주의, 연구 및 생활여건의 향상, 사회적 홀대 분위기의 개선 등과 같은 노력도 기울여졌다.

　사회적으로 중요성이 커진 우수한 연구인력의 확보를 위해 영재 및 수재교육이 새롭게 모색되었다.23) 중등학교에서 과학영재교육이 실시되고, 나중에는 컴퓨터수재 교육기관을 세우고 김일성종합대학, 김책공업대학, 리과대학 등 주요 대학을 강화하며 연구원과 박사원을 확충하는 조치가 뒤따랐다. 영재 중등학교를 졸업한 학생들에게는 대학에 곧바로 들어갈 수 있는 특혜를 주어 20~30대 준박사와 박사를 대대적으로 양성하고자 했다. 뿐만 아니라 외국유학 및 연수, 해외동포와의 교류가 적극 장려되며 영어를 비롯한 외국어의 습득이 중요하게 여겨졌다. 물론 곧 이은 사회주의국가들의 붕괴, 이에 따른 북한의 체제위기로 말미암아 이 같은 조치가 당장에 실효성을 거두지는 못했다.

　북한은 이 시기 이후로 과학기술에서 새로운 전환이라고 부를 수 있을 변화를 꾸준히 추진했다. 과학기술은 정치사상, 인민경제와의 연계가 논의되면서도 이전의 사상적 구속으로부터 한층 벗어나는 모습을 보여주고 있다. 때로는 과학기술을 정치나 경제의 하위영역이 아닌 그 자체를 자율적이고 우선적인 영역으로 간주하는 경향도 나타나고 있다. 그리고 기초과학과 첨단기술의 중요성이 부각되며 이를 뒷받침할 제도적 조치가 강구되고 있기도 하다. 전자공학, 정보과학, 열공학, 생물공학,

신소재 등은 새로이 역점을 두고 있는 대표적인 분야들이다.

　선진 과학기술에 대한 강조는 다분히 과학주의 경향을 낳고 있기도 하다. 북한에서는 첨단과학이 가져다줄 기술경제적 효과를 유달리 긍정적으로 보고 있다. 이를테면, 서방의 국가들에서는 유전자조작식품, 생물복제, 유전공학, 원자력에너지, 나노기술 등을 둘러싸고 논란이 일고 있으나 북한에서는 오로지 긍정적 측면만이 강조되고 있다. 선진 과학기술은 새로운 재부를 낳을 원천이기에 북한으로서는 일단 부푼 꿈을 가지고 그것과 대면하고 있는 상태이다.

　물론 북한 과학기술에서의 근간은 여전히 주체 확립에 있다. 새로운 변화에도 불구하고 과학기술은 전통과의 연결 속에서 추구되는 면이 상당 부분 있기 때문이다. 구체적으로는 과학기술과 정치사상의 관련, 실천지향 생산연구, 과학기술자와 생산자의 협조, 생산현장과 밀착된 교육, 집단주의의 구현 등은 그 예들이라고 할 수 있다. 그렇지만 과학기술에서 서방의 앞선 과학을 뜻하는 선진이 주체와 모순되지 않고 추구될 수 있다는 생각은 분명 커다란 발상의 전환이다. 과학기술에서는 이데올로기 접근보다 갈수록 실리주의 접근이 강화되어 나갈 것으로 전망된다.

6. 북한 과학기술의 향방

　지금 북한은 정치경제적으로 매우 힘든 처지에 놓여있다. 핵과 미사일 개발로 인한 국제 긴장과 식량 및 에너지난으로 빚어진 내부 위기에 직면해 있다. 이 같은 문제를 해결하기 위해 북한은 '광명성1호'의 발사를 계기로 1990년대 후반부터 강성대국 건설과 과학기술중시사상을 새로이 내세우고 있다. 즉, 첨단 및 정보 과학기술을 확고히 앞세워 현재

당면하고 있는 긴박한 문제를 해소함은 물론 사회주의 강국을 위한 기틀을 마련한다는 것이다.24)

무엇보다 정보기술은 북한에서 과학기술의 핵심 종자로 간주되고 있다. 21세기를 '정보산업의 시대'로 규정하며 정보기술의 중요성을 역설하는 가운데 사회 전반적으로 그에 대한 열풍을 불러일으키고 있다. 김일성대학과 김책공대의 컴퓨터과학대학, 그리고 조선컴퓨터센터 등은 컴퓨터 교육연구를 이끄는 중심기관들이다. 특히 소프트웨어는 인간의 지능노동, 즉 지식과 두뇌가 결정적인 작용을 하는 가장 첨단분야로 여기며 널리 장려되고 있다. 국제대회에서도 수상작을 종종 냈던 것을 볼 수 있다. 그동안 역점을 두어 추구해 왔던 기술혁명론도 정보기술을 중심으로 한 논의로 변모하고 있다. 새로운 시대에 걸맞은 기술혁명의 단계로서 정보화와 정보기술혁명이 제기되고 있기까지 한 것이다.25)

이 때문에 정보기술 분야에서는 세계수준의 과학기술을 확보하고자 다른 나라와의 교류 협력을 상대적으로 활발히 벌이고 있다. 국제기구와 재외동포는 물론 유럽의 국가들, 그리고 남한과도 정보기술의 도입 및 개발을 위해 애쓰고 있다. 현재 남한과 가장 활발한 교류가 이루어지고 있는 분야도 바로 정보기술이라는 사실은 북한이 그에 대해 쏟는 관심과 노력이 얼마나 큰지를 알 수 있다. 뿐만 아니라 자체 개발한 소프트웨어를 개량 수출하기 위해 다른 나라와의 공동연구나 협력사업도 강화하고 있다. 내부적으로는 수준 높은 소프트웨어 개발을 통해 새로운 외화 획득의 원천을 찾으려 하고 있는 것으로 보인다.

북한은 이렇게 정보기술을 필두로 한 첨단 과학기술을 선행시켜 기술적 문제는 물론 사회전반에 걸쳐있는 현안을 풀고 사회발전을 재촉하려 하고 있다. 이른바 '과학기술중시사상'을 주창하고 있는 것이다.26) 이 사상은 그동안 부분적으로 알려져 있는 것과 같이 단순히 경제문제를 풀기 위해 제시되고 있는 것만은 아니다. 그보다는 과학기술을 사회

전반의 문제를 해결하는 데 훨씬 더 포괄적이고 광범위하게 활용하기 위한 것이다. 이 때문에 사상이라는 말이 과학기술 뒤에 붙어 과학기술 중시사상으로 불리고 있다.

이 과학기술중시사상은 최고 통치자 김정일이 직접 이끌고 있는 것으로 보인다. 과학기술을 선행시켜 경제난과 식량난을 해결하고 행정관리의 난맥을 풀려고 하고 있다. 중앙집권, 계획경제, 교육수준 제고 등도 첨단의 과학기술을 통해 원활히 이루어질 수 있다고 생각한다. 뿐만 아니라 과학기술이 주는 혁신, 전환, 실리의 이미지를 정치에도 적극 활용하고 있다. 새로운 시대에 부합하는 통치형태로서 '과학정치'가 제기되고 있는 것이다. 특히 북한 내에서 김정일은 최신의 과학기술에 정통한 과학정치가로서 세계에서 가장 앞서가는 지도자로 거론되고 있다. 이렇게 과학기술중시사상은 첨단의 선진과학에 기반하여 그것을 사회전반을 새롭게 다지는 데 적극 활용하려는 담론인 것이다.

현재 북한에서의 과학기술 논의에는 '기술경제 측면'과 함께 지금까지 간과되어온 '이데올로기 측면'이 공존하고 있다. 북한이 당면하고 있는 체제 및 사상의 이완을 다시금 추스르는 데 과학기술은 대중적 공감을 불러일으키며 상당한 효과를 발휘하고 있는 것으로 보인다. 무엇보다 첨단의 과학기술이 그동안 느끼지 못하던 신선함과 기대감을 풍겨주고, 그것을 최고 통치자가 앞장서서 제시하며 이끌고 있기 때문이다. 그러나 첨단의 과학기술이 실제적으로 가져다주는 경제생활에의 기여는 가시화되고 있다고는 보기 힘들다. 다른 부문에 비해 소프트웨어가 빠른 발전을 보이고는 있으나 그마저도 국가 경쟁력을 갖춘 상태는 아니다. 더구나 미국을 비롯한 서방 국가들이 가하고 있는 기술경제 제재조치는 근본적인 제약조건으로 작용하고 있다.

북한은 갈수록 서방의 선진과학에 보다 깊은 관심을 가질 것이다. 물론 체제 및 사상의 위기가 지속되는 한 과학기술의 주체 확립도 계속해서 제기될 것으로 전망된다. 이 문제는 과학기술의 이데올로기 측면과 맞물리며 전개되어 나가게 된다. 그렇지만 북한으로서 사활이 걸린 과제는 과학기술을 통해 국가 경제와 인민 생활에 직접적으로 도움이 될 기술경제 성과를 거두는 일이다. 선진과학을 통해 기대하는 기술경제 성과를 이룰 경우 체제도 자연스럽게 안정될 것이지만, 그렇지 못하면 현재 과학정치를 통해 얻고 있는 이데올로기 효과마저 약화될 가능성이 크다. 이렇듯 북한에서 새롭게 제기하고 있는 과학기술중시사상은 북한 사회의 향후 행로와 밀접하게 관련을 맺고 있다.

※ 이 글은『북한과학기술연구』1집(2003)에 실린 필자의 논문을 수정 보완한 것이다.

주 註

1) 이공계 고등교육기관의 경우 남한에는 경성제대 이공학부, 연희전문 이과, 경성공전, 경성광전, 북한에는 평양공전 등이 있었다. 김근배, 『한국 근대 과학기술인력의 출현』(서울: 문학과지성사, 2005).
2) 해방 당시 이공계 박사학위자는 총 10명으로 이들은 모두 남한에 있다가 그 중 리승기(화학공학)와 김양하(화학)가 전쟁 때에 월북을 했다.
3) 윤명수, 『조선과학기술발전사: 해방후편 1』(평양: 과학백과사전종합출판사, 1994), 14~18쪽.
4) 김근배, "초기 북한에서 사회주의적 과학기술자의 창출," 『한국과학사학회지』 25권 1호 (2003), 25~42쪽.
5) 지금까지 필자가 조사한 대학 졸업 이상의 학력을 가진 월북 과학기술자는 총 80여 명에 이른다. 김근배, "월북 과학기술자와 흥남공업대학의 설립," 『아세아연구』 40권 2호 (1997), 95~130쪽.
6) 북한과 소련의 과학기술협력에 대해서는 신효숙, "'조·소 과학기술협력위원회' 자료로 본 북·러 과학기술협력," 『현대북한연구』 8권 3호 (2005), 31~71쪽을 참조할 것.
7) 신효숙, "해방 후 북한 고등교육체계의 형성과 특징 – 김일성 종합대학의 창립과 운영을 중심으로," 『북한연구학회보』 2권 2호 (1998), 195~224쪽. 오파린의 북한 방문에 대해서는 한설야, "오빠린박사 부처와 나와 조선의 자연," 『조소문화』 (1949.4), 158~172쪽에 잘 나와 있다.
8) 김일성종합대학의 초기 역사는 김일성 종합대학, 『김일성 종합대학 10년사』 (평양: 김일성종합대학, 1956)에 자세히 나타나 있다.
9) 강호제, "현지연구사업과 북한식 과학기술의 형성," 『현대북한연구』 6권 1호 (2003), 199~246쪽.
10) 김근배, "김일성종합대학의 창립과 분화: 과학기술계 학부를 중심으로," 『한국과학사학회지』 22권 2호 (2000), 192~216쪽.
11) 김근배, "초기 북한에서 사회주의적 과학기술자의 창출," 앞의 글, 25~42쪽.
12) 강호제, "천리마작업반운동과 북한식 기술혁명," 『북한과학기술연구』 3집 (2005), 105~122쪽.
13) 김태호, "리승기의 북한에서의 '비날론' 연구와 공업화," 『한국과학사학회지』 23권 2호 (2001), 111~132쪽.
14) 김근배, "'리승기의 과학'과 북한사회," 『한국과학사학회지』 20권 1호(1998), 3~25쪽.
15) 예를 들어 강영창, "우리 당의 과학정책 관철에서의 성과와 그의 확대 강화를

위하여," 『과학원 통보』 1962년 3~4호, 1~10쪽 ; 김기남, "우리 당 과학정책의 빛나는 승리," 『근로자』 1964년 9호, 10쪽 등이 있다.
16) 김봉한의 주요 논문으로는 "경락실대에 관한 연구," 『조선의학』 9권 1호(1962), 5~13쪽 ; "경락계통에 관하여," 『과학원통보』 1963년 11~12호, 6~35쪽 ; "경락체계," "산알학설," 『과학원학보』 1965년 5호, 1~62쪽 등이 있다.
17) 김근배, "과학과 이데올로기의 사이에서: 북한 '봉한학설'의 부침," 『한국과학사학회지』 21권 2호 (1999), 194~220쪽.
18) 박찬식, 『과학기술발전은 주체확립의 중요한 담보』 (평양: 사회과학출판사, 1991).
19) 『3대 기술혁명에 관한 위대한 수령 김일성원수님의 독창적인 사상』 (평양: 사로청출판사, 1973).
20) 이 같은 내용은 김일성, 『우리나라의 과학기술을 발전시킬 데 대하여』 (평양: 조선로동당출판사, 1986)에 강조되어 나타나고 있다.
21) 조정아, "북한 공장의 기술인력 양성체제의 형성," 『북한연구학회보』 8권 2호 (2004), 185~210쪽.
22) 김정일의 과학기술관은 그의 책 『과학교육사업을 발전시킬 데 대하여』 (평양: 조선로동당출판사, 1999)에 잘 드러나 있다.
23) 북한의 수재교육에 대해서는 신효숙, 『김정일시대 북한교육의 변화』 (서울: 통일교육원, 2006), 33~37쪽을 참조할 것.
24) 최근 북한의 과학기술정책은 이춘근, 『북한의 과학기술』 (한울아카데미, 2005) ; 리정남, 『기술혁명은 사회주의 경제건설의 생명선』 (평양: 조선로동당출판사, 2002) 등에 자세히 기술되어 있다.
25) 남성욱, 『북한의 IT산업 발전전략과 강성대국 건설』 (한울아카데미, 2002) ; 김유향, "북한의 IT부문 발전전략: 현실과 가능성의 갭," 『현대북한연구』 4권 2호 (2001), 191~224쪽 ; 송경준, "북한의 IT교육 현황과 특징" (전북대학교 석사학위논문, 2005). 이밖에 북한의 IT에 관해서는 많은 연구들이 있다.
26) 양문수, "김정일시대 북한의 경제운용과 과학기술중시정책," 『통일문제연구』 35권 (2001), 183~205쪽 ; 선유정, "김정일시대의 과학기술중시사상," 『북한과학기술연구』 1집 (2003), 389~416쪽.

<참고문헌>

1. 북한문헌

김일성 종합대학, 『김일성 종합대학 10년사』 (평양: 김일성 종합대학, 1956).
김일성, 『우리나라의 과학기술을 발전시킬 데 대하여』 (평양: 조선로동당출판사, 1986).
김정일, 『과학교육사업을 발전시킬 데 대하여』 (평양: 조선로동당출판사, 1999).
김창호, 『조선교육사』 3 (평양: 사회과학출판사, 1990).
리승기, 『과학자의 수기』 (평양: 국립출판사, 1962).
리정남, 『기술혁명은 사회주의 경제건설의 생명선』 (평양: 조선로동당출판사, 2002).
박찬식, 『과학기술발전은 주체확립의 중요한 담보』 (평양: 사회과학출판사, 1991).
윤명수, 『조선 과학기술 발전사: 해방후편 1』 (평양: 과학백과사전종합출판사, 1994).
중공업위원회 5설계사무소, 『비날론 공장 건설』 (평양: 국립건설출판사, 1961).
홍순원, 『조선보건사』 (평양: 과학백과사전출판사, 1981).

2. 남한문헌

강호제, "천리마작업반운동과 북한식 기술혁명," 『북한과학기술연구』 3집 (2005).
_____, "현지연구사업과 북한식 과학기술의 형성," 『현대북한연구』 6권 1호 (2003).
김근배, "'리승기의 과학'과 북한사회," 『한국과학사학회지』 20권 1호 (1998).
_____, "과학과 이데올로기의 사이에서: 북한 '봉한학설'의 부침," 『한국과학사학회지』 21권 2호 (1999).
_____, "김일성종합대학의 창립과 분화: 과학기술계 학부를 중심으로," 『한국과학사학회지』 22권 2호 (2000).
_____, "월북 과학기술자와 흥남공업대학의 설립," 『아세아연구』 40권 2호 (1997).
김근식, "김정일 시대 북한의 경제발전전략: '3대 제일주의'에서 '과학 기술 중시'로," 『현대북한연구』 3권 2호 (2000).
김기석, "김일성종합대학의 창설에 관한 일 연구," 『교육이론』 10권 1호 (1996).
김선호, 『북한의 기술교육 및 고등교육 발전상』 (서울: 국토통일원, 1976).
김연철, 『북한의 산업화와 경제정책』 (서울: 역사비평사, 2001).
김유향, "북한의 IT부문 발전전략: 현실과 가능성의 갭," 『현대북한연구』 4권 2호 (2001).
김철환, 『북한의 과학기술정책 연구』 (서울: 국토통일원, 1990).

김태호, "리승기의 북한에서의 '비날론' 연구와 공업화,"『한국과학사학회지』23권 2호 (2001).
김홍광, "북한 컴퓨터과학의 기원과 전개,"『북한과학기술연구』4집 (2006).
남성욱,『북한의 IT산업 발전전략과 강성대국 건설』(서울: 한울아카데미, 2002).
서재진,『식량난에서 IT산업으로』(서울: 미래인력연구원, 2001).
선유정, "김정일시대의 과학기술중시사상,"『북한과학기술연구』1집(2003).
송경준, "북한의 IT교육 현황과 특징" (전북대학교 석사학위논문, 2005).
신동원, "1960년대 이후 북한 한의학의 변천과 성격,"『한국과학사학회지』25권 2호 (2003).
_____, "해방 이후 북한 한의학의 변천, 1945~60,"『한국과학사학회지』25권 1호 (2003).
신향숙, "북한의 생물학 연구동향,"『북한과학기술연구』1집 (2003).
신효숙,『김정일시대 북한교육의 변화』(서울: 통일교육원, 2006).
_____, "조·소 과학기술협력위원회 자료로 본 북·러 과학기술협력,"『현대북한연구』8권 3호 (2005).
_____, "해방후 북한 고등교육체제의 형성과 특징-김일성 종합대학의 창립과 운영을 중심으로,"『북한연구학회보』2권 2호 (1998).
양문수, "김정일시대 북한의 경제운용과 과학기술중시정책,"『통일문제연구』35권 (2001).
이춘근,『북한의 과학기술』(서울: 한울아카데미, 2005).
임정혁, "현대 북한의 과학자들,"『북한과학기술연구』1집 (2003).
조정아, "북한 공장의 기술인력 양성체제의 형성,"『북한연구학회보』8권 2호 (2004).
최현규, "북한의 발명특허제도와 최근의 기술동향분석,"『북한과학기술연구』1집 (2003).
황상익, "북한의 신미리 애국열사릉에 묻힌 과학기술자 연구,"『북한과학기술연구』2집 (2004).

과학기술계획

이 춘 근

1. 서 론

    사회주의 국가들의 과학기술발전계획은 국가 통일계획의 일환으로서 경제계획과 밀접하게 연결되어 수립·관리되고 있다. 이러한 계획체제는 구소련의 방법들을 모방해 자국의 특성에 맞게 개조하는 것이 일반적이다. 구소련은 과학원 주도로 20년 정도의 '과학기술발전 장기계획'을 수립하고 이 안에서 10개년 기본발전방향과 5개년 과학기술발전계획, 연도계획 등을 수립하는 체제를 가지고 있었다. 20년 과학기술발전 장기계획은 국가계획위원회에서 수립한 '20년 국민경제와 사회발전 장기계획'과 연동되어 수립된다.

    건국 초기의 중국도 과학원 주도의 장기계획을 세운 후 이 안에서 연도계획을 수립하는 방법을 모방하여 1956년부터 시작된 12년 과학기술발전계획을 세웠고, 북한도 구소련의 지원을 받아 1950년대 말에 과학원에서 '과학발전10년계획'을 수립하였다.1) 단, 90년대 이후 북한이 중장기 경제계획을 수립하지 못하고 있으므로, 최근의 경제활동과 과학기술계획의 연계 동향을 정확히 파악하기는 어렵다. 따라서, 본 글에서는 역으로, 연이어 수립되고 있는 과학기술계획을 통해 북한의 경제동향과 병목 분야, 생산성 개선 활동 등을 살펴본다.2)

2. 경제계획과 과학기술계획의 연계

북한의 과학기술계가 현장지원 연구에 치중하고 있으므로 과학기술계획은 북한경제의 현실과 당면과제를 거의 그대로 반영하고 있다고 해도 과언이 아니다. 따라서 이 계획의 주요 항목들을 비교·분석함으로써 최근의 경제개혁이 주는 의미를 보다 정확히 파악할 수 있다. 특히 북한이 1990년대 초반 이후 거의 10여 년간 장기경제계획을 수립하지 못하고 있으므로 과학기술발전계획의 분석이 주는 의미가 더욱 크다고 하겠다.

이하에서는 북한의 경제학 교과서 분석을 통해 경제계획과 과학기술계획의 연계체제를 살펴본다. 대부분이 80년대 자료이지만, 북한의 관련 분야 최고학부인 김일성종합대학 경제학부와 계획경제학과 교과서들이므로 북한의 경제계획체제를 정확히 이해하는 데 많은 시사점을 얻을 수 있다.3)

1) 인민경제계획

북한은 각 부문별 계획을 몇 개의 기본항목으로 묶어서 통합 관리하는 체제를 가지고 있다. 전체 계획을 항목별로 묶는 것은 사회주의 경제의 다양한 연계와 균형을 합리적으로 설정하고 국가의 지도관리를 강화하며, 인민경제계획사업의 유일성과 통일성, 시기성을 보장하기 위해서이다. 김일성종합대학 교과서에 수록된 북한의 인민경제계획 기본항목을 <표 1>에 정리하였다. 이 항목들은 북한이 처한 경제 현실과 노선에 따라 지속적으로 개선된다.

<표 1> 인민경제계획 기본항목

순	항 목	순	항 목
1	공업생산계획	11	로동계획
2	농촌경리계획	12	물자계획
3	운수 및 체신계획	13	상품류통계획
4	기본건설계획	14	수매 및 량정계획
5	설계계획	15	무역계획
6	지질탐사계획	16	교육계획
7	고정재산보수계획	17	문화계획
8	도시경영계획	18	보건계획
9	산림계획	19	원가계획
10	과학기술발전계획	20	재정계획

자료: 김재석 등, 『인민경제계획화』(평양: 김일성종합대학출판사, 1986), 87쪽으로부터 구성.

이 항목들을 구소련의 경제계획과 비교하면 몇 가지 흥미로운 사실을 파악할 수 있다. 구소련의 경제발전계획은 거시경제 목표를 나타내는 종합부문과 각 계획부문, 지방정부 계획의 3부분으로 나뉘어 편성되었다. 이 중 각 계획부문과 지방정부 계획에 과학기술계획이 분산·배치되어 있고, 각 계획부문의 항목 중에서는 '과학연구와 성과응용' 부문에 연구와 기술개조, 성과 응용 등의 과학기술계획이 집중되어 있었다.

구소련과 북한의 계획을 비교해 보면, 북한의 경제계획 항목에 설계계획과 고정재산보수계획, 도시경영계획, 산림계획, 상품유통계획 등이 추가되고, 구소련의 계획에서 하나로 통합되어 있는 교육, 문화, 보건이 별도의 계획으로 분리되었으며, 무역과 대외무역은 하나로 통합된 것을 알 수 있다. 연방제 대국인 구소련의 계획이 중앙과 지방으로 분리되어 세세한 항목들은 지방정부 차원에서 관리하는 것과 달리, 북한은 중앙정부 차원에서 대부분을 관리하기 때문인 것으로 보인다. 따라서 북한 경제계획의 중앙집중도와 통일성, 연계성도 구소련보다 월등하게 크다는 것을 짐작할 수 있다.

이 항목들은 그 성격과 내용에 따라 부문별 항목과 종합적 항목으로 구분된다. 예를 들어 공업생산계획, 농촌경리계획, 기본건설계획 등은 부문별 항목이고, 원가계획, 재정계획 등은 종합적 항목이다. 각 항목은 공업생산계획, 농촌경리계획 등의 생산물 생산계획을 중심으로 밀접하게 연동되어 있다. 사회주의 경제발전에서 결정적인 의의를 갖는 것이 생산이고, 생산에 관계된 고리들 중에서 가장 기본이 되는 것이 생산물의 생산이기 때문이다.[4]

2) 과학기술발전계획과 인민경제계획의 연계

경제계획의 각 부문별 계획들이 생산물 생산계획을 중심으로 연동되므로 이들 계획, 특히 공업생산계획의 강조점이 각 부문별 계획에 거의 그대로 반영된다. 따라서 경공업에 대한 중공업의 우위, 가공공업에 대한 채취공업의 우위, 일반공업에 대한 전력공업의 우위, 일반공업에 대한 기계제작공업의 우위, 일반공업에 대한 화학공업의 우위 등이 각 부문별 계획에 거의 그대로 반영된다. 이에 따라 국가예산에서도 이들 분야에 대한 지출이 다른 분야를 압도하게 된다.

이런 연계는 북한 과학기술발전계획의 주요 지표에도 확연하게 나타나고 있다. 앞에서 소개한 김일성종합대학 교과서인『인민경제계획화』와『부문계획화』의 '과학기술계획' 부분에 나타난 중요지표 10가지를 구소련 과학기술발전계획(과학연구와 성과 응용)과 대비하여 <표 2>에 정리하였다.

<표 2> 북한과 구소련의 과학기술발전계획 지표

	북한		구소련
1	과학연구 및 시험계획	1	과학연구와 탐색성 사업
2	시작품계획	2	신설비, 원료, 자재 등의 설계와 생산
3	새기술 도입계획	3	신공업상품 생산 명령
4	새기술 도입에 의한 연료 및 동력 절약계획	4	생산공정 기계화와 자동화에 신공법 적용
5	기술경제적 기준계획	5	노후설비 교체
6	힘들고 품이 많이 드는 작업의 기계화계획	6	신설비, 원료, 자재 등에 대한 사용자 교육
7	기술발전사업비계획	7	전문화된 생산 협력
8	기술발전사업비에 의한 건설계획		
9	기술준비계획		
10	대외과학기술교류계획		

과학연구 및 시험계획에서는 국내에 부족한 원료와 연료를 더 찾아내고 없는 것을 대용하기 위한 연구, 공장의 생산 정상화와 기술적 문제 해결을 위한 연구, 새로운 과학기술 분야를 적극적으로 개척하기 위해 전자공학과 자동화공학 등을 발전시키는 연구, 기술혁명 완성을 위해 생산의 종합적 기계화와 자동화, 원격 조종화를 실현하는 연구 등이 중심을 이루고 있다.

이때 특별히 강조하는 것은 연구목적과 방향, 예상성과가 명확하다고 인정되는 과제에만 필요한 자재와 경비를 지급한다는 것이다. 각 계획이 구체적으로 연결되는 체제에서 명확한 예측이 어려운 과제는 계획화가 곤란하기 때문이다. 과제는 기초연구와 응용연구, 도입연구 과제를 구분해 선정하며, 이를 수행하기 위한 인력과 자재, 설비, 자금 등을 명확히 포함시킨다.

시작품계획은 지금까지 생산해 보지 못한 새로운 제품들을 공업적 방법으로 대량 생산하기 전에 그 생산방법과 기술공정을 습득하고 필요한 기술문건을 완성하기 위해 세우는 계획이다. 여기서 중요한 것은 연구 성과의 생산 도입을 위한 국가적인 체계를 세우고 과학기술통보사업과 보장사업을 확고히 하여 가치 있는 성과들이 적시에 생산에 적용되도록 하는 것이다.

과제는 중간실험과 시험제작을 통해 기술과제와 설계과제를 충분히 검토하고 기술적 문제를 완전히 해명한 기초 위에서만 생산에 도입하도록 세워 나간다. 여기에는 보다 능률적인 기계설비와 새로운 제품을 만들어내기 위한 과제들, 기본 제품에 의거해 새로운 구조, 형식 및 규격의 제품을 생산하는 과제들이 포함된다. 따라서 설계도면이나 기술문건 또는 견본품이 없는 것은 시작품계획에 올리지 못하도록 하고 있다.

새기술(신기술) 도입계획은 현대 과학기술의 성과를 생산과 건설 분야에 확산시키기 위해 세운다. 특히 생산의 종합적 기계화와 자동화를 적극 실현하기 위한 과제들, 자동화 설비와 자동화 요소를 도입하기 위한 과제에 중점을 두고 있다. 여기에는 생산능력과 품질을 높이기 위한 선진기술과 작업방법의 도입, 기존 공업토대를 현대적 기술로 개건·완비하며 새로운 공업부문을 갖추기 위해 필요한 선진기술공정 및 신제품 생산공정의 도입, 기계설비의 고속도화, 대형화, 경량화, 현대화를 위한 과제 등이 포함된다.

이때 국내외 선진 기술자료를 광범위하게 조사한 후, 타과제보다 더 잘 분석되고 인민경제 발전에 중요하며 기술경제적 효과가 큰 과제를 우선적으로 선정한다. 새기술(신기술) 도입에 의한 연료 및 동력 절약계획도 이와 유사한 경로를 통해 추진된다.

기술경제적 기준계획은 계획연도에 조직적인 기술정책에 의해 도달하게 될 기술발전 수준을 종합적으로 규정하는 계획이다. 이 계획은 기업소들에서 인력, 설비, 자재, 자금을 가장 합리적으로 이용하여 생산계획 등의 모든 계획들을 과학적으로 세우는 기초가 되는 동시에 기술발전을 촉진시키는 적극적인 작용을 한다. 주요 지표는 설비능력의 이용정도, 제품 단위당 원료, 연료, 자재, 인력 등의 소비기준과 노동력 지출기준 및 생산물의 질적 수준 등이다. 이 지표들은 전력, 금속, 기계, 방직 등 각 부문별로 수립되고 연간·분기별로 규정된다.

힘들고 품이 많이 드는 작업의 기계화 계획은 인민경제 모든 부문에서 육체노동에 의존하는 힘든 일을 기계화하고 이를 종합적인 기계화 수준으로 높이기 위한 지표들을 반영한다. 주요 지표들은 작업의 기계화 비중, 노동자 1인당 연간평균작업량, 절대적 노동력 절약, 상대적 노동력 절약 등이다. 각 지표들의 계산식은 다음과 같다.[5)]

- 작업의 기계화 비중(%)＝(기계화작업량/총작업량)×100
- 노동자 1인당 연평균작업량＝총작업량/작업에 참가하는 노동자수
- 절대적 노동력 절약＝기초연도 작업 참가 노동자수 – 계획연도 노동자수
- 상대적 노동력 절약＝(계획연도 총작업량/기초연도 1인당 연평균작업량) – (계획연도 총작업량/계획연도 1인당 연평균작업량)

기술발전사업비계획은 과학기술계획화에서 현물지표별로 각 과제의 수행에 필요한 경비를 조달하기 위한 것이다. 이 계획은 생산과 기본건설, 대보수계획에 연동되어 수행되는 과제를 제외한 모든 과학기술발전 과제에 대해 세운다. 주요 지표는 생활비를 포함한 인건비, 자재비, 설비비, 기타비(기술문건 구입비, 여비, 견학 및 실습비 등) 등이고 공통적으로 설계연구비가 들어간다. 각 계획에 적용되는 기술발전사업비의 지표

는 <표 3>과 같다.

<표 3> 기술발전사업비의 계획별 주요 항목

계 획	주요 항목
과학연구 및 시험계획	기초연구, 응용연구, 도입연구와 기업소에서의 과학연구 및 시험사업에 드는 비용
시작품 생산	새로운 제품 생산에 드는 비용, 기술공정, 생산방법, 기술문건을 습득하고 완성하는 데 필요한 비용
새기술 도입	선진기술공정과 작업방법의 도입, 생산공정의 기계화, 종합적 기계화, 자동화, 원격조종화 등 새기술 도입에 필요한 비용
새기술 도입에 의한 연료 및 동력 절약	전력, 콕스, 연유 및 석탄을 절약하고 폐열과 남은 열을 합리적으로 이용하며 수입연료를 국내 연료로 대용하기 위한 새기술 도입비용
기술발전사업비에 의한 건설	자체로 진행하는 연구소 중간시험 공장, 공장, 기업소들에서 기계화 및 자동화 도입과 관련하여 건설 등에 필요한 비용
설계연구비	현대적인 기계제품을 개발하기 위한 장기연구와 시험연구, 현실 이해와 분석사업, 공장에 대한 기술서비스사업, 자료와 의견서, 대책안 작성 등 설계도면이 나오지 않는 작업에 드는 비용

자료: 김재석 등, 『인민경제계획화』, 앞의 책, 86~88쪽에서 정리.

구소련의 과학기술계획은 연구와 성과 응용에 집중하고 이에 필요한 인력충원과 교육, 기자재 보급, 기본건설 등은 타부서에서 관할하는 계획 중의 일부로 포함시키고 있었다. 이런 경향은 북한의 과학기술계획에도 거의 그대로 나타나고 있다. 즉 북한 경제계획의 노동계획에 과학연구인력의 보충항목이 있고, 교육계획에 과학기술자에 대한 부문별, 전공별, 지역별 수요 충족이 있으며, 기본건설계획에는 과학연구시설의 건설항목이 포함되어 있다.

또한 물자계획(자재소요, 설비소요, 부속품소요)에 과학연구 및 시험계획, 시작품계획, 새기술 도입계획 등의 과학기술발전계획 수행에 필요한 자재가 들어 있고, 원가계획에는 기술도서 및 설계 구입비, 기능향상 및 기술 전습비, 시험연구, 기술 개건 및 합리화비 등이 포함되어 있다.

이러한 연계, 특히 생산물생산계획에서 가장 중요한 공업생산계획을 중심으로 각 부문별 계획이 연동되는 체제는 경제계획과 과학기술계획이 연동되는 중심고리가 된다. 과학기술계획의 목표가 경제계획 목표, 특히 공업생산 목표 실현을 체계적으로 지원하는 데 맞추어지기 때문이다. 북한에서 말하는 계획의 일원화와 세부화가 공업계획을 중심으로 잘 실현되고 있는 것이다.

이와 함께 북한의 과학기술발전계획에서는 구소련보다 자체원료와 연료의 개발, 이용, 절약을 강조하고 있고, 기계화와 자동화 분야에서도 노후설비 교체보다 기존설비의 이용률 제고와 부분적인 개량, 육체노동의 대체 등을 강조하고 있다. 중노동과 경노동의 차이 해소, 공업노동과 농업노동의 차이 해소, 여성들의 경우 가사노동에서의 해방이라는 이른바 주체의 과학기술혁명이론이 과학기술계획에 반영되고 있는 것이다.

3) 과학기술발전계획을 통한 경제동향의 이해

경제계획과 과학기술발전계획이 동일한 틀 안에서 수립되는 것은 북한 국가계획체제의 커다란 특징이다. 이 안에서 생산물 생산계획, 특히 공업생산계획을 중심으로 각 계획들이 연동되고 과학기술발전계획에서도 이를 지원하는 과제들을 우선적으로 추진하며, 연구 성과도 생산현장에 도입되어 경제적인 효과를 얻을 수 있는 것만을 인정하게 된다. 따라서 북한의 과학기술계획을 세밀히 검토함으로써 해당 시기의 경제적 수요와 병목 분야를 잘 파악할 수 있다.

특히 북한이 3차 7개년계획 이후 10여 년 간 경제계획을 수립하지 못하고 있는 상황에서 최근 연이어 과학기술발전계획을 수립하고 있으므로 이들 과학기술계획을 통해 현 시기 북한경제의 당면과제를 좀더 정확히 이해할 수 있을 것이다. 더불어 과학기술계획이 경제계획에 선행되는 분야가 많으므로 이를 통해 앞으로 수립될 경제계획의 모습을 미리 예측해 볼 수도 있다. 본 글에서는 제3차 7개년시기의 1, 2차 "과학기술발전 3개년계획"과 최근의 "과학기술발전계획 5개년계획(1988~2002)", "새로운 과학기술발전 5개년계획(2003~2007)" 등을 통해 북한경제의 당면과제와 개혁동향을 해석하는 데 주력한다.

3. 주력 연구과제의 변화

북한의 연구과제는 경제개발과 밀접한 관계를 맺으면서 점진적으로 발전해 왔다. 따라서 경제에서의 중공업 우선 발전정책과 자력갱생정책, 대중적 기술혁신이론 등이 연구개발계획에 거의 그대로 반영되고 있다. 연구과제의 선정도 이런 틀 안에서 이루어진다. 이하에서는 각종 문헌에 나타난 북한의 주요 연구과제들을 간단히 정리한 후, 1980년대 3차 7개년계획 시기의 과학기술계획과 최근의 과학기술발전 5개년계획을 비교하면서 북한의 경제개혁이 주는 의미를 분석해 본다.

1) 1980년대 이전의 주력 연구과제

해방 직후에는 일제가 남기고 간 공장, 기업소들을 정상화하기 위한 기초조사와 복구, 기술자 양성에 주력하였고, 1950년대에는 전후 복구와 공업기반 구축 노력, 과학원의 설립 등에 따라 국가적인 연구사업이 본격화되었다. 김일성은 1952년 4월의 과학자대회에서, 주력 연구과제로 금속공업에서는 용광로의 개선에 관한 연구, 특수강의 질을 높이기 위한 연구, 내화벽돌의 국산화에 관한 연구 등을, 기계공업에서는 병기

생산을 위한 정밀기계, 기구, 공구에 관한 연구를, 화학공업에서는 폭약 생산에 관한 연구, 석탄액화에 관한 연구, 카바이드 이용에 관한 연구, 전기절연재료, 도료, 합성수지, 합성고무 등에 관한 연구 등을, 자원공학에서는 전국적인 지질조사와 유용광물 탐사, 수력발전에 관한 연구를, 농업에서는 간석지 개간과 육종, 축산, 수산, 산림에 관한 연구를 거론하였다.

1960년대 사회주의 공업화 시기에는 카바이드, 비날론, PVC, 합성고무 등의 석탄화학에 관한 연구, 북한의 탄전에 적합한 무연탄가스화에 관한 연구, 무연탄으로 북한에 없는 콕스를 대체하거나 일부를 대용할 수 있는 주체적인 제철법에 관한 연구, 특수강에 관한 연구, 카바이드 생산과 제철공업에서 전기를 절약할 수 있는 대형 산소분리기에 관한 연구, 비료의 자급에 관한 연구, 각종 공작기계 생산과 자동화 수준을 제고하는 연구, 고압압축기에 대한 연구, 철도 전기화에 관한 연구, 무선공학과 전자공학의 토대를 구축하기 위한 연구 등이 주류를 형성하였다. 자립경제의 강조에 따라, 북한에 풍부하게 매장되어 있는 무연탄의 이용에 관한 연구가 주류를 형성한 것을 알 수 있다.

1970년대에는 원료, 연료, 동력자원에 큰 문제가 발생하면서 채광 설비 자동화와 수송수단의 전기화, 대형화, 고속화, 북한 탄전의 특성에 적합한 무연탄가스화, 전력 생산에서의 효율 제고, 콕스를 절약할 수 있는 제철법, 갈탄과 분광을 이용한 입철 생산, 비날론 생산능력 확장, 합성고무 생산의 공업화, 화학공업단지 건설, 복합비료 생산, 소금 생산 등에 중점을 두었다. 이와 함께 6개년계획과 주체적인 3대기술혁명이 사회주의 경제건설의 가장 중요한 임무로 규정됨에 따라 각종 기계와 자동화 설비에 관한 연구, 각종 대형기업의 건설과 정상가동에 필요한 연구에도 큰 관심이 기울여졌다. 이전에 국방산업 건설에 치중하면서 소홀히 하였던 섬유와 방직산업 등 경공업에 관한 연구도 강화되었다.

2) 80년대 후반의 주력 연구과제

북한은 제2차 7개년계획(1978~1984)과 함께 '인민경제의 주체화, 현대화, 과학화'를 강력히 추진하였다. 주체화는 국내자원과 국내기술에 의거하여 국내실정에 맞는 경제를 건설하고 발전시키는 것을 말하고, 현대화는 뒤떨어진 기술을 선진기술로 개조하여 인민경제의 기술장비 수준을 높이는 것을 말하며, 과학화는 생산관리와 경영활동의 과학화를 추진하는 것을 말한다. 이와 함께 사회주의 경제건설의 10대 전망목표를 통해 구체적인 생산목표를 각 부문에 제시하였다.

그러나 당시 북한 과학원의 주력 연구 분야와 연구능력은 세계적인 발전 추세나 국가경제의 병목 타개와는 거리가 있는 것이었다. 이와 함께 이전에 대대적으로 건설했던 공장들이 설비보수와 원자재 공급부족 등으로 정상적으로 가동되지 못하는 문제가 발생했다. 이에 김일성은 과학기술 관계자들을 강하게 질책한 후 제3차 7개년계획(1987~1993)에서는 과학기술발전으로 경제를 발전시킨다는 목표를 더욱 분명히 하고 이들의 분발을 촉구하였다.

비슷한 시기에 생산성 향상에 대한 과학기술의 역할을 인식한 중국이 과학기술체제개혁과 연구계획의 강화로 상당한 성과를 달성하자 북한 역시 이에 대한 필요성을 절감한 것으로 보인다. 이에 따라 북한은 과학원을 개편하고 산하에 전자자동화과학분원과 세포 및 유전자공학분원을 설립하여 우수 인력과 설비를 대폭 보강하였으며, 조선컴퓨터센터(KCC)와 평양정보센터(PIC) 등의 S/W 개발기관도 본격적으로 육성하기 시작하였다. 더불어 과학기술자돌격대를 대대적으로 조직하여 현장에 파견하고, 인센티브 강화와 연구소의 수익 창출, 반독립채산제 시험 등 최근에 강화하고 있는 제도상의 개선책도 이때부터 활용하기 시작하였다.

이러한 노력의 총집결체로서 북한은 1950년대 말의 '과학발전10년계획' 이후 30여 년 만에 처음으로 독립적인 과학기술발전계획을 수립하기 시작하였다. '제1차 과학기술발전 3개년계획(1988.7～1991.6)'과 '제2차 과학기술발전 3개년계획(1991.7～1994.6)', '2000년까지의 과학기술발전 장기계획' 등이 그것이다.

2차에 걸친 과학기술발전 3개년 계획의 목표는 '인민경제의 주체화, 현대화, 과학화를 촉진하여 사회주의경제건설의 10대 전망목표를 성공적으로 달성하는 데 필요한 과학기술적 문제를 해결하고, 국가의 과학기술을 세계적 수준에 도달시키는 것'이었다.

이를 실현하기 위해 자동화 중심의 전자공학과 농업 중심의 생물학, 에너지 중심의 열공학을 특히 강조하였다. 앞에서 논의했던 경제계획과 과학기술계획의 연계가 잘 반영되고 있었던 것이다. 즉 경제계획과 과학기술계획이 함께 수립되고 과학기술계가 경제계획 실현을 적극 지원하는 형태를 갖추고 있었던 것이다.

과학기술발전 3개년계획에 이어 1988년에는 2000년까지 전자, 정보, 생명, 신소재, 에너지, 해양 및 기상, 원자력의 7대 첨단기술 분야를 중점 육성하는 '2000년까지의 과학기술개발 장기계획'을 수립하고, 각 분야별로 <표 4>와 같은 도달 목표를 제시하였다.

전자정보공학과 생명기술, 신소재, 에너지 등 선진국형 연구과제에 집중한 것을 알 수 있다. 이와 함께 IT와 BT 등의 첨단과학을 연구할 연구소와 실험실을 대대적으로 확충하고 관련 행정기관들도 대폭 정비하였다. 이때 추진했던 전자공학과 생명공학, 신소재, 에너지 등은 최근 들어 다시 크게 강조되고 있다.

<표 4> 2000년까지의 과학기술발전 장기계획

분 야	과 제	목 표
전 자	* 반도체: 16, 64 MDRAM 개발 * 개인용 컴퓨터 제작기술 * 전자재료와 부품의 80% 국산화	선진국 수준 진입
정 보	* 전국 전산망체제 구축 * 경제계획의 종합적 전산화	2000년까지 정보화사회 달성
생 명	* 축산: 50% 이상 다수확 가능 품종 개발 * 동물세포 융합기술의 생산 도입 * 과수, 수목, 약초의 인공 증식	생물산업 육성을 통한 수요 충족과 수출 상품화
신소재	* 고온 초전도재료, VLSI 공업용 재료, 내연기관용 고성능 자기재료, 정밀자기재료(80% 국산화) * 금속재료 및 고강도 수지재료, 금속과 수지의 복합재료 등 고기능 수지 개발	신소재와 고기능 소재 개발
에너지	* 태양전지, 수소에너지기술 개발 * CO_2레이저의 출력 향상(10~20KW급 개발) * 플라즈마 가공, 표면처리, 접착공구 개발	반도체, 레이저공업의 산업화
해양, 기상	* 심해자원 개발기술, 수중탐사 및 채취기술 * 남극 개발: 선발대 파견 * 항공, 우주, 위성통신, 기상위성 등 거대기술 개발	거대 기술분야에 진입
원자력	* 우라늄자원의 효과적 이용 * 상온핵융합기술	자원부족에 따른 에너지 균형수급

자료: 김병목・임병기・이장재, "북한의 과학기술정책과 과학기술발전계획," 『과학기술정책』 제4권 제1호 (1992), 44쪽.

그러나 의욕적으로 출발한 두 차례의 과학기술발전 3개년계획과 2000년까지의 과학기술개발 장기계획은 이어진 사회주의권의 몰락과 무역침체, 자연재해 등으로 큰 어려움에 직면하게 되었다. 이런 동향은 1990년대 전반에 걸쳐 SCI 논문과 국내학술지 발행량, 국내학술지 논문 투고량, 특허출원량 등이 모두 큰 폭으로 감소한 것으로도 확인할 수 있다. 논문 투고 내용에서도 농업과 경공업 등에서만 일정수준을 유지했을 뿐 중화학공업 등의 전통산업과 첨단기술 분야에서는 큰 폭으로 감소하였다.[6]

3) 최근의 주력 연구과제 변화

　북한은 '고난의 행군'이 끝나고 강성대국 전략이 표면화된 후인 1999년 초부터 과학기술발전 장기계획 수립과 첨단기술 개발을 다시 강조하고 있다. 1999년 3월 25, 26일 평양 인민문화궁전에서 개최된 전국 과학자, 기술자대회에서 홍성남 총리는 축하문을 통해 새로 수립된 '과학기술발전 5개년계획(1998~2002)'과 '첨단과학기술발전 중심과제'들을 철저히 수행할 것을 강조하였다.

　이어서 2002년 12월의 과학원 창립 50주년 기념식에서는 지나간 '과학기술발전 5개년계획'의 주요 성과와 '새로운 과학기술발전 5개년계획(2003~2007)'을 발표하였다. '새로운 과학기술발전 5개년계획'은 인민경제부문 17개 과제, 첨단기술부문 5개 과제, 기타부문으로 구성되어 있고, 인민경제부문은 다시 인민경제의 기술적 개건 11개 과제와 인민생활 개선 6개 과제로 구성되어 있다.

　먼저 인민경제의 기술적 개건 분야는 에너지문제 해결을 위한 6개 과제와 기간산업 개건을 위한 5개 과제로 구성되어 있다. 기간산업 과제에도 에너지절약 과제가 다수 포함되어 있으므로 이 분야에 거의 전력을 기울이고 있는 것을 알 수 있다. 이를 <표 5>에 정리하였다.

　전력 분야에서는 1차 5개년계획의 주요 성과를 계승·발전시키는 차원에서 화력발전소의 순환비등형 온수보일러 확장과 수력발전소의 수차효율 개선, 송변전체제 개선을 통한 전력손실 감소에 주력하고 있다. 또한 내각에서 전기공업성과 석탄공업성을 합병하여 석탄을 전력 분야에 집중하도록 한 것과 같이, 과학기술계획에서도 석탄 증산을 통해 전력생산 확대에 기여하려는 연구가 큰 비중을 차지하고 있다. 이와 함께 중요한 추가 에너지원으로서 풍력발전을 확충하고, 비료, 화학, 제철공업 등 전력소모가 큰 분야에서의 대대적인 전기절감에 관한 연구를 추진하고 있다.

<표 5> 새로운 과학기술발전 5개년계획(기술개건부문)

분 야			내 용
에너지문제	전력생산	화력발전소	* 순환비등형 온수보일러 210t/h 도입사업 지속 * 향후 320t/h 도입으로 중유 절약 추진
		수력발전소	* 수차 효율 개선: 1기 수풍발전소 도입 * 수풍발전소 7기에 모두 도입하여 6~7만KW 추가 생산 * 그 외 발전소로 확대
		송변전 체계	* 전력 손실을 현재의 21%에서 15%로 절감 * 고압송전시스템(직류) 기술 준비
	석 탄		* 탐사, 굴진에 선진기술 도입 * 발파효율을 60%에서 90%로 개선 * 기본적인 운반기계, 선탄기술 개선
	풍력발전		* 중요한 추가 전력원으로 개발
	전력소비 절감		* 비료, 화학, 제철공업의 전기소모 절약
기간산업	금속공업	콕스를 쓰지 않는 제철법	* 갈탄제철법의 김책제철소 도입(6만 톤 시험로 건설) * 산소열법에 의한 제철법 * 저온 삼화철 생산
		내화물	* 유색금속 생산
	기계공업		* 공작기계: 수출품 품질 개선 * 전기기계와 유압기구의 현대화
	철도운수		* 비동기 4축 전기기관차 개발로 속도를 1.3배로 제고
	화학공업		* 비료 160만 톤 생산: 일부 수출 (현재 50~60만 톤으로 족하나 지력 약화로 추가 투입) * 농약: 극미량 살충제가 중요함(현재 대부분 수입) * 희망초: 석고가 없어 시멘트 생산에 차질 발생 * 순천비날론연합기업소: 산소-전기열법 도입

자료: 재일본조선인과학기술협회, 『科學技術』(2003(1)), 10~11쪽 등으로부터 정리.

금속공업에서는 수십 년 간 지속적으로 연구해 온 콕스를 쓰지 않거나 절약하는 제철법 연구에 주력하고 있다. 이것은 외화 부족으로 콕스를 구입하지 못하는 상황에서 자체원료로 철강재 생산을 유지하려는 것이다. 기계공업에서는 중요한 수출품인 공작기계의 품질개선과 전기기계, 유압기계의 현대화에 주력하고 있다. 기계산업의 현대화는 인민경제 개건의 주요 부분으로 1980년대부터 지속적으로 추진하는 것이다.

화학공업에서는 농업생산 확대에 필요한 비료, 농약의 증산과 시멘트 생산에 필요한 석고의 국내산 사용 확대, 카바이드 생산공정에 전기 소모가 극히 큰 순천비날론연합기업소의 산소－전기열법 도입 등이 큰 비중을 차지하고 있다. 전반적으로 대규모 재정투입 여력이 부족하여 인프라 구축이나 첨단 설비도입을 통한 산업구조 개선을 추진하지 못하고, 현안문제 해결과 자체원료조달에 주력하고 있는 것을 알 수 있다.

다음으로, 인민생활개선 부문은 알곡, 육류, 야채 및 과일, 식용유, 어류, 산림녹화 등의 6개 과제로 구성되어 있다. 전반적으로 인민들의 식생활 개선에 집중하고 있는 것이다. 이를 <표 6>에 정리하였다.

<표 6> 새로운 과학기술발전 5개년계획(인민생활부문)

분 야	내 용
알곡	* 종자, 비료, 농약문제 해결을 통해 알곡 800만 톤 생산
육류	* 풀을 먹는 가축의 우량품종 육성 * 닭 우량품종 육성: 연간 310만 개의 계란 생산 * 오리, 타조 우량품종 육성
야채, 과일	* 우량품종 육성: 사과와 배 40만 톤 생산
식용유	* 거의 모두 수입에 의존하고 있으므로 이를 대체할 방법 강구 * 콩 재배 확대: 5t * 유채 재배 확대 * 기름나무 식수: 잣, 호두 수출
어류	* 양어용 첨가제, 단백질 사료 개발 * 어항 개량
산림녹화	* 심각한 수자원 문제의 개선을 위해 산림녹화 필요 * 묘목이 가장 부족함: 연간 15억 그루 10년간 식수 필요 * 조직배양, 온실재배를 통해 연간 15만 정보씩 식수 * 화목용 산림 조성

자료: 재일본조선인과학기술협회, 『科學技術』(2003(1)), 10~11쪽 등으로부터 정리.

가장 큰 비중을 차지하고 있는 것은 알곡생산 확대를 위한 연구이다. 이를 위해 유전자공학 등을 이용한 종자의 개량과 비료, 농약문제 해결에 주력하고 있다. 육류 분야에서는 상부의 강력한 지시에 의해 염소, 토끼 등 곡식을 먹지 않고 풀을 먹는 짐승과 닭, 오리, 타조 등 알과 고기를 동시에 확보할 수 있는 짐승을 확대하는 데 주력하고 있다.

식용유는 대부분을 중국 등에서 수입하고 있는데 이를 국내산으로 대체하기 위한 연구에 힘쓰고 있다. 또한 논두렁, 밭두렁 등에 콩을 심거나 산지에서 채취할 수 있는 식용유 자원을 개발하는 데도 주력하고 있다. 어류에서는 상부의 지시로 전국적인 범위에서 확대·생산하고 있는 열대메기 등에 필요한 사료와 성장촉진제 개발, 양어장 개량 등에 주력하고 있다. 생태계 파괴가 심각한 산림 분야에서는 전국적인 녹화사업 추진에 필요한 묘목의 대량생산과 속성수, 유실수, 화목용 등 다양한 용도에 사용할 수 있는 경제림 조성 연구에 주력하고 있다.

셋째로, 기초과학과 첨단기술 분야에서는 1차 5개년계획에 이어 IT와 BT에 집중하고 있다. 특히 IT는 전통적으로 큰 노력을 기울여 온 기계공업의 자동화에 연동되고, BT는 농업생산 증대에 연동되고 있다. 주요 과제를 <표 7>에 정리하였다.

정보과학기술 분야에서는 자동화, 컴퓨터 관련 설비들의 국산화와 각종 프로그램 개발에 주력하고 있다. 특히 최근 들어 확대하고 있는 이동통신 등의 기술 개발에도 상당한 노력을 기울이고 있다.

생명공학 분야에서는 유전자 형질전환을 통한 내건성, 내한성 신품종 육성과 B형, C형 간염 백신, 인슐린, 성장호르몬 등의 대량생산에 주력하고 있다. 내한성 품종은 2모작 실현에도 중요한 연구과제이다. 이를 효과적으로 추진하기 위해 당의 특별경비 지원으로 과학원 세포 및 유전자공학분원 등에 핵심 설비를 도입하고 다수의 유학생을 파견하고 있다.

<표 7> 새로운 과학기술발전 5개년계획(기초과학, 첨단기술부문)

분 야	내 용
정보과학기술	* 설비, 제품의 국산화 * 프로그램 개발 * 통신기술 개발
생명공학	* 농업: 형질전환을 통한 내건성, 내한성 품종 육성 * 의학: B형, C형 간염백신, 인슐린, 성장호르몬 생산 * 유전공학: 핵심설비 도입 완료, 해외유학생 파견 중
신에너지	* 풍력발전, 태양에너지, 연료전지, 2차전지
신소재	* 나노기술, 희토류
해양, 우주과학	* 연해 양식 * 미사일 발사체

자료: 재일본조선인과학기술협회, 『科學技術』(2003(1)), 10~11쪽 등으로부터 정리.

　신에너지 분야에서는 부족한 전력을 확충하기 위한 풍력발전과 태양에너지, 연료전지, 2차전지 등에 주력하고, 신소재 분야에서는 나노기술과 북한에 대량으로 매장되어 있는 희토류 금속 등에 주력하고 있다. 해양, 우주과학 분야는 구체적으로 알려진 것이 없으나 과거의 동향으로 볼 때, 해양 분야는 해조류 등의 연안 양식에, 우주 분야는 국방산업에 필요한 미사일 등의 연구에 주력할 것으로 보인다.

　이 계획을 실현하기 위해 북한은 해마다 1,500만~2,000만 유로, 5년 합계 7,000만~1억 유로의 국가경비와 자체수익금을 투입할 예정이다. 이와 함께 필요한 문헌과 정보를 광범위하게 수집·보급하고 해외유학 등을 통해 인력을 양성하며, 대외 과학기술 교류를 통해 필요한 기술을 도입할 것이라 한다.

4. 북한 과학기술계획의 특성과 최근의 변화

1) 주력 연구과제와 문제점

　북한의 주요 연구과제들을 시대별로 정리해 보면, 해방 후 수십 년 동안 거의 변함없이 지속적으로 연구해 온 과제와 시대별로 강조점이 주어지는 과제, 1980년대 이후부터 나타난 첨단기술 과제의 3가지로 분류할 수 있다.

　먼저, 지속적으로 연구해 온 과제들은 석탄을 위주로 하는 연료 자급에 관한 연구, 채취, 무연탄가스화, 제철, 합성섬유 등의 기초원료 산업에 관한 연구, 전력산업에 관한 연구, 기계공업에 관한 연구, 농업에 관한 연구 등이다. 1970년대 초부터는 수송수단의 현대화에 대한 연구가 지속적으로 강조되었다. 중공업우선정책과 자력갱생정책으로 만성적인 원료, 연료, 에너지, 식량난을 겪고 있는 상황이 주요 연구과제에 지속적으로 반영되는 것이다.

　둘째로, 시대별로 강조점이 주어지는 과제는 1960년대와 1980년대 이후의 전자공업, 1970년대 초반과 1990년대 전반의 경공업 등이다. 전자공업은 사회주의 공업화와 첨단기술 육성, 전통산업의 기술개조를 추진할 때 특히 강조되었다. 최근에는 전통산업의 자동화를 통한 기술개조를 전면에 내세우면서 이에 필요한 소재들을 자급하는 데 큰 노력을 기울이고 있다. 경공업은 1960년대 국방산업과 중공업 육성으로 각종 생활필수품의 생산이 어려웠던 1970년대 초반과 고난의 행군으로 극심한 어려움에 처했던 1990년대 전반에 특히 강조되었다.

셋째로, 첨단기술 연구에는 1980년대 후반부터 강조된 생명공학과 신소재, 레이저, 1990년대부터 강조된 프로그램 개발 위주의 컴퓨터, 태양력발전, 풍력발전 등을 들 수 있다. 그러나 이 연구들은 1990년대 고난의 행군을 겪으면서 상당히 위축되었고, 컴퓨터 프로그램만이 거의 유일하게 지속적으로 발전하고 있다. 국가적 위기상황의 타개에 전체 연구조직이 동원되었고, 기자재 부족으로 첨단기술 연구를 수행할 수 없었기 때문이다. 이들 분야에 대한 연구는 최근에 다시 강조되고 있다.

정부의 통일적인 계획과 동원에 의존하는 과학기술체제는 구소련, 중국, 동구 사회주의 국가 등의 지원에 힘입어 초기에 큰 성과를 이룩하였다. 그러나 자본과 수요가 부족한 소국에서 비교우위에 어긋난 중공업에 집중함으로써 여러 가지 문제점이 노출되었고, 국가계획에 의한 자원동원도 한계에 부딪치게 되었다. 이런 현상은 1980년대 말 사회주의 국가들의 붕괴와 함께 무역이 위축되고 국내적으로도 자연재해가 수년간 지속되면서 더욱 심각해지고 있다. 주요 문제점들은 다음과 같다.

첫째로, 자원을 과다하게 소비하는 산업구조와 이로 인한 저급 기술 연구에 대한 의존현상을 들 수 있다. 일반적으로 사회주의 경제는 원가 개념의 부족으로 자본주의 경제에 비해 월등히 많은 자원을 소비한다. 북한 역시 카바이드에 의존한 경공업과 무연탄에 의존한 철강, 전력산업 등에서 단위산출 당 에너지 소모가 지나치게 큰 문제를 가지고 있다. 여기에 기계화와 전기화의 적극 추진으로 전력 소모가 크게 증가하여 국가적으로 커다란 문제가 되었다.

둘째로, 심각한 연구기자재 부족과 노후 설비, 이로 인한 연구소들의 자생력이 취약한 점을 들 수 있다. 국가적인 자재 부족으로 과학기술 장기계획이 유명무실해지고, 관심에서 멀어진 연구 분야에 대한 기자재와 설비지원이 제대로 이루어지지 않았다. 모든 것이 계획과 국가통제에 의해 공급되는 경제체제에서 연구소 스스로 자생력을 키울 수도 없었다. 게다가 아직도 활판인쇄 수준에 머물러 있는 낙후된 인쇄환경과 심각한 종이 부족현상, 참고문헌의 부족 등으로 첨단기술 정보의 수집이나 연구 성과의 출판 및 확산에 큰 문제점을 갖게 되었다.

셋째로, 기술예측과 기획, 분석기능의 결여이다. 국가적인 계획경제를 추진하려면 상당한 정보수집 능력과 분석능력, 예측과 기획능력을 갖춰야 한다. 그러나 산업이 발전하고 고도화하면서 정보의 양과 복잡성이 크게 증가한 데 비해 기술표준화와 통계작업, 정보분석작업 등은 이를 따르지 못하는 상황이 발생하였다. 대중운동에 의한 수량 중심의 생산목표 추구로 산하기관들의 실적 부풀리기와 소요되는 자재를 과다하게 청구하는 등의 부조리가 발생하였고, 독립채산제의 실시와 자원부족으로 이러한 경향이 더욱 확산되었다. 결국 제한된 정보와 기획으로 시작한 거대 사업들이 국가경제와 기업의 생존을 위협할 정도로 큰 손실을 입히면서 좌초하는 상황이 자주 발생하게 되었다.

넷째로, 기술혁신 인센티브의 저하와 이로 인한 과학기술자들의 연구의욕이 저하된 것을 들 수 있다. 북한에는 시장 메커니즘이 없고 국가계획에 의한 연구개발이 수행되므로, 소비자의 수요에 의한 기술혁신이 일어나기 어렵다. 기업 역시 연구조직이 취약하고 생산목표 달성에만 치중하므로 기술혁신에 대해 적극성을 보이기 어렵다. 따라서 상품개조 주기와 설비 교체 주기가 상당히 길고 선진국의 기술도약에도 능동적으로 대처하지 못했다. 이와 함께 생산현장의 강조와 대중에 의한 기술혁신운동으로 낮은 수준의 전통기술이 확산되고, 첨단과학의 체계적인 도입과 육성에 의한 신산업 창출이 지연되었다. 자신의 취미와 전공을 충분히 살리지 못하므로 참여 과학자들의 창의성과 연구 의욕도 높지 못하다.

다섯째로, 자력갱생정책에서 오는 기술적 낙후성을 들 수 있다. 북한은 그동안 국내자원과 기술, 인력에만 크게 의존함으로써 국제경쟁을 통한 비교우위를 활용하지 못했다. 따라서 규모생산이나 요소 의존, 분업체제, 전문화 등에서 주변국과 큰 차이를 보이고 있다. 또한 선진국들이 석유화학이나 정보산업으로 기술도약을 하면서 후발국들에게 추격의 기회를 제공하는 소위 '기회의 창'을 제대로 활용하지 못하고, 여전히 석탄화학과 낮은 수준의 중공업에 머물고 있다. 여기에 사회주의권의 몰락과 자연재해가 겹치면서 갑작스런 난국에 직면한 것이다.

2) 최근의 변화와 함의

1980년대와 최근의 주력 연구과제 변화를 <표 8>에 비교·정리하였다.

<표 8> 북한 국가과학기술계획의 주력 연구과제 변화

1, 2차 과학기술발전 3개년계획(1988.7~1994.6), 2000년까지의 과학기술개발 장기계획		1, 2차 과학기술발전 5개년계획 (1998~2007)	
원료, 연료, 동력자원 개발과 이용(11개 과제)		인민경제의 기술적 개건	에너지 문제 해결 (6개 과제)
인민경제의 기술적 개건	공업 에너지 소비 절감(6개 과제)		기간산업 정상화 (5개 과제)
	기계화, 자동화, 컴퓨터화 (5개 과제)	인민생활 개선(6개 과제)	
대규모 종합기지 건설과 정상화(2개 과제)			
기초과학, 첨단기술과학(4개 분야 30개 과제)		기초, 첨단기술 (5개 과제)	
2000년까지의 장기계획(첨단기술 7개 분야)			

전반적으로 최근 들어 연구과제수가 대폭 감소한 것을 알 수 있다. 특히 일부 수출품을 제외하면 생산공장의 기계화, 자동화, 컴퓨터화 분야가 거의 없어졌고, 대규모 종합기지 건설항목은 더 이상 추진되지 않는다. 이는 국가적인 재정난으로 투입여력이 크게 감소하였고, 설비노화와 공장가동률의 대폭 감소로 자동화에 대한 관심이 줄어들었기 때문이

라 생각한다.

다음으로 원료, 연료문제 해결과 인민경제의 기술적 개건 부문이 합쳐지면서 원료, 연료문제 해결에 더 큰 강조점이 주어지고 있다. 특히 전력난 해소가 핵심적인 위치를 차지하고 있는데, 바로 이 분야가 북한 경제의 병목이기 때문이다. 여기에 비료, 화학, 제철 등 일부 공업부문의 에너지 소비절감이 더해졌다. 기간산업 분야는 금속, 기계, 철도, 화학 등 일부 시설의 생산유지에 주력하고 있다.

이와 함께 인민생활의 개선 분야가 독립되어 크게 확충되었다. 특히 종자개량과 각종 부산물 생산 확대를 통해 농업생산을 제고하는 데 전력을 기울이고 있다. 이는 전국적인 자연재해와 식량난으로 고난의 행군 등을 거치면서 이 문제가 과학기술계 전체의 역량을 기울여야 할 핵심문제로 부상했기 때문이라고 생각한다.

기초과학과 첨단기술 연구는 1980년대 말부터 강조한 전자공학, 생물학, 열공학, 신소재 등이 있으나 역시 고난의 행군을 겪으면서 크게 위축되었다. 국가적 위기상황의 타개에 연구조직 전체가 동원되었고, 고가설비, 시약의 부족으로 첨단기술 연구를 수행할 수 없었기 때문이다. 최근 들어 첨단기술 연구를 다시 강조하고 있으나 내용은 전자공학, 생물학, 에너지, 신소재 등으로 1980년대 말과 거의 유사하다.

북한 언론에서는 여전히 세계적 수준의 연구를 강조하고 있다. 2003년 10월 29일에 열린 전국과학자, 기술자대회에서 발표된 최태복 비서의 축하문과 변영립 과학원장의 보고, 2006년의 최고인민회의 보고에서도 '세계적 수준의 첨단기술 개발과 이를 통한 전통산업의 기술적 개건'을 특히 강조하였다. 여기에는 정보, 나노기술, 생물학 등에 집중하면서 첨단기술로 전통산업을 개조하고, 수학, 물리학, 생물학 등의 기초과학을 발전시키며 국방기술을 적극적으로 개발하는 것이 포함되어 있었다.

그러나 위에서 정리한 것과 같이 실제로는 연료, 에너지문제 해결과 인민생활 개선, 생산현장의 원료난 해결, 국방연구 등에 치중하고 있고, 기타 분야에는 큰 관심을 기울이지 못하고 있다. 질적인 수준에도 문제가 있다. 예를 들어 생물학 분야에서 토끼의 복제를 세계적인 성과로 크게 선전하고 있으나 이 문제에 정통한 전문가들의 증언에 의하면 사실이 아니라고 한다.

북한은 '새로운 과학기술발전 5개년계획(2003~2007)'과 별도로 2003년 상반기에 '연료, 동력문제 해결을 위한 3개년계획(2003~2005)'을 발표하였다. 이 계획은 인민경제의 기술적 개건을 위해 연료와 동력문제를 우선적으로 해결한다는 계획이다. 즉 3년간의 노력을 통해 연료와 동력문제를 해결하고 그 이후에는 첨단기술을 이용한 전면적인 인민경제의 기술적 개건과 불균형 시정, 신규공업 창설에 들어간다는 것이다.7)

결국 그 주요 내용은 5개년계획의 앞부분인 에너지문제 해결방안과 중복된다는 것을 알 수 있다. 5개년계획 안에서도 시급한 문제인 연료, 동력문제 해결에 부족한 자원을 집중하는 것이다. 따라서 최근에 추진되고 있는 과학기술발전 5개년계획의 성공 여부는 전반기에 집중적으로 추진되는 연료, 동력문제 해결을 위한 3개년계획이 얼마나 소기의 목표를 달성하느냐에 달려 있다고 본다.

관계자들의 증언에 의하면 새로운 과학기술발전 5개년계획에 투입되는 경비는 연간 1,500~2,000만 유로(한화 180~240억 원) 정도이고, 이마저도 제대로 조달되지 못하고 있다고 한다. 이 규모는 2001년도 국내 연구개발 총액 16조 1,105억 원의 1/670~1/900, 정부 연구개발투자 4조 1,874억 원의 1/170~1/230, 정부출연연구소 연구비 지출 2조 1,062억 원의 1/90~1/120 수준에 불과한 것이다. 북한의 경제규모가 남한의 1/30 정도인 것을 고려하면 과학기술 분야의 격차가 더욱 심각한 상황인 것을 알 수 있다.

이에 따라, 현재 북한에서는 최고지도자의 관심에서 멀어진 과제나 식량, 연료, 동력문제 등 국가적 문제 해결에 시급히 필요하지 않은 연구들은 거의 도태되거나 제대로 수행되지 못하고 있다. 1990년대의 경제적 마이너스 성장과 고난의 행군은 세계적 추세에 따라 일찍부터 첨단기술 개발과 산업구조 고도화, 생산성 향상 등에 치중하지 못한 북한 경제체제와 연구개발체제의 자연스런 귀결이라 할 수 있다.

3) 향후 전망

북한은 10년 이상 경제발전계획을 수립하지 못하고 있는 상황에서 독자적인 과학기술발전계획을 연이어 수립·추진하고 있다. 이는 대규모 자본과 노동을 투입할 수 있는 여력이 없는 상황에서 경제활동의 병목이 되는 기술 분야에 과학기술계의 전체 역량을 투입하는 것이라고 볼 수 있다.

문제는, 북한 과학기술계의 첨단기술 개발능력과 자생력, 연구 성과의 축적수준이 낮고 연구개발에 대한 투입규모가 극히 부족한 가운데 그마저도 연료, 동력문제 해결에 집중되고 있다는 것이다. 이러한 기대가 가까운 시일 내에 충족되기는 어려울 것으로 생각한다.

최근 북한은 이러한 문제의 해결방안으로 경제관리 개선조치를 통한 생산성 향상과 특구 등을 통한 외국자본 및 기술 도입, 러시아와 중국 등에 대규모 유학생 파견 등을 추진하고 있다. 그러나 핵문제와 생산성 향상 지연 등으로 아직 그 성과가 뚜렷하게 나타나지 않고 있다.

북한은 이러한 문제를 해결할 수 있는 나라가 남한이라는 판단 하에 향후 남북 과학기술협력의 확대를 통해 북한 경제계와 과학기술계가 직면하고 있는 주요 핵심문제들을 해결하려는 시도를 적극 추진할 것으로 보인다. 실제로 최근 들어 북한 과학원이 우리측과의 과학기술협력을 시작하고 이를 점차 확대하고 있다.

주_註

1) 북한은 '과학발전 10년계획'을 수립하면서 북한에 파견된 구소련 과학자들의 도움을 받았고, 초안을 작성한 후에도 관련자들을 소련에 파견해 전문가들의 자문을 받았다. 이춘근, 『북한의 과학기술』(서울: 한울아카데미, 2005), 116~167쪽 참조.
2) 최근 북한은 '과학기술발전 5개년계획(1998~2002)'과 '새로운 과학기술발전 5개년계획(2003~2007)', '연료, 동력문제 해결을 위한 3개년계획(2003~2005)' 등을 연이어 추진하면서 인민경제의 기술적 개건과 인민생활 개선, 기초 및 첨단기술 개발 등에 주력하고 있다. 2006년 4월의 최고인민회의에서도 특별보고를 통해 '차기 과학기술발전 5개년계획(2008~2012)'과 '2022년까지의 장기 과학기술발전계획'을 수립, 시행한다고 발표한 바 있다.
3) 여기에는 김재석 등, 『인민경제계획화』(평양: 김일성종합대학출판사, 1986)와 박홍규 등, 『부문계획화』(김일성종합대학출판사, 1984) 등이 있다.
4) 김재석 등, 앞의 책 (1986), 86~88쪽.
5) 박홍규 등, 『부문계획화』(김일성종합대학출판사, 1984), 159쪽.
6) 이춘근, "학술지 분석을 통해 본 북한의 1990년대 과학기술 연구 동향," 『현대북한연구』 5권 2호 (2002), 173~198.
7) ≪조선신보≫ 2003년 4월 1일자.

<참고문헌>

1. 북한문헌

김재석 등, 『인민경제계획화』 (평양: 김일성종합대학출판사, 1986).
박홍규 등, 『부문계획화』 (김일성종합대학출판사, 1984).

2. 남한문헌

김병목·임병기·이장재, "북한의 과학기술정책과 과학기술발전계획," 『과학기술정책』 제4권 제1호 (1992).
이춘근, 『북한의 과학기술』 (서울: 한울아카데미, 2005).
_____, "학술지 분석을 통해 본 북한의 1990년대 과학기술 연구 동향," 『현대북한연구』 5권 2호 (2002).
재일본조선인과학기술협회, 『科學技術』, 2003년 1호.
≪조선신보≫ 2003년 4월 1일자.

과학기술체제 개혁

이 춘 근

1. 서 론

　북한은 최근 들어 60년대 '대안의 사업체제' 확립 이후 가장 큰 규모의 경제관리 개선조치를 취해, 가격과 임금, 환율, 인센티브제도 등을 획기적으로 개혁하였다. 이와 함께 신의주 특별행정구, 금강산 관광특구, 개성공단 등의 특구를 선정하고 남북한 도로와 철도를 연결하는 등 대대적인 개방조치를 취했다. 핵문제 등의 변수가 있으나, 북한이 현재의 개혁개방 기조를 유지하고 그 폭을 더욱 확대하리라는 것에는 많은 전문가들이 동의하고 있다.
　중국의 경험과 같이, 사회주의 경제체제의 개혁은 이를 지원하는 과학기술체제의 근본적인 개혁을 수반한다. 90년대 후반부터 추진하고 있는 '과학기술중시정치'와 사상, 총대, 과학기술의 '강성대국' 전략, '과학의 해' 지정, 과학원과 국가과학기술위원회의 통합 및 국가과학원으로의 승격,1) 인민경제의 기술적 개건과 정보화, 연이은 '과학기술발전 5개년계획', '2022년까지의 장기 과학기술발전계획' 등이 그것이다.

특히 북한이 과학기술계획을 경제계획에 앞세우는 정책을 추진하고 있으므로, 과학기술체제 개혁 동향의 분석을 통해 북한이 직면한 경제적 현실과 개혁개방 논리, 미래 추진방향 등을 좀 더 정확하게 파악할 수 있다. 본 글은 이러한 시각 하에서 북한의 경제개혁과 연동되는 과학기술체제 개혁 동향들을 체계적으로 분석하고, 몇 가지 시사점을 도출해 본 것이다.

2. 북한의 경제개혁과 과학기술에 대한 수요 변화

1) 경제성장 방식의 전환

북한은 초기 여건이 부족한 상황에서 자본과 노동력을 집중해 중화학공업을 육성하였다. 김일성은 50년대 말 종파사건을 통해 경공업 우선론자들을 숙청하면서, '중공업을 우선적으로 발전시키면서 경공업과 농업을 동시에 발전시키는 전략을 경제건설의 기본 노선으로 삼을 것'을 명확히 천명하였다. 북한의 중공업 우선발전 정책은 60년대에 국방산업 육성이 가속화하면서 기계공업을 중심으로 더욱 강화되었다.

북한은 자원이 부족한 소국이면서도 70% 이상을 국내산 원료로 충당하는 종합적인 중공업구조를 가지기 위해 여타 사회주의 국가들에 비해 공업화 비중을 더 크게 했고, 이 과정에서 원료, 연료분야에서의 '규모의 경제'와 자본투입 효과가 크게 훼손되었다. 70년대 이후에는 낮은 기계화 수준과 근로자들의 의욕 상실, 자발성 결여 등으로 노동생산성이 극히 저하된 가운데 청년들의 장기 군복무로 노동력의 추가투입 여력을 상실하였다.

이와 함께 장기간의 공장가동율 저하와 재정수입의 감소, 사회주의 시장의 상실로 인한 대외무역 위축, 합영 부실, 농업정책 실패와 자연재해로 농산물생산 감소 등으로 경제성장에 필요한 대규모 자본의 조달능력도 상실하였다. 이에 따라 70년대부터 원료수급체제의 문제점이 나타났고 80년대부터 경제 전반의 성장률 침체가 나타났다.

80년대 말부터는 구사회주의 국가들의 붕괴와 외환부족으로 석유 등의 외국산원료 수입이 급감하고 자력갱생 정책에 의해 전체의 70% 정도를 국내산으로 조달하던 공업원료 부문마저 위축되면서 전력, 원료, 연료 등 인민경제의 선행부문이 더욱 급격히 마비되었다. 이에 따라 공장 가동률이 20~30% 선으로 감소하고 경제도 10여 년간 마이너스성장을 기록하게 되었다.

기술수준과 효율이 낮은 중공업체제에서 자본과 노동의 추가투입 여력을 상실했으므로, 이제 경제성장을 위해 남은 것은 생산성 향상과 노동의 질적 수준제고 밖에 없다. 바로 개혁개방 직후 중국이 추진했던 경제성장방식의 전환, 즉 과학기술과 교육을 중시하는 국가발전전략으로의 전환이 필요하게 된 것이다. 최근 들어 북한이 대대적으로 강조하고 있는 과학기술중시정치, 강성대국, 과학의 해, 인민경제의 기술적개건, 교육개혁 등은 바로 이런 배경과 전략적 선택에서 나온 것이라 생각된다.

경제성장방식을 전환하고 과학기술을 강조하면서, 자립적 민족경제 건설의 기본방도인 자력갱생에 대해서도 이전과 다른 의미를 부여하고 있다. 즉, 최근 들어 "자력갱생을 일관되게 틀어지고 나가되 현대적 기술에 의거하지 않는 자력갱생, 실리가 안 나는 자력갱생은 하지 말라"고 강조하고 있는 것이다. 이는 자력갱생의 강조로 국내산 원료, 연료에 지나치게 의존하면서 효율성과 기술 수준이 크게 저하된 현실을 인정하고 과학기술 발전을 통해 이를 극복하려는 것이라 볼 수 있다.

『근로자』[2])에 게재된 "현대과학기술에 기초한 자력갱생이 오늘의 자력갱생이다"라는 논문에서도 "국가의 이익, 전 인민의 경제적 이익을 실현하는데 복무하지 못하고 경영손실을 내는 그 어떤 경제활동도 자력갱생으로 정당화될 수 없으며 이런 현상은 더는 묵인될 수 없는 우리의 투쟁대상으로 된다"라고 하였다. 소위 말하는 "신사고"에서 실리주의 원칙을 강조하고, 자력갱생의 개념을 새롭게 해 외국의 첨단기술을 적극 받아들일 것을 강조한 것도 이 때문이다.

자력갱생의 개념이 약해짐에 따라 70년대 초부터 지속적으로 강조했던 주체의 기술혁명 이론, 즉 '중노동과 경노동의 차이 해소', '공업노동과 농업노동의 차이 해소', '여성들의 가사노동으로부터의 해방'에 대한 강조도 크게 희석되고 있다. 이에 대한 편면적인 강조가 생산성 향상과는 거리가 먼 것이기 때문이다. 최근 들어 북한이 '인민경제의 주체화, 현대화, 과학화'에서 '주체화'를 소극적으로 언급하고 있는 것도 이 때문이라 생각된다.

2) 인민경제의 기술적 개건과 정보화

북한이 새롭게 선택한 경제성장 전략은 총요소생산성 증가를 위해 과학기술 진보와 확산, 교육을 통한 노동의 질적수준 제고 등을 적극 추진하는 것이다. 특히, 인민경제의 기술적 개건과 정보화를 지속적으로 강조하고 있다. 북한은 2001년도 신년 공동사설에서 "인민경제의 기술적 개건은 현 시기 경제사업의 중심 고리이며 더는 미룰 수 없는 절박한 과제"라고 표현한 바 있다. 중국이 80년대 초반에 취했던 정책과 유사하게 기존의 중공업 설비들을 개조해 적은 비용으로 생산성 향상 효과를 얻으려 한 것이다.

설비개조의 핵심은 노후설비의 보수, 정비와 자동화이고 이를 통해 실현하려고 한 것은 인민경제의 현대화, 정보화이다. 이를 실천하기 위해 정부예산도 인민경제 선행부문의 기술개건과 컴퓨터산업 등 최신 기술 분야에 집중 투입하였다. 중국의 경우와 같이, 자동화를 통한 기술적 개건을 전면적으로 추진하고 이 과정에서 전자부품, 자동화 요소 산업을 육성하며, 궁극적으로 이를 컴퓨터산업 육성과 경제전반의 정보화로 연결시키려는 것이다.

따라서 현재, 북한의 IT산업은 공장의 기술개건 지원과 인민경제의 정보화, 신산업 창출 등의 다양한 목표를 가지게 되었다. 북한의 IT부문에서는 이를 효과적으로 추진하기 위해 각종 자동화 설비와 소프트웨어를 개발, 보급하고 전국 범위의 전산망을 구축해 다양한 목적으로 활용하며, 반도체, 컴퓨터, 전자부품, NC장치 등의 관련 산업을 적극 육성해 나가고 있다. 결국 국가경제, 국유기업체제를 지원하는 북한의 IT산업은 강한 시장지향적, 소비자지향적 특성을 갖는 우리의 IT산업과 상당히 다른 모습을 가지게 되었다.

기술개건사업은 2002년의 7.1 경제관리개선조치와도 밀접한 관련을 맺고 있다. 예를 들면 "고칠 것은 대담하게 고치고 새로 창조할 것은 적극 창조한다"는 7.1 경제관리개선조치의 원칙은 "지난 시기의 낡고 뒤떨어진 것을 붙들고 앉아 있을 것이 아니라 대담하게 없앨 것은 없애 버리고 기술개건해야 할 것"이라는 로동신문 사설의 언급에서 분명히 나타나고 있다.

또한, 기술개건사업을 공장, 기업소들의 중점과제로 설정하고 중앙 및 지방차원에서 다각적인 계획을 수립해 추진한다는 점에서 계획권한의 이양을 엿볼 수 있고, 모든 공장, 기업소들의 실정을 상세히 검토하여 전체 개건대상과 집중투입 대상, 자체적으로 기술을 개건할 수 있는 대상들을 선정한다는 점에서 공장과 기업소에 대한 자율성의 확대를 엿볼 수 있다.

인민경제의 정보화는 효율개선과 함께 각종 기술혁신 자료의 전국적인 확산에도 큰 역할을 담당하고 있다. 전반적인 기술수준이 낮고 부문간 격차가 큰 상황에서 투입여력 부족으로 새로운 연구 성과를 산출하기 어려울 때, 선진기술의 도입과 확산만으로도 상당한 생산성 개선효과를 거둘 수 있는 것이다. 최근 들어 북한이 전국적인 전산망을 구축하고 과학원 중앙과학기술통보사의 '광명' 시스템 등을 통해 외국 기술 자료와 기술혁신 성과들을 널리 보급하고 있는 것도 이 때문이다.

3) 과학기술에 대한 수요 변화

새로운 경제성장전략 하에서 과학기술은 인민경제의 선행부문과 기술개건 위주의 경제성장을 체계적으로 지원하기 위한 것이 된다. 즉 내부적으로는 자체혁신과 자율성, 인센티브 확대를 통해 연구역량을 개선하고, 외부적으로는 기존설비의 기술개조와 수준이 낮은 분야에의 기술 확산, 자동화 요소 자체생산 확대를 통한 첨단기술산업 육성 등에 치중하게 된다. 최근의 국가과학원 산하 연구소 개편도 이와 유사한 맥락에서 추진되고 있다.

경제계획과 과학기술발전계획이 국가전략 하에서 강력히 연동되는 북한의 체제에서 새로운 경제성장전략은 바로 국가과학기술발전계획과 과학원 산하 연구소들의 주력 연구과제에 반영되게 된다. 특히, 북한의 공장 가동률이 급감하고 10여 년간 경제계획을 수립하지 못하고 있는 상황에서 과학기술계가 국민경제 발전의 각종 병목을 해소하는 주요 역

량으로 부상하게 된다.3)

　최근 들어 북한이 '과학기술발전 5개년계획(1998～2002)', '새로운 과학기술발전 5개년계획(2003～2007)', '차기 과학기술발전 5개년계획 (2008～2012)', '2022년까지의 장기 과학기술발전계획',4) '연료, 동력문제 해결을 위한 3개년계획(2003～2005)', '산림조성 10개년계획(2001 ～2010)' 등의 다양한 계획들을 수립, 추진하면서 경제살리기에 매진하고 있는 것이 이를 잘 반영해 준다. 2004년 신년공동사설과 2006년의 최고인민회의 보고에서도 경제와 과학의 일체화를 천명하면서 과학기술을 통한 경제발전을 크게 강조하고 있다.

　경제성장전략의 변화에 따라 노동력의 소질개선에 기여하는 교육계, 특히 대학도 크게 개편된다. 주요 개혁내용은 사회주의교육의 특징인 평균주의의 극복과 소수의 우수 중점대학 육성, 인민경제의 기술개건에 필요한 자동화와 IT 중심의 학과개편, 간학문체제에 대응하는 유연한 교과과정 수립, 미래 첨단기술 영역에서의 해외유학생 파견확대 등이다.

　북한은 이를 실현하기 위해 김일성종합대학에 컴퓨터단과대학을 신설하고 전자계산기단과대학을 컴퓨터기술대학으로 개편하며, 각급 대학에 IT관련 학과들을 크게 증설하고 중고등학교에서의 컴퓨터 영재교육을 확대하는 등의 종합적인 IT인력 양성 확대방안을 추진하였다. 이와 함께 조선컴퓨터센터와 평양정보센터 등의 인력과 개발능력을 확충하고 IT관련 연구소를 신설하며, 김책공업종합대학교 전자도서관과 광명시스템 등의 전국적인 인트라넷을 구축해 과학기술정보 확산에 활용하고 있다. 이하에서는 과학기술체제 개혁에 초점을 맞추어 논의를 진행한다.

3. 북한의 과학기술체제 개혁

1) 국가과학기술위원회의 폐지

북한에서 과학기술행정을 전담하는 국가과학기술위원회가 설립된 것은 과학원 설립 10년 후인 1962년이었다. 이 때까지는 과학원과 각 생산성 산하 연구소들이 병존하는 가운데, 과학원의 현지연구사업 강화로 많은 중복이 발생하고 있었다. 따라서 북한정부는 국가계획위원회에 과학연구국을 설치해 통일적인 행정체제를 수립하고, 각 생산성 산하 연구소들에 대한 과학원의 지도기능을 강화하여 제한된 자원을 집중적으로 이용하려 하였다.

이런 상황은 1962년에 국가과학기술위원회가 설립되면서 크게 변화하였다. 과학원이 국가과학기술위원회 산하기구로 개편되고 신설된 국가과학기술위원회가 과학기술계획과 실제 연구사업에 대한 지도기능을 수행하게 된 것이다. 이에 따라 50년대부터 추진되었던 과학원의 현지연구사업과 공장에 대한 기술지원, 각 생산성 산하 연구소들과의 공동연구가 더욱 강화되었다.

국가과학기술위원회의 설립과 기능강화는 당시에 적극적으로 추진된 국방공업 육성과도 연관을 지을 수 있다. 일반공업과 군수공업 연구에 많은 중복이 발생하므로 이를 종합적으로 조정하고 자원을 효율적으로 사용하기 위해 위원회 성격의 행정기관이 필요해진 것이다. 60년대에 제2자연과학원의 전신인 국방과학원이 설립된 것이 이를 입증해 준다.

단, 과학기술 수준이 높아지면서 비전문가들인 국가과학기술위원회의 지도기능이 과학원의 연구기능과 잘 융합되지 못했던 것으로 보인다. 당시 국가과학기술위원회와 과학원 등의 과학기술 담당 부서들은 현장에 대한 체계적인 기술지원과 기술적인 병목해소 미흡, 합리적인 과학기술계획 수립과 관리능력 미비, 연구원 소질 부족, 연구 기자재 부족, 대외교류 부족 등으로 인해 큰 난관에 처해 있었다.

이에 북한은 인민경제의 주체화, 현대화, 과학화가 강조되던 시기인 1982년을 기해 과학원을 국가과학기술위원회 산하에서 분리해 정무원 직속부서로 격상시키게 되었다. 첨단기술과 현장지원연구에 대한 과학원의 주도적 역할이 강화되고, 국가과학기술위원회는 원래의 기능인 과학기술행정과 연구계획 수립, 기술지도 등의 업무로 복귀한 것이다.

동구 순방에서 돌아온 김일성은 침체되었던 해외유학을 크게 확대하였다. 김정일도 "그동안은 과학연구사업에 큰 힘을 기울이지 않았다", "일군들이 과학자들에게 사죄하여야 한다"고 강하게 질책하면서 "앞으로 과학기술 관련 책임자들은 과학을 잘 아는 사람들로 꾸려야 한다"는 것을 강조하였다. 이런 굴곡을 거쳐 80년대의 국가과학기술위원회는 20여개의 직속기관과 6개의 산하기관을 가진 중앙행정기관으로 자리를 잡았다.

국가과학기술위원회의 조직은 지속적으로 개선되었다. 1995년의 조직을 80년대의 조직과 비교해 보면, 종합국과 과학발전계획국을 과학기술발전종합계획국으로 통합하고 일부 기구를 폐지하는 대신, 지방과학기술지도국과 산업기술지도국, 계획재정국, 3대혁명전시관지도국 등을 신설하고 있다. 이것은 당시의 심각한 원료, 연료, 식량난으로 국가계획 수립이 어려워지고 각 지방의 자체수급이 가속화하면서 기술확산 기능이 더욱 중요해졌기 때문이라 생각된다.

결국 1998년의 내각개편 시에 국가과학기술위원회가 과학원에 통합되고 말았다. 전반적으로 80년대 이후부터 국가과학기술위원회의 기능이 지속적으로 감소하고 대신 과학원의 위상이 상승한 것을 알 수 있다. 즉, 과학기술연구기관의 역할이 증대하고 행정기관의 역할이 축소된 것이다. 이것은 국가경제가 위축되고 계획기능이 마비되면서 다른 부처와 연계된 과학기술행정의 종합조정 기능이 크게 축소되었기 때문이라고 생각된다.

축소된 재정으로 추진하는 소수의 전문적인 과학기술계획은 최고의 연구기관인 과학원 자체에서 수행하는 것이 더욱 효과적이다. 따라서 현재 북한에서는 과학원이 행정과 연구를 총괄하면서 경제의 병목을 타개하고 생산성을 제고하는 중책을 맡고 있다. 타 부처와의 종합조정과 대외협력이 가미된 구 국가과학기술위원회의 기능은 경제가 어느 정도 활성화되고 관련 행정수요가 증가한 후에야 가능해지리라고 생각된다. 국가과학기술위원회가 국가전략 안에서의 독자적 위상을 상실하면서 기관 자체가 폐지된 것이다.

2) 과학원 중앙조직의 개편과 국가과학원으로의 승격

행정기관의 통합과 함께 북한 최고의 연구기관인 과학원도 크게 개편되었다. 80년대 후반의 과학원은 직속연구소 34개와 연구분원(건설건재, 금속, 생물분원), 지방분원(함흥분원) 등으로 구성되어 있었고, 1989년 11월에 전자자동화분원이, 1991년 2월에 석탄분원이, 1991년 6월에 세포 및 유전자공학분원이 신설되면서 부분적으로 확대되고 있었다.

이 외에 각 부, 위원회산하 연구소로 농업과학원(24개 연구소)이 농업위원회에, 경공업과학분원(14개 연구소)이 화학 및 경공업위원회에, 의학과학원(15개 연구소)과 동의과학원(5개 연구소)이 보건부에, 수산과학연구원(9개 연구소)이 수산위원회에, 산림과학원(6개 연구소)이 임업

부에, 철도과학연구원(6개 연구소)이 철도부에 소속되어 있었다.

이런 체제는 1993년 11월, 김정일이 "국가과학원에서 모든 연구기관과 연구사업을 통일적으로 장악, 지도하라"고 지시한 이후에 크게 변화하게 되었다. 1994년 초에 신설된 국가과학원은 정무원의 각 부, 위원회 소속 연구기관들을 대거 흡수하여 연구분원 9개, 과학연구원 4개, 산하 직속연구소 등 총 200여 개 연구소로 확대, 개편되었다.

국가과학원을 설립하고 각 연구기관들을 집중시킨 것은 고난의 행군 초입에서 국가 전체의 과학기술 역량을 총 집결해 농업제일주의, 경공업제일주의, 무역제일주의 실현에 필요한 연구를 추진하려 한 것으로 보인다. 이와 함께 제한된 재원으로 국가경제의 병목을 타개하고 분산되는 과학기술자들을 보호하기 위해 통일된 연구관리체제를 형성하려 한 것으로 보인다.

그러나 이런 개편만으로는 '고난의 행군' 등으로 더욱 열악해진 연구환경에 제대로 대처하지 못했던 것으로 보인다. 특히 국가계획체제가 무너지고 연구비지원이 대폭 감소하자 각 연구소들이 자구책으로 수익사업에 몰두하면서 국가과학원의 통일적인 지도를 탈피하려는 노력을 기울였던 것으로 보인다.

여기에는 농장이나 병원, 목초장 등으로 자체 수익이 있는 농업, 의학, 산림 관련 연구소들이 더욱 적극적이었다. 이들이 자기들을 지원하지 못하는 국가과학원에 자체 수익을 귀속시키는 것보다 수입원천인 원래 소속부서와의 관계를 더욱 중요시하게 된 것이다.

이에 북한은 1998년 9월의 내각 조직개편에 따라 국가과학원과 국가과학기술위원회를 통합해 과학원으로 환원하면서 농업과학원은 농업성에, 의학과학연구원과 동의과학연구원은 보건성에, 산림과학원은 국토환경보호성에 귀속시키는 조치를 취했다. 이와 함께 구 국가과학기술위원회의 규격 및 품질감독총국을 내각 직속으로, 발명총국, 기술지도국,

각 기술심의국들을 과학원 직속으로 편입시켰다. 그 밖의 기존 업무들은 그대로 승계하고 중복기구들은 폐쇄한 것으로 추정된다.

경공업과학분원이 잔류한 것은 중공업우선발전을 보장하면서 경공업을 병행 발전시켜 국민들의 생활수준 향상을 도모하려는 것이라 생각된다. 이와 함께 이전의 생산성 산하 연구소들에 대한 과학원의 통합지도 기능도 더욱 강화되었을 것으로 생각된다. 결국, 현재 북한의 구 생산성 산하 연구소들은 연구기획이나 실행에서 원 소속 부서의 독자적 이익을 대변하지 못하고, 국가과학기술위원회의 연구계획과 행정기능을 이관받은 과학원의 통합지도에 거의 의존하게 된 것으로 보여진다. 이를 원활히 조정, 통제하기 위해 2005년 11월부로 과학원이 다시 국가과학원으로 승격되었다.

1998년에 개편된 북한 과학원의 중앙행정조직을 보면, 중앙행정조직으로 1실 21국 21위원회(산하 116개 분과)를 두고 연구기관들은 9개의 분원과 38개의 직속연구소에 분산, 배치하고 있다. 과학기술정책 업무는 과학기술참사실에서, 연구계획 업무는 종합계획국에서, 해외동포 관련 업무는 2국에서, 대외교류 업무는 대외과학기술국에서 담당하고, 생산현장에 대한 기술지원 업무는 각 과학기술국에서 담당한다.

과학원의 중앙행정조직을 국가과학기술위원회와의 통합 이전과 비교하면 몇 가지 특성을 발견할 수 있다. 통합 이전의 과학원 기술국들은 생물과학지도국, 전자계산기과학지도국, 채취금속과학지도국, 화학경공업과학지도국 등이었고, 국가과학기술위원회에도 열동력, 중공업, 화학경공업, 기계자동화, 건설운수, 농수산, 지방과학 등의 기술지도국이나 심의도입국들이 있었다.

이들이 기초 및 첨단과학기술국, 정보과학기술국, 응용과학기술국, 에너지과학기술국, 지방과학기술국으로 개편되었다. 세분화된 지도체제를 통합, 간소화하고 첨단기술과 에너지기술분야를 강조한 것이다. 이와 함께, 계획기능이 와해되고 연구 성과의 현장도입이 어려워지면서 기술의 심의기능과 도입기능을 축소하고 자체 수익 창조에 몰두하는 지방 과학기술기관들에 대한 지도기능을 확대하였다.

단, 생산현장에 대한 강조는 거의 그대로 유지되고 있다. 개혁개방 이후의 중국과학원이 기초연구와 첨단기술 연구에 집중되어 있는 것과 달리, 북한 과학원은 북한 주력산업의 구분형태를 거의 그대로 답습하면서 이들에 대한 기술지원에 몰두하고 있는 것이다. 따라서 연구기관도 중국과학원이 학문구분에 따른 학부 중심으로 운영되는 것과 달리 북한은 현장의 기술과학 중심으로 운영된다. 북한 과학원의 각 위원회들이 기술과학 중심으로 편성된 것도 이 때문이다.

3) 과학원 산하 연구소 개편

<그림 1>은 2001년 8월에 북한 과학원이 발간한 자료에 수록된 산하 연구소 92개중 설립연도가 밝혀진 연구소 89개를 분야별, 연도별로 정리한 것이다. 과학원 산하 연구소들의 기본 골격이 60년대에 완성되었고, 그 이후에는 이를 보완하는 차원에서 새로운 연구소들이 설립된 것을 알 수 있다. 특히 산하 연구소 대부분이 기술과학분야 연구소들이고, 나머지도 농업을 지원하는 생물분야와 에너지 문제를 지원하는 석탄 문제에 집중되었다.

기초과학을 연구하는 수학물리분야는 1952년 과학원 창립 시에 2개가 설립된 이후 단 하나도 추가되지 않았다. 이것은 50년대 이후부터 과학원의 생산현장지원 집중으로 기초과학에 대한 지원이 거의 중단되거나 최고 지도자의 관심에서 멀어졌다는 것을 시사해 준다고 하겠다.

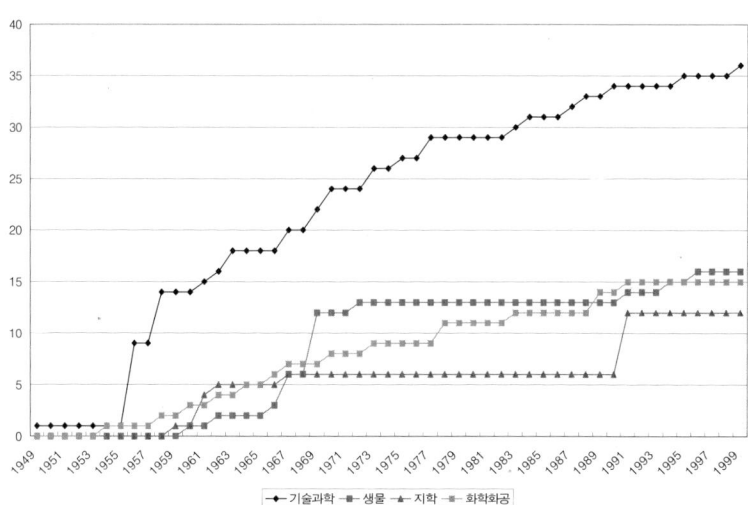

<그림 1> 과학원 산하 연구소들의 발전추이

자료: "Academy of Science of Democratic People's Republic of Korea," Pyongyang, DPR of Korea (August, 2001)의 연구소 설립연도로부터 정리.

연구소들의 전문분야는 직속연구소와 분원산하 연구소 사이에 다소의 차이가 있다. <표 1>은 과학원 산하 연구소들을 직속연구소와 분원산하 연구소로 구분해 설립 연대별로 정리한 것이고, <표 2>는 이들의 명칭을 정리한 것이다.

<표 1> 과학원 산하 연구소들의 설립연도별 통계

구 분	-1959	60-69	70-79	80-89	90 이후	미 상	총 계
직속 연구소	7	15	6	6	4		38
분원 연구소	13	20	6	3	9	3	54
합 계	20	35	12	9	13	3	92

<표 2> 과학원 산하 연구소들의 설립연도별 분포

구 분		연구소 명칭(설립연도)
1949 ~ 1959	직속	전기연구소(1949), 물리연구소(1952), 수학연구소(1952), 화학섬유연구소(1954), 과학실험설비공장(1956), 평양천문대(1957), 수리공학연구소(1959)
	분원	* 철도분원 교통연구소(1956), 원산철도전기화연구소(1956), 차량연구소(1956), 철도건설연구소(1956), 철도운송연구소(1956), 철도자동화연구소(1956), 철도자재연구소(1956) * 건설건재분원 간석지연구소(1958), 건축공학연구소(1958), 건설기계연구소(1958), 무기건재연구소(1958), 유기건재연구소(1958) * 함흥분원 분석화학연구소(1958)
1960 ~ 1969	직속	연료연구소(1961), 도시경영과학연구소(1961), 중앙광업연구소(1961), 지리학연구소(1961), 지질학연구소(1961), 규산염연구소(1962), 선광공학연구소(1962), 유색금속연구소(1963), 흑색금속연구소(1963), 염제품연구소(1964), 공업미생물학연구소(1966), 기계공학연구소(1967), 자동화연구소(1967), 채굴기계연구소(1967), 내화재료연구소(1967)
	분원	* 경공업분원 방직연구소(1960), 식료연구소(1960), 발효연구소(1962), 기술경제통보소(1963) * 함흥분원 유기화학연구소(1960), 무기화학연구소(1962), 화학공학연구소(1966) * 생물분원 동물학연구소(1967), 식물학연구소(1967), 실험생물학연구소(1967) * 수산분원 연안구조연구소(1969), 수산과학기술정보연구소(1969), 동해수산연구소(1969), 동해바다가양식연구소(1969), 서해수산연구소(1969), 서해바다가양식연구소(1969), 수산물가공연구소(1969), 양어과학연구소(1969), 수산기계연구소(1969)
1970 ~ 1979	직속	순금속연구소(1970), 노동안전공학연구소(1972), 전자공학연구소(1973), 열공학연구소(1977), 용접연구소(1977), 종이공학연구소(1978)
	분원	* 경공업분원 방직설비고속화연구소(1970), 일용품연구소(1973), 식료기계연구소(1975) * 함흥분원 혁명사적보존연구소(1970), 비날론연구소(1973), 과학실험기구연구소(1978)
1980 ~ 1989	직속	컴퓨터과학연구소(1983), 중앙실험분석소(1983), 인공두뇌기술연구소(1984), 과학기술발전문제연구소(1984), 집적회로시험공장(1987), 전자재료연구소(1988)
	분원	* 함흥분원 석유화학·메탄올연구소(1983) * 경공업분원 수지가공연구소(1989), 향료 및 화장품공학연구소(1989)

1990 ~ 2000	직속	레이저연구소(1990), 유리공학연구소(1991), 인공지구위성정보연구소(1995), 마이크로전자공학센터(1999)
	분원	* 석탄분원(1991) 설립으로 산하에 갈탄채굴공학연구소, 무연탄채굴공학연구소, 부식암석채굴연구소, 석탄분류연구소, 석탄지하가스화연구소, 석탄채굴공학연구소 배속 * 세포 및 유전자공학분원(1991) * 경공업분원 강냉이가공연구소(1994), 중앙합성미생물연구소(1996)

구체적으로 살펴보면, 50년대에는 각 분야에서 기초가 되는 연구소들을 설립하였고, 이를 기초로 60년대에 각 전문분야가 망라된 연구소체제를 구축한 것을 알 수 있다. 70년대에는 당시 북한의 당면문제인 에너지와 경공업에 집중하였고, 80년대부터는 이전까지의 기간산업 중심에서 벗어나 전자산업 중심의 첨단기술과 경공업, 과학기술정책 등의 종합적 관리 쪽으로 전환하였다. 90년대에도 세계 추세에 맞는 첨단기술 분야의 연구소들을 계속 설립하면서 경제의 병목인 에너지와 식량문제 해결에 치중하였다. 단, 신설 연구소 수는 현저히 줄어들고 있다.

소속별로 보면, 직속연구소들은 기초과학과 기간산업, 지학, 첨단기술 등에 고르게 분포된 반면, 분원산하 연구소들은 기초과학이 없고 대신 기술과학과 생물, 화학화공, 지학(석탄) 등에 치우쳐 있다.

90년대 이후 설립된 연구소들도 직속 연구소들이 레이저연구소(1990), 유리공학연구소(1991), 인공지구위성정보연구소(1995), 마이크로전자공학센터(1999) 등 첨단 기술과학 분야에 집중된 반면, 분원산하 연구소들은 세포 및 유전자공학분원(1991), 석탄분원(1991), 경공업분원 강냉이가공연구소(1994), 중앙합성미생물연구소(1996) 등 당면 과제인 식량 문제, 석탄문제, 소비품 문제 해결에 치중하고 있다.

90년대 이후의 동향을 보면, 70년대, 80년대와 달리 직속연구소보다 분원산하 연구소가 월등히 더 많이 설립되고 있다. 이것은 최근 들어 과학원 분원이 치중하는 식량, 석탄문제 등이 경제발전의 병목이 되고 있고, 과학원이 이 문제의 해결에 적극적으로 대처하고 있다는 것을 말해 준다.

단, 세포 및 유전자공학분원과 생물분원, 중앙합성미생물연구소 등 상당수의 생물, 농업관련 연구소들이 재일동포와 국제기구로부터 설비, 시약 등을 지원 받아 운영되는 것 같이, 북한 자체의 연구개발 투입능력은 극히 미흡한 것으로 판단된다. 특히, '고난의 행군' 기간동안 수많은 과학기술자들이 연구 현장을 떠나거나 사망해, 상당수의 연구소들이 연구능력을 상실하고 말았다. 당시, 해외동포 과학자들이 북한과 교류하면서 현지 과학기술자들의 의식주문제 해결에 큰 비중을 둔 것도 이 때문이다. 이러한 경향은 최근까지도 해결되지 않은 것으로 보인다.5)

이에 북한은 2001년 12월을 기해 과학원 산하 연구소들에 대한 기구조정을 단행했다고 한다. 즉, 관련자들의 증언에 의하면, 평양 은정구역에 있던 직속연구소 42개와 지역 내 전자자동화분원 산하 11개 연구소를 신설된 은정분원에 편입시키고 그간 연구 활동이 부진한 직속연구소 10개 등 약 20여개의 연구소들을 통폐합하는 조치를 취했다고 한다.

이와 함께, 각 연구소들을 정부재정으로 운영하는 기초과학연구기관과 독립채산제 또는 반독립채산제로 운영하면서 관련기관과 공동 관리하는 응용연구기관, 연구중심, 첨단기술제품생산기지 등으로 재분류하고 이들을 국가계획 안에서 강력히 연동시키는 조치를 취하고 있다고 한다.

이는 국가계획체제가 와해되고 과학기술 연구비지원이 격감하면서, 제한된 자원을 경제현장의 병목해결에 효과적으로 집중하기 위해 취해진 조치로 보인다. 중국이 계획의 완화와 함께 응용형 연구소들을 기업이나 사회로 이전시킨 것 같이, 북한도 국가계획에 포함되지 않은 연구소들을 정리하면서 연구와 생산의 결합을 강화한 것이다. 이로써 최근의 경제관리 개선조치에서 보듯이 실리중심의 기관운용 방침이 과학기술계에도 크게 확산되고 있는 것을 알 수 있다.

4) 연구기관 운영 메커니즘 변화

실리 중심의 경제 운용 방침은 연구기관 운영 메커니즘에도 커다란 변화를 불러일으키고 있다. 자율성 확대와 인센티브 강화조치로 투입능력이 있는 기업의 기술혁신 수요가 증가하고 응용연구기관의 실질적인 반독립채산제, 독립채산제 전환이 이어지고 있는 것이다. 최근 북한의 논문에서도 이런 움직임이 나타나고 있다. <표 3>은 『경제연구』에 실린 북한 과학연구기관 재정관리 관련 논문의 골자를 도표로 정리한 것이다.

<표 3> 북한 과학연구기관 재정관리의 특성

구 분	과학연구기관	생산기업	비생산 기관
예산구분	생산적 지출 (인민경제사업비)	생산적 지출 (인민경제사업비)	비생산적 지출
산출	생산적 산출	물질적 산출	정신문화적 산출
재정수입	국가 예산 (일부 자체 수입)	자체 판매수입 (독립채산제)	국가예산 (자체 수입 없음)
분배이용	전적인 소비에 이용	원가보상, 국가납부, 재투자	전적인 소비에 이용
자금순환	자금순환 없음.	구입-생산-판매의 순환	자금순환 없음.
결산	사업별 결산, 차년도 이월	사업별 결산, 차년도 이월	연도별 결산, 잔액 반환

자료: 리정민, "과학연구기관재정관리의 특성과 기본요구," 『경제연구』 2001년 제3호, 32~41쪽에서 정리.

표를 보면, 과학연구기관의 재정관리를 생산기업과 비생산기관의 중간 위치에 놓고 있는 것을 알 수 있다. 이 논문에서 특히 강조한 것은 예산구분과 산출, 재정수입, 결산 등에서 과학연구기관과 생산기업이 상당한 유사성을 가지고 있다는 것이다. 따라서 이런 유사성이 큰 과학연구기관은 실질적인 독립채산제나 반독립채산제로 전환할 필요가 있다는 것이다.

이것은 국가재정 감소라는 점에서 성과가 없는 연구기관들을 통폐합한 것과 일맥상통하는 조치라 생각된다. 자체수입이 많은 응용형 연구기관들을 자력갱생체제로 개편해, 국가재정 투입을 감축하고도 생산성 촉진효과를 제고하려는 것이다. 중국이 과학기술체제를 개편하면서 수익이 많은 응용형 연구기관을 시장 메커니즘에 따라 자체수익으로 운영하도록 한 것과 같다고 하겠다.

대표적인 예로 S/W 개발기관인 조선컴퓨터센터를 들 수 있다. 이 센터는 최근까지 7개의 분센터로 구성된 조직을 가지고 있었다. 여기서 1분센터는 체계프로그람개발집단, 2분센터는 다매체프로그람개발집단, 3분센터는 경영관리프로그람개발집단, 4분센터는 컴퓨터전문가체계개발집단, 5분센터는 조종체계개발집단, 6분센터는 응용프로그람개발집단이다. 7분센터는 국방관련 그룹인 것으로 생각되었다. 이 조직이 2002년 말~2003년 초에 <그림 2>와 같이 크게 개편되었다.

크게 달라진 것은, 3명의 부총사장이 업무를 분담해 총사장을 보필하도록 하고 연구개발 서비스부서를 7개에서 10개로 대폭 확대, 개편한 것이다. 센터의 위상도 성급에 준하는 국가기구인 S/W산업총국(제3산업총국)으로 승격되었다. 또, 지금까지 센터장이 전체를 관리해 온데서 탈피해 각 부설 센터장이 운영을 책임지도록 운영하고 있다. 이전의 기관 독립채산제에서 각 분센터들도 독립채산제를 시행하는 2중 독립채산제로 전환한 것이다. 연합기업소에서 산하기관들의 독립채산제로 2중 독립채산제를 시행하는 것과 같은 유형이다.

이에 따라 확대된 10개의 분센터는 각각 오산덕, 청봉, 삼지연, 만경, 어은, 밀영, 소백수, 삼일포, 내나라 등의 독립된 이름을 가지게 되었다.

2003년 9.26~27, 중국 대련에서 개최된 '국제 IT 전시회'에도 조선컴퓨터센터의 각 분센터들이 독자적인 이름으로 자기 제품을 소개하고 있는 것을 확인할 수 있었다.

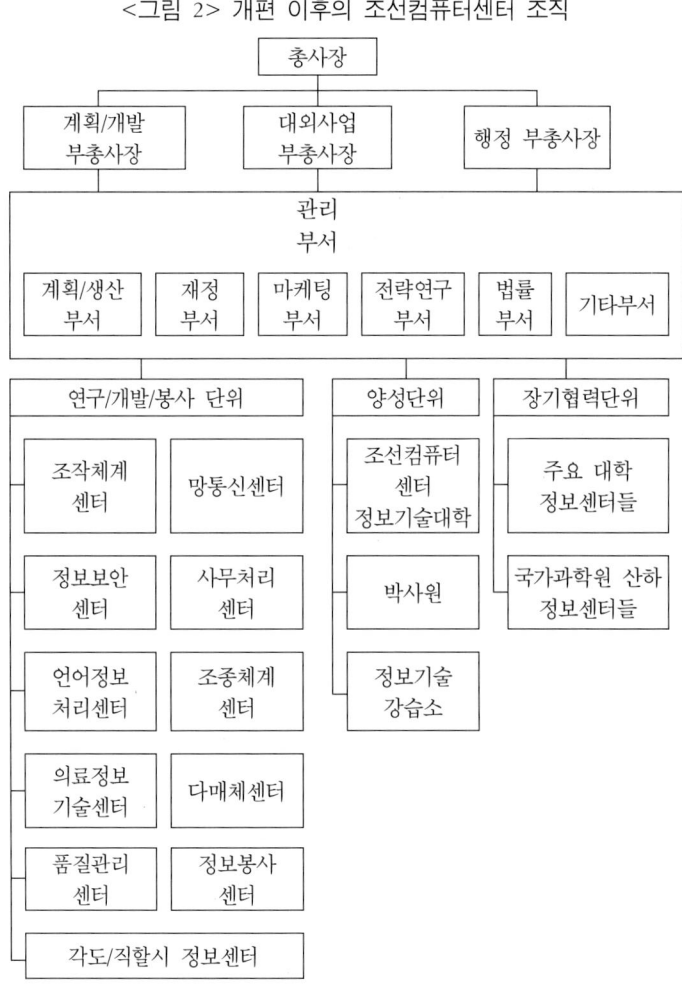

<그림 2> 개편 이후의 조선컴퓨터센터 조직

자료: 조선컴퓨터센터 소개 자료 (2003).

관계자의 증언에 의하면, 2002년경부터 조선컴퓨터센터 전 직원에 대한 성과별 봉급제가 시행되고 있다고 한다. 경제관리 개선조치의 일환으로 번 수입에 의한 평가 제도를 도입한 것이다. 이에 따라 과제책임자를 중심으로 수입이 크게 증가하여 이전의 20배 이상을 받은 직원이 발생하였으나, 코딩작업에 종사하는 청년직원들은 이런 고액성과급에 미치지 못해 갈등이 발생하기도 하였다. 이에 따라 고액 연봉에서 소외되는 계층을 위해 별도의 장려수당을 지급하기도 했다고 한다.

조선컴퓨터센터의 개편은 2002년 7.1 경제관리 개선 조치 이후 실리를 강조하는 정책이 연구기관에까지 파급된 대표적인 사례로 볼 수 있다. 즉, 국가 재정부담 능력이 감소하자 수익을 낼 수 있는 응용형 연구기관을 중심으로 반독립채산제, 독립채산제를 확대 시행하고, 이들을 산업부서를 지도하는 생산성 및 기업들과 연계해 자체적으로 생존, 발전하도록 한 것이다.

조선컴퓨터센터와 같은 운영체제 개편은 평양정보센터(PIC)에서도 확인할 수 있다. 이 센터는 내부적인 수익사업을 추진하는 한편, 중국 단동의 하나프로그램 개발센터 파견인원들의 예산을 분리시켜 독립채산제로 전환하였다. 이들이 센터의 수익만으로 생활하도록 한 것이다.

중앙식물원 등도 완전하지는 않지만 1년 예산의 거의 대부분을 자체적으로 조달한다고 하였다. 주요 수입원은 자체 부지를 활용한 묘목분양, 관상식물 판매, 두충차 등의 건강보조식품 생산과 판매 등이다. 식물원의 관람 수입은 그리 크지 않다고 한다. 교육성 프로그램센터도 예산의 50% 정도를 자체 수익으로 충당하고 있다고 한다.

명시적인 독립채산제 외에, 기관의 사정에 의해 재정을 독립적으로 운영하는 연구기관들도 상당수에 달한다. 즉, 재정난으로 국가과학기술계획에 포함되는 과제와 연구소들이 줄어들자 각 연구원들이 독자적으로 약간의 자금을 마련해 연구를 추진하는 것이다. 특히, 해외동포 친척 등으로부터 지속적으로 지원을 받는 과학자들이 비교적 활발하게 이런 유형의 연구 활동을 수행한다고 한다.

이런 활동은 연구소의 설립 목적이나 연구원들의 전공분야와 무관하게 추진되는 경우가 많다. 북한 내부에서는 연구기자재의 자체수급이 극히 곤란하고 자금순환도 어려우므로, 농민시장 등에서 잘 유통될 수 있는 상품을 개발하고 이를 판매해 독자적으로 수익을 창출하는 것이다. 따라서 비교적 간단히 생산할 수 있는 천연의약, 술, 버섯, 등에 치중하는 경우가 많다고 한다.

단, 세포 및 유전자공학분원 등 일부 기초과학과 첨단기술 연구기관, 중앙과학기술통보사 등은 전면적인 독립채산제를 받아들이지 못하고 있다. 이들 기관은 고가의 설비와 시약, 자료 대부분을 외국에서 도입해야 하므로 국가의 재정지원 없이는 사실상 연구를 수행하기가 극히 곤란한 것이다. 따라서 북한은 소수의 관련 연구소, 연구실, 연구자들을 외화 투자대상으로 분류하고 당 자금이나 국제기구 투자기금을 지원하고 있다.

이런 연구소들은 달러 기준으로 연구사업을 진행하면서 자체적으로 해외에서 관련 기자재들을 도입한다고 한다. 중국이 개혁개방 이후 소수의 우수 연구소만을 정부 재정으로 운영하고 나머지는 기업으로 전환하거나 기업소속 연구소로 개편한 것과 일맥상통하는 조치라 하겠다.

5) 연구소의 유형화

국가과제 참여여부와 자체수입 규모에 따라 각 연구소들의 유형화가 진행되고 있다. <표 4>는 이를 간단히 정리해 본 것이다.

<표 4> 북한 연구기관들의 새로운 유형

구 분	국가과제 대(大)	국가과제 소(小)
자체수입 대(大)	(I) 형 일부 IT, BT 연구기관	(II) 형 응용형, 대외형 연구기관
자체수입 소(小)	(III) 형 국방, 첨단, 인민경제 선행부문	(IV) 형 전통산업부문

국가과제와 자체수입이 모두 많은 (I)형 연구기관에는 인민경제의 기술적 개건과 관련해 상당한 국가적 지원과 기업으로부터의 수요를 확보하고 있는 S/W 개발기관과 시험농장을 가진 일부 농업 관련 연구기관이 포함될 수 있다. 전형적인 예로 조선컴퓨터센터를 들 수 있다. 단, 현재 국가과제와 자체수익과의 연계가 취약하고 국가적 투입능력이 부족한 상황에서 이런 유형의 연구소들이 장기간 지속되기 힘들다는 문제가 있다. 따라서, 이런 유형의 연구소들은 점차 (II)형이나 (III)형으로 전환하고 있는 것으로 보인다.

(II)형에는 바둑, 게임 등의 민간용 프로그램을 개발하는 기관이나 서비스에 종사하는 응용형 연구기관이 포함될 수 있다. 이들은 국가적 지원이 대폭 축소되면서 자체 수익으로 생존해야 하는 절박한 상황에 직면해 있고, 경제관리 개선조치로 자율성이 신장되고 있으므로 독자적인 수익추구 활동을 상당히 활발하게 추진할 것으로 생각된다. 향후 남북협력을 포함한 대외 과학기술협력에서 이런 유형의 연구소들이 위탁연구나 제품판매 형식으로 전면에 나설 가능성이 있다고 하겠다.

(III)형에는 국방연구기관과 대규모 외화가 투입되는 소수의 기초기술, 첨단기술 연구기관, 연료와 에너지, 철도, 금속 등의 인민경제 선행부문을 연구하는 기관, 과학기술인력양성에 종사하는 기관 등이 포함될 수 있다. 대표적인 예로 과학원 산하 세포 및 유전자공학분원과 제2자연과학원 산하 연구소들을 들 수 있다. 본 연구진이 만난 북한 과학자는 첨단기술 중에서도 국가가 필요로 하고 재정을 담보할 수 있는 소수의

첨단기술분야를 선정해 집중적으로 지원한다고 하였다. 향후 우리측 정부출연연구기관의 주요 협력대상이 될 가능성이 크다고 하겠다.

(IV)형에는 공장가동율이 급감해 기술혁신수요와 국가과제가 대폭 감소하고 자체 수입도 창출하기 어려운 상당수의 전통산업 연구기관들과 지방소재 연구소들이 포함될 수 있다. 이들은 고유의 연구 활동과 무관하게 다양한 수단을 발휘하여 수익을 창출하고 이를 매개로 상부의 관심을 끌 만한 연구를 수행한다. 장기적으로 생존이 어려운 경우에는 통폐합의 대상이 되기도 한다.

이러한 유형별 분류가 반드시 고정된 것은 아니다. 현재, 대부분의 북한 연구기관들은 (II)형이나 (III)형에 포함되어 지속적인 생존과 발전을 추구하기 위해 상당한 노력을 기울이고 있다고 보여진다. 단, 현재 북한의 국가과제가 소수 특정분야에 집중되고 기술거래시장도 극히 취약한 상태이므로 이런 노력이 지속되기 힘들다는 문제가 있다.

북한 과학원에서는 단기적으로 연료와 에너지 등 경제적인 사활이 걸린 영역과 일부 첨단기술 영역에 제한된 자원을 집중하고, 장기적으로는 새로운 산업을 형성할 수 있는 세계적 수준의 첨단기술 개발과 전통산업의 고도화에 치중할 예정이다. 향후 지속될 연구소들의 추가개편도 이런 방향에서 단계적으로 추진될 것이고, 각 연구소들의 생존전략도 이에 적응하는 방향에서 추진될 것이다. 남북한 과학기술협력과 관련해 지속적인 연구가 필요한 분야라 하겠다.

최근 들어, 북한은 기업을 위한 연구용역을 현금화하고 이를 기술거래 활성화와 연계하는 조치를 취하고 있다. 연구성과를 '지적 상품'의 형태로 거래함으로써 과학기술계에 경제관리 개선조치의 주요 논리를 도입하고 있는 것이다. 이를 실현하기 위해 기술을 필요로 하는 기업과 공급하는 연구기관이 계약을 체결하고 그 완수 상황에 따라 경비를 지급하는 제도를 도입하고 있다. 단, 전반적인 재정난으로 기술거래 규모는 크게 늘어나지 못하고 있다.

　번 수입에 의한 평가가 시행되고 과제책임자의 권한과 수익이 신장되면서 연구원의 유동이 현실화하고 있다. 이런 현상은 남북 과학기술협력에 참여하는 일부 북한 연구기관에서도 나타나고 있다. 특히, 자체 수입이 큰 응용형 연구기관에서는 청년들을 중심으로 상당수의 연구원들이 유동하고 있다. 사회주의국가에서 거주지는 배급과 교육, 의료, 방위 등과 긴밀히 연계되어 있으므로 상부의 지원 없이는 그 이동이 극히 어려운 것이 사실이다. 연구원 유동 현실화는 이런 난제를 극복하고 있다는 점에서 상당히 획기적인 일이라 할 수 있다.

4. 결론 및 전망

　최근 북한이 대대적으로 추진하고 있는 경제개혁은 사회주의 중화학공업 육성정책의 누적된 비효율성을 개선하고 사경제부문 흡수와 공급능력 신장을 통해 극심한 원료, 연료, 식량, 재정난 등을 극복하려 한 것이다. 주요내용은 가격과 임금, 환율 현실화, 국가 재정부담 축소, 국가계획 축소와 하급 기관의 자율성 신장, 평균주의 극복과 인센티브 강화, 특구 설치와 대외협력 강화 등으로 요약할 수 있다.

　이 안에서, 자본과 노동의 추가투입 여력을 상실한 경제문제의 해결방안으로 과학기술 발전을 통한 생산성제고 방안을 강력히 추진하고 있다. 단, 현장지원연구 위주인 북한의 과학기술계가 경제침체의 여파를 거의 그대로 전수받아 경제회생에 필요한 자생력을 확보하지 못한 것이 큰 문제가 되고 있다. 따라서 북한은 과학기술체제 개편을 통해 자원투입 효율을 개선하는 한편, 제한된 자원을 효과적으로 경제발전에 투입하기 위해 노력하고 있다. 주요 내용은 과학기술행정기관의 대대적 축소, 유명무실한 연구소들의 통폐합, 응용형 연구소들의 독립채산제 확대 등이다.

단, 아직까지 이러한 개혁조치들이 뚜렷한 성과를 거두지는 못하고 있다. 자본과 노동의 추가투입 여력을 상실한 상황에서 내부 동원을 극대화하고 과학기술을 통한 생산성 향상에 치중했으나, 이 역시 과학기술계의 자생력 부족과 연구비 투입 부족, 낙후한 설비와 기술 등으로 소기의 목적을 달성하지 못하고 있는 것이다.

북한의 현실에서 과학기술을 통한 생산성 개선은 포기할 수 없는 중요한 전략이라고 할 수 있다. 따라서 가까운 시일 내에 추가적인 과학기술개혁을 추진할 것으로 생각된다. 북한이 과학기술계획을 경제계획에 앞세우는 정책을 추진해 왔으나 개혁 내용에 따라 그 반대되는 경우가 많이 발생하고, 이들이 정확하게 연동되는데는 상당한 시간이 필요하기 때문이다.

예상되는 주요 개혁내용에는 재정능력이 있는 기업의 연구소 설립과 위탁연구 활성화, 기술의 유상거래 확대, 국가과제 이외의 과제수행 확대, 연구소 자율성의 대폭 신장과 독립채산제, 연구과제 책임제, 연구원 유동 확대, 유명무실한 연구소들의 대대적 통폐합 등이 있다. 대학의 구조조정과 규모효율 개선, 교과과정 개편 등도 지속적으로 추진될 것이다.

이와 함께 부족한 자원과 기술의 도입 차원에서 연구소들의 대외 개방이 더욱 확대될 것으로 보인다. 이 안에서 남북한 과학기술협력도 크게 활성화될 가능성이 있다. 최근 들어 북한이 남북한 과학기술협력에 적극적인 반응을 보이고 있는 것도 이 때문이라고 생각된다. 특히, 핵문제가 평화적으로 해결되고 개성공단 등의 특구가 현실화되면 이런 협력이 더욱 촉진될 수 있을 것이다.

그러나 이를 실현하는 과정에서 다양한 문제점이 나타나고 있는 것도 사실이다. 북한의 과학기술계는 50년대에 생산현장 중심으로 개편되었다. 이를 지속하는 과정에서 경제체제의 문제점을 물려받아 자생력을 상실한 과학기술계에게 오늘날의 생산현장을 회생시키라는 무거운 책임을 지운 것이다.

　이를 달성할 능력과 자발성을 확보하려면 연구비 투자 확대와 선진기술 도입이 필수적이나, 이는 북한의 현 상황에서 상당한 무리가 따르는 일이다. 이를 체계적으로 지원할 여력을 남한이 가지고 있으므로 향후 남북관계의 개선 여부에 따라 그 실현을 공동으로 담보할 가능성은 여전히 남아 있다고 하겠다.

주(註)

1) 북한은 1998년부로 과학기술행정기관인 국가과학기술위원회를 연구기관인 과학원에 합병하였고, 2005년에는 이를 국가과학원으로 승격시키는 조치를 취했다.
2) 『근로자』 2002년 10월호.
3) 90년대 이후 북한이 장기 경제개발계획을 수립하지 못하고 있으므로, 경제를 지원하는 과학기술계획을 통해 경제동향과 병목, 향후 진로 등을 상세히 파악할 수 있다.
4) 북한은 2006년 4월의 최고인민회의 보고에서, 1998~2002년의 '과학기술발전 5개년계획'과 2003~2007년의 '새로운 과학기술발전 5개년계획'에 이어 2008~2012년의 '차기 과학기술발전 5개년계획'과 2022년까지의 '장기 과학기술발전계획'을 추진한다고 발표하였다.
5) 해외동포들의 대북한 과학기술협력 동향은 이춘근, 배영자, 『동북아 한민족 과학기술자를 활용한 남북한 과학기술협력 방안 연구』(대전: 과학기술정책연구원, 2002) 참조.

<참고문헌>

1. 북한문헌

『근로자』 2002년 10월호..
리정민, "과학연구기관재정관리의 특성과 기본요구,"『경제연구』 2001년 제3호.
조선컴퓨터센터 소개 자료 (2003).
"Academy of Science of Democratic People's Republic of Korea" (Pyongyang, DPR of Korea, August, 2001).

2. 남한문헌

이춘근·배영자,『동북아 한민족 과학기술자를 활용한 남북한 과학기술협력 방안 연구』(대전: 과학기술정책연구원, 2002).

북한의 학술 활동 및 기술 확산
: 학술지, 특허 및 정보 네트웍

최 현 규

1. 머리말

　남북경협은 2000년 남북 정상회담 이후 그 전에 상상하기 어려울 정도로 폭발적으로 성장하였다. 과학기술의 협력 측면에서 구체적인 협력이 이뤄지려면 최우선하여 남북이 협력해야 할 것은, 첫째, 정보 협력이고, 둘째는 표준 협력이며, 셋째는 특허 협력이다.

　먼저 '정보'는 북한을 알 수 있도록 하는 것이다. 북한은 정보 측면에서 매우 폐쇄적이어서 일반 정보마저도 구하기가 힘들다. 그래서 우리가 쉽게 범할 수 있는 우로 단편적인 것으로 가지고 전체를 속단한다는 것이다. 그러므로 가능한 많은 정보를 통해 북한을 접근해야 진정한 협력이 이루어질 수 있다. 북한이 우선해야 할 일중의 하나가 일반 정보를 대외에 공개하는 일이다.

다음으로 표준 협력이다. 경제 및 산업 협력이 진행되거나 기술적인 협력이 강화되면 결국 산업표준의 문제가 대두된다. 개발과 생산에서 표준이 지켜지지 않을 때 여러 가지 문제를 일으키게 된다. 그래서 개성 공단의 진출에서 표준기구의 진출이 병행될 때 애로를 상당 부분 줄일 수 있다. 쉽게 나타날 수 있는 현상중의 하나가 기술용어의 차이이다. 사용하는 용어에 차이가 있게 되면 작업지시가 제대로 전달되지 않게 되어 생산현장에서는 표준품의 생산 차질 등 심각한 문제를 일으킬 수 있다.

마지막으로 특허, 즉 산업재산권 협력이다. 기술은 권리화해야 한다. 그런데 그렇지 못할 때 기술이 남용 또는 도용되고 기술 발전을 저해할 수 있다. 투자 자체를 어렵게 하는 요인이 되기도 한다. 그러므로 이러한 기반적인 협력 요건이 선행하여 이루어져야 할 것이다.

2. 북한 과학기술정보 유통 구조와 체계

1) 북한의 과학기술정보 유통 구조의 개요

과학기술 및 관련 정보의 수집 및 유통 정책 또한 강조되고 있다. 김정일 위원장은 "과학기술정보일군대열을 능력 있는 일꾼으로 튼튼히 꾸리고 정보통신수단을 현대화하며 현대적통신수단과 전자계산기에 의한 정보검색 체계를 세워 과학기술정보자료들을 전면적으로, 체계적으로 수집 분석하도록 하여야 한다"라고 공식적으로 지적한 바 있다. 이는 과학기술정보유통의 전산화 체제에 각별한 관심을 기울이고자 하는 최고지도자의 전략을 반증하고 있다.

북한의 과학기술정보 유통은 3단계의 등급(준위)으로 구분하여 정보

활동을 하고 있다.

1등급에 속하는 과학기술정보서비스 기관으로는 인민대학습당, 김일성종합대학정보센터, 중앙과학기술통보사, 과학원 발명국정보센터, 평양정보센터 등으로 전국적 규모에서 정보서비스를 하고 있다. 본 등급에 속한 기관들의 활동은 중앙과학기술통보사와 유사한 활동을 하고 있지만 과학기술정보 유통의 중추 기능을 전담하는 기관은 '중앙과학기술통보사(CIAST)'이다.

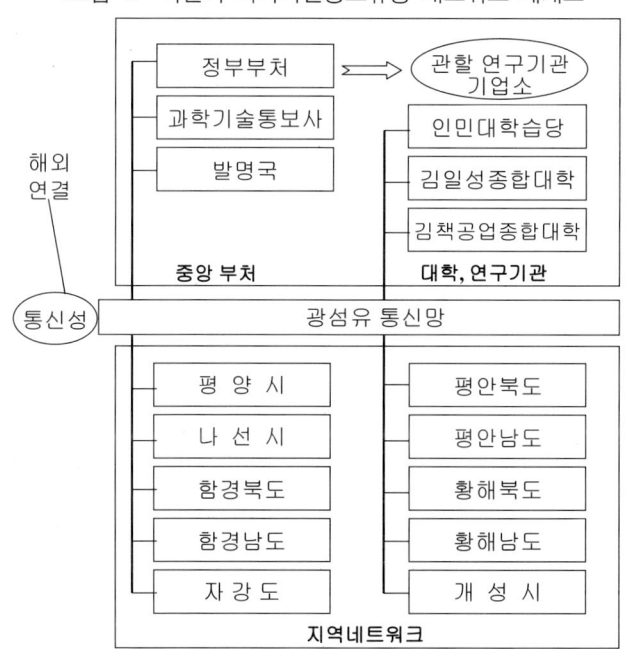

<그림 1> 북한의 과학기술정보유통 네트워크 체계도

자료: 『科學技術』(일본) 2001년 1호.

2등급 정보서비스 기관으로는 특정한 기술 분야에서 정보서비스를 하는 전문정보센터(의학정보센터, 농업정보센터, 수산정보센터 등)와,

'신기술소개 사무실' 등과 같이 정보 이용을 촉진하고 원활하게 하는 각 성省, 도道의 정보센터들이 있다. 지역 차원에서는 각 도, 직할시 인민위원회 산하에 신기술 소개 사무실 격인 '과학기술통보실'을 설립, 운영하고 있다. 이는 일종의 지역정보센터를 역할을 수행하고 있다.

3등급 정보서비스 기관 및 조직으로는 대학, 연구소, 기업 등과 같은 정보 말단 단위의 과학기술통보실 등이 있다. 여기서는 주로 1, 2준위의 정보서비스 기관으로부터 정보서비스를 받아 자체 기관의 정보 확산을 담당하고 있다.

이상에서 보는 바와 같이 북한의 중앙과학기술통보사와 연계하여 부문별, 지역별, 계층별 유기적 협조 및 분담 관계를 형성하고 있다. 중앙과학기술통보사를 중심으로 한 유통네트워크 체계는 <그림 1>와 같이 구성되어 있다.

(1) 중앙과학기술통보사의 창립

중앙과학기술통보사(CIAST)는 1963년 8월 5일에 창립[1]된 북한의 전문적인 과학기술정보 전문기관이다. 북한 내의 과학기술자들의 연구 성과와 기술개발 및 경제관리 방식에 관한 국내외 정보자료들을 분석, 처리하여 이를 컴퓨터를 비롯한 기타 매체를 통해 서비스하고 있다. 즉, 과학기술정보 전문기관으로 북한의 국가중앙센터로서 기능을 수행하고 있는 것이다.[2]

3천만 건에 이르는 데이터베이스(자료기지)를 구축하여 '광명' 네트워크를 통해 제공하는 '정보서비스센터'와 '컴퓨터망센터'로서의 지위를 가지고 있다.

(2) 중앙과학기술통보사의 조직과 인력

현재 중앙과학기술통보사의 사장은 CIAST 컴퓨터센터 처장을 맡았던 주성룡이다.3) 그리고 다국어 사전 프로그램 및 데이터베이스(자료기지) 구축 등의 공로로 인민과학자 칭호를 받고 있는 로원섭 부사장을 비롯하여 3명의 부사장이 있다.

주요 조직으로 7개의 센터와 3개의 행정(보장)부서 그리고 1개의 자문기구를 두고 있다.

<그림 2> 중앙과학기술통보사의 기구 조직도

인력 측면에서는 정보기술 부분의 인력을 포함하여 과학기술 및 정보 전문 인력으로 570명 정도의 인력이 있고, 외부의 지원 인력 규모도 수백 명에 이른다. 프로그램을 개발하는 '컴퓨터센터'에 100명 정도의 인력이 있고, '자료기지센터'에 외국정보를 번역, 분석 가공하는 전문 인력, 그리고 사전전문가 및 입력실 직원을 포함하여 100여 명의 인력이 있다. 그리고 통보 출판물을 발간하는 '통보출판물센터'에 기자, 편집원 등 200여 명 정도의 인력이 있고 '정보분석센터'의 수십 명의 정보 연구 인력이 있다.

(3) 중앙과학기술통보사의 정보 활동
① '콤퓨터센터'

중앙과학기술통보사(CIAST)의 핵심역량으로 인정되고 있는 컴퓨터센터의 정보통신기술 전문 인력은 북한 내의 네트워크 부문에서 선구자적인 역할을 하고 있으며, 각종 소프트웨어의 자체 개발에서도 중점적인 역할을 하고 있다.

이 가운데 북한 내에서 정보 포털 사이트로서의 기능을 하고 있는 '광명' 웹사이트를 개발하고 정보검색체계를 독자적으로 개발한 것은 상당한 성과라 할 수 있다. 본 웹 사이트의 구축은 컴퓨터센터의 인력이 그동안 개발한 DB 검색시스템과 통신망기술, 그리고 멀티미디어(다매체) 등을 기반으로 하여 이루어진 것이다.

지난 2002년에 개발한 '콤퓨터총서 – 혁명의 성산 백두산'과 여러나라 말 과학기술용어사전인 '광명 2002' 또한 대표적인 성과이다. 한국과학기술정보연구원(KISTI)와 공동으로 멀티미디어 콘텐트인 '백두산의 자연'(<그림 3> 참조)을 만들기도 했다.

<그림 3> '백두산의 자연' CD롬 도입 화면

또한 '광명 2002'(<그림 4> 참조)는 과학기술용어 약 30만 단어를 7개국어(영어 – 일본어 – 독일어 – 프랑스어 – 러시아어 – 중국어 – 조선어) 대역 형태로 발간한 CD-ROM판 '다국어과학기술전자사전'(Multilingual Dictionary)이다. 총 18개 분야(수학, 역학, 물리학, 화학, 생물학, 지리학, 지질학, 전기공학, 전자공학, 정보처리, 기계공학, 금속공학, 건설, 채굴공학, 원자력, 경공업, 농업, 의학)로 나뉘어져 있다. 1996년에 과학원이 책자형으로 발간하였으며, 1999년에 CIAST가 초판을 발간한 이래 계속 갱신해 나가고 있다.

<그림 4> 광명 2002의 용어보기 화면

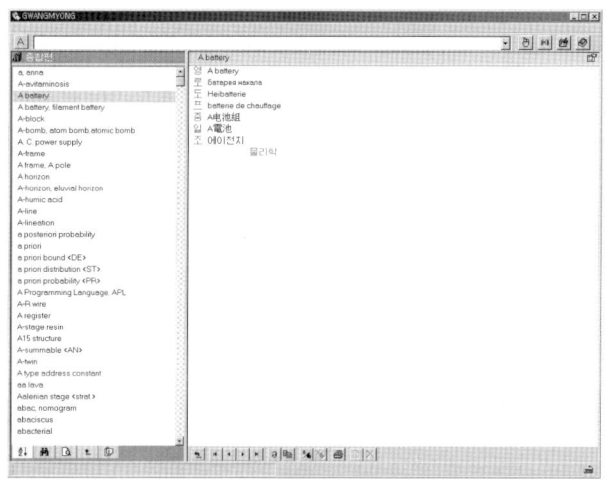

② '자료기지(database)센터'

CIAST 자료기지센터의 주 임무는 일련의 과학기술정보 자료의 데이터베이스 구축이다. 이를 위해 본 센터는 정보자료의 수집 및 분석가공, 입력 등의 업무를 병행하고 있다.

전자화된 방식의 데이터베이스 구축은 검색시스템의 개발과 함께 1980년대 중반부터 착수하였고 현재 전문(full text) 데이터베이스로 구

축하고 있다. 모든 문헌자료들은 스캐너로 입력하고 문자인식기술을 이용한 입력 방식을 취하고 있다.4)

CIAST가 구축, 운영하는 주요 데이터베이스로는 우선 북한 자체적으로는 새기술소식DB, 건강장수DB, 국내특허DB, 국내기술혁신DB, 국내잡지논문DB, 외국잡지논문DB, 외국2차문헌DB 등이 있다. 한편 해외로부터 도입하여 운영중인 데이터베이스로는 전기, 전자, 물리분야의 데이터베이스인 INSPEC, 공학일반 데이터베이스인 COMPENDEX, 국제원자력기구(IAEA)에서 만든 INIS 등이 있다. 구축 건수는 3천만에 이르는 것으로 알려져 있다.

자료기지센터가 담당하는 자료의 경우 비단 과학기술 부문의 자료뿐만 아니라 경제, 무역 및 교육 부문의 국내외 자료 등을 포함한다. 소장 정보는 북한에서 국내 출판물로 수백여종의 국가출판물과 2만 3천여 건의 비출판물, 그리고 해외 자료로는 1,000여 종의 외국 학술지가 대표적이다. 이 외에도 국내외 기술 정보 자료들을 CD롬으로 별도 제작하거나 다른 나라로부터 CD롬 데이터베이스를 구입, 기증 교환 등의 방식으로 수집하고 있다.

③ '통보출판물센터'

CIAST는 외국의 과학기술문헌을 수집하고 그 내용을 요약 분석하여 기술분야별로 편집하여 제공하는 해외과학기술통보잡지를 발간하고 있다. 현재 발간하고 있는 해외과학기술통보잡지로는 금속, 기계, 나노과학기술, 실용기술 등 27종으로 격월간이나 계간으로 발간하고 있다.

그 외 월간 발행되는 과학대중잡지 성격의 '과학의 세계'는 다양한 주제로 과학 전반에 대한 내용을 소개하고 있다. 그리고 실용기술을 중심으로 소개하고 있는 '기술혁신'이 매월 발간되고 있으며, 자체통보잡지로 30여 종을 편집, 발간하고 있다고 한다.

CIAST에서는 이러한 과학기술통보 형태의 자료뿐만 아니라 『전력생산 및 절약기술』, 『철도의 통과 능력을 높이기 위한 대책』, 『전기로 제강기술의 발전 추세』 등의 기술도서들도 단행본 형식으로 출판하는 등 과학기술자들에게 필요한 개관 및 분석자료, 특집을 비롯하여 50여 건의 분석개관자료도 발행하고 있다.

④ '정보봉사센터'

CIAST의 정보서비스는 주문형 정보서비스로 정보기관의 전통적 서비스인 선택정보서비스(SDI), 대행검색, 원문 복사, 번역 등을 하고 있고, 최신 특허정보 서비스와 경제·무역자료 서비스를 하고 있다. 이 외에도 주문 방식의 소프트웨어 개발 및 데이터베이스 이식과 같은 데이터 처리 업무, 컴퓨터 및 망 관련 설치 및 수리 서비스 활동도 하고 있다. 무엇보다 1997년 이후 '광명' 웹사이트의 개설을 중심으로 데이터베이스 서비스, 홈페이지를 통한 서비스는 더욱 활발해지고 있는 추세이다.

<그림 5> 중앙과학기술통보사의 정보서비스 체계

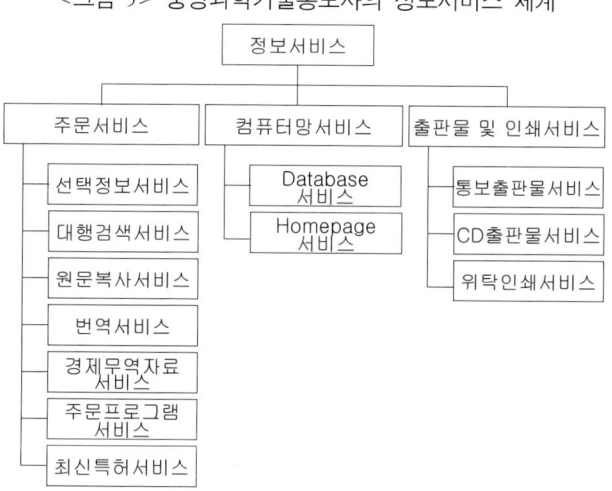

<그림 5>에서 보는 바와 같이 온라인을 통한 정보검색 등의 서비스 외에 전자우편, 방문, 전화, 우편 등을 통해 신청한 정보 요청사항에 대해 대행검색 등 주문형 서비스를 하고 있다. 매년 1만 건 이상의 대행검색, 수백만 페이지의 원문복사 제공, 수만 페이지의 번역 서비스를 하고, 또 특정기관에 긴급한 정책과제가 발생했을 경우 이에 필요한 과학기술자료를 집중적으로 검색하여 자료를 편집·발행해 주는 '집중봉사활동'도 하고 있다.

⑤ '정보분석센터'

CIAST 정보분석센터는 정보 분석 및 기술 예측을 전문으로 하는 정보연구전문가들로 구성되어 있다. 이들은 국내외 과학기술동향 자료, 전략자료 및 자료 분석 및 평가에 의한 대책 방안이 담긴 연구자료(3차 정보)를 자체 기획 또는 주문에 의해 제작하여 관계기관에 제공하고 있다. 이러한 자료들은 북한의 과학기술 및 경제정책 결정을 하는데 기초자료로서 활용이 된다고 한다.

다양한 분야의 과학기술에 대한 분석 자료를 정례적으로 발행하고 있다. 중앙과학기술통보사 내의 조직구조상 '새기술소식처'와 '분석처'에는 약 70여 명의 인력이 정보 분석 활동을 전담하고 있다.

'추세동향'이라고 불리는 자료는 분석처에서 연간 대략 20건의 자료와 100면 정도 해당하는 '전략자료'를 1~3과제 정도 발간하고 있다. 이 자료들은 내각에서 요구하는 국가적 수요에 의해 작성되기도 한다. 이 가운데 북한은 올해 초 현대과학기술전서 5권(과학기술 및 경제 발전 전략편, 첨단과학기술편, 핵심기초기술편, 기술공정개발편, 응용과학기술편)을 발간했다.

⑥ (전문가) 양성센터

양성센터는 정보전문가를 양성하는 학위 과정의 박사원(대학원)과 정보인력의 재교육을 담당하는 강습소로 구성되어 있다.

박사원은 정보과학분야의 학사, 석사를 양성하며 대학 졸업 후 1~2년간 정보관련 기관의 근무 경력을 가진 이들을 대상으로 3년 과정의 정보학 학사(남한의 석사급임)와, 학사 인력을 대상으로 한 3년 과장의 정보학 박사를 양성하고 있다. 교과 과정으로는 정보원천학, 정보수요연구, 정보분석가공, 데이터베이스 구축, 정보검색시스템, 정보관리시스템, 정보서비스시스템, 정보예측 등과 문자 및 음성인식, 기계번역, 정보언어분야 등이 있다.

재교육 과정에는 정보기관 및 일반기관, 기업 등의 종사자를 대상으로 하여 교육을 진행하고 있으며, 7~10일 과정, 1개월 과정, 3개월 과정, 6개월 과정 등으로 되어 있어 교육대상에 따라 선택적으로 실시하고 있다.

2) 북한의 과학기술정보서비스시스템 '광명' 현황

중앙과학기술통보사에서는 일종의 정보검색체계라 할 수 있는 '광명'을 개발하여 과학기술자료 검색을 위한 컴퓨터 네트워크를 구축하여 이를 서비스하고 있다. 북한에서 해마다 수백 여 종의 출판물과 23,000여 건에 달하는 비출판물, 약 1,000여 종에 이르는 외국자료에 대한 데이터베이스를 구축하고 있으며 80여 종의 과학기술 분야의 출판물 및 CD롬을 제작하고 있다. 즉 다양한 종류의 과학기술 정보들은 각각 컴퓨터 네트워크망과 CD롬, 통보출판물, 그리고 별도 주문을 통한 서비스의 형태로 일반에 확산하고 있는 서비스 체제이다.

'광명'은 1980년대 중반 무렵부터 과학기술자료검색체제로서 개발되기 시작하였다. 웹사이트를 구축하면서 1997년 6월부터 내각의 각 위원회, 성·중앙기관, 주요 대학, 인민대학습당 등과 연결하여 본격적으로 서비스되기 시작하였다. 지금은 검색뿐만 아니라 전자우편, 전자도서관, 실시간 대화(채팅) 등의 기능까지 확대하여 종합 서비스하는, 북한에서 가장 인기가 높은 포털 웹사이트로 부상하였다.

<그림 6> '광명' 홈페이지 초기화면

CIAST가 개발, 운영하고 있는 '광명' 웹사이트는 인터넷상에 분산되어 존재하는 온갖 종류의 정보를 통일된 방법으로 찾아볼 수 있게 하는 광역 정보서비스인 www 기술과 자체 개발한 정보검색 엔진이 기초가 된 것으로 인터넷 환경에서 활용될 수 있도록 개발되어 있다.

'광명' 웹사이트가 제공하는 주요 서비스로는 ① 데이터베이스(자료기지) 검색, ② 전자우편, ③ 전자소식, ④ 웹사이트 검색, ⑤ 전자도서관, ⑥ 실시간대화(채팅), ⑦ 전자상거래(전자시장) ⑧ 오락센터 등으로 되어 있다.

'광명' 웹사이트의 가장 중요한 서비스이며, CIAST가 북한의 중앙 과학기술정보기관으로서 역할을 수행하는 것으로 가장 역점을 두고 있다. 정보검색은 웹상에서도 가능하고 전용 단말기를 이용한 검색도 가능하다.

<그림 7> '광명' 데이터베이스 검색전용 단말기에서의 화면

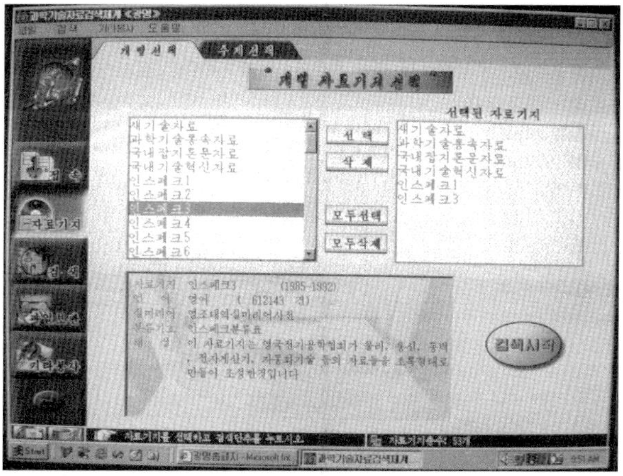

출처: ≪민족21≫ 2002년 8월호.

검색의 특징은 전통적인 논리연산(and, or, not)에 의한 검색과 함께 전후방 일치검색, 문자열검색, 개념검색에 의해 검색 가능하도록 하였고, 키워드 검색에서도 자연어 검색과 표준어 검색을 통해 검색할 수 있다. 표준어는 CIAST가 시소러스(thesaurus) 형태로 구축하여 내장시킨 용어전자사전을 통해 검색어를 편리하게 선택할 수 있도록 하였고, 검색 효율도 증가시키도록 하였다.

정보검색을 위한 편리한 기능중의 하나는 다국어 검색이 가능하도록 한 점이다. 한 개의 언어로 검색질문식을 작성하여도 다른 언어로 된 자료까지 검색할 수 있도록 한 것이다. 이는 다국어 과학기술용어사전을 통해 대응용어에 해당하는 검색어로 일괄 검색을 수행하는 방식이다.

웹사이트 검색 기능은 북한판 야후에 해당하는 것이다. 북한의 컴퓨터네트워크에 연결되어 있는 모든 웹사이트 및 웹문서들을 검색질문식에 의해 찾을 수 있도록 하는 것이다.

'광명' 웹사이트의 전자도서관은 중앙과학기술통보사가 발간하는 ≪새기술소식≫, ≪콤퓨터와 프로그람 기술≫, ≪정보과학과 기술≫, ≪과학의 세계≫ 등 잡지류 뿐만 아니라 국내외 최신 잡지, IT 학습자료, 생활상식 등 여러 분야의 자료들을 Html 문서, Pdf 파일, Word 문서 등의 형태로 온라인 전자문서 서비스를 하고 있다.

3) 북한의 과학기술도서관 운용 실태

북한의 과학기술 유통의 또 다른 축으로서 과학도서관을 들 수 있다. 열악한 기술수준을 극복하기 위해 북한은 과학기술자의 양성을 중요한 국가 교육 목표로 설정하고 과학기술 관련 대학을 다수 설립하였다. 이들 대학 및 기관 내부적으로도 기술교육에 대한 강조는 도서관의 설립으로 나타나고 있다.

전문도서관으로서의 성격을 가지는 과학기술도서관으로서 대표적인 도서관은 김일성종합대학과학도서관, 과학원도서관 등이 있고, 각 성省 및 도별 과학도서관, 직할 연구소나 지방 분원, 기업소 등에도 도서관이나 도서실이 있다. 예를 들면 황해제철소 기술부도서관, 농업과학원도서관, 함흥화학공업대학도서관 등이 있다.

과학기술도서관이 수행하는 기능으로 문헌자료에 대한 안내, 서지자료 편집사업을 수행하면서 새로운 과학기술의 발전 추세와 그에 해당하는 자료들을 독자들에게 제공하는 이른바 과학기술통보사업을 하고 있다. 그 외에 도서 열람 및 대출, 이동문고 및 현장서비스 기능도 하고 있다.

이와 관련해 김책공업종합대학 전자도서관이 금년 1월 24일에 준공식을 가졌다.5) 전자열람실에는 370명을 수용할 수 있고, 1,650명이 도서를 동시에 열람할 수 있으며, 1천만 건의 원문자료와 함께 200만 부의 장서능력도 갖추고 있다. 김책공대는 2년에 걸쳐서 도서관에 있던 250만 부에 달하는 방대한 과학기술서적과 자료들을 정리하고 전산화하는 작업을 추진했다. 도서관의 모든 서비스 운영체계는 컴퓨터화되어 있고 이를 위한 충분한 설비가 갖춰져 있다. 또 메모리 용량이 크고 속도가 빠른 여러 대의 컴퓨터가 설치되어 있으며 1기가(Gbps)의 전송망이 구축되어 있다. 여기서는 각종 학술토론회와 과학심의, 국제교류, 도서전시회도 할 수 있는 시설이 구비되어 있다.

북한은 지난 1990년대 후반부터 첨단기술의 핵심으로 정보통신을 강조하면서 지속적으로 기술 지원과 실제 사업을 추진해 왔다. 이번 김책공대 전자도서관의 건립은 기존 과학기술 정보를 북한의 핵심기술로 전달한다는 점에서 내부적으로 시사하는 바가 매우 크다. 첫째는 김책공대를 정보통신 기술의 시범단지로 지정해 이를 전국적으로 확산하는 것이다. 교육적 차원에서 영향력이 상당할 것으로 판단된다. 둘째, 기술적인 측면에서 북한은 기존의 도서관의 자료 보관 및 서비스의 구조를 전자, 자동화 시스템으로 개선하려는 의도를 가지고 있다. 이는 기존의 정보처리 기술에 획기적인 전환점이 될 수 있다는 점에서 매우 고무적이라 할 수 있다.

4) 북한의 과학기술 학술지 보급

북한에서 정보 제공을 위한 정보지로서 중앙과학기술통보사가 발간하는 '해외과학기술통보' 자료가 있다. 해외 학술지 등에서 논문기사를 선정하여 요약 소개하는 것으로 과학기술 전 분야를 포괄하고 있으며 약 30종에 이르고 있다. 최신 기술로 각광을 받는 나노기술 등도 최근 발간하기 시작했다.

정기간행물로 발간되는 학술지중 확인된 것은 <표 1>과 같이 42종이며 북한이 대외에 배포하고 있어서 남한에 입수되고 있는 자료는 그 중 50%인 21종이다. 기술혁신을 제외한 대부분의 자료가 논문 투고자의 소속을 밝히지 않고 있고, 과학기술출판사를 비롯한 몇 개의 출판사가 정기적으로 발간하고 있다.

<표 1> 북한의 과학기술 및 연관 분야 정기간행물 목록

	잡지명	출판사명	간기	면수	창간	대외	비고
1	건재공업	공업종합출판사	분기	48	1968.03		
2	건축과 건설	공업종합출판사	월	56	1955.12		
3	경제관리	공업종합출판사	월	48	1966.04		
4	경제연구	과학백과사전출판사	분기	56	1956.04	○	
5	과학원통보	과학기술출판사	격월	56	1953.09	○	
6	과학의 세계	중앙과학기술통보사	월	72	1984.02	○	
7	금속	과학기술출판사	분기	48	1962.03	○	
8	기계공학	과학기술출판사	분기	64	1965.08	○	
9	기상과 수문	농업출판사	격월	48	1952.07	○	
10	기술혁신	중앙과학기술통보사	월	48	1955.10	○	'창의고안공보'로 창간
11	김일성종합대학학보	김일성종합대학출판사	월	가변	1555.00	○	자연과학편
12	내과	의학출판사	격월	48	1965.06		
13	농업기계화	농업출판사	월	48	1961.01		
14	농업수리화	농업출판사	격월	48	1986.05	○	
15	대중과학	과학백과사전종합출판사	격월	72	1947.08		국판
16	림업	공업종합출판사	분기	32	1959.02		
17	발명공보	발명국	격월	24	1986.01	○	
18	방직공업	공업종합출판사	분기	32	1961.11		
19	분석	과학기술출판사	분기	40	1962.04	○	'분석화학'으로 창간

20	물리	과학기술출판사	분기	40	1957.03	○	'수학과물리'로 창간
21	생물학	과학기술출판사	분기	56	1960.09	○	
22	석탄공업	공업종합출판사	분기	32	1959.02		
23	수의축산	농업출판사	격월	40	1959.07		
24	수학	과학기술출판사	분기	56	1957.03	○	'수학과물리'로 창간
25	식료공업	경공업출판사	월	-	1961.01		
26	자동차운수	공업종합출판사	분기	32	1968.05		'교통운수'로 창간
27	자연과학	교원신문사	격월	64	1976.08		
28	잠업	농업출판사	분기	32	1973.09		
29	전기, 자동화공학	과학기술출판사	분기	40	1975.02	○	'측정기술'로 창간
30	전자공학	과학기술출판사	격월	48	1975.06	○	
31	전자, 자동화공업	공업종합출판사	분기	32	1981.01	○	
32	조선약학	과학백과사전종합출판사	분기	48	1957.08		
33	조선의학	의학출판사	분기	48	1954.01	○	
34	종이 및 인쇄공업	공업종합출판사	분기	32	1968.06		
35	지질 및 지리과학	과학기술출판사	분기	40	1960.08	○	'지질과지리'로 창간
36	지질탐사	공업종합출판사	분기	32	1962.06		
37	철도전기화 및 자동화	철도출판사	분기	32	1955.03		'철도기술'로 창간
38	채굴공학	과학기술출판사	분기	40	1965.08	○	'광산공학'으로 창간
39	체신	공업종합출판사	분기	32	1948.06		
40	학생과학	금성청년출판사	월	-	1974.04		'소년과학'으로 창간
41	화학공업	공업출판사	분기	48	1961.02		
42	화학과화학공학	과학기술출판사	격월	48	1957.01	○	

주) 1. 조선대백과사전 등을 통해 정리함.
    2. '대외'란의 '○'는 KISTI, 통일부 북한자료센터에 입수중인 자료임.

5) 남한의 북한 과학기술정보 유통

북한의 과학기술정보를 접하고 이를 통해 학술적 연구진행과 남북협력의 시도가 나타난 것은 최근의 일이다. 이는 일차적으로 북한이 과학기술정보는 자체적으로 '국가기밀사항'으로 분류되어 외부로의 유통을 매우 꺼렸기 때문이었다. 남한의 경우에도 '특수자료'로 '특수'관리를 필요로 하는 관련 규정 내에서 순수 과학기술의 정보 유통은 쉽지 않은 일이었다.

2000년 6·15 남북정상회담 이후 다양한 형태의 남북 협력이 진전되면서 과학기술 분야도 남북협력이 과학기술부의 지원 아래 새롭게 추진되었다. 과학기술부와 한국과학기술정보연구원은 북한의 대외 공개 가능한 정보를 인터넷으로 유통하는 인프라를 구축함으로써 정부 및 산·학·연에서 요구하는 다양한 정보수요를 충족시킬 수 있는 북한 과학기술의 종합적인 정보수집, 관리, 활용 및 유통의 장인 '북한과학기술네트워크'라는 웹사이트를 구축하게 되었다. 이 네트워크는 북한이 보유한 기초 과학기술을 활용할 수 있도록 하고, 북한의 과학기술 수준에 대한 실태 파악과 이해 증진을 통해 남북간의 교류를 증진하는 데 기여하는 것을 그 목적으로 하고 있다.

북한의 과학기술정보 유통 체계에 대한 선행 조사와 자료 수집을 기반으로 '북한과학기술네트워크'(www.nktech.net)는 2002년 3월말에 공식 오픈하게 되었다. 이 웹사이트는 북한의 과학기술에 대한 정보를 전문적으로 포괄 제공하는 포털 사이트를 지향하고 있다. 이에 따라 일차적으로 북한의 과학기술에 대한 지식정보를 종합적이며 체계적으로 수집, 가공, 구축하여 서비스하는 전문 웹사이트를 구축 및 운영하는 것을 목표로 하였다. 또한 북한 과학기술동향 정보에 대한 조사연구, 지식정보 유통 및 남북한간 정보교류 등을 포함하는 남북 과학기술 정보의 공동 활용 기반을 확보하는 것을 궁극적인 목표로 설정하였다.

<그림 8> '북한과학기술네트워크'(www.nktech.net) 홈페이지

NK테크에서 가장 중점적으로 서비스하는 있는 콘텐트 가운데 하나는 북한의 과학기술 학술지 원전이다. 앞서 언급한 북한의 주요 과학기술 학술지 가운데 과학원통보, 김일성종합대학학보 등을 비롯하여 현재 22종을 선별하여 '기술문헌'이라는 메뉴에서 서비스하고 있다.

수록 건수로 살펴보면 학술지의 경우 1982년부터 최신 자료까지 정기적으로 자료 축적이 이루어져 왔다. 자료 입수는 한국과학기술정보연구원과 공식 협약 하에 북한 중앙과학기술통보사에서 북한 내 서비스 데이터(디지털 원문 형태의 파일)를 입수하게 된다. 또한 부정기적으로 입수하는 과학기술 관련 단행본 또한 DB를 구축하여 서비스하고 있으며 북한농업백과와 국가규격 및 발명특허, 그리고 북한원전 가운데 과학기술 정책에 해당하는 부분을 발췌하여 이를 온라인 서비스하고 있다.

NK테크에서는 일차적으로 북한의 과학기술 원전을 온라인 서비스하면서 동시에 일련의 북한 과학기술의 동향과 특징을 분석한 2차 정보를 생산하고 있다. 이는 북한 과학기술정보의 단순 보급과 전파가 아닌 보다 적극적, 능동적인 정보 유통체계라 할 수 있다. 이와 같은 노력은 북한 과학기술 연구자 및 새터민 과학자 등의 연구자료 원고 수록한『북한과학기술연구』(2006년에 4집 출간)와 매주 뉴스레터를 통한 최신 북한과학기술 정보를 일반인에게 메일링 서비스로 제공하고 있다.

NK테크는 기존 사업의 추진력을 바탕으로 향후 크게 세 가지 차원에서 북한 과학기술정보의 유통 및 남북협력 사업을 추진하고 있다.

첫째, 북한 과학기술 정보인프라 구축을 통해 남북 협력을 통한 디지털 콘텐츠 기획, 개발하는 것이다. 여기에는 구체적으로 남북한이 상호 학술적, 교육적 혹은 기술, 경제적 부가가치가 높은 콘텐츠 개발에 공동 연구 및 발굴에 힘써야 할 것이다. 특히 남한은 국가 지식자원으로서 간주하여 북한 과학기술 콘텐트화를 적극 추진해야 할 것이다. 남한의 각종 연구자원들은 각종 공공정보화사업이나 지식정보자원사업 등을 통해 대부분의 내용들이 디지털화를 완료하였거나 추진중이다. 하지만 북한의 실정은 우리와 엄청난 차이를 보이고 있다. 원문 보존마저도 종이 부족으로 애로를 겪고 있는 형편이다. 이런 상황에서 보존을 위한 정책 추진을 서두르지 않을 때 망실되면 아키이빙 대상자료로서 더 이상 과학기술 자료의 역할도 못하게 된다. 현재 북한과학기술 문헌 외에도 매우 다양한 콘텐츠들이 발굴해 낼 수 있을 것이다. 예를 들어 KISTI가 지난 해에 북한과 공동으로 개발한 멀티미디어 콘텐트 '백두산의 자연', 남북의 천연기념물 등이며, 이와 별도로 남북이 공용할 수 있는 과학기술백과사전을 온라인상에서 이용할 수 있도록 해야 할 것이다. 디지털화할 대상의 발견은 남북의 과학기술 협력이 활성화되고, 남북의 과학기술자들이 허심탄회하게 만나서 지식의 교류가 가능할 때 그 영역은 더욱 넓어질 것으로 보인다.

둘째, 남북 과학기술 협력 지원의 확대이다. NK테크는 그동안 과학기술 부문의 대북사업에서 체득한 협력 경험을 바탕으로 타 연구기관 등과 공유 및 상담을 제공할 수 있다. 현재 NK테크에서는 사이버 남북협력센터를 활용하고 전문가 자문을 통해 연계 지원체계를 강화하고 있다.

셋째, 콘텐츠의 지속적인 축적과 편의성 강화이다. 서비스 콘텐트 측면에서는 기존부터 입수하고 있는 북한의 각종 과학기술원전을 지속적으로 확보하고 사용자 요구에 부응할 수 있는 새로운 콘텐트의 추가 구축 노력을 추구해야 하겠다. 또한 시스템 차원에서 검색의 편의와 기능 개선 및 개인화 서비스를 강화하고 할 것이다.

3. 북한의 발명특허 제도 및 산업 표준 제도

1) 북한의 발명특허 제도

(1) 발명특허 제도의 법적 근거 – 헌법상의 규정

북한 헌법인 사회주의 헌법(1998년 9월 5일 개정) 제74조에 "공민은 과학과 문화예술 활동의 자유를 가진다. 국가는 발명가와 창의고안자에게 배려를 돌린다. 저작권과 발명권, 특허권은 법적으로 보호한다"라는 조항 있어 발명과 특허의 장려(배려)와 그 권리에 대한 보호를 헌법 차원에서 규정하고 있다.

(2) 발명특허 관련 규정 및 법령
① 개 요

북한에는 우리나라의 특허법과 실용신안법에 해당하는 「조선민주주의 인민공화국 발명 및 창의고안에 관한 규정」과 그 시행규칙인 「조선민주주의 인민공화국 발명 및 창의고안에 관한 규정 시행세칙」이 있다. 1986년 11월 1일부터 발효된 이 규정과 시행세칙은 각각 총 5장 49개 조항, 총 5장 75개 조항으로 이루어져 있어 우리의 특허 및 실용신안법에 비해 상대적으로 간단하다.

북한의 내각 기관지인 《민주조선》이 1998년 6월에 보도한 바에 의하면 '발명법'을 신규 제정하여 '규정' 수준의 법적 근거를 총 5장 43조로 구성된 '법률' 수준으로 격상시킨 것으로 나타나고 있다.

제1장(발명법의 기본)에는 발명법의 사명, 발명의 개념, 발명사업에서 지켜야 할 원칙을 규정하면서 해외 각국과 국제기구들과의 교류와 협조를 발전시키는 것을 지켜야 할 새로운 원칙으로 규정하고 있다. 제2장에는 발명등록의 신청절차와 방법에 대해 규정하였으며, 제3장에는 발명의 심의등록과 관련한 구체적인 절차와 방법을, 제4장에는 발명권과 특허권의 보호와 관련된 실무적인 절차와 방법과 함께 특허로 보호되고 있는 과학기술을 이용하는 경우에 지켜야 할 절차를 규정하고 있다.

② 발명특허제도의 연혁

북한은 1968년 「발명 및 창의고안에 관한 규정」(이하 '발명규정'이라고 함)과 「상표 및 공업도안에 관한 규정」을 제정하여 산업재산권 제도를 시행하였으며, 특허 관련 규정은 1978년 1차 부분 개정과 1986년

2차 전면 개정을 거쳐서 1998년에는 과학기술발전과 발명사업의 강화를 위해 「발명법」을 새로이 제정하여 운용하고 있다.

<표 2> 북한 발명특허제도의 연혁

제정·개정 일자	내 용
1967. 10. 5.	발명 및 창의고안에 관한 규정 제정
1978. 12. 27.	발명 및 창의고안에 관한 규정 개정(1차 부분개정)
1986. 6. 28.	발명 및 창의고안에 관한 규정 개정(2차 전면개정)
1998. 6.	발명법 신규 제정

③ 발명권과 특허권의 성격과 차이

북한의 산업재산권 제도는 사회주의적인 특성으로 인해 자본주의 국가와는 달리 발명에 대해 발명권과 특허권을 부여하는 이중적인 제도를 운영하고 있다. 발명권과 특허권은 모두 발명에 대한 법적 보호를 위한 형태로서 발명의 창조자라는 데 대한 인정, 발명내용, 발명의 우선권 및 발명에 대한 권리 보장 등 그 내용과 범위가 같을 뿐 아니라 등록을 신청하는 절차와 방법, 문건 형식 및 심의절차 등의 심의 절차 기준도 거의 같다.

그러나 발명에 대해서 서로 내용이 다른 두 종류의 권리, 즉 발명권과 특허권을 구분하여 인정하고 있는 데, 실시권의 귀속에 따라 발명권과 특허권으로 구분하고 있다.

발명권은 '발명의 창조자라는 것, 발명내용 및 우선권을 인정하여 발명자에게 주는 권리'라고 발명규정에 의해 규정하고 있는 것으로, 발명의 실시권이 발명권자에게 귀속되지 않고 국가에 귀속되는 권리이다. 발명권자는 발명자중과 국가로부터 일정한 물질적 혜택을 부여받기는 하나 그 발명에 대한 이용, 양도 등 실시권을 행사할 수는 없다. 이러한 북한의 발명권은 사회주의적 성격을 반영하는 것으로 다른 나라의 특허

제도에는 거의 없는 독특한 제도이다. 발명에 대한 실시권은 없지만 물질적인 보상을 받는다는 면에서 공무원의 직무발명과 유사하며, 특허권과 같은 독점배타적인 재산적 권리라기보다는 발명자에 대한 보상과 명예를 보장해주는 인격권에 가깝다고 할 수 있다.

이에 반해 특허권은 '발명의 창조자라는 것과 발명내용, 우선권 및 발명에 대한 이용권을 인정하여 특허증서 소유자에게 주는 권리'라고 규정된 것으로, 특허권자에게는 그 발명의 독점배타적인 권리를 부여하고 있다. 특허권자는 다른 기관, 기업소 또는 개별적 공민에게 특허권을 양도하거나, 그 이용권을 일정 시간 넘겨줄 수 있다. 이때 특허권자는 그에 상응하는 보상을 받을 권리를 가진다. 보상의 조건 및 그 방법에 대해서는 쌍방 사이의 계약에 의하여 정하되 반드시 과학원 발명국의 동의가 있어야 한다.

이러한 발명권과 특허권은 하나의 발명에 대해서 하나의 발명권이나 특허권만을 받을 수 있을 뿐이며, 동시에는 받을 수는 없다. 그리고 특허증은 발명자증으로 전환할 수 있으나 그 반대의 경우는 불가능하다. 북한 주민의 경우 보통 실시권을 행사할 제반 여건을 소유하고 있지 못하고 또한 소유할 수도 없으므로 보상을 받는 발명권을 선택할 수밖에 없는 실정이다. 외국인의 경우에는 당연히 권리보호가 목적이므로 특허권을 선호한다.

권리의 효력 기간면에서도 특허권는 발명등록신청일(출원일)로부터 15년간의 존속기간이 있지만, 발명권은 무기한이라는 것이 특징적 차이이다. 그 외에도 등록 비용의 부담 등이 차이가 있다.

④ 특허출원절차

특허를 받기 원하는 기관, 기업 또는 개인은 '평양특허 및 상표대리소'와 '모란봉 특허 및 상표대리소' 등의 대리사무소를 통해 과학원 발명국에 출원해야 한다. 2002년 3월 북한은 중국 북경에 특허상표대표부를 설치하여 외국인의 출원을 위한 조직을 두고 있으며, 단순 출원 대리가 아니라 예비심사 기능까지 부여한 조직으로 활동을 하기 시작했다. 출원구비서류로는 발명등록신청서(출원서), 발명개요(요약서), 발명에 대한 기술설명서(명세서), 한 개 이상의 청구범위, 실험보고서, 인용문헌목록, 한 개 이상의 도면 또는 유사한 재료가 포함되어야 하고, 위임장, 평가서(외국출원인의 경우 제외) 등이 있다. 이와 함께 발명권 신청자는 발명품이나 견본품, 시료 등을 출원서류와 함께 제출하는 것을 원칙으로 하고 있다.

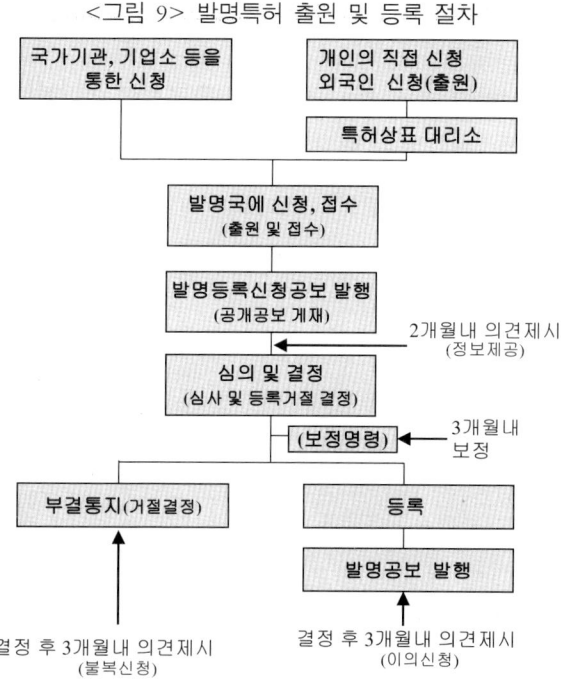

<그림 9> 발명특허 출원 및 등록 절차

자료: 특허청, 『북한의 산업재산권 안내』(2001.2).

⑤ 불특허대상

사회과학 및 순수자연과학 이론과 발견, 산업미술 및 의장, 시설 등의 설계, 수식·표장·기호·시간표·놀이규칙·교통규칙, 컴퓨터프로그램, 경제조직 및 회사관리기법, 사회도덕에 반하는 제안, 화학물질, 제약품 및 음식물, 신식물품종, 동물품종 등에 관한 발명은 불특허 대상으로 규정하고 있다. 원자핵 반응 및 원자력 기술로 제조된 물질은 불특허대상에서 제외하였다.

⑥ 심사 및 이의신청 절차

별도의 심사청구 절차 없이 심사결정은 출원일로부터 15개월 이내에 처리한다. 등록된 발명은 심사결정 후 발명공보에 공고하나 필요한 경우 일부 발명은 공보에 게재하지 않을 수 있도록 하고 있다. 발명공보의 내용에 이의가 있는 기관, 기업 또는 개인은 3개월 이내에 의견제시(이의신청)을 할 수 있다. 또한 출원인도 부결통지(등록거절결정)에 대해서 3개월 이내에 불복할 수 있다.

⑦ 특허등록요건

발명의 신규성, 진보성, 응용성, 산업상 이용가능성 등 4가지 요건을 갖추어야 한다. 신규성은 과학 및 기술이 아직 일반대중에게 알려져 있지 않으면서 다음과 같은 상세한 내용을 포함하고 있는 과학과 기술을 의미한 것으로 되어 있다.

ⅰ) 선행기술과 특허 원칙 및 방법응용에 있어서 근본적으로 다른 과학 및 기술적 내용

ⅱ) 이전기술과 전혀 다른 특징을 가지고 이미 알려진 원칙, 방법 또는 요소의 합리적인 결합으로부터 결과된 구체적인 원칙, 방법 또는 요소의 공개

iii) 알려진 물질의 새로운 기능 또는 성질을 보여주는 기술 및 이에 기초한 이전의 출원목적과 다른 목적을 위한 기술을 응용하는 특정방법.

진보성, 산업상 이용가능성은 우리 제도상의 개념과 유사하다. 응용성은 탁월한 기술 및 경제적 효과를 발휘할 수 있는 것을 의미한다.

⑧ 발명권에 대한 보상과 침해

발명권 소유자에게는 발명증서와 발명메달 및 발명상금을, 창의고안자에게는 창의고안증서를 교부한다. 발명자증 소유자는 발명으로 얻어지는 기술경제적인 효과의 크기에 따라 발명국이 정한 금액(1년동안 얻어진 이익금의 5~10% 범위)을 보상받으며 여러 건의 발명자증을 소유한 자에게는 소속기관 추천으로 승진 또는 기술자격을 인정받게 되고 매년 10일간의 연구휴가 혜택도 받게 된다.

반면에, 북한의 형법은 발명권을 침해하여 발명을 묵살 또는 도용한 자에 대하여 3년 이하의 징역 또는 2년 이하의 교화노동에 처하도록 규정하여 발명권을 보호하고 있다.

⑨ 특허발명 담당기구

북한에는 우리나라의 특허청에 해당하는 기관으로서 내각의 과학원 산하에 발명국을 두고 있으며, 특허, 창의고안, 발명에 관한 정책수립 및 집행업무를 관장하고 있다. 그 산하에 발명심의소를 두어 특허, 창의고안의 접수, 심사, 등록 등 실질적인 집행업무를 수행하고 있다.

<그림 10> 북한의 발명 및 창의 고안 담당기구도

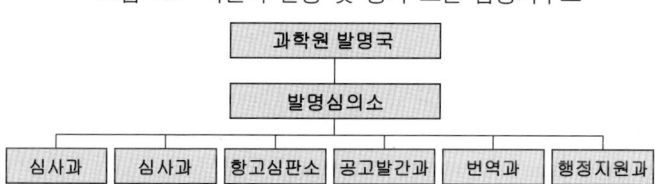

⑩ 국제조약 가입현황

북한은 특허, 의장 등 산업재산권과 관련한 국제조약 가입에 매우 적극적이어서, 산업재산권과 관련한 대부분의 조약에 우리나라보다 먼저 가입하였으며, 우리나라는 아직 가입하지 않고 있는 마드리드협정, 헤이그협정, 로카르노 협정과 같은 조약에 이미 가입한 상태이다. 그러나 가입한 국제조약에서의 활동은 미미한 것으로 알려져 있다.

<표 3> 국제조약 가입현황 및 가입시기

조 약	가입일자	
	한 국	북 한
WIPO 설립조약	1979. 03. 01	1974. 08. 17
파리협약	1980. 05. 04	1980. 06. 10
PCT 조약	1984. 08. 10	1980. 06. 10
마드리드협정	-	1980. 06. 10
마드리드의정서	2003년(예정)	1996. 10. 03
헤이그협정	-	1992. 05. 27
로카르노협정	-	1997. 06. 06
부다페스트조약	1988. 03. 28	-
NICE협정	1998. 10. 08	1997. 06. 06
WTO/TRIPs	1994. 12. 30	-

2) 북한 표준 및 규격화 현황

북한의 표준제도는 제한된 대외 활동으로 인해 알려진 바가 극히 적다. 그러나 표준 및 규격화의 중요성만큼은 대내적으로 매우 강조하고 있으며, 법적인 제한은 우리보다 엄격하게 적용된다고 할 수 있다.

(1) 북한의 규격화 사업

북한이 통칭 '규격화 사업'이라고 일컫는 전반적 변화는 현재 국가표

준조직인 국가품질감독국의 이력에서 볼 수 있다. 1954년에 국가규격제정위원회를 설립하였고 1965년에는 1965년 산하에 중앙규격계량연구소를 설립하였다. 1972년에는 규격 부분과 계량계측 부분의 2개 연구소로 나누었고, 1985년 '규격 및 품질감독 총국'을 설치하였다. 현재 규격연구소는 국가규격제정연구소로, '규격 및 품질감독 총국'이 국가품질감독국으로 개명하였다.

현재 북한의 규격화사업을 추진하고 있는 기관은 국가품질감독국이며, 이 기관의 주요 업무로는 국가규격 제정에 관계되는 연구와 심의, 규격화에 관련된 정부사업 수행, 규격 제정방법의 연구, 규격 용어 및 부호의 연구, 품질 및 관리방법의 연구, 상품의 분류, 규격화의 경제효력 연구, 규격의 등록 및 감독사업, 품질감독요원의 양성, 우량상품 등록 및 감독·관리 사업 등이 있다. 행정기능적인 기능에 부가하여 우리의 표준 관련 민간 조직의 기능도 수행하고 있다.

북한은 1981년도부터 국가감독원제도를 실시하여 품질감독 사업을 진행하고 있다. '국가품질감독국'이 주관하여 각 지방에도 품질감독 기구를 두고 있을 뿐 아니라 전국 170개 큰 공장과 생산연합체에 품질감독소가 설치하여 북한 전역에는 약 15,000명의 품질감독원을 파견하고 있다. 이들 품질감독원이 원재료부터 성능과 포장까지 검사하고 합격도장을 찍어야만 다음 가공순서로 넘어가도록 하고 있다.

(2) 북한의 산업 규격

북한의 산업규격 체제는 국가 규격으로 우리의 KS에 해당하는 KPS가 있다. 약칭으로 주로 '국규'로 부르다가 'KPS'라고 부르기도 한다. KPS의 개수는 1999년에 남한의 KS는 10,500여개인 데 이보다 1천여 개 많은 것으로 알려졌다. 하지만 최근 확인한 바에 의하면 2002년부터 북한은 KPS를 국제규격에 맞추어 대규모 규격 개정 작업을 추진하여 현재 1만 4천여 건을 국제규격에 준하여 개정작업을 마무리하였다.

(3) 남북한 정보통신 규격의 차이

종전 남북한의 규격은 각각 태생적 특징, 규격채택의 여부(남-선택적, 북-강제적), 특성치, 표준과 관련된 법률 등 여러 측면에서 서로 다른 특징을 갖고 있다. 남북한 전기·전자 분야의 규격에서 예를 들어 비교해 보면 남북한간 전기 도면 기호는 매우 상이하다. 가장 비슷한 예로서 저항기의 표시를 들어보자. KS에서는 저항기를 나타낼 때, 일반적으로 ─/\/\/\─ 로 나타내고, 특히 무유도를 나타낼 때 ─⊓⊔⊓⊔─ 을 사용한다. 가변저항기를 나타낼 때는 저항기에 ↗ 를 그어서 나타내고 있다. 한편 KPS에서는 13가지로 세분해서 저항기를 기호로 나타내고 있는 특징이 있다. 또한 남한의 TV 수신방식이 NTSC 방식인데 비해서, 북한은 동구권에서 사용하고 있는 PAL 방식을 택하고 있다. 남북의 이산가족 상봉 중계나 우리가 올림픽 방송을 북한에 제공할 때 수신방식의 변환 과정을 거쳐야 하므로 실시간 보다 조금 지연된 화면을 전송해야 한다.

그러나 최근 북한의 국가규격인 KPS가 대대적으로 변화하였다. 아직 그 내용의 전반적이고 구체적인 확인이 이루어지지는 않았지만 북한이 자체 규격을 ISO/IEC 등 국제규격에 준하여 개정작업을 진행하고 있기 때문에 남북한간의 차이는 기술 용어의 차이가 아직도 남아 있지만 종전 생각했던 것보다 훨씬 그 차이가 완화되었다고 할 수 있다. 구체적인 대조작업이 필요한 부분이다. 남북이 함께 규격 등에서 국제규격과의 대응 또는 일치와는 별도로 남북이 선도적으로, 또는 우리 환경에 맞는 표준 제정 작업이 서둘러 추진되어야 할 것이다. 지금까지 남북한간의 표준 통일에 대한 사례로 한글 로마자 표기법 국제 표준 제정(1993)과 컴퓨터 처리 한글 통일안(1996)이 있다.

(4) 최근 북한의 품질관리사업

북한이 품질관리 사업에서 보여주고 있는 특징 중의 하나가 대외협력 강화이다. 2002년 규격의 국제화 추진 시점에 즈음하여 2002년 8월 9일자 로동신문은 '통일적인 경제지도 관리', '생산의 실리보장', '제품의 질적향상' 등을 위해 모든 경제부문 국제규격을 도입해야 한다고 강조한 바 있다. 국제협력에서는 러시아('02.2), 독일('02.4), 중국('03.9), 베트남('03.11, '04.4)등과 품질·규격화 협조협정을 체결하는 등 선진기술 도입과 협력사업에 주력하고 있다. 이는 경제관리 개선 및 선진기술 도입을 위해서는 표준화·규격화를 통한 품질향상이 필요불가결하다는 인식 하에 '과학적 품질제고'를 경제사업의 주요과제로 내세우고 있는 것과 통한다.

대내적으로는 신년공동사설, 각 언론매체 등을 통해 국제규격의 품질제고를 통한 '경제사업에서의 실리보장'을 강조하고 있다. '실리'의 원칙하에 과학적인 품질관리를 통해 생산량을 늘리고 제품의 질을 높이겠다는 취지로 추진하고 있는 것이다. 각 산업현장에서 생산되는 제품의 질을 높이기 위해 지난 1999년 '7월 제품질 제고대책 월간'의 지정 등을 통해 제품의 실적 향상을 최근 들어 더욱 독려하고 있다.

이와 같은 북한의 품질관리사업 강조는 목표달성에 급급한 실적 위주의 생산 방식이 품질 저하와 채산성 악화를 야기하여 왔으므로 이러한 구조적 악순환에서 벗어나 보려는 나름대로의 실리적 조치로 평가되고 있다.

4. 맺는말

남북경협을 보다 확실히 하기 위해서는 그 기반에 과학기술의 교류,

협력이 전제되어야 한다. 어떤 분야의 교류도 마찬가지이지만 남북 협력 방안의 시발점은 협력 추진에 대한 공동 인식이다. 민족의 공영을 향한 뚜렷한 비전과 사명 의식을 공유하여야 한다. 이 토대 위에서 협력 추진의 효율성을 높이기 위해 협력 추진의 지향점을 시기적으로 장, 단기로 구분하고 추진해야 할 것이다. 단기적으로는 남북 당사자에게 실질적인 이득을 거둘 수 있는 협력이 추진되어야 한다. 북측의 경우 의식주 등 실생활의 개선을 위한 과학기술의 발전에 이바지하고, 남측의 경우 과학기술의 국제경쟁력을 제고하는 데 보완하며 투자 성공률이 높아야 할 것이다. 중장기적으로는 산업 및 과학기술 기반과 정보인프라의 강화에 초점을 맞추고 통합의 효율화를 위한 준비를 함으로써 통일 이후의 국가경쟁력 강화를 지향해 나가야 한다.

이를 위해 남북 과학기술 협력의 상생(win-win)적 추진에 적합한 기본 원칙의 정립이 필요하고, 전략적 협력 대책의 수립이 요구된다.

50여 년의 단절은 과학기술 부문에서도 상당한 차이를 보이고 있다. 그러므로 최우선해야 할 과제는 상대에 대한 이해와 신뢰 구축이다. 다양한 접촉의 기회를 통해 차이를 인정하고 격차를 좁히는 작업이 필요하다. 제 3국 등에서의 학술대회에 참여하는 방식으로 하는 인적 교류가 가장 빠른 방안이라 할 것이다. 신뢰의 확실한 구축은 단기간에 이뤄질 수는 없으나 내실 있는 사업, 안정성이 높은 과제 즉, 현재 기술적 역량을 보유한 것이나 가능성이 높은 부분을 우선하여 그 중심으로 추진함으로써 신뢰성을 제고할 수 있다.

다음으로 협력 대상의 선정은 상호 형평을 고려하고 보완적 관계에 있을 때 협력의 유효성을 높일 수 있다. 남북의 과학기술자들이 함께 참여할 수 기회의 균등을 도모하고 남북 상호간의 과학기술 체제를 비교하여 장단점을 분석하고 장점의 강화와 단점의 개선이라는 상호 보완적 측면에서 운영되어야 할 것이다. 일방의 주도적 추진이나 상대방을 배제한 형태의 협력은 바람직하지 않다.

  또한 협력 추진에 있어서는 선택과 집중을 통한 효율성을 추구해야 한다. 인적, 물적 자원의 분담이나 배분을 통해 장애 요인의 제거와 우월적 요인의 장려를 통해 효율성을 높여야 한다. IT 부분에서의 체험적 사례에서 보는 바와 같이 남한의 마케팅 능력과 북한의 기술 개발력을 적절하게 조화시키면 그 시너지 효과를 높일 수 있습니다. 그 외의 분야에서도 남한의 창의적 기획 인력과 북한의 우수한 노동 인력 등 다양한 조합을 통해 효율성의 제고가 가능하게 됩니다. 민족의 공존공영을 추진하고자 하는 의지적 토대 위에 실질적인 노력들이 강구되어야 할 것이다.

주{註}

1) 이는 남한에서 현재 KISTI의 전신인 한국과학기술정보센터(KORSTIC)가 설립된 때 보다 1년 뒤에 창립된 것이다. CIAST는 평양시 서성구역 버드나무거리 와산동의 3대혁명전시관 좌측에 위치하고 있고, 각 도 소재지에 12개의 자체 지역정보센터를 두고 있다.
2) 현 중앙과학기술통보사의 사장인 주성룡은 본 기관에 대한 전반적인 임무와 성격을 다음과 같이 소개하고 있다.
"중앙과학기술통보사는 국내외에서 이룩된 최신과학기술 성과자료들에 대한 자료기지 구축과 정보봉사, 컴퓨터망체계의 확립을 위한 연구개발업무를 진행하면서 정보기술, 자료기지, 양성부문에서 아시아와 유럽을 비롯한 여러나라들, 국제기구들과의 독자적인 교류와 협조를 활발히 벌려나가고 있습니다." 중앙과학기술통보사는 인민경제의 주체화, 현대화, 과학화 노선을 철저히 관철하기 위해 국내외 과학기술성과 자료를 널리 수집하고, 수집한 자료를 가공 처리해 관련 부서에 적시 통보하며, 문의하는 과학기술 과제에 필요한 자료를 제공해 주는 것을 임무로 하고 있다. 기능면에서 북한의 기술 개발 조정 지시를 하는 지도 감독 기능도 가지고 있고, 개발 진행 성과를 의무적으로 보관, 관리하도록 하는 기능도 가지고 있다.
3) 전임 원장으로는 현재 CIAST 박사원 원장으로 북한의 '정보화 전도사'로 지칭되는 리상설, 그리고 과학원 원장을 지낸 리자방이 역임하였다.
4) 전자화 시스템 도입 이전에는 각 소장정보의 목록과 색인카드를 편집해 각급 기관에 제공을 했는데 10여 년간 편집, 보존, 이용하던 목록색인카드가 약 250여만 장에 이르렀다고 한다.
5) 준공사를 통해 박봉주 내각총리는 "최신 정보기술 수단들을 훌륭히 갖춘 전자도서관이 일떠섬으로써 김책공업종합대학은 과학기술 인재를 양성하는 원종장으로서의 면모를 완벽하게 갖추게 되었다"고 말했다.

<참고문헌>

1. 북한문헌

북한 정무원, "발명 및 창의고안에 관한 규정" (1986.6).
중앙과학기술통보사 안내자료 (2002).
중앙과학기술통보사(발명총국), 『발명공보』 1991년 1호~2001년 6호.
중앙과학기술통보사, "과학기술자료검색체계 <광명>의 리용방법 (1),(2),(3),"『기술혁신』 1997년 5-7호.
최순영·리혁, "전자우편체계 <혜성>의 통신규약 개발에 대한 연구,"『전자공학』 1999년 2호.
최정희, "공업소유권과 공업소유권 보호에 대한 일반적 리해,"『김일성종합대학학보 – 력사, 법학편』 46권 2호 (2000).

2. 남한문헌

과학기술부,『북한의 첨단기술(IT, BT) 개발동향 조사 연구』(서울: 과학기술부, 2001.11).
_____,『북한 과학기술 정보 전용 웹사이트 구축 및 운영 사업 연구보고서』(서울: 과학기술부, 2004).
권규우, "북한 산업재산권제도 현황 및 남북한 산재권 교류협력방안,"『지식재산 21』 제57호 (2001).
권재정, "과학기술통보봉사체계 <광명>" (제42차 재일본조선인과학기술협회학술보고회 통일과학기술심포지엄, 2002.10).
배용호, "남북한 기술이전의 실태와 전망" (STEPI 포럼자료, 2002).
이춘근 외,『북한의 국가연구개발체제와 과학기술인력 양성체제』(서울: 과학기술정책연구원, 2001.7).
_____, "남북한 과학기술협력 기본계획의 구상,"『과학기술정책』 13권 3호 (2003).
_____, "북한의 과학기술체제 개혁과 시사점,"『과학기술정책』 14권 4호 (2004).
_____, "북한 과학기술의 어제와 오늘," ≪한겨레신문≫ 2005년 1월 4일.
한국과학기술정보연구원,『문헌정보분석을 통한 기술예측 시스템의 개발』(연구보고서, 2001).
한선화·최현규, "남북한 과학기술정보교류의 현황과 발전방향,"『과학기술정책연구』 (2002).
홍성범 외,『북한 과학기술현황 및 정책동향 분석』(서울: 과학기술정책연구원,

2002).
http://www.nktech.net
http://www.dprk-patents.com

북한의 정보화 교육

김 유 향

1. 개 요

2000년 이후 북한교육의 두드러진 특징 중의 하나는 정보화교육 특히 컴퓨터교육에 대한 강조이다. 오랜 경제난과 폐쇄적 체제운영, 국제적 고립 등으로 인해 아직 국제적 인터넷망에 연결되지 않은 국가인 북한에도 컴퓨터 교육 열풍은 전사회적인 현상이 되고 있다. 북한에서 컴퓨터 교육이 강조되고 있는 것은 크게 다음의 세 가지 이유에서 이다. 첫째, 전 세계적으로 진행되는 정보시대의 흐름에 뒤처지지 않는 것은 물론 발전을 도모하기 위해서이다. 북한은 21세기가 첨단과학과 정보기술로 사회경제적 진보를 이룩해 나가는 '새로운 정보산업의 시대'라면서 경제와 교육, 사회문화 생활 등 전 분야에 걸쳐 정보기술의 중요성을 강조하고 있다. 둘째, 정보산업을 오랜 경제난에서 벗어날 돌파구로 인식하기 때문이다. 북한은 부족한 자원, 잦은 자연재해, 대외적 고립 등으로 인해 침체상태를 벗어나지 못하고 있는 북한경제의 발전을 위해서는 인적자원을 활용하여 고부가가치 산업을 발전시킬 수 있는 정보산업의 발전이 필수적이라 보고 있다. 따라서 제한된 자원에도 불구하고 정보산업 특히 소프트웨어 산업의 발전에 전력을 기울여왔다. 셋째, 지식집약적인 컴퓨터, 정보통신, 정보처리 그리고 프로그램산업의 발전에는 인재양성과 교육수준의 제고가 필수적이라 판단하였기 때문이다.[1]

이 세 가지 이유에서 북한은 정보산업을 발전시켜 나갈 수 있는 계획경제 체제와 정보기술 인력을 대대적으로 양성할 수 있는 교육체제를 갖추기 위해 노력하고 있다. 정부차원에서 뿐만 아니라 북한주민들에게도 컴퓨터 교육은 주요 관심사이다. 이는 정보산업에 대한 대대적 지원의 결과 컴퓨터 인재들은 수재학교나 명문대학에 들어갈 수 있고, 대학 졸업이후에도 좋은 직장에 배치받을 수 있기 때문이다.

현재 북한의 컴퓨터 교육의 주요정책 목표는 조기교육 및 영재교육에 맞추어져 있다. 2000년부터 김일성종합대와 김책공대 등에 컴퓨터 수재반을 운영하고 김일성종합대에 정보기술 전용 교육단지(일명 '3호교사') 조성을 추진하는 것을 비롯하여[2] 2001년 금성학원 내 컴퓨터 수재반을 신설하고 평양 및 각도 제1중학교에 수학수재반을 신설한 것 등은 북한이 컴퓨터 교육 목표가 영재교육에 두어져 있음을 잘 보여주는 것이다. 그러나 1998년부터는 중학교 4학년 이상에게는 컴퓨터 의무교육을 실시하는 것을 비롯하여 중학교는 물론 인민학교에 까지 컴퓨터 관련 과목의 교육시간을 확대하고, 대학의 컴퓨터 관련 학과를 확대하거나 새로이 개설하는 등 전 사회적으로 컴퓨터 교육을 위한 교육체계의 재편을 단행하고 있다. 내각 교육성에 프로그램교육지도국을 신설하고 산하에 프로그램교육센터를 두어 컴퓨터 교육에 대한 연구사업을 담당[3]하게 한데 이어 2005년 2월에는 교육성에 정보기술국을 설치하였는데 이는 컴퓨터 교육체계의 마련을 위한 행정차원의 대응이다.

북한의 정보화 교육은 경제난과 대외적 제재에 따른 관련 시설의 부족과 교육인력 부족 등 많은 어려움 속에 이루어지고 있다. 그러나 제약 속에서도 컴퓨터 인력 교육 및 정보교류를 위해 외국과의 정보기술 관련 교류를 확대하고 있다. 일반적으로 북한과 서방국가와의 교류는 제한적이지만 정보기술분야의 경우 예외적이라 할 수 있다. 김정일 위원장이 정보혁명의 중요성을 강조한 이후 북한은 정보기술분야에서의 유럽국가 연수를 확대하고 있으며, 심지어 최근에는 컴퓨터 영재 중학생들을 선발해 3년간 인도로 유학을 보내는 등 아시아국가로의 연수도 확대하고 있어 정보화 교육 및 인재양성에 전력을 기울이고 있음을 알 수 있다.[4]

2. 북한의 정보산업 발전전략과 정보기술인력 양성

정보산업의 발전과 정보화는 현 단계 세계 각국의 가장 주요 관심사 중의 하나이며 각국은 정보산업의 발전을 위해 국가차원에서 다양한 노력을 기울이고 있다. 북한의 정보산업 역사는 짧지 않지만 경제난과 국제적 고립으로 인해 하드웨어 중심의 발전이 한계에 봉착하면서 소프트웨어 개발 중심으로 발전해왔다.[5] 2000년 이후 이루어진 북한지도부의 다양한 정책적 시도들은 북한에서 정보산업 특히 소프트웨어 부문의 새로운 불씨를 키우고자 하는 노력의 반영이다.

"현 시대는 과학과 기술의 시대, 콤퓨터 시대입니다"[6]라는 김정일 위원장의 발언은 장기간에 걸친 경제난에서 벗어나고 경제력을 강화하기 위해 노력하고 있는 북한의 지향점이 무엇인지를 잘 보여주고 있다. 북한의 다른 모든 부분이 그러하듯이 정보화에 대한 관심 또한 김정일 위원장의 특별한 관심에서 비롯되었다 할 수 있다. 스스로 정보기기의 사용을 즐겨하는 것으로 알려지고 있는 김정일 위원장은 정보산업의 육성과 컴퓨터인력의 양성을 통해 북한경제가 처한 대내적 위기에서 탈피하는 실마리를 찾고자 하였다.

김정일 위원장의 정보산업 육성에 대한 관심은 그의 행보에서도 잘 드러난다. 2000년 중국을 방문하였을 때 중국 최대 PC업체인 렌샹그룹을 방문한 것을 필두로 중국의 주요 정보산업단지를 방문한 후 정보산업 육성 및 정보기술 인력양성을 강조한데 이어 2004년 중국과 합작으로 평양에 펜티엄급 컴퓨터 공장을 세운 바 있다. 2006년 1월의 중국 방문의 북핵 문제 해결을 위한 6자 회담이 교착된 상태에서 이루어진 정치적으로 매우 중요한 시기의 방문임에도 불구하고 1월 14일 선전 남산구 과기원본부와 첨단 IT업체들을 방문하였다. 이러한 김정일 위원장의 특별한 관심은 북한의 정보산업 발전 의지를 잘 보여주는 것이다.

컴퓨터인력 양성을 위한 북한의 노력은 <참고 1>의 2000년 과학기술발전전망 목표에서도 잘 드러나고 있다.

<참고 1> 2000년 과학기술발전전망 목표

북한은 단기간 내 과학기술발전이 현실적으로 어렵다는 것을 인식하고 91년 10월 개최된 '전국과학자대회'를 통해 과학기술부문의 중장기 계획인 '2000년 과학기술발전전망목표' 제시하였다. 주요 내용은 ⓐ 2000년까지 수학 등 기초과학 발전 토대 구축 ⓑ 컴퓨터, 원자력 이용기술 등 첨단과학기술 발전 도모 ⓒ 금속·전자·기계공업, 경공업, 농업 등 산업 전부문의 과학기술발전 ⓓ 2000년까지 연간 국민소득의 5%를 과학기술분야에 투자하고 박사, 준 박사 등 200만 명의 기술자, 전문가 양성 ⓔ UNDP 등 유엔 산하 과학기술기구와의 교류증대 및 지원기

금확보를 통한 선진기술 도입 ⓕ 연구단지 조성, 공장·기업소 등 현장 연구소의 현대화 및 연구환경 개선 등이다. 특히 컴퓨터와 전자 분야에서는 대규모의 집적회로 연구와 고속반도체 개발, 32비트급 컴퓨터의 공업화 실현, 64비트급 컴퓨터 개발 등을 전략적 목표로 설정하고 있다.

　북한의 '정보화입국'에 대한 문제의식은 크게 세 가지 정책적 방향으로 나타나고 있다. 첫째는 정보기술관련 정부기관의 정비와 설치이며, 둘째는 정보기술 전문인력의 양성 그리고 셋째는 정보기술의 발전을 위한 대외협력 기반의 강화이다. 이 가운데 세 번째의 경우는 북한이 처해 있는 정치·경제·사회·문화적 조건의 제약으로 인해 쉽게 이루어질 수 있는 부문이 아니며, 따라서 다른 부문들과 마찬가지로 일정정도의 완급을 가지고 진행되고 있지만, 정보기술관련 기관의 정비 및 설치와 정보기술 전문인력의 양성은 북한체제 내부의 결정과 의지만으로 진행할 수 있는 부분이기에 가장 우선적으로 이루어지고 있다. 정보산업에의 관심에도 불구하고 국제적 고립과 재원의 부족 등으로 인해 현 단계 북한의 정보산업에 대한 관심은 컴퓨터 교육부분에 가장 집중되어 있다. 이는 컴퓨터 교육은 각종 국제적 대북제제로부터 일정 자유로우면서 국제적 비정부조직의 지원을 받기에도 용이한 것 등 북한이 처한 현재의 제한된 여건 속에서 가능한 부분이기에 우선적으로 진행되고 있다.

3. 북한의 정보화 교육

1) 북한교육의 새로운 경향

　최근 북한교육의 주요 경향은 영재교육, 컴퓨터 교육, 선택과목교육

등 이른바 '실용주의 교육'의 강화이다. 이중 가장 흥미로운 것은 컴퓨터 교육에 대한 강조이다. 북한의 최근 중등교육 목표(교육과정 편성의 구체 지침)를 보면 ①정치사상교육의 강화 ②기초과학교육과 외국어 교육의 강조 ③예능교육과 체육교육의 중시 ④기초기술교육의 충실한 이행 등이 제시되고 있는데, 이중 기초과학교육과 기초기술교육에 있어서 정보기술 부문의 비중이 확대되고 있다. 또한 컴퓨터 교육이 영재교육과 밀접하게 결합되어 진행되고 있는 점이 특징 중의 하나이다.

1998년 2월 김정일 위원장이 컴퓨터 교육 강화를 지시하고 또한 최고인민위원회 10기 4차 회의 개막에서도 "현실 발전의 요구에 맞게 교육방법을 더욱 완성하고 컴퓨터 교육을 강화"하는 것을 주요한 과제로 제기하면서 컴퓨터 교육의 강화는 북한교육계의 중심 화제로 떠올랐다. 이후 교육성은 각급 학교에 컴퓨터 교육을 강화하도록 했으며, 교육위원회 산하 고등교육부와 보통교육부를 중심으로 컴퓨터 교육의 확대를 위한 방안이 준비되었다. 나아가 2000년 이후에는 교육성 산하에 프로그람교육지도국을 개설하였으며, 이후 대학에서의 컴퓨터 교육시스템을 확보하고, 더불어 일반인을 대상으로 한 컴퓨터 교육을 강조하면서 하나의 체계적 컴퓨터 교육체계가 마련된 것으로 평가할 수 있다.

북한의 정보기술교육은 내용과 목적에 따라 크게 5가지로 구분할 수 있다. 첫째, 정보기초교육으로서 전문인이 아닌 모든 사회구성원을 대상으로 하며, 이들도 능숙하게 정보기기를 다룰 줄 아는 기초자질을 가지도록 하는 것을 목표로 한다. 주로 대학의 거의 모든 전공에 걸쳐 이루어지는 정보소양교육이 그것이다. 둘째, 정보기술 활용교육으로 역시 대학의 비정보기술 관련 학과 학생에 해당되는 것으로서 이들도 최소한의 정보기술 활용 관련 2~4개의 교과목을 교육하고 있다. 셋째, 경제정보교육으로 관련 분야에서 컴퓨터를 기술수단으로 이용하면서 해당 응용 프로그램을 구축 운영하는 데 종사할 경제정보기술자를 대상으로 한다.

여기서 이루어지는 정보기술교육은 대상 분야별로 8~12과목의 정보기술 교과목을 배합하는 방법으로 실시한다. 넷째, 전공교육으로 정보기술을 전문하는 정보기술전문가를 대상으로 한다. 여기서는 정보과학의 핵심 과학 인력양성, 정보산업의 핵심기술역량양성을 목표로 하며, 후자는 소프트웨어개발자교육, 장치기술자교육, 운영기술자양성으로 구분하여 이루어진다. 다섯째, 소프트웨어 수재를 대상으로 하는 교육으로서 북한의 정보기술 교육의 가장 특징적인 면이다. 이 교육은 세계의 소프트웨어산업을 주도하는 것은 소수의 인재라는 인식에서 출발하고 있다. 이러한 5가지 형태의 교육대상과 목표를 중심으로 북한의 정보기술교육체계는 성립되어 있다.

2) 북한의 정보기술교육

(1) 조기영재 교육

북한의 컴퓨터관련 교육을 살펴보면, 이러한 교육들이 대부분 우리와 같이 정보화소양 교육의 차원에서 이루어지고 있다기보다는 컴퓨터 전문인력을 조기에 발굴하고 양성하기 위한 것이라 할 수 있다. 따라서 일반 학생들을 위해서도 컴퓨터 교육이 이루어지고 있지만, 이는 주로 컴퓨터영재들을 조기 발굴하기 위한 수단의 경향이 강하며, 주된 교육의 중심을 조기 엘리트교육에 두고 있다.[7]

북한은 1980년대 이래 영재교육을 적극적으로 추진해 왔으며, 1984년 9월 '평양 제1고등중학교'를 필두로 현재 전국 시, 군 지역에까지 설치되어 현재 약 200여 개의 수재학교들이 운영되고 있다. 이들 수재학교들은 이전까지는 주로 어학과 과학을 중심으로 한 영재교육을 실시해 왔다. 그러나 최근에는 이들 수재학교들을 컴퓨터 교육을 위한 체계로 바꾸려는 노력이 전국적으로 진행되고 있다. 컴퓨터영재교육을 위해서 2001년부터 일종의 컴퓨터영재교육 시범학교인 '컴퓨터 수재양성기지'가 신설되기 시작하였는데, 대표적으로 만경대 학생소년궁전 부설 금성제1고등중학교와 평양학생소년궁전 부설 금성제2고등중학교 등을 들 수 있다. 이들 학교는 컴퓨터 수재반을 운영하며, 학생들에게 컴퓨터 프로그램 이론 및 실습교육을 실시하고 있다.8)

이들 수재반의 학생들은 각도 제1고등중학교 재학 중 시험을 통해 선발된 인원, 혹은 전국 수학경연, 알아맞추기 경연의 입상자들로 구성된다. 또한 컴퓨터 교육의 원활화를 위해 컴퓨터수재반을 전담하는 부교장 직제를 따로 두고 있으며, 교사진은 김일성종합대학, 김책공업종합대, 평양컴퓨터기술대학, 조선컴퓨터센터 교수 및 연구원들로 구성되어 있다.9) 또한 이들 학교의 컴퓨터들은 인민대학습당을 비롯하여 주요 학술기관과 네트워크로 연결되어 있는 것으로 알려져 있다.

이외에도 각도의 엘리트교육기관인 '제1고등중학교'에서도 일종의 컴퓨터 수재교육반인 프로그램반을 조직하여 운영하고 있다. 각도의 제1고등중학교의 경우 아직 컴퓨터가 충분히 보급되어 있지 않은 상태이지만, '컴퓨터 교육실'을 꾸미고 수학 및 컴퓨터에 재능있는 학생들로 '컴퓨터 소조'를 조직하여 운영하고 있다. 그러나 컴퓨터 보급 및 컴퓨터 담당 교사의 부족 등의 한계를 감안할 때, 현재 북한에서 컴퓨터 영재 교육은 평양을 중심으로 이루어지고 있음을 알 수 있다.

(2) 일반학생 대상 교육

북한에서 컴퓨터 교육이 전면적으로 실시된 것은 1990년경이며, 컴퓨터 수업은 크게 수학과목의 범주에 포함되어 있다. 일반학생 대상의 컴퓨터 교육은 컴퓨터의 이론과 실제 등을 망라하여 전부 가르치지는 않으며 컴퓨터 관련 기호와 부호를 가르쳐주고, 프로그래밍 하는 법을 가르치는 것이 교육의 중심 내용을 이룬다. 컴퓨터 교육의 내용은 고등중학교 저학년의 경우, 컴퓨터의 작동 원리, 이진법 체계, 논리연산 기초, 컴퓨터 기호와 표기, 키보드와 마우스 활용법, 영문 타자 숙달 등 컴퓨터 일반과 프로그램 기초를 배우며, 고학년의 경우 보다 높은 수준의 컴퓨터 지식, 컴퓨터 언어, 컴퓨터 기본 구성체계를 배운다. 일반학교의 경우 컴퓨터의 보급이 제대로 이루어지지 않은 상태에 교육을 실시해야 하기에 종이에 모조 키보드를 만들어 손으로 짚는 것을 먼저 배우고, 이후 숙달되면 컴퓨터를 사용할 수 있도록 하는 등 매우 열악한 상태이다. 그러나 북한은 컴퓨터 인력의 양성을 위해서는 중등교육단계의 교육내용이 매우 중요하다고 보고, 컴퓨터 기본 프로그램인 MS-DOS, WINDOWS 95, WINDOWS 98 등에 대한 일반지식과 원리를 기능별로 체계화하고 MS-DOS상에서 실행되는 프로그래밍 언어를 가르치며, 사무처리 데이터베이스의 일반원리, 홈페이지, 브라우저와 같은 컴퓨터 이용방법 등에 대해서도 교육하는 것을 주요 목표로 설정하고 있다.[10] 북한의 중등학교 컴퓨터 교육의 특징은 이처럼 컴퓨터의 기본원리와 더불어 프로그래밍 언어를 가르치고 있다는 것이다. 컴퓨터 학습에서 가장 어려운 것 중의 하나가 이 프로그래밍 언어인데 북한의 경우 대부분 중등학교에서부터 프로그래밍 언어를 교육하고 있다.[11]

컴퓨터 과목은 고등중학교 4학년부터 1주에 2시간씩 강의한다. 1990년대까지 인민학교에는 컴퓨터 보급이 이루어지지 않았으며 없고 중학교에 1990년대부터 한 대씩 보급한 것으로 알려지고 있다. 그러나 일반 학생들의 경우 중학교 6학년부터 사용이 가능하다. 이후 1학년부터 먼저 시키라는 조치가 나오면서 1학년부터 컴퓨터 실제 교육이 이루어지고 있다. 북한의 고등중학교 교과과정의 특징은 수학, 과학 교과의 비중이 매우 높다는 것이다. 이중 수학교과는 18.6%를 차지하고 있는데 수학교과에서도 컴퓨터 교육을 담당하고 있는 경우가 많다고 할 때 전반적인 컴퓨터 교육시간은 매우 큰 부분을 차지하고 있음을 알 수 있다. 그러나 컴퓨터 교육을 담당하는 교사들조차도 컴퓨터에 접촉이 용이하지 않아 보통학교에서의 컴퓨터 교육은 많은 한계를 가지고 있다. 즉 영재교육기관이 아닌 보통학교의 학생을 대상으로 한 컴퓨터 교육 수준은 그리 높지 않으며, 초보적 컴퓨터 사용과 이해 교육에 국한되어 있다.

(3) 대학에서의 정보기술 교육

북한의 대학에서 컴퓨터 분야 교육은 김책공대 전자공학부와 김일성대학 수학학부를 중심으로 발전하였다. 북한의 대학에서 컴퓨터 전문인력 양성에 관심을 기울이기 시작한 것은 1980년대 중반 이후이다. 이 시기 각 대학에서 전자공학 부문의 교육과정을 확대 개편하고, 대학 내에 관련 연구소를 설치하였으며, 1985년에는 평양과 함흥에 전자계산기 단과대학을 설립하였다. 이후 정보기술교육의 중요성이 강조되면서 컴퓨터 교육도 단과대학 형태로 발전, 1985년 평양과 함흥에 전자계산기 단과대학이 설립됐다.

1990년대에 들어 북한의 교육성은 모든 대학의 교육과정에 컴퓨터 교육을 포함할 것을 특별 지시했다. 이전까지 대학의 컴퓨터 관련 교육이 주로 하드웨어 분야 인력양성에 집중되어 있었다면 이때부터는 소프트웨어 분야로 전환하여 소프트웨어 개발을 위한 인력양성 및 인프라 구축에 주력해왔다. 정보통신산업의 발전과 경제의 정보화를 위한 컴퓨터 인력 양성이라는 목표 하에 김일성종합대학을 비롯하여 교육기관에서도 정보기술 관련 학과와 연구센터도 설치되는 등 최근 각급 대학들에서 컴퓨터 교육이 크게 강화되고 있다.

현재 북한의 대학에서 이루어지는 정보기술 교육은 크게 두 가지 방향으로 진행되고 있다. 하나는 주요대학과 연구기관에서 수재 교육을 통한 최고의 정보기술 전문가를 양성하는 것이고, 다른 하나는 컴퓨터

기술대학과 일반대학에서 컴퓨터 활용 능력을 갖춘 정보기술 실무자를 양성하는 것이다. 현재 김일성종합대학 컴퓨터과학대학, 김책공업종합대학 정보과학기술대학, 한덕수평양경공업대학, 평양・함흥 컴퓨터기술대학, 자동화대학 등이 주요 인력의 공급창구로서 핵심적인 역할을 담당하고 있다.

1999년 김일성종합대학의 컴퓨터 학부가 컴퓨터기술과학대학으로 그리고 2000년에는 평양・함흥전자계산기단과대학이 평양・함흥컴퓨터기술대학으로 확대 개편되었다. 또한 2001년에는 김책공업종합대학의 컴퓨터공학부가 전문단과대학인 정보과학기술대학으로 개편되었으며, 이과대학에 컴퓨터 과학부가 신설되었으며, 그리고 과학원 직속으로 정보기술학교를 신설하였다. 특히 김일성종합대학 컴퓨터과학대학은 정보과학과, 지능정보처리학과, 컴퓨터조종학과의 3개 학과와 컴퓨터 연구소, 박사원으로 구성되어 있다. 이들 주요 대학의 컴퓨터 관련 학과들은 대부분 금성제1고등중학교의 수재반 출신들로서 이들이 주요 대학의 수재반으로 진학하여 우수한 컴퓨터 전문인력으로 성장하는 과정을 밟는다.[12]

이들 대학에서는 주로 정보기술 관련 학문발전, 고등인력 양성의 질적 향상, 첨단 과학기술의 개발을 주요 목표로 하고 있다. 현재 북한의 컴퓨터산업 인력은 이들 대학의 컴퓨터공학부와 각종 관련 단과대학에서 양성되고 있다.

그러나 최근 북한의 움직임은 이러한 몇 개 대학의 정비와 재편을 넘어서서 대학 컴퓨터 관련 교육체제 전반을 재편하는 것으로 나타나고 있다. 2000년에 들어서 새롭게 나타나는 양상은 평양의 일부유명대학들 이외에 지방의 대학들에까지 컴퓨터를 비롯한 정보공학강좌가 개설되어 컴퓨터 교육 붐이 조성되고 있다는 것이다. 강계공업대학을 비롯 2003년 화천체신대학에 이르기까지 지방의 주요대학들도 정보기술 교육중심의 학부체계로 개편하였다. 그러나 일반 지방대학들의 경우, 컴퓨터학과의 개설에도 불구하고 컴퓨터의 보급이 충분하지 못하기에 컴퓨터 이론 교육과 실습을 분리해서 진행하고 있는 형편이다.13)

주요 대학의 경우는 대부분 주요 연구단위를 잇는 컴퓨터망에 연결되어 있으며, 최근 들어서는 자강도 강계공업대학, 강원도 정준택 원산경제대학 등 지방의 주요 대학들까지 내부 인트라넷을 설치, 운영하고 전국적 네트워크에 연결되어 있다.14)

2000년대 초반 대학들의 대대적 컴퓨터 교육 강화 결과 최근 김책공업대학종합대학 내에 설치된 정보기술 전문 단과대학인 정보과학기술대학이 2006년 9월 18일 첫 졸업생을 배출하였는데, 이는 2000년 이후 이루어진 대대적 정보기술 교육 강화 정책이 구체적 결과물로서 나타나고 시작했음을 의미한다.

(4) 일반대상의 정보화 교육

컴퓨터 교육열풍과 더불어 북한은 최근 일반인들을 대상으로 하는 컴퓨터 교육도 확대하고 있다. 일반인 대상의 교육은 컴퓨터에 대한 일반적 지식 획득과 경제 각 부문의 정보화에 대응하는 능력을 배양하는 두 차원으로 이루어지고 있다. 일반대상의 컴퓨터 소양 증대를 위한 노력은 노동당 기관지에 매주 일요일 컴퓨터 상식 난을 마련하여 시리즈 게재하고 있는 것이 대표적이다. 이는 북한이 일반국민 수준에서 정보화 교육을 시작하였음을 의미하는 변화의 징후라 할 수 있다. 또한 각 직종의 일반인들에 대한 정보화 재교육은 '정보기술보급사업'으로 불리고 있는데, 이는 전문가들에 의한 강연회, 강습, 의견교환 등 여러 형태로 진행되고 있으며 여기에는 과학자, 기술자들은 물론 다양한 부문과 직종의 일반인들이 참가하고 있다.15)

3) 정보화 교육 지원체계

(1) 컴퓨터 교육인력의 양성

북한이 컴퓨터 교육을 확대함에 있어 가장 어려움을 겪는 부분은 컴퓨터 교육을 담당할 교육인력의 재교육 및 확보이다. 이를 위해 북한은 최근 정보기술 활용을 위한 교사 대상의 재교육을 강화하고 있다. 교사들에 대한 정보화 교육은 컴퓨터 교육담당 교사와 교사일반에 대한 교육으로 구분해 보았을 때, 주로 전자에 치중되어 있다. 이는 북한의 정보화 교육환경이 아직 학생 일반을 대상으로 한 정보화 교육에까지는 이르고 있지 못하기 때문이다. 정보기술 인력의 교육을 위해 북한은 최근 정치·사상 중심으로 진행되어 오던 재교육을 정보화 교육 또는 정보기술 활용 교육 부문 쪽으로 강화하고 있다.16)

컴퓨터 교육담당 교사에 대한 정보화 연수의 경우 인민대학습당 등 관련기관들이 최근 광범위하게 교사들에 대한 컴퓨터 강습 등, 정보기술관련 연수를 실시하고 있다.17)

(2) 학술정보 네트워크의 구축

북한은 주요 연구기관과 대학 도서관을 기반으로 하는 학술정보 공동활용 시스템을 구축하여 정보기술 분야는 물론 과학기술전반의 발전을 지원하고자 하고 있다. 현재 북한의 학술정보네트워크는 연구자들에게 고급 학술정보를 신속하게 제공하여, 북한의 과학연구 경쟁력을 신장하기 위해 진행되는 것이다. 현재 북한은 과학기술통보 사업의 컴퓨터화, 전국적인 정보검색서비스체계를 구축하고 있는 중인데, 중앙과학기술통보사가 주관하는 컴퓨터망 정보서비스인 '광명'의 데이터베이스에는 3천만 건에 이르는 수학·물리학·화학·생물학 등 기초과학과 전기·석탄·농업·양어 등 경제기술 자료, 800여 종의 최신 과학·기술잡지 등이 수록돼 있다. 이러한 과학기술정보망은 김일성종합대학 도서관, 인민대학습당, 발명총국, 조선콤퓨터센터, 평양정보센터 등 연구기관과 주요 공장·기업소 등이 연결되어 있다.

또한 각 대학과 연구기관에는 전자도서관 구축 작업이 이루어지고 있는데, 인민대학습당, 김일성종합대학 도서관, 중앙과학기술통보사, 과학원 발명국 등에 전산망이 연결되어 컴퓨터로 실마리어(색인어), 초록, 차례들을 서비스하고 있으며, 해당 도서와 자료를 검색, 열람, 인쇄하는 것이 가능하도록 하고 있다. 이들 기관의 경우, 단말기 연결 장치를 통해 직접 다른 도서관에 가지 않더라도 외부에서 책과 자료의 목록을 열람하는 것이 가능하다.

(3) 컴퓨터 교육 교재의 개발과 보급

컴퓨터 교육의 대대적 실시와 더불어 컴퓨터 교육용 교재 및 서적의 개발과 보급 노력도 이루어지고 있다. 최근 컴퓨터 관련 서적이 인민대학습당 대출 순위 2위라는 신문의 보도[18]에서 나타나듯이 컴퓨터 열풍에도 불구하고 관련 서적이 부족하여 교육 및 연구에 많은 어려움을 겪고 있다.

따라서 북한 교육성은 컴퓨터 교육을 위한 교재 출판과 보급을 주요 목표로 하고 있다. 교육성에 따르면 2001년 약 1,000종의 새 교과서를 출간하기 위해 준비하고 있으며, 특히 고등교육부문 교과서들은 '정보화시대의 요구에 맞게 과학기술인재를 양성할 수 있도록 세계적인 과학발전 추세를 따르는 방향에서 집필할 것'을 기본 원칙으로 하고 있다. 여기서 특기할 것은 컴퓨터 수재반 학생들을 위한 컴퓨터, 수학교과서들이 별도로 집필·발행되고 있으며, 교과서 출판에서 수재반전용 교과서와 정보교육 교과서를 우선하는 원칙을 세우고 있다.[19]

북한 언론의 보도에 의하면, 2001년 3월, '수십종의 콤퓨터 교재'가

출판되어 '콤퓨터 수재반 교원, 학생들'에게 배포되었다고 한다. 이들 교재의 개발은 교육성 내의 '프로그람 지도국, 프로그람교육쎈터, 출판국, 교육기자재공급관리국, 김일성종합대학과 김책공업종합대학, 평양콤퓨터기술대학을 비롯한 여러 교육, 과학연구기관의 유능한 일군들과 교원, 연구사'들로 이루어진 '교재집필조'에 의해 이루어졌으며, "집필팀의 헌신적인 노력 끝에 교재개발은 2개월 만에 끝났다"는 것으로 보아 컴퓨터 교육의 강조에 비해 절대적으로 교재의 부족에 시달려온 것을 잘 알 수 있다.[20]

(4) 정보기술 경연대회

컴퓨터 교육을 장려하고 정보기술 분야 인재를 발굴하기 위해 북한은 다양한 정보기술 관련 경연대회를 개최하고 있다. 특히 북한이 소프트웨어 개발인력 양성에 주력하면서 이들 인력들의 개발노력을 장려하기 위해 전국적인 소프트웨어 개발 경연대회를 비롯하여 다양한 경연대회를 개최하고 있다.

<표 1> 북한의 주요 정보기술 경연대회

대회명	시작년도
전국프로그램경연 및 전시회	1990
전국고등중학교학생 전자계산기프로그램작성 경연대회	1990
전국정보학부문과학기술발표회	1996
전국교육부문프로그램전시회	2000
전국대학생프로그램경연(평양)	2000
전국청년정보기술성과전시회	
전국청년컴퓨터기술경험토론회(3대혁명 사적관)	
전국고등중학교학생컴퓨터프로그램 및 타자경연 진행(평양)	2000
전국학생소년궁전, 회관 소조원들의 수학 및 컴퓨터경연 (평양학생소년궁전)	2002

출처: 송경준, "북한 IT교육 현황과 특징" (전북대학교 석사학위논문, 2005).

'전국프로그램경연 및 전시회'는 1990년 이래 현재까지 개최되고 있는 북한의 가장 대표적 소프트웨어 경연대회이며, 그 외에 '전국 대학생 프로그램 경연대회'와 '전국 고등중학교 학생 프로그램 경연 및 타자경연대회' 그리고 교육부문의 소프트웨어 개발을 장려하는 전국 교육프로그램 경연대회 등이 있다. 특히 중학생 대상의 경연대회의 경우 정보기술 수재를 조기 발굴하기 위한 것으로 전국의 1중학교(영재학교) 및 일반중학교의 학생들을 대상으로 하고 있다.[21]

4. 교육부문의 정보통신 기반시설 현황

1) 컴퓨터 보급현황

북한의 컴퓨터 보급현황은 국가 전체적 차원에서는 아주 열악한 수준이라 할 수 있다. 그러나 최근 들어 교육기관 및 연구기관에 대대적인 보급이 이루어지고 있어 상대적으로 다른 부문에 비해 높은 보급율을 가지고 있다고 할 수 있다. 현재 교육용과 교원용으로 구분되어 보급되어 있지는 않으며 일반 학교의 경우 주로 한 학교에 한 대 정도의 교육용 컴퓨터를 교원과 학생들이 함께 사용하고 있다. 현재 북한에서 사용되는 PC는 대부분 486급 이하이며 펜티엄급의 PC는 주요 대학의 컴퓨터 관련 학과나 연구소에는 최고급 기종을 비롯하여 펜티엄급이 보급되고 있지만 일선학교의 경우 486급 이하의 컴퓨터도 충분히 공급되어 있지 못한 실정이다. 1995년의 한 자료에 의하면 군사부문을 제외한 당 조직과 기업부문에서 워크스테이션(중형컴퓨터) 30여 대와 탁상형 마이크로컴퓨터 3천여 대가 보급된 수준이다.[22] 그러나 최근 정보기술 교육의 중시 이후에 김일성대학과 조선콤퓨터센터 등 여러 대학과 기관은 물론 일선 학교에도 대대적으로 컴퓨터가 보급되고 있다.

2) 교육전산망 구축현황

교육전산망 구축은 북한 내의 교육기관, 정부기관, 관련기관 등을 네트워크로 연결하여 효율적인 정보교환의 수단을 제공하고 교육 및 학술연구 활동을 지원하기 위한 것이다. 이를 위해서는 무엇보다도 전국적인 컴퓨터망의 구축이 선행되어야 한다. 그러나 전국적인 컴퓨터망의 구축을 위한 북한의 기초 통신시설의 현황은 지극히 열악한 수준이라 할 수 있다.

또한 2001년 들어 각 부문별로 다양한 규모와 형식의 컴퓨터망을 형성하기 위한 노력들이 진행되고 있는데, 교육전산망 부문은 그 대표적 부문이라 할 수 있다.[23] 1990년대 초에 과학원, 김일성종합대학 등 주요 기관에 근거리통신망(LAN)을 설치하였지만, 북한에서 교육 및 연구관련 컴퓨터망의 본격적 구축은 1997년경으로 볼 수 있다. 이는 북한의 정보서비스 기관인 중앙과학기술통보사가 제작한 과학기술 자료검색 시스템인 '광명'이 1997년에 제작되어 보급되었다는데서 드러난다. 현재 대표적인 교육전산망은 이 '광명'을 중심으로 구축된 네트워크로서 이를 통해 중앙과학기술통보사는 전자신문을 통해 과학기술 관련 정보를 연결된 네트워크 단위에 제공하며, 또한 주요 연구단위 및 대학은 과학기술 자료의 검색이 가능하다.[24]

'광명'의 개통 이후 이 망에 가입한 컴퓨터 대수가 1999년 들어 1998년에 비해 4.6배나 증가했을 정도로 북한에서 컴퓨터 통신망의 확대는 1999년을 기점으로 확산되었다. 이들 컴퓨터 통신망은 주로 광케이블망과 국내 전화망을 통해 연결되고 있으며, 광케이블망이 구축되지 않은 주요 시·군에서는 기존의 전화선과 수동식 교환대를 이용한 컴퓨터 통신망을 구축하여, '광명'과 연결하고 있다.

3) 전자우편, 인터넷 설치 및 사용 현황

북한에는 아직 인터넷이 사용되지 않고 있으며 따라서 공식적으로 등록된 호스트도 없기에 연구단위 및 각 학교에서도 인터넷은 이용할 수 없다. 다만 인트라넷은 어느 정도 보급돼 조선컴퓨터센터, 평양정보센터, 김일성종합대학, 김책공업종합대학 등이 홈페이지를 갖고 인트라넷을 활용하고 있다. 이렇게 구축된 인트라넷에 기반하여 대학과 주요 연구단위간에 과학기술자료검색, 전자우편, 전자정보, 홈페이지 검색 및 자료전송시스템으로 구성된 광명을 통해 사용자는 각종 데이터베이스와 개별 네트워크에 접속할 수 있으며, 또 홈페이지를 통해 중앙과학기술통보사, 김일성종합대학, 인민학습당과 과학원발명국을 비롯한 북한 정부기관에 접속이 가능하다.

그러나 이러한 전자우편 및 자료검색 및 전송도 국내에 한정되어 있으며, 북한 각지의 과학연구기관과 대학, 각 생산기관과 일부 개인에 한해 광명 가입이 허용되기에 인민학교와 고등중학교 등 보통교육 시설에는 보급되어 있지 않다.

5. 맺음말

북한이 정보산업의 발전을 위해 컴퓨터 교육을 통한 인력의 양성을 가장 주요한 정책목표로 하고 있기에 컴퓨터 교육의 강조는 현 단계 북한의 가장 주된 정책 중의 하나이다. 컴퓨터 교육은 일반주민과 학생들에게도 관심의 대상이 되고 있다. 이는 현재 북한에서 컴퓨터 관련 인재의 경우 최고 시설의 수재학교나 명문대학에 들어갈 가능성이 높고, 졸업이후에도 좋은 직장에 배치될 수 있기 때문이다. "과학과 기술, 콤퓨터를 모르면 전진하는 시대의 낙오자가 된다"며[25] 1998년부터 중학교 4학년 이상 학생에 대해 컴퓨터 의무교육을 실시해온데 이어, 2000년 들어서는 주요대학과 중학교에 컴퓨터수재반을 설치하고 컴퓨터 교육을 뒷받침하기 위한 행정적 체제를 정비해왔다. 2006년 북한은 컴퓨터 영재들을 위한 최신시설의 교사와 기숙사, 식당을 금성학원과 금성제1중학교에 건설하고 있는 것으로 알려지고 있어 경제난에도 불구하고 컴퓨터 인력 양성을 위한 투자가 지속 되고 있음을 알 수 있다.[26] 최근 북한의 컴퓨터 교육은 지방 및 일반학생에게 까지 확대되고 있다. 또한 전자도서관, 전자교육과 같은 새로운 교육방법이 부분적이나마 도입되고 있어 북한에서도 정보네트워크를 활용한 교육시스템의 변화가 오고 있다고 할 수 있다.

전력난, 하드웨어의 기본적인 부족, 통신인프라 취약 등 근본적 한계는 물론 부족한 교육인력, 폐쇄적 북한의 인터넷 환경은 북한의 컴퓨터 교육 발전에 여전히 장애로 작용하고 있다. 그러나 2000년 이후 강력하게 정보화 교육을 추진해온 결과 최근 주요 대학을 비롯하여 영재교육기관들이 우수한 정보기술인력을 배출하고 있어 북한의 정보산업은 한 단계 새롭게 도약할 발판을 마련하였다고 할 수 있다.

※ 이 글은 김유향,『북한의 교육정보화 실태 및 정책동향분석』(한국교육학술정보원, 2001)의 일부 내용을 대폭 수정·보완한 것이다.

주註

1) 《조선중앙TV》 2001년 5월 7일 ; 《연합뉴스》 2001년 5월 7일.
2) 《조선신보》 2006년 6월 1일.
3) 《연합뉴스》 2001년 5월 25일.
4) 《조선신보》 2006년 7월 3일.
5) 김유향, "북한의 정보통신부문 발전과 정보화," 『북한실태(Ⅱ)』(서울: 통일부, 2000) 참조.
6) 《청년전위》 2001년 4월 11일.
7) 김정일 위원장의 "수재는 아이 때 찾아야 한다. 콤퓨터 교육도 어려서 해야 은을 낼 수 있다"(2000)는 발언은 이러한 조기엘리트 교육의 주요 지침이 되고 있다.
8) 《조선신보》의 인터뷰에서 금성제1고등중학교 오정훈 교장이 "대학에서는 컴퓨터기술을 이론적으로 배운 사람, 즉 책의 전문가가 양성되지만 여기서는 착상과 정열에 넘치는 실천가를 키운다"는 언급은 이들 학교가 이론 위주의 교육에서 탈피하여, 어릴 때부터 컴퓨터 기술에 정통한 마니아를 육성하는 수재교육기관임을 의미하는 것이다. 《연합뉴스》 2001년 5월 9일.
9) 이들 학교의 컴퓨터 보급상황에 대해서는 명확한 자료가 없다. 그러나 교원신문 2001년 5월 보도에 의하면, 이들 학교에 '김정일 원수님께서 보내신 선물을 전달하는 모임'이 이루어졌는데, 이 선물들은 최신 컴퓨터라는 보도들이 있어 영재학교의 컴퓨터반에는 컴퓨터의 보급이 우선적으로 이루어지고 있음을 알 수 있다.
10) 《연합뉴스》 2001년 5월 16일.
11) 소프트웨어 산업의 발전으로 최근 주목받으면서 북한의 주요 발전모델이 되고 있는 인도는 중학교 2학년부터 프로그래밍 언어를 정식교과목으로 채택해 학습하고 있다.
12) 《연합뉴스》 2001년 7월 27일.
13) 《조선중앙방송》은 2001년 5월 25일자 보도에 의하면, 강계공업대학에서 "21세기 정보 산업시대의 요구에 맞게 교원들과 학생들 속에서 컴퓨터 교육을 짜고들어(철저하게 준비하여) 진행하고 있다"고 하며, 또한 이 대학은 컴퓨터실 운영계획을 효율적으로 수립, 학부별로 일주일에 이틀씩 컴퓨터 실습을 하고 있으며 이같은 실습을 통해 "강의시간에 이론적으로 배운 컴퓨터의 운용방법과 간단한 장치, 프로그램의 구분에 대한 이해, 응용프로그램의 활용을 비롯해 컴퓨터 다루기에 대한 기초지식을 숙련시키고 있다"고 한다. 《연합뉴스》 2001년 5월 25일.

14) ≪연합뉴스≫ 2001년 7월 27일.
15) ≪조선중앙방송≫의 6월 9일자 보도는 이러한 일반인 대상의 컴퓨터 교육의 확산을 잘 보여주고 있다. 이 방송에 의하면, 조선컴퓨터센터, 중앙과학기술통보사, 인민대학습당, 김일성종합대학, 김책공업종합대학 등의 과학자. 기술자들이 내각위원회, 성·중앙기관과 여러 공장·기업소에서 컴퓨터 교육을 실시하고 있으며, 내각 산하의 금속기계공업성, 건설건재공업성, 화학공업성, 농업성 등에서는 컴퓨터 조작법을 습득하기 위한 열풍이 불고 있다 소개했다. ≪연합뉴스≫ 2001년 6월 9일.
16) 2001년 6월 14일자 북한의 ≪교원신문≫에서는 컴퓨터 과학기술인재 육성은 전적으로 교사에게 달려있다면서 "컴퓨터 교육을 담당한 교원들이 능력 있는 컴퓨터 운영기술과 정보기술을 소유한 훌륭한 인재들을 빨리, 많이 키워내야 사회경제 발전이 촉진되게 된다"고 강조하고 있다. 신문은 이어 컴퓨터 교육을 담당한 교사들이 컴퓨터 수재와 컴퓨터 과학기술인재를 육성하는데 정열을 다 바쳐야 한다면서 △학과목 준비를 철저히 하고 △학생들의 수업 이해 정도를 구체적으로 파악해 철저히 대처하며 △과외지도와 함께 △컴퓨터 수재를 발굴하는데 힘을 쏟아야 함을 주장하고 있다. 또한 교사들의 컴퓨터 숙달 정도가 여전히 미흡한 것을 보완하기 위해 수업에 들어가기 전에 실습과 함께 '교수합평회'를 통해 교육지도를 충실히 해 나가야 할 것을 강조하고 있다. ≪연합뉴스≫ 2001년 6월 14일.
17) ≪로동신문≫ 2001년 5월 30일.
18) ≪조선일보≫ 2001년 4월 19일.
19) ≪연합뉴스≫ 2001년 8월 7일.
20) ≪교원신문≫ 2001년 6월 14일. 김정일은 이 교재집필진의 노고를 치하하는 선물을 전달하였다. ≪교원신문≫ 2001년 6월 7일.
21) 경연대회의 주요 내용은 Q베이직(QBasic) 언어를 이용한 명령문 작성, 비주얼베이직(Visual Basic) 언어를 이용한 프로그램 개발 등이다. ≪조선신보≫ 2006년 7월 3일.
22) 정보통신부, 『정보통신백서』(서울: 정보통신부, 2000).
23) 5월 15일 북한 중앙. 평양방송의 보도에 의하면, 올해 들어 "인민경제 해당부문의 특성에 맞게 여러 가지 규모와 형식의 컴퓨터망을 형성 운영하기 위한 사업이 광범히 벌어지고 있다"고 한다. ≪연합뉴스≫ 2001년 5월 16일.
24) '광명'의 네트워크 시스템 소프트웨어 프로그램은 '윈도우 2000' 등 모든 컴퓨터 운영환경에 호환되는 독자 모델로 특히 전자메일의 전송 속도는 마이크로소프트(MS)사의 아웃룩 익스프레스 보다 빠르다고 한다.
25) 북한에서 정보산업의 중요성과 이를 위한 컴퓨터 교육의 강조는 특히 2001년

들어 다양한 매체를 통해 이루어지고 있다. 예를 들면, ≪조선중앙방송≫은 4월 22일 "과학의 세기"라는 제목의 정론을 통해 "강성대국에로 치달아 오르자면 우리는 반드시 과학을 중시해야 하며 준마를 타고 정보산업의 요새를 점령해야 한다"며 전사회적으로 컴퓨터 교육의 중요성이 부각되고 있음을 강조하였다. 또한 청년전위는 "당의 신임과 기대에 실력으로 보답하자고 해도, 인민을 위하여 헌신하자고 해도 높은 과학기술을 소유하며 콤퓨터를 알아야 한다"면서 청년들에게 "현대과학과 기술, 콤퓨터 기술을 소유하기 위하여 높은 혁명성과 책임성을 가지고 배우고 또 배워 강성대국 건설에 적극 이바지해야 한다"며 컴퓨터 교육에 적극적으로 나설 것을 당부하고 있다. ≪연합뉴스≫ 2001년 4월 24일.
26) ≪조선신보≫ 2006년 9월 8일.

<참고문헌>

1. 북한문헌

조선과학원,『과학원 통보』각 년호,
조선중앙통신사,『조선중앙년감』(평양: 조선중앙통신사, 1996~1999).
≪로동신문≫
≪민주조선≫
≪교원신문≫

2. 남한문헌

김상택・공영일, "남북한 정보통신부분의 교류협력과 통합에 관한 연구," 정보통신정책연구원,『정보통신정책 ISSUE』11권 7호 (1999).
김유향,『북한의 교육정보화 실태 및 정책 동향 분석』(서울: 한국교육학술정보원, 2001).
_____, "남북한 정보통신교류방안" (한국통신학회, 2001).
_____, "북한의 정보통신부문 발전과 정보화,"『북한실태(Ⅱ)』(서울: 통일부, 2000).
_____, "북한의 IT부문 발전전략: 현실과 가능성의 갭,"『현대북한연구』4권 2호 (2000).
박찬모 외,『북한의 정보화 동향 분석』(서울: 한국전산원, 1996/97).
송경준, "북한 IT교육 현황과 특징" (전북대학교 석사학위논문, 2005).
정보통신부,『정보통신백서』(서울: 정보통신부, 2000~2005).
≪연합뉴스≫
≪조선일보≫

3. 외국문헌

Kim, Yoo Hyang, "Korea's Cyberpath," *Asian Perspective*, Vol.28, No.3 (2004).

4. 기 타

통일부 웹사이트(http://www.unikorea.go.kr)
국가정보원 웹사이트(http://www.nis.go.kr)

조선중앙통신 웹사이트(http://www.kcna.co.jp)
조선신보 웹사이트(http://www.korea-np.co.jp)
평양타임즈(http://www.times.dprkorea.com)

찾아보기

ㄱ

가부장적 온정주의　21
가창대　16
간부　91
간이학교　7
감화교양　306, 332
강상호　104
강성대국　2
강성대국론　212
건국준비위원회　49
견학단　111
경성제국대학　100
경성제대　49
경연대회　511
경제개혁　432
경제계획　402
경제발전　108
경제봉쇄　2
경제성장전략　437
경제침체　2
계급교양　287
계급혁명　3
계급혁명적 교양　1
고급중학교　9

고등교육　232, 353, 357
고등교육개혁　52
고등교육체계　25
고등인력　89
고문　97
공산대학　239
공산주의교양　265
공산주의적 교양개조　273
공산주의적 도덕관　1
공산주의적 인간　208, 215
공산주의화　209
공업생산계획　409
공장대학　238, 390
과외노동　309
과정안　149, 254
과학교육부　253
과학기술　1, 375, 432
과학기술계획　401, 420
과학기술교육　214, 350
과학기술도서관　474
과학기술동원사업　383
과학기술발전 장기계획　401
과학기술발전계획　401, 404
과학기술인력　359
과학기술정보　462
과학기술정보서비스 기관　463

과학기술정보의 유통 480
과학기술중시 214
과학기술중시사상 394
과학기술체제 431
과학기술통보사업 406
과학기술협력 426
과학도서관 474
과학발전10년계획 402
과학연구기관 448
과학원 121, 179
과학자기술자돌격대 389
과학적 사회주의 378
과학정치 395
관료주의 115
광명 466, 509
광명2002 466
교과내용 2
교과목 2
교수 충원 63
교수요강 254
교양교육 140
교육 지원 366
교육강령 254
교육개혁 7, 147
교육과 노동의 결합 136, 217
교육과 실천의 결합 136, 217
교육과정 19, 136, 146, 253
교육과정 정책 258
교육과정안 254
교육과정의 변천 256
교육국 12
교육기본권 205
교육기회 8

교육목적 207
교육물자 364
교육방법 2
교육법 204
교육여건 368
교육열 34
교육예산 29
교육전산망 513
교육제도 223
교조주의 113
국가건설 93
국가과학기술위원회 438
국가과학원 440
국가품질감독국 489
국방기술 424
국제관계대학 239
군사교육 363
군사정책 2
권력투쟁 98
권위주의 115
권직주 59
규격화 사업 488
규율 297
근거리통신망(LAN) 513
금속공업 416
긍정적 모범 306
기동선전연예대 16
기술 확산 461
기술개건사업 435
기술과목 149
기술과제 406
기술관료 집단 381
기술교육 100, 240

기술교육제도 99
기술교육체계 25
기술발전사업비 407
기술용어 462
기술인력 137
기술인재양성 102
기술자 97
기술혁명 267, 376
기술혁신 422
기초과학 424
기초과학교육 502
기초기술교육 357, 502
김달현 56
김대교원이력서 48
김봉한 386
김용성 63
김일성 98
김일성 우상화 교육 270
김일성사회주의청년동맹 214
김일성종합대학 2, 45, 100
김정일 276
김책공업종합대학 3
김택영 56
김형직사범대학 61
까비네트 155
깨우쳐주는 교수교양 306

ㄴ

남로당 69
남로당파 113

남북경협 461
냉전적 시각 345
노동 135
노동계급화 126
노동법령 10
노동인력 136
노력동원 363
노획문서 48
농맹 22
농업현물세 24
농업협동화 99, 144
농장대학 238
농촌학교 12

ㄷ

당원 91
당정책교양사업 265
당중앙 2
당학교 239
대안의 사업체제 431
대중선전 16
대중운동 312
대중적 기술혁신이론 410
데이터베이스 467
도서 분류표 181
독일 98
동유럽 국가 4, 89
동유럽의 자유화 운동 124
동질화 3

ㄹ

로동계급화 209
룡남산 1호 2
리계산운동 20
리승기 384

ㅁ

마카렌코 142
만경대유자녀학원 96
맑스(K. Marx) 138
무상의무교육 32, 35, 347
무용학교 237
무정 98
문맹퇴치 9
문맹퇴치해설대 16
문학예술 1
문해 11
문해운동 9
문헌(도서) 분류 181
문화혁명 205, 267
물자계획 408
물질적 요새 점령론 241
미국 47
미국의 점령정책 51
미군정 47
민족간부 54, 91
민족교육 47
민족대단결 277

민주선전실 19
민주청년단 37

ㅂ

박병율 104
박사 185
박영 63
박일 63
박헌영 98
반김일성 세력 90
반김일성운동 98
반도체 기술 2
반제교양 287
반종파투쟁 90
반학교문화 299
발명권 481
발명특허 제도 481
방송통신매체 238
보육 207
보육교양 207
보통교육체계 25
복선형학제 25
봉한학설 386
북조선공산당 52
북조선로동당 8
북조선임시인민위원회 8
북한 교육 지원 369
북한과학기술네트워크 478
북한교육의 이념 203
북한헌법 204, 206

찾아보기 ∴ 525

분과학문   195
분과형 교과 체제   148
분단위원장   312
불특허대상   486
붉은기 철학   212
붉은청년근위대   363
비날론   384
비문해   11
빨치산파   113

사리원농업대학   61
사상검열   90, 120
사상검토   91
사상교육   2
사상혁명   376
사회과학   194, 261
사회과학원   179
사회구성체론   241
사회의무노동   363
사회주의 공업화   411
사회주의 교육   139, 225
사회주의 교육과정   146
사회주의 교육에 관한 테제   204
사회주의 교육원칙   209
사회주의 교육학   208, 215, 273
사회주의 헌법   204
사회주의강성대국   284
사회주의적 개조   96, 99
사회주의적 민족간부   91, 95

사회주의적 인간   9
사회주의적애국주의교양   271
산업규격   489
산업실습생   98, 111
산업재산권 협력   462
산업표준   462
산업화   99, 143
산지식론   242
3대기술혁명   389
3대혁명   1
생명공학   418
생물의학   386
생산실습   136, 149
생활 지도   307
생활 총화   304
샤츠키   140
서울대학교   45
선군정치   227
선발제도   362
선전   10
선진   375
선진과학   376, 391
설계과제   406
성인중학교   9
성인학교   9
성인학교체계   15
소년단   16
소련   4, 10
소련 과학기술   379
소련계 한인들   379
소련계한인   104
소련고문   97
소련교육   140

소련군 50
소련군정기 95
소련민정국 105
소련파 104
소프트웨어 2, 394, 499
수산대학 238
수업 규율 304
수재교육 3, 350
수정주의연구 46
숙청 91
숨겨진 교육과정 298
스탈린 89, 138, 142
스탈린 개인숭배 98
스탈린 격하 운동 89
시장경제 교육 354
식량난 4
신건희 56
신경제정책(New Economic Policy) 141
신소재 419
신에너지 419
실리사회주의 287
실습생 106
실용주의 교육 350, 502

야간학교 12
야학회 12
어린이 보육교양법 204
어머니학교 12
여맹 22
여성교육 7
연구과제 410
연구소 178, 446
연료문제 424
연안파 106
영어교육 350, 352
영재교육 498
오산덕정보센터 3
오천석 48
외국어 과목 281
외국어학원 237
외국어혁명학원 236
우리식 사회주의 212, 277
우리식 운영체계(OS) 3
우상화교육 272
원가계획 408
원료 424
원산농업대학 61
윌리스 298
유물론 241
유성훈 104
유일사상 285
유일사상체계 1
유일지배체제 126
유학생 91
유학생 정책 110, 125
유훈통치 227
은별컴퓨터기술연구소 3

ㅇ

IT산업 2, 435
애국미헌납운동 23
야간과정 239
야간대학 95

음악학교 237
의무교육제 8
의식화意識化 10, 19
이공계열 101
이데올로기 212
이동화 56, 63
이성교제 322
20개조 정강 8, 53
이정우 56
이질화 3
인간개조이론 3
인문계열 101
인문과학 194
인민 261
인민경제계획 403, 404
인민경제대학 239
인민교육세 23
인민도덕 261
인민학교 23
인센티브 422
인트라넷 3, 514
일반교육 140
일제의 교육정책 92
일제의 식민교육 93
일하면서 배우는 성인교육체계 228, 348

자립노선 383
자연과학 194
자유주의 322
자유화 운동 115
자주노선 106
잠재적 교육과정 298
장익환 104
장종식 56
재교육 509
저작권 481
저항문화 298
전면적으로 발달된 인간 139
전문 인력 219
전영환 63
전자공업 420
전자전 3
전자정보공학 413
전쟁고아 110
전체주의적 시각 345
전체주의적 접근법 92
전통주의적 시각 91
전후 복구 89, 96
전후 복구건설기 95
전후 복구계획 113
정두현 56
정보 네트웍 461
정보 협력 461
정보검색 466, 473
정보과학기술 418
정보기술 394, 497
정보기술국 498
정보기술보급사업 508
정보기술인력 499

자력갱생 387, 433
자료기지(database)센터 467

정보봉사센터 469
정보산업 3, 498
정보통신 215
정보화교육 497
정치교양사업 124
정치사상교양 214
정치선전사업 16
제1중학교 236
조선공산당 북조선분국 52
조선과학원 3
조선교육후원기금 249
조선로동당 규약 274
조선민족제일주의 277
조선민주주의인민공화국 9
조선총독부 7
조선컴퓨터센터 3, 451
조형예술학교 237
종파분자 98
종합기술교육(Polytechnic
　　Education) 135, 203
주체 123, 375
주체 확립 123
주체과학 376, 388
주체기술 388
주체농법 388
주체사상 1, 212, 216, 266
주체사상연구소 190
주체섬유 384
주체의학 388
주체적 교육 226
주체철학 186, 282
주체형 인간 219
중국 10, 500

중등교육 297
중등기술자 102
중등의무교육 99
중등학교 7
중등학교 교육과정 158
중소분쟁 106
중앙과학기술통보사(CIAST) 463,
　　513
중앙급대학 353
지식인 91, 126
지적 상품 454
직업교육 140, 240
직업기술교육 241, 356
직업기술교육체계 240
진단학회 49
집단주의 216
집단주의 정신 1

천리마작업반운동 383
첨단 과학기술 394, 413
첨단기술 연구 421, 424
청소년 조직 298
청진교원대학 100
체코슬로바키아 97
초급중학교 9
초등의무교육 33, 99
출석률 307
출신 성분 362
취학 전 교육체계 228

취학전 아동 207
7.1 경제관리개선조치 435

ㅋ

컴퓨터 보급현황 512
컴퓨터 소조 504
컴퓨터 수재반 351, 498
컴퓨터 통신망 513
컴퓨터교육 215, 350, 497
컴퓨터망 508
크룹스카야 140

ㅌ

탁아소 2
토지개혁 10
통보출판물센터 468
통신과정 238
통신대학 95
통일교육연구분과 4
통일교육학회 4
통치 이데올로기 212
특구 431
특허 461
특허 협력 461
특허권 481
특허출원절차 484
TV방송대학 238

ㅍ

8월 종파사건 115
패싸움 325
평양공업대학 61
평양의학대학 61
평양정보센터 3
평양제1고등중학교 236
평화지향적 관점 346
폴란드 115
표준 협력 461
품질관리 491
품행평가 309, 322

ㅎ

하드웨어 2, 499
학교건설 9, 30
학교교육 정책 2
학교교육 표준 모델 3
학급반장 319
학력 격차 4
학문분류 174, 181
학문분류체계 173
학문영역 177
학부 177
학사 185
학생 규칙 299
학생문화 297
학생생활표준세칙 303

학술 활동 461
학술연구기관 178
학술정보 네트워크 509
학술지 461
학습제일주의방침 309
학업을 전문으로 하는 교육체계 228
학위 185
학제 225, 228
학제 개정 145
학제개혁 25
한국과학기술정보연구원(KISTI) 466
한국교육사고 47
한국전쟁 35, 95
한글강습소 12
한글전용표기 19
한글전용화 19
한설야 56
한의학 386
함흥의과대학 100
해외과학기술통보 475
해외유학생 91, 106
허가이 98
허익 63
헝가리 115
헝가리 사태 122
혁명유자녀학원 236
혁명전통 124, 203
혁명화 209
혁명활동 283
현지연구사업 384
형식주의 115

화학공업 417
후계체제 276
훈육 297
흐루시쵸프 89
흡연 322
흥남공업대학 100

필자약력

▫ 김동규
   고려대학교 북한학과 명예교수
   일본 와세다대학교 문학 박사
   대표 저서 및 논문 :『북한의 교육학』,『사회주의 교육학』,『소련의 학교교육』

▫ 이향규
   무지개청소년센터 부소장
   서울대학교 교육학 박사
   대표 저서 및 논문 :『북한 사회주의 형성과 교육』(공저), "북한 보통교육의
       변화와 교육팽창", "통일 후 교육제도 통합과 사회적 삼투현상 :
       독일과 한국"

▫ 김기석
   서울대학교 교육학과 교수
   미국 위스콘신대학교(University of Wisconsin-Madison) 철학박사
   대표 저서 및 논문 :『교육역사사회학』,『일란성 쌍생아의 탄생, 1946: 국립
       서울대학교와 김일성종합대학의 창설』, "Emperor Gwangmu's
       Diplomatic Struggles to Protect His Sovereignty before and after
       1905"

▫ 신효숙
   북한대학원대학교 겸임교수
   한국정신문화연구원 한국학대학원 철학 박사
   대표 저서 및 논문 :『소련군정기 북한의 교육』,『김정일시대 북한교육의
       변화』, "북한교육 연구의 성과와 과제"

▫ 조정아
　통일연구원 연구위원
　서울대학교 교육학 박사
　대표 저서 및 논문 : 『북한의 노동인력 개발 체계』, "직업적 혁명가와 동요
　　　　하는 인테리 사이에서: 북한의 교사상과 교원의 사회적 지위",
　　　　"김정일 시대의 북한 교육정책"

▫ 강성윤
　동국대학교 북한학과 교수
　동국대학교 대학원 정치학 박사
　대표 저서 및 논문 : 『분단반세기 북한연구사』(공저), 『김정일과 현대북한』
　　　　(공저), "6·15공동선언 제2항의 함의"

▫ 한만길
　한국교육개발원 선임연구위원
　강원대학교 교육학 박사
　대표 저서 및 논문 : 『통일시대 북한 교육론』, 『통일교육의 이론과 실천』,
　　　　『북한에서는 어떻게 교육할까』

▫ 최영표
　동신대학교 교수
　대만 국립정치학교 문학 박사
　대표 저서 및 논문 : 『세계의 교육과 중등사학』, "북한의 직업기술교육체
　　　　계", 『남북한 교육제도 통합방안 연구』

▫ 권성아
　상지대학교 겸임교수
　강원대학교 교육학 박사
　대표 저서 및 논문 : 『홍익인간사상과 통일교육』, "헌법개정에 따른 북한의
　　　　교육이념변화: 국어와 공산주의 도덕 교과서를 중심으로", "북한
　　　　의 교육과정 정책과 한국 관련 교과서 동향 분석"

▫ 김근배

　전북대학교 과학학과 교수

　서울대학교 과학사 및 과학철학협동과정 이학 박사

　대표 저서 및 논문 : 『한국 근대 과학기술인력의 출현』, "북한 과학기술정책의 변천", "북한 과학기술의 형성 : 모방에서 주체로"

▫ 이춘근

　과학기술정책연구원 부연구위원

　서울대학교 공학 박사

　대표 저서 및 논문 : 『북한의 과학기술』, 『과학기술로 읽는 북한핵』, 『한중 양국의 공과대학 비교연구』

▫ 최현규

　한국과학기술정보연구원(KISTI) 동향정보분석팀 팀장

　고려대학교 공학 석사

　대표 저서 및 논문 : 『남북협력 우선과제 발굴을 위한 북한 과학기술 문헌동향 분석 연구』, "북한의 표준 및 산업규격 현황 – 정보통신 분야를 중심으로–", "차세대 성장동력산업을 위한 전문정보 수집시스템에 관한 연구"

▫ 김유향

　북한대학원대학교 겸임교수

　이화여자대학교 정치학 박사

　대표 저서 및 논문 : "북한의 IT 부문 발전전략: 현실과 가능성의 갭", "북한의 정보화와 인터넷 미디어", "North Korea's Cyberpath"

북한학총서 북한의 새인식

▫ 발간위원회
　발간위원장: 전현준(북한연구학회 회장)
　발 간 위 원: 고유환(북한연구학회 부회장, 동국대학교 교수)
　　　　　　　정규섭(북한연구학회 부회장, 관동대학교 교수)
　　　　　　　이기동(북한연구학회 총무이사, 국제문제조사연구소 연구위원)

▫ 편집위원회
　책임편집: 정영철(북한연구학회 연구이사, 서울대학교 국제대학원 책임연구원)
　편집위원: 고재홍(북한연구학회 편집위원, 국제문제조사연구소 연구위원)
　　　　　　신효숙(북한연구학회 편집위원, 북한대학원 대학교 연구교수)
　　　　　　이무철(북한연구학회 연구위원회 간사, 북한대학원 대학교 연구교수)
　　　　　　전영선(북한연구학회 문화분과위원장, 한양대학교 연구교수)

북한의 교육과 과학기술   정가 : 33,000원

2006년 11월 20일　초판 인쇄
2006년 11월 25일　초판 발행

　　　　　　　편　　저 : 북한연구학회
　　　　　　　발 행 인 : 한 정 희
　　　　　　　발 행 처 : 경인문화사
　　　　　　　　　　　　 서울특별시 마포구 마포동 324-3
　　　　　　　　　　　　 전화 : 718-4831~2, 팩스 : 703-9711
　　　　　　　　　　　　 http://www.kyunginp.co.kr 한국학서적.kr
　　　　　　　　　　　　 E-mail : kyunginp@chol.com
　　　　　　　등록번호 : 제10-18호(1973.11.8)

ISBN : 89-499-0442-X 93370
ⓒ 2006, Kyung-in Publishing Co, Printed in Korea
* 파본 및 훼손된 책은 교환해드립니다.